判例百选系列

民法判例百选

周江洪　陆青　章程　主编

法律出版社
LAW PRESS·CHINA

主编简介

周江洪

1976 年 9 月生，浙江省磐安县人，法学博士。现为浙江大学社会科学研究院院长，光华法学院教授、博士生导师；中宣部文化名家暨“四个一批”人才、教育部长江学者奖励计划青年学者、国家“万人计划”青年拔尖人才、教育部新世纪优秀人才；教育部高等学校法学类专业教学指导委员会委员、中国法学会理事、中国民法学研究会常务理事、中国法学教育研究会理事。代表性论著有：《区分所有建筑物的灾后重建》《侵权赔偿与社会保险并行给付的困境与出路》《风险负担规则与合同解除》《作为民法学方法的案例研究进路》《买卖不破租赁规则的法律效果》《委托合同任意解除损害赔偿》《服务合同研究》《合同法案例研习》等。

陆　青

1981 年 9 月生，浙江省绍兴市人，法学博士。现为浙江大学光华法学院副教授、硕士生导师；浙江大学立法研究院院长助理、浙江大学房地产研究中心副主任、浙江省案例法研究会副会长、浙江省民法学研究会秘书长、浙江省之江青年社科学者。代表性论著有：《合同解除效果的意思自治研究：以意大利法为背景的考察》、《债是法锁：债法要义》（译著）、《离婚协议中的“赠与子女财产”条款研究》、《以房抵债协议的法理基础》等。

章　程

1985 年 10 月生，江苏省武进县人，法学博士。现为浙江大学光华法学院讲师，浙江大学民商法研究所副所长；中日民商法研究会副秘书长，最高人民法院行政审判庭行政审判案例研究基地秘书长。代表性论著有：《从基本权理论看法律行为之阻却生效要件》《论我国留置权的规范适用与体系整合》等。

序 言

本书收集近百位学者所撰写的100篇案例评释,是中国法学研究的创举,在比较法上罕见其例,具有重大深远的里程碑式意义。评释的案例涵盖1986年《民法通则》施行以来累积的重要指导性的裁判及若干民事第一例,体现社会变迁、法之实践以及司法的任务和贡献。本书对案例评释采取统一的格式,包括事实概要、判决要旨、评析(相关规范、本判决的思路和意义、相关学理、司法实践状况、本案遗留的问题)及参考文献,可以作为案例研究的典范模式。

中国民法及民法学的发展相伴同行,可以分为三个阶段。第一个阶段是改革开放,倡导民法理念,形成私法体系以及制定具有历史性意义的《民法通则》(1978年~1986年)。第二个阶段的重点在于建构中国民法学,开展法律教育,陆续完成《合同法》、《物权法》和《侵权责任法》等民事立法,集大成于2020年制定的中国第一部《民法典》。本书近百位学者所代表的世代,承担着承前启后第三阶段的使命。这个使命在于更进一步强化法律教学,深化法学研究,尤其是结合理论与实务,实践民法的理念,促进具有中国特色社会主义社会的发展,保障人民的合法权益。本书的出版展现一致的信念、明确的目标及共同的努力,建设一个以人为本的法治社会。

判决评释或案例研究系以法学方法解析判决,结合判例与学说,建构法释义学。法学方法论旨在提供一定的规则,用于引导法之适用的过程,检视其论证内容。法之适用始于具体案例的法律问题,以此为出发点,寻找得适用的规范(尤其是请求权基础),分析其构成要件,就其法律概念加以定义,涵摄于经认定的案例事实,加以论证,而获取一定的结论。

法之适用在方法论上通常分为法律解释(概括条款的具体化)及法之续造。法律解释的课题包括解释目的、解释方法及法律解释客观性。《民法典》第10条规定:“处理民事纠纷,应当依照法律;法律没有规定的,可以适用习惯,但是不得违背公序良俗。”问题在于无法律或习惯时,如何处理?此涉及法律漏洞及漏洞填补(类推适用及目的性限缩)。制定2020年《民法典》时曾经讨论这个问题,但未采纳《瑞士民法》第1条的规定,以法理作为法源,授权法院从事法之续造。此将为民法发展的重要课题,以法学方法检视法律解释,从事法之续造,系案例研究的任务。提升法学方法论的认知及意识,有助于达成判例研究的任务。法之适用及判决评释与法释义学(法教义学)具有密切的关系,一方面，运用法释义学从事案例研究；他方面，以案例研究建构法释义学。法释义学系对现行法律（包括判例学说）进行阐释，从事法体系的建构，并提出解决实务上争议问题的建议。法释义学具有如下的功能：第一，建构法体系功能。整合判例学说，有系统地整理分析现行法的概念体系，了解法律内部的价值理念，在整体上把握其于具体案件规范适用的关联，以利法之适用。第二，稳定功能。为司法实践及法院裁判提出可适用的法律见解，以期能长期影响同一类型判决，形成普遍实践原则，以强化法院裁判的可预见性及法律安定性。第三，减轻论证负担功能。为特定法律问题，提供可供检验并具说服力的解决方法，得以减轻法学研究及法之适用上论证的负担，不必凡事都要重新讨论。因此，法院适用法律，要变更法释义学上具有一定共识的法律见解，应提出更好的理由，承担论证责任。第四，修正与更新功能。法释义学所提出关于法律解释及法之续造的原则，具有调节各个制度发展的作用，但不应拘泥于向来之见解。为适应社会变迁，应为深刻的批评创造条件，发现矛盾，解决冲突，探寻符合体系的新的解决方法途径，而能有所革新进步。

值得再予强调的是，判例研究不仅在于方法论上检视法之适用、实现个案正义，并在发现法律原则，尤其是整合判例与学说，建构法释义学，体现法学的任务。所应努力的是，排除表面的论述，公开隐蔽的价值理念，不能满足于当前法律政策和法律实践的需求，必须对学说见解与司法实践进行必要的批评和修正，积极参与法规范的形成与开展。从事判例研究是每一个法学者的权利、责任与义务。

本书 100 个案例凸显中国民法 30 年来实务上法律解释及法之续造的重要问题。有为中国特色（尤其是物权法），如合法建造房屋所有权归属（033）、集体土地征收中土地承包经营权主体的确定（039）、宅基地所有权继承问题（040）；有为比较法上共同的问题，如违反强制性规范合同效力的认定（021）、无权代理人的赔偿责任（022）、预约认定及违约责任（054）等。值得提出的是，若干案例涉及民法的核心问题，如公序良俗与法律行为效力（002）、宪法权利的民法效力（003）、情事变更与不可抗力的关系（062）、继续性合同的适用规则（063）、不当得利的类型化（087）、受害人特殊体质与损害赔偿责任的减轻（088）、纯粹经济上损失的侵权行为保护（093）等。每一个法律问题均具重要性，每一件案例评释均具参考价值，有助于民法案例法的形成及民法的进步。以下拟就案例 001——诚信原则在违约无效合同中的适用，试做简要的说明：

在案例 001 中，合同因违反法律规定无效，当事人一方以合同无效为理由，拒绝履行债务，是否违反诚实信用原则而不得为此主张，进而发生诚信原则能否修正制定法规则或修正制定法规则适用不当结果的争议。学说上有肯定、否定及折中的观点。最高人民法院采肯定见解。本件评释赞成法院见解，补充其论证的内容，提出判断的基准。判决评释有对法院见解提出质疑，提供不同的思考方法；有更深入阐释法院判决适用的问题，有就个案判决建立一般法律原则，有整合相关判决创设理论体系。本件判决评释的重点在于明确争点问题，加强判决的理由构成及论证内容，此亦为判例研究的任务，具有重要价值，应予肯定。

诚信原则在违约无效合同中的适用问题，似不在于以诚信原则修正制定规则，或修正制定法规则本身适用不当结果。合同违反法律规定无效，其无效系自始无效、当然无效、绝对无效，法院应依职权加以审究。真正的问题在于当事人主张合同无效而拒绝履行，是否构成违反诚信原则的不当权利的行使。最高人民法院基本上采肯定见解，提出两点理由：第一，合同无效制度设立的重要目的在于防止因为无效的合同履行给国家、社会以及第三人带来损失，维护社会的法治秩序和公德。第二，本案中，华诚房地产公司作为违法行为人恶意主动请求确认合同无效，如支持其请求，意味着体现双方真实意愿的合同约定不仅对其没有约束力，甚至可能使其获得不正当的利益，这将违背合同无效制度设立的宗旨，也将纵容违法行为人从事违法行为，使合同无效制度沦为违法行为人追求不正当甚至非法利益的手段。这两点理由实值赞同，问题在于能否建立较明确的判断基准。

本件判决评释肯定法院判决，并从更高的法理层次加以论述，认为法律规则的一般性，决定了其仅能保障通常、多数情况下的正义；但一定会有某些特殊、少数情形，规则适用将产生不正义的后果，导致法律走向正义的反面。此即成文法的“不合目的性”。然而，法律不允许少数人成为制度的“牺牲品”，在规则适用产生严重不正义结果时，客观上需要一个纠正机制。诚信原则提供了这样一个纠正的工具。拉德布鲁赫公式指出，当制定法与正义的矛盾达到“不能容忍”的程度时，制定法须屈服于正义。因此，真正的问题不在于表征正义的原则能否修正规则，而在于如何尽到证明规则与正义的矛盾已经达到“不能容忍”的程度的论证。此项见解甚为深刻。需说明的是，引述拉德布鲁赫公式，或无必要。之所以提出“不能容忍”程度的论证义务，旨在强调诚实信用原则的适用应该审慎，借以维护无效规则（制度），避免逃避或遁入概括条款，影响法律适用的安定性及预见性，此项见解诚值赞同。

需说明的是，诚信原则系属概括条款，必须具体化，借助案例比较建构次原则。权利不当行使系诚信原则的次原则，应就各种类型（如权利失效、矛盾行为、权利滥用等）明确其构成要件及法律效果。构成要件的建立应基于利益衡量，考量合同的性质、当事人的归责性及公共利益而于具体案件加以适用论证，此为本案例的核心问题。法律争议问题并非均有唯一明确的答案，案例研究在于发现或认识真正的法律问题的争点，这是一种彼此协力、共同思考、相互启发、达成共识的论证过程。

法律的生命在于实践，体现于法院判决。法院判决是法律人的“粮食”，研读案件、理解案件是法律人思维的基本素养及能力。本书的出版是件盛事，应对参与其事的学者及相关人士表示敬意，期待能够继续出版此类文集，对法律教育、法学研究及实务发展做出更大的贡献。

本书可作为大学案例研究的教材。硕博士论文应以法院重要案例作为研究课题。学说的任务在于整合判例学说、建立理论体系。法学杂志应增加刊登案例研究论文。法学界应提高对案例研究在学术上的评价。律师研读案例评释，应用于诉讼，直接有助于实务开展。

最值得强调的是，案例研究是为法院而服务。要认真对待权利，也要认真对待实践权利的法院判决及案例研究。法院应重视判决评释的见解及论证，自我检视、自我反省，而能有所改变、完善或创新，促进法律的进步。实务与理论系属共同体，有理论而无实务，犹如空谈；有实务而无理论，难免盲目飞行。案例研究系理论与实务、判例与学说的共同协力，沟通交流，增进法之适用的共识，更进一步提升裁判品质及人民对司法的信赖，贯彻同案同判的平等保护原则与正义的理念。

台湾大学名誉教授　王泽鉴

2020 年 10 月 1 日

目　录

总　则

物　权

合　同

侵　权

001 诚信原则在违法无效合同中的适用

新疆华诚安居房地产开发有限公司、中国铁建大桥工程局集团有限公司建设工程施工合同纠纷案 | 最高人民法院(2019)最高法民终字347号民事判决书

于　飞　中国政法大学民商经济法学院

■ 事实概要

2011年7月11日,新疆华诚安居房地产公司(以下简称华诚公司)与中铁十三局集团有限公司(后改称“中国铁建大桥工程局集团有限公司”,以下简称中铁公司)签订《建筑施工合作框架协议书》,约定了建筑施工内容、项目建筑施工总概算及履约保证金等内容。2012年5月8日,中铁公司通过招投标取得该工程,并于5月9日签订《建设工程施工合同》。2017年,因华诚公司拖欠部分工程款,中铁公司诉至新疆维吾尔自治区高级人民法院,请求解除《建设工程施工合同》,支付尚欠的工程款及逾期利息,并返还履约保证金及逾期利息。一审法院作出(2017)新民初26号民事判决,支持了原告请求。

被告华诚公司上诉至最高人民法院,主张《建设工程施工合同》无效。理由是招投标程序前,双方已就以其后应当通过招投标程序来确定的施工内容、范围、概算、工期、承包方式、履约保证金及其退付、配合使中铁公司中标等实质性内容进行谈判,签订了《建筑施工合作框架协议书》,并支付了1000万元的履约保证金。双方的行为违反了《招标投标法》第43、53、55条以及最高人民法院《关于审理建设工程施工合同纠纷案件适用法律问题的解释》[法释(2004)14号](以下简称《建设工程施工合同司法解释一》)第1条的规定,涉案工程中标无效,以此签订的《建设工程施工合同》亦无效。因合同无效的处理方式与合同有效的处理方式截然不同,故请求改判或发回重审。

■ 判决要旨

驳回上诉,维持原判。

判决书指出,合同约定应当严守,诚信观念应当强化。华诚公司作为涉案建设工程的招标人、甲方,主导签订了涉案《建设工程施工合同》,在合同相对方中铁公司按约履行合同而其并未按约支付工程款,一审判决华诚公司承担相应责任后,华诚公司以其自身的招标行为存在违法违规为由,于二审中主张合同无效,其行为不仅违反诚实信用基本原则,而且不利于民事法律关系的稳定,属于不讲诚信、为追求自身利益最大化而置他人利益于不顾

的恶意抗辩行为。合同无效制度设立的重要目的在于防止因为无效合同的履行给国家、社会以及第三人利益带来损失，维护社会的法治秩序和公共道德。而本案中，华诚公司作为违法行为人恶意主动请求确认合同无效，如支持其诉求，意味着体现双方真实意愿的合同约定不仅对其没有约束力，甚至可能使其获得不正当的利益，这将违背合同无效制度设立的宗旨，也将纵容违法行为人从事违法行为，使合同无效制度沦为违法行为人追求不正当甚至非法利益的手段。综上所述，华诚公司在二审中主张涉案《建设工程施工合同》无效，该主张有违诚信原则，故华诚公司关于其与中铁公司于招投标前就合同实质性内容进行谈判的行为违反了《招标投标法》的规定，导致涉案《建设工程施工合同》无效的主张，缺乏事实和法律依据，予以驳回。

■ 评　析

Ⅰ 相关规范

1.《合同法》第 52 条规定："有下列情形之一的，合同无效：……（五）违反法律、行政法规的强制性规定。"（《民法总则》第 153 条第 1 款，《民法典》第 153 条第 1 款）

2.《建设工程施工合同司法解释一》第 1 条规定："建设工程施工合同具有下列情形之一的，应当根据合同法第五十二条第（五）项的规定，认定无效：……（三）建设工程必须进行招标而未招标或者中标无效的。"

3.《招标投标法》第 43 条规定："在确定中标人前，招标人不得与投标人就投标价格、投标方案等实质性内容进行谈判。"第 55 条规定："依法必须进行招标的项目，招标人违反本法规定，与投标人就投标价格、投标方案等实质性内容进行谈判的，给予警告，对单位直接负责的主管人员和其他直接责任人员依法给予处分。前款所列行为影响中标结果的，中标无效。"

综合而言，《招标投标法》第 55 条中的"中标无效"，经由《建设工程施工合同司法解释一》第 1 条援引《合同法》第 52 条第 5 项，导致建设工程施工合同无效。

Ⅱ 本判决的思路和意义

本案中，双方在招投标前进行了实质性谈判，并签订了《建筑施工合作框架协议书》，违反了前引法律及司法解释规定。二审中，华诚公司主动提出合同因自己的违法行为应归于无效，目的是规避应承担的付款义务，免除或者减轻一审判决确定由其承担的民事责任。

此时，法院如果支持华诚公司的主张，将在事实上鼓励"不讲诚信、为追求自身利益最大化而置他人利益于不顾的恶意抗辩行为"，并且"违背合同无效制度设立的宗旨"。而若不支持华诚公司的主张，则将面对原《合同法》第 52 条第 5 项、《建设工程施工合同司法解释一》第 1 条、《招标投标法》第 55 条共同编织成的无效规则之网，需要给出一个不适用前述规则的理由。

本判决中，法院认为，华诚公司以自己的违法行为为由主张合同无效，违背了诚信原则,因此驳回了华诚公司的无效主张。也即法院是以一方当事人行为违反诚信原则为理由,事实上排除了无效规则的适用结果。

当具体规则的适用结果与诚信原则相悖时,究竟是具体规则优先,还是诚信原则优先?这是诚信原则司法适用中的一个重要问题。本判决显示,诚信原则在个案中可以优先于具体规则适用,其具有纠正规则严重不妥当的适用结果的功能,此为本判决的意义。

Ⅲ 相关学理

1. 既有学说梳理

诚信原则能否修正制定法规则或纠正制定法规则适用的不当结果,对此学界存在不同意见。

肯定意见认为,基本原则具有"修正功能",即"在个案中,适用具体法规则在结果上违反社会正义时,不适用该具体规则,而改用基本原则裁判"(韩世远:《合同法总论》,法律出版社2018年版,第61~63页;魏振瀛主编:《民法》,北京大学出版社、高等教育出版社2013年版,第24页;徐国栋:《民法基本原则解释》,北京大学出版社2013年版,第260页)。

否定意见认为,"援用诚信原则结果,苟导致与法律规定相反的结论,亦不在被允许之列,盖于此情形,苟亦被允许,则解释法律者,将可借适用诚信原则之美名,而为所欲为之解释也"[杨仁寿:《法学方法论》(第2版),中国政法大学出版社2013年版,第190页]。

亦有学者持折中观点,认为理论上应持肯定说,但在我国目前的实践中,肯定说可能会导致法官权力的滥用[李永军:《民法总论》(第2版),法律出版社2009年版,第82页]。

2. 本文观点

本文认为肯定说更为合理。法律规则的一般性,决定了其仅能保障通常、多数情况下的正义;但一定会有某些特殊、少数情形,规则适用将产生不正义的后果,导致法律走向正义的反面。此即成文法的"不合目的性"(徐国栋:《民法基本原则解释》,北京大学出版社2013年版,第265页)。然而,法律不允许少数人成为制度的牺牲品,在规则适用产生严重不正义结果时,客观上需要一个纠正机制。诚信原则提供了这样一个纠正的工具。

拉德布鲁赫公式指出,当制定法与正义的矛盾达到"不能容忍"的程度时,制定法须屈服于正义(雷磊:《再访拉德布鲁赫公式》,载雷磊主编:《拉德布鲁赫公式》,中国政法大学出版社2015年版,第147页)。因此,真正的问题不在于表征正义的原则能否修正规则,而在于如何尽到证明规则与正义的矛盾已经达到"不能容忍"程度的论证义务。

Ⅳ 司法实践状况

当下我国法院在违法无效规则与诚信原则发生冲突时,有以下几种做法:

1. 严格适用规则,判定合同无效。例如,开发商签订商品房预售合同时未取得预售许可证,后来房价大幅上涨,开发商以自己签订合同时未办理预售许可证为由主张合同无效。法院以最高人民法院《关于审理商品房买卖合同纠纷案件适用法律若干问题的解释》[法释(2003)7号]第2条为依据,支持开发商主张[河北省承德市中级人民法院(2019)冀08民终2894

号民事判决书]。

2. 确认合同无效后,以诚信原则为由进行利益调节。例如,非集体经济组织成员购买集体土地上的集资房,后因房价上涨,出卖人主张合同无效。法院虽仍基于《土地管理法》第62条等规定认定合同无效,但同时认为出卖人行为违背诚信原则,应承担买受人因房屋涨价造成的差价损失的70%[河北省石家庄市中级人民法院(2018)冀01民终8011号民事判决书]。

3. 以违背诚信原则为由,驳回当事人的无效主张。例如,同样是开发商以自己未办理商品房预售许可证为由主张合同无效,法院认为"原告在未取得房屋预售许可证的情况下销售房屋并收取被告大部分购房款后,在案涉房屋已为现房、具备交付条件、房价大幅上涨的情形下,拒绝继续履行协议、交付房屋而请求确认认购协议无效,明显违背诚实信用原则,其行为属滥用诉权、构成恶意诉讼,本院对原告所述不予支持"[河北省正定县人民法院(2018)冀0123民初2593号民事判决书]。

4. 无效合同按有效合同对待。例如,工程承包人以自己不具备建筑施工企业资质为由,主张建设工程合同无效(《建设工程施工合同司法解释一》第1条第1款)。法院首先认定该合同为无效合同,然后指出主张无效一方违背诚信原则,"故本院认为,无效合同应当按有效合同的原则进行处理,即虽为无效合同但双方仍应按合同约定行使相应的权利,履行相应的义务"[山东省胶州市人民法院(2007)胶民重字第14号民事判决书]。

5. 基于诚信原则修正无效规则,认定合同有效。例如,同为开发商以自己未办理商品房预售许可证为由主张合同无效,法院指出开发商"主张《商品房认购合同书》无效,使购房人的商品房买卖合同目的落空,严重违反诚信原则。对于原告的诉讼请求,违反民法的基本原则,故本院不予支持","合同依法成立,合法有效,双方均应恪守"[内蒙古自治区呼和浩特市新城区人民法院(2018)内0102民初4785号民事判决书,同参西安市莲湖区人民法院(2018)陕0104民初2071号民事判决书]。

最高人民法院在本案中显示出来的裁判思路,是以上5种处理方法之第三种,即驳回背信者的无效主张。对此应指出以下两点:

第一,在法技术上,此种裁判方法所依据的实为诚信原则的子类型——"禁止权利滥用"。权利行使的正面要求是遵循诚信,反面要求是不得滥用权利。故禁止权利滥用实为诚信原则核心适用领域(权利行使领域)的反向规定。违法者以自己违法为由,主张合同无效,系一种违背诚信的权利滥用行为,导致其主张被否定。

第二,在利益的实质衡量上,本判决书揭示出两个权衡的关键点:其一,若法院支持背信者的主张,等于允许违法者拥有了选择合同效力的自由。一方当事人,尤其是优势方,可以先做出某种能导致合同无效的违法行为,从而为自己留下选择余地。如本案判决书所示,"在招投标过程中,较承包人而言,发包人掌握一定主动权。本案中,华诚公司作为招标人,明知其与铁建大桥工程局于招投标之前就合同实质性内容进行谈判的行为可能导致双方其后签订的《建设工程施工合同》因违反《招标投标法》的相关规定而被认定为无效,仍然积极追求或放任该法律后果的发生"。然后在合同履行中,违法者可以视该合同是否实际于己有利，来决定是否主张无效。“华诚房地产公司在本案二审中提出涉案《建设工程施工合同》无效的上诉主张，是认为涉案《建设工程施工合同》有效将为其带来不利，或者所带来的利益小于合同无效所带来的利益，其目的是规避应承担的付款义务，免除或者减轻一审判决确定由其承担的民事责任。”这种背信行为若不禁止，违法者会因自己的违法行为，获得依其单方意思控制合同效力的巨大利益。其二，违背合同无效制度的目的。如判决书所述，“合同无效制度设立的重要目的，在于防止因为无效合同的履行给国家、社会以及第三人利益带来损失，维护社会的法治秩序和公共道德”。若支持背信者的请求，则这种无效不仅不能保护国家、社会及第三人利益，不能惩罚违法者，不能维护法治秩序与公共道德，反而会“纵容违法行为人从事违法行为，使合同无效制度沦为违法行为人追求不正当甚至非法利益的手段”。

可以说，以上两个权衡要点促使最高人民法院认为，本案中无效规则适用的结果与正义之间的矛盾已经达到了“无法容忍”的程度。故规则在此应当向表征正义的诚信原则让步。

有学者认为，可以将“主张无效一方之相对方的利益”“主张无效一方之利益”“法律禁令的规范目的”“社会公共利益”四个因素纳入考量，进行综合权衡（夏昊晗：《诚信原则在“借违法无效之名毁约”案型中的适用》，载《法学》2019年第6期）。

Ⅴ 本案遗留的问题

《招标投标法》第55条禁止招投标双方事先进行实质性谈判，并规定“前款所列行为影响中标结果的，中标无效”。也即从法技术上讲，双方事先实质性谈判引起的中标无效，还需要具备一个“影响中标结果”的要件。

本案判决书指出：“华诚公司虽称其自身违反《招标投标法》的规定致使中标无效，但该违法违规行为是否影响了中标结果，华诚公司未予以证明。”从这段话来看，法院认为“影响中标结果”的要件在本案中并不具备。

此处存在一个明显的冲突。如果“影响中标结果”这一要件不具备，则直接依构成要件不满足就可以确定该无效规则不适用；这与无效规则虽应适用，但须被诚信原则纠正，完全是两个问题。换言之，当适用规则与适用原则能得出同样结果时，本就不需要原则出场；否则，就有“向一般条款逃避”之嫌（梁慧星：《民法解释学》，法律出版社2009年版，第313～314页）。

就一般社会经验及常理而言，若招投标双方事先进行了实质性谈判并签订了框架协议，最终也是该事先协商的投标者中标，此时再说实质性谈判没有影响中标结果，则比较勉强。

裁判者的顾虑，可能并不在于本案判决结果是否合乎实质正义，而在于以原则修正规则可能会带来法的安定性的破坏。因此，即使勉强，法院也要在构成要件上捎带一击，以尽量维持法律适用的形式理性。同时，法院对依构成要件解决本案并不十分自信，因此才会连篇累牍地论证诚信原则及相关利益衡量，并最终援引原《民法总则》第7条、《民事诉讼法》第13条第1款这两个诚信条款，驳回了背信者的主张。

因此,本案遗留的问题是,若实践中出现司法者无法向构成要件遁逃的案件时,如前引一些地方法院判决的情形,最高人民法院是否仍然坚持诚信原则可以修正规则或规则适用结果的立场,还有待进一步的发展与观察。

□ 参考文献

韩世远:《合同法总论》(第4版),法律出版社2018年版。
魏振瀛主编:《民法》(第5版),北京大学出版社、高等教育出版社2013年版。
徐国栋:《民法基本原则解释》,北京大学出版社2013年版。
杨仁寿:《法学方法论》(第2版),中国政法大学出版社2013年版。
李永军:《民法总论》(第2版),法律出版社2009年版。
雷磊:《再访拉德布鲁赫公式》,载雷磊主编:《拉德布鲁赫公式》,中国政法大学出版社2015年版。
夏昊晗:《诚信原则在"借违法无效之名毁约"案型中的适用》,载《法学》2019年第6期。
梁慧星:《民法解释学》,法律出版社2009年版。

002 公序良俗原则与法律行为的效力

张学英与蒋伦芳遗赠纠纷案(泸州遗赠案) | 四川省泸州市(2001)纳溪民初字第561号民事判决书*

叶增胜 浙江理工大学法政学院

■ 事实概要

被告蒋伦芳与遗赠人黄永彬系夫妻关系,因婚后未生育,收养一子黄勇。1990年7月,蒋伦芳继承父母遗产取得泸州市市中区顺城街67号房屋所有权。1995年,该房被拆迁,拆迁单位将位于泸州市江阳区新马路6—2—8—2号的77.2平方米住房一套作为还房安置给蒋伦芳,并以其名义办理了房屋产权手续。1996年,黄永彬与原告张学英相识后便在外租房同居生活。2000年9月,黄永彬与蒋伦芳将继承所得的房产以8万元的价格卖与他人,并将其中的3万元赠与儿子黄勇。

2001年初,黄永彬因患肝癌住院,其间一直由蒋伦芳及其家属护理。2001年4月20日,黄永彬立下书面遗嘱,将其所得的住房公积金、住房补贴金、抚恤金,以及出售房屋的一半价款4万元及所用的手机一部赠与张学英,泸州市纳溪区公证处对该遗嘱出具了(2001)泸纳证字第148号公证书。同月22日,黄永彬去世。张学英即持遗嘱要求蒋伦芳交付遗赠财产,双方发生纠纷。

■ 判决要旨

驳回原告的诉讼请求。

遗赠人黄永彬基于与原告张学英的非法同居关系而将财产赠与原告的遗嘱,虽然是其真实的意思表示且形式上合法,但其行使遗赠权违反了法律的规定。根据《民法通则》第7条的规定,民事行为不得违反公共秩序和社会公德,违反者其行为无效。根据《婚姻法》第2条规定的一夫一妻的婚姻制度和第3条禁止有配偶者与他人同居以及第4条夫妻应当互相忠实、互相尊重的法律规定,遗赠人黄永彬基于与原告张学英有非法同居关系而立下遗嘱,将其遗产和属被告所有的财产赠与原告张学英,是一种违反公共秩序、社会公德和违反法律的行为。遗赠人黄永彬无视法律规定,违反社会公德,漠视其结发夫妻的忠实与扶助,侵犯了蒋伦芳的合法权益,对蒋伦芳造成精神上的损害,在分割处理夫妻共同财产时,本应对

---

* 本案二审终审结论维持一审原判,除沿用一审理由外,二审判决基本未形成新的论证,鉴于此,本文仍以一审判决书作为分析对象。

蒋伦芳进行损害赔偿,但将财产赠与其非法同居的原告张学英,实质上损害了被告蒋伦芳依法享有的合法的财产继承权,违反了公序良俗,破坏了社会风气。

■ 评　析

Ⅰ 本判决的思路和意义

本案被告主张因遗赠人生前与原告长期非法同居,其所立遗赠属于违反社会公德的无效遗赠行为。法院对此予以肯定,其认为该遗嘱虽为真实的意思表示且形式合法,但因其违反公序良俗而属于无效的法律行为。本判决首次通过公序良俗原则的适用来否定法律行为的效力,被称为"中国公序良俗第一案",对公序良俗原则在具体个案中的适用有着重要的开拓意义。

Ⅱ 规范及学理

长期以来,我国民事法律中并没有"公序良俗"的概念,而通常使用社会公共利益和社会公德的概念,其中"社会公共利益"大致相当于"公共秩序","社会公德"大致相当于"善良风俗"。不过在实际使用时,"社会公共利益"与"公共秩序"、"社会公德"与"善良风俗"之间并非严格对应,前述概念常交替使用,从未得到明确区分。因此,也可以单独将"社会公共利益"或"社会公德"任一概念对应于"公序良俗"[朱庆育:《民法总论》(第2版),北京大学出版社2016年版,第301页]。原《民法通则》第7条规定:"民事活动应当尊重社会公德,不得损害社会公共利益,破坏国家经济计划,扰乱社会经济秩序。"原《合同法》第7条规定:"当事人订立、履行合同,应当遵守法律、行政法规,尊重社会公德,不得扰乱社会经济秩序,损害社会公共利益。"原《物权法》第7条规定:"物权的取得和行使,应当遵守法律,尊重社会公德,不得损害公共利益和他人合法权益。"法律行为作为最重要的"民事活动",其效力因此受到社会公共利益的控制。原《民法通则》第55条第3项把"不违反社会公共利益"作为"民事法律行为"消极要件予以规定,又通过第58条第1款第5项将"违反社会公共利益"的"民事行为"归诸无效。原《合同法》第52条第4项同其规定。及至原《民法总则》第8条(《民法典》第8条)规定:"民事主体从事民事活动,不得违反法律,不得违背公序良俗。"这是我国法律中首次正式使用"公序良俗"这一概念。作为法律,原《民法总则》正式使用了公序良俗概念,是我国民法进一步科学化的重要标志(李宇:《民法总则要义:规范释论与判解集注》,法律出版社2017年版,第47页)。延续通过社会公共利益控制法律行为效力的思路,原《民法总则》第143条(《民法典》第143条第3项)将不违背公序良俗作为民事法律行为的有效要件,并在第153条第2款(《民法典》第153条第2款)规定:"违背公序良俗的民事法律行为无效"。

维系社会共同体以尊重必要的强制秩序为前提,该强制秩序不得为任何个别意志所改变,处于自治领域之外。因此,如果法律行为与强制秩序相抵触,行为的效力则可能出现瑕疵。法律之所以规定法律行为违背公序良俗无效,正是有基于此。当然,法律也可以通过具体的规则——列举出被禁止的行为。但是私人交往的复杂程度远较立法者的理性为甚，立法者永远不可能将所有交往惯例巨细无遗地加以规定，更不可能预见交往中的新禁忌[朱庆育：《民法总论》(第2版)，北京大学出版社2016年版，第294页]。因此，在规则的具体列举之外辅以抽象的原则就成为必然选择。公序良俗作为不确定的法律概念，会带来适用上的困境，亦即公序良俗原则应当在何种程度上实现对法律行为效力的控制。

在此问题上，学者的意见并不一致。有的认为违反公序良俗属于法律行为标的不妥当；有的认为是法律行为内容不得违反法律或者社会公共利益；有的认为对于法律行为是否违反社会公共利益，应当从目的、标的、条件和社会效果的角度考察；还有的认为应当从目的、标的、条件和方式四个方面考察(田士永：《法律行为违背善良风俗中意思要素的分析——从泸州遗赠案开始》，载《法哲学与法社会学论丛》2007年第1期)。本案涉及更多的则是法律行为在行为动机违反公序良俗情形的效力问题。法律行为的基本要素是意思表示，其中的意思要素可以分为行为意思、表示意识、效果意思三个部分。本案中所涉及的遗嘱，其行为意思、表示意识显然都不存在问题；其效果意思仅在于遗产管理人有义务将特定遗产移转给受遗赠人，也不存在违背公序良俗的问题。遗赠人与受遗赠人之间的同居关系，并不属于遗赠行为本身，而属于遗赠的行为动机。

针对将动机作为法律行为违背公序良俗与否的判断标准的观点，颇具争议。反对者提出了较为有力的反驳(田士永：《法律行为违背善良风俗中意思要素的分析——从泸州遗赠案开始》，载《法哲学与法社会学论丛》2007年第1期)。其认为，法律行为的功能在于通过意思表示为当事人设立、变更、终止权利义务关系，实现私人自治的基本要求；为实现私人自治的要求，适当限制善良风俗对法律行为效力的影响，并无不妥。从现代社会不应限制思想自由的角度来说，法律行为也不应考虑动机对法律行为效力的影响，而是应当通过法律行为之外的其他途径实现保障公序良俗的效果，如通过道德谴责、行政处罚或者刑罚让行为人承担不利后果。在个案中，如果动机没有通过某种途径进入法律行为之中，如成为法律行为的内容，就不应该成为法律行为需要考虑的要素，当事人的意思要素违背公序良俗，也许应受到道德谴责，却与法律行为无关。至于动机已经表现于外，是否影响法律行为，则有不同见解。客观说认为，若以动机为条件，则动机已经成为法律行为的内容，应当视其内容违背公序良俗与否进行判断；主观说则认为已表示的动机以及未表示而相对人已知的动机，均属于判断内容违背公序良俗与否的标准；折中说认为只有已表示的动机才是判断内容违背公序良俗与否的标准。从保护思想自由的角度，折中说较为合适。此外，如果动机影响法律行为的效力，交易安全的保护与阻止违法目的实现就需要妥善地兼顾。

Ⅲ 既往司法实践状况

在司法实践中，法官适用公序良俗原则作为裁判依据的现象并不鲜见，相关的判例涉及民法的各个领域：有对民事法律行为效力的判断，如一般合同和涉及婚姻、继承等身份关系的合同、遗嘱等单方民事法律行为及劳动合同等效力的判断；有涉及对是否构成侵权的判断，如判断是否侵害物权、人身权等；有涉及对物权请求权是否存在的判断等(蔡唱：《公序良俗在我国的司法适用研究》,载《中国法学》2016年第6期)。总体而言,司法实践中公序良俗主要的适用领域还是对民事法律行为效力的控制。其中最为典型的是两类案件:第一类是请托纠纷。请托事务包括“为受托人找关系解决就业”“找关系打赢官司”等。就该类案件而言,在具体诉由上当事人作出了两种选择:一是直接以不当得利为依据请求返还请托费用;二是以双方形成的所谓“合同关系”为基础请求返还请托费用,但在合同性质上,有的认为是委托合同,有的认为是居间合同,亦有人认为是服务合同。在“段玉龙诉陈琳不当得利纠纷案”[四川省遂宁市船山区人民法院(2015)船山民初字第368号民事判决书]中,法院认为原告醉酒驾驶机动车,依法应当承担相应的刑事责任和行政责任,被人民法院判处刑罚和被公安机关吊销机动车驾驶证,不会因为请托被告而予以免除,原告与被告之间发生的请托“办事”行为,违反了民法基本原则中的公序良俗原则,被告取得原告的款项没有合法的依据,构成不当得利。在“高丙与严汉轩居间合同纠纷案”[江苏省淮安市清河区人民法院(2013)河民初字第5318号民事判决书]中,法院认为原告委托被告通过金钱给付的不正当渠道为高同办理入学事宜,此委托行为侵犯了其他同期考生的平等招录权利,有违公序良俗原则和社会公共利益;双方签订的协议违反国家教育管理制度,为法律所禁止,属于无效协议。

第二类为运用公序良俗原则判断存在婚外同居或不正当关系当事人之间的民事法律行为的效力,包括当事人之间以赠与合同、欠条、承诺书等方式,约定一方赠与对方财产的情形。在“谢巧英与黄芳林、刘香平民间借贷纠纷案”[湖南省资兴市人民法院(2015)资民二初字第56号民事判决书]中,法院认为合法的民间借贷关系受法律保护,被告黄芳林在与原告谢巧英非法同居生活期间,为了长期与原告谢巧英保持不正当男女关系,先后两次出具一张100,000元的借条给原告谢巧英,由此形成的债权债务关系有悖社会公德,且原告谢巧英除了借条外,没有其他有效证据佐证该债务的实际发生,因此对原告的诉讼请求不予支持。

此外,既有判例在公序良俗原则的适用上呈现一定误区和偏差:一是在法律规范对案件争议有明确规定时,有些裁判者径直适用公序良俗原则判决,以公序良俗原则取代具体的法律规范,从而陷入向一般条款逃逸的误区,造成具体法律规范被闲置的局面;二是仅仅将公序良俗原则作为增强法院判决说服力的工具,判决实际上是适用具体法律规范的结果,公序良俗原则只是对该具体法律规范的道德性评价,即使不适用也会得出同样的结论;三是将公序良俗原则作为诚实信用原则等其他民法基本原则的替代形式,这种做法混淆了民法基本原则之间的适用界限。要避免前述适用上的误区和偏差,首先是要认清公序良俗原则的适用条件。公序良俗原则的适用前提是存在法律漏洞或法律规范之间存在冲突,公序良俗原则不能作为单纯的证成或增强法院依据具体规范所作判决说服力的工具;在立法已有具体明确的法律规范时,应首先使用具体规范,而不能直接适用公序良俗原则,以避免向一般条款逃逸(李岩:《公序良俗原则的司法乱象与本相——兼论公序良俗原则适用的类型化》,载《法学》2015年第11期)。其次是要厘清公序良俗原则与其他民法基本原则之间的界限。公序良俗原则与诚实信用原则在审查对象、适用范围是否以“特别关联”为前提、保护对象是否及于第三人及公众、标准设立的高低、反社会性的强弱方面存在区别(于飞:《公序良俗原则与诚实信用原则的区分》,载《中国社会科学》2015年第11期)。

Ⅳ 本判决的参考意义及将来的课题

本判决通过适用公序良俗原则来控制法律行为的效力,被称为"中国公序良俗第一案",产生了较大的社会影响,对公序良俗原则在司法实践中的适用具有重要的开拓意义。但公序良俗作为抽象的法律原则,是具体规则的补充,这也就意味着其中并无明确的构成要件可供把握,判断时需要结合具体的主客观情境进行综合考量,因此司法判例的类型化是必不可少的步骤,这也是将来需要做的功课。

□ 参考文献

朱庆育:《民法总论》(第2版),北京大学出版社2016年版。

李宇:《民法总则要义:规范释论与判解集注》,法律出版社2017年版。

田士永:《法律行为违背善良风俗中意思要素的分析——从泸州遗赠案开始》,载《法哲学与法社会学论丛》2007年第1期。

蔡唱:《公序良俗在我国的司法适用研究》,载《中国法学》2016年第6期。

李岩:《公序良俗原则的司法乱象与本相——兼论公序良俗原则适用的类型化》,载《法学》2015年第11期。

于飞:《公序良俗原则与诚实信用原则的区分》,载《中国社会科学》2015年第11期。

戴孟勇:《法律行为与公序良俗》,载《法学家》2020年第1期。

003 宪法权利的民法效力

齐玉苓诉陈晓琪等以侵犯姓名权的手段侵犯宪法保护的公民受教育的基本权利纠纷案 | 山东省高级人民法院(1999)鲁民终字第258号民事判决书

王冠玺 浙江大学光华法学院

■ 事实概要

1990年,山东省滕州市鲍沟镇圈里村齐玉苓(17岁)参加初级中等教育毕业考试并通过,随后参加第二阶段初级中等教育升学考试,成绩为441分,被山东省济宁商业学校(以下简称济宁商校)财会班录取。同村陈晓琪(17岁)因未通过第一阶段的测试,故无法参加第二阶段测试,陈晓琪之父陈克政为村支部书记,与滕州八中、济宁商校和山东省滕州市教育委员会(以下简称滕州教委)的行政人员串通,使陈晓琪顶替齐玉苓的身份就读济宁商校,并将齐玉苓作落榜处理;由于齐玉苓家境贫穷,只能直接就业。

1993年,陈晓琪从济宁商校毕业,被分配到中国人民银行西门口储蓄所工作。齐玉苓则是筹借了6000多元购买户口,至邹城技工学校学习。1996年,齐玉苓从邹城技工学校结业,被分配到山东省鲁南铁合金总厂担任工人,随后因工厂减员分流被迫下岗。1998年,齐玉苓突然接到来自中国人民银行滕州支行行员拜访,庆贺弄瓦之喜。齐玉苓惊觉有异,跟随该部人员来到滕州支行,发现储蓄所主任名牌上印的是自己的名字,但照片上却是陈晓琪。

齐玉苓得知真相后,找到陈晓琪父亲陈克政理论,陈克政除了意欲说服齐玉苓其乃是自愿放弃受教育权外,并给了齐玉苓5000元人民币要她封口;齐玉苓不愿妥协,随后陈克政派人到齐家进行暴力骚扰。1999年1月29日,齐玉苓向山东省枣庄市中级人民法院状告陈晓琪等人,诉称:由于各被告共同弄虚作假,促成被告陈晓琪冒用原告的姓名进入济宁商校学习,致使原告的姓名权、受教育权以及其他相关权益被侵犯。请求法院判令被告停止侵害、赔礼道歉,并赔偿原告经济损失16万元,精神损失40万元。

山东省枣庄市中级人民法院判决被告陈晓琪停止对原告齐玉苓姓名权的侵害;被告陈晓琪、陈克政、济宁商校、滕州八中、滕州教委向原告齐玉苓赔礼道歉;原告齐玉苓支付的律师代理费825元,由被告陈晓琪负担,被告陈克政、济宁商校、滕州八中、滕州教委对此负连带责任;原告齐玉苓的精神损失费35,000元,由被告陈晓琪、陈克政各负担5000元,济宁商校负担15,000元,滕州八中负担6000元,滕州教委负担4000元;驳回齐玉苓的其他诉讼请求。双方均不服一审判决,齐玉苓向山东省高级人民法院提起上诉。

■ 判决要旨

2001 年,山东省高级人民法院报请最高人民法院进行解释;同年 7 月 24 日,最高人民法院发出《关于以侵犯姓名权的手段侵犯宪法保护的公民受教育的基本权利是否应承担民事责任的批复》[法释(2001)25 号](已失效),对此作出答复:“山东省高级人民法院:你院(1999)鲁民终字第 258 号《关于齐玉苓与陈晓琪、陈克政、山东省济宁市商业学校、山东省滕州市第八中学、山东省滕州市教育委员会姓名权纠纷一案的请示》收悉。经研究,我们认为,根据本案事实,陈晓琪等以侵犯姓名权的手段,侵犯了齐玉苓依据宪法规定所享有的受教育的基本权利,并造成了具体的损害后果,应承担相应的民事责任。”

2001 年 8 月 13 日,山东省高级人民法院引用《宪法》第 46 条和最高人民法院的批复,作出最终判决:被上诉人陈晓琪、陈克政赔偿齐玉苓因受教育的权利被侵犯造成的直接经济损失 7000 元,被上诉人济宁商校、滕州八中、滕州教委承担连带赔偿责任;被上诉人陈晓琪、陈克政赔偿齐玉苓因受教育的权利被侵犯造成的间接经济损失(按陈晓琪以齐玉苓名义领取的工资扣除最低生活保障费后计算)41,045 元,被上诉人济宁商校、滕州八中、滕州教委承担连带赔偿责任;被上诉人陈晓琪、陈克政、济宁商校、滕州八中、滕州教委赔偿齐玉苓精神损害费 50,000 元。

■ 评　析

Ⅰ 本判决的思路和意义

有关齐玉苓一案的司法解释被法学界称为“宪法司法化第一案”;此后,宪法权利诉讼风起云涌,“三名高中生诉教育部高考分数线不统一案”“蒋韬诉银行招工身高歧视案”“周香华诉男女退休年龄不同案”等案,均为依据宪法规定的平等权提起的诉讼。2008 年 1 月,广州市黄埔区人民法院援用宪法中公民享有人身自由权、居住自由权的规定,裁定广州市三水食品有限公司“禁止员工擅自在外住宿”的规定违宪[广州市黄埔区人民法院(2008)黄发行初第 2 号行政判决书]。

最高人民法院民事审判第一庭法官表示,齐玉苓案“开创了法院保护公民依照宪法规定享有的基本权利之先河”,“创造了宪法司法化的先例”;我国公民依照宪法规定享有的基本权利有相当一部分在司法实践中长期处于“睡眠”或“半睡眠”状态,该批复首次打破了“沉默”,“我国宪法司法化可以参考美国的模式,由普通法院审理宪法权利纠纷”等。

学者廉希圣则认为,法释(2001)25 号司法解释使法院拥有对宪法的解释权,而且还能监督人大对宪法的实施,与人民代表大会制相矛盾。学者周道鸾亦认为,考虑到我国现行体制,最高人民法院无权对涉及宪法的问题作出解释,所以该司法解释应停止适用。根据中国的宪法体制,全国人民代表大会及全国人民代表大会常务委员会之职权包括宪法的监督实施与解释,最高人民法院对全国人大和全国人大常委会负责。

2008 年,最高人民法院审判委员会通过《关于废止 2007 年底以前发布的有关司法解释(第七批)的决定》,废止《关于以侵犯姓名权的手段侵犯宪法保护的公民受教育的基本权利是否应承担民事责任的批复》[法释(2001)25号]。

Ⅱ 宪法基本权利的性质与功能

宪法所保障的人民权利,称为基本权利,齐玉苓案即涉及基本权利之性质与功能的讨论。

1. 基本权利具有双重性质

(1)防御权(主观权利),即人民享有不受公权力(立法、行政、司法)侵害的自由空间,于其基本权利遭受侵害时,得依法定程序请求释宪,宣告相关法律(司法解释)、命令等无效。

(2)客观规范,即政府负有在立法、行政、司法上采取必要措施,以保护基本权利的义务。基本权利的客观价值体系,应当扩散于整个法秩序,就民法而言,其方法有两种:其一,应对民法条文作符合基本权利的解释;其二,使基本权利得经由民法的"概括规定",适用于私人关系(包括合同、侵权行为、物权及亲属关系等)而具有所谓的间接第三人效力。

2. 基本权利的第三人效力

本案涉及宪法中的基本权利保障问题。传统上,基本权利被认为是用以对抗国家的工具,并不接受对私人主张基本权利的功能,此即不适用说;此说从古典基本权理论出发,认为基本权关系仅涉及人民与国家机关间之公法关系,民事关系应依民事法规处理,不应紊乱公私法体系的功能。然而,随着基本权利由主观走向客观化,基本权利逐步发展出客观价值秩序面向后,不适用说已有违现代国家"保护义务"(Schutzpflichtn)之概念;故此,于今之学说与实务见解,一般均承认基本权利有第三人效力。于此,真正重要的问题,乃宪法基本权利之规定应如何进入私法领域?此即所谓基本权利的第三人效力,亦即基本权利在私法中所发生的"放射效力"(Ausstrahlungswirkung)。有争议者系此种基本权利的第三人效力究为"直接效力"抑或"间接效力"?

(1)直接效力说

直接效力说认为,基本权在本质上具有客观价值秩序的功能,可以将其价值放射至所有的法领域,其中自然也包含了私法的领域,且在目前私经济蓬勃发展的情境下,私人之间的实力差距已经拉大,不平等的情形日趋严重,为了完善基本权利的保障,应该将基本权利条款直接适用在私法领域中,人民在遭遇其他私人侵害基本权利时,可以直接援引宪法基本权利条款以资救济。换言之,法院在审判民事案件时,得直接引用宪法基本权利的规定,不必通过民事法律,使基本权利得在民事个案中获得实现。例如,在侵权行为方面,若可由基本权利规定衍生出私法权利(如德国法上的一般人格权),则被害人得直接依民法关于侵权行为的规定(《德国民法典》第823条第1项:"因故意或过失,不法侵害他人之生命、身体、健康、所有权或其他权利者,对所生之损害应负赔偿责任。")请求损害赔偿。应予说明者系,德国系以宪法(基本法)为依据,创设出一般人格权;当行为人侵害被害人的一般人格权时,即为侵害被害人之基本权,被害人得以该基本权所创设出的民事法律规范为请求权基础,向行为人主张损害赔偿,此即基本权对第三人发生直接效力。我国宪法并无类似德国基本法之规定,但曾有过近似的司法解释，但更为直接；该司法解释（已废止）肯定被害人得于民事诉讼中，直接以有关宪法保护基本权之规定为请求权规范基础，向被害人主张损害赔偿。

（2）间接效力说

基本权利拘束的对象仍为国家，故不能直接适用于私法领域，但是，基于基本权利客观价值秩序的面向，私法的解释和适用也应该将这种客观价值秩序灌注于其中，因而，司法机关应该透过民法中的概括条款或不确定概念，纳入宪法基本权利的精神。基本权利的精神也就通过这样的解释方式，间接地适用于私法关系。换言之，基本权利须通过民法的概括条款（如原《民法总则》第7条："民事主体从事活动，应当遵循诚信原则，秉持诚实，恪守承诺。"）（《民法典》第7条），或不确定法律概念[如原《民法总则》第8条（《民法典》第8条）："民事主体从事民事活动，不得违反法律，不得违背公序良俗。"]实践之。

Ⅲ 既往司法实践状况

最高人民法院于1988年10月14日就天津市高级人民法院请示"关于雇工合同'工伤概不负责任'应如何认定其效力的问题"所作《关于雇工合同"工伤概不负责"是否有效的批复》[（88）民他字第1号]中，同时包含了对于宪法的直接引用与间接引用。该批复认为，"对劳动者实行劳动保护，在我国宪法中已有明文规定"，这是劳动者所享有的权利，受国家法律保护，任何个人和组织都不得任意侵犯，雇主在招工登记表中注明"工伤概不负责任"，"这种行为既不符合宪法和有关法律的规定，也严重违反了社会主义公德，应属于无效的民事行为"。对于该约定，除了可以依据相关劳动保护法规，以及《宪法》第42条（中华人民共和国公民有劳动的权利和义务。国家通过各种途径，创造劳动就业条件，加强劳动保护，改善劳动条件，并在发展生产的基础上，提高劳动报酬和福利待遇）所规定的加强劳动保护的精神确认其无效外，亦可依据《民法典》第8条关于民事活动应当尊重社会公德之规定，认定其为无效。

Ⅳ 本判决的参考意义及将来的课题

参酌学者与德国联邦法院的见解，关于基本权利对私人法律关系的效力，应采间接效力说，其理由有三点：第一，宪法并无法律行为违反宪法者无效的规定。第二，基本权利的主要功能系为防御国家行为对人民的侵害，而非规范私人间的法律关系，比例原则的适用将使法律行为受到严格的审查，不利于私法自治。第三，经由私法上概括条款的适用一方面足可实现宪法基本权利的价值体系；另一方面亦能在法律体系及逻辑上保障私法的自主性，使私法在其完整体系之内解决问题，并维持法律整体秩序的一致性。

退一步言，如果采基本权利对第三人的直接效力说，法院可以直接引用宪法基本权利条款作为判决之依据；但如以德国为例，因宪法并未就侵害他人（法人）得主张精神损害赔偿作出明文规定，法院仍须通过一般侵权行为法中的侵害他人"权利"（此系因基本权利规定而衍生出之私法权利）之规定，或"违反保护他人之法律规定"（此之所指保护他人法律，系指相应得以解释为保障法人基本权利的宪法条文）等转介条款的设计以实践救济。

如果采基本权利对第三人的间接效力说,因基本权利必须通过民法的概括条款,或不确定法律概念来实现救济,在侵权行为立法技术无虞之前提下,一般侵权行为类型的设计包涵了不确定法律概念("违反善良风俗"),故可视侵权行为态样的不同,一类侵权行为通过解释与论证而直接适用该一般侵权法条文;另一类侵权行为则须先通过其他概括条款,再适用一般侵权行为类型之转介条款,使该条文(概括条款)成为一般侵权行为"违反保护他人法律之规定"类型中所指之保护他人之法律(非属宪法条文)后辗转获得救济。在同时符合几种条件的案例中,则有竞合发生。

最高人民法院先后作出的两个司法解释:《关于雇工合同"工伤概不负责任"是否有效的批复》[(88)民他字第1号]、《关于以侵犯姓名权的手段侵犯宪法保护的公民受教育的基本权利是否应承担民事责任的批复》[法释(2001)25号],确有相当的宪法意义,甚值重视;唯最高人民法院解释宪法,同时直接引用于司法解释之中,并未形成惯例;此外,最高人民法院亦从未依据宪法进行违宪审查;当然依据宪法规定,此非属最高人民法院权力。

实际上,最高人民法院有关齐玉苓一案的宪法引用存在一些问题,陈晓琪以侵害齐玉苓姓名权的手段,侵害齐玉苓的受教育权;陈晓琪真正侵害的乃是齐玉苓的一般人格权,其系源于宪法对人格尊严的保护(《宪法》第38条:"中华人民共和国公民的人格尊严不受侵犯。禁止用任何方法对公民进行侮辱、诽谤和诬告陷害。"),陈晓琪之不法行为影响了齐玉苓人格的自由发展。

人民之私权甚为重要,我国应将人民私权之保障,提升至宪法层次;唯基本权之重要性有所区别,存在位序差异;本案所延伸出的重要问题,在于欧美各国之基本权位序,未见得与中国社会一致,中国当建构出具有中国特色的基本权位序。有关这一方面的研究,必须精致地结合社会学、人类学、心理学等领域的研究方法与研究成果,才有可能有所建树。此研究难度甚大,唯其乃中国迈向法治社会的必由之路。民法与宪法的关系极为密切,建构出一个与中国社会特色相符的宪法秩序与宪法惯例,对中国民法的发展与实践有重大意义。

参考文献

王泽鉴:《民法总则》,北京大学出版社2009年版。

苏永钦主编:《走入新世纪的私法自治》,台北,元照出版有限公司2002年版。

王利明:《民法总则研究》,中国人民大学出版社2018年版。

004 习惯作为法源的适用

石坊昌诉石忠雪顶盆过继案 ｜ 青岛市李沧区人民法院(2005)李民初字3460号民事判决书;青岛市中级人民法院(2006)青民一终字206号民事判决书

汪　洋 清华大学法学院

■ 事实概要

1997年12月1日,青岛市李沧区石家村居民石君昌病逝,因其妻子儿女已先相继因病去世,父母和另外两个哥哥也都已经过世,故家族中的老人只能在其近亲属里找个后辈来为其“顶盆发丧”。按照习俗,若找不到人“顶盆”,死者就不能发丧。“顶盆”的本家后辈等于过继给了死者,死者的所有家产均归其继承。起初欲找死者三哥石坊昌之子为其完成顶盆一事,但其两子均不愿意。后经协商,石君昌的侄子即二哥之子石忠雪最终被选定且同意“顶盆”。死者入土为安后,石忠雪一家住进了石君昌的房子,并在那里完成婚事,且于每年祭日拜祭石君昌。入住后8年内没有第三人提及房屋产权的归属,也没有发生任何争执。但当房屋拆迁时,按照拆迁标准,该房可以领取30余万元拆迁款。此时,石君昌三哥石坊昌拿出了一份1997年3月石君昌赠与其房子的公证书,主张石君昌病逝之前已将该房子过户给他。石坊昌说,当时是看到侄子石忠雪结婚后一直没钱盖新房,于是他把房子借给石忠雪一家暂住。石坊昌认为,他是法律上遗产的唯一继承人。2005年9月,石坊昌以非法侵占为由向青岛市李沧区人民法院起诉,将石忠雪告上法庭,请求依法确认自己和石君昌之间的赠与合同有效,并判令被告立即腾出房屋。在诉讼中,石忠雪提出了自己“顶盆”过继的事实,但这个说法被石坊昌一口否认,石坊昌认为“顶盆”不能作为继子。

■ 判决要旨

驳回上诉,维持原判。

2005年12月,区法院作出一审判决:驳回原告石坊昌的诉讼请求。法院经审理认为,本案中赠与合同的权利义务相对人仅为石坊昌与石君昌,原告以确认该赠与合同有效作为诉讼请求,其起诉的对方当事人应为石君昌。因此,原告以此起诉石忠雪于法无据,本院不予支持。被告石忠雪是因农村习俗,为死者石君昌戴孝发丧而得以入住其遗留的房屋,至今已达8年之久;原告在死者去世之前已持有这份公证书,但从未向被告主张过该项权利,说明他是知道“顶盆”发丧的事实的,因此被告并未非法侵占上述房屋。“顶盆”发丧虽然是一种民间风俗,但并不违反法律的强制性规定,所以法律不应强制地去干涉它。因此,原告提出被告立即腾房的诉讼请求法院不予支持。一审判决之后,原告石坊昌不服,提出上诉。2006 年 3 月,青岛市中级人民法院对本案作出终审判决:维持原判。

■ 评 析

Ⅰ 原告石坊昌对死者石君昌的财产是否享有继承权

石君昌病逝时,其父母子女以及配偶都已过世。依据原《继承法》第 10 条第 1、2 款(《民法典》第 1127 条第 1、2 款)的规定,"遗产按照下列顺序继承:(一)第一顺序:配偶、子女、父母;(二)第二顺序:兄弟姐妹、祖父母、外祖父母。继承开始后,由第一顺序继承人继承,第二顺序继承人不继承。没有第一顺序继承人继承的,由第二顺序继承人继承。"因此,石君昌没有第一顺位继承人。

由案件事实概况可知,石君昌有三位兄长,大哥与二哥也已经先于石君昌去世,唯一的兄弟姐妹只剩下三哥石坊昌。因此,石坊昌根据原《继承法》第 10 条第 1、2 款(《民法典》第 1127 条第 1、2 款)的规定,作为石君昌唯一的第二顺位继承人,有权继承石君昌的遗产。

Ⅱ 原告石坊昌是否放弃继承权

《继承法》第 25 条第 1 款(《民法典》第 1124 条第 1 款)规定:"继承开始后,继承人放弃继承的,应当在遗产处理前,作出放弃继承的表示。没有表示的,视为接受继承。"由此可知,放弃需于继承开始后、遗产分割前作出,是对继承既得权的处分。有观点认为,从石坊昌在石君昌死后对弟弟的后事不管不问这一行为中,可以推出他并未履行其作为法定继承人对被继承人应尽的义务,在事实上已经放弃了法定继承权。但根据最高人民法院《关于贯彻执行〈中华人民共和国继承法〉若干问题的意见》[法(民)发(1985)22 号]第 47 条的规定,放弃继承的意思表示应当采取书面形式或有充分证据证明的口头形式作出,而不能通过行为这一默示形式作出。综上所述,原告石坊昌并未放弃继承权。

Ⅲ 被告石忠雪对死者石君昌的财产是否享有国家法层面的继承权

我国现行法并未承认宗祧继承,原《继承法》的规范对象限于财产继承关系,且立嗣传统与现代法上的收养是目的性质完全不同的制度。根据原《婚姻法》第 10 条第 3 款(《民法典》第 1127 条第 3 款)规定,"本法所说的子女,包括婚生子女、非婚生子女、养子女和有扶养关系的继子女"。最高人民法院《关于贯彻执行民事政策法律若干问题的意见》[(1984)法办字第 112 号](已失效)第 38 条曾规定,"'过继'子女与'过继'父母形成扶养关系的,即为养子女,互有继承权;如系封建性的'过继'、'立嗣',没有形成扶养关系的,不能享有继承权"。因此,国家法层面并未明确承认只是打幡送葬而未曾共同生活、毫无抚养关系的嗣子享有继承权。

综上所述,被告石忠雪在"顶盆"过继之前,没有与石君昌形成扶养关系,他们之间不是继父与继子关系。因此,石忠雪不是石君昌继承法意义上的法定继承人。另外,他也不属于继承法上的受遗赠人、受抚养人、遗嘱受让人等类型。

Ⅳ 被告石忠雪是否依习惯而享有继承权

“顶盆发丧”与“顶盆过继”的民间习俗在我国农村源远流长。“摔盆儿”风俗，指老人去世之后，在出殡时要由家里的长子把烧纸钱的火盆顶在头上，然后摔碎。如果去世的老人没有子女的话，一般要在叔伯兄弟的孩子中找出一个人作为嗣子，由他来摔盆儿，这个风俗因而也叫“顶盆过继”。通常情形，摔盆、顶盆之子侄纵使最后未经宗族指立为嗣，亦能分得若干户绝财产。因此，争继者竞相顶盆、摔盆及打幡等事时有发生。

顶盆发丧这一风俗习惯涉及了“丧礼”这一中国传统文化的重要领域，在古人的人生观中，死后有人为之主丧、主祭似乎是非常重要的人生关怀，一方面说明后继有人，另一方面也能保证死后仍有所享。顶盆过继则关联“宗祧继承”这一古代宗法制度的核心内容，秦以后封建制瓦解，宗法原则转化为宗祧继承存在，集祭祀继承、身份继承与财产继承为一体。宗祧继承的原则是，有子立嫡，无子立嗣。顶盆过继的风俗习惯背后正是宗祧继承中的立嗣制度。所谓立嗣，是指当事人在没有符合立嫡条件的亲生子孙时，择立继承人以延续香火。立嗣以近亲过继作为续绝手段，是防止户绝的一种补救办法。

立嗣十分讲究次序，“凡子孙无嗣者，以亲兄弟次子承继。若亲兄弟无可继者，于堂兄弟之子继之。由亲及疏，以次而继，不许变乱宗法”。由此可知，立嗣对象为同宗近支卑亲属，由近而远，辈分相当，异姓不得立嗣。立嗣既包括被继承人生前择定继承人，也包括立继以及命继，前者指被继承人死后由其寡妻为其择立继承人，后者指夫妻都已死亡时，由丈夫的近亲尊长为之择立继承人。本案中的顶盆过继就属于命继行为。在传统中国，立嗣关系一经成立，嗣子就取得了被继承人的宗祧继承权及其家庭财产权，同时承担相应义务，与被继承人的亲生子孙无异。

《民法典》第10条规定：“处理民事纠纷，应当依照法律；法律没有规定的，可以适用习惯，但是不得违背公序良俗。”作为我国《民法典》中的“法源条款”，第10条的核心价值突出表现为将习惯从过去《合同法》《物权法》等部门法中的零散规定，上升为总则中的一般性法源，这是我国民法典开放性的重要体现，对于中国这样具有深厚文化底蕴和历史传统的国家，确实具有重要意义。习惯是某群体或社会的低限度共识，共识的实现源于其内容的可遵守性。作为内生于社会的自控型秩序，人们遵守习惯，并非因习惯具有外在的法律约束力和强制力，而是基于社会的合作与交往，习惯能自我维持和扩展，甚至内化为自觉遵守的行为准则。

习惯要成为裁判依据，须经合法性判断，即不得违反法律的强制性规定和公序良俗。《民法总则》第10条（《民法典》第10条）明文规定，习惯不能违反公序良俗。强制性规范与公序良俗具有“不可推翻的规范拘束力”，必须在所有案件的审判中得以适用，这也是满足“依法裁判”的必要条件。公序良俗从民族共同的道德感中抽象而成，可以将其看作全社会范围内所形成的普遍共识，是一种通行于全社会范围的“习惯法”。

“顶盆过继”在习惯法层面具有两层意义：一是顶盆，即为逝者发丧；二是过继，继承逝者的宗祧、财产。在我国传统法制体系中，一般属于“户律”的“户绝”条内容，具有身份法意义。但是在现代社会中，则主要发生财产继承的效果。这一习惯为本案提供的规则为：石君昌的父母、妻子、儿女皆已先于其去世，在其他侄子不愿“顶盆”的情况下，石忠雪可以通过为其“顶盆发丧”、料理后事，成为其“继子”，继承其财产。就这一角度而言，有学者把本案誉为“民间法第一案”。

值得探讨的是，“顶盆过继”这一习惯在现代法规范层面的法律效果，是让嗣子或继子获得正式的法定继承人地位，再按《继承法》第 10 条第 1、2 款（《民法典》第 1127 条第 1、2 款）的继承顺位进行法定继承；还是认为习惯作为法源的效力最多赋予嗣子或继子继承权，却不足以剥夺其他法定继承人依法律所享有的继承权，嗣子或继子仅仅可以作为共同继承人参与到其他继承人如配偶或兄弟姐妹的继承过程中。本案若依前者强效果方案，则石君昌与石忠雪之间形成父母子女关系，石忠雪成为唯一的第一顺位继承人，此时作为第二顺位的石坊昌无法继承遗产；若依后者弱效果方案，则石忠雪作为继承人与石坊昌构成共同继承关系，两人处于同一顺位。

笔者认为，从立嗣这一传统制度的目的观察，是在没有亲生子孙的前提下，择立继承人以取得被继承人的继承权及其家庭财产权，同时承担相应义务，与被继承人的亲生子孙无异。因此，对应于现行继承法规范层面，应将嗣子或继子与享有继承权的亲生子女或养子女同等对待，并不要求相互之间形成扶养关系。或者说，立嗣本身并不包含扶养功能。因此，笔者赞同“顶盆过继”习惯应产生强效力，即石忠雪成为第一顺位继承人，由此，作为第二顺位继承人的石坊昌便无法依继承人身份获得遗产。

此外，习惯的适用不能违反强制性规范与公序良俗。本案中，石忠雪这种“顶盆过继”行为并非旨在宣扬封建迷信，国家制定法亦未明令禁止，不违反法律的强制性规定。“顶盆过继”这一习惯也不违背公序良俗，其更深的文化内涵是“慎终追远”的价值追求。由同宗晚辈“顶盆”过继而继承财产，一方面体现“慎终”的观念，使被继承人身后有所托付，得享祭祀；另一方面也保证被继承人的财产不至失散，有助于继承人的生活改善，既具有文化价值，又具有社会意义。石君昌仅有的一处房产，因一家四口先后全染重病身亡而被视为“凶宅”，包括原告石坊昌两个儿子在内的其他侄辈皆因此拒绝“顶盆”，而对石君昌的后事不管不问。唯有石忠雪“眼看四叔的灵柩停放在家中已经多日，想起四叔一家平日里对自己的关照，再加上自己眼下还没有自己的房子”，答应顶盆。依照传统礼法，他的行为符合天理、国法、人情。“石君昌终于入土为安，石忠雪为四叔石君昌顶盆发丧一时间也在村里被传为佳话。”可见，“顶盆过继”非但不违背公序良俗原则，反而与之相符。

综上所述，被告石忠雪以顶盆过继方式继承石君昌遗留的房产，构成《民法总则》第 10 条（《民法典》第 10 条）规定的“习惯”，且不违反强制性规范与公序良俗。因此，应认定石忠雪依习惯成为第一顺位继承人，此时作为第二顺位的石坊昌无法继承遗产，原告石坊昌不可以要求被告石忠雪交还房屋，被告石忠雪依照《物权法》第 29 条（《民法典》第 230 条）的规定，在继承开始之时直接取得房屋所有权。作为非依法律行为发生的物权变动，是否在不动产登记簿上变更登记不影响所有权的移转。

Ⅴ 原告石坊昌是否可以主张依赠与合同获得房屋

本案审理过程中,原告石坊昌主张石君昌在生前与其订立案涉房屋的赠与合同并进行了公证,但由于赠与合同的相对人为石君昌而非石忠雪,法院并未支持他的诉请。无论石君昌将房屋"赠与"石坊昌的经济目的为何,在法律上,只要不违反强制性规范及公序良俗、未被认定存在通谋虚伪或恶意串通损害第三人利益等瑕疵事由,该赠与合同经公证以后成立并生效。但该赠与合同在石君昌生前并未履行,因此房屋所有权没有发生移转。

依《民法总则》第 188 条(《民法典》第 188 条)规定,普通诉讼时效期间为 3 年,自权利人知道或者应当知道权利受到损害以及义务人之日起计算。石忠雪"顶盆"发丧取得全村人的赞扬和认可,原告石坊昌对于石忠雪一家迁入石君昌房屋的行为持默认的态度,至少也是知情的。因此,8 年之后,其基于赠与合同所享有的交付受赠房屋请求权已经罹于时效。依《民法总则》第 192 条(《民法典》第 192 条)的规定,被告石忠雪主张罹于时效抗辩即可。

□ 参考文献

石宏主编:《中华人民共和国民法总则条文说明、立法理由及相关规定》,北京大学出版社 2017 年版。

彭诚信、陈吉栋:《论民法总则第 10 条中的习惯——以"顶盆过继案"切入》,载《华东政法大学学报》2017 年第 5 期。

姜福东:《法官如何对待民间规范?——"顶盆过继案"的法理解读》,载《甘肃政法学院学报》2007 年第 4 期。

《八年前的公证书》,载央视网:http://www.cctv.com/program/jjyf/20060417/101904.shtml,2020 年 4 月 18 日最后访问。

005 异质人工授精所生子女的法律地位及胎儿继承权保护

李某、郭某阳诉郭某和、童某某继承纠纷案 | 最高人民法院第50号指导性案例

张玉东 烟台大学法学院

■ 事实概要

1998年3月3日,原告李某与郭某顺登记结婚。2002年,郭某顺以自己的名义购买了涉案建筑面积为45.08平方米的306室房屋,并办理了房屋产权登记。2004年1月30日,李某和郭某顺共同与南京军区南京总医院生殖遗传中心签订了人工授精协议书,对李某实施了人工授精,后李某怀孕。2004年4月,郭某顺因病住院,其在得知自己患了癌症后,向李某表示不要这个孩子,但李某不同意人工流产,坚持要生下孩子。5月20日,郭某顺在医院立下自书遗嘱,在遗嘱中声明他不要这个人工授精生下的孩子,并将306室房屋赠与其父母郭某和、童某某。郭某顺于5月23日病故。李某于当年10月22日产下一子,取名郭某阳。原告李某无业,每月领取最低生活保障金,另有不固定的打工收入,并持有夫妻关系存续期间的共同存款187,05.4元。被告郭某和、童某某系郭某顺的父母,居住在同一个住宅小区的305室,均有退休工资。2001年3月,郭某顺为开店,曾向童某某借款8500元。

南京大陆房地产估价师事务所有限责任公司受法院委托,于2006年3月对涉案306室房屋进行了评估,经评估房产价值为19.3万元。

■ 判决要旨

夫妻关系存续期间,双方一致同意利用他人的精子进行人工授精并使女方受孕后,男方反悔,而女方坚持生出该子女的,无论该子女是否在夫妻关系存续期间出生,都应视为夫妻双方的婚生子女。如果夫妻一方所订立的遗嘱中没有为胎儿保留遗产份额,因违反《继承法》第19条规定,该部分遗嘱内容无效。分割遗产时,应当依照《继承法》第28条规定,为胎儿保留继承份额。

■ 评 析

Ⅰ 本判决的思路和意义

在本案中,原告方提出三项主张:一是涉案房屋为其与被继承人郭某顺的夫妻共同财产;二是郭某顺遗产应由原告李某、郭某阳与被告郭某和、童某某等法定继承人共同继承;三是析产继承时应基于原被告双方的经济情况对原告方给予照顾。法院认为,因被继承人留有遗嘱,应首先依《继承法》第5条规定按遗嘱继承办理。依《继承法》第26条的规定,涉案房屋为夫妻关系存续期间取得,属夫妻共同财产,该房屋的一半应归李某所有,另一半为遗产。郭某顺在遗嘱中将涉案房屋处分归其父母,其中对李某房产份额的处分属处分他人所有财产,依最高人民法院《关于贯彻执行〈中华人民共和国继承法〉若干问题的意见》[法(民)发(1985)22号]第38条的规定,遗嘱的这部分应为无效。此外,被继承人郭某顺因无生育能力,签字同意医院为其妻子即原告李某施行人工授精手术,该行为表明其具有通过人工授精方法获得其与李某共同子女的意思表示。依最高人民法院《关于夫妻离婚后人工授精所生子女的法律地位如何确定的复函》[(1991)民他字第12号],人工授精所生之子郭某阳应视为夫妻双方婚生子女。同时,被继承人郭某顺虽于遗嘱中否认其与妻子李某所怀胎儿之间的亲子关系,但依《民法通则》第57条(《民法典》第136条)规定,该否定不具法律效力。

最终,法院结合继承人实际需要及所占份额的考虑,将涉案房屋判定归原告李某所有,但李某应按房屋评估价值对原告郭某阳及二被告给予折价补偿。对遗嘱中未涉及之存款,在偿还共同债务并扣除妻子一方份额后,由原被告双方依法定继承规则各继承1/4。本案作为指导性案例,对异质人工授精所生子女的法律地位认定及胎儿继承权保护规则的适用具有一定指导意义。

Ⅱ 异质人工授精所生子女的法律地位及胎儿继承权保护的规范及学理

本案虽与遗嘱继承相关,但其核心争点有两点:其一,在夫妻关系存续期间,双方一致同意实施异质人工授精,所生子女是否为婚生子女;其二,在夫妻一方未于遗嘱中为胎儿保留必要份额时,应如何对胎儿利益予以保护。

依《人类辅助生殖技术管理办法》第24条第2款规定,异质人工授精(ADI),又称供精人工授精,是指用人工方式将丈夫以外之第三人精液注入女性体内以取代性交途径使其妊娠的一种方法。在此情形下,因丈夫一方与所生子女之间并无血缘关系,故二者间是否为父子(女)关系存在疑问。对此问题,我国《婚姻法》中并无明确规定。最高人民法院在《关于夫妻离婚后人工授精所生子女的法律地位如何确定的复函》[(1991)民他字第12号]中认为,"在夫妻关系存续期间,双方一致同意进行人工授精,所生子女应视为夫妻双方的婚生子女,父母子女之间权利义务关系适用《婚姻法》的有关规定"。依此规定,只要夫妻双方在婚姻存续期间经一致同意实施人工授精,所生子女即可取得婚生子女之地位,至于该子女是否在婚姻关系存续期间出生,并不影响对其婚生子女地位的认定。同时,因该复函系针对异质人工授精案件作出,故其适用于异质人工授精情形。既然所生子女被视为婚生子女,则其与妻之夫为法律上的父子(女),应适用《婚姻法》中关于父母子女之间权利义务关系的规定。

关于异质人工授精所生子女之法律地位探讨,学界多以人工授精是否经夫妻双方一致同意为标准区分两种情形:一为双方一致同意;二为妻未经夫方同意实施人工授精。在前一情形,学界存在婚生子女说、养子女说及独立法律地位说等不同观点[陈苇主编:《婚姻家庭继承法学》(第3版),群众出版社2017年版,第146页]。婚生子女说为学界通说[杨大文、龙翼飞主编:《婚姻家庭法》(第7版),中国人民大学出版社2018年版,第170页;房绍坤等编著:《婚姻家庭与继承法》(第5版),中国人民大学出版社2018年版,第119页]。在后一情形,学者多主张依婚生推定制度推定所生子女为婚生子女,但因欠缺夫方同意,夫方可行使否认权[巫昌祯主编:《婚姻与继承法学》(第6版),中国政法大学出版社2017年版,第238页;陈苇主编:《婚姻家庭继承法学》(第3版),群众出版社2017年版,第147页]。

值得探讨的是,在夫妻双方同意实施人工授精并受孕以后,夫方可否对父子(女)关系加以否认?对此,存在两种观点。肯定观点认为,在夫妻双方同意人工授精的意思表示中,夫之同意仅为对实施人工授精手术之同意,但不包含对婚生子女的认可,基于维护血缘真实性之目的,应认可夫之否认权。否定观点认为,夫之同意中包含对所生子女为婚生子女的认可,且依诚信原则、禁反言原则及保护子女利益原则,夫方不享有否认权。其中,否定观点为通说[陈苇主编:《婚姻家庭继承法学》(第3版),群众出版社2017年版,第147页]。需要指出的是,婚生子女的否认是对婚生子女推定的限制。在上述最高人民法院复函中,认定所生子女为婚生子女时所用语词为"视为",应解为法律拟制,故于妻方受孕后,夫方已无否认之可能。

夫妻一方未在遗嘱中为胎儿保留必要的继承份额时,应如何对胎儿利益予以保护,涉及《民法典》第1141条的适用。依该条规定,遗嘱人在遗嘱中应为"缺乏劳动能力又没有生活来源"("双无标准")的继承人保留必要的遗产份额。该条为我国法上的必留份制度,与比较法上的特留份制度存在不同,但同样对遗嘱自由构成限制。因此,若遗嘱人未为符合"双无标准"的法定继承人保留"必留份",则与"必留份"处分相涉的遗嘱内容无效。然而,胎儿是否为受必留份制度保护之主体却不无疑问。

依《民法典》第13条的规定,自然人的民事权利能力"始于出生,终于死亡"。依此规定,胎儿不具民事权利能力,也无继承能力。因胎儿无继承能力,故不为继承人,不受必留份制度保护。然而,为实现对胎儿继承利益之保护,《民法典》第1155条规定:"遗产分割时,应当保留胎儿的继承份额。胎儿出生时是死体的,保留的份额按照法定继承办理。"通说认为,该条规定暗含了对胎儿继承能力的承认,但以继承开始时已受孕及出生时非死产为条件(张玉敏:《继承法律制度研究》,华中科技大学出版社2016年版,第16页)。此外,《民法总则》第16条(《民法典》第16条)明确规定在遗产继承情形中,胎儿视为具有民事权利能力,但娩出时为死体的,其民事权利能力自始不存在。据此,胎儿具有继承能力已确定无疑。因此,无论在《民法总则》实施之前还是之后,胎儿继承能力均不构成对其适用《继承法》第19条

(《民法典》第1141条)之障碍。同时,通说认为,胎儿属于符合"双无标准"的法定继承人,因此,被继承人中有于继承开始时已受孕胎儿时,遗嘱人应为其保留必要的遗产份额[郭明瑞、房绍坤:《继承法》(第2版),法律出版社2004年版,第160页]。

Ⅲ 既往司法实践状况

在夫妻关系存续期间双方一致同意实施人工授精的情形中,因最高人民法院复函对所生子女之法律地位有明确规定,故审理法院均依此认定所生子女为婚生子女。《最高人民法院公报》1997年第1期所刊载的"人工授精子女抚养纠纷案"即为典型例证。其他如"李某与吴某离婚纠纷案"[广东省博罗县人民法院(2013)惠博法湾民初字第66号民事判决书]、"徐某与鲍某甲离婚纠纷案"[浙江省天台县人民法院(2014)台天民初字第32号民事判决书]、"王某、黄某1离婚纠纷案"[江西省抚州市中级人民法院(2015)抚民一终字第395号民事判决书]、"谷某与邓某甲离婚纠纷案"[湖南省双峰县人民法院(2016)湘1321民初1488号民事判决书]、"冯某1、朱某离婚纠纷案"[河南省驻马店市中级人民法院(2017)豫17民终3780号民事判决书]也是如此。针对夫方以无血缘关系为由而欲否定存在父子(女)关系的主张,法院均未支持,如"蒋会莲诉雷定才离婚纠纷案"[四川省成都市锦江区人民法院(2002)锦江民初字第426号民事判决书]、"丁某甲与丁某乙抚养纠纷案"[山东省青岛市市南区人民法院(2016)鲁0202民初1075号民事判决书]。此外,在妻子一方未征得丈夫同意而实施异质人工授精,但丈夫事后表示认可的情况下,法院也认定所生子女具有婚生子女地位[广西壮族自治区陆川县人民法院(2015)陆民初字第1463号民事判决书]。

关于胎儿继承权之保护,在夫方生前未留有遗嘱而适用法定继承时,法院均依原《继承法》第28条规定,认定胎儿享有法定继承权并于遗产分割时保留其应继份额,如"曹某王某等法定继承纠纷上诉案"[河南省许昌市中级人民法院(2009)许民一终字第286号民事判决书]、"焦某1诉焦某等继承纠纷案"[兰州市西固区人民法院(2011)西陈民初字第298号民事判决书]。在夫方生前留有遗嘱但未为胎儿保留必要的遗产份额时,法院在裁判说理中认为应依《继承法》第19条的规定认定该遗嘱部分无效,即应为胎儿保留必要的份额,如"顾某诉顾某遗嘱继承纠纷案"[上海市徐汇区人民法院(2011)徐民一(民)初字第3971号民事判决书]、"冶某1、冶某2等与冶勇菊等遗嘱继承纠纷案"[河北省邢台市桥东区人民法院(2017)冀0502民初630号民事判决书]。

Ⅳ 本判决的参考意义及将来的课题

按最高人民法院案例指导工作办公室的说明(最高人民法院案例指导工作办公室:《〈李某、郭某阳诉郭某和、童某某继承纠纷案〉的理解与参照——双方同意人工授精所生子女视为婚生子女》,载《人民司法·案例》2016年第26期),推选本指导案例的主要意义在于明确人工授精子女的法律地位问题。具体而言,该案例明确了夫妻关系存续期间,双方一致同意实施异质人工授精并使女方受孕后,男方反悔,而女方坚持生出该子女,所生子女应被认定为婚生子女,以及在夫妻一方所订遗嘱中未为胎儿保留必要继承份额时,该遗嘱部分无效。虽然该指导案例发布的直接目的在于保护通过人工授精出生之子女及妇女的合法权益，并统一类案裁判标准，但因最高人民法院复函对人工授精子女之法律地位已有明确规定且法院多将胎儿认定为应受必留份制度保护之主体，故其指导意义并未得以特殊彰显。同时，指导案例中以原《民法通则》第 57 条规定为依据否定夫方反悔之效力，尽管就本案而言在结果上可被接受，但在说理上似有不周。因为，之所以认定夫方对亲子关系的否定不具效力，其原因不仅在于其之前的同意，更在于妻子已受孕并坚持生下孩子。若仅依夫方的同意就否认其反悔的效力，则无法解释在夫妻双方同意人工授精后至受孕前，夫方仍有权提出中止该技术的实施（《人类辅助生殖技术和人类精子库伦理原则》知情同意的原则第三项）。同时，在子女出生后，即便是妻方同意丈夫之反悔，也不能当然认为该反悔具有法律效力，此时尚涉及子女利益保护问题。毫无疑问，针对与身份相关的法律行为效力之认定，并不能简单套用民法总则部分的法律行为规则。对于此类问题，也还有待于未来的进一步讨论。

□ 参考文献

陈苇主编：《婚姻家庭继承法学》（第 3 版），群众出版社 2017 年版。

杨大文、龙翼飞主编：《婚姻家庭法》（第 7 版），中国人民大学出版社 2018 年版。

房绍坤等编著：《婚姻家庭与继承法》（第 5 版），中国人民大学出版社 2018 年版。

巫昌祯主编：《婚姻与继承法学》（第 6 版），中国政法大学出版社 2017 年版。

张玉敏：《继承法律制度研究》，华中科技大学出版社 2016 年版。

郭明瑞、房绍坤：《继承法》（第 2 版），法律出版社 2004 年版。

最高人民法院案例指导工作办公室：《〈李某、郭某阳诉郭某和、童某某继承纠纷案〉的理解与参照——双方同意人工授精所生子女视为婚生子女》，载《人民司法·案例》2016 年第 26 期。

006 限制民事行为能力人实施代理行为的默示追认

吕应福、彭兴平买卖合同纠纷二审民事判决书 | 浙江省湖州市中级人民法院(2018)浙05民终1363号民事判决书

彭诚信 上海交通大学凯原法学院

■ 事实概要

吕应福于2014年11月14日,2015年6月1日、5日向彭兴平购买大理石石材,货款共计13,890元,其中2014年11月14日送货单上的签收人为吕应福的儿子吕世林。由于吕应福收到大理石后始终未支付货款,彭兴平遂诉至法院。在一审时,吕应福经合法传唤拒不到庭参加诉讼。一审判决吕应福于判决生效之日起10日内给付彭兴平13,890元。其后,吕应福因不服一审判决提出上诉,认为:(1)对于2015年6月1日和5日两次送货,其系代老板傅德成代收,因此与彭兴平之间不成立合同关系;(2)对于2014年11月14日的送货,其不清楚是否为其子吕世林签收,并且在签收时其子尚未年满18周岁,系未成年人。

■ 判决要旨

驳回上诉,维持原判。

吕应福虽上诉主张案涉货物是其代老板傅德成签收,相应货款应由傅德成支付,且傅德成已经付清,但未举证证明该说法,依法应承担举证不能的不利后果。

限制民事行为能力人可以独立实施与其年龄、智力相适应的民事法律行为。即使吕世林当时未满18周岁,为限制民事行为能力人,但其已年满16周岁,且依吕应福说法,吕世林读到初二后辍学去学厨师,说明吕世林应当能够理解送货单上载明的内容并预见在送货单上签名的后果。

吕应福称彭兴平在本案起诉前曾多次向其催讨,并认可其早已看到过该送货单,而吕应福与吕世林系父子关系,且二人共同生活,表明吕应福完全有能力、有条件向吕世林进行核实。但吕应福至本案一审起诉前一直未就该送货单向彭兴平提出异议,并经一审法院合法传唤,无正当理由拒不到庭参加诉讼,据此可以推定吕应福默认吕世林在该送货单上签名的行为。

■ 评　析

Ⅰ 本判决的思路和意义

本判决的典型意义，在于其兼有法定代理和意定代理的内容，即探讨未成年人替其父签字的行为，是否能够对被代理人发生法律效力。其中值得探讨的法律问题主要可归纳为如下两点：第一，作为未成年人的吕世林是否可以作为代理人有效实施法律行为；第二，吕应福在明知其子签收石材的情况下长时间未提出异议，是否构成对无权代理人所立合同的追认，其法理依据为何。现就上述两个问题分别展开论述。

Ⅱ 限制行为能力人作为意定代理人的资格问题

在本案中，吕应福为否定 2014 年 11 月 14 日送货单上签名的法律效力，主张其子在签收货物时尚未年满 18 周岁，因此为限制行为能力人。由此产生的问题是，限制行为能力人实施的代理行为是否有效。比较法上，大多不将代理人的行为能力作为代理行为的生效要件。其典型者，如《日本民法典》第 102 条的规定："限制行为能力人作为代理人所作之行为，不得因行为能力之限制而撤销。但限制行为能力人作为其他限制行为能力人之法定代理人所作之行为，不在此限。"依《法国民法典》第 1060 条，"代理人的权限将因为丧失行为能力或者法律上的禁止事由而终止"。通说认为此条仅仅针对代理人事后丧失行为能力的情况，并不妨碍欠缺行为能力的人被指定为代理人。（J. Flour, J. – L. Aubert, E. Savaux, Les obligations, Vol. 1 ：L' acte juridique, 16e éd. , Sirey, 2014, n°428. ）我国的实体法规定与法国法如出一辙，原《民法总则》第 173 条将"代理人丧失民事行为能力"作为委托代理终止之事由，但一般认为被代理人自始授权限制行为能力人为代理人的，不适用该条规定，代理行为之效力不受影响（李宇：《民法总则要义：规范释论与判解集注》，法律出版社 2017 年版，第 837 页）。在《民法总则》编纂的过程中，室内稿第 124 条曾明确规定代理人在行为能力方面的欠缺并不影响代理行为的效力，但该条在征求意见稿中被最终删去。

上述规则的合理性可从两方面证成。就代理人角度而言，行为能力制度的本旨在于保护被监护人的利益免受损害，但依代理的基本法理，代理人所实施的行为，其效果最终由被代理人承受，因此不存在代理人利益受损的风险，行为能力制度的保护功能已无必要。在德国法中，此类不会对被监护人利益造成损害的行为被称为"中性行为"，通过扩张解释被纳入《德国民法典》第 106 条所规定的"纯获利益行为"的射程之中，从而限制行为能力人无需其法定代理人的授权即可实施（于程远：《论限制民事行为能力人之中性行为》，载《清华法学》2017 年第 1 期）。从被代理人角度来看，其本人在代理权授予时已经对代理人欠缺行为能力的事实有所了解，而依然作出代理权授予的决定，系意思自治的体现。只要本人具有完全的行为能力，法律并无理由否定该代理行为的效力。

但需要指出的是，代理人不需要具有行为能力，不代表其意思能力方面的不足不会影响到代理行为本身的效力。因为依照一般法理，在判断代理行为的效力时，应当以代理人作为判断对象，考察其意思表示是否存在、是否真实有效（王浩：《论代理的本质：以代理权授予时的意思瑕疵问题为契机》,载《中外法学》2018 年第 3 期)。这也是在学理上对传达和代理加以区分的原因:传达人只是转述他人的意愿,所以并未发出自己的意思表示,而代理则是由代理人作出的意思表示。因此,尽管代理人无需具备行为能力,但代理行为的有效性要求其能充分理解该行为的法律意义和后果。在日本法中,如果代理人行为时欠缺意思能力,则代理行为同样无效([日]山本敬三:《民法讲义Ⅰ:总则》(第 3 版),解亘译,北京大学出版社 2012 年版,第 287 页)。在法国法中,代理行为的有效性要求代理人具有辨识能力(discernement)。同样,在德国法中能够担任代理人的仅限于限制行为能力人,而不包括无行为能力人。只不过中性行为的理论似乎很难解释上述差别对待的合理性:中性行为既然对被监护人不存在受损的风险,为何在无行为能力人场合不加允许,而只授权限制行为能力人实施?事实上,根本的原因在于无行为能力人无法理解所代理行为的意义,因此无法作出有效的意思表示(朱庆育:《民法总论》,北京大学出版社 2013 年版,第 324 页)。

我国实体法上并未严格区分行为能力与意思能力的概念,但应当认为我国的行为能力概念本身就包含了形式认定和实质认定两个面向:前者依据年龄或者法院的判决抽象确定,后者则依据实施法律行为时的实际情况进行个案判断(彭诚信、李贝:《民法典编纂中自然人行为能力认定模式的立法选择——基于个案审查与形式审查的比较分析》,载《法学》2019 年第 2 期)。在本案中,法院引用《民法总则》第 19 条的规定,实际就是在个案审查的意义上考察作为未成年人的吕世林是否能够理解其在送货单上签名的法律意义。依据最高人民法院《关于贯彻执行〈中华人民共和国民法通则〉若干问题的意见(试行)》[法(办)发(1988)6 号]第 3 条的规定,“十周岁以上的未成年人进行的民事活动是否与其年龄、智力状况相适应,可以从行为与本人生活相关联的程度、本人的智力能否理解其行为,并预见相应的行为后果,以及行为标的数额等方面认定”。司法实践中,法院一般会考察所实施的行为与未成年人生活的关联性[浙江省诸暨市人民法院(2017)浙 0681 民初 3343 号民事判决书;河南省原阳县人民法院(2017)豫 0725 民初 616 号民事判决书]、合同标的的金额大小[福建省宁德市中级人民法院(2016)闽 09 民终 1506 号民事判决书;重庆市第二中级人民法院(2017)渝 02 民终 67 号民事判决书]、合同交易类型[例如,房屋买卖合同一般被认为超出未成年人的理解范围。参见北京市第二中级人民法院(2016)京 02 民终 5950 号民事判决书]乃至合同条款内容的公平与否[山东省济南市市中区人民法院(2016)鲁 0103 民初 5115 号民事判决书;山东省淄博市中级人民法院(2017)鲁 03 民终 2269 号民事判决书]等因素。在本案中,法院在判断吕世林是否能理解其签字的意义时,主要考虑以下因素:首先是吕世林的年龄,其虽未成年,但代父签收时已经年满 16 周岁,因此具有较强的判断能力;其次是吕世林的生活阅历,其从初二时即辍学踏入社会,并曾担任厨师,由此可见其有丰富的社会经验。故法院认为,他应当能够理解在送货单上签字所产生的法律效力。

Ⅲ 未成年人无权代理的默示追认

吕应福否认系争合同对其具有约束力的第二个理由是,其本人并未在送货单上签字,也不知道该货物是否为其子签收。换言之,吕应福主张自己并未授权其子代为签收大理石，该签收行为构成无权代理，对其不发生效力。在上诉的答辩理由中，彭兴平认为吕世林和吕应福当时共同居住并一起工作，所领取的大理石被用于吕应福所承包的工程，因此，彭兴平"有理由相信吕世林的行为是受吕应福的指派"。彭兴平认为即便吕世林事先未获授权，也成立表见代理。但法院判决中并未采纳上述观点，而是着眼于吕应福事后的表现。首先，法院认为吕应福对吕世林签收的行为不知情的主张不能成立：一方面，吕应福承认其看过送货单，且有彭兴平多次向其催讨的事实；另一方面，吕应福与吕世林共同居住，因此完全有可能向后者核实签收事宜。其次，吕应福在事后知情的情况下迟迟不向彭兴平提出异议，法院认为"可以推定吕应福默认吕世林在该送货单上签名的行为"，即吕应福事后知情而不表示反对的行为构成对代理行为的默示追认。但这一结论的法律依据为何，本判决并未言明。

原《民法通则》第 66 条第 1 款第 3 句规定："本人知道他人以本人名义实施民事行为而不作否认表示的，视为同意。"关于该条的性质学界存在较大争议，有默示追认说、内部授权说和容忍代理（表见代理）说等不同学说。在本条设立之初，由于我国尚未确立无权代理中相对人的催告制度，故第 66 条第 1 款第 3 句主要扮演默示追认的功能，但在《合同法》完善催告制度后，默示追认说越来越受到学界的质疑（冉克平：《民法典视野下"本人沉默视为同意"规则的再造》，载《当代法学》2019 年第 4 期）。按照一般法理，单纯的沉默原则上不能构成一项意思表示，只有在例外情形中考虑到双方当事人事先的相关约定、交易惯例、诚实信用原则等因素足以认为一方当事人有义务积极地作出表示时，其沉默才能被认定为意思表示（杨代雄：《容忍代理抑或默示授权——〈民法通则〉第 66 条第 1 款第 3 句解析》，载《政治与法律》2012 年第 4 期）。此次原《民法总则》不再保留原《民法通则》第 66 条第 1 款的规定，因此，吕应福单纯的沉默本身将不能直接推出追认的法律效果，尚需结合别的因素加以判断。

对无权代理行为的追认有明示与默示两种方式，最高人民法院《关于适用〈中华人民共和国合同法〉若干问题的解释（二）》[法释（2009）5 号]（以下简称《合同法司法解释二》）第 12 条对默示追认作出规定："无权代理人以被代理人的名义订立合同，被代理人已经开始履行合同义务的，视为对合同的追认。"但本案并不符合该条描述的情形：吕应福在合同中的义务是支付价款，而其拖欠价款的行为显然不能视为履行的开始。这一问题的症结在于该司法解释规定的片面性，其不能完全涵盖默示追认的全部情形。《民法典》第 503 条在《合同法司法解释二》第 12 条的基础上，又增加"接受相对人履行"作为默示追认的情形，值得肯定（为了尽可能涵盖更多的默示追认情形，"接受相对人履行"应当解释为不仅包括受领对方给付而不提出异议，还包括对方尚未履行但从其行为可推知其将接受对方的履行，例如催告对方履行，转让其在合同中的权利等）。若依照该规定，则吕应福明知其子代收石材的事实而长时间不作表示，甚至在对方催讨价款时依然不提出异议的行为，可视为其接受相对人履行，从而构成对其子签收行为的默示追认。

最后，法院在判决理由中尚提到"违背诉讼诚信"，但其含义不甚明了。一种可能的解释是吕应福长期不行使拒绝追认的权利，使相对人对吕应福不会行使拒绝追认权产生了合理信赖，依据权利失效之法理，吕应福将丧失拒绝追认的权利（追认权实际上是一种选择权，追认和拒绝追认乃该权利的一体两面。权利失效制度将导致何种权利丧失,取决于相对人的合理信赖为何。在本案中,吕应福长时期的不作为使相对人产生其受合同约束的信赖,因此,吕应福所丧失的应是拒绝追认权)。

Ⅳ 本判决的参考意义

本判决回答了限制行为能力人担任意定代理人的资格问题。代理人行为能力的欠缺并不当然影响代理行为的效力,但代理人行为时需要理解该行为的法律意义及后果,即代理人需要具备必要的意思能力。通过这一案例,我国法律上行为能力概念的双重意蕴(兼具形式判断和个案判断)得以体现。

本案贯通了法定代理与意定代理,为学理上进一步思考两者之间的区别联系提供了很好的契机。司法实践中未成年人所实施的许多行为,最终效果实际是为法定代理人、而非未成年人本人创设义务,此时父母乃是作为无权代理中的本人、而非法定代理中的代理人进行追认。

本案凸显了既有实体法有关无权代理中本人默示追认规定的不足,又有导致法院在判决时面临无法可依的困境。

参考文献

李宇:《民法总则要义:规范释论与判解集注》,法律出版社 2017 年版。

[日]山本敬三:《民法讲义Ⅰ:总则》(第 3 版),解亘译,北京大学出版社 2012 年版。

冉克平:《民法典视野下"本人沉默视为同意"规则的再造》,载《当代法学》2019 年第 4 期。

王浩:《论代理的本质:以代理权授予时的意思瑕疵问题为契机》,载《中外法学》2018 年第 3 期。

杨代雄:《容忍代理抑或默示授权——〈民法通则〉第 66 条第 1 款第 3 句解析》,载《政治与法律》2012 年第 4 期。

彭诚信、李贝:《民法典编纂中自然人行为能力认定模式的立法选择——基于个案审查与形式审查的比较分析》,载《法学》2019 年第 2 期。

007 监护资格的撤销

陈庆佩与陈庆宏申请撤销监护人资格案 | 上海市杨浦区人民法院(2019)沪0110民特88号民事判决书

刘征峰 中南财经政法大学法学院

■ 事实概要

被监护人陈兆田与妻子刘秀英共生育陈庆珍、陈庆琪、陈庆佩、陈庆玫、陈庆宏5个子女。刘秀英于2013年12月29日报死亡。2017年11月2日,陈庆佩申请宣告陈兆田为限制民事行为能力人,并指定陈庆佩为监护人。2017年11月21日,上海市杨浦区人民法院作出(2017)沪0110民特1006号民事判决,宣告陈兆田为限制民事行为能力人,指定陈庆佩为陈兆田的监护人。2018年4月2日,陈庆珍、陈庆琪、陈庆玫、陈庆宏申请变更陈兆田的监护人为陈庆宏、陈庆琪。2018年4月25日,上海市杨浦区人民法院作出(2018)沪0110民特634号民事判决,指定陈庆佩、陈庆宏为陈兆田的监护人。2019年1月3日,陈庆佩诉请要求撤销陈庆宏监护人资格,其理由主要有两点:首先,刘秀英去世后留有存款21万余元,其中12万余元已用于刘秀英身后事宜及陈兆田的日常开销,现陈庆宏拒绝将剩余的9万余元存款用于陈兆田的日常生活,存在侵吞被监护人财产的嫌疑;其次,陈兆田现每月退休金均用于其看病就医、诉讼维权及日常开销,自2018年5月起,陈兆田每月雇佣保姆的费用均由陈庆佩垫付,陈庆宏不来探望照顾陈兆田,亦拒不支付相应费用。陈庆宏辩称,其并未侵害陈兆田的财产权益。刘秀英去世后留有存款21万余元,支付完丧葬费用后,其中10万元已交陈庆佩保管,剩余9万余元由陈庆宏保管,但陈庆宏并未擅自动用。陈兆田每月有较高的退休金收入,陈庆佩有10万元可支配,现陈庆佩表示钱款均已花费完毕,但又无法提供完整账目,故陈庆宏不同意将父亲仅剩的9万余元交给陈庆佩保管使用。若经双方核对,父亲确无钱款可支付生活开销,陈庆宏愿意将9万元拿出。陈庆宏担任陈兆田的监护人后,曾与其他姐妹去看望父亲,但陈庆佩不予配合,常常与其发生冲突。陈庆宏提出由其与父亲共同居住,照顾父亲日常生活起居,陈庆佩亦不同意。陈庆宏尽到了监护人的义务,未损害被监护人的权益,故不同意陈庆佩的申请请求。陈庆珍、陈庆琪、陈庆玫亦表示不同意陈庆佩的申请请求。

■ 判决要旨

驳回申请人的申请请求。

根据最高人民法院《关于民事诉讼证据的若干规定》[法释(2001)33号]第2条,当事人对自己提出的诉讼请求所依据的事实或者反驳对方诉讼请求所依据的事实有责任提供证据加以证明。没有证据或者证据不足以证明当事人的事实主张的,由负有举证责任的当事人承担不利后果。申请人陈庆佩称被申请人陈庆宏担任监护人后存在侵吞被监护人财产的嫌疑且未履行监护职责,但未有证据提供,对该意见,法院不予采信。鉴于陈兆田目前的情况,申请人与被申请人共同担任陈兆田的监护人并无不适,故驳回申请人的申请请求。

■ 评　析

Ⅰ 本判决的思路和意义

本案中,申请人陈庆佩主张被申请人作为监护人损害了被监护人的利益,未获法院支持。裁判要旨明确申请撤销监护资格案件应适用谁主张谁举证的举证责任规则。如果申请人未能证明监护人存在严重侵害被监护人利益的行为,应承担举证不利的后果。本案对于审理监护人资格撤销案件具有参考意义。

Ⅱ 监护资格撤销的规范及学理

根据《民法典》第36条第1款的规定,"监护人有下列情形之一的,人民法院根据有关个人或者组织的申请,撤销其监护人资格,安排必要的临时监护措施,并按照最有利于被监护人的原则依法指定监护人:(一)实施严重损害被监护人身心健康行为的;(二)怠于履行监护职责,或者无法履行监护职责并且拒绝将监护职责部分或者全部委托给他人,导致被监护人处于危困状态的;(三)实施严重侵害被监护人合法权益的其他行为的"。另外,最高人民法院、最高人民检察院、公安部、民政部《关于依法处理监护人侵害未成年人权益行为若干问题的意见》[法发(2014)24号](以下简称《四部委意见》)第35条详细规定了撤销未成年人监护人资格的具体情形,对于撤销成年人监护人资格亦有参照意义。《反家庭暴力法》第21条亦就家庭暴力情形下的监护资格撤销问题进行了专门规定。

学者们对于监护资格撤销的研究多集中于未成年人监护资格的撤销,而对于本案中所涉及的成年人监护资格的撤销研究较少。不过由于《民法典》第36条可以无差别地适用于未成年人和成年人监护资格的撤销,故在法理上具有共通性。就成年人监护而言,《民法典》第36条的规定可同时适用于法定监护和意定监护。当事人根据《民法典》第33条设定的意定监护同样存在被撤销的可能,当事人不能通过协议排除这种撤销。如承认当事人可通过协议降低撤销标准或者排除《民法典》第36条的适用,则将与监护制度的保护目的明显相悖。

由于我国监护制度中并未引入监护监督规范,仅存在监护撤销规范,难以有效发挥防微杜渐之功能[朱广新:《监护监督制度的立法建构》,载《苏州大学学报》(法学版)2020年第1期],

似乎在解释上应尽量宽松。但由于监护资格撤销是以或有或无的方式进行,对被监护人的利益影响甚大,似又应采严格立场。从《民法典》第 36 条的文义来看,采纳了后一种立场,强调侵害被监护人利益的严重性。至于何为严重,应引入比例原则由法院进行实质判断(刘征峰:《以比例原则为核心的未成年人国家监护制度建构》,载《法律科学》2019 年第 2 期;王慧:《〈民法总则〉撤销父母监护权条款的罅漏与完善》,载《江西社会科学》2017 年第 6 期)。尤其是在监护人为被监护人父母或者子女时,比例原则的运用应更加严格。

就监护资格撤销的情形而言,《民法典》第 36 条第 1 款采用了列举加兜底的形式。列举主要是从正反两个方面展开,是实践中较为常见的形态。第 1 项实质为积极侵害,第 2 项实质为消极侵害。有观点认为监护人的主观状态并不具有评价意义,应考虑的是监护人利益客观受损状态(陈甦主编:《民法总则评注》(上册),法律出版社 2017 年版,第 268 页)。此项意见颇值赞同。例如,监护人因精神疾病纵然无过错严重损害被监护人利益,亦应撤销其监护资格。

由于《民法典》第 36 条和《四部委意见》所列举的具体情形均指向被监护人的人身利益,财产利益是否应作同等评价呢?从立法工作者的解读来看,"在《民法总则》起草过程中,有的意见建议在撤销监护人资格的情形中增加一项,即'实施严重侵害被监护人财产的行为的',但由于这种情形在实践中较为少见,且可为兜底条款所涵盖,故未单独规定"(李适时主编:《中华人民共和国民法总则释义》,法律出版社 2017 年版,第 108 页)。而照此理解,只要侵害被监护人财产到达了严重的程度,亦可撤销监护人的监护资格。不过,由于我国监护资格的撤销是以或有或无的方式进行的,不存在中间形态的部分撤销,仅因财产上的侵害行为就撤销监护人的整个监护资格确实存在不妥(王苑:《论〈民法总则〉第 36 条的撤销监护制度》,载《青少年犯罪问题》2018 年第 1 期)。在解释适用时同样应采纳比例原则,如监护人在财产管理上存在不妥,作为替代,法院可以另行指定监护人作为共同监护人(李贝、彭诚信:《共同监护制度的解释适用——以〈民法总则〉颁布为背景》,载《法律适用》2017 年第 13 期),以强化对被监护人财产的管理。在具体适用比例原则时,对损害被监护人财产利益所致监护资格撤销的程度标准应当严于对损害被监护人的人身利益。

另外一项值得探讨的问题的是,如果监护人不履行其法定的扶养义务,是否会导致监护资格的撤销。本案中,申请人即主张被申请人不探望被监护人,亦不支付相应的生活费用。根据《民法典》第 34 条第 1 款的规定,监护人的职责是代理被监护人实施法律行为,保护被监护人的人身权利、财产权利以及其他合法权益等。由于我国采纳的是"大监护"立法模式,监护人的职责范围较为广泛,与扶养人职责之间存在诸多重合。如果监护人不履行扶养义务同时也构成监护人职责的严重违反,则同样可撤销其监护人资格。

Ⅲ 既有司法实践状况

法院对于撤销监护人资格案件的裁判总体上未出现巨大的分歧。实践中,与本案情形较为类似,多数案件中申请人申请撤销监护人监护资格被驳回,皆因其无法证明监护人存在原《民法总则》第 36 条(《民法典》第 36 条)所规定的行为[例如,刘某 1 等与刘某 3 申请撤销监护人资格案,北京市海淀区人民法院(2018)京0108民特525号民事判决书;杨某与杨某1申请撤销监护人资格案,重庆市渝中区人民法院(2018)渝0103民特277号民事判决书;张某、张某2、张某3与张某1申请撤销监护人资格案,天津市河东区人民法院(2018)津0102民特120号民事判决书]。不难发现,应由申请撤销监护资格的一方负担举证责任。不过,考虑到法院在保护被监护人利益中的特殊作用,其亦可依职权调查收集证据。

就本案所涉及的以"侵害被监护人财产利益"为由提起的撤销而言,司法实践主要集中于监护人非为被监护人利益处分被监护人财产的情形。在此种情形中,为了判断其严重性,应以其处分明显未获得公允的对价对为标准[徐某与徐某1申请撤销监护人资格特别程序案,上海市虹口区人民法院(2018)沪0109民特74号民事判决书;邢某与邢某1申请撤销监护人资格案,北京市西城区人民法院(2018)京0102民特1682号民事判决书]。单纯处分被监护人的财产本身并不构成严重侵害被监护人利益[陈某与曹某申请撤销监护人资格案,江苏省苏州市姑苏区人民法院(2019)苏0508民特45号民事判决书]。亦有法院采纳了较为宽松的标准,认为监护人怠于履行其监护职责,拒绝配合办理被监护人名下房屋拆迁款项的发放手续,致使被监护人至今无法取得该笔款项,侵害了被监护人的财产权益[陈某等与陈某3申请撤销监护人资格案,北京市通州区人民法院(2019)京0112民特85号民事判决书]。这一裁判立场并不合理,理由在于,监护人的行为并未导致被监护人处于危困状态。在因监护人怠于履行监护责任导致被监护人人身利益受损害时,尚且要求行为导致被监护人处于"危困状态",而若在财产利益受损害情形,不再作此要求,明显不合理,且与比例原则相悖。此外,有法院认为将被监护人财产转移到监护人自己名下这一行为本身并不能表明严重侵害被监护人利益,这一行为可被解释为保管行为,只要未导致被监护人财产减损或者灭失即可[沈某3等于深谋申请撤销沈某监护人资格案,重庆市渝北区人民法院(2018)渝0112民特626号民事判决书]。相反意见则认为,只要监护人将原本属于被监护人的财产转移至自己名下,就应认定存在侵害行为[徐某与徐某1申请撤销监护人资格案,上海市虹口区人民法院(2018)沪0109民特74号民事判决书]。实际上,转移行为本身只应产生推定效果,将相关证明责任转移给监护人。如果监护人能证明其转移行为只是为了财产管理上的便利,则不应认定为侵害行为。总体而言,法院在处理以"侵害被监护人财产利益"为由提起的监护人资格撤销案件时,裁判思路总体清晰,即先判断监护人是否违反原《民法总则》第35条(《民法典》第35条)的规定,再判断对被监护人利益的侵害是否严重。是否违反监护职责的判断不仅局限于客观意义的上被监护人利益,还包括是否违背主观意义上的被监护人意愿[陈某与陈某1申请撤销监护人资格案,广东省佛山市禅城区人民法院(2018)粤0604民特353号民事判决书]。如果侵害的程度并不严重,例如数额较小或者未对被监护人的生活产生严重影响,则不予支持。亦有法院考量监护人未履行监护职责的客观原因,将监护人的主观过错纳入考量范围[陈某与黄某申请撤销监护人资格案,重庆市万州区人民法院(2017)渝0101民特1048号民事判决书]。

有法院考虑到被监护人的情况,认为虽然监护人未及时向第三人主张权利致使被监护人利益遭受重大损失,但并未直接撤销其监护人资格,而是增设其他共同监护人,以强化对监护人行为的监督[方某与黄某2、邹某申请撤销监护人资格案,江西省横峰县人民法院(2019)赣

1125民特2号民事判决书]。亦有法院虽然认定监护人不存在严重侵害被监护人利益的行为，但出于保护被监护人利益的必要，而增设共同监护人[靳某与马某申请撤销监护人资格案，天津市红桥区人民法院(2018)津0106民特527号民事判决书]。由此可见，共同监护人的增设已经成为实践中保护被监护人利益的缓和手段。

Ⅳ 本判决的影响及将来的课题

本判决与司法实践中的主流观点相一致，不存在任何突破性贡献。不过，本判决尚未解决共同监护人在就具体监护事项发生分歧时，应如何解决的问题。从本判决及相关判决来看，共同监护人极易就具体监护事项的决策发生分歧，又由于监护资格撤销案件不受一事不再理规则的约束，导致各方不断提起撤销申请。比较合理的方案是，法院在裁判确定共同监护人时应尽量明确各监护人之间的监护职责。当然，从立法论角度来看，应明确各共同监护人彼此的关系，以及实施的相互冲突行为的效力。另外，本案亦未明确的是，父母或者子女与其他监护人能否适用统一的监护资格撤销标准。如果认为应当适用不同的标准，如何在解释论视角下进行合理论证。

□ 参考文献

陈甦主编：《民法总则评注》(上册)，法律出版社2017年版。

李适时主编：《中华人民共和国民法总则释义》，法律出版社2017年版。

李贝、彭诚信：《共同监护制度的解释适用——以〈民法总则〉颁布为背景》，载《法律适用》2017年第13期。

朱广新：《监护监督制度的立法建构》，载《苏州大学学报》(法学版)2020年第1期。

刘征峰：《以比例原则为核心的未成年人国家监护制度建构》，载《法律科学》2019年第2期。

王慧：《〈民法总则〉撤销父母监护权条款的罅漏与完善》，载《江西社会科学》2017年第6期。

008 越权代表的效力认定

招商银行股份有限公司大连东港支行与大连振邦氟涂料股份有限公司、大连振邦集团有限公司借款合同纠纷案 |《最高人民法院公报》2015 年第 2 期

吕成龙 深圳大学法学院

■ 事实概要

2006 年 4 月 30 日,招商银行股份有限公司大连东港支行(以下简称招行东港支行)与大连振邦集团有限公司(以下简称振邦集团公司)签订借款合同。同日,招行东港支行与再审被申请人大连振邦氟涂料股份有限公司(以下简称振邦股份公司)分别签订了两份《抵押合同》,合同规定以振邦股份公司所有某国有土地使用权及其房产作抵押,此后,对上述土地办理了抵押登记及房产抵押登记。2006 年 6 月 8 日,振邦股份公司出具了《不可撤销担保书》,承诺对上述贷款承担连带保证责任。贷款到期后,振邦集团公司未能偿还借款本息,振邦股份公司也没有履行担保义务,招行东港支行提起诉讼要求振邦股份公司对上述债务承担连带责任。另查,振邦股份公司《股东会担保决议》的决议事项未经股东会的同意,振邦股份公司也未就此事召开过股东大会。大连市中级人民法院一审认为,因振邦股份公司为其股东振邦集团公司提供担保必须经股东会决议通过,故该《股东会担保决议》系无效决议,涉案《不可撤销担保书》应认定为无效。招行东港支行上诉后,辽宁省高级人民法院驳回上诉,维持原判。

招行东港支行向最高人民法院(以下简称最高院)申请再审,主要理由如下:(1)振邦股份公司对外已向招行东港支行出具了《不可撤销担保书》,股东会决议是其公司内部管理问题;(2)招行东港支行作为善意第三人对《股东会担保决议》的形式审查仅限于“有这份文件”,并没有对其真实性进行审查的义务和能力,招行东港支行不可能知道振邦股份公司的保证和抵押合同是其内部管理人员未经过股东会决议越权签订的。振邦股份公司称,申请人未尽合理审慎注意义务,股东会决议系伪造,担保未经股东会同意,因此,《抵押合同》《不可撤销担保书》无效,招行东港支行对无效结果存在过错,振邦股份公司只应承担相应比例的赔偿责任。

■ 判决要旨

撤销一审、二审判决关于担保合同无效的认定,改判振邦股份公司对振邦集团公司债务承担连带担保责任。

《公司法》第16条第2款规定:"公司为公司股东或者实际控制人提供担保的,必须经股东会或者股东大会决议。"该条款是关于公司内部控制管理的规定,不应以此作为评价合同效力的依据。担保人抗辩认为其法定代表人订立抵押合同的行为超越代表权,债权人以其对相关股东会决议履行了形式审查义务,主张担保人的法定代表人构成表见代表的,人民法院应予支持。

■ 评　析

Ⅰ 本判决的思路和意义

本案中,振邦股份公司以《股东会担保决议》未经股东会的同意且未就此事召开股东会为由,主张案涉《不可撤销担保书》无效,但最高院并未采纳该观点。最高院从两个层次展开论理,其认为《公司法》第16条为管理性强制性规范,非《合同法》第52条第5项下效力性强制性规定,故不能据此认定《不可撤销担保书》无效。在此前提下,法定代表人超越权限订立合同是否构成表见代表、相对人是否善意是责任认定的关键。具言之,只要相对人已尽合理的审查义务,其主观上构成善意,则法定代表人的行为构成表见代表,由法人承担相应责任。本案表明了最高院对越权代表效力认定的态度,尤其明确了相对人形式审查义务的边界。

Ⅱ 规范及学理

在民事法律中,越权代表效力的规范最早见于原《民法通则》第43条规定:"企业法人应对其法定代表人和其他工作人员的经营活动,承担民事责任。"但该条忽视了交易安全,且对其他组织的立法在归属规则上也存在不足(朱广新:《法定代表人的越权代表行为》,载《中外法学》2012年第3期)。在具体的民商事单行立法中,1993年《公司法》也未明确回答公司代表的越权行为应否有效于公司的疑问(邹海林:《公司代表越权担保的制度逻辑解析——以公司法第16条第1款为中心》,载《法学研究》2019年第5期)。1999年原《合同法》第50条规定了法人或其他组织法定代表人、负责人超越权限订立合同时代表行为的效力,在一定程度上弥补了原《民法通则》的不足并确立了更具普遍适用性的规则,但其不仅在"超越权限""知道或者应当知道"的判断上充满了争议,而且对相对人恶意时越权代表的效力也没有规定(朱广新:《法定代表人的越权代表行为》,载《中外法学》2012年第3期),特别在回答公司代表越权担保这一特定疑问时帮助有限(邹海林:《公司代表越权担保的制度逻辑解析——以公司法第16条第1款为中心》,载《法学研究》2019年第5期)。此后,尽管2000年最高人民法院《关于适用〈中华人民共和国担保法〉若干问题的解释》[法释(2000)44号](以下简称《担保法司法解释》)第11条就法人或者其他组织的法定代表人、负责人超越权限订立担保合同时代表行为的效力予以规定,但也仅属于原《合同法》第 50 条(《民法典》第 504 条)的特定化,未能提供更为明确的规范。

2005 年修订的《公司法》第 16 条对公司为他人、为公司股东或者实际控制人提供担保的情形进行了规定,但该条为不完全法条,其可与哪些法条配合构成完全法条仍然存有疑问(高圣平等:《公司法定代表人越权担保效力判断的解释基础——基于最高人民法院裁判分歧的分析和展开》,载《比较法研究》2019 年第 1 期)。换言之,当法定代表人未经公司机关决议而为他人、公司股东或者实际控制人提供担保时,应当如何处理?司法实践中因对第 16 条的认识不同,争议十分突出(梁上上:《公司担保合同的相对人审查义务》,载《法学》2013 年第 3 期)。从最高院的理解来看,就有规范性质识别进路、法定权限限制进路和内外关系区分进路三种模式,三种模式下的法律适用逻辑和结果自然也不尽一致(高圣平等:《公司法定代表人越权担保效力判断的解释基础——基于最高人民法院裁判分歧的分析和展开》,载《比较法研究》2019 年第 1 期)。不过,随着近年来研究的不断推进,对公司代表越权担保的私法效果归属与担保合同本身的效力分属于两个不同问题,已达成了共识(梁上上:《公司担保合同的相对人审查义务》,载《法学》2013 年第 3 期;高圣平等:《公司法定代表人越权担保效力判断的解释基础——基于最高人民法院裁判分歧的分析和展开》,载《比较法研究》2019 年第 1 期;邹海林:《公司代表越权担保的制度逻辑解析——以公司法第 16 条第 1 款为中心》,载《法学研究》2019 年第 5 期),并且注意到代表权法定限制与约定或议定的限制区别(朱广新:《法定代表人的越权代表行为》,载《中外法学》2012 年第 3 期;高圣平等:《公司法定代表人越权担保效力判断的解释基础——基于最高人民法院裁判分歧的分析和展开》,载《比较法研究》2019 年第 1 期)。但是,对于相对人恶意时越权代表的效力,各界仍存有不同观点,有观点认为越权代表行为与无权代理行为存在形式及逻辑上的相似性,应当类推无权代理效力待定的规则(高圣平等:《公司法定代表人越权担保效力判断的解释基础——基于最高人民法院裁判分歧的分析和展开》,载《比较法研究》2019 年第 1 期;梁上上:《公司担保合同的相对人审查义务》,载《法学》2013 年第 3 期;朱广新:《法定代表人的越权代表行为》,载《中外法学》2012 年第 3 期),也有观点认为此种情形不涉及无权代表或无权代理,公司代表越权担保归属于公司,但公司在相对人恶意时拥有拒绝给付抗辩权(邹海林:《公司代表越权担保的制度逻辑解析——以公司法第 16 条第 1 款为中心》,载《法学研究》2019 年第 5 期)。

2017 年《民法总则》通过之后,第 61 条(《民法典》第 61 条)对先前《民法通则》的规定作了较大的改变(《民法典》第 61 条第 2 款规定越权代表之法律后果由法人承受,第 3 款专门强调法人内部对法定代表人代表权的限制,不得对抗善意相对人),对此,《民法典》第 504 条规定:"法人的法定代表人或者非法人组织的负责人超越权限订立的合同,除相对人知道或者应当知道其超越权限外,该代表行为有效,订立的合同对法人或者非法人组织发生效力。"但《民法总则》第 61 条(《民法典》第 61 条)与《合同法》第 50 条的关系也出现了不同认识,有观点认为《合同法》第 50 条已被《民法总则》第 61 条第 3 款(《民法典》第 61 条第 3 款)完全取代(邹海林:《公司代表越权担保的制度逻辑解析——以公司法第 16 条第 1 款为中心》,载《法学研究》2019 年第 5 期),也有观点认为《合同法》第 50 条之代表权的法定限制不能被第 61 条(《民法典》第 61 条)所取代(高圣平等:《公司法定代表人越权担保效力判断的解释基础——基于最高人民法院裁判分歧的分析和展开》,载《比较法研究》2019 年第 1 期;杨代雄:《公司为他人担保的效力》,载《吉林大学社会科学学报》2018 年第 1 期)。这两种不同的观点,自会影响法律的具体适用问题。值得关注的是,2019 年《全国法院民商事审判工作会议纪要》在总结近年司法审判经验的基础上,对越权代表提出了两点意见:一是强调违反《公司法》第 16 条构成越权代表,法院应根据原《合同法》第 50 条区分债权人是否善意分别认定合同效力,债权人善意的,合同有效,反之无效,这从最高司法裁判机关的角度回答了相对人恶意的合同效力问题;二是明确了善意的认定标准,强调公司对股东或实际控制人提供担保的,债权人应当提供证据证明其在订立合同时对股东(大)会决议进行了审查及并且决议符合法定表决程序规定。当然,债权人对公司机关决议内容的审查一般限于形式审查,只要求尽到必要的注意义务即可,标准不宜太过严苛。

Ⅲ 既往司法实践状况

在本判决之前,在法定代表人越权代表效力的裁判上,法院比较常见的做法是首先判断《公司法》第 16 条属于管理性强制性规定抑或效力性强制性规定,从而评判担保合同的效力。如在"中建材集团进出口公司诉北京大地恒通经贸有限公司等进出口代理合同纠纷案"(《最高人民法院公报》2011 年第 2 期)中,北京市高级人民法院认为《公司法》第 16 条并非效力性强制性规定,依据该条款认定担保合同无效不利于维护合同的稳定和交易的安全,故公司对外仍应对善意第三人承担民事责任。在此基础上,法院再借助《合同法》第 50 条和《担保法司法解释》第 11 条规定对"善意"进行判断,但其认定比较宽松,如法定代表人在连带责任保证之《承诺函》上已签字,法院据此认为债权人已经尽到合理的审查义务。与此同时,对不涉及公司担保的案件,法院往往会从法定代表人身份、合同相对人是否尽了合理审查义务,也就是表见代表的角度,来判断越权代表的责任,如在"中信银行股份有限公司长沙晚报大厦支行与李某波借款合同纠纷再审案"[最高人民法院(2013)民提字第 21 号民事判决书]中,法院认为蒋某飚代表阳光支行向李某波借款的行为,不能认定为超越其职务权限,且不能因李某波具有银行工作和金融业务学习经历而否定其"善意","合肥市明利房地产开发有限公司与甘某生等房屋买卖合同纠纷申请案"[最高人民法院(2013)民申字第 1714 号民事裁定书]也是如此。

Ⅳ 本判决的参考意义及将来的课题

在本判决中,最高院表现出的立场是,对于违反《公司法》第 16 条规定的,原则上不宜认定合同无效,但债权人要履行相应的形式审查义务,唯有如此,方可认定担保人的法定代表人构成表见代表并以此承担责任。在该判决作出之后,《公司法》第 16 条的性质得到了进一步确认,因而,相对人的形式审查义务成为法院审查的重点,尤其是在代表人权限存在法定限制的情况下。申言之,法律一经公布并生效即对任何人产生效力,任何人不得以其不知法律而提出免责或减责抗辩[江苏省高级人民法院(2017)苏民申 2176 号民事裁定书]。因而,法院一般认为《公司法》的规定具有公示作用,相对人应当知道公司为自己股东债务提供担保需要经股东会决议,而若未能尽到基本的形式审查义务[最高人民法院(2017)最高法民再258号民事判决书等]，其不能被认定为善意第三人[最高人民法院(2014)民申字第1876号民事裁定书等]。同时，对于法定代表人代表公司签订其他协议的效力问题，法院尊重法定代表人的权利，其有权代表公司参加民事活动[最高人民法院(2015)民一终字第313号民事判决书等]，但也会着重审查所涉事项是否有法定限制，如在一起公司股权及权益转让纠纷中，法院认为以公司融资向周某支付股权对价的约定，将本应由陶某承担的义务转嫁至项目公司，显然违反了《公司法》的规定，该案中法定代表人所签署的该协议对公司不生效力[最高人民法院(2014)民二终字第259号民事判决书]。反之，若无此法定限制，则承认其代表效力[最高人民法院(2018)最高法民再302号民事判决书]。尤其值得一提的是，法院会根据相对人的身份及专业能力来判断其是否为善意，如为专业担保公司、银行或商事主体，则强调其应尽到更为谨慎的审查义务[最高人民法院(2016)最高法民申2633号民事裁定书等]，若是一般人，只要尽到相应审查义务即可[最高人民法院(2017)最高法民申1242号民事裁定书]。

遗憾的是，在以公司担保为代表的各类越权代表行为效力案件中，法院的实际做法、学术界的观点目前仍见仁见智，最高院及学术界直至2019年年底尚对此存有争议(贺小荣主编:《最高人民法院民事审判第二庭法官会议纪要》，人民法院出版社2018年版；高圣平等:《公司法定代表人越权担保效力判断的解释基础——基于最高人民法院裁判分歧的分析和展开》，载《比较法研究》2019年第1期；邹海林:《公司代表越权担保的制度逻辑解析——以公司法第16条第1款为中心》，载《法学研究》2019年第5期)。在司法实务中，有法官认为因法律没有规定相对人应如何审查股东会决议，又鉴于实践中通常也流于形式，第三人无义务审查是否已召开股东会[最高人民法院(2016)最高法民申字1006号民事裁定书等]，法定代表人持公司公章签署《确认书》为其个人债务提供担保等可构成表见代表[最高人民法院(2014)民一终字第109号民事判决书]，即内部决策程序并不当然约束第三人[最高人民法院(2016)最高法民申607号民事裁定书]。此外，也有法官鉴于《公司法》第16条非为效力性强制性规定，而推论担保合同有效[最高人民法院(2017)最高法民申179号民事裁定书]，并认为法定代表人越权行为应当通过内部追责程序解决[最高人民法院(2015)民申字第2538号民事裁定书]，不一而足。因此，在2019年《全国法院民商事审判工作会议纪要》发布之后，各地法院究竟如何处理越权代表案件，值得继续观察。

▣ 参考文献

朱广新:《法定代表人的越权代表行为》，载《中外法学》2012年第3期。

邹海林:《公司代表越权担保的制度逻辑解析——以公司法第16条第1款为中心》，载《法学研究》2019年第5期。

高圣平等:《公司法定代表人越权担保效力判断的解释基础——基于最高人民法院裁判分歧的分析和展开》，载《比较法研究》2019年第1期。

梁上上:《公司担保合同的相对人审查义务》，载《法学》2013年第3期。

杨代雄:《公司为他人担保的效力》，载《吉林大学社会科学学报》2018年第1期。

009 有限公司清算义务人的界定

上海存亮贸易有限公司诉蒋志东、王卫明等买卖合同纠纷案 | 最高人民法院第9号指导性案例

马俊彦 宁波大学法学院、宁波大学东海研究院

■ 事实概要

2007 年 6 月,上海存亮贸易有限公司(以下简称存亮公司)与常州拓恒机械设备有限公司(以下简称拓恒公司)建立钢材买卖合同关系。存亮公司履行供货义务后,拓恒公司支付了部分货款,但尚欠货款 139 万余元。房恒福、蒋志东和王卫明为拓恒公司的股东,所占股份分别为 40%、30%、30%。拓恒公司因未进行年检被工商机关吊销营业执照,至今股东未组织清算。存亮公司诉称:因房恒福、蒋志东和王卫明怠于履行清算义务,导致公司财产流失、灭失,存亮公司的债权得不到清偿。为此,拓恒公司需承担付款责任和违约责任,房恒福、蒋志东和王卫明对此应承担连带责任。

上海市松江区人民法院认为,存亮公司按约供货后,拓恒公司未能按约付清货款,应当承担相应的付款责任及违约责任。房恒福、蒋志东和王卫明作为拓恒公司的股东,理应在拓恒公司被吊销营业执照后及时组织清算。因房恒福、蒋志东和王卫明怠于履行清算义务,导致拓恒公司的主要财产、账册等均已灭失,无法进行清算,违反了公司法及其司法解释的相关规定,应当对拓恒公司的债务承担连带清偿责任。蒋志东、王卫明不服一审判决,提起上诉。上海市第一中级人民法院判决驳回上诉,维持原判。

■ 判决要旨

驳回上诉,维持原判。

有限责任公司的股东,应当依法在公司被吊销营业执照后及时组织清算。因股东怠于履行清算义务,导致公司的主要财产、账册等均已灭失,无法进行清算的,应当对公司的债务承担连带清偿责任。进言之,作为有限责任公司,其全体股东在法律上应一体成为公司的清算义务人。公司法及其相关司法解释并未规定股东不负有清算义务的例外条款,因此无论股东所占的股份为多少,是否实际参与了公司的经营管理,均有义务在法定期限内依法对公司进行清算。

■ 评　析

Ⅰ 本判决的指导意义和裁判思路

实践中大量存在公司解散后应当清算而不清算,甚至故意借解散之机逃废债务的情形,严重损害了债权人利益并危害市场经济秩序。为此,《公司法》第20条对股东滥用权利的责任作出了规定,最高人民法院《关于适用〈中华人民共和国公司法〉若干问题的规定(二)》[法释(2014)2号](以下简称《公司法司法解释二》)第18条,对股东怠于履行清算义务所导致的侵权民事责任作出了规定。最高人民法院案例指导工作办公室认为,该案例确定的法律适用标准,对于构建合理有序的公司清算程序有良好的示范意义,且可以督促小股东在大股东不积极履行清算义务的情况下依法申请人民法院对公司进行清算,对于保护债权人利益,倡导诚实守信经营,形成良好的市场经济秩序,具有重要意义。

该案的裁判思路简要分析如下:

1. 根据《公司法》第183条的规定,有限公司的清算组由股东组成,逾期不成立清算组进行清算的,债权人可以申请人民法院指定有关人员组成清算组进行清算。该条并没有明确规定具体清算义务的承担者,由于组织清算是公司的法定义务,在实践中该义务由谁承担经常产生争议,如果笼统地认为公司的股东、董事、监事、经理、高级管理人员等都有组织清算组进行清算的义务,显然过于宽泛。为此,《公司法司法解释二》根据公司法的立法精神并结合审判实践,在第18条中将股东明确为有限公司的法定清算义务人。通常情况下,有限公司股东人数较少,且人合性较强,将有限责任公司全体股东界定为公司解散后的清算义务人,由其组织清算组进行清算具有合理性和可操作性。

2. 股东承担有限公司的清算义务不以其是否实际参加公司经营管理为必要条件。公司实际的经营管理大多由公司的高级管理人员完成,股东仅在公司重大决策、选举董事等方面拥有控制权,也就是说更多的是控制公司而不是管理公司。股东这种控制公司的权力,使其可以怠于履行清算义务。本案中,即使蒋志东和王卫明从未参与过公司经营管理,因其是该有限公司的股东,负有在公司被依法吊销营业执照之日起15日内组织清算的法定义务,其并未履行该义务,在有实际控制人原因不能清算的情况下,也未及时向人民法院申请对公司进行清算,其应当承担相应的民事责任。

3. 至于股东怠于履行清算义务的具体责任后果,有清算赔偿责任、连带清偿责任与损害赔偿责任之分。《公司法司法解释二》第18条第1款规定,清算义务人未在法定期限内成立清算组开始清算,导致公司财产贬值、流失、毁损或者灭失,应在造成损失范围内承担补充性赔偿责任,其法律依据是《公司法》第20条第2款的侵害债权理论。《公司法司法解释二》第18条第2款规定,清算义务人怠于履行义务,导致公司主要财产、账册、重要文件等灭失,无法进行清算,应对公司债务承担连带清偿责任,其法律依据是《公司法》第20条第3款的法人人格否认理论。

Ⅱ 有限公司清算义务人的规范及学理

1993年《公司法》第191条虽然明确了股东是有限公司清算组成员,但并没有提出清算义务人的概念,更没有确立股东的清算义务人地位。我国《公司法》在2005年修订时,将1993年《公司法》的第191条调整为第184条,并增加了"开始清算"四个字,形成了所谓的"清算责任"。由于清算责任依赖于自然人的行为,具有人身性,在清算义务人拒不履行清算责任时,法院无法强制其履行,难以保护债权人利益。为了解决清算责任的困境,更好地保护债权人利益,《公司法司法解释二》详细规定了清算义务人的责任范畴,完成了立法上从"清算责任到清算赔偿责任"的转变。

虽然有《公司法司法解释二》的明文规定,但是实践中对此问题认识不一。本案从法律适用的角度对有限公司股东的清算义务人责任作了示例性阐释,明确了股东之间的连带赔偿责任,从实践方面完成了从"清算责任到清算赔偿责任"的转变,最终促成了债权人追究股东清算赔偿责任的全面爆发。

本案作为指导案例发布后,原《民法总则》第70条正式建立了"清算组"成员(学理上称为"清算人")与"清算义务人"并存的清算制度双轨制体系,除了对清算义务人的范围进行调整外,基本上吸收了司法解释创制的清算义务人制度,但并未吸收《公司法司法解释二》第18条第2款关于连带责任的规定,而《民法典》对此亦延续了原《民法总则》的规定,值得重视。

就本案关于有限公司清算义务人主体范围及法律责任的认定,我国学术界争议不断,这些争议从某种意义上也影响了《全国法院民商事审判工作会议纪要》(以下简称《九民纪要》)中"关于有限责任公司清算义务人的责任"的审理思路。

王长华教授认为,在解释论上,原《民法总则》实施后,公司清算义务人的界定规则没有变化,有限责任公司的清算义务人仍然是全体股东。然而,将股东作为清算义务人存在诸多问题。就立法论的角度而言,我国公司法应将董事作为有限责任公司的清算义务人。公司解散后,董事应在法定期限内及时组织成立清算组,以便启动清算程序,促使公司顺利进入清算阶段,进而科学妥善地解决市场退出问题。

肖雄博士认为,统一的清算义务人规则忽视了被行政解散的公司往往处于人去楼空、违法犯罪的情况,忽视了部分控股股东、董事不愿意也不适合承担清算义务的客观实际,忽视了中小股东、债权人珍惜清算权利但难以及时获得解散信息的现实,以致部分清算义务人难以履行清算义务,清算责任体系混乱,实践效果堪忧。为此,应当健全公司解散的商事登记规则,排除不适格的清算人,将清算职权配置给最珍惜、最适格的人,废止公司清算义务人规则,回归并重建清算人中心主义,实现我国公司清算规则的完善。

梁上上教授认为,清算义务人制度仍有必要存在,但让"如此弱势"的小股东作为清算义务人承担连带责任,从根本上违背了公司正义原则。现行《公司法》及其《公司法司法解释二》将有限公司股东作为清算义务人,使股东责任从有限责任变为无限责任,致使股东与债权人之间的利益关系失衡,已经摧毁了我国的市场退出法律体系。基于股东、董事、监事、直接责任人等在公司治理结构中地位、职权等的比较分析可以看出,有限公司的清算义务人不是股东,只有董事才是妥当的清算义务人。现行制度根源于对公司解散效力等一系列制度的误解,已造成债权人从破产清算向非破产清算逃逸,损害了股东利益。保护债权人利益的正道在于,继续保留清算义务人制度,增设董事的破产申请义务。

李清池教授认为,从公司法的理论体系来看,清算义务人的主体范围应按"对公司的管理具有支配性地位/影响"的标准界定为公司董事和控股股东,有限责任公司和股份有限公司无需区别对待。清算义务人的清算义务在法律性质上应为信义义务,其指向对象在公司解散后未终止前仍为公司,但受益人由股东转变为公司债权人。

笔者认为,基于信义义务将董事增设为清算义务人在我国公司法体系上仍有诸多障碍。一方面,无论直接诉讼还是派生诉讼,其诉讼利益均归属于公司,程序上已赋予了债权人申请法院进行强制清算,以及径直起诉要求清算义务人承担清偿责任的权利,再扩大清算义务人范围,利益衡量明显失衡;另一方面,一些案件的处理结果不适当地扩大了股东的清算责任,实践中已经出现了一些职业债权人,从其他债权人处大批量超低价收购"僵尸"企业的"陈年旧账"后,对批量僵尸企业提起强制清算之诉的现象。

鉴于此,《九民纪要》仍然"固守"股东作为有限公司清算义务人的立场,向更为严格、有利于中小股东利益保护的方向发展,排除了"已经为履行清算义务采取了积极措施"或者"既不是公司董事会或者监事会成员,也没有选派人员担任该机关成员,且从未参与公司经营管理"的中小股东作为清算义务人,同时规定对公司债务承担连带清偿责任的前提是"怠于履行清算义务"的消极不作为与"公司主要财产、账册、重要文件等灭失,无法进行清算"的结果之间须具有因果关系。相对公司清算义务人而言,公司债权人系"局外人",不掌握清算义务人公司的主要财产,更不掌握其账册、重要文件,举证能力较弱,因而因果关系仍采取举证责任倒置的方式,由抗辩的股东承担举证责任。

Ⅲ 既往司法实践状况

关于清算义务人承担清算赔偿责任的构成要件,在"上海丰瑞投资咨询有限公司与上海汽车工业销售有限公司、扬州市机电设备总公司企业借贷纠纷案"[最高人民法院(2016)最高法民再37号民事判决书]中,最高人民法院认为,清算义务人承担上述清算赔偿责任,应符合以下构成要件:(1)清算义务人有违反法律规定,怠于履行清算义务的行为。即在公司解散后未在法定时间内开展清算事务或未在法定时间内完成清算事务,主观上存在不作为的过错或者不适当执行清算事务,侵犯债权人利益的。(2)清算义务人的行为造成了公司债权人的直接损失。(3)清算义务人怠于履行清算义务的行为与公司财产或债权人的损失之间具有法律上的因果关系。

关于"损失范围"的推定规则,在"义乌市黑白矿山机械有限公司与胡荣法、陈月阳与公司有关的纠纷案"[金华市婺城区人民法院(2010)金婺商初字第1420号民事判决书]中,金华市婺城区人民法院认为,若清算义务人不能提供相应证据证明因其怠于履行清算义务而给公司财产及债权人造成损失的实际范围,法院可以最后一次工商年检报告登记的资产为据推定公司的"损失范围",判令清算义务人在此范围内对公司债务承担连带清偿责任。

审判实践中,对于股东是否应一体地作为清算义务人,认识并不统一。在"北京双新宇工贸有限责任公司上诉北京天康达科技发展有限公司等股东损害公司债权人利益责任纠纷案”[北京市第三中级人民法院(2016)京03民终10445号民事判决书]中,北京市第三中级人民法院认为,有限公司全体股东在法律上应一体成为公司的清算义务人。无论股东在公司中所持股份的多寡,都有义务在法定期限内对公司进行清算。在“周仁清等诉上海新汇工程项目管理有限公司公司决议纠纷案”[上海市第二中级人民法院(2015)沪二中民四(商)终字第569号民事判决书]中,上海市第二中级人民法院判决支持了将小股东排除出公司清算组成员范围的股东会决议。在“张能秀诉顾海冬等清算责任纠纷案”[宁波市中级人民法院(2015)浙甬商终字第943号民事判决书]中,宁波市中级人民法院认为公司无法清算时,只有怠于履行清算义务的股东才对公司债务负连带清偿责任。

回 参考文献

最高人民法院案例指导工作办公室:《〈上海存亮贸易有限公司诉蒋志东、王卫明等买卖合同纠纷案〉的理解与参照》,载《人民司法·案例》2014年第6期。

李清池:《清算义务人民事责任辨析——兼评最高人民法院指导性案例9号》,载《北大法律评论》2014年第1期。

梁上上:《有限公司股东清算义务人地位质疑》,载《中国法学》2019年第2期。

肖雄:《论公司清算人中心主义的回归与重建》,载《政治与法律》2017年第11期。

王长华:《论有限责任公司清算义务人的界定——以我国〈民法总则〉第70条的适用为分析视角》,载《法学杂志》2018年第8期。

010 关联公司间法人格否认制度的适用

徐工集团工程机械股份有限公司诉成都川交工贸有限责任公司等买卖合同纠纷案 ｜ 最高人民法院第15号指导性案例

韩　强　华东政法大学法学院

■ 事实概要

股东王永礼等人分别注册成立成都川交工程机械有限责任公司(以下简称川交机械公司)、四川瑞路建设工程有限公司(以下简称瑞路公司)和成都川交工贸有限责任公司(以下简称川交工贸公司),三家公司均由王永礼等人实际控制。在与徐工集团工程机械股份有限公司(以下简称徐工机械公司)交易往来之时,三家公司也共同向徐工机械公司表明,瑞路公司和川交工贸公司是川交机械公司为业务扩张而另外注册的公司,并要求将三家公司与徐工机械公司的往来账目均记在川交工贸公司的名下。原告徐工机械公司诉称:川交工贸公司拖欠其货款未付,而川交机械公司、瑞路公司与川交工贸公司人格混同,三家公司实际控制人王永礼以及川交工贸公司股东等人的个人资产与公司资产混同,均应承担连带清偿责任。

一审法院判决川交机械公司和瑞路公司对川交工贸公司的上述债务承担连带清偿责任。被告三公司不服一审判决提起上诉。

■ 判决要旨

驳回上诉,维持原判。

关联公司的人员、业务、财务等方面交叉或混同,导致各自财产无法区分,丧失独立人格的,构成人格混同。关联公司人格混同,严重损害债权人利益的,关联公司相互之间对外部债务承担连带责任。

■ 评　析

Ⅰ 本裁定的思路和意义

本案中,徐工机械公司主张瑞路公司、川交机械公司对川交工贸公司的债务承担连带清偿责任,并同时主张公司股东王永利、过胜利、卢鑫等对上述债务承担连带清偿责任。一审法院和二审法院均支持前一项主张,并驳回了原告的后一项诉讼请求。但是,一审法院和二审法院适用的法律依据不尽相同。一审法院依据原《民法通则》及原《合同法》的相关规定作出判决,而二审法院则参照适用《公司法》第 20 条第 3 款的规定。裁判要旨明确强调,关联公司人格混同,严重损害债权人利益,违背诚实信用原则,其行为本质和危害结果与《公司法》第 20 条第 3 款规定的情形相当,因此,关联公司相互之间对外部债务应当承担连带责任。本案是最高人民法院首次以指导案例的形式确认公司法人格否认案例,且在事实上确立了一种新类型的公司法人格否认的案型,是对《公司法》第 20 条第 3 款所规定的公司法人格否认制度的发展,具有重要的实践指导意义和理论研究价值。

Ⅱ 公司法人格否认制度的规范及学理

本案旨在探究关联公司间法人格否认制度的适用,其核心争议主要体现在以下两个方面:其一,《公司法》第 20 条第 3 款适用的正当性基础及其界限;其二,关联公司人格混同的责任主体是否应然地包括关联公司控股股东。

关于《公司法》第 20 条第 3 款在关联公司间适用的正当性基础何在,理论界存在较大争议。有学者认为,《公司法》第 20 条第 1 款作为一般规定,只要属于股东滥用法人独立地位和股东有限责任的情形,即使某些滥用情形不在第 3 款规定中,也应属该规则范围之内(朱慈蕴:《公司法人格否认制度理论与实践》,人民法院出版社 2009 年版,第 49 页)。但持反对观点的学者主张,公司之间人格混同不适用公司法有关法人人格否认的规定,理由如下:首先,混同的主体不同。前者的混同主体是公司与公司,而后者的混同主体是股东与公司。其次,违背的法律原则不同,并直接决定着法律适用的不同。前者违背的是公司法人独立地位原则,所适用的法律是公司法和民法;而后者违背了公司法人独立地位和股东有限责任原则,仅适用公司法。最后,混同效果不同,直接决定着法律后果的不同。即受益者和相对应的责任承担者是各个关联公司抑或股东与公司的区别(楼东平、陈文东:《人格混同的姐妹公司共担责任的法理基础分析》,载《法治研究》2010 年第 4 期)。

《公司法》第 20 条第 3 款仅规范股东与公司存在财产混同的情形,并未对关联公司间存在财产混同的情形作出规定。在没有证据表明王永礼等人的个人财产与公司财产存在混同的情况下,无法适用《公司法》第 20 条第 3 款的规定。本案中,存在财产混同关系的是川交机械公司、瑞路公司和川交工贸公司三家公司,但公司法没有对关联公司财产混同问题作出规定,此种情况构成法律漏洞。由于无法用解释学的方法将股东解释为关联公司以赋予其连带责任,因此无法将《公司法》第 20 条第 3 款作扩大解释以求扩张其适用范围。此时,需要寻找类推适用该规则的正当性基础。待处理案件只有与目标法条的核心构成要件吻合,方能决定类推适用。以《公司法》第 20 条第 3 款的规定为例,故意滥用公司独立地位并造成责任财产混同是产生连带责任的法理基础,自然构成该法条的核心构成要件。只要待处理案件也存在故意滥用公司独立地位、造成责任财产混同的事实,则有课以连带责任之必要。在本案中,三家公司均由王永礼等人设立并实际控制。法院认定三家公司之间存在人员混同、业务混同和财务混同的事实,并进而认定三家公司之间构成人格混同。笔者认为,本案中真正混同的还是三家公司的责任财产。由于三家公司在责任财产上难以区分,且三家公司又有将债务转由川交工贸公司承担以逃避债务之主观故意,因此本案的主要案件事实与《公司法》第 20 条第 3 款在核心构成要件上具有相似性。

再者,在本案中,因关联公司之间存在人格混同、财产混同之情事,故对其适用连带责任符合保护债权人之立法意旨,在法律政策上与法人人格否认理论吻合。在比较法上,美国法院曾经发展出所谓"企业整体说",即"股东如果设立若干公司经营同一事业,或各公司之间存在着经营业务、利益和权属的一致性时,这些公司实质上为同一企业的不同部门而已,法院可以无视各个公司法律主体的独立性,而将它们视为一个企业实体或经济上的统一体来追究企业整体的责任"(朱慈蕴:《公司法原论》,清华大学出版社 2011 年版,第 45 页)。如果川交机械公司和瑞路公司实际拥有必要的责任财产的话,那么判令此两家公司承担连带责任也有利于对债权人的救济。为实现债权人保护的目的,法院决定类推适用《公司法》第 20 条第 3 款的规定,适用连带责任的法律后果既有理论根据,又有实际意义。故此案对类推适用技术的运用可谓妥适。

对于关联公司人格混同的责任主体问题,即是否应当追究关联公司控股股东的连带责任,学者存在不同观点。一种观点主张企业整体说,认为公司法人格否认制度适用于关联公司,应将关联公司视为一个公司整体对待。但各关联公司的股东对公司债务不承担责任(施天涛:《公司法论》,法律出版社 2006 年版,第 33 页)。另一种观点认为,关联公司的控股股东不承担责任与公司法人格否认制度的基本法理相悖,虽然厘清了人格混同的关联公司间的权责关系,但却忽视了控制关联公司的股东所应承担的法律责任。其结果不仅对公司人格否认制度的基本理论和法律价值提出了挑战,实践中也可能成为我国公司法人制度健康发展的障碍[樊纪伟:《关联公司扩张适用公司人格否认之检讨——兼评最高法院指导案例 15 号》,载《湖南大学学报》(社会科学版)2016 年第 3 期]。

在本案中,最高人民法院支持了上述第一种观点。本案中的川交机械公司和瑞路公司将其债务全部转移到川交工贸公司名下,而事后证明川交工贸公司根本无力清偿这些债务,而川交工贸公司无力偿债正是由于股东王永礼等人作出的将上述两家公司债务转移至川交工贸公司名下的安排,此种安排无疑严重损害了债权人的利益。由此基本可以认定,股东王永礼等人恶意操纵三家公司,致使其人格混同,以逃避债务,严重损害债权人利益的事实。然而,本案的事实却不在《公司法》第 20 条第 3 款的调整范围之内。《公司法》第 20 条第 3 款所调整的是股东与公司间责任财产的混同,而不是同一股东掌控下的数家公司间的财产混同问题。在本案中,没有证据表明股东王永礼等人的个人财产与公司财产间发生混同。因此,虽然股东王永礼等人操纵公司的主观故意可以认定,损害债权人利益的事实也可以确定,但却不符合第 20 条第 3 款的构成要件,无法判令股东王永礼等人对公司债务承担连带责任。

Ⅲ 既往司法实践状况

在本案公布之前,人民法院关于关联公司间可否适用公司法人格否认制度的观点不一。我国自 2006 年 1 月 1 日(2005 年《公司法》生效之日)起到 2010 年 12 月 31 日止的公司法人格否认案例中,关联公司的刺破率只有 40%(黄辉:《中国公司法人格否认制度实证研究》,载《法学研究》2012 年第 1 期)。即使在均认定"刺破关联公司面纱"的案件中,人民法院在责任承担的判定上亦存在诸多争议。例如,在"南京长恒实业有限公司与南京熊猫移动通信设备有限公司、江苏天创通讯实业有限公司等借款合同纠纷案"[江苏省高级人民法院(2012)苏商再终字第 0012 号民事判决书]中,法院认定关联公司间存在人格混同,并判决由关联公司及其实际控制人对公司债务承担连带责任。然而,在"四川泰来装饰工程有限公司等与中国信达资产管理公司成都办事处借款合同纠纷上诉案"[最高人民法院(2008)民二终字第 55 号民事判决书]中,法院在认定关联公司人格混同的同时,判决仅由关联公司承担连带清偿责任。

2013 年 1 月 31 日,随着本案作为指导案例的公布,"关联公司间可适用公司人格否认制度"这一规则正式确立,在实务界中产生积极影响。2014 年间,关联公司的刺破率高达 85.7%(谭贵华:《我国公司法人格否认规则的司法适用研究》,载《西南政法大学学报》2016 年第 4 期)。在"洪业化工集团股份有限公司等二十九家企业合并重整案"(山东高级人民法院发布全省十大破产典型案例之四)、"浙江玻璃股份有限公司与浙江工程玻璃有限公司等申请破产重整案"(最高人民法院发布 10 起关于依法审理破产案件、推进供给侧结构性改革典型案例之五)等典型案例中,法院均判定关联公司人格混同。然而,尽管指导案例第 15 号的裁判要旨在司法实务界得到了普遍响应,但仍存在反对之声。例如,在"湖北省新发农业发展有限公司等与武汉新大都百货超级商场等金融不良债权追偿纠纷上诉案"[湖北省高级人民法院(2013)鄂民四终字第 00103 号民事判决书]中,法院认为:"新大都公司并非新大都商场的股东,即使有证据证明两者发生了财产混同的情形并导致新大都商场无力偿还债务,也不应依据《公司法》的相关规定认定新大都公司对债务负有连带责任。"后一审原告提出的再审申请亦被湖北省高级人民法院驳回。由此看来,在公司法未明文确立关联公司可适用法人格否认制度的背景下,最高人民法院指导案例的适用效力仍不明确。

Ⅳ 本裁定的参考意义及将来的课题

指导案例第 15 号的意义不是为《公司法》第 20 条第 3 款提供一个典型的公司法人格否认案例,而是提供了一个非典型的案例。依法官的见解,这一非典型案例究其行为本质和危害结果与《公司法》第 20 条第 3 款规定的情形相当,故决定参照适用第 20 条第 3 款之规定,创造了一种公司间人格混同、承担连带责任的请求权基础。指导案例第 15 号的公布让我们得出一个结论:法教义学在商法中完全可以得到运用。或者说,商法应与民法共享同一种方法论。

在当今中国,民法学界对于法教义学的接受已然成为风气,而商法的教义学研究似乎尚未起步。商法是实践性极强的法律部门,各类商事法律纠纷也在法院受理的案件中占据很大的比重。如不对商法展开法教义学的研究,则商法将永远陷于"争论"状态,而无法构成统一、稳定的知识体系。鉴于此,中国商法学研究应尽快摒弃强调特殊性、独立性的理路依赖,转而开展务实的、以请求权基础为主要内容的法教义学研究,即全面吸收和遵循法律解释学的一般方法,对包括公司法在内的商法法条进行透彻的、以法律适用为导向的研究。

唯其如此,包括商法的理论研究和司法实践在内的法律职业共同体才能真正形成。

□ 参考文献

[德]拉伦茨:《法学方法论》,陈爱娥译,商务印书馆 2003 年版。
黄茂荣:《法学方法与现代民法》,法律出版社 2007 年版。
杨仁寿:《法学方法论》,中国政法大学出版社 1999 年版。
王泽鉴:《民法思维:请求权基础理论体系》,北京大学出版社 2009 年版。
朱慈蕴:《公司法原论》,清华大学出版社 2011 年版。
施天涛:《公司法论》,法律出版社 2006 年版。
刘俊海:《现代公司法》,法律出版社 2011 年版。

011 隐名股东与名义股东债权人执行异议之诉的裁判规则

黄德鸣、李开俊与皮涛、广元市蜀川矿业有限责任公司案外人执行异议之诉案 | 最高人民法院(2019)最高法民再45号民事判决书

张桂龙 浙江大学城市学院法学院

■ 事实概要

2011年,黄德鸣、李开俊以蜀川公司名义成为新津小贷公司股东,出资500万元,并全程参与新津小贷公司筹建,直接参加公司的股东会议、董事会议和监事会议,行使股东权利和监事权利;公司的利润直接分配给黄德鸣、李开俊,公司知晓黄德鸣、李开俊是蜀川公司所持股份的实际出资人。2015年,法院判决蜀川公司归还皮涛借款452万元,因蜀川公司未履行还款义务,皮涛于2016年向法院申请强制执行,法院查封蜀川公司名下股权。黄德鸣、李开俊向一审法院提出执行异议之诉,主张确认其股权并排除执行,被一审法院采纳,但未被二审法院采纳。

黄德鸣、李开俊向最高人民法院(以下简称最高院)申请再审。其主要理由如下:(1)确认代持股权的法律关系,是保护合法财产权,不是变相对被查封的股权进行变更和处分,更不是对抗执行的财产转移行为,二审法院适用法律错误。(2)蜀川公司因债务纠纷下落不明,黄德鸣、李开俊在股权锁定到期后事实上无法变更股权。二审法院将正常商业风险承担作为不能排除执行的过错,适用法律错误。(3)《公司法》第32条第3款的第三人范围应限于就相关标的从事交易的第三人,且必须满足法定条件,债权人不应保护。

皮涛辩称,蜀川公司所持新津小贷公司的股权至今未进行股东变更登记,依照《公司法》第32条第3款的规定,不得对抗第三人。黄德鸣、李开俊与蜀川公司对股权权属的约定仅具有内部效力,不得对抗外部债权人对显名股东的正当权利。

■ 判决要旨

维持二审判决。

1. 确认代持股权的法律关系,并非对已查封股权的处分和转移,不构成执行阻碍,仅是保护实际出资人的实际权益,确权结果也不能阻却执行。

2. 隐名股东怠于变更股权工商登记,同时股权代持形成在先,债权人享有的动态利益优于隐名股东享有的静态利益,名义股东名下股权可视为债务人的责任财产。

3. 根据商事外观主义原则，第三人对股权工商登记体现出来的权利外观产生合理信赖，应受到法律的优先保护，名义股东的非基于股权处分的债权人亦应属于法律保护的"第三人"范畴。

故皮涛作为债权人依据工商登记中记载的股权归属，有权向人民法院申请对该股权强制执行，二审法院的认定并无不当。黄德鸣、李开俊的再审请求不成立，应予驳回。

■ 评　析

Ⅰ 本判决的思路和意义

本案中，最高院认为，《公司法》第 32 条第 3 款中第三人的范围应包括与名义股东存在或不存在股权交易关系的债权人，隐名股东怠于进行股权变更登记，名义股东债权人对股权工商登记体现的权利外观产生合理信赖，理应受到法律的优先保护，即使隐名股东提出确权诉请仍不能阻却名义股东债权人的强制执行。因此，债权人有权执行名义股东所持股权，排除实际出资人的执行异议。本案中，关于实际出资人阻却债权人对名义股东所持股权的执行问题，最高院表达了明确的否定态度，这对于理解权利外观、厘清商事交易主体的权利义务边界，进而指导商事交易和审判实践具有重要意义。

Ⅱ 隐名股东与名义股东债权人执行异议之诉的规范及学理

本案关涉公司法和民事执行规范，其核心在于明确《公司法》第 32 条第 3 款规定的"第三人"是否包含非股权交易关系的一般债权人，以及隐名股东能否排除名义股东债权人的执行问题。

在公司法上，最高人民法院《关于适用〈中华人民共和国公司法〉若干问题的规定(三)》[法释(2014)2 号](以下简称《公司法解释三》)第 24 条承认了代持协议的效力，明确了实际出资人享有投资权益，但并不当然具有股东资格。《公司法》第 32 条第 3 款一般性地规定了工商登记的对抗第三人效力，但是对于第三人的范围并未作出明确规定。《公司法解释三》第 25 条和第 27 条则进一步将名义股东处分和股权多重处分这两类情形下的受让第三人限定为善意第三人。《民法典》第 65 条则统一明确法人的实际情况与登记事项不一致时，不得对抗善意相对人的规则。《公司法解释三》第 26 条则规定了公司债务不能清偿时，名义股东不得对抗债权人，但可以向实际出资人追偿。

就执行规则而言，最高人民法院《关于人民法院办理执行异议和复议案件若干问题的规定》第 25 条规定了对案外人是否属于股权执行异议权利人按照工商登记判断的规则。最高人民法院《关于审理执行异议之诉案件适用法律问题的解释(一)》(征求意见稿)第 13 条对隐名股东请求排除名义股东债权人强制执行的问题则举棋未定，给出了支持和反对的两个相反方案。2019 年《全国法院民商事审判工作会议纪要》(征求意见稿)第 119 条曾讨论隐名股东阻却债权人强制执行的问题，但在正式稿中则删除了该规定。

有部分学说认为，《公司法》第 32 条中的第三人包含一般债权人，隐名股东一般不得对抗名义股东债权人的强制执行。原因在于，善意的普通债权人同样具有信赖利益，怠于进行权利变动的权利人不值得保护（尹田、尹伊：《论对未经登记及登记不实财产的强制执行》，载《法律适用》2014年第10期），且此举能有效遏制恶意的执行异议之诉（刘俊海：《代持股权作为执行标的时隐名股东的异议权研究》，载《天津法学》2019年第2期）。此外，审判程序与执行程序判断机理不同，工商登记具有社会公示性，因此，在股权强制执行中应以工商登记为依据（肖建国：《执行标的实体权属的判断标准——以案外人异议的审查为中心的研究》，载《政法论坛》2010年第3期）。

另有部分学说认为，公司法中的第三人不应包含一般债权人，隐名股东一般可以对抗名义股东债权人的强制执行。原因在于，股权登记具有宣示性，仅具有对抗效力，并不具有权利外观，因此不应在执行程序中适用外观主义原则，而应回到实质主义（王延川：《执行程序中权利外观优先保护之检讨——以名义股东股权被执行为例》，载《法学杂志》2015年第3期）。而且，商法外观主义原则应定位于商事交易，非商事交易第三人的信赖不受保护（张勇健：《商事审判运用外观主义原则的范围探讨——与最高院〈关于适用《中华人民共和国公司法》若干问题的规定（三）〉相关条文对照》，载《法律适用》2011年第8期）。此外，案外人在执行异议之诉中可以一并提起确权之诉讼请求，隐名股东若符合股东资格的本质要求，则是股权利益的最终归属者，该权利具有物权属性。因而，应优先于一般债权人的债权[钱玉文、周运宝：《论执行异议之诉中隐名股东资格的确认》，载《常州大学学报》（社会科学版）2015年第1期]。

此外，有折中观点认为，司法实践中应注重实际出资人和一般债权人的利益平衡，对债权人的保护应视情况而定。因为，隐名股东和一般债权人对名义股东的权利均为债权，无所谓孰优孰劣，但隐名股东就权利外观的形成具有故意或者重大过失的，而且名义股东无其他财产可供执行时，债权人可以排除隐名股东的执行异议[邓国鹏：《关于权利外观主义在执行异议之诉中的适用问题》，载《法院改革与民商事审判问题研究——全国法院第29届学术讨论会获奖论文集（上）》2018年版]。亦有类似观点认为，外观主义与事实标准均有论证上的缺陷，司法实践中应扩张外观标准的适用，当隐名股东具备可归责性而且一般债权人合理信赖时才可以优先保护债权人，同时应考虑执行效率和社会效果。[陈林莉：《外观或事实：隐名股东执行异议之诉的裁判标准》，载《深化司法改革与行政审判实践研究（下）——全国法院第28届学术讨论会获奖论文集》2017年版]。

综上所述，关于隐名股东与名义股东债权人执行异议之诉的裁判规则，学说上主要存在以下几种观点：（1）隐名股东一般不得对抗名义股东债权人的强制执行。（2）隐名股东一般可以对抗名义股东债权人的强制执行。（3）隐名股东可归责且名义股东无其他可供执行财产时，不得对抗名义股东债权人的强制执行，同时应综合考虑执行效率和社会效果。从本案的判决书来看，非股权交易债权人亦被纳入《公司法》第32条的第三人范围，隐名股东未经登记不得对抗此类债权人的强制执行，其处理更接近第一种学说的主张。

Ⅲ 既往司法实践状况

在本判决之前，关于隐名股东与名义股东债权人执行异议之诉的裁判规则，最高院的态度一直处于摇摆的状态，呈现完全相反的两种立场，且均有不少判例予以支撑：一种裁判观点和本判决类似，即隐名股东不得排除名义股东债权人的强制执行；另一种裁判观点则恰好相反，即隐名股东可以排除名义股东债权人的强制执行。截然相反的裁判观点的核心分歧在于，对《公司法》第 32 条第 3 款第三人范围的理解存在争议。前者认为，《公司法》第 32 条第 3 款第三人并不限于从事股权交易的第三人，作为非股权交易的一般债权人应属第三人之列，因此未登记的隐名股东不得对抗一般债权人的强制执行；后者认为，《公司法》第 32 条第 3 款第三人应仅限于从事股权交易的第三人，因此隐名股东可以阻却非股权交易的一般债权人的执行。

前者如"哈尔滨国家粮食交易中心与哈尔滨银行股份有限公司科技支行等执行异议纠纷上诉案"［最高人民法院(2013)民二终字第 111 号民事判决书］、"中信银行股份有限公司济南分行、海航集团有限公司执行异议之诉案"［最高人民法院(2016)民再 360 号民事判决书］、"王仁岐与刘爱苹、詹志才等执行异议之诉案"［最高人民法院(2016)民申 3132 号民事裁定书］、"易某萍与萍乡市富新节能服务有限公司等案外人执行异议之诉纠纷案"［最高人民法院(2018)民申 3511 号民事裁定书］、"黄晓峰、李涛案外人执行异议之诉案"［最高人民法院(2018)民申 5926 号民事裁定书］等。此类判决的核心观点是：《公司法》第 32 条第 3 款的第三人范围并不限缩于与名义股东存在股权交易关系的债权人，名义股东的非基于股权处分的债权人亦应属于法律保护的"第三人"范畴。根据商事外观主义原则，第三人对有关公示体现出来的权利外观产生合理信赖，理应受到法律的优先保护，因此，名义股东成为被执行人时，债权人依据工商登记中记载的股权归属，有权申请对该股权强制执行。

后者如"中国银行股份有限公司西安南郊支行申请上海华冠投资有限公司执行人执行异议之诉案"［最高人民法院(2015)民申 2381 号民事裁定书］、"江志权与谢德平、张开良、钟瑞彤执行异议之诉案"［最高人民法院(2018)最高法民申 5464 号民事裁定书］、"范文美、聂新春与洪国安、韩珍福等执行异议之诉"［最高人民法院(2019)民申 1326 号民事裁定书］，此类判决的核心观点是，商事外观主义旨在降低成本，维护交易安全，是权衡实际权利人与第三人利益冲突的法律适用准则，一般不能直接作为案件处理依据。根据《公司法解释三》第 25 条，股权善意取得制度仅适用于与名义股东存在股权交易的第三人。据此，商事外观主义原则的适用范围不包括非股权交易第三人。申请执行人并非针对名义股东名下股权从事交易，仅仅因为债务纠纷而寻查名义股东财产，并无信赖利益保护的需要。若适用商事外观主义原则，将侵犯隐名股东合法权利。

Ⅳ 本判决的参考意义及将来的课题

本判决中，最高院通过对商事外观主义的司法运用，确立了对股权工商登记合理信赖的第三人认定规则，将非商事交易的一般债权人纳入《公司法》第 32 条第 3 款的第三人范围，为债权人申请强制执行名义股东名下股权提供了理论和规范依据，有助于协调隐名股东执行异议之诉的司法认识。着眼于将来，对于隐名股东和名义股东债权人的利益冲突，仍然有许多悬而未决的问题。例如，本案涉及的是一般债权人申请执行程序在前，隐名股东执行异议之诉在后的裁判规则，若隐名股东率先提起股权确权之诉，一般债权人申请执行程序在后，两者的利益保护孰优孰劣呢？诸多问题仍然有待进一步的研究。

☐ 参考文献

肖建国：《执行标的实体权属的判断标准——以案外人异议的审查为中心的研究》，载《政法论坛》2010年第3期。

张勇健：《商事审判运用外观主义原则的范围探讨——与最高院〈关于适用《中华人民共和国公司法》若干问题的规定（三）〉相关条文对照》，载《法律适用》2011年第8期。

尹田、尹伊：《论对未经登记及登记不实财产的强制执行》，载《法律适用》2014年第10期。

钱玉文、周运宝：《论执行异议之诉中隐名股东资格的确认》，载《常州大学学报》（社会科学版）2015年第1期。

王延川：《执行程序中权利外观优先保护之检讨——以名义股东股权被执行为例》，载《法学杂志》2015年第3期。

陈林莉：《外观或事实：隐名股东执行异议之诉的裁判标准》，载《深化司法改革与行政审判实践研究（下）——全国法院第28届学术讨论会获奖论文集》2017年版。

邓国鹏：《关于权利外观主义在执行异议之诉中的适用问题》，载《法院改革与民商事审判问题研究——全国法院第29届学术讨论会获奖论文集（上）》2018年版。

刘俊海：《代持股权作为执行标的时隐名股东的异议权研究》，载《天津法学》2019年第2期。

012 非营利法人举办者、出资人的法律权利

李稳博诉上海虹口区艺术合子美术进修学校合同纠纷案 |《最高人民法院公报》2016 年第 9 期

金锦萍 北京大学法学院

■ 事实概要

上海虹口区艺术合子美术进修学校(以下简称合子学校)系 2011 年 11 月 25 日经上海市虹口区教育局和区民政局批准成立的民办非企业单位法人。李稳博在该校筹建期间与其法定代表人陶文明等共同合作有关被告筹建事宜。学校设立之后,李稳博担任该校董事兼副校长,负责学校全面工作,2012 年 3 月 9 日其与该校法定代表人陶文明、案外人乐健及合子学校成立时的名义出资人上海意动互联艺术设计有限公司(以下简称意动公司)签订协议,确认其与陶文明、乐健为该学校的实际出资人,出资比例分别为 35%、40%、25%。协议签订后,李稳博于 2012 年 7 月 3 日分别将投资款 12 元和 75,000 元打入陶文明和乐健的银行账户。2014 年 7 月 8 日,陶文明解除了李稳博的董事和副校长职务。李稳博诉至法院要求确认其为合子学校的出资人暨举办者,出资比例为 35%。上海市虹口区人民法院(以下简称一审法院)裁定驳回起诉之后,李稳博上诉,上海市第二中级人民法院(以下简称二审法院)裁定驳回上诉,维持原裁定。

■ 判决要旨

驳回上诉,维持原裁定。

一审法院认为,根据法律法规的规定,审批机关即政府教育行政部门对民办学校举办者的身份审查属于实质审查,体现了相关行政机关的意志。本案中,合子学校系经行政许可登记成立的民办学校,确认或否定其举办者身份属于政府教育行政部门行政权限范畴,包含了行政许可内容。据此,此类确认或否定举办者身份的纠纷不属于人民法院民事诉讼受理范围,应当由政府教育行政主管部门解决。一审法院以民办非企业单位的举办者是身份权,而确认或否认民办学校举办者身份属行政许可内容,是法律赋予有关行政主管部门的特有的权力为由驳回起诉。

李稳博上诉请求裁定一审法院继续审理并确认其出资份额。二审法院裁判认为,属于民办非企业单位法人的民办学校不同于公司(或企业法人),具有公益性和非营利性,对投入学校的资产和积累享有独立的法人财产权。出资人对学校财产不享有所有权或共有权,

对学校也不享有类似于公司股东的财产权利。举办者身份的确认或变更确属行政许可范围。对于上诉人提出的确认其出资份额的诉讼请求,因出资人(举办者)对于其出资形成的学校财产没有法律上的财产权,上诉人要求确认其出资份额只是要求确认一项事实,不能作为独立的民事诉讼请求,裁定驳回上诉,维持原裁定。

■ 评　析

Ⅰ 本案的争点

1. 非营利法人的出资人、设立人与举办者身份

本案中的合子学校是一所民办学校,采取的基础组织形式为民办非企业单位,亦即原《民法总则》的非营利法人分类中的社会服务机构。由于本案诉讼时原《民法总则》尚未通过,故本案裁判的法律依据主要是《民办教育促进法》和《民办非企业单位登记管理暂行规定》。根据这些法律法规,民办学校由举办者设立。而后来的原《民法总则》第 87 条(《民法典》第 87 条)的规定中并未提及"举办者",取而代之的是"出资人"和"设立人"。"出资人"是指为设立非营利法人而出资的法人、自然人或者其他非法人组织。事业单位、社会团体、社会服务机构和基金会的设立都需要举办资金或者初始资金。"设立人"是指作为发起人参与非营利法人设立的自然人、法人或者其他非法人组织。设立人承担非营利法人的创制事务,制定法人章程,并承担发起人责任。出资人同时为设立人。

本案中,上诉人李稳博主张自己为实际出资人,被上诉人合子学校辩称其举办者暨出资人仅为意动公司,而在民政部门登记的举办者是意动公司。那么应如何认定本案中的非营利法人的举办者呢?

首先,举办者是非营利法人的设立人。非营利法人须经依法登记取得法人资格。即便原《民法总则》通过之后,非营利法人的设立亦不直接依据原《民法总则》,而是依据相关特别法或者行政法规予以登记设立(例如,慈善组织的设立和认定得遵循《慈善法》,其他各种组织形式也得依据各自的行政法规设立和登记)。由于非营利法人之设立采特许主义[例如,《民法总则》第 88 条(《民法典》第 88 条)、第 90 条(《民法典》第 90 条)分别规定的无需办理登记即可设立的事业单位、社会团体法人]或者许可主义(例如,根据《社会团体登记管理条例》《民办非企业单位登记管理暂行条例》《基金会管理条例》《外国商会管理暂行规定》等行政法规登记设立的各类法人组织),故未获得特许或者许可不得设立非营利法人。且根据民政部《取缔非法民间组织暂行办法》的规定,未依法获得许可进行筹备或开展活动的非营利组织属于非法民间组织,将被依法取缔。民办学校也不例外,其设立须遵循双重管理体制,即应取得教育行政管理部门的行政许可,并到民政部门履行民办非企业单位的登记程序。因此,其举办者得符合《民办教育促进法》所规定的条件,并提交法定材料,审批机关应当自受理筹设民办学校的申请之日起 30 日内以书面形式作出是否同意的决定。若要变更举办者身份,依然须由举办者提出,在进行财务清算后,经学校理事会或者董事会同意,报审批机关核准。

其次,获得办学许可之后,举办者尚需向民政部门申请登记为民办非企业单位,其中举

办者也属于登记事项,而登记事项需要变更的,应当自业务主管单位审查同意之日起 30 日内,向登记管理机关申请变更登记。民政部门的登记事项具有公示公信效力,因此若要对举办者这一登记事项提出异议或者要求进行变更,需要经教育行政管理部门和民政部门的许可方可纠正或者变更。换言之,诚如本案裁定书所言,民办学校举办者的变更属于行政许可的范围,不属于民事诉讼的受理范围,李稳博如欲成为合子学校的举办者,应通过申请行政许可变更的途径解决。

最后,出资人并不属于登记事项,因此法院不能以管辖问题而将出资人身份确认的诉求拒之门外,但是本案中,二审法院却依然驳回上诉,维持原裁定,理由在于法院认为确认出资份额只是要求确认一项不具有法律权利基础的事实,而没有法律权利基础的事实确认不能作为独立的诉讼请求。

2. 举办者和出资人对于非营利法人享有的权利

首先,举办者和出资人不享有剩余利益索取权。原《民法总则》颁布实施前后,非营利法人的设立人和出资人均不享有请求分配利润的权利。"非营利"意味着遵循禁止利益分配原则。此原则是指非营利法人不得向出资人、设立人或者会员分配所取得的利润。禁止非营利法人向上述人员分配利润,意味着非营利法人不存在类似营利法人股东一样的"所有权人",营利法人的"所有权人"同时对营利法人享有经营管理权和剩余利益索取权,然而,非营利法人要么无成员,即便有成员,也不享有对于非营利法人的剩余利益索取权。违反禁止利益分配原则及其规则的章程、合同或者协议无效。出资人、设立人或者会员不能依据上述章程、合同或者协议向非营利法人主张分配利润。

本案中,合子学校在申请设立时,在其举办者及全体董事(含李稳博)共同签章的学校《章程》中明确"举办者不要求回报","学校清偿后的剩余财产用于公益性或者非营利性目的,或者由登记管理机关转赠与本校性质、宗旨相同的组织,并向社会公告"。这是学校举办者和全体董事在学校设立时向社会作出的承诺,也是取得行政许可和民政登记的条件,亦符合《民办教育促进法》对投入民办学校的财产终极归属于社会而非归属于出资人的立法本意。《章程》内容是取得行政许可和登记的条件,在学校设立后,学校董事不能随意对章程作出有悖于学校公益性质的变更或另行作出与《章程》性质不符的约定。因此尽管当事人内部有一份协议,载明"股东陶文明、李稳博、乐健于 2011 年共同出资创建上海虹口区艺术合子美术进修学校,三人为上海虹口区艺术合子美术进修学校的实际、唯一出资方,持股比例分别为陶文明 40%,李稳博 35% 和乐健 25%,分红比例与持股比例一致",但是这一协议与法律法规、章程对于该学校的非营利性质相抵触,故法院未予支持。

其次,民办学校的举办者享有非营利法人的经营管理权。根据《民办教育促进法》的规定,民办学校应当设立学校理事会、董事会或者其他形式的决策机构并建立相应的监督机制。其举办者根据章程规定的权限和程序参与学校的办学和管理。可见,举办者享有经营管理权,但是出资人则不必然享有此权利,只有当出资人同时为举办者时,方可享有经营管理权。

3. 确认出资份额能否作为独立的民事诉讼请求

本案中,二审法院对此持否定态度,认为属于民办非企业单位法人的民办学校,具有公益性和非营利性,其对投入学校的资产和积累享有独立的法人财产权。出资人对学校财产不享有所有权或共有权,也不享有类似于公司股东的财产权利。进而二审法院据此认为根据《章程》及该校作为民办非企业单位的性质,认定出资人(举办者)对其投入学校的资产不具有所有权,也不具有剩余利益索取权等的其他财产权利。进言之,基于上述理由要求确认出资份额没有法律上的财产权基础,只是要求确认一项事实,而没有法律权利基础的事实确认不能作为独立的诉讼请求。这一主张值得商榷。法院在仅仅排除出资人对于非营利法人的剩余利益索取权和经营管理权的情形下便得出要求确认出资份额不具有法律权利基础的结论过于草率。非营利法人设立阶段的出资人即便不具有举办者身份,也应属于该法人的捐赠者,根据《公益事业捐赠法》,捐赠者享有知情权与监督权,甚至可因捐赠者身份获得公益捐赠税前抵扣的资格,也可因捐赠行为获得政府和社会的肯定和褒奖。所以,不具有举办者身份的出资人的出资事实还是具有法律权利基础的,不因其不具有对于非营利法人的剩余利益索取权和经营管理权而认为其不具有法律意义,进而否定其作为一项独立的诉讼请求。

Ⅱ 本裁定的参考意义

第一,明确确认举办者身份属于行政许可事项,法院不予受理。本案及其他案例[安徽省高级人民法院(2011)皖民二终字第00093号民事判决书]中,法院均不受理确定举办者身份的诉讼请求,盖因认为非营利法人的举办者身份认定不属于人民法院受理范围。同时厘清了出资人和举办者的不同法律意义。

第二,厘清了非营利法人与营利法人举办者的权利不同。判断法人究竟属于"营利"还是"非营利",是以其最终目的而言。有营利法人虽然也从事公益事业,但仍视为营利法人。例如,按公司法规定承担企业社会责任(包括捐赠责任)的公司仍为营利法人;而非营利法人尽管也从事经营性活动,但只要其没有进行利益分配,仍为非营利法人。判断法人营利与否的关键不在于法人是否从事经营活动,谋取经济利益,而在于其所获利益之归属,即采取"经济关系方法"。非营利法人具有公益性或者非营利性,其财产权不同于公司法规定的公司财产权,不以股东营利为目的。民办学校的财产权是为教育公益服务的财产权,非为出资人盈利,作为非营利法人的民办学校对投入学校的资产和积累享有独立的法人财产权,出资人对学校财产不享有所有权(包括共同共有),出资人对学校也不享有类似于公司股东的财产权利。

Ⅲ 本裁定的遗留问题

《民法典》第87条所规定的非营利法人的界定尽管明确了举办者(设立人)、出资人对于非营利法人不享有请求分配利益的权利,但对于举办者(设立人)、出资人是否享有其他权利并未明文规定。《民法典》延续了《民法总则》的规定,本案中的问题并不会因为《民法典》的出台而消弭。

除了上文提及的出资人身份的权利基础之外,举办者身份的法律意义也甚为关键,其承担非营利法人的创制事务,制定章程,承担发起人责任,并享有非营利法人的经营管理权。司法实践中还存在一个更为棘手的问题,即举办者的资格及权利可否转让。有判决认为可以转让,理由在于,"《民办非企业单位登记管理暂行条例》未禁止民办非企业单位的举办者转让其作为举办人的资格和权利",在无证据证明非营利法人"曾接受过他人的捐赠和政府的资助的情况下",可以认为将举办者的权利作为转让标的的协议不违反法律法规的规定,也不损害他人的合法权益,因而有效[南京市中级人民法院(2017)苏01民终第505号民事判决书]。但另有判决从非营利法人的性质出发,认为"出资行为本质上是捐赠行为,相较于企业投资人与企业之间的出资关系,存在本质的差别","民办非企业单位的出资人、举办人或实际控制人以任何方式获取所谓'投资收益',如撤回出资、转让出资、分取红利或者以关联交易的方式进行利益输送等,均是违反相关行政法规的行为"[北京市第二中级人民法院(2016)京02民终3812号民事判决书]。禁止利益分配,不仅禁止举办者通过分配利润的方式逐年获得回报,而且也禁止举办者通过转让资格和权利来得到收益。理由在于如允许举办者为上述行为,事实上将是对于禁止利益分配原则的彻底颠覆,举办者将通过上述行为一次性地获得利益分配。

因此,法院不能永远在此问题上采取"鸵鸟政策",一驳了之,而应在深刻理解非营利法人的举办者(设立人)的法律意义的基础上,有所作为。

□ 参考文献

魏振瀛:《民法》(第6版),北京大学出版社、高等教育出版社2016年版。
朱庆育:《民法总论》(第2版),北京大学出版社2016年版。
崔建远、韩世远等:《民法总论》,清华大学出版社2013年版。
金锦萍:《中国非营利组织法前沿问题研究》,中国社会科学文献出版社2014年版。
李适时主编:《中华人民共和国民法总则释义》,法律出版社2017年版。

013 冷冻胚胎的法律属性及法律归属

沈新南、邵玉妹诉刘金法、胡杏仙监管、处置权纠纷案 | (2014)锡民终字第01235号民事判决书

梁　琳 兰州大学法学院

■ 事实概要

沈杰与刘曦于2010年10月13日登记结婚。2012年8月,沈杰与刘曦在南京市鼓楼医院(以下简称鼓楼医院)进行体外受精—胚胎移植助孕手术。鼓楼医院冷冻4枚受精胚胎。治疗期间,刘曦曾于2012年3月5日与鼓楼医院签订《辅助生殖染色体诊断知情同意书》,刘曦在该同意书中明确对染色体检查及相关事项已经了解清楚,同意进行该检查;愿意承担因该检查可能带来的各种风险;所取样本如有剩余,同意由诊断中心按国家相关法律、法规的要求代为处理等。2012年9月3日,沈杰、刘曦与鼓楼医院签订《配子、胚胎去向知情同意书》,载明两人在鼓楼医院生殖医学中心实施了试管手术,获卵15枚,移植0枚,冷冻4枚,继续观察6枚胚胎;对于剩余配子(卵子、精子)、胚胎,两人选择同意丢弃;对于继续观察的胚胎,如果发展成囊胚,两人选择同意囊胚冷冻。同日,沈杰、刘曦与鼓楼医院签订《胚胎和囊胚冷冻、解冻及移植知情同意书》,鼓楼医院在该同意书中明确,胚胎不能无限期保存,目前该中心冷冻保存期限为1年,首次费用为3个月,如需继续冷冻,需补交费用,逾期不予保存;如果超过保存期,沈杰、刘曦选择同意将胚胎丢弃。2013年3月20日,沈杰驾车途中发生车祸,造成刘曦当日死亡、沈杰于同年3月25日死亡的后果。沈杰、刘曦的4枚受精胚胎当时在鼓楼医院生殖中心冷冻保存。

沈杰父亲沈新南、沈杰母亲邵玉妹(二审上诉人,一审原告)与刘曦的父亲刘金法、刘曦母亲胡杏仙(二审被上诉人,一审被告)因对上述4枚受精胚胎的监管权和处置权发生争议,认为其子沈杰与儿媳刘曦死亡后,根据法律规定和风俗习惯,胚胎的监管权和处置权应由其行使,要求法院判如所请。审理中,因涉案胚胎保存于鼓楼医院,与本案审理结果存在关联性,故原审法院追加该院作为第三人参加诉讼。

一审法院认为,施行体外受精—胚胎移植手术过程中产生的受精胚胎为具有发展为生命的潜能,含有未来生命特征的特殊之物,不能像一般之物一样任意转让或继承,故其不能成为继承的标的。同时,夫妻双方对其权利的行使应受到限制,即必须符合我国人口和计划生育法律法规,不违背社会伦理和道德,并且必须以生育为目的,不能买卖胚胎等。沈杰与刘曦夫妻均已死亡,通过手术达到生育的目的已无法实现,故两人对手术过程中留下的胚胎所享有的受限制的权利不能被继承。沈新南、邵玉妹不服一审判决提起上诉。

■ 判决要旨

第一，沈杰、刘曦生前与鼓楼医院签订相关知情同意书，因沈杰、刘曦意外死亡，合同因发生了当事人不可预见且非其所愿的情况而不能继续履行，鼓楼医院不能根据知情同意书中的相关条款单方面处置涉案胚胎。第二，在我国现行法律对胚胎的法律属性没有明确规定的情况下，结合案件实际，应考虑伦理、情感、特殊利益保护因素以确定涉案胚胎的相关权利归属，判决沈杰、刘曦父母享有涉案胚胎的监管权和处置权于情于理是恰当的。第三，鼓楼医院在诉讼中提出，根据卫生部的相关规定，胚胎不能买卖、赠送和禁止实施代孕，但并未否定权利人对胚胎享有的相关权利，且这些规定是卫生行政管理部门对相关医疗机构和人员在从事人工生殖辅助技术时的管理规定，鼓楼医院不得基于部门规章的行政管理规定对抗当事人基于私法所享有的正当权利。由此，沈新南、邵玉妹和刘金法、胡杏仙要求获得涉案胚胎的监管权和处置权合情、合理，且不违反法律禁止性规定，故撤销一审判决，认定沈新南、邵玉妹的诉讼请求成立。

■ 评　析

I 本案的争点

1. 冷冻胚胎法律属性的认定

本案的争点系，冷冻胚胎是否是民法上的物。冷冻胚胎的法律属性具有特殊性，我国法律没有明确的规定，在法学界也没有统一的定论。对于冷冻胚胎法律属性的界定有三种主流学说：一是主体说。该学说认为胚胎应视为法律上的人，胚胎应受到法律的保护。二是客体说。该学说认为冷冻胚胎是脱离了人体的器官和组织，具有物的属性，是法律关系的客体，将冷冻胚胎等脱离人体的器官和组织认定为具有人格属性的伦理物（杨立新：《人的冷冻胚胎的法律属性及其继承问题》，载《人民司法·应用》2014 年第 13 期）。三是折中说。该学说将冷冻胚胎视为具有生命潜能、介于人和物的过渡存在。三种学说中的主体说将冷冻胚胎定性为法律上的人，缺乏对冷冻胚胎的科学认识。许多伦理学家和科学家认为尚未植入子宫的尚不满两周（14 天）的受精卵一般被认为前胚胎（李昊：《冷冻胚胎的法律性质及其处置模式——以美国法为中心》，载《华东政法大学学报》2015 年第 5 期）。这个阶段的胚胎可以成为合法胚胎干细胞等研究客体。因此，冷冻胚胎不宜被认为是主体。同时，原《民法总则》对民事主体资格的确定是按照“始于出生，终于死亡”的标准，并承认了胎儿的权利能力。胎儿不同于冷冻胚胎，是指已经植入子宫的胚胎。因此，冷冻胚胎具有发展为人的潜能，但不属于法律上保护的主体范畴。客体说、折中说否认了胚胎是法律关系的主体。这两种学说相比较而言，折中说打破了传统的人和物的二元模式。传统民法认为人是主体，物是客体，物不能通过后天改变为人。折中说认为胚胎区别于器官、精子、卵子等，不同于其他人体组织，不能按物对其进行定性。一审法院和二审法院都未将冷冻胚胎的法律属性界定为主体，但是关于是物还是中间过渡存在分歧。一审法院采纳客体说。认为受精胚胎具有发展为生命的潜能，含有未来生命特征的特殊之物，肯定了原告对“冷冻胚胎没有植入母体前是物”的主张。二审法院采纳折中说。在现在法律没有明确规定冷冻胚胎的法律属性的情形下,认为受精胚胎是介于人和物之间的过渡。两级法院都清楚地认识到了冷冻胚胎的特殊性,其法律地位与民法上一般的物应当具有较大差异。

2. 冷冻胚胎的继承

一审法院认定冷冻胚胎是物,与民法上的一般物相比,冷冻胚胎成为权利的客体必然要受到诸多限制。沈杰、刘曦已经离世,无法实施人工生殖手术。按照继承法的规定,他们的遗产是可以由其继承人继承的。但是沈杰、刘曦的父母并不当然依法取得对胚胎的继承权。他们的父母争得该胚胎,是有将其发育成人的考虑,而能够实现这一目的的唯一方式就是代孕。依照卫生部《人工辅助生殖技术管理办法》第3、22条的相关法律规定,代孕是被严格禁止的。因此,双方父母不能继承该冷冻胚胎。当然,还有更深层的原因,胚胎具备有发展为人的潜能,而这种发展成为生命的潜能必须受到"生育目的"的限制。沈杰、刘曦对胚胎的权利是指"生育权",作为一种人格权,具有人身专属性,不能被转让、继承。据此,可以否定双方父母的继承权(刘小平:《为何选择"利益论"?——反思"宜兴冷冻胚胎案"一、二审判决之权利论证路径》,载《法学家》2019年第2期)。一审法院在其判决理由中特别说明了"夫妻双方对其权利的行使应受到限制,即必须符合我国人口和计划生育法律法规,不违背社会伦理和道德,并且必须以生育为目的,不能买卖胚胎等","夫妻均已死亡,通过手术达到生育的目的已无法实现,故两人对手术过程中留下的胚胎所享有的受限制的权利不能被继承"。

3. 冷冻胚胎的监管权和处置权

二审法院认为冷冻胚胎是介于人和物之间的过渡,既不是法律关系的主体也不是法律关系的客体,应予以特殊的保护。二审法院不再以继承争议为案由,而改变为冷冻胚胎的处置权和监管权的归属争议。

首先,由于胚胎不可以任意占有、支配和控制,冷冻胚胎的权利行使主体应当考虑具体的法律关系。沈杰、刘曦夫妇在鼓楼医院进行体外受精—胚胎移植助孕手术,与鼓楼医院订立了医疗服务合同。双方又订立了知情同意书,对冷冻胚胎的处置进行了书面约定。医院以知情同意书的方式履行了对接受手术的夫妻的告知义务,知情同意书属于医疗服务合同的内容。沈杰、刘曦夫妇的突然离世,医院并不当然取得胚胎处置权,因为沈杰夫妇在签订知情同意书时并没有预料到自己的死亡,对胚胎的处置不适用于死亡后的情形。

其次,沈杰、刘曦双方父母是否当然有冷冻胚胎的处置权?二审法院从伦理、情感、特殊利益保护因素三个方面进行了充分的说理。从伦理角度看,冷冻胚胎有两个家族的遗传信息;从情感层面看,冷冻胚胎有哀思寄托的人格利益,"白发人送黑发人,乃人生至悲之事,更何况暮年遽丧独子、独女!沈杰、刘曦意外死亡,其父母承欢膝下、纵享天伦之乐不再,'失独'之痛,非常人所能体味"。从冷冻胚胎具有特殊利益考虑,"冷冻胚胎具有孕育成生命的潜质,比非生命体具有更高的道德地位,应受到特殊尊重与保护"。法官在二审判决书中明确指出,判决沈杰、刘曦父母享有对涉案胚胎的监管权和处置权,"于情于理是恰当的"。二审判决书从价值判断、利益权衡的角度出发,认为应当承认失独老人对亡故子女遗留胚胎具有天然正义的情感和倾向,“在沈杰、刘曦意外死亡后,其父母不但是世界上唯一关心胚胎命运的主体,而且亦应当是胚胎之最近最大和最密切倾向性利益的享有者”。失独老人对胚胎享有应到受到法律保护的利益。

最后,鼓楼医院不得基于部门规章的行政管理规定对抗当事人基于私法所享有的正当权利。鼓楼医院根据卫生部的相关规定提出胚胎不能买卖、赠送和禁止实施代孕,但并未否定权利人对胚胎享有的相关权利。原被告当事人与第三人的对立,不是权利享有方面而是权利行使方面,这是鼓楼医院抗辩的实质。冷冻胚胎脱离医院的监管后,交由失独老人监管处置,由此有产生不当行使、处置的风险,二审法院的判决中强调了“权利主体在行使监管权和处置权时,应当遵守法律且不得违背公序良俗和损害他人之利益”,至于如何规避不当行使、处置的风险,已经超过了本案的诉讼界限。

Ⅱ 本判决的参考意义

我国现行法律法规未对冷冻胚胎的法律性质和法律地位作出明确的规定,但是随着人类辅助生殖技术等医学水平的不断发展,涉及医学伦理和社会伦理的诊疗手段所带来的法律问题逐渐凸显。司法救济是权利救济的保障,人民法院不得拒绝裁判。法官应该发挥主观能动性,补充法律漏洞,乃至创设规则。该案中的一审法院、二审法院的法官正是在这一大背景下按照不同的审理思路,对案件进行了审理。由于本案是首例涉及冷冻胚胎纠纷的案件,该案件的审理过程、结果对后续相关案例具有重要意义。

1. 冷冻胚胎的法律属性

冷冻胚胎涉及法律、医学伦理等诸多领域,理论界对冷冻胚胎的法律属性有不同学说。司法实践中涉及冷冻胚胎的案件以当事人与医疗机构的合同纠纷居多。本案是我国首次对冷冻胚胎法律属性的司法回应,为以后类似案件的审理提供了重要的分析样本。一审法院认为冷冻胚胎具有发展为生命的潜能,含有未来特殊生命特征的特殊之物。二审法院则提出了冷冻胚胎是介于人和物之间的过渡。

2. 冷冻胚胎的法律归属

由于对冷冻胚胎法律属性认识的不统一,冷冻胚胎法律归属必然有分歧。本案中两级法院在对冷冻胚胎不同定性的基础上,提出了各自关于冷冻胚胎的法律归属论证思路。一审法院确定冷冻胚胎为特殊之物,具有人格利益的物(冷传莉:《“人格物”的司法困境与理论突围》,载《中国法学》2018年第5期),在现有法律框架下裁判了冷冻胚胎的法律归属。二审法院在法律存在漏洞的情况下,基于实用主义立场,直面冷冻胚胎法律归属的难题,提出了当事人与冷冻胚胎具有生命伦理上的密切相关性,进而对冷冻胚胎享有相应受到法律保护的民事权益,即监管权、处置权。

Ⅲ 本案遗留的问题

本案二审法院认为,双方当事人对冷冻胚胎享有监管权和处置权,而传统民事权利体系中并没有监管权和处置权这两项权利。从一般意义上考虑,政府职能管理部门应当承担相应的监督责任。处置权不同于民法中的处分权，本案中的处置权具有特定含义，就是将胚胎赠与医疗机构和销毁。因此，监管权、处置权的提法不无疑问。当然本案的价值在于，在法律没有相关规定的情形下，法官基于利益权衡创造性地解决冷冻胚胎的归属问题，具有积极的意义。

参考文献

杨立新：《人的冷冻胚胎的法律属性及其继承问题》，载《人民司法·应用》2014 年第 13 期。

李昊：《冷冻胚胎的法律性质及其处置模式——以美国法为中心》，载《华东政法大学学报》2015 年第 5 期。

刘小平：《为何选择“利益论”？——反思“宜兴冷冻胚胎案”一、二审判决之权利论证路径》，载《法学家》2019 年第 2 期。

冷传莉：《“人格物”的司法困境与理论突围》，载《中国法学》2018 年第 5 期。

周江洪：《法制化途中的人工胚胎法律地位——日本法状况及其学说简评》，载《华东政法大学学报》2015 年第 5 期。

014 公司依瑕疵决议所为增资行为之效力认定

绵阳市红日实业有限公司、蒋洋诉绵阳高新区科创实业有限公司股东会决议效力及公司增资纠纷案 ｜《最高人民法院公报》2011 年第 3 期

周 淳 浙江大学光华法学院

■ 事实概要

2003 年 12 月 16 日,绵阳高新区科创实业有限公司(以下简称科创公司)召开股东会讨论吸纳陈木高作为新股东的问题。会议审议陈木高出资 800 万元人民币以每股 1.3 元认购 615.38 万股的入股事宜。原告蒋洋和绵阳市红日实业有限公司(以下简称红日公司)对吸纳陈木高为新股东的议案投了反对票,并在意见栏注明“应当按照《公司法》第 39 条第 2 款规定先就增加资本拿出具体框架方案,按公司原股东所占比重、所增资本所占增资扩股后所占比重先进行讨论通过,再决定将来出资,要考虑原股东享有公司法规定的投资(出资)权利”。但该议案取得全体股东所持表决权的 75.49% 通过。2003 年 12 月 18 日,科创公司与陈木高签订了《入股协议书》,2003 年 12 月 22 日,陈木高将 800 万元股金汇入科创公司的指定账户。2003 年 12 月 25 日,公司就前述事宜完成变更登记。此后,陈木高以科创公司董事长的身份对公司进行经营管理。

2003 年 12 月 22 日,红日公司向科创公司递交了《关于要求作为科创公司增资扩股增资认缴人的报告》,该报告的主要内容为:主张蒋洋和红日公司享有优先认缴出资的权利,愿意在增资扩股方案的同等条件下,由红日公司与蒋洋共同或由其中一家向科创公司认缴新增资本 800 万元人民币的出资。2003 年 12 月 26 日,红日公司向绵阳高新区工商局递交了《请就绵阳高新区科创实业有限公司新增资本、增加新股东作不予变更登记的报告》。

2005 年 12 月 12 日,蒋洋和红日公司向一审法院提起诉讼,请求确认科创公司 2003 年 12 月 16 日股东会通过的吸纳陈木高为新股东的决议无效,确认科创公司和陈木高 2003 年 12 月 18 日签订的《入股协议书》无效,确认其对 800 万元新增资本享有优先认购权,科创公司承担其相应损失。

■ 判决要旨

撤销一审和二审判决,改判决议部分无效。

一审法院认为,系争股东会决议虽然通知程序存在瑕疵,但并未影响原告参加股东会

议，且股东会决议以特别多数通过。科创公司与陈木高签订的入股协议书不存在恶意串通的情形，主体适格，意思表示真实，不违反法律或者社会公共利益，应为有效协议。原告虽然对科创公司的新增资本享有优先认缴权，但该权利行使应有合理期间，原告近两年后才提起诉讼，要求行使优先认缴权，法院不予支持。

二审法院认为，根据 1999 年《公司法》和科创公司章程，蒋洋和红日公司享有科创公司增资时的优先认缴权，其在公司股东会上明确表明不放弃优先购买权，并且向科创公司和公司登记机关主张优先认缴权。但科创公司在没有明确蒋洋和红日公司是否放弃优先认缴出资权，也没有给予蒋洋和红日公司合理期限以行使优先认缴出资权的情况下，与陈木高签订《入股协议书》，并变更工商登记。该系列行为侵犯了蒋洋和红日公司的法定权利，根据原《民法通则》第 58 条第 1 款第 5 项的规定，科创公司的股东会决议无效，其与陈木高签订的《入股协议书》也相应无效。二审法院撤销一审判决，改判陈木高和其控制的公司将股权返还给科创公司，由蒋洋和红日公司按照意愿行使认购权。

再审法院即最高人民法院（以下简称最高院）认为，首先，科创公司的股东会决议侵犯了红日公司和蒋洋的优先认缴新增资本的权利，依据 2005 年《公司法》第 22 条第 1 款，股东会决议无效。其次，公司意思形成过程的瑕疵不应影响公司对外行为的效力，虽然股东会决议无效，但只要公司的表示行为不存在合同法规定的无效情形，即应有效。最后，优先认缴权的行使应有合理期间，蒋洋和红日公司在股权变动后近两年才提起诉讼，已超过合理期间。因此，再审法院撤销一审和二审判决，改判股东会决议中涉及蒋洋和红日公司出资比例的部分决议无效，并驳回蒋洋和红日公司的其他诉讼请求。

■ 评　析

Ⅰ 本判决的指导意义和裁判思路

本案所涉主要法律问题为，公司与新股东的增资入股协议，是否因公司未予老股东对新增资本行使优先认缴权而无效。由于同时涉及公司内部意思形成（股东会关于增资入股的决议）与对外意思表示（公司与新股东的增资入股协议）的效力，故应分解如下：

1. 老股东主张行使优先认缴权，股东会仍以特别决议通过向股东以外的人定向增资时，决议是否因侵害股东优先认缴权而无效。解答这一问题的关键在于股东优先认缴权的性质认定。二审法院和再审法院对此观点一致，均认为有限公司股东对新增资本的优先认缴权为法定权利，股东会特别决议不能限制和剥夺，因此决议无效。但在法律依据上，由于 1999 年公司法未对有限公司公司决议效力瑕疵及其救济有所规定，二审法院适用原《民法通则》第 58 条第 1 款第 5 项的规定。再审法院依据最高人民法院《关于适用〈中华人民共和国公司法〉若干问题的规定（一）》第 2 条，参照适用 2005 年《公司法》第 22 条第 1 款，判决决议部分无效。

2. 股东会决议无效是否影响公司增资行为的效力。这一问题涉及公司依瑕疵决议所为之行为的效力，其中又关涉对增资行为的认识。二审法院以内部意思形成与外部行为效力联动,裁判公司增资行为无效。再审法院主张决议无效并不当然影响增资行为的效力。相对人陈木高并无审查意思形成过程的义务,也已经支付对价,既然入股协议不存在《合同法》第52条规定的合同无效事由,则应属有效。

2005年《公司法》第22条规定,内容与程序存在瑕疵的公司机关决议不能认为是有效的公司意思。但决议系公司内部意思形成机制,公司依据瑕疵决议而进行的对外行为,效力如何判断,关系公司内部意思形成合法性与公司法律关系安定性的平衡,是组织法与交易法的结点问题。再审法院采取的"内外两分"裁判思路,具有一定的参考价值,但其对股东优先认缴权的性质认定和对增资行为为组织行为抑或交易行为的判断,都过于简单武断,仍有值得商榷之处。

Ⅱ 相关规范及学理

1. 本案决议是否因侵害股东优先认缴权而无效

对有限公司新增资本时股东优先认缴权性质的认定,是股东会决议效力认定的前提。若优先认缴权系股东的固有权利,公司章程或股东会决议不应排除或限制股东行使该权利;若优先认缴权并非股东的固有权利,则合法合章形成的公司意思可以对其作出限制。按照1999年《公司法》第33条规定,"公司新增资本时,股东可以优先认缴出资"。这是一项任意性规定,公司章程可以选择赋予或者不赋予股东该项权利。若初始章程赋予股东该权利,法条也不禁止公司通过修订章程来排除或限制之。科创公司章程照抄了该条文,2003年12月16日股东会以全体股东所持表决权75.49%的比例通过对公司股东之外的特定对象增发资本,不考虑两名股东行使优先认缴权的决议,意味着同时修订了公司章程,在此情形中排除了股东行权,股东会决议并不因此当然无效。

再审法院在说理时参照了2005年《公司法》第35条规定的"公司新增资本时,股东有权优先按照实缴的出资比例认缴出资。但是,全体股东约定不按照出资比例……优先认缴出资的除外"。所谓"全体股东约定不按照出资比例优先认缴出资"是否包括"全体股东约定不优先认缴出资",存在解释的空间。但毫无疑问的是,该条文禁止多数股东限制或排除个别股东优先认缴权的行使。本案诉争的股东会决议作出于2003年12月,应适用1999年修正的《公司法》。在1999年《公司法》有明确规定的前提下,再审法院参照适用2005年《公司法》的新规定判定股东会决议因限制股东优先认缴权行使而无效,是对法律的错误适用,除非再审法院对1999年《公司法》第33条作法律解释,认为应不拘于文义,优先认缴权是股东的固有权,公司章程不得对此做任何限制。

理论上讲,优先认缴权能够保护有限公司小股东在公司增资时股权比例不被稀释的权利。增资时,存在两种可能损害小股东利益的情形:一是控股股东利用其对股东会的控制,对特定对象增发资本;二是控股股东利用其对股东会的控制,以低于每股净资产价值的价格增发资本。在前一种情形,只要是足价发行,股东的财产权益并未受到损害,只是持股比例被稀释,在奉行资本多数决的公司,意味着话语权的降低。对后一种情形,即便股东没有优先认缴权,发行行为也受到公司法其他规范的制约。因此,优先认缴权着重于保护小股东的“比例利益”。但这种保护也是有限的,首先其前提为小股东有资金认缴,其次小股东只能以出资比例认缴,因此股东行使优先认缴权并不能阻止新股东进入公司,无法维护有限公司的人合性。综上所述,公司增发新股并不必然损害股东财产权,优先认缴权只保护小股东对股权比例不被稀释的期待,若公司法对此明确采任意性条款之立法模式,司法机关强要解释为其属股东固有权,于理不合。

2. 界定法人依瑕疵决议所为行为之效力,应先区分行为系组织行为抑或交易行为

2005 年《公司法》第 22 条第 4 款规定:“公司根据股东会或者股东大会、董事会决议已办理变更登记的,人民法院宣告该决议无效或者撤销该决议后,公司应当向公司登记机关申请撤销变更登记。”似乎决议效力与组织行为效力应当联动。但公司合并、分立、增资、减资、解散等行为,不仅产生公司人格或组织之变更,也可能持续地影响公司内外众多利益群体之利益,如果认为依无效决议而为之组织行为无效,将动摇公司社团之安定性。增资行为尤为特殊,其外观上虽可能仅表现为公司与特定对象的交易行为,但因注册资本增加对外可能影响债权人的授信行为,对内可能改变公司机关人员组成从而影响公司持续的经营管理活动,与公司的交易行为仅影响合同相对方判然有别。

同时,在对新股东增资的情形,相对人系新加入公司的社员,在注意义务的认定上是否应简单等同于公司的外部人,亦值得探讨。对有限公司而言,新股东欲加入公司前,通常了解公司的经营情况、财务状况、股权结构和股东组成。我国《公司法》在有限公司股东对外进行股权转让时,也要求经过半数股东同意方可转让,且其他股东有优先购买权。可见对导致有限公司股权结构变动的情形,公司法维护人合性的思路是一贯的。本案中,如按再审法院所适用的 2005 年《公司法》第 35 条,优先认缴权系有限公司股东的法定权利,新股东不应不知,何况主张优先认缴权的股东为此前公司的第一大股东,而新股东为公司的重要合作伙伴。因此,对增资行为效力的认定,应当平衡公司组织稳定和交易安全与股东权利保护二者,最终决定是否认可其效力。从驳回红日公司和蒋洋行使优先认缴权的说理部分可见,再审法院显然考虑到否认增资行为的效力,不仅影响股东权益变动,而且导致公司两年内所有决策可能因之失效,撼动公司业已形成的内部秩序。此外,在两年时间中,公司度过资金难关、净资产增加,包括原告在内的所有股东均因此而受惠。但再审法院以“内外二分”论证意思形成无效不影响增资行为效力,将组织行为与交易行为视同对待,未免过于简单粗糙。

Ⅲ 既往司法实践状况

司法实践中通常认为法定代表人以公司名义所签订之合同当然约束公司,只要合同不存在《合同法》规定无效的情形,并不讨论公司内部有无意思形成。例如,在法定代表人越权担保的合同效力认定上,虽然《公司法》第 16 条构成法定代表人代表权的法定限制,但在“中建材集团进出口公司诉北京大地恒通经贸有限公司等进出口代理合同纠纷案”(《最高人民法院公报》2011 年第 2 期)中,法院认为公司内部决议程序,不得约束第三人,过于强调对交易安全的维护,对相对人的注意义务几乎不做任何要求。

Ⅳ 本判决参考意义及将来的课题

本案被选为2011年的公报案例,裁判摘要中指出:“在民商事法律关系中,公司作为行为主体实施法律行为的过程可以划分为两个层次,一是公司内部的意思形成阶段,通常表现为股东会或董事会决议;二是公司对外作出意思表示的阶段,通常表现为公司对外签订的合同。出于保护善意第三人和维护交易安全的考虑,在公司内部意思形成过程存在瑕疵的情况下,只要对外的表示行为不存在无效的情形,公司就应受其表示行为的制约。”可见最高院试图确立公司行为中内部意思形成与表示行为效力区分对待、保护善意相对人的裁判思路,这一裁判思路最终表现为正式的司法解释,即最高人民法院《关于适用〈中华人民共和国公司法〉若干问题的规定(四)》第6条。维护交易安全这一原则在立法中也有所体现,原《民法总则》第85条后段规定,营利法人的决议行为被撤销时,“营利法人依据该决议与善意相对人形成的民事法律关系不受影响”。《民法典》第85条承继了这一规定。然而,对公司的组织行为与交易行为的效力认定是否均应以维护交易安全为先,在相对人善意的判断上应否秉持不同的标准,仍值得研究。更重要的是,若一概坚持“内外二分”,对决议行为效力与表示行为效力分离认定,决议效力瑕疵的纠正将无法实现实体权利义务之救济,那么决议效力争讼的制度功能如何实现?建立多元、即时、灵活的预防性救济措施,使股东能及时干预程序或内容有瑕疵之意思形成,从而阻遏甚至预防瑕疵决议对公司与股东的损害,应成为《公司法》修订者考虑的课题。

□ 参考文献

James D. Cox and Thomas Lee Hazen, Cox and Hazen's Treatise on the Law of Corporations, 3d, §16.22 (2019).

[德]莱赛尔、法伊尔:《德国资合公司法》,高旭军等译,上海人民出版社2019年版。

王军:《有限责任公司股东增资优先认缴权解析》,载《金融法苑》2019年第1期。

徐银波:《法人依瑕疵决议所为行为之效力》,载《法学研究》2020年第2期。

015 沉默只有在例外情形才可被视为意思表示

沈阳国际汽车城开发有限公司与抚顺中通建设(集团)有限公司建设工程施工合同纠纷案 | 最高人民法院(2018)最高法民申549号民事裁定书

纪海龙 华东师范大学法学院

■ 事实概要

2011年4月26日沈阳国际汽车城开发有限公司(以下简称汽车城公司)与抚顺中通建设(集团)有限公司(以下简称中通公司)签订《沈阳国际汽车城一期汽配区建设工程施工合同协议》,约定由中通公司作为承包方为汽车城公司建设沈阳国际汽车城一期汽配区工程。2011年4月27日双方签订《协议补充》,其中将工程竣工结算事宜明确为:双方约定汽车城公司审核竣工结算文件的期限为45天,即汽车城公司收到中通公司工程结算报告及工程结算文件资料后,45天内予以答复并审定完成,且据此按约定额度支付结算工程款;如汽车城公司收到工程结算报告及结算文件资料超过45天不予答复,视为汽车城公司认可中通公司提交的结算文件资料和工程结算总值,中通公司提交的工程结算总值即自动生效,汽车城公司按此工程结算总值支付工程款。合同签订后,中通公司进行了施工。2013年1月31日中通公司向汽车城公司发出《交付甲方工程结算文件资料函附明细》。后中通公司向沈阳市中级人民法院起诉请求汽车城公司支付剩余工程款并承担相应违约责任。法院查明,中通公司向汽车城公司提交的结算报告中工程总造价为119,271,471元,汽车城公司未在协议约定的期限内对该结算提出异议,审理中,汽车城公司也没有提供证据证明双方在诉讼前曾对该结算进行过重新核算。本案诉讼中,经一审法院要求汽车城公司对中通公司的结算进行核对后,汽车城公司对中通公司结算采用的标准并无异议,但认为结算值为8786.71万元。对于双方结算值的差额,汽车城公司提出无相关资料,应由中通公司提供资料后再予确认。中通公司认为其在2013年1月31日提供给汽车城公司的结算资料中,已经包含可以计算工程量的全部资料。后一审法院按照最高人民法院《关于审理建设工程施工合同纠纷案件适用法律问题的解释》[法释(2004)14号](以下简称《建设工程施工合同司法解释一》)第20条的规定确认该结算值为119,671,471元,并以此为依据进行了相应判决。一审判决被沈阳市高级人民法院二审判决以及最高人民法院再审裁定予以维持。

■ 判决要旨

《建设工程施工合同司法解释一》第 20 条规定:“当事人约定,发包人收到竣工结算文件后,在约定期限内不予答复,视为认可竣工结算文件的,按照约定处理。承包人请求按照竣工结算文件结算工程价款的,应予支持。”

■ 评　析

Ⅰ 本判决的思路和意义

本案争议焦点为涉案工程是否已结算以及结算的工程款数额是多少。双方在合同中约定,汽车城公司审核竣工结算文件的期限为 45 天,如汽车城公司在约定 45 天期限内不予答复,视为汽车城公司认可中通公司提交的结算文件资料和工程结算总值。法院查明,中通公司向汽车城公司提交的结算报告中工程总造价为 119,271,471 元,汽车城公司未在协议约定的期限内对该结算提出异议。根据《建设工程施工合同司法解释一》第 20 条之规定,应视为发包方认可了承包方提交的结算报告中的工程总造价。本案的判决思路如下:因发包方在双方约定的审核和异议期间沉默,法院认定发包方认可了承包方出具的结算报告。本案涉及以沉默的方式作出的意思表示。本案一审虽然审理于《民法典》生效之前,但对于《民法典》第 140 条第 2 款(沉默只有在例外情形才可作为意思表示的方式)的适用,具有启发意义。

Ⅱ 沉默只有在例外情形才可作为意思表示方式的规范与学理

本案主要涉及沉默方式的意思表示。

意思表示的方式,有明示方式和默示方式(《民法典》第 140 条第 1 款),原则上明示和默示的意思表示效力相同,除非法律明文规定某些意思表示必须采取明示方式(如《涉外民事法律关系适用法》第 3 条)。默示不同于沉默。默示是指从行为人的作为中推断出意思表示,而沉默是单纯的不作为。最高人民法院《关于贯彻执行〈中华人民共和国民法通则〉若干问题的意见(试行)》[法(办)发(1988)6 号](以下简称《民通意见》)第 66 条曾将“沉默”称为“不作为的默示”。但自原《民法总则》生效后,因该法第 140 条明确将明示、默示和沉默进行列举,从而默示和沉默应严格区分开。默示乃是以积极行动表示意思;而沉默乃消极不作为。沉默只有在例外的情形才可作为意思表示的方式。《民法典》第 140 条第 2 款规定:“沉默只有在法律规定、当事人约定或者符合当事人之间的交易习惯时,才可以视为意思表示。”该款明确列举了三种沉默可被视为意思表示的情形:法律规定;当事人约定;符合当事人之间的交易习惯。

法律规定沉默视为意思表示的,例如,《民法典》第 638 条第 1 款后半句试用买卖中“试用期间届满,买受人对是否购买标的物未作表示的,视为购买”。此处须区分沉默作为意思表示与拟制的表示。沉默作为意思表示的情形,当事人确实作出了意思表示,从而意思表示效力瑕疵(如因欺诈、胁迫等事由)规则可予以适用;而拟制的表示情形,法律径直认定某种法律效果的发生,该种法律效果的发生并非意思表示所致,从而意思表示效力瑕疵(如因欺诈、胁迫等事由)规则不得适用[陈甦主编:《民法总则评注》(下册),法律出版社 2017 年版,第 1006 页;杜景林:《民商事往来中沉默的法律责任》,载《法学》2014 年第 2 期]。例如,《民法典》第 145条第 2 款中句限制行为能力人实施法律行为场合被催告的"法定代理人未作表示的,视为拒绝追认",以及《民法典》第 171 条第 2 款中句无权代理场合被催告的"被代理人未作表示的,视为拒绝追认",此两句中的"未作表示的,视为拒绝追认",并非沉默作为意思表示,而是属于拟制(不同观点参见杨代雄:《意思表示理论中的沉默与拟制》,载《比较法研究》2016 年第 6 期)。杨代雄教授认为,这两条中的"未作表示"其实是既未追认也未拒绝追认,也就是压根未作出任何表示,从而法律行为是因"未被追认"而不生效力(以及追认权因除斥期间经过而消灭),而非是因"被拒绝追认"归于终局的无效。但压根未作出任何表示和拒绝追认表示之间有一重大区别,即嗣后法定代理人或无权代理中的被代理人是否有权再行追认。如将"未作表示"视为压根未作出任何表示,则再行追认还属于可能(从而如欲否认追认权则需另行嫁接除斥期间的效果,此构造过于繁复);如将"未作表示"视为作出拒绝追认的表示,则再行追认的可能便被排除。从追求法律行为效力确定性和保护相对人信赖的角度看,这两条中的"未作表示"应被解释为法律拟制了"拒绝追认"的法效果。此种解释,无论从法条文义还是规范意旨看,均属妥当。

当事人约定沉默可被视为意思表示的,即当事人间共同约定(而非单方指定)将沉默视为意思表示,此乃当事人运用其私法自治,自然应允许之。实务中典型的案件如上文案例。本案中双方在工程施工合同中约定,发包人在收到承包人制作的结算报告后 45 天内不提出异议的,视为认可该报告。而发包人无证据证明其在 45 天内提出了异议,从而法院判定以该结算报告为依据计算工程款。本案中发包人的沉默被视为同意,该同意虽然表面上指向的是对事实的认可,但实际上类似于当事人约定和解协议的意思表示,本案中发包人的同意会导致工程款债务数额的确定,从而也属于意思表示。《建设工程施工合同司法解释一》第 20 条规定:"当事人约定,发包人收到竣工结算文件后,在约定期限内不予答复,视为认可竣工结算文件的,按照约定处理。承包人请求按照竣工结算文件结算工程价款的,应予支持。"另须注意的是,目前最新版的《建工合同示范文本》(GF-2017-0201)也采"沉默视为同意"。其第 14.2(1)条第 2 款规定:"发包人在收到承包人提交竣工结算申请书后 28 天内未完成审批且未提出异议的,视为发包人认可承包人提交的竣工结算申请单,并自发包人收到承包人提交的竣工结算申请单后第 29 天起视为已签发竣工付款证书。"

符合当事人之间的交易习惯的,沉默也可作为意思表示的方式。需注意的是,《民法典》第 140 条第 2 款规定的是符合"当事人之间的"交易习惯,而非一般的习惯或行业惯例。最高人民法院《关于适用〈中华人民共和国合同法〉若干问题的解释(二)》[法释(2009)5 号](以下简称《合同法司法解释二》)第 7 条第 1 款规定:"下列情形,不违反法律、行政法规强制性规定的,人民法院可以认定为合同法所称'交易习惯':(一)在交易行为当地或者某一领域、某一行业通常采用并为交易对方订立合同时所知道或者应当知道的做法;(二)当事人双方经常使用的习惯做法。"该条区分了当事人之间的交易习惯和行业(或地区)习惯。

换言之,仅仅符合行业惯例或地区习惯,而非符合当事人之间形成的交易习惯的,按照本条文义,并不能导致沉默被视为意思表示[支持严格按照文义解释此规定者,参见李宇:《民法总则要义:规范释论与判解集注》,法律出版社2017年版,第473页;似乎支持扩大解释从而支持包括地区或行业习惯的观点,参见陈甦主编:《民法总则评注》(下册),法律出版社2017年版,第1005页;杨代雄:《意思表示理论中的沉默与拟制》,载《比较法研究》2016年第6期]。

另外,除了《民法典》第140条第2款明确列举的三种情形外,是否可在个案中基于诚实信用原则而导致沉默视为意思表示,学界存有争议[支持的观点参见陈甦主编:《民法总则评注》(下册),法律出版社2017年版,第1005页;杨代雄:《意思表示理论中的沉默与拟制》,载《比较法研究》2016年第6期;反对的观点参见李宇:《民法总则要义:规范释论与判解集注》,法律出版社2017年版,第474页]。

Ⅲ 目前司法实践状况及将来的课题

对于沉默是否可以作为意思表示的方式,在原《民法总则》通过之前,司法实践多引用《民通意见》第66条之规定,认为只有在法律规定或当事人约定的情况下,沉默才可被视为意思表示。且在大多数案件中,法院以此为理由否认存在意思表示[例如,最高人民法院(2016)最高法民申3085号民事判决书;最高人民法院(2014)民二终字第105号民事判决书]。司法实践对于沉默是否构成意思表示,持相当谨慎的态度。在建设工程合同价款结算这一点上,因《建设工程施工合同司法解释一》第20条之规定,在当事人间存在相关约定的情况下,发包方在约定期间内不提出异议,被视为同意结算书内容。而在当事人之间不存在相关约定时,即便发包方在特定期间内不提出异议,法院也会否认发包方同意了结算书的内容[如河南省高级人民法院(2019)豫民再347号民事判决书;最高人民法院(2019)最高法民申4944号民事裁定书]。此种判决思路数年来已比较固定。唯可注意的是,关于权利放弃,司法实践中常以沉默原则上不得作为意思表示为由,径直要求放弃权利须"明示"的意思表示[如广东省高级人民法院(2018)粤民再251号民事判决书]。可以提出的问题是,以积极行动的作为方式默示放弃权利,有何不可?此外,在有限检索司法判决的过程中,尚未发现沉默因存在当事人之间的交易习惯而被认定为意思表示的案例,另有待未来观察的是,除了《民法典》第140条第2款明文规定的三种情形外,沉默是否可因存在地区或行业交易习惯或因个案中诚信原则的适用而被认定为意思表示。

□ 参考文献

陈甦主编:《民法总则评注》(下册),法律出版社2017年版。

李宇:《民法总则要义:规范释论与判解集注》,法律出版社2017年版。

杨代雄:《意思表示理论中的沉默与拟制》,载《比较法研究》2016年第6期。

杜景林:《民商事往来中沉默的法律责任》,载《法学》2014年第2期。

[德]扬·冯·海因、[德]莉迪亚·贝伊:《要约通知与单纯沉默》,王蒙译,载《华东政法大学学报》2016年第2期。

016 跟单信用证交易中开证行关于提单权利的合同解释

中国建设银行股份有限公司广州荔湾支行诉广东蓝粤能源发展有限公司等信用证开证纠纷案 | 最高人民法院第111号指导性案例

朱晓喆 上海财经大学法学院

■ 事实概要

中国建设银行股份有限公司广州荔湾支行(以下简称建行荔湾支行)与广东蓝粤能源发展有限公司(以下简称蓝粤能源)于2011年12月签订《贸易融资额度合同》及《关于开立信用证的特别约定》(以下简称特别约定)等协议,约定建行荔湾支行向蓝粤能源提供不超过5.5亿元的贸易融资额度,包括开立等额的信用证。惠来粤东电力燃料有限公司(以下简称粤东电力)等提供保证。2012年11月,蓝粤能源申请开立8592万元的信用证,为此,其向建行荔湾支行出具了《信托收据》,确认自收据出具之日起,建行荔湾支行即取得信用证项下单据和货物的所有权,建行荔湾支行为委托人及受益人,蓝粤能源为受托人。信用证开立后,蓝粤能源进口了16万吨煤炭。建行荔湾支行承兑了信用证,同时取得了包括案涉提单在内的全套单据。后来,蓝粤能源未能付款赎单,建行荔湾支行仍持有提单等单据,但提单项下的煤炭因其他纠纷已被查封,遂提起诉讼,要求:蓝粤能源向其清偿信用证垫款本金及利息;确认其对案涉16万吨煤炭享有所有权,并就处置该财产所得款项优先受偿;粤东电力等承担担保责任。

一审法院和二审法院驳回了建行荔湾支行确认煤炭所有权及优先受偿权的请求。建行荔湾支行向最高人民法院申请再审,主要理由如下:(1)提单系所有权凭证,建行荔湾支行合法持有提单,故对提单表征的货物享有所有权;(2)蓝粤能源出具的《信托收据》具有质押合同的性质,即使认为建行荔湾支行对案涉货物不享有所有权,亦对货物变价所得享有优先受偿权。蓝粤能源和粤东电力等担保人认为,建行荔湾支行仍持有信用证项下单据,可凭提单提取案涉货物,故不能再向蓝粤能源及担保人主张权利。

■ 判决要旨

建行荔湾支行对案涉货物不享有所有权,但享有优先受偿权。

提单的交付可与提单项下货物的交付一样,产生物权变动的效果,但提单持有人是否因提单的交付而取得物权以及取得何种物权,取决于其所依据的合同约定。与动产交付类似，动产占有人受领动产的交付，究竟享有的是所有权、质权还是基于合同的占有，均取决于当事人之间的合同如何约定。建行荔湾支行虽持有提单，但其未取得案涉煤炭所有权，《信托收据》不能作为其取得煤炭所有权的合同依据。建行荔湾支行主张“以其享有所有权的货物价款优先受偿”亦欠缺合同依据，即便有此约定，以让与动产所有权担保债权有违物权法定，不能产生物权效力。《信托收据》虽体现了以提单及其项下货物担保债权的意思，但该意思表示是以让与所有权来提供担保，区别于动产或权利质押。

然而，依特别约定，蓝粤能源违约时，建行荔湾支行有权处分案涉单据及货物，根据合同整体解释及信用证交易的特点，当事人真实意思表示是以提单设定质押。具体而言，依特别约定，若蓝粤能源违约，建行荔湾支行可行使下述权利，其中第4项为“担保权利”，第5项为“其他担保”。依体系解释，若合同条款有两种以上的解释，不应采使合同条款成为赘文的解释，故第4项和第5项应具不同功能。“其他担保”是指粤东电力等提供的保证，综合合同约定与案件事实，“担保权利”系指提单权利质押。理由如下：其一，开证行持有提单的目的是担保其债权实现，如否认其对提单或货物的担保物权，与“付款赎单”的交易习惯完全背离，亦不符合当事人以提单担保开证行债权实现的交易目的；其二，依特别约定第3项，蓝粤能源违约时，建行荔湾支行有权处分提单及货物，其事后作出将提单设定质押的意思符合第3项，而主张以货物所有权实现担保，则违背物权法定原则，应支持符合法律规定的主张，即其享有质押权。

■ 评　析

Ⅰ 本判决的思路和意义

本案中，建行荔湾支行以其持有提单为由，主张享有提单项下煤炭的所有权，并可优先受偿。最高人民法院认为，提单持有人是否享有提单项下货物所有权或他物权，取决于当事人之间的约定，让与动产所有权以担保债权，有违物权法定原则，《信托收据》不能作为原告取得所有权或担保物权的依据；结合合同（特别约定）整体解释及信用证交易特点，当事人的真实意思是以提单设定质权。本案明确了提单持有人对提单项下货物享有何等权利取决于当事人的意思，而意思表示的解释应综合当事人之间交易的性质与合同整体来确定。本判决在司法实践层面具有开创性，对法院认定提单持有人的权利具有重要的指导意义。

Ⅱ 跟单信用证交易中开证行持有提单的权利性质分析

本判决涉及跟单信用证交易中持有提单的开证行享有何种权利，尤其是当事人意思表示扮演着何种角色。欲厘清这一问题，应从以下三方面考虑：第一，提单的法律性质，尤其是提单是否属于物权凭证或是否有物权效力；第二，在不考虑信托收据的情况下，开证行享有何种权利；第三，存在信托收据时当事人的权利义务关系如何。

依《海商法》第71条第1句的规定，提单是用以证明海上货物运输合同和货物已经由承运人接收或者装船,以及承运人保证据以交付货物的单证。但提单的法律效力究竟为何,学界对此争议极大,大致经历了“所有权凭证说”“占有权说”“物权效力说”的演变。

早期观点认为,提单是所有权凭证,其经典表述为:持有提单就拥有提单项下货物的所有权,转让提单也就转让了货物所有权(司玉琢主编:《新编海商法学》,人民交通出版社 1991 年版,第 142 页)。有学者对于此观点提出反思,认为提单转让是否代表所有权移转取决于当事人的约定,提单并不代表所有权,而是代表对货物的“占有权”(郭瑜:《论提单的物权性》,载《中国法学》1997 年第 4 期)。

王文军梳理了英国法上提单作为 document of title 的历史,指出提单仅是记载货物的表征,其占有等同于对货物的占有,其转让作为象征性地交付货物,并主张“物权效力说”,即提单的交付与货物交付具有同一效力,提单受让人具体取得何种物权,取决于转让提单的基础法律关系(王文军:《提单之物权效力辨》,载《法学论坛》2009 年第 5 期)。当前德国、日本学界通说基本亦持相同观点,即提单的交付与货物的交付具有同一效力,至于受让人据此取得何种权利应依证券外形成的实体法律关系而定(庄加园:《提单上的请求权移转与货物物权变动——以德国法为视角》,载《东方法学》2015 年第 1 期;周江洪:《日本法上的提单效力问题研究》,载《东方法学》2015 年第 1 期)。“物权效力说”将当事人的合意作为判定提单持有人权利的决定因素,提单交付只是权利取得的要件之一,即其仅表征占有移转。

对于当事人之间存在的信托收据(是指客户将自己货物的所有权转让给银行的确认书,持有该收据即意味着银行对该货物享有所有权),主流观点认为它是以让与担保为核心的非典型担保(刘斌:《信托收据的权利逻辑与规范完善》,载《法律科学》2019 年第 3 期)。少数认为,买方与开证行之间存在信托关系(刘昕:《论信用证业务中开证行对提单的权利》,载《江苏社会科学》2008 年第 6 期)。

综上所述,提单作为所有权凭证的观点已逐渐被抛弃,“物权效力说”更符合比较法上的理解;在跟单信用证交易中,通说认为开证行享有质押权,其产生系基于当事人之间的约定;若开证行与进口商之间存在“信托收据”,则应以让与担保解释当事人之间的法律关系。由此可见,在跟单信用证下,开证行持有提单只是表征其取得了货物的占有,具体享有何种权利,取决于其与进口商之间的合同约定。

原《合同法》第 125 条第 1 款规定,“当事人对合同条款的理解有争议的,应当按照合同所使用的词句、合同的有关条款、合同的目的、交易习惯以及诚实信用原则,确定该条款的真实意思”。《民法典》第 142 条第 1 款大体上承袭了上述规则。据此进行合同解释,应参考文义、体系、目的、习惯与诚实信用五项因素。故判断跟单信用证交易中开证行持有提单的权利,可以根据合同的文义、合同的整体脉络及条款之间的关系、当事人的目的、交易惯例,作出合理的解释。

Ⅲ 既往司法实践状况

在早期的司法裁判中,“提单是所有权凭证”的观点占据绝对主流的地位,最高人民法院有一系列判决都表达了这一观点,如“兴利公司、广澳公司与印度国贸公司、马来西亚巴拉普尔公司、库帕克公司、纳林公司货物所有权争议案”[载《中华人民共和国最高人民法院公报》(以下简称《公报》)1991 年第 1 期]、“粤海公司与仓码公司、特发公司等海上货物运输无单放货、提货、代理放货纠纷案”(载《公报》1997 年第 1 期)、“海南通连船务公司与五矿国际有色金属贸易公司海上货物运输纠纷案”(载《公报》1999 年第 6 期)。“所有权凭证说”下,推定提单持有人取得所有权,当事人的意思不起任何作用。

随后,司法实践对“所有权凭证说”的反思越来越多。例如,在“肯考帝亚农产品贸易(上海)有限公司与广东富虹油品有限公司、第三人中国建设银行股份有限公司湛江市分行所有权确认纠纷案”中,一审法院认为,提单只是代表物权凭证,提单持有人拥有提单项下货物的占有权[参见最高人民法院(2010)民四终字第 20 号民事判决书,载《公报》2012 年第 1 期]。尽管“占有权说”并不完全妥当,但至少将当事人的意思这一因素引入到提单持有人权利的判定上,遗憾的是,该案判决并未分析当事人的意思表示具体发生何种作用。

尽管“所有权凭证说”在司法实践中占据主流,但几乎没有法院认为跟单信用证交易下持有提单的开证行享有所有权。很多法院认为,开证行享有担保物权,只是对是何种担保物权及其如何产生,存在争议。多数法院在确认当事人之间存在有效的质押条款后,认可开证行享有质权,如北京市第一中级人民法院(2002)一中民终字第 4007 号民事判决书、广东省深圳市福田区人民法院(1998)深福法经初字第 1186 号民事判决书。

若当事人之间存在类似“货物单据及货物所有权归银行享有”的约定(如信托收据或进口押汇协议),实践观点较为复杂。有法官认为,开证行取得物权凭证后,即实际拥有了货物的所有权(所有权说)(李伦山:《进口押汇业务中若干法律问题之探析》,载《山东法官培训学院学报》2001 年第 3 期);也有法官认为,信托收据意味着当事人之间成立信托关系(信托关系说),没有设定抵押或质押的意思(李元宏:《信托财产的所有权和受益权可由不同主体分享》,载《人民司法·案例》2014 年第 18 期);还有法官认为,信托收据可视为一种无名合同,其中关于对信用证项下货物优先受偿权的约定因缺乏公示,不得对抗善意第三人(无名合同说)[最高人民法院(2010)民四终字第 20 号民事判决书,载《公报》2012 年第 1 期]。

综上所述,提单是所有权凭证的观点在早期司法实践中占主流地位,但近期司法判决不再持此观点。但是当事人意思表示对于判定提单持有人权利的作用尚未被完全揭示;在判定持有提单的开证行的权利时,法院虽注重对当事人之间约定的审查,但大多仅停留于是否存在设定质押的合意,尚未形成实质性的意思表示解释规则。

Ⅳ 本判决的参考意义及将来的课题

首先,本判决澄清了提单持有人能否取得物权以及取得何种物权,取决于当事人之间的约定,其将持有提单与占有动产相类比,在法律构造上与“物权效力说”相契合;其次,本判决明确了在认定开证行与进口商的意思表示时,应基于合同整体并结合信用证交易特点进行解释,相较于以往判决仅单纯审查当事人之间是否存在质押条款,显然更进一步;最后,本案还提出了一些特殊的合同解释规则,如“有效解释优先”“使每个条款都有意义的解释”,这在实践与学理上均有迹可循。

本判决的意义值得肯定,但亦存在以下问题,有待进一步思考:第一,当前司法实践逐渐认可让与担保的效力,如2019年发布的《全国法院民商事审判工作会议纪要》第71条有明确依据,那么在以后的判决中,若当事人之间存在类似"货物单据及货物所有权归银行"的约定,是否应认定为让与担保;第二,让与担保若不进行有效公示,不宜认可其具有优先效力,开证行持有提单可否等同于对货物的占有,由此起到公示作用,尚需澄清;第三,按照意思表示解释探求真意的规则,若当事人对合同内容没有争议,应尊重当事人的一致理解,本案原告主张其享有货物所有权,被告也认为原告"持有信用证下单据,可凭单提货",可见当事人对于原告已取得或将取得所有权没有争议,此时法院是否可以径将当事人意思解释为设定提单权利质押。

☐ 参考文献

郭瑜:《论提单的物权性》,载《中国法学》1997年第4期。

王文军:《提单之物权效力辨》,载《法学论坛》2009年第5期。

庄加园:《提单上的请求权移转与货物物权变动——以德国法为视角》,载《东方法学》2015年第1期。

周江洪:《日本法上的提单效力问题研究》,载《东方法学》2015年第1期。

邵敏杰:《跟单信用证下银行提单担保权利——"建行荔湾支行与蓝粤能源等信用证开证纠纷案"评释》,载《交大法学》2017年第3期。

刘斌:《信托收据的权利逻辑与规范完善》,载《法律科学》2019年第3期。

017 恶意串通、通谋虚伪与债权人撤销权

瑞士嘉吉国际公司诉福建金石制油有限公司等确认合同无效纠纷案 | 最高人民法院第33号指导性案例

茅少伟 北京大学国际法学院

■ 事实概要

瑞士嘉吉公司(以下简称嘉吉公司)与福建金石公司及大连金石公司、沈阳金豆公司等关联公司(以下统称金石集团)因买卖大豆发生争议,双方在国际仲裁过程中于2005年6月26日达成《和解协议》,约定金石集团将在五年内分期偿还债务,并将福建金石公司的全部资产,包括土地使用权、建筑物和固着物、所有设备及其他财产抵押给嘉吉公司作为担保。2005年10月10日,根据该《和解协议》,仲裁裁决确认金石集团应向嘉吉公司支付1337万美元。2006年5月,因金石集团未履行该仲裁裁决,福建金石公司也未配合进行资产抵押,嘉吉公司向厦门市中级人民法院申请承认和执行该仲裁裁决。2007年6月26日,法院经审查后裁定对该仲裁裁决的法律效力予以承认和执行。该裁定生效后,嘉吉公司申请强制执行。

2006年5月8日,福建金石公司与田源公司签订《国有土地使用权及资产买卖合同》,约定福建金石公司将其国有土地使用权(32,138平方米,于2001年12月31日以482.1万元取得)、厂房、办公楼和油脂生产设备等全部固定资产以2569万元人民币(以下均为人民币)的价格转让给田源公司,其中国有土地使用权作价464万元、房屋及设备作价2105万元,应在合同生效后30日内支付全部价款。王晓琪和柳锋分别作为福建金石公司与田源公司的法定代表人在合同上签名。2006年5月10日,福建金石公司与田源公司对买卖合同项下标的物进行了交接。同年6月15日,田源公司向福建金石公司在同一银行的账户转入2500万元。福建金石公司当日从该账户汇出1300万元、1200万元两笔款项至大连金石公司账户,用途为往来款。同年6月19日,田源公司取得上述国有土地使用权证。

2008年2月21日,田源公司与汇丰源公司签订《买卖合同》,转让上述国有土地使用权及地上建筑物、设备等,总价款为2669万元,其中土地价款603万元、房屋价款334万元、设备价款1732万元。汇丰源公司于2008年3月取得上述国有土地使用权证。汇丰源公司仅于2008年4月7日向田源公司付款569万元,此后未付其余价款。

田源公司与金石集团旗下公司的直接或间接控制人均为王政良、王晓莉、王晓琪、柳锋。王政良与王晓琪、王晓莉是父女关系,柳锋与王晓琪是夫妻关系。2009年10月15日,中纺粮油公司取得田源公司80%的股权,后田源公司更名为中纺福建公司。

汇丰源公司成立于2008年2月19日,原股东为宋明权、杨淑莉。2009年9月16日,中纺粮油公司和宋明权、杨淑莉签订《股权转让协议》,购买汇丰源公司80%的股权。同日,中纺粮油公司(甲方)、汇丰源公司(乙方)、宋明权和杨淑莉(丙方)及沈阳金豆公司(丁方)签订《股权质押协议》,约定:丙方将所持汇丰源公司20%的股权质押给甲方,作为乙方、丙方、丁方履行"合同义务"之担保;"合同义务"指乙方、丙方在《股权转让协议》及《股权质押协议》项下因"红豆事件"产生的所有责任和义务;"红豆事件"指嘉吉公司与金石集团就进口大豆中掺杂红豆原因而引发的涉及金石集团的一系列诉讼及仲裁纠纷以及与此有关的涉及汇丰源公司的一系列诉讼及仲裁纠纷。还约定,下述情形同时出现之日,视为乙方和丙方的"合同义务"已完全履行:(1)因"红豆事件"引发的任何诉讼、仲裁案件的全部审理及执行程序均已终结,且乙方未遭受财产损失;(2)嘉吉公司针对乙方所涉合同可能存在的撤销权因超过法律规定的最长期间(5年)而消灭。2009年11月18日,中纺粮油公司取得汇丰源公司80%的股权。汇丰源公司成立后并未实际经营。

因福建金石公司已无财产可供执行,嘉吉公司向福建省高级人民法院提起诉讼,请求:(1)确认福建金石公司与中纺福建公司签订的《国有土地使用权及资产买卖合同》无效;(2)确认中纺福建公司与汇丰源公司签订的国有土地使用权及资产《买卖合同》无效;(3)判令汇丰源公司、中纺福建公司将其取得的合同项下财产返还给财产所有人。

■ 判决要旨

债务人将主要财产以明显不合理低价转让给其关联公司,关联公司在明知债务人欠债的情况下,未实际支付对价的,可以认定债务人与其关联公司恶意串通、损害债权人利益,与此相关的财产转让合同应当认定为无效。

《合同法》第59条仅适用于第三人为财产所有权人的情形,在债权人对债务人享有普通债权的情况下,应当根据第58条的规定判令债务人的关联公司将因无效合同取得的财产返还给原财产所有人,而不能根据第59条直接判令其将财产返还给债权人。

■ 评　析

Ⅰ 本判决的意义和局限

本案代表一类典型的、较复杂的"恶意串通逃债"情形。根据法院认定的事实,债务人福建金石公司将其主要资产以明显不合理的低价转让给关联公司中纺福建公司(第一次转让);为进一步"隔离"资产,中纺福建公司又将上述资产转让给知情的汇丰源公司(第二次转让)。法院认为,这两次转让所涉买卖合同属于《合同法》第52条第2项规定的"恶意串通,损害第三人利益"的情形(以下简称恶意串通规则),均为无效。

本判决至少在两个方面具有积极的指导意义:一是对恶意串通规则的构成要件采用了结合合同订立、履行相关的主客观情事综合判定的方式;二是将《合同法》第59条规定的适用合理限制在第三人为财产所有权人的情形。但是,本判决也同时蕴含了两点较大的不足,或曰隐忧:一是将恶意串通规则适用于保全金钱债权的情形未必妥当;二是对恶意串通合同无效效果的性质及后果的理解也可能不当。以下结合学理、立法和司法实践的发展评析本案,重点在辨析恶意串通规则的适用范围、法律效果及其与相关制度的功能界分。

Ⅱ 恶意串通的适用范围

《民法典》第154条规定的恶意串通合同无效规则一向备受争议。在司法实践中,该规则被广泛适用于各种不同的情形;学理上却多认为其意义含混,功能可被其他规则吸收、替代,应予删除(杨代雄:《恶意串通行为的立法取舍——以恶意串通、脱法行为与通谋虚伪表示的关系为视角》,载《比较法研究》2014年第4期;冉克平:《"恶意串通"与"合法形式掩盖非法目的"在民法典总则中的构造》,载《现代法学》2017年第4期)。《民法典》第154条保留了恶意串通规则,但将其适用限制于"损害他人合法权益"的情形(保护私人利益),应解释为这可避免与《民法典》第153条第2款违背公序良俗的法律行为无效(保护公共利益)产生无谓的竞合。本案所涉"逃债"案型通常以债权人撤销权制度处理,《民法典》第146条新增的通谋虚伪表示制度也具有相关性,因此至少仍有两项需要处理的制度界分问题。

1. 恶意串通与通谋虚伪表示

此前,通谋虚伪表示问题常以恶意串通规则或者"以合法形式掩盖非法目的"规则(原《合同法》第52条第3项,《民法典》已删除)处理(如"徐州大舜房地产开发有限公司诉王志强商品房预售合同纠纷案",载《最高人民法院公报》2013年第12期)。原《民法总则》出台后,学者多认为,通谋虚伪表示无效的原因是双方当事人均没有受其拘束的意旨,即当事人根本缺乏真实意思,无由依其意思发生相应的私法效果;恶意串通行为无效的原因则是当事人具有损害他人合法权益的主观恶意,但其意思是真实的,并非虚假的(韩世远:《虚假表示与恶意串通问题研究》,载《法律适用》2017年第17期)。

此种区分在理论上泾渭分明,但在实践中却仍可能发生争议。两项制度都涉及对当事人"真意"乃至"动机"的推测,须结合各种主客观情事综合判断(参见"陈全、皮治勇诉重庆碧波房地产开发有限公司、夏昌均、重庆奥康置业有限公司合同纠纷案",载《最高人民法院公报》2010年第10期)。在明知债务人欠债的情况下,关联公司仍然受让债务人的主要资产,这似乎既可能是恶意串通,即交易真实,但以明显不合理的低价转让资产损害了债权人利益;也可能是通谋虚伪表示,尤其是受让人并未实际支付对价,或可推测当事人并无真实交易的意图。因此,在"逃债"场合,尽管要证明的内容不同,两项制度似均有适用可能。另一个有意义的区别,在于谁得主张及主张内容。恶意串通规则旨在保护受侵害的第三人,因此只能由第三人主张合同无效,当事人自己不得主张[参见"徐峥嵘等六人与五矿邯邢矿业有限公司、王银陵股权转让纠纷案",最高人民法院(2011)民二终字第37号民事判决书]。通谋虚伪表示即根本没有真实意思,合同当事人自己和第三人均可主张无效,但为保护善意第三人,有时第三人主张的恰恰是通谋虚伪表示例外地对其有效。

2. 恶意串通与债权人撤销权

本案情形("债务人以明显不合理的低价转让财产,对债权人造成损害,并且受让人知道该情形”)明显属于债权人撤销权(《民法典》第539条)的适用范围。最高人民法院认为,此时恶意串通规则与债权人撤销权均可适用。这一见解产生了重要影响[参见“武汉嘉海投资有限公司等诉郑之华执行异议纠纷案”,湖北省高级人民法院(2017)鄂民申3004号民事裁定书]。有法院认为,债权人依恶意串通规则提起确认合同无效与行使债权人撤销权,非属“一事”,不构成重复起诉[参见“亢苗军、刘玉凡债权人撤销权纠纷案”,河南省许昌市中级人民法院(2017)豫10民终2822号民事判决书]。恶意串通的证明标准更高(最高人民法院《关于适用〈中华人民共和国民事诉讼法〉的解释》[法释(2015)5号]第109条),但债权人撤销权的行使受除斥期间限制(原《合同法》第75条),而确认合同无效似无此限制——如果此一区别确实成立,则两者确实各有利弊。

这涉及对恶意串通行为之“无效”性质以及恶意串通规则规范功能的理解。典型的无效事由涉及强制秩序与公共利益(《民法典》第153条),效果为绝对无效,确认合同无效并无期限限制,并且不仅当事人和利害关系人可以主张,法院亦可依职权主动认定。然而,恶意串通合同无效仅涉及对私人利益的保护,而非公共利益的维护,学者多认为此种无效并非绝对无效,而仅为相对无效,只能由受保护的特定当事人自己选择是否主张(参见“浙江省乐清市乐城镇石马村村民委员会与浙江顺益房地产开发有限公司合作开发房地产合同纠纷案”,载《最高人民法院公报》2008年第9期)。最高人民法院认为债权人可以在恶意串通规则与债权人撤销权制度之间进行选择,则意味着其并未将前者的法律效果定为绝对无效。相对无效与撤销权更多只是技术上的差别,而与绝对无效却是价值上的差别;应当参照撤销权的规定补充相对无效主张期限的限制,以维持法律体系内部的平衡。

债权人撤销权是债权保全制度,其目的是防止债务人责任财产的不当减少,影响债权的实现,例外地突破债之关系相对性的限制,赋予债权人干预债务人行为的权利。因其效果剧烈,学说上多认为撤销权人可撤销的债权仅限于金钱债权,不包括特定债权。由于恶意串通规则在主观要件上更为严格,法律效果上并无特别之处(在补充主张期限后),故在保全一般金钱债权时,应仅适用债权人撤销权。而恶意串通规则仅适用于保护特定第三人之特定债权的情形,目的是恢复该特定第三人获得实际履行救济的可能,最高人民法院《关于审理商品房买卖合同纠纷案件适用法律若干问题的解释》[法释(2003)7号]第10条是其最重要的类型化规定(茅少伟:《论恶意串通》,载《中外法学》2017年第1期)。

Ⅲ 合同无效的法律后果

原《合同法》第59条是关于恶意串通合同无效后果的特别规定。但在第三人并非财产所有权人时,要求受让人向其返还财产似乎确实不妥。本判决将第59条的适用合理限制于第三人是财产所有权人的情形。但即便适用第58条(《民法典》第157条),合同无效后,有权请求返还财产的,也应是原财产所有权人,而非第三人;且要有效救济债权人,又须使其直接有权要求受让人向债务人(乃至向自己)返还财产。这里显然需要一个“桥梁”。合适的处理方式可能是承认此处存在法律漏洞,应在合同无效后直接赋予债权人代位权,而无须等待“债务人怠于行使其到期债权”(《民法典》第535条)。最高人民法院《关于适用〈中华人民共和国合同法〉若干问题的解释(一)》[法释(1999)19号]第13条不恰当地将代位权的客体限缩为金钱债权,此一障碍也需要在解释上突破。

Ⅳ 本判决的参考意义及将来的课题

虽存在上述不足,但本判决提示了两个重要的问题,可能具有超出本案的影响。一是提示我们注意在合同无效的法律效果上,存在绝对无效(以违法背俗合同为典型)与相对无效(以恶意串通合同为典型)之分,对相对无效的主张应施以合适的期限限制;二是为有效救济受保护的债权人,于合同无效后(无论是基于债权人撤销权、恶意串通或者通谋虚伪表示规则),应直接赋予其代位权,即可代位行使债务人对受让人的返还请求权。

□ 参考文献

最高人民法院案例指导工作办公室、民四庭:《指导案例33号〈瑞士嘉吉国际公司诉福建金石制油有限公司等确认合同无效纠纷案〉的理解与参照——恶意串通逃债的行为无效》,载《人民司法·案例》2015年第18期。

杨代雄:《恶意串通行为的立法取舍——以恶意串通、脱法行为与通谋虚伪表示的关系为视角》,载《比较法研究》2014年第4期。

韩世远:《虚假表示与恶意串通问题研究》,载《法律适用》2017年第17期。

冉克平:《"恶意串通"与"合法形式掩盖非法目的"在民法典总则中的构造》,载《现代法学》2017年第4期。

茅少伟:《论恶意串通》,载《中外法学》2017年第1期。

018 网络购物合同的成立与标价错误

北京世纪卓越信息技术有限公司与李尚辉买卖合同纠纷上诉案 | 北京市第三中级人民法院(2017)京 03 民终 1140 号民事判决书

王天凡 北京航空航天大学法学院

■ 事实概要

2014 年 10 月 29 日,李尚辉在亚马逊网站下单购买了 3 台“ECOVACS 科沃斯智能家用扫地机战斧 CEN360”,单价 94 元,订单总计 282 元。付款方式为在线付款。北京世纪卓越信息技术有限公司(以下简称世纪卓越公司)回复邮件称:已经收到订单,确定了预计送达商品的时间,但有可能由于商品缺货等原因无法发货。同时也说明邮件仅确认收到订单,并不代表接受订单,只有发出发货确认的邮件双方之间的合同才成立。诉讼中,世纪卓越公司称将扫地机的价格标注为 94 元系操作错误,此价格并非扫地机的真实售价。世纪卓越公司未发货,并已将相应货款退还了李尚辉。

■ 判决要旨

亚马逊网站在使用条件部分明确约定商品展示的性质为要约邀请,消费者下单为要约,只有网站发出送货确认才构成承诺。消费者同意该使用条件,视为双方就此达成了合意。所以,消费者下单付款后,在网站确认发货前合同并未成立。世纪卓越公司并未确认可以向李尚辉发货,故双方之间的买卖合同关系未成立。世纪卓越公司在无法交付涉案商品的情况下仍接受消费者下单,且并未告知消费者商品标价错误一节,其行为存在过错,应承担缔约过失责任。因世纪卓越公司单方取消订单,致使李尚辉丧失了以 94 元价格购买到扫地机的交易机会,世纪卓越公司应向李尚辉赔偿正常销售价格与 94 元之间的差价损失。

■ 评　析

Ⅰ 本裁定的思路和意义

本案中法院的裁判主要有几个层次:首先需要判断世纪卓越公司在网站中公布的“使用条件”是否对双方发生约束力,该条款赋予了世纪卓越公司单方决定是否发货的权利并免除了世纪卓越公司不予发货的违约责任。若该条款对双方有拘束力,那么世纪卓越公司与李尚辉之间的买卖合同就尚未成立;若否定该条款的拘束力,才需依据合同法要约、承诺的规则判断世纪卓越公司提供的商品标价页面的性质应当属于要约还是要约邀请,并进一步确定双方之间的合同是否已经成立。在此基础上,再进一步判断世纪卓越公司应当承担何种责任。

Ⅱ 网购合同成立及标价错误的规范及学理

判断购物网站的产品标价页面究竟属于要约抑或要约邀请,须从我国法律规定的要约的构成要件结合意思表示的解释方法进行判断。我国《民法典》第472条规定,要约的意思表示应当符合下列条件:"(一)内容具体确定;(二)表明经受要约人承诺,要约人即受该意思表示约束。"而根据《民法典》第473条,寄送的价目表、拍卖公告、招标公告、招股说明书、商业广告等为要约邀请。商业广告和宣传的内容符合要约规定的,视为要约。内容是否具体确定这一构成要件被认为是区分要约与要约邀请在内容方面的核心要件。对于某一具体商品的点击购买页面而言,此类页面中通常包括待售商品的名称、型号、规格、价款、支付方式、实物照片、发货方式等信息,国内外法院裁判在这一点上基本没有争议,都认定这类商品下单页面符合要约内容具体且确定的要求。所以本案中真正需要进行讨论的,具有决定意义的要件是意思表示的发出者是否有受其意思表示拘束的意思,即是否符合《民法典》第472条第2项的构成要件。对此必须通过意思表示的解释予以查明。而无论要约或要约邀请均属于需受领的意思表示,因此对其进行解释应从受领人的角度出发,探究受领人的认识可能性,依据《民法典》第142条的规定,应适用客观解释或规范解释的规则查明意思表示的规范意义。观察主要购物网站的商品点击购买页面,均可以比较清晰地看到"立即购买""立即抢购"等点击按钮,并且在页面显著位置基本都有"现在有货""配送至××地区(系统自动识别IP地址而给出默认地址,消费者可重新选择),预计送达时间""通常需要N天发货""精确送达时间请于结账页面查询""库存中仅剩N件(更多商品正在运送途中)""N日内无理由退换货"等说明。由此从不特定第三人的角度观之,这些标注与说明都有较为明显的暗示商家"一经接受即成立合同"或愿意接受其表示之拘束的意思。当消费者在商品点击购买页面上点选了"加入购物车",链接进入商品暂存页面,在此页面上再次选定商品,或消费者直接点击"立即购买"等按键,在链接页面上均会出现要求消费者再次确定所选购商品的名称、型号(此处往往会设置商品的链接,供消费者再次确认)、数量、价格、配送方式及费用、送货地址、付款方式等,然后可以点击"提交订单"、"进入结算中心"或"结账"等按键,之后链接到付款页面,在此页消费者可以根据商家提供的可接受的付款方式进行选择,在线付款或货到付款等。上述购买过程中的各个步骤,依据意思表示受领人(买方)视角,从中皆难以解释出商家保留了最终是否订约的可能性。因此,世纪卓越公司将其待售商品的名称、型号、价款等详细信息陈列于其网站之上,且应当认定为要约,消费者可以直接点击购买并支付价款的应当认定合同成立。

然而现有各网站规则中均可见到大量关于合同缔结条款的规定。如本案中,亚马逊网站中公布的"使用条件"中载明:"如果您通过本网站订购商品,本网站上展示的商品和价格等信息仅仅是要约邀请,您的订单将成为订购商品的申请或要约。收到您的订单后,我们将向您发送一电子邮件或短信确认我们已收到您的订单,其中载明订单的细节,但该确认不代表我们接受您的订单。只有当我们向您发出送货确认的电子邮件或短信,通知您我们已将您订购的商品发出时,才构成我们对您的订单的接受,我们和您之间的订购合同才成立。"此类条款属于格式条款应当无疑,因而须受到我国《民法典》、《消费者权益保护法》及《电子商务法》等相关法律、司法解释的规制。上述网站规则实已将买卖合同由诺成合同转变为要物合同,并且与不特定消费者在网站购物中可能获得的规范性理解并不相符,当然应属于"与消费者有重大利害关系的内容"。因而网站必须履行"以显著方式提请消费者注意"并"按照消费者的要求予以说明"的义务。我国学者普遍认为原《合同法》第 39 条第 1 款应当被视为格式条款的订入规则[王利明:《合同法研究》(第一卷),中国人民大学出版社 2015 年版,第 405 页。周清林:《论格式免责条款的效力层次——兼谈〈合同法〉及其司法解释之间的矛盾及其协调》,载《现代法学》2011 年第 4 期。刘璐、高圣平:《格式条款之订入合同规则研究》,载《广西社会科学》2005 年第 2 期]。若提供格式条款的一方当事人未尽相应的提示说明义务,根据最高人民法院《关于适用〈中华人民共和国合同法〉若干问题的解释(二)》[法释(2009)5 号]第 9 条,对方当事人可以申请撤销该格式条款。且经审查若该条款属实质性排除相对人主要权利的条款,还应对其作出效力判断。《民法典》第 496 条第 2 款后句规定"提供格式条款的一方未履行提示或者说明义务,致使对方没有注意或者理解与其有重大利害关系的条款的,对方可以主张该条款不成为合同的内容"。而本案中未能审查格式条款的问题,不知是否因当事人未提出,但其可能会实质性地影响当事人之间的权利义务关系。

网站商品展示页面虽然标价错误,但消费者却已点选下单,根据"解释先于撤销"的原则,此时商家在商品标价页面作出的表示(标定的价格),在客观规范意义上与作为消费者的受领人通过下单而作出的意思表示达成一致,因此合同在网站所标定的(错误的)价格之上成立。此时,商家是否可依据重大误解而撤销?我国原《民法总则》与原《合同法》中的"重大误解"担负着传统民法中错误制度的功能(王利明主编:《民法》,中国人民大学出版社 2018 年版,第 113 页),但两部法律中都没有明确规定构成要件。最高人民法院《关于贯彻执行〈中华人民共和国民法通则〉若干问题的意见》[法(办)发(1988)6 号](以下简称《民通意见》)第 71 条要求重大误解首先必须满足"行为的后果与自己的意思相悖"这一构成要件,亦即要求只有发生在意思已经正确形成之后的对外表示阶段的错误才属于可撤销的范围。这与民法传统错误理论相合,但这种区分错误发生的阶段的做法在网络交易环境下存在一定的判断困难,尤其最终会体现在主张发生错误一方的举证责任上。如本案中的情形,应属于典型的表示错误,属于可以撤销的错误。另一个问题是,"价格"并未在《民通意见》第 71 条列明的项目中,但从条文推论,价格理应也属于与所列举事项同等的对合同内容有重要意义的因素。因而本案中世纪卓越公司在举证证明其属于纯粹表示错误的情形下可依重大误解而撤销合同。

在消费者是否具有合理信赖的问题上,我国《民通意见》中并没有把相对人是否存在合理信赖作为判断错误是否可撤销的要件,因而也并非允许撤销与否的事由。在撤销的后果方面,我国《民法典》第 157 条的规定仅处理了因错误而撤销中过失的问题,并未言及相对人信赖的问题。然而,"合理信赖"本身即包含"无过失"而不知的要件,相对方若经规范解释认定其并不存在合理信赖，则虽由撤销受有损害也不能获得赔偿。本案中商家并非在“秒杀”等明显促销活动中，难以认为不特定第三人作为消费者对94元的价格存在合理信赖，本案“代理人在一审中亦明确表示李尚辉是在某QQ平台得知涉诉商品的错价信息后才下单购买的”，这种情况下裁判依然认为“李尚辉丧失了以94元价格购买到扫地机的交易机会，世纪卓越公司应向李尚辉赔偿正常销售价格与94元之间的差价损失”，恐失妥当。

Ⅲ 既往司法实践状况

我国法院在处理标价错误的案件中，对商家提供的商品标价页面的性质给出了完全不同的判断，有认为属于要约者，也有认为属于要约邀请者，由此也直接影响后续对合同成立与否的判断。

关于现有的各网站规则中关于合同缔结条款的规定的效力及对当事人之间合同成立的影响，法院裁判不尽相同。有法院认为，此类规则排除了其商品陈列系要约以及消费者基于要约进行承诺的权利，其实质和后果是赋予了××公司单方决定是否发货的权利并免除了××公司不予发货的违约责任，但这是对消费者基于一般的消费习惯所认知的交易模式的重大改变，因而对消费者的合同利益会产生实质的影响，购物网站对此应当作出合理的、充分的提示，提醒消费者注意该项特别约定，并判断选择是否从事此项交易[参见“北京世纪卓越信息技术有限公司与宁炳峰买卖合同纠纷上诉案”，北京市第三中级人民法院(2014)三中民终字第09381号民事判决书]；也有法院认为，该约定并未排除对方主要权利，加重对方责任，符合法律规定[参见“徐冰诉北京世纪卓越信息技术有限公司买卖合同纠纷案”，上海市浦东新区人民法院(2015)浦民一(民)初字第22960号民事判决书]；还有法院认为，条款内容没有违背公平原则，导致权利义务失衡，申请人可以根据个人情况选择是否接受协议条款[参见“陈卯诉深圳走秀网络科技有限公司网络购物合同纠纷上诉案”，上海市第一中级人民法院(2012)沪一中民一(民)终字第1696号民事判决书]。在提示义务方面，有法院认为网站尽到了提示义务，因而该格式条款应对消费者发生效力[参见“宋宁与深圳走秀网络科技有限公司网络购物合同纠纷案”，天津市第一中级人民法院(2015)一中民二终字第0588号民事判决书]；也有法院认为商家未就格式条款以合理的方式提请消费者注意，“特别是没有在消费者提交订单之前予以明确提示”，因而该格式条款视为未订入合同，也不发生效力[参见“艺鉴典藏(北京)网络科技有限公司与王猛网络购物合同纠纷上诉案”，北京市第三中级人民法院(2015)三中民(商)终字第04671号民事判决书]。

由于对合同的成立与效力的认定不同，法院对法律效果的认定也不同。在判断合同不成立的情形中，法院有认为存在缔约过失责任者，也有不支持继续履行而未论及缔约过失者；判断合同成立的情形中，法院有认为合同继续有效应当继续履行者，也有认为合同可因重大误解或显失公平而撤销者，还有认定为《消费者保护法》中的价格欺诈。

Ⅳ 本裁定的参考意义及将来的课题

关于意思表示的解释，《民法典》第142条有明确规定，对带有“点击购买”标识的标价页面的网站，须依照意思表示的解释规则判断其是否符合要约的构成要件。

《电子商务法》第49条第2款规定:"电子商务经营者不得以格式条款等方式约定消费者支付价款后合同不成立;格式条款等含有该内容的,其内容无效。"《民法典》第491条第2款规定:"当事人一方通过互联网等信息网络发布的商品或者服务信息符合要约条件的,对方选择该商品或者服务并提交订单成功时合同成立,但是当事人另有约定的除外。"这一规定出台后,对认定电子商务平台及平台内经营者所公布的"使用条件"等规则的效力有重要意义。《民法典》第496条规定:"格式条款是当事人为了重复使用而预先拟定,并在订立合同时未与对方协商的条款。采用格式条款订立合同的,提供格式条款的一方应当遵循公平原则确定当事人之间的权利和义务,并采取合理的方式提示对方注意免除或者减轻其责任等与对方有重大利害关系的条款,按照对方的要求,对该条款予以说明。提供格式条款的一方未履行提示或者说明义务,致使对方没有注意或者理解与其有重大利害关系的条款的,对方可以主张该条款不成为合同的内容。"这一规定首先确定了格式条款的定义与要件,其次明确了格式条款的提示说明义务的订入控制的性质,但未如《电子商务法》第49条第2款设定禁止性规范,未来的司法实践中须区别情况而适用。

□ 参考文献

王利明主编:《民法》(第7版),中国人民大学出版社2018年版。

梁慧星:《民法总论》(第4版),法律出版社2011年版。

张俊浩主编:《民法学原理》,中国政法大学出版社1991年版。

王泽鉴:《民法总则》,北京大学出版社2009年版。

019 “过失欺诈”的可能

刘向前诉安邦财产保险公司保险合同纠纷案 |《最高人民法院公报》2013 年第 8 期

刘　勇 南京大学法学院

■ 事实概要

2009 年 12 月 7 日，被上诉人刘向前在上诉人安邦公司处为其货运车辆投保了机动车商业保险和机动车交通事故责任强制保险。保险期间内，刘向前驾驶上述车辆刮倒路上线路，导致他人损失并已实际赔付 51, 215 元。在被上诉人向上诉人申请理赔的过程中，上诉人出具拒赔通知，拒赔的理由是“上述车辆未投保货险且车辆所载货物超高”。在后续的电话回访中，被上诉人表示放弃理赔，并同意作销案处理。后被上诉人认为自己是在上诉人的欺诈下放弃了理赔请求，请求法院判令撤销其与上诉人达成的销案协议。

一审法院认为，根据保险合同的约定，涉案保险事故理应在赔偿范围内，而被上诉人口头同意销案是以上诉人为实现欺诈而实施的诱问为基础，保险公司拒赔存在欺诈，故销案协议应予撤销。

上诉人就此提起上诉，理由为：被上诉人具有完全的民事行为能力；被上诉人在对话中已明确表示放弃理赔；双方关于销案的协议系自愿达成，是合法有效的。

■ 判决要旨

驳回上诉，维持原判。

二审法院认为，拒赔通知中的理由在保险合同并无对应免责条款。上诉人作为专业保险公司，明知或应知本案保险事故在其赔偿范围之内，对被上诉人作出拒赔表示，有违诚实信用原则。上诉人故意隐瞒被上诉人可以获得保险赔偿的重要事实，对被上诉人进行错误诱导，致使被上诉人误以为不能从保险公司获得赔偿，并作出同意销案的意思表示。因此，上诉人的行为构成欺诈。

■ 评　析

I 本判决的解说

本案中，保险金请求权人为投保人，其以受到欺诈为由请求撤销“销案协议”，即其与保险人就保险理赔达成“和解协议”。二审法院认为,投保人对是否能够获得保险金发生错误,且该错误系由保险人隐瞒真实情况、告知虚假情况所导致,即保险人存在欺罔行为,且该行为与投保人的错误之间存在因果关系。而对于保险人的主观样态,法院则认为保险人作为专业保险公司,“明知或应知”保险金赔付义务的存在,并就此认定保险人存在“故意”。显然,在欺诈故意要件的认定方面,法院以客观上的“明知”或评价上的“应知”作为判断的基准。行为的心理状态包括“认知”和“意欲”两个方面的内容,在故意的场合,认知层面是“明知”,意欲层面是“放任或追求”;而“应知”则是“过失”在认知层面的表现之一。本案的判决实际上暗示了过失构成欺诈的可能。并且,法院认为保险人应当告知的并非单纯的事实,而是“能够获得理赔”的“意见”。此外,法院认为保险人不予理赔的立场违反了诚信原则,显然是在对保险人的行为进行的客观评价,即认定其行为具有违法性。

Ⅱ 学说的整理与分析

对于欺诈的构成,通说认为包括三个方面的要件:行为人存在欺罔行为、欺罔行为与表意人的意思表示存在因果关系以及行为人具有欺诈的故意(朱庆育:《民法总论》,北京大学出版社 2013 年版,第 273 ~ 275 页)。其中,欺诈的“故意”,是指行为人具有“二重故意”——欺骗他人、欲使他人陷入错误的故意;欲使相对人因错误而作出一定的意思表示的故意(韩世远:《合同法总论》,法律出版社 2018 年版,第 254 页)。近年来,关于欺诈的“故意”要件能否被缓和至“应知”的情形,即是否需要承认过失的欺诈,学说存在较为明显的分歧。

主流观点认为,欺诈的主观要件应限定为行为人的故意。其中,近来的学说基于欺诈的恶意,在维持故意要件的基础上,将当事人之间的信义关系等非要件的要素也纳入考虑的范畴,通过放宽因果关系等其他要件以及综合运用救济手段,来实现欺诈制度的规范目的。这样的立场采取了“故意要件固定 + 其他要件、要素动态化”的构成,可以被概括为欺诈要件的“半动态体系化说”(许德风:《欺诈的民法规制》,载《政法论坛》2020 年第 2 期)。也有学者认为在消费者合同法的领域中,欺诈具有导致惩罚性赔偿的“强”效果,因此在主观方面应维持较高强度的故意要件。从反对解释的立场来看,若非消费者合同,似乎仍然有缓和故意要件的可能,因此,上述观点或许可以被称为欺诈要件的“故意有限维持说”(冉克平:《论汽车经销商的缔约欺诈及惩罚性赔偿》,载《广东社会科学》2020 年第 2 期)。还有学者从法律行为论的整体出发,指出相对人过失违反信息提供义务(告知义务)的情形可以通过错误制度加以解决,没有必要扩张欺诈的适用。由于传统的错误理论并不考虑相对人的行为样态,因此,重视错误功能的观点可以被理解为“错误扩张说”(尚连杰:《缔约过失与欺诈的关系再造——以错误理论的功能介入为辅线》,载《法学家》2017 年第 4 期)。此外,有学者指出,所谓过失欺诈的问题,存在通过瑕疵担保责任予以解决的可能,没有必要改变欺诈制度的构成(韩世远:《合同法总论》,法律出版社 2018 年版,第 254 页)。这样的观点将合同最终缔结前的情事与合同内容确定的作业连接起来,隐含着“合同解释扩张说”的立场。

作为少数说的“故意要件缓和说”则基于信息不对称的交易构造,认为应承认一般性的信息提供义务。在信息提供义务存在的场合,欺诈的故意要件存在缓和的必要(牟宪魁:《说明义务违反与沉默的民事欺诈构成——以“信息上的弱者”之保护为中心》,载《法律科学》2007年第4期)。而“过失欺诈说”则进一步认为应脱离功能上的考量,在逻辑上避免重大误解规范造成的欺诈制度空洞化;欺诈的故意要件造成了法律行为法内部以及欺诈与缔约过失、侵权行为对于“缔约时隐匿信息或告知虚假信息”的评价矛盾,形成了典型的制度竞合,解释论的努力应当以承认过失的欺诈为方向(刘勇:《缔约过失与欺诈的制度竞合——以欺诈的“故意”要件为中心》,载《法学研究》2015年第5期)。

学说上的分歧或许与对欺诈要件的认定有关。少数说认为在前述要件以外,欺诈的构成还需要行为“违法性”的存在,并且违法性要件可以作为缓和故意要件的调节阀。虽然并未得到多数论著的认同,但“违法性”要件的存在似乎并未被完全否认。有学者就指出,并非所有与事实不一致的陈述都会构成欺诈,一定程度的“修辞”或夸张是应当被允许的(朱庆育:《民法总论》,北京大学出版社2013年版,第274页)。若将违法性界定为“超过社会观念上允许的限度”[韩世远:《合同法总论》(第4版),法律出版社2018年版,第257页],那么以上的表达实际上就可以被概括为“缺乏违法性的欺罔行为不构成欺诈”。但主流观点对于违法性要件的重视程度与少数说是有差别的。

另外,需要说明的是,主流观点实际上并未完全否定故意要件的“高强度”以及可能的评价矛盾,只是将解释论的重心置于故意以外的其他要件,或者重视法效果层面的相似性及替代性。而且,主流观点也普遍考虑了信息提供义务与欺诈,乃至与整个法律行为法的关联。就此而言,主流观点与少数观点的问题意识是存在共通之处的。

Ⅲ 司法的状况与本判决的定位

裁判实务中,行为人不存在故意是法院否定欺诈构成的重要理由,由此可见实务对故意要件的坚持[最高人民法院(2004)民二终字第212号民事判决书,载《最高人民法院公报》2005年第12期]。故意的构成则需要行为人对特定信息的“明知”,例如,入职时提供虚假学历证明的行为就被法院认定构成欺诈(“明知型欺诈”;参见“上海冠龙阀门机械有限公司诉唐茂林劳动合同纠纷案”,载《最高人民法院公报》2012年第9期)。

但实际上,在本案被刊载之前,缓和故意要件的实务裁判已经出现。在最高人民法院公报所刊载的案例中,就有法院认为经营者“应知”存在提供单证的法定义务,但因未提供单证而被认定为欺诈的例子(“应知型欺诈”;参见“张志强诉徐州苏宁电器有限公司侵犯消费者权益纠纷案”,载《最高人民法院公报》2006年第10期)。不过,该案所涉及的“应知”的内容是确定的事实,而本案则是有关“意见的提供”。在本案被刊载后不久,还出现了超市经营者因“未对其外包装盒上粘贴的产品标识进行核准,导致冒用他人产品标识的行为发生”而被认定构成欺诈的例子(参见“苏向前与徐州百鑫商业有限责任公司百惠超市分公司、徐州百鑫商业有限责任公司侵犯消费者权益纠纷案”,载《最高人民法院公报》2013年第12期)。很显然,法院认为超市经营者应当实施核准行为,从而“应知”假冒产品的存在。就此而言,本案可以被看作是“应知型欺诈”承上启下的典型案例。虽然如此,但在下级法院的裁判中,即便当事人的行为样态被法院认定为“应知相关信息而未告知”,法院也并不必然因此而认定行为人存在欺诈的故意[参见湖南省长沙市中级人民法院(2017)湘01民终3603号民事判决书]。

至于本案所暗示的违法性要件,虽然在实务裁判中难觅其直接表达,但内容相近的判断仍然是存在的。有法院认为广告主违反了《广告法》的规定,进而径直认定广告主存在欺诈[参见四川省泸州市中级人民法院(2006)泸民终字第783号民事判决书,载《最高人民法院公报》2014年第8期]。行为人的特定行为对法定规范的背离程度,显然属于行为违法性方面的判断。

近来,最高人民法院不仅对信息提供义务与欺诈进行了一定程度的分离判断,并且在欺诈的要件之外,增加了是否影响到消费者缔约的根本目的、问题是否严重及相应处理措施是否复杂、是否给消费者造成较大不利影响等方面的因素,从而呈现更为强烈的实质主义倾向[参见最高人民法院(2018)最高法民终12号民事判决书]。

此外,学说上逐渐受到重视的欺诈与重大误解的关联在实务中也得到了体现。在原告主张受欺诈请求撤销合同的场合,有法院未经释明,主动将原告的请求权基础变更为重大误解,从而判决撤销合同[参见最高人民法院(2017)最高法民申2216号民事裁定书]。基于重视实质结果的立场,该裁判在表明欺诈证明困难的同时,也说明了欺诈与重大误解之间的"流动性"。

Ⅳ 本判决的意义与射程

本判决的意义,主要在于以过失的判断框架来认定欺诈行为的故意,同时以认定行为具有违法性强化了欺诈的构成。此外,本案判决扩张了行为人信息提供义务的具体范畴,将"意见的提供"纳入欺诈构成中"真实情况"的范畴。

针对保险金支付请求,本案中保险人的抗辩包括了"货物超高"。实际上,保险人是主张《保险法》第52条规定的"法定拒赔":投保人"未通知"的货物超高显著增加了保险标的的危险程度,并且与事故发生(刮倒路上线路)存在明显的因果关系。很难想象,被法院认为"专业"的保险人会出具毫无依据的拒赔理由,而法院对此会完全不加考虑。就此而言,对于被刊登于《最高人民法院公报》的本案,其裁判的射程应抽离保险合同的背景,从而适用于一般意义上的民事合同。

同时,本案投保人驾驶的是货运挂车,通常情形下其应为职业货车驾驶员。根据本案审理时有效的交通运输部《关于发布中华人民共和国道路旅客运输驾驶员及道路货物运输驾驶员从业资格考试大纲的通知》[交运发(2012)339号]等规定,货运驾驶员应"熟知货运合同和保险知识"。况且,拒赔理由在保险合同上是否有对应条款也并非难以查对的。或许在电话中达成销案协议具有远程缔约的特点,但法院对此并无特别的关注。因此,本案并无消费者合同的典型特征。

本案的事实与结论之间存在相当的跳跃与空白,由此推知,最高人民法院的意图并非强调个案的妥当性,而是表明本案法律论的辐射意味(本案判决内容为撤销"销案协议",逻辑上并不意味着投保人能直接获得保险金,保险人仍然可以就保险金请求提出抗辩;但法院在判决理由中作出了"明知或应知本案保险事故在其赔偿范围之内"的表述。上述判决与理由在保险法上的意义,也是颇有趣味的问题)。

V 残留的课题

有关欺诈的研究近年来逐渐增多,尤其注重将围绕信息提供义务的讨论置于民法与特别法的整体图景之中。若肯定信息提供义务的存在,则会在法律行为法内部产生如何处理“相对人过失引发错误”的问题,错误与欺诈之间、意思表示不一致与意思表示不自由之间的界限是否应当维持以及如何维持,可能需要进一步的讨论。同时,欺诈、错误与合同内容的关联也使传统的合同解释论存在转换视角的必要。另外,即便不考虑信息提供义务而专注于欺诈的传统构成要件,对“故意”的民法研究显然未达精致的程度,是否有必要以及在多大程度上有必要接近刑法学的研究,或许也是残留课题之一。

□ 参考文献

朱庆育:《民法总论》,北京大学出版社 2013 年版。

韩世远:《合同法总论》(第 4 版),法律出版社 2018 年版。

许德风:《欺诈的民法规制》,载《政法论坛》2020 年第 2 期。

冉克平:《论汽车经销商的缔约欺诈及惩罚性赔偿》,载《广东社会科学》2020 年第 2 期。

尚连杰:《缔约过失与欺诈的关系再造——以错误理论的功能介入为辅线》,载《法学家》2017 年第 4 期。

牟宪魁:《说明义务违反与沉默的民事欺诈构成——以“信息上的弱者”之保护为中心》,载《法律科学》2007 年第 4 期。

020 违反强制性规范的合同效力认定

四川金核矿业有限公司与新疆临钢资源投资股份有限公司特殊区域合作勘查合同纠纷案 | 最高人民法院(2015)民二终字第167号民事判决书

钟瑞栋 温州大学法学院

■ 事实概要

2011年10月10日,临钢公司(甲方)与金核公司(乙方)签订《新疆塔什库尔干县乌如克铅多金属矿普查探矿权合作勘查开发协议》(以下简称《合作勘查开发协议》),双方约定,甲方补偿乙方3500万元后,乙方愿意以本协议规定之对价及本协议所规定的其他条款和条件将其持有的新疆塔什库尔干县乌如克铅多金属矿普查探矿权(以下简称矿权)注入甲乙双方设立的项目公司,甲方以现金出资、乙方以持有矿权出资共同设立该项目公司,公司注册资本暂定为1000万元,其中甲方占80%,乙方占20%。相关成果及风险均由项目公司承担。2013年7月23日,项目公司成立。

2013年11月22日,临钢公司以"案涉合作开发的项目位于新疆塔什库尔干野生动物自然保护区(以下简称保护区)中心区域,金核公司自合作至今未告知临钢公司"为由,向金核公司出具《合作勘查开发协议》解除函,决定终止合作,并由金核公司承担相应责任。2013年12月30日,金核公司向临钢公司出具《复函》指出,现项目公司已设立,各项工作依次展开,到目前为止未有管理部门对该项目的矿产开发明确禁止,故主张双方应继续履行合同。金核公司向一审法院提起诉讼请求:(1)确认临钢公司解除《合作勘查开发协议》的行为无效;(2)确认《合作勘查开发协议》有效,金核公司无需退还临钢公司已支付的矿权合作补偿价款3500万元。临钢公司向一审法院提起反诉,请求判令:(1)解除双方签订的《合作勘查开发协议》;(2)金核公司向临钢公司返还矿权合作补偿价款3500万元;(3)金核公司赔偿临钢公司支出的勘查费用损失及律师费等共计5700余万元。

■ 判决要旨

金核公司向临钢公司返还矿权合作补偿价款3500万元并赔偿临钢公司修路费用损失250万元,驳回双方的其他诉讼请求,一审、二审案件受理费由双方均摊。

当事人关于在自然保护区、风景名胜区、重点生态功能区、生态环境敏感区和脆弱区等区域内勘查开采矿产资源的合同约定,不得违反法律、行政法规的强制性规定或者损害环境公共利益,否则应依法认定无效。环境资源法律法规中的禁止性规定,即便未明确指出违反相关规定将导致合同无效,但若认定合同有效并继续履行将损害环境公共利益的,应当认定合同无效。一审法院判决临钢公司解除《合作勘查开发协议》的行为无效,双方继续履行《合作勘查开发协议》;驳回临钢公司的反诉请求。二审法院对一审法院查明的事实予以确认,但认为双方签订的《合作勘探开发协议》违反了《中华人民共和国自然保护区条例》的禁止性规定,如果认定该协议有效并继续履行,将对自然环境和生态造成严重破坏,损害环境公共利益。根据《合同法》第 52 条第 4、5 项之规定,《合作勘查开发协议》应属无效。

■ 评　析

Ⅰ 本判决的思路和意义

本案的争议焦点虽然是临钢公司与金核公司签订的《合作勘查开发协议》应否解除,但核心和前提问题则是该《合作勘查开发协议》是否有效。《合作勘查开发协议》项下的探矿权位于新疆塔什库尔干野生动物自然保护区范围内,该自然保护区设立在先,金核公司的探矿权取得在后,双方当事人均知道或者应当知道在自然保护区内不允许进行矿产资源的勘探和开发。《自然保护区条例》第 26 条规定:"禁止在自然保护区内进行砍伐、放牧、狩猎、捕捞、采药、开垦、烧荒、开矿、采石、挖沙等活动……"第 18 条第 2、3 款规定:"……核心区外围可以划定一定面积的缓冲区,只准进入从事科学研究观测活动。缓冲区外围划为实验区,可以进入从事科学试验、教学实习、参观考察、旅游以及驯化、繁殖珍稀、濒危野生动植物等活动。"金核公司主张案涉矿权虽在自然保护区范围内,但处于实验区和缓冲区,探矿属于"等活动"的范围,依法允许勘探。二审法院认为,开矿属于《自然保护区条例》第 26 条明令禁止的行为,显然不包含在该条例第 18 条所允许的活动范围内。金核公司的该项主张,缺乏法律依据,不能成立。因此,双方签订的《合作勘探开发协议》违反了《自然保护区条例》的禁止性规定,如果认定该协议有效并继续履行,将对自然环境和生态造成严重破坏,损害环境公共利益。根据原《合同法》第 52 条第 4、5 项之规定,《合作勘查开发协议》应属无效。无效合同不存在解除的问题,故对金核公司要求确认临钢公司解除《合作勘查开发协议》的行为无效的本诉请求,以及临钢公司要求判决解除《合作勘查开发协议》的反诉请求,均不予支持。

Ⅱ 违法强制性规范合同效力认定的规范及学理

原《合同法》第 52 条第 4 项和第 5 项分别规定了"损害社会公共利益"及"违反法律、行政法规的强制性规定"的合同无效(《民法典》第 153 条第 2 款:"违背公序良俗的民事法律行为无效。")。由于强制性规定的概念过于宽泛,最高人民法院《关于适用〈中华人民共和国合同法〉若干问题的解释(一)》[法释(1999)19 号](以下简称《合同法司法解释一》)第 4 条明确将无效依据限定于全国人大及其常委会制定的法律与国务院制定的行政法规,排除地方性法规与行政规章;最高人民法院《关于适用〈中华人民共和国合同法〉若干问题的解释(二)》[法释(2009)5号](以下简称《合同法司法解释二》)第14条将"强制性规定"限缩为"效力性强制性规定";最高人民法院《关于当前形势下审理民商事合同纠纷案件若干问题的指导意见》[法发(2009)40号](以下简称《民商事合同案件指导意见》)第15条进一步将强制性规定区分为"效力性强制规定"和"管理性强制规定",并明确:"违反效力性强制规定的,人民法院应当认定合同无效;违反管理性强制规定的,人民法院应当根据具体情形认定其效力。"第16条规定:"人民法院应当综合法律法规的意旨,权衡相互冲突的权益,诸如权益的种类、交易安全以及其所规制的对象等,综合认定强制性规定的类型。如果强制性规范规制的是合同行为本身即只要该合同行为发生即绝对地损害国家利益或者社会公共利益的,人民法院应当认定合同无效……"为区分效力性与管理性强制规定提供了基本判准。

1. 强行性规范还是强制性规范?

以史尚宽先生为代表的民法学者,对强制性规范的分类问题作了系统的研究。在名称上,一般把强行性规范作为上位概念,涵摄强制性规范和禁止性规范,禁止性规范又包括效力规范和取缔规范。在划分方法上,采用的是民法规范"二元化"思想下的"二分法"(史尚宽:《民法总论》,中国政法大学出版社2000年版,第329页)。史尚宽上述理论的优越之处不仅在于"简单清晰,一目了然","二元化"的思想和"二进制"的方法也特别符合普通人的认知规律和思维习惯,更为重要的是,上述理论与我国台湾地区"民法"的规定在称谓和实质含义上都是一致的。该"法"第71条规定:"法律行为,违反强制或禁止之规定者,无效。但其规定并不以之为无效者,不在此限。"在这条规定中,"强制"与"禁止"并行使用,若要在理论上概括二者,只能采用"强行"一词。其思维逻辑是,先有"强制"与"禁止"这两个下位概念,再(在理论上)寻找一个上位概念。而我国的原《合同法》第52条只规定了"强制性规范",其思维逻辑理应是,根据这个上位概念,再(在理论上)推演出其应有的下位概念。这样,以强制性规范作为上位概念,涵摄"强行性规范"和"禁止性规范"这两个下位概念,似乎是顺理成章的(钟瑞栋:《〈合同法〉第52条第5项的三个争议问题》,载《私法研究》2012年第2期)。

2. 原《合同法》第52条第4项和第5项可否同时适用?

原《合同法》第52条第4项规定的合同无效事由是"损害社会公共利益",第5项规定的是"违反法律、行政法规的强制性规定"。本案中,作为二审法院的最高人民法院将二者均作为判定《合作勘探开发协议》无效的事由,在法理上值得商榷。有学者指出,该条所列5项无效事由,在适用时应呈并列故而相互排斥的关系。第1项、第2项与第4项均明确与"国家利益"或"社会公共利益"相关,第3项之"目的"既称"非法",自然有违"国家利益或者社会公共利益"。若违反强制性规定的合同被认定损害"国家利益或者社会公共利益",视其满足的构成要件之情形,分别适用第1~4项即为已足,何须假借第5项转介参引?(朱庆育:《〈合同法〉第52条第5项评注》,载《法学家》2016年第3期)此外,在原《民法总则》颁布之前,我国原《合同法》所规定的"社会公共利益"相当于原《民法总则》所规定的"公序良俗",而强制性规范是公序良俗原则的具体体现。换言之,公序良俗原则包含两层含义:一是已经具体化为民法规范的强制性规范，二是对强制性规范进行漏洞补充的民法基本原则。因此，从法理逻辑上看，“社会公共利益”实际是强制性规范的一般条款。本案二审判决将原《合同法》第 52 条第 4 项和第 5 项同时作为判决《合作勘探开发协议》无效的事由，虽回避了效力性强制性规定与管理性强制性规定之争，却有“向一般条款逃逸”之嫌。

Ⅲ 既往司法实践状况

《最高人民法院公报》在“梅州市梅江区农村信用合作联社江南信用社诉罗苑玲储蓄合同纠纷案”（《最高人民法院公报》2011 年第 1 期）的内容提要中指出：“仅是针对特定主体的对内管理行为、不涉及公共利益的规定，不属于效力性强制性规定，违反该规定不能导致合同无效。”该案二审法院认为，中国人民银行广东省分行于 1996 年 5 月发布的《转发中国人民银行总行关于降低金融机构存、贷款利率的通知》第 6 条关于取消 8 年期存款利率种类的规定，属于部门规章，不属法律法规，不能导致双方签订的合同条款无效。在没有法律法规明确规定涉案存单关于 8 年存期的约定为无效条款的情况下，不能仅根据上述规定确认该约定无效。江西省高级人民法院在“崇仁县百兴小额贷款有限公司与崇仁县仁杰水电发展有限公司、张子杰小额借款合同纠纷案”二审民事判决书中，更是明确指出：“效力性强制性规定是指法律及行政法规明确规定违反该类规范将导致合同无效的规范，或者虽未明确规定违反之后将导致合同无效，但若使合同继续有效将损害国家利益和社会公共利益的规范。”并进而认定，“《中华人民共和国公司法》第 16 条第 1 款并不属于效力性强制性规定，违反该条款并不导致本案保证合同无效。”概言之，既往的司法实践一般将违反是否产生损害国家利益或者社会公共利益的后果，作为认定某项规定是否属于效力性强制性规定的根本标准。

Ⅳ 本裁定的参考意义及将来的课题

在（2017）吉民再 103 号民事裁定书中，吉林省高级人民法院认为：“姚晓东承包的草原位于吉林莫莫格国家级自然保护区核心区，该区域为国家环境保护局发布的第一批国家重点保护湿地。《承包合同书》违反了《自然保护区条例》的禁止性规定，姚晓东自认在承包区域存在捕捞、放牧等行为，破坏了莫莫格国家级自然保护区的生态环境，损害了社会公共利益。涉案合同损害社会公共利益、违反行政法规的强制性规定，属于无效合同。”但裁定书中只援引原《合同法》第 52 条第 4 项作为判决依据，并未同时引用第 5 项。在同一地区发生的另一类似“案例吉林省高级人民法院（2018）吉 08 民终 1008 号民事判决书”中，一审、二审法院的表述与上述案例如出一辙。类似的判决还有湖南省高级人民法院（2018）湘民申 2944 号民事裁定书。

虽然《民商事合同案件指导意见》第 16 条为区分效力性与管理性强制性规定提供了基本判准，但由于该条规定采用了许多不确定性概念，如规范意旨、利益权衡、交易安全、公共利益等，导致该判准仍显得过于笼统，招致部分学者的批判。有学者认为，二分格局更是从概念、判准与司法适用各方面均制造混乱（朱庆育：《〈合同法〉第 52 条第 5 项评注》，载《法学家》

2016年第3期)。也有学者指出,提出管理性强制性规定的概念,虽有利于从反面认识、排除效力性强制性规定,但其误导性影响亦不容忽视:易使人误认为存在效力性和管理性强制性规定"二分法",从而将既不是效力性强制性规定、又不是管理性强制性规定的其他强制性规定,强行塞入二者概念框架。逻辑上也不可能构成二分,效力性强制性规定和管理性强制性规定并非排他概念,二者不能穷尽强制性规定的全貌(李宇:《民法总则要义:规范释论与判解集注》,法律出版社2017年版,第644页)。本案中,二审法院在判决《合作勘探开发协议》无效时,并未就《自然保护区条例》第26条和第18条强制性规定究竟是效力性强制性规定还是管理性强制性规定进行定性并说理,但从判决结果来看,二审法院显然是将其作为效力性强制性规定来认定的。效力性强制性规定与管理性强制性规定的区分,仍然是一笔糊涂账,有待理论界与司法实务界继续协力探讨。

▢ 参考文献

史尚宽:《民法总论》,中国政法大学出版社2000年版。

朱庆育:《〈合同法〉第52条第5项评注》,载《法学家》2016年第3期。

李宇:《民法总则要义:规范释论与判解集注》,法律出版社2017年版。

钟瑞栋:《〈合同法〉第52条第5项的三个争议问题》,载《私法研究》2012年第2期。

021 非法吸收公众存款罪所涉合同的效力认定

吴国军诉陈晓富、王克祥、德清县中建房地产开发有限公司民间借贷纠纷案 |《最高人民法院公报》2011 年第 11 期

税　兵 澳门大学法学院

■ 事实概要

2008 年 11 月 4 日,原告、被告签订一借款协议,被告陈晓富向原告吴国军借款人民币 200 万元,借款期限为 2008 年 11 月 4 日至 2009 年 2 月 3 日,并由被告王克祥和被告中建公司提供连带责任担保,原告于当日履行了出借义务,陈晓富于当日收到原告 200 万元的借款。陈晓富拖欠其他债权人款项无法及时偿还,数额较大,并已严重丧失信誉,2008 年 12 月 14 日陈晓富因故下落不明,2008 年 12 月 22 日陈晓富因涉嫌合同诈骗和非法吸收公众存款罪被公安机关立案侦查。依照协议,吴国军遂起诉要求陈晓富提前归还借款,王克祥、中建公司承担连带责任。被告王克祥和被告中建公司辩称,本案被告陈晓富涉嫌犯罪,借款性质不明,本案应中止审理,待刑事诉讼审理终结后再恢复审理本案。二审中法院查明,陈晓富构成非法吸收公众存款罪,该判决已生效。

■ 判决要旨

驳回上诉,维持原判。

单个的借款并不构成非法吸收公众存款的刑事法律事实,因为非法吸收公众存款的刑事法律事实是数个"向不特定人借款"行为的总和,从而从量变到质变。当事人在订立民间借贷合同时,主观上可能确实基于借贷的真实意思表示。

最高人民法院《关于适用〈中华人民共和国合同法〉若干问题的解释(二)》[法释(2009)5 号]第 14 条将《合同法》第 52 条第 5 项的"强制性规定"解释为效力性强制性规定,本案原审被告陈晓富触犯刑律的犯罪行为,并不必然导致借款合同无效。因为借款合同的订立没有违反法律、行政法规效力性的强制性规定。效力上采取从宽认定,是该司法解释的本意,也可在最大程度上尊重当事人的意思自治。

根据担保法的有关规定,如债权人与债务人恶意串通或债权人知道或应当知道主合同债务人采取欺诈手段,使保证人违背真实意思提供保证的,则保证人应免除保证责任。现王克祥和中建公司未能提供相关证据佐证债权人与债务人之间"恶意串通"或债权人"知道或应当知道"。在主合同(借款合同)有效,从合同(担保合同)本身无瑕疵的情况下,民间借

贷中的担保合同也属有效。保证人同意提供担保,应当推定为充分了解行为的后果。

■ 评 析

本案中,合同的效力评价对当事人利益的影响甚巨。借贷合同一旦无效,作为从合同的担保合同则自应无效,原告吴国军既不能向被告陈晓富主张债权,亦不能向被告王克祥和被告中建公司主张保证责任,只能向陈晓富主张合同无效后的不当得利返还。根据最高人民法院《关于适用〈中华人民共和国担保法〉若干问题的解释》[法释(2000)44 号]第 8 条,即使被告王克祥和被告中建公司有过错,也只应承担陈晓富不能清偿部分的 1/3。因此,在陈晓富涉嫌构成非法吸收公众存款罪的情形下,借贷合同与担保合同的效力评价就成为本案裁判的关键之所在。

Ⅰ 量变论:本案的裁判逻辑

1. 推理过程

考察本案的裁判文本,在涉案民间借贷合同和担保合同的效力问题上,判决书包含了逻辑推理的三段论结构:

大前提:刑事法律事实≠民事法律事实;

小前提:非法吸收公众存款的犯罪行为是刑事法律事实;

结论:非法吸收公众存款的犯罪行为≠民事法律事实。

此三段论的推理过程存在两个逻辑瑕疵。其一,大前提的不周延导致推理结论不具有完全的有效性。"刑事法律事实≠民事法律事实"并非一个全称判断,因为同时被刑法与民法调整的法律事实比比皆是。依照三段论推理"前提中不周延的词项,在结论中也不得周延"的规则(雍琦:《法律逻辑学》,法律出版社 2004 年版,第 195 页),推理Ⅰ和推理Ⅱ的结论不应该是一个全称判断,故推理Ⅲ就不能为真。其二,该推理具有"四概念"错误,大小前提是两个没有逻辑关联的命题,不仅谈不上推理形式的有效性,也无所谓推理的合理性(雍琦:《法律逻辑学》,法律出版社 2004 年版,第 195 页)。具体而言,"刑事法律事实不等于民事法律事实"是从法律效果的角度来陈述的,"非法吸收公众存款的犯罪行为是刑事法律事实"与"民间借贷行为是民事法律事实"是从行为定性的角度来陈述的,概念内涵不一致,在逻辑上就站不住脚。

2. 裁判逻辑的论证漏洞

法律论证不是一个单纯的形式逻辑推演活动,"逻辑并不提供用以评价法律论证实质向度和程序向度的规范"([荷]伊芙琳·菲特丽丝:《法律论证原理》,张其山等译,商务印书馆 2005 年版,第 37 页)。换言之,形式逻辑的推理不能替代法律论证。在裁判文书的说理部分,法官用了"量变到质变"的哲学原理,但哲学原理与法学原理之间存在方法论上的"不可通约性",用抽象的哲学原理来诠释具体的法律规则缺乏足够的说服力。尤为重要的是,量变质变规律揭示了同一事物的发展变化过程,这属于事实描述;而违法性效力的转换过程蕴含着价值判断,二者之间不具有类推解释的适用空间。

Ⅱ 本案的学理展开

1. 犯罪所涉合同是否当然无效?

犯罪行为所涉及的合同是否属于《民法典》第 153 条的无效情形,存在"当然无效说"与"部门法自洽说"两种截然相反的观点。"当然无效说"认为,犯罪行为被法律所禁止,实施犯罪的合同是一种违反公共秩序的合同,当然无效。"部门法自洽说"从公私法分立的大陆法系传统出发,围绕民法与刑法在构成要件上的差异性,强调私法的独立性,期冀"排除公法尤其是刑法的不当侵越"(叶名怡:《涉合同诈骗的民法规制》,载《中国法学》2012 年第 1 期)。"部门法自洽说"固然具有批驳"当然无效说"的理论功效,但过度渲染了私法与公法的分野。毕竟从法秩序的一致性原理来看,部门法的规则自洽存在无形的边界,就是法律秩序的内在统一。

"当然无效说"固然清晰明白,却失之偏颇。依照刑法的谦抑性原理,刑罚权的发动是国家维护社会秩序的最后一道防线。刑事责任与民事责任只存在强弱之差,不存在高下之别。换言之,刑事责任的成立,并非"自动对应"最严厉的民事责任——以无效制度来彻底否定当事人的意思表示。理由在于两个方面:

一方面,就私法效果而言,"当然无效说"会导致私益上的不公正。"一切法律,不论公法或私法,都同时以保护公共利益和个人利益为目的"([葡]Carlos Alberto da Mota Pinto:《民法总论》(第 5 版),林炳辉等译,澳门法务局、澳门大学法学院 1999 年版,第 7 页)。把对公共利益的侵害作为合同无效的原因是两大法系公认的法理,无可指摘。"当然无效说"的硬伤在于,姑且无论公法与私法在法益位阶上的高低,至少可以明确的是,无条件、无例外地否定犯罪所涉合同效力,未必能够保护公共利益,反倒可能造成私益保护的不公正。

另一方面,就刑罚功能而言,"当然无效说"有悖于刑法的规范意义。刑事责任是加害人对国家承担的责任,民事责任是加害人对受害人承担的责任,二者之间,不是择一关系,而是叠加关系。无论是把刑罚功能理解为报应还是预防,如果完全漠视受害人利益,刑罚功能的实现都是大打折扣的。

2. 犯罪所涉合同在何种情形下有效?

法律行为的实施满足犯罪构成要件时,其欲生效力,除须具备一般法律行为的生效要件外,还应从以下几步逐次测试:

第一步测试:犯罪主体。具体而言,观察犯罪主体是否为双方当事人,这应该是效力考量的首要因素。如弗卢梅所言,"只有当所有参与法律行为的当事人都触犯刑法规范,或明知或能够预见到其中一人的行为触犯刑法规范,却仍然为自己的利益实施法律行为时,才能将禁止实施某一行为的刑法规范作为禁止性规范适用于该法律行为本身"([德]维尔纳·弗卢梅:《法律行为论》,迟颖译,法律出版社 2013 年版,第 406 页)。在合同当事人一方构成犯罪时,合同相对方通过法律行为所追求的私法效果不应因合同无效而被彻底剥夺,合同效力需结合后述因素加以考量。

第二步测试:合同时点。如果是单方犯罪,应审查犯罪时点为缔约阶段还是履约阶段。

如果合同的缔结并不构成犯罪,犯罪行为发生在合同履行阶段,犯罪所涉合同通常应认定为有效。以《刑法修正案(八)》所规定的恶意欠薪罪为例,劳动者与雇佣者之间订立的劳动报酬合同必然是有效的,恶意欠薪行为只能发生在合同履行阶段。申言之,恶意欠薪罪的成立,不仅无法否定合同的有效性,还以刑罚制裁来强化合同效力,通过"入罪化"的刑事政策来保障合同权利的实现。

第三步测试:合同目的。如果犯罪时点是在缔约阶段,应探究是否以追求犯罪结果为合同目的。阻断涉罪合同的私法效力应符合刑法的规范意旨。"对那些不畏公法制裁而实施违法行为者,在私法上也拒绝对其保护,是法政策上最为妥善的选择。"(孙鹏:《私法自治与公法强制——日本强制性法规违反行为效力论之展开》,载《环球法律评论》2007 年第 2 期)反之,倘若缔约并非以犯罪为目的,就应当尽量维护合同效力。在三步测试过程中,合同目的评价是最难审查的环节,只能综合诸多因素加以判断[例如,英格兰及威尔士法律委员会在 2009 年的法律改革报告中,建议从法律秩序的一致性、违法性程度、威慑效果、比例原则、缔约及履约情景五个方面来审查涉罪合同的效力。See Law Commission of England and Wales, The Illegality Defence: A Consultative Report (Consultation Paper No 189)]

Ⅲ 民间借贷案件涉嫌非法吸收公众存款犯罪,如何认定借贷合同的效力?

犯罪行为必然导致合同无效的观点不能成立,但不能反过来说犯罪行为与合同效力无逻辑关系。在涉嫌非法吸收公众存款罪案件(以下简称"非吸罪")中,出借人与借款人、担保人签订的主从合同的效力认定,同样可以适用前述"三步法"进行判断。

就犯罪主体而言,"非吸罪"的犯罪主体限于一方当事人即借贷人,出借人存在主观过错(如明知违反国家金融政策而以高息出借)并不构成犯罪。因此,涉嫌"非吸罪"的民间借贷合同符合有效情形的第一项要件。

就合同时点而言,涉嫌"非吸罪"借贷合同的犯罪时点是在缔约阶段而非履约阶段,因此需要进入第三步测试,探求是否以追求犯罪结果为合同目的。

就合同目的评价而言,有如下问题需要厘清:

第一,涉嫌"非吸罪"的借贷合同不属于"以合法形式掩盖非法目的"。根据最高人民法院《关于审理非法集资刑事案件具体应用法律若干问题的解释》[法释(2010)18 号],民间借贷纠纷案件涉嫌非法吸收公众存款犯罪的,一般分为两种类型:一是以投资为名行诈骗之实的群体性敛财活动;二是以生产经营为目的,但因缺少其他融资途径而向社会公众集资,只要具备了"非法性,公开性,利诱性,社会性"四个构成要件,即可构成犯罪。前述两种情形,都不构成伪装行为的法律特征。涉嫌"非吸罪"的借贷合同不存在串谋意思表示,故不构成伪装行为,不属于原《合同法》第 52 条第 3 项(《民法典》已删除)所规定的无效情形([德]维尔纳·弗卢梅:《法律行为论》,迟颖译,法律出版社 2013 年版,第 480 ~ 482 页)。

第二,涉嫌"非吸罪"的借贷合同所违反的不是效力性强制性规定,而是管理性强制性规定。就民间借贷涉嫌非法吸收公众存款犯罪而言,受到侵害的是国家对金融业的特许经营,应当属于市场准入资格。涉嫌"非吸罪"的借贷合同不属于该合同行为发生即绝对地损害国家利益或社会公众利益的行为，违反的是管理性强制性规定，不属于原《合同法》第 52 条第 5 项规定的无效情形。

第三，关于出借人明知借贷人涉嫌犯罪时合同效力问题，江苏省高级人民法院《关于审理民间借贷纠纷案件若干问题的指导意见》（征求意见稿）第 22 条规定，“借款人的借款行为已经人民法院生效判决认定构成集资诈骗或非法吸收公众存款等犯罪，债权人起诉保证人要求承担保证责任的，借款合同和保证合同并不因此无效，人民法院应当按照《担保法》第 6 条的规定确定保证人的民事责任，但有证据证明债权人明知债务人涉嫌犯罪的除外”。此裁判立场可资借鉴。出借人明知借贷人涉嫌犯罪，纵然不由此承担刑事责任，但因其纵容犯罪，其民事利益不应受到保护，属于不法原因给付，不具有诉请执行力。如果出借人与借款人、担保人之间存在恶意串通行为，当然认定为无效。

□ 参考文献

[德]维尔纳·弗卢梅：《法律行为论》，迟颖译，法律出版社 2013 年版。

税兵：《超越民法的民法解释学》，北京大学出版社 2018 年版。

022 无权代理人的赔偿责任

刘昕、彭某良房屋买卖合同纠纷案 | 广东省佛山市中级人民法院（2018）粤06民终3076号民事判决书

张家勇 中南财经政法大学

■ 事实概要

刘昕作为买方，彭某良作为范某铨（系彭某良之亡夫，故于2014年1月7日）、梁某娇（系范某铨之母）的卖方代理人于2016年8月14日签订《房屋买卖合同》，约定：买卖坐落在佛山市顺德区T03的房屋一套（登记产权人为范某铨、梁某娇），成交价为人民币955,000元；卖方不能按本合同约定将该物业售予买方，或者因违约而无法将该物业售予买方的，应向买方支付该物业成交价的10%作为违约金，并须退回买方已付的所有费用。当日，彭某良作为代理人收取刘昕交来的房屋承购定金50,000元。2016年12月4日，彭某良作为卖方代理人与刘昕签订《补充协议》，约定过户时间延后至2017年3月31日前。因无法取得案涉房屋，刘昕遂提起本诉，要求：解除案涉《房屋买卖合同》；彭某良立即退还定金50,000元，支付违约金95,500元，并赔偿损失235,620元，等等。诉讼中，刘昕申请就案涉房屋起诉时的市场价值进行评估。2017年9月11日，国众联公司出具《房地产估价报告》，表明佛山市顺德区T03房屋2017年4月10日的评估价值为1,124,550元。一审法院认为，双方案涉合同系无权代理所为，尚未生效；刘昕明知案涉房产权属人不明，且彭某良没有取得代理权仍与其签订合同，存在过错。据此，依照《合同法》第48条判决彭某良向刘昕返还定金50,000元，驳回刘昕的其他诉讼请求。二审期间，案涉房屋产权人变更为梁某娇、彭某良、范某耀。

■ 判决要旨

二审法院依《民法总则》第171条维持原审返还定金判决，改判彭某良赔偿刘昕损失95,500元。

继承人之一以被继承人与其他共有人的代理人名义出卖共有房屋，在未获追认的情况下构成无权代理，所签合同不发生效力。相对人虽然知道继承事实，但基于行为人（被继承人之一）与案涉房屋产权人之间的亲属关系而相信其有代理权，不构成过错。房屋升值数额相较于案涉合同的成交价格比例较大，行为人在签订合同时难以预见，实际赔偿额应结合双方签订合同的情况、定金支付情况及过错程度等因素予以酌定。

■ 评　析

Ⅰ 本判决的裁判思路和意义

案涉《房屋买卖合同》因涉及未受追认的无权代理，系未生效合同，既不生解除问题，亦不生违约问题。购房人刘昕知晓登记名义人之一已经死亡的事实，不构成过错，其有权作为善意相对人请求赔偿，但赔偿范围不能超过案涉各房产权属人追认时所能获得的利益。因案涉房屋升值部分的数额相较于案涉合同约定的成交价格而言比例较大，彭某良在签订合同时显然难以预见，故不应以该升值部分的数额确定赔偿数额。合同中违约金条款的约定应为双方对所涉损失的合理预见，从该具体约定违约金数额综合考虑刘昕在本案中所受的实际损失更为合理。

Ⅱ 无权代理人对善意相对人的赔偿责任规范及学理

首先需要指出，本案纠纷发生在《民法典》施行前，故该法无法直接适用。得直接适用原《合同法》第48条第1款的规定，未受追认的无权代理"由行为人承担责任"。但该责任属于履行责任还是赔偿责任？赔偿责任的要件和范围如何？这些关键问题均付阙如。依循最高人民法院《关于适用〈中华人民共和国合同法〉若干问题的解释（一）》［法释（1999）19号］（以下简称《合同法司法解释一》）第1条的解释逻辑，因合同法没有明确规定（情况与《民法通则》第66条第1款第2句"由行为人承担民事责任"一致），若将不明规定与"当时没有法律规定的"情形同视，从而可参照适用《民法典》第171条第3款之规定，"行为人实施的行为未被追认的，善意相对人有权请求行为人履行债务或者就其受到的损害请求行为人赔偿。但是，赔偿的范围不得超过被代理人追认时相对人所能获得的利益"［类似案例参见"张小东、甘肃千鹤食品有限公司民间借贷纠纷案"，最高人民法院（2019）最高法民申420号民事裁定书］。后文阐述即以此为前提展开。

就《民法典》前引规定的解释，理论上一致肯定该赔偿责任系属特殊的无过失责任，无须行为人（无权代理人，下同）于行为时有故意或过失，但就相对人"善意"的认定标准及行为人赔偿责任之范围则有不同看法。第一种观点将责任双方的主观状态与损害赔偿责任范围结合，其认为，只有非因故意或重大过失而不知代理权欠缺才成立善意，且仅明知的行为人承担期待利益的赔偿责任，否则只负不超过期待利益的信赖损失赔偿责任；第二种观点将相对人"善意"限定于"无过失不知代理权欠缺"，行为人的赔偿责任原则上以履行利益为原则，但相对人可选择主张不超过履行利益的信赖利益损害赔偿；第三种观点不对相对人的善意作任何限制，认为赔偿范围仅为不超过履行利益的信赖损失；第四种观点同样不对相对人善意作特别限制，但认为损害赔偿原则上应为履行利益，但善意相对人可以选择主张不超过履行利益的信赖利益赔偿（张家勇：《论无权代理人赔偿责任的双层结构》，载《中国法学》2019年第3期）。

因相对人善意时行为人承担的是无过失责任（也称担保责任），内容上包括履行债务或赔偿责任，若将赔偿责任限定于信赖赔偿，与"履行债务"对应的"不履行赔偿责任"即无所依凭,故多数说的观点,即该款规定的“赔偿责任”同时包含履行利益损失的赔偿责任与信赖利益的赔偿责任两种形式,与法律文义与规范逻辑更相符,实堪肯定。为期实现利益平衡,部分观点借用德国民法典的做法,区分行为人明知与否而施予不同责任范围,业已超出规范文义而有“法外造法”之嫌。因履行责任与表见代理的实质效果相同,故在相对人善意标准上采纳相同做法,“即无过失地不知代理权欠缺”。通过提升相对人的主观标准,能够实际发挥限制行为人责任之效果,在现有立法的规范框架下应属更为妥当的解释选择。

实务中真正成为问题的是“善意”内容的确定。我国理论上通常将表见代理视为无权代理之类型,只有不构成表见代理的无权代理才涉及无权代理人责任问题[“江西宏安房地产开发有限责任公司诉南昌县兆丰小额贷款股份有限公司等借款合同纠纷再审案”,最高人民法院(2017)最高法民再209号民事判决书],由此,很容易将成立表见代理的“相对人善意”与成立无权代理人赔偿责任的“相对人善意”在判定标准上混淆[“抚州市金锋房地产开发有限公司与福建三盛房地产开发有限公司等股权转让合同纠纷再审案”,最高人民法院(2017)最高法民申2719号民事裁定书;“浙江天宇建设有限公司与上海仓驰贸易有限公司、马鞍山迪嘉特科技发展有限公司等买卖合同纠纷再审案”,上海市高级人民法院(2014)沪高民二(商)再提字第5号民事判决书]。未受追认时行为人责任和表见代理时本人责任均以相对人“无过失不知代理权欠缺”为必要,但在具体内容上二者仍有差异:在无权代理行为人负责的场合,相对人是对行为人的代理人身份(代理权声明)的消极信赖,是对声明虚假的不知;在表见代理情形,相对人则是对代理权外观的积极信赖,是对外观虚假的无过失不知(最高人民法院《关于当前形势下审理民商事合同纠纷案件若干问题的指导意见》[法发(2009)40号]第13条)。据此,在前者,相对人原则上无须对代理权存否与否的问题作调查与核实;在后者,相对人必须“有理由相信”代理权外观事实真实、有效。可见,无权代理时相对人信赖的确立基础更为宽松,而表见代理时则更为严格。原因在于,行为人是直接参与交易的行为人,而表见代理的本人则根本未直接参与交易。防止无权代理发生的主体主要是行为人,而防止表见代理的主体必须包括相对人。

本案一审以刘昕明知被代理人之一已死亡致被代理人(房屋产权人)不明的事实,认定其有过错,从而不构成善意相对人。二审法院则以遗产待分配不属于权利人不明,且彭某良与其他产权人(包括事后因继承而取得遗产之人)有亲属关系为由,认为刘昕对彭某良代理权的信赖无过错,属于善意相对人。尽管两审法院对于刘昕善意与否的认定截然相反,但都未以积极的代理权外观作为判定因素,值得关注。

如前所述,现有理论就善意相对人的履行利益赔偿请求权多持肯定见解。但是,就其具体内涵尚非清晰。理论上认为,行为人所承担的是行为人若有代理权,相对人本可由被代理人处获得的利益,因此,该利益就是代理行为有效时的履行利益。由此,获得履行利益的要件为:一是行为人与相对人所为法律行为仅涉及代理权欠缺之瑕疵,不存在使行为无效的其他效力瑕疵。二是相对人的利益在行为人有代理权时能够从被代理人处实现,即至少应受违约赔偿限制规则的约束(如《民法典》第584条“但书”规定),并排除源自被代理人自身的给付障碍。

就第一项要件而言,原则上强调“代理权欠缺”的行为效力瑕疵事由的唯一性。但是,若存在仅相对人有撤销权的瑕疵事由，如行为人欺诈、胁迫等，只要相对人未行使撤销权，行为人应不受影响。与之不同，若法律行为成立时被代理人即无清偿能力，此种风险属交易本身风险，与代理权欠缺无关，亦应由相对人承担。

涉及损害赔偿范围的其他问题，尤其是可预见性规则与违约金条款的适用问题对于行为人责任的影响亦应予以明确。“可预见性规则”限制违约时的赔偿范围，既然行为人负担的是相对人本可从被代理人处获得的利益，该利益范围自当受可预见性规则的限制。不过，预见主体应是“被代理人”而非行为人，因为仅“被代理人”在地位上等同于法律规定的“违约方”。虽然行为人是涉案行为事实上的缔约人，但可预见性规则以“处于当事人相同地位的理性人”为判准。据此以观，本案二审判决以彭某良在行为时难以预见房屋较大升值为理由否定刘昕的差价赔偿要求，应属不当。

违约金乃预定的损害赔偿金，但其并不限制赔偿范围，否则，《民法典》第585条第2款违约金调整的规定将失去意义。是故本案二审法院以违约金为基础，考虑定金支付情况与行为人过错因素，酌定损害赔偿额应属不当行使“酌定权”。当然，违约金和房屋差值损失在功能上有包含关系，差值损失赔偿已包含了与违约金相应的损害赔偿，故不得并用。

Ⅲ 既往理论与实践状况

由于原《民法通则》第66条与原《合同法》第48条就未受追认的无权代理人责任语焉不详，解释上留下很大空间，并引发司法实践的分歧。

有关原《民法通则》和原《合同法》中无权代理人承担民事责任的性质和内容，理论上主要有三种观点：一是合同责任说，认为无权代理人替代被代理人成为合同当事人，享有和履行该合同项下的权利和义务。二是缔约过失责任说，认为无权代理人承担的是缔约过失责任，内容为信赖利益的赔偿。三是法定特别责任说，认为无权代理人责任是一种法定的担保责任或信赖责任，不以无权代理人过错为要件，责任内容可以为履行义务或赔偿履行利益或信赖利益。不难看出，尽管原《民法总则》在责任内容上作出了明确规定，但目前关于行为人责任性质的学说并没有发生明显的变化[纪海龙：《〈合同法〉第48条（无权代理规则）评注》，载《法学家》2017年第4期]。

从司法实践来看，采纳第一种观点的案例如“张敏敏与河北建设集团买卖合同纠纷申请再审案”[青海省高级人民法院（2014）青民申字第275号民事裁定书]，法院裁定由无权代理人履行合同义务并承担违约责任。采纳第二种观点的案例如“惠州市惠阳区南凯实业有限公司、王飞缔约过失责任纠纷审查与审判监督案”[最高人民法院（2017）最高法民申2158号民事裁定书]，法院认为，行为人采用欺诈手段，提供虚假证明、作虚假陈述，使相对人相信其与被代理人仍为夫妻关系，其作为法定代理人有权签署协议，相对人无过错，应由行为人承担全部缔约过失责任。由于第三种观点下的履行责任与第一种观点下的履行责任实际上不容易区分，实践中存在以无法履行作为承担赔偿责任前提的情况。

值得注意的是，由于原《民法通则》和原《合同法》就无权代理人责任均只规定“未受追认”，而无其他要件，以致实践中可见应知代理权欠缺的相对人也可以请求行为人实际履行的案例,如"宁波绣丰彩印实业有限公司、浙江杭州湾汽配机电市场经营服务有限公司、慈溪逍新投资咨询有限公司、慈溪逍新汽配贸易有限公司、慈溪市一得工贸有限公司以及孙跃生合同纠纷案"[最高人民法院(2012)民提字第208号民事判决书];或者根本不提及无权代理人承担责任时相对人主观要素的,如"鄂州中博经济贸易有限公司、达拉特旗物华煤炭有限责任公司等与张增华一般买卖合同纠纷申请再审案"[最高人民法院(2013)民申字第828号民事裁定书]。可见,立法规定的模糊不仅影响到理论上的解释构造,也必然影响法律适用的统一性。

Ⅳ 本判决的参考意义及将来的课题

本案判决实际上确立了无权代理相对人无过失的善意标准,有助于澄清《民法典》第171条规定存在的解释分歧。在有关善意相对人赔偿范围的认识上,本案判决说理尚非清晰,其引发的裁判启示价值相比于其提出的解决思路更值得关注,未来的理论研讨与实践探索均需着力于此。就本案针对赔偿范围提出的裁判规则而言,其妥当性堪值怀疑,未来类似案件的处理不宜参照。

□ 参考文献

陈甦主编:《民法总则评注》(下册),法律出版社2017年版。

王利明主编:《中华人民共和国民法总则详解》,中国法制出版社2017年版。

李适时主编:《中华人民共和国民法总则释义》,法律出版社2017年版。

韩世远:《合同法总论》(第4版),法律出版社2018年版。

纪海龙:《〈合同法〉第48条(无权代理规则)评注》,载《法学家》2017年第4期。

张家勇:《论无权代理人赔偿责任的双层结构》,载《中国法学》2019年第3期。

夏昊晗:《无权代理中相对人善意的判断标准》,载《法学》2018年第6期。

023 表见代理构成中的被代理人可归责性

山东宝华耐磨钢有限公司、方大特钢科技股份有限公司买卖合同纠纷案 | 最高人民法院(2018)最高法民终122号民事判决书

朱　虎 中国人民大学法学院

■ 事实概要

2015年5月,通过上海米钢电子商务有限公司(以下简称米钢公司)的实际控制人朱志生、马阿君的积极引荐和洽谈,山东宝华耐磨钢有限公司(以下简称宝华公司)与方大特钢公司(以下简称方大公司)签订《钢材购销协议》,约定2015年6~12月宝华公司向方大公司采用每旬预付货款的方式购买钢材。宝华公司据此与米钢公司按月签订6份《工业品买卖合同》,将购买的钢材加价销售给米钢公司。宝华公司每次在收到米钢公司应付货款的15%之后向方大公司预付全部货款,方大公司收款后发货,待米钢公司支付剩余货款后宝华公司将货物所有权转移给米钢公司。

在《钢材购销协议》的履行过程中,各种履行行为均是通过马阿君相互传递。2015年10月,宝华公司开具了《关于购销业务货权转移流程确认函》,其中载明方大公司未接到宝华公司的《货权转移函》时不能将具有宝华公司货权的货物转移至其他人。该函件交给马阿君,马阿君未转交给方大公司。朱志生、马阿君伪造了宝华公司的《运输委托书》,方大公司按此通知将宝华公司购买的钢材提走并运至其他仓库,钢材被朱志生、马阿君卖给其他客户。朱志生、马阿君在资金回笼后将剩余85%的货款再汇给宝华公司,造成宝华公司误以为米钢公司付清了剩余85%的货款,遂通过马阿君向方大公司发出货权转移函,但该函被朱志生、马阿君截留,朱志生、马阿君又伪造《方大特钢销售清单》向宝华公司回复。朱志生、马阿君靠上述手段,完成了米钢公司与宝华公司签订的前三份《工业品买卖合同》。后三份《工业品买卖合同》宝华公司仅收到米钢公司支付的15%货款保证金,剩余货款均未收到。

■ 判决要旨

在判断相对人是否有理由相信行为人有代理权时,应从是否具有表征代理权存在的外观、相对人对相关权利外观的信赖是否合理、被代理人对该权利外观的存在是否具有可归责性及其程度这三个方面进行综合考量。本案中,马阿君具有代理宝华公司办理有关提货手续的代理权外观,方大公司对马阿君权利外观的信赖具有合理性,宝华公司对于自身权

利的疏于管理客观上导致马阿君得以利用中间人的身份以宝华公司的名义向方大公司提货,产生了马阿君具有提货权的外观。故方大公司收到宝华公司支付的货款后通知马阿君提货的行为应当视为向宝华公司交货。

■ 评 析

Ⅰ 本判决的思路和意义

本案的争议焦点是马阿君的提货行为是否构成表见代理,方大公司是否履行了向宝华公司的交付义务。裁判要旨明确了判断相对人是否有理由相信行为人有代理权时,除了考虑代理权外观和相对人的合理信赖外,还应当考虑被代理人对权利外观的存在是否具有可归责性。在本案的合作模式中,宝华公司确保合同目的实现的重要方式是米钢公司支付剩余货款前控制货物所有权作为回收货款的保障,但是《钢材购销协议》中仅简单约定交货地点为方大公司仓库,对于如何交货、向谁交货、依据何种手续交货均未约定。直至2015年10月宝华公司才向方大公司出具《关于购销业务货权转移流程确认函》,确立了以宝华公司的《货权转移函》作为货权移转依据的交货方式,但仍未将该函件直接交与方大公司,而是交由马阿君并导致该文件被马阿君截留。故宝华公司对代理权外观的存在具有可归责性。这对于立法、司法和学说中争议较大的问题,即表见代理构成中是否应当考虑以及如何考虑被代理人的可归责性,具有重要意义。

Ⅱ 表见代理中被代理人可归责性的规范及学理

原《合同法》第49条规定:“行为人没有代理权、超越代理权或者代理权终止后以被代理人名义订立合同,相对人有理由相信行为人有代理权的,该代理行为有效。”官方释义书中认为表见代理的构成无需考虑被代理人的因素(胡康生主编:《〈中华人民共和国合同法〉释义》,法律出版社2013年版,第97页)。《民法典》第172条基本延续了原《合同法》第49条的规定,但是,在立法过程中,《民法总则(草案)三审稿》第176条曾规定了表见代理的构成中要考虑被代理人的因素,在“行为人伪造他人的公章、合同书或者授权委托书等,假冒他人的名义实施民事法律行为的”和“被代理人的公章、合同书或者授权委托书等遗失、被盗,或者与行为人特定的职务关系已经终止,并且已经以合理方式公告或者通知,相对人应当知悉的”情形中,不构成表见代理。但这些例外规定最终被删除,官方释义书中说明基本采纳了不考虑被代理人是否具有可归责性的观点(石宏主编:《中华人民共和国民法总则:条文说明、立法理由及相关规定》,北京大学出版社2017年版,第405页)。

但是,学说对此仍持续争论。有的主张无须考虑被代理人因素(单一要件说)。更多观点主张应当考虑,但其中仍存在区别:第一个区别是形式上的,即纳入“相对人有理由相信”中考虑(新单一要件说),还是独立考虑(双重要件说);第二个区别是实质上的,即被代理人因素的判断标准,是被代理人对代理权外观产生是否具有过错(过错归责),或者代理权外观的产生是否与被代理人存在关联(诱因归责),或者是否属于被代理人应承担的风险范围

(风险归责),抑或综合考量所有因素(多重归责)[对学说的系统梳理,参见朱虎:《表见代理中的被代理人可归责性》,载《法学研究》2017 年第 2 期;杨芳:《〈合同法〉第 49 条(表见代理规则)评注》,载《法学家》2017 年第 6 期]。

主张无须考虑被代理人因素的理由是,表见代理规则的目的是保护交易安全,且相对人难以证明被代理人因素。主张需要考虑的理由是:第一,交易安全保护了相对人的利益,但并未表明为何要牺牲被代理人的利益,将行为人所作行为的不利效果归属于被代理人,仍需要正当理由;第二,表见代理与善意取得具有基本利益结构的相似性,善意取得的现有规则中隐含了占有委托物和占有脱离物的区分,这已在构成中考虑了权利人的可归责性,为实现法秩序内的融贯,表见代理的构成中也应考虑被代理人的可归责性;第三,考虑被代理人的可归责性,能够在不同情形中,具体考量被代理人和相对人控制权利外观风险的成本(包括信息的获知成本、防免成本)、救济成本和获益,有助于降低整体的社会成本。第四,被代理人应当证明自己不具有可归责性,毕竟其是否有可归责性取决于他这一方的因素以及被代理人和行为人之间的关系,故被代理人较之相对人更具有举证可能性,不会出现相对人证明困难的问题。

关于被代理人因素的判断标准,诱因归责的批评者认为这实质上是纯粹结果责任而放弃了归责要求(杨代雄:《表见代理的特别构成要件》,载《法学》2013 年第 2 期);过错归责的批评者认为被代理人并非违反了法定义务,保管代理权外观证明有过失,可能意味着要承担缔约过失责任,但并不必然意味着一定要承担履行责任(王浩:《表见代理中的本人可归责性问题研究》,载《华东政法大学学报》2014 年第 3 期);风险责任和多重归责都着眼于动态的综合考量,批评者认为该标准难以捉摸,不利于法的安定性(李宇:《民法总则要义:规范释论与判解集注》,法律出版社 2017 年版,第 830 页)。采用不同的判断标准,虽然在一些情形中会出现结果的差异,但在很多情形中都会出现结果的重合。例如,在本案中,基于被代理人和相对人间订立和履行合同的过程,已经形成了行为人具有代理权的外观,被代理人未积极地摧毁已经形成的外观,即具有可归责性,无论采取上述何种判断标准,都会推导出相同的结论。

Ⅲ 既有司法实践状况

最高人民法院《关于当前形势下审理民商事合同纠纷案件若干问题的指导意见》[法发(2009)40 号]第 13 条没有将被代理人的可归责性作为表见代理的独立要件,但是,第 14 条提出要考虑多种因素,其中"建筑单位是否知道项目经理的行为"体现了被代理人的因素。最高人民法院《关于在审理经济纠纷案件中涉及经济犯罪嫌疑若干问题的规定》[法释(1998)7 号]第 4 ~6 条区分了代理权外观证明被借用、作为被代理人的企业未收回代理权外观证明或未通知第三人的情形,和行为人盗用、伪造、擅自保留代理权外观证明的情形,作为被代理人的单位在前种情形中应对善意相对人承担赔偿责任,在后种情形中则不承担赔偿责任,这似乎是认为后种情形不构成表见代理,已考虑了被代理人的因素。细究其规范逻辑,似并未采纳过错归责原则,因为被代理人对代理权外观证明被盗用等可能是具有过错的,但却不构成表见代理。但是,该解释第 5 条第 2 款又规定行为人私刻单位公章或擅自使用代理权外观证明，如果被代理人有明显过错，则要对相对人承担赔偿责任。有观点将该款中的赔偿责任理解为并非构成表见代理而将效果归属于被代理人的履行责任，即积极信赖保护的责任，而仅仅是缔约过失责任或者侵权责任，即消极信赖保护的责任。

在各地方高院的意见中，有些未明确提出但却考虑了被代理人因素，例如，2012 年上海高院《商事合同案件适用表见代理要件指引（试行）》第 5 条，没有将被代理人的可归责性作为表见代理的构成要件，但第 6 条"关于权利外观的主要考量因素"中却考虑了被代理人的一些因素。有些明确提出要考虑被代理人因素，但却在如何具体考虑被代理人因素上观点不一，例如，2003 年《江苏省高级人民法院民二庭——民商事审判中的若干问题》第四部分第 2 条规定"本人有过错并非表见代理的构成要件"，但 2005 年江苏省高级人民法院《关于适用〈中华人民共和国合同法〉若干问题的讨论纪要（一）》则在第四部分第 14 条规定表见代理"应当以被代理人的行为与外观的形成具有一定的牵连性即被代理人具有一定的过错为前提"，混合了诱因归责和过错归责；2014 年北京市高级人民法院《关于审理房屋买卖合同纠纷案件若干疑难问题的会议纪要》第 8 条第 2 款则规定，"买受人信赖出卖人享有代理权法律外观的形成系不可归因于房屋所有权人的，不构成前款规定的表见代理"，未采过错归责。

既有案例多依据现有规范展开论证，并未明确将被代理人因素作为表见代理的独立要件，但有大量判例在认定相对人有理由相信时考虑到了被代理人因素。在本案例之前，也有最高法院的案例采取了与本案例要旨基本相同的观点［如最高人民法院（2017）最高法民再 209 号民事裁定书］。据统计，至 2018 年 2 月 27 日，涉及表见代理的大量案例中，仅有 59 个案例明确提出被代理人的可归责性，最高人民法院的判决书有 2 个，高级人民法院的有 3 个，中级人民法院的判决书有 29 个，基层人民法院的判决书有 25 个，江苏和广东的案例共有 37 个。其中，最终认定构成表见代理，并对被代理人具有可归责性进行了分析的占 35.59%；认定不构成表见代理，在讨论不存在代理权外观或（且）相对人非善意无过失的同时，在表见代理的构成要件中对被代理人的可归责性进行了提及和分析，或结合具体案情对被代理人不具有可归责性进行了分析的占 55.93%；在存在代理权外观且相对人善意无过失的情况下，认定不构成表见代理，原因在于被代理人不具有可归责性的占 5.09%；法院因为不存在代理权外观或（且）相对人非善意，认定不构成表见代理，但是因被代理人具有过错，让被代理人承担一定比例的赔偿责任的占 3.39%（韩康麒、丁俊峰：《表见代理中被代理人可归责性的实证研究》，载《法律适用》2018 年第 17 期）。

Ⅳ 本判决的参考意义及将来的课题

本案例明确认为在判断相对人是否有理由相信时，被代理人的可归责性应当作为考虑因素之一，似乎采取了新单一要件说。但是，仍然存留着一些课题。第一，本案例所采取的这种观点在司法实践中能够发挥多大影响，仍有待观察，真正确立被代理人可归责性作为表见代理构成的，应当是纯粹以被代理人不具有可归责性为理由否定成立表见代理的案例，且其正当性也有待结合意思表示、善意取得等规则进一步体系、融贯和实质地论证。第二,本案例对于在考量被代理人可归责性时究竟采取何种判断标准是不清晰的,之后仍会涉及何种标准更具有正当性的论证,不同的判断标准更可能出现“广泛的反思性均衡”后的“重叠共识”,在较多情况下,最终结论也是通过采用不同标准而得以充分证成,而非采取某一特定标准的深度证成,不同判断标准的结果差异是否以及在哪些类案中会出现,也有待观察。第三,该构成的实践作用领域最主要是伪造、私刻、盗窃公章或者空白合同书的情形,这就会出现《民法典》第 172 条中的“相对人有理由相信”和第 171 条中的“善意相对人”是否应当区分以及应当如何区分的问题。第四,在不构成表见代理时,被代理人对相对人的损失是否承担以及如何承担责任,也即是否有必要区分积极信赖保护和消极信赖保护,还有待进一步思考。

□ 参考文献

叶金强:《表见代理中的本人归责性要件》,载《法律科学》2010 年第 5 期。

罗瑶:《法国表见代理构成要件研究——兼评我国〈合同法〉第 49 条》,载《比较法研究》2011 年第 4 期。

杨代雄:《表见代理的特别构成要件》,载《法学》2013 年第 2 期。

冉克平:《表见代理本人归责性要件的反思与重构》,载《法律科学》2016 年第 1 期。

朱虎:《表见代理中的被代理人可归责性》,载《法学研究》2017 年第 2 期。

杨芳:《〈合同法〉第 489 条(表见代理规则)评注》,载《法学家》2017 年第 6 期。

韩康麒、丁俊峰:《表见代理中被代理人可归责性的实证研究》,载《法律适用》2018 年第 17 期。

024 违法代理与本人的责任

郑州市财务开发公司、中国长城资产管理公司郑州办事处与郑州市财政局、郑州市人民政府、中国工商银行河南省分行营业部债券认购款返还纠纷上诉案 | 最高人民法院(2006)民二终字第85号民事判决书

王　浩 华东政法大学法律学院

■ 事实概要

1990年9月3日、1991年5月20日,财务开发公司受郑州市财政局(以下简称财政局)委托,以财政局名义与中国工商银行郑州市支行(以下简称支行)两次签订协议,由支行购买市财政发行的建设债券1300万元。后支行将全部债券款分两次转给财务开发公司。1994年5月到1995年12月,财务开发公司分多次偿付支行建设债券本金共计1040万元,利息共计65万元。1993年12月,财务开发公司又以自己名义向支行出售短期融资债券3000万元。后支行被撤销,其所辖机构并入工行营业部。2004年5月28日,工行营业部向河南省高级人民法院提起诉讼,请求判令财务开发公司、财政局等兑付建设债券、短期融资债券共计3200万元。

河南省高级人民法院认为,本案所涉债券的发行购买均因违反国务院办公厅《关于暂不发行地方政府债券的通知》而无效。财务开发公司作为建设债券发行的经办人和合同相对人,应返还工行营业部该债券的剩余购券款200万元,以及兑付3000万元短期融资债券。

财务开发公司、中国长城资产管理公司郑州办事处不服上述民事判决,向最高人民法院提起上诉。

■ 判决要旨

最高人民法院经审理认为,财政局作为政府职能部门,财务开发公司作为受郑州市政府和财政局委托发行证券的专门机构,均应知道地方政府债券发行受国务院有关规定规范;融资债券的发行受《企业债券管理条例》调整,应获得中国人民银行各分行会同同级计划主管部门审批。但财政局和财务开发公司没有按照国务院有关规定发行了地方政府债券性质的建设债券,财务开发公司没有获得批准发行了融资债券,故财政局和财务开发公司应对建设债券和融资债券的无效发行承担过错责任。根据原《民法通则》第61、67条的规定,财政局作为建设债券的发行人,财务开发公司作为建设债券发行的代理人,应当共同

返还尚欠的建设债券认购余款200万元,并按同期贷款利率赔偿利息损失;财务开发公司应当承担返还3000万元短期融资债券认购款项,并按同期贷款利率赔偿利息损失。

■ 评　析

Ⅰ 本判决的思路和意义

本判决的一大争点是财政局是否也须就债券销售合同无效给买方造成的损失承担责任。一审判决认定财务开发公司作为合同缔结方应承担返还财产的责任。本判决则以财政局与财务开发公司之间存在代理关系且均有过错为由,认定双方应就返还财产、赔偿损失承担连带责任,依据为《民法通则》第67条,也即《民法总则》第167条。本判决是对这些规定的直接适用,进一步明确了这些规定的规范意旨。首先,这些规定涉及的并非合同责任,而是适用过错归责的侵权责任(李宇:《民法总则要义》,法律出版社2017年版,第784页)。其次,致相对人损失的行为看似由代理人实施,但本人有承担全部或连带责任之余地。

Ⅱ 从代理的本质看本人的责任及责任类型

本人应否承担全部侵权责任,事关如何理解代理的本质。以德国为首的大陆法系代理法认为,代理人才是法律行为的实施者,本人只是效果归属者。此即"代理人行为说"。在该说看来,本人虽实施了代理权授予行为,但其与代理人的法律行为分属两个独立的行为。如是代理人于行为时有过错的,自须承担责任。但若代理人无过错而本人于授权时有过错,则由谁承担全部责任,便成了难题。

在英美法系代理法看来,这样的难题并不存在。《美国代理法重述三》(以下简称《重述三》)第7.04条就规定:"如果代理人的行为在实际的代理权范围内或得到本人追认,且有下列情形之一的,本人应当对代理人的行为所侵害的第三人承担侵权责任:(1)代理人的行为是侵权行为;(2)代理人的行为若由本人所实施,则将导致本人承担侵权责任。"根据《重述三》第1.01条,"所谓代理,即一种信义关系,它产生自这样的场合:一方(即'本人')表明其认可另一方(即'代理人')在本人的监管下为了本人的利益进行活动,而代理人表明其也认可或以其他方式同意这种活动"。也即在美国代理法之下,代理不过就是本人实现其意思或目的的手段,而当代理人缔约致人损害时,本人自然有对外承担全部责任的余地。与之相对,以德国为首的大陆法系代理法则偏重于法律构造的抽象化:首先从委托中分离出"代理权授予行为",进而再割裂代理权授予行为与代理人的行为之间的联系,最终以"代理人的行为"为中心创设出一个统一的代理概念。前述"代理人行为说"也因此成为诠释代理之本质的支配性学说。但如此一来,本人视角也随抽象化而最终缺席代理的法律构成,代理制度的规范重心只剩下代理人的行为了。这种过度的抽象化,不仅阻碍了人们更好地认识代理的本质,而且在具体问题的处理上也未必能导出契合利益状况的结论。所以,近来有学说就主张,本人的授权行为(或追认)与代理人的行为密不可分,两者共同构成了一个法律行为(王浩:《论代理的本质》,载《中外法学》2018年第3期)。

若从这种立场出发，则即便认为委托与代理权授予相区分，本人作为“代理法律行为”（致相对人损害的行为）的共同实施者，也不乏承担全部侵权责任之可能。关键在于代理权授予行为本身有无过错，比如代理事项是否违法；又或者代理人的行为存在过错时，本人是否对之容忍或追认，比如本人是否知道代理行为违法却不反对。据此以下几种情形中，本人都可能承担全部责任：“甲将假冒伪劣产品委托乙代为销售，但乙不知道该产品为假冒伪劣产品”，“甲将假冒伪劣产品委托乙代为销售，乙知道该产品为假冒伪劣产品仍然对外销售”，“甲委托乙销售合法产品，乙将该产品贴上假冒商标进行销售，甲知道后装作不知情”（李适时主编：《中华人民共和国民法总则释义》，法律出版社 2017 年版，第 518 ~ 519 页；石宏主编：《〈中华人民共和国民法总则〉条文说明、立法理由及相关规定》，北京大学出版社 2017 年版，第 392 ~ 393 页）。总之，如果将代理法律行为理解为本人和代理人的共同行为，则原《民法通则》第 67 条这样的规定便是理所当然的。也因此，对于检视我国的代理理论而言，这种规定的存在其实不乏意义，尽管学者大多认为我国代理法也以代理人行为说为基础（如汪渊智：《代理法论》，北京大学出版社 2015 年版，第 288 页）。

当然，由代理的本质出发所论及的本人责任，只是本人承担全责的一种类型。这种责任仍是本人以自身过错为前提的“直接责任”。与之相对，本人即使未实施任何过错行为，也可能依据《民法典》第 1191、1192 条对外承担全部责任，也即“用人者责任”，属“替代责任”之范畴。不过，这不意味着本人即使没有过错，也必然会因《民法典》第 1191、1192 条承担责任。就第 1191 条的适用而言，本人与代理人之间须为雇佣关系，且构成侵权的代理行为属执行工作任务之范畴。就第 1192 条的适用而言，本人与代理人之间须为劳务关系，且构成侵权的代理行为属劳务提供之范畴。无论雇佣还是劳务关系，皆具支配从属、命令服从之特点（程啸：《侵权责任法》，法律出版社 2015 年版，第 409、411 页）。而本人与代理人之间的关系未必总是如此，很多时候代理人具有独立地位，无须服从本人的指挥命令。比如，就本案而言，代理人是具有一定独立性的组织，与本人之间并不当然存在命令服从关系，故对本人适用用人者责任规定似有困难。

本人的“替代责任”是否仅限于《民法典》第 1191、1192 条？有学者借鉴德国学说主张，债务履行辅助人法理亦可适用于代理人的缔约过失，故本人即使无过错，也须为代理人的过错行为承担全部责任[陈甦主编：《民法总则评注》（下册），法律出版社 2017 年版，第 1185 页]。但是，我国原《合同法》第 121 条这一涵盖了债务履行辅助人法理的规定针对的是“违约责任”，可否借用于“侵权责任”，不无疑问。假如本人因为使用了代理人就总要为代理人的过错行为承担责任，那么在代理人侵权问题上，《民法典》第 1191、1192 条恐怕就将失去存在的意义。正如《重述三》所言，“用人者并非保险公司，无须就第三人因与被用者交往而蒙受之全部损失承担责任”[Restatement (Third) of Agency §7. 07 cmt. b (at 201)]。即便在德国学者看来，扩张适用履行辅助人法理的关键理由，也“并不是因为代理人是为其完成法律行为或应为其完成法律行为的代理人，而是因为被代理人在履行其自身所负有的照顾和说明义务时使用代理人”（[德]维尔纳·弗卢梅：《法律行为论》，迟颖译，法律出版社 2013 年版，第 950 ~ 951 页）。换言之，本人一旦对交易相对人负起某种特定义务，就不能将该义务随意委托代理人履行;因该义务之懈怠致相对人受有损害时,本人不能借口代理人的过错进行抗辩。故而实际上,本人仍是就自己怠于履行义务承担“直接责任”。

《民法典》第1191、1192条之外,真正可能成立“替代责任”的,如《重述三》第7.08条所示,恐怕是以下场合。比如,P对外声称将委托A发行债券,但后来并未真正授权,而A却乘机以P之名发行了债券,结果该发行行为因违法而无效,相对人因此蒙受了损失。正如表见代理之成立不以本人有过错为限,本人对此种基于表见授权的侵权行为是否具有过错,也在所不问。需注意,本人承担此种责任的前提是本人的表示引发了代理权外观,且行为人据此实施了构成侵权的代理行为。所以,如果本人并未作出此类表示,又或者行为人所实施的侵权行为与表见授权无关,那么本人就不需要承担责任。

Ⅲ 既有司法实践状况

最高人民法院除依据原《民法通则》第67条、原《民法总则》第167条审理实际纠纷外,也在一些司法解释中融入了这些规定的规范意旨。比如最高人民法院《关于审理海上货运代理纠纷案件若干问题的规定》[法释(2012)3号]第12条第1款就规定:“货运代理企业接受未在我国交通主管部门办理提单登记的无船承运业务经营者的委托签发提单,当事人主张由货运代理企业和无船承运业务经营者对提单项下的损失承担连带责任的,人民法院应予支持。”不过,审判实践中也存在一些错误扩张适用这些规定的现象。比如,在行为人以本人之名缔结建筑工程合同后应由谁来开具发票的问题上,有法院就以原《民法通则》第67条为据,以本人明知行为人没有资质却仍将名义借予其使用为由,认定本人与行为人应承担“开具发票的连带责任”[四川省高级人民法院(2016)川民再31号民事判决书]。如前所述,原《民法通则》第67条等所涉及的仅是侵权责任。至于合同有效所引发的合同责任,比如开具发票这样的从给付义务,自然只能由本人承担,原则上并无本人与代理人承担连带责任之余地(李宇:《民法总则要义:规范释论与判解集注》,法律出版社2017年版,第784页)。

Ⅳ 本判决的参考意义及将来的课题

本判决虽然援引了原《民法通则》第67条,但在说明当事人的过错时使用了“应知道(违法)”一语。这倒与《民法典》第167条的表述较接近。在此意义上,本判决于今天也仍具参考意义。不过,原《民法总则》的这一变化本身是否正确,还是说原《民法通则》的规定更加合适,仍有待进一步研究。诚然,“知道”与“应当知道”皆表明当事人存在“过错”,可引发侵权责任。但这两者是否均可让当事人承担全部责任,则是另一问题。比如,代理事项合法而代理行为违法,且本人只是“应当知道”代理行为违法的,是否真的足以让其承担连带责任(全部责任),抑或依据《民法典》第1172条对外承担按份责任(部分责任)?如前所述,从代理的本质来看,让本人对外承担全部责任确属可能,但前提是本人实施了——由授权行为或追认与代理行为共同构成的——代理法律行为,且具有过错。也即本人的代理权授予原本就存在过错(如本判决),或者本人追认了代理人的过错行为。当“代理行为”未得到本人的授权或追认时,就不能认为本人实施了代理法律行为。而依据原《民法通则》第66

条(《民法典》已删去),只有“本人知道他人以本人名义实施民事行为而不作否认表示的”,才可视作“同意”。此外,《民法典》第1168条规定的“连带责任”也要求行为人“共同实施侵权行为”。依据有力说,“共同”应仅指“共同故意”[程啸:《侵权责任法》(第2版),法律出版社2015年版,第348页]。本人仅仅“应当知道”代理行为违法的,恐怕难谓“共同故意”。另外,虽有观点认为本人对代理行为的“容忍”也可成立表见授权,但本人仅仅“应当知道”而不否认的,可否构成“容忍”之表示和表见授权,不无疑问(王浩:《表见代理中的本人可归责性问题研究》,载《华东政法大学学报》2014年第3期)。所以,本人是否须就表见授权以及代理人据此所实施的过错行为承担“替代责任”,也不无疑问。

□ 参考文献

李适时主编:《中华人民共和国民法总则释义》,法律出版社2017年版。

石宏主编:《〈中华人民共和国民法总则〉条文说明、立法理由及相关规定》,北京大学出版社2017年版。

陈甦主编:《民法总则评注》(下册),法律出版社2017年版。

李宇:《民法总则要义:规范释论与判解集注》,法律出版社2017年版。

汪渊智:《代理法论》,北京大学出版社2015年版。

程啸:《侵权责任法》(第2版),法律出版社2015年版。

[德]弗卢梅:《法律行为论》,迟颖译,法律出版社2013年版。

王浩:《论代理的本质——以代理权授予时的意思瑕疵问题为契机》,载《中外法学》2018年第3期。

王浩:《表见代理中的本人可归责性问题研究》,载《华东政法大学学报》2014年第3期。

025 禁止“跳单”条款的效力和“跳单”违约的裁判标准

上海中原物业顾问有限公司诉陶德华居间合同纠纷案 | 最高人民法院第 1 号指导性案例

戴孟勇 中国政法大学民商经济法学院

■ 事实概要

2008 年下半年，原产权人李某到多家房屋中介公司挂牌销售涉案房屋。2008 年 10 月 22 日，甲中介公司带陶德华看了该房屋；11 月 23 日，乙中介公司带陶德华之妻曹某看了该房屋；11 月 27 日，上海中原物业顾问有限公司（以下简称中原公司）带陶德华看了该房屋，同日与陶德华签订《房地产求购确认书》（以下简称《确认书》）。《确认书》第 2.4 条约定，陶德华在验看过该房地产后 6 个月内，陶德华或其委托人、代理人、代表人、承办人等与陶德华有关联的人，利用中原公司提供的信息、机会等条件但未通过中原公司而与第三方达成买卖交易的，陶德华应按照与出卖方就该房地产买卖达成的实际成交价的 1%，向中原公司支付违约金。当时中原公司对该房屋报价 165 万元，而乙中介公司报价 145 万元，并积极与卖方协商价格。11 月 30 日，在乙中介公司居间下，陶德华与卖方签订了房屋买卖合同，成交价 138 万元。后买卖双方办理了过户手续，陶德华向乙中介公司支付佣金 1.38 万元。

原告中原公司诉称，被告陶德华利用中原公司提供的房屋销售信息，故意跳过中介，私自与卖方直接签订购房合同，违反了《确认书》的约定，属于恶意“跳单”行为，请求法院判令陶德华按约支付违约金 1.65 万元。

被告陶德华辩称，涉案房屋原产权人李某委托多家中介公司出售房屋，中原公司并非独家掌握该房源信息，也非独家代理销售。陶德华并没有利用中原公司提供的信息，不存在“跳单”违约行为。

■ 判决要旨

撤销一审判决，对中原公司的诉讼请求不予支持。

房屋买卖居间合同中关于禁止买方利用中介公司提供的房源信息却绕开该中介公司与卖方签订房屋买卖合同的约定合法有效。但是，当卖方将同一房屋通过多个中介公司挂牌出售时，买方通过其他公众可以获知的正当途径获得相同房源信息的，买方有权选择报价低、服务好的中介公司促成房屋买卖合同成立，其行为并没有利用先前与之签约中介公司的房源信息,故不构成违约。

■ 评 析

Ⅰ 本判决的思路和意义

本案涉及的主要争议有二:一是房屋买卖居间合同中约定的禁止"跳单"格式条款是否有效;二是如何判断委托人绕开居间人与第三人签订房屋买卖合同的行为是否构成"跳单"违约。与之对应,本判决的思路也分两步:第一,认定禁止"跳单"条款有效。生效裁判认为,该条款本意是为防止委托人利用居间人提供的房源信息却"跳"过居间人购买房屋,从而使居间人无法得到应得的佣金,不存在免除一方责任、加重对方责任、排除对方主要权利的情形,应认定有效。第二,认定委托人不构成"跳单"违约。生效裁判认为,如果委托人并未利用居间人提供的信息、机会等条件,而是通过其他公众可以获知的正当途径获得同一房源信息,则委托人有权选择报价低、服务好的中介公司促成合同成立,而不构成"跳单"违约。本案中,原产权人通过多家中介公司挂牌出售同一房屋,陶德华及其家人分别通过不同的中介公司了解到同一房源信息,并通过其他中介公司促成了房屋买卖合同成立。因此,陶德华没有利用中原公司的信息、机会,不构成违约。本判决的思路与实务中法院审理违约纠纷案件的裁判思路是一致的,即先确定当事人之间的合同或者合同条款是否有效,然后认定被告是否存在原告主张的违约行为。

本判决的意义在于:承认禁止"跳单"条款具有正当性,不违反《合同法》第40条(《民法典》第497条),是合法有效的;确立了委托人不构成"跳单"违约的裁判标准,从而间接地提出了委托人构成"跳单"违约的判断标准。

Ⅱ 禁止"跳单"条款的效力和"跳单"违约的裁判标准的规范及学理

在房地产居间实务中,居间人往往会在居间合同中约定禁止"跳单"条款,规定在委托人签订看房确认书、验看房屋或者撤销委托后的一定期限(一般为3个月或6个月)内,委托人或其配偶、亲属、朋友、受托人以及所在单位等与委托人有关联关系的人,不得利用居间人提供的房源信息或交易机会,直接或通过其他居间人与第三人缔约,否则视为居间人居间成功或者委托人违约,委托人应向居间人支付报酬或违约金。

判断禁止"跳单"条款的效力,主要涉及《民法典》第496条第1款、第497条。学理上对此存在不同观点。无效说主张,在居间人并非独家代理的情形,该条款排除了委托人的主要权利,加重了委托人的责任,应依原《合同法》第40条认定无效。有效说认为,该条款旨在防止委托人逃避支付报酬的不诚信行为,是借助意思自治对居间人合法利益的正当保护,有利于促进居间人的正常经营发展和鼓励诚信交易,不属于原《合同法》第52条、第53条及第40条规定的无效情形[对两种学说的介绍及评论见戴孟勇:《民法原理与实例研究》(第2册),中国政法大学出版社2017年版,第310~318页;周江洪:《"上海中原物业顾问有限公司诉陶德华居间合同纠纷案"评释》,载《浙江社会科学》2013年第1期,第81~82页]。可撤销说主张,该条款如果显失公平,委托人可依原《合同法》第 54 条第 1 款请求裁判机构予以变更或撤销。还有观点认为,禁止"跳单"条款既不属于免责条款,也未概括地限制或剥夺委托人的缔约自由,未排除委托人的主要权利;仅在约定的违约金过高时,该条款才属于加重对方责任条款,应依原《合同法》第 40 条认定无效(对两种观点的介绍及讨论见戴孟勇:《民法原理与实例研究》,中国政法大学出版社 2017 年版,第 311 ~ 315 页)。

当存在有效的禁止"跳单"条款时,如何认定委托人构成"跳单"违约?本判决未从正面给出裁判标准,而是从反面列出不构成"跳单"违约的条件:一是卖方将同一房屋通过多个中介公司挂牌出售,即居间人没有独家垄断房源信息;二是买方通过其他公众可以获知的正当途径获得相同房源信息;三是买方选择了报价低、服务好的中介公司促成房屋买卖合同成立。对于如何判断委托人构成"跳单"违约,有观点认为,委托人主观上须具有逃避支付报酬的恶意;如果委托人跳过居间人直接与第三人缔约,一般可认定委托人构成"跳单";如果委托人通过其他居间人与第三人缔约,通常可认定委托人不构成"跳单",除非居间人证明委托人将房源信息泄露给了其他居间人,或者委托人与其他居间人恶意串通阻止该居间人获得报酬(戴孟勇:《民法原理与实例研究》,中国政法大学出版社 2017 年版,第 301 ~ 310 页)。

根据《民法典》第 963 条第 1 款、第 964 条,居间人促成合同成立的,才享有报酬请求权;未促成合同成立的,仅享有必要费用返还请求权。在禁止"跳单"条款有效时,如果委托人构成"跳单"违约,居间人有何请求权?有观点认为,因居间人未促成合同成立,故无报酬请求权,只能享有必要费用返还请求权(税兵:《居间合同中的双边道德风险——以"跳单"现象为例》,载《法学》2011 年第 11 期)。也有观点认为,原则上委托人应依约支付违约金或者报酬,但因居间人实际提供的媒介服务少于其居间成功时所应提供的服务,导致约定的违约金或者报酬可能过分高于居间人遭受的损失,故委托人有权依照或参照原《合同法》第 114 条第 2 款请求法院酌情减少违约金或者报酬数额(相关文献及论证见戴孟勇:《民法原理与实例研究》,中国政法大学出版社 2017 年版,第 319 ~ 321 页)。

当不存在有效的禁止"跳单"条款时,如果委托人构成"跳单",居间人有何请求权?主流观点认为,委托人"跳单"属于"为自己的利益不正当地阻止"居间人报酬请求权的成立条件成就,故应参照或者类推适用《民法典》第 159 条,视为报酬请求权的成立条件成就。反对的观点认为,居间人报酬请求权的成立条件属于法定条件,委托人恶意"跳单"无法适用上述规定[对两种观点的介绍及评论见戴孟勇:《民法原理与实例研究》(第 2 册),中国政法大学出版社 2017 年版,第 323 ~ 328 页]。还有观点认为,居间报酬应当根据居间人促成缔约的原因力来确定,如果居间人证明其居间服务对于委托人缔约有实质性作用,就有权请求委托人支付相应报酬(其木提:《论"跳单"之认定标准——最高人民法院指导案例 1 号评释》,载《交大法学》2016 年第 4 期)。

Ⅲ 既往司法实践状况

关于禁止"跳单"条款的效力,在本指导案例公布前,有些判决就认为该条款不存在原《合同法》第 40 条规定的无效情形,应认定有效。相反,有些判决则依据原《合同法》第 40

条，以该条款排除了委托人的权利、加重了委托人的责任或者免除了居间人的责任等理由，认定其无效。还有些判决同时援引原《合同法》第39条和第40条认定该条款无效[相关判决见戴孟勇：《民法原理与实例研究》（第2册），中国政法大学出版社2017年版，第311～316页]。本指导案例公布后，有学者在研究直接或间接引用本指导案例的59件案例时发现，其中绝大多数判决都认定禁止“跳单”条款有效（孙维飞：《隐名的指导案例——以“指导案例1号”为例的分析》，载《清华法学》2016年第4期）。不过，也有法院以该条款显失公平为由判决撤销[江苏省高级人民法院（2018）苏民申4766号民事裁定书]，或者以该条款加重委托人的责任为由认定无效[贵州省高级人民法院（2018）黔民申600号民事裁定书]。

在禁止“跳单”条款有效的情形，若委托人构成“跳单”违约，居间人有何请求权？在本指导案例发布前，实务中主要有三种做法：一是以约定的违约金过高为由，判决酌减违约金；二是判决委托人按约定数额支付违约金；三是以居间人仅提供看房服务、未实际促成交易为由，根据委托人自愿确定的数额，判决委托人支付部分中介费[相关判决见戴孟勇：《民法原理与实例研究》（第2册），中国政法大学出版社2017年版，第320页]。本指导案例发布后，有学者在研究间接引用本指导案例的45件案例时发现：在委托人未通过其他居间人而直接与第三人缔约的19件案例中，法院判决委托人向居间人支付报酬或者承担违约责任；在委托人通过其他居间人与第三人缔约的9件案例中，委托人均未被认定为“跳单”违约；在另外10件案例中，委托人通过居间人的服务已经与第三人签订了意向书或合同，但没有继续履行或者被委托人与第三人协议解除，其中法院认定委托人须承担赔偿责任或者支付居间报酬的案例有9件（孙维飞：《隐名的指导案例——以“指导案例1号”为例的分析》，载《清华法学》2016年第4期）。

在不存在有效的禁止“跳单”条款的情形，在本指导案例发布前，很多法院往往不审查委托人是否构成“跳单”，径直以居间人未促成合同成立为由，依照原《合同法》第427条判决委托人支付居间人从事居间活动的必要费用，费用数额要么根据委托人自愿给付的数额确定，要么由法院根据居间人提供服务的情况酌定。也有法院以居间人未促成合同成立为由，判决驳回其全部诉讼请求[相关判决见戴孟勇：《民法原理与实例研究》（第2册），中国政法大学出版社2017年版，第321～322页]。在指导案例发布后，对于委托人构成“跳单”的案件，有的法院判决委托人应依约支付报酬，但根据居间人提供服务的程度酌情予以减少[江苏省高级人民法院（2016）苏民再124号民事判决书]；也有法院以居间人未促成合同成立为由，判决委托人向居间人支付必要费用[福建省高级人民法院（2017）闽民申3210号民事裁定书]。

Ⅳ 本判决的参考意义及将来的课题

针对房地产居间实务中常见的“跳单”纠纷，本判决承认禁止“跳单”条款原则上合法有效，并给出委托人不构成“跳单”违约的裁判标准，有利于统一相关裁判见解，保护委托人的合法权益。不过，本判决仅解决了委托人不构成“跳单”违约时居间人不享有违约金请求权的问题，而未结合《合同法》第427条（《民法典》第964条）考虑居间人的费用偿还请求权。在委托人构成“跳单”违约时，如果禁止“跳单”条款约定的违约金过高或者仅约定委托人应当支付居间报酬,委托人能否请求法院减少违约金或者报酬？这些问题尚需进一步讨论。另外,在委托人构成“跳单”时,如果不存在有效的禁止“跳单”条款,居间人是否以及如何主张报酬请求权？也需要结合《民法典》第965条的规定继续研究。

参考文献

戴孟勇:《民法原理与实例研究》(第2册),中国政法大学出版社2017年版。

孙维飞:《隐名的指导案例——以“指导案例1号”为例的分析》,载《清华法学》2016年第4期。

其木提:《论“跳单”之认定标准——最高人民法院指导案例1号评释》,载《交大法学》2016年第4期。

周江洪:《“上海中原物业顾问有限公司诉陶德华居间合同纠纷案”评释》,载《浙江社会科学》2013年第1期。

税兵:《居间合同中的双边道德风险——以“跳单”现象为例》,载《法学》2011年第11期。

026 定期履行租金债权诉讼时效期间的起算规则

大连市物资回收总公司、大连市国土资源和房屋局土地租赁合同纠纷案 | 最高人民法院(2018)最高法民申3959号民事裁定书

周江洪 浙江大学光华法学院

■ 事实概要

1998年12月28日,再审申请人大连市物资回收总公司(以下简称X公司)与再审被申请人大连市国土资源和房屋局(以下简称Y局)签订的《土地使用权租赁合同书》约定,案涉土地租期自1998年12月28日至2028年12月27日共计30年,同时约定了使用期限内每年缴纳的租金标准及租金总额,自1998年起每年12月交纳每年的租金。X公司主张本案2014年12月12日之前的租金都已经超过诉讼时效,但未被辽宁省高级人民法院(2017)辽民终447号民事判决采纳。

X公司向最高人民法院(以下简称最高院)申请再审。其主要理由如下:(1)案涉土地租金系定期给付债务,是继续性合同在合同履行中持续定期发生的债务,并非分期履行债务,不适用关于分期履行债务诉讼时效的规定。法院适用《民法总则》第189条关于分期付款的规定错误。(2)关于租金诉讼时效的计算,应当从每期债务履行期满之日次日起计算。据此,本案2014年12月12日之前的租金已经超过诉讼时效。Y局提交意见称,分期缴纳的场地租金属于同一债务分期履行之债,诉讼时效期间应从最后一期履行期限届满之日开始计算。案涉土地租金性质属于土地出让收入,属于国家财产,不受诉讼时效期间的限制。

■ 判决要旨

驳回再审申请。

案涉土地的租赁期限、租金系对国有土地有偿使用的整体约定。二审判决认定本案租金债权具有整体性并无不当。虽然合同约定租金自1998年起每年12月缴纳使每次租金的支付具有一定的独立性,但约定租金支付的独立性不足以否定案涉租金债权的整体性。最高人民法院《关于审理民事案件适用诉讼时效制度若干问题的规定》第5条规定:"当事人约定同一债务分期履行的,诉讼时效期间从最后一期履行期限届满之日起计算。"因案涉合同至今仍在履行期间,约定的最后一期债务履行期限尚未届满,二审判决依据原《民法总则》第189条"当事人约定同一债务分期履行的,诉讼时效期间自最后一期履行期限届满之日起计算"的规定,对X公司提出的本案2015年以前的租金债权已过诉讼时效期间的抗辩

主张未予支持，适用法律正确。X公司申请再审的主张缺乏法律依据，理由不成立。

■ 评 析

Ⅰ 本裁定的思路和意义

本案中，租金债务人以定期履行租金债权并非原《民法总则》第189条规定的“同一债务分期履行”为由，主张租金债权的诉讼时效应当从每期租金债务履行期限届满时开始起算。但最高院并未采纳该观点，而是认为租金支付的独立性不足以否定案涉租金债权的整体性，进而认为应当从最后一期租金履行届满之日起计算。本案中关于租金债权诉讼时效起算点的确定，表明了最高院对该问题的态度，对于原《民法总则》立法当时并未明确、且学说中争议较大的定期履行债权的诉讼时效期间起算规则的确定具有重要意义。

Ⅱ 定期履行租金债权诉讼时效期间起算的规范及学理

原《民法通则》第137条只是一般性地规定了诉讼时效期间的起算点，但对于对同一债务分期履行的诉讼时效期间起算点并未作出明确规定。2008年最高人民法院《关于审理民事案件适用诉讼时效制度若干问题的规定》[法释(2008)11号](以下简称《诉讼时效司法解释》)第5条，则以司法解释的方式对此予以明确规定，采取从最后一期履行期限届满之日起起算诉讼时效期间的做法。《民法典》第189条吸纳了该司法解释的规定，明确规定“当事人约定同一债务分期履行的，诉讼时效期间自最后一期履行期限届满之日起计算”。但与此不同，《民事诉讼法》自1982年起就针对执行期间的起算作出了不同的规定，即“法律文书规定分期履行的，从规定的每次履行期间的最后一日起计算”(《民事诉讼法》第239条第2款)，采用了分别计算的规则。

自《诉讼时效司法解释》发布以来，多数学说持分期履行债权的诉讼时效期间自最后一期履行期限届满之日起计算的观点[王利明主编：《民法总则研究》，中国人民大学出版社2018年版，第747页；梁慧星：《民法总论》(第4版)，法律出版社2011年版，第256页；魏振瀛：《民法》(第6版)，北京大学出版社2016年版，第201页等]，但仍有部分学说坚持认为各期债务的诉讼时效应当分别计算(尹田：《民法典总则之理论与立法研究》，法律出版社2018年版，第743~744页)。对于租金债权诉讼时效期间的起算点，学界观点并不一致。有不少学说主张应当区分分期给付与定期给付，对定期给付作出另外规定，认为定期给付的诉讼时效期间应当自每一期履行期限届满时分别起算(杨巍：《民法时效制度的理论反思与案例研究》，北京大学出版社2015年版，第314页)。

所谓定期给付，是指相隔一定期间继续为给付的债权，它不同于分期给付债权：前者为数个各自独立的债权，在一定期间内反复继续发生而为给付；后者为一个独立的债权，分数期而为给付；分期付款的各期给付，或分期偿还债务的各期给付，均非定期给付(王泽鉴：《民法总则》，北京大学出版社2009年版，第418页)。常见的定期给付有租金、利息、保险费、水电热力持续供应合同项下的债务等。在比较法上，存在从每一笔债务履行期限届满之日起分别计算的立法例,如《德国民法典》第197条、我国台湾地区“民法”第126条、《欧洲民法典示范草案》(DCFR)、阿根廷民法典草案等。也有学者主张,虽然对于定期重复给付的债务而言,每次给付都具有相对独立性,其诉讼时效应当分别独立计算,不应当适用原《民法总则》第189条,但租金债权性质上属于同一债务的分期履行,应当适用原《民法总则》第189条(王利明:《民法总则研究》,中国人民大学出版社2018年版,第783~784页)。原《民法总则》出台前,有学者也认为,借款合同的利息请求权、租赁合同的租金请求权,从最后一期履行期限届满之次日起算[梁慧星:《民法总论》(第4版),法律出版社2011年版,第256页]。

原《民法总则》颁布后,有释义书认为,租金、工资等定期履行债务,各个债务相互独立,每一个债务的诉讼时效期间应当自每一期履行期间届满之日起分别起算(李适时:《中华人民共和国民法总则释义》,法律出版社2017年版,第595页)。但也有不少学者认为,利息、红利、租金等均为独立债务,所对应的每期给付请求权,作为“分支债权”,独立适用诉讼时效,自每期债务履行期限届满之日起算;但从原《民法总则》第189条的立法目的来看,定期给付债务,亦存在维护当事人之间合作关系、避免频繁主张权利、减少讼累等考虑,租金债权等定期给付也可以适用该条规定处理(李宇:《民法总则要义:规范释论与判解集注》,法律出版社2017年版,第900页)。或者认为,虽然理论上来说定期给付的租金债权并非同一债务分期履行,从定期给付与同一债务分期履行的不同性质来看,原《民法总则》第189条并不能适用于定期给付之情形,而应依分别独立之个别债务履行期限届满时开始计算诉讼时效期间;但该条规定不仅仅是考虑到债务的独立性还是整体性的问题,还考量了如何保障普通民众的一般司法认识、如何维护当事人之间的长期关系等诸多利益,与比较法上的立法例本身就存在不同,并不单纯是独立还是整体的逻辑推演问题。关于这一点,同一债务分期给付还是同一合同项下关联债务的定期给付,其利益考量的本质并不会有别。就定期给付而言,亦应参照该条规定的精神作出处理(陈甦主编:《民法总则评注》,法律出版社2017年版,第1366页)。

综上所述,关于定期履行租金债权诉讼时效期间的起算规则,学说上主要存在以下几种观点:(1)租金债权,无论是定期履行还是分期履行,均自每期债务履行期限届满之日起算;(2)租金债权属于定期给付债权,并非同一债务分期履行,应当自每期债务履行期限届满之日起分别计算;(3)定期履行债务应当分别计算,但租金债权性质上属于同一债务分期履行,应当自最后一期履行期限届满之日起算;(4)租金债权等定期履行债务不同于同一债务分期履行,但考虑到原《民法总则》第189条的立法目的,应当按照该条规定处理。从本案的裁定书来看,并未就租金债权的定期给付性质作出探讨,而是直接肯定其整体性,将其纳入同一债务分期履行处理,其处理更接近第三种学说的主张。

Ⅲ 既往司法实践状况

在本裁定之前,在定期履行租金债权诉讼时效的起算上,最高院的态度经历了一个变化的过程。

关于分期履行的问题,在《诉讼时效司法解释》出台以前,最高院在以往的实践中也存在多种理解,既有认为应当从每期债务履行期届满之日起算,也有认为应当从最后一期履行期限届满之日起起算诉讼时效期间。

前者如最高人民法院(2003)民二他字第14号答复(针对辽宁省高级人民法院《关于珠海奥运交通发展公司与大连新镇企业集团公司借款合同纠纷一案的请示》的答复)认为"可以按每笔相对独立的债权到期之时分别起算";最高人民法院法函(2004)22号答复(针对云南省高级人民法院《关于继续性租金债权的诉讼时效期间如何计算的请示》的答复)认为"自该期债务履行期限届满之次日起算";最高人民法院法函(2004)23号答复(针对河南省高级人民法院《关于分期履行的合同中诉讼时效起算及保证期间应如何计算的请示》的答复)。后者如最高人民法院法经(2000)244号答复(针对山东省高级人民法院《关于借款合同中约定借款分期偿还应如何计算诉讼时效期间的问题的请示》的答复)。

但2004年以来的最高院相关判决,则多采纳后一观点。如"吉林省吉原石油天然气开发公司与中国光大银行长春分行借款合同案"[最高人民法院(2004)民二终字第147号民事判决书]、"中国信达资产管理公司郑州办事处与河南省郸城县化肥厂等借款担保纠纷案"[最高人民法院(2005)民二终字第185号民事判决书]等。此后,"秦皇岛华侨大酒店与秦皇岛市海港区工商行政管理局租赁合同纠纷案"[最高人民法院(2011)民提字第304号民事判决书]判决认为,"如果租赁合同双方当事人约定分期支付租金的,那么各期租金的支付具备一定的独立性,但该独立性不足以否认租金债务的整体性。如果诉讼时效从每一期租金债务履行期限届满之日分别计算,将会割裂同一租赁合同的整体性,还将导致债权人频繁地主张权利,动摇双方之间的互信。因此,为充分保护债权人,维护双方之间的互信,存在长期房屋租赁合同关系的双方当事人因租金支付发生纠纷的,诉讼时效应从最后一期租金履行期限届满之日起开始计算"。关于投资收益分月支付的诉讼时效期间起算问题,"高候拼与山西柳林兴无煤矿有限责任公司合同纠纷上诉案"[最高人民法院(2016)最高法民终306号民事判决书]也确认从最后一期投资收益支付期限届满之日起算。

从《诉讼时效司法解释》出台开始,最高院一直维持了相同的立场,认为租金债权诉讼时效期间应当从最后一期履行期限届满之日起算。在本裁定之前不久的"武汉市硚口区文化体育局、王万祥房屋租赁合同纠纷案"[最高人民法院(2017)最高法民申4265号民事裁定书]中也确认,"租金发生之债权原因同一,因而具有整体性。虽然各期租金债务相互之间具有一定的独立性,但独立性不足以否定整体性,如果从各期租金履行期间届满之日起分别计算各期租金的诉讼时效,将会割裂全部租金的整体性。因此,本案租金的诉讼时效应当自最后一期租金债务履行期间届满之日起算。"同样地,在本裁定之后的最高院再审裁定中,对于与租金类似的管理费分年度支付的诉讼时效起算上,最高院也维持了相同的立场。即"东安公司每年应按进区企业年销售收入的0.7%向韩家店村委会上缴管理费,亦即管理费是按年度分期缴纳,而不是合同履行期届满之日一次性缴纳,故管理费属于分期履行的债务,应适用《民法总则》第189条的规定起算管理费的诉讼时效期间"[最高人民法院(2018)最高法民申5620号民事裁定书]。

Ⅳ 本裁定的参考意义及将来的课题

本裁定中,最高院表现出的立场,维持了2004年以来形成的多数观点,形成了较为稳定的司法态度,就定期履行租金债权诉讼时效期间,自最后一期租金履行期限届满之日起开始计算。但从学理上来说,定期履行性质上不同于同一债务分期履行,最高院无视两者的区别,而径直以租金债权的整体性为由将其纳入原《民法总则》第189条"同一债务分期履行"的情形予以适用,其说理难免生硬,且与长期以来形成的定期给付并非同一债务分期履行的学理之间也会形成矛盾。该思路仍然有反思的余地,从将来考虑,可以从《民法典》第189条的立法目的出发,依目的解释予以说理,参照适用该条就定期履行债权诉讼时效期间的起算规则,似乎更为妥当。而且,关于分期履行的期间起算问题,是否需要在《民事诉讼法》规定的执行期间与《民法典》规定的诉讼时效之间作出协调及如何妥适协调,仍有待将来进一步明确。

□ 参考文献

王泽鉴:《民法总则》,北京大学出版社2009年版。

梁慧星:《民法总论》(第4版),法律出版社2011年版。

王利明主编:《民法总则研究》,中国人民大学出版社2018年版。

尹田:《民法典总则之理论与立法研究》,法律出版社2018年版。

杨巍:《民法时效制度的理论反思与案例研究》,北京大学出版社2015年版。

李适时:《中华人民共和国民法总则释义》,法律出版社2017年版。

李宇:《民法总则要义:规范释论与判解集注》,法律出版社2017年版。

陈甦:《民法总则评注》,法律出版社2017年版。

027 物权法定原则的缓释机制

江西欧亚集团有限公司、上海浦东发展银行股份有限公司南昌分行金融借款合同纠纷案 | 最高人民法院(2018)最高法民终 496 号民事判决书

熊丙万 中国人民大学法学院

■ 事实概要

2014 年 12 月 30 日,原告浦发银行南昌分行(质权人)与被告南昌佳辉公司(出质人)签订《权利最高额质押合同》。双方约定以南昌佳辉公司所有的 38 辆出租车的经营权以及经营权的使用权为质押财产,为被告江西欧亚集团公司(主债务人)在此后一年内与原告发生的金融债权等担保。所担保债权最高额不得超过等值人民币 5000 万元。同日,原告与另一被告江西欧亚出租公司(出质人)签订另一份《权利最高额质押合同》,约定以后者持有的 61 辆出租车的经营权以及经营权的使用权为质押财产,为同一笔债权提供质押担保。两出质人均确认,当债务人未按主合同约定履行其债务时,质权人对质押财产有第一顺位的优先受偿权。南昌市城市客运管理处为此办理了质押登记。

此后,原告向被告江西欧亚集团公司发放了人民币 5000 万元的贷款。贷款到期后,借款人未能按约定偿还本息,保证人亦未按合同承担担保责任。原告诉至江西省高级人民法院,请求:(1)判令江西欧亚集团公司立即归还原告贷款本金及利息;(2)判令原告对南昌佳辉公司、江西欧亚出租公司分别质押的 38 辆、61 辆出租车的经营权和经营权的使用权享有优先受偿权。

■ 判决要旨

关于原告对两被告南昌佳辉公司、江西欧亚出租公司质押的出租车经营权和经营权的使用权是否享有优先受偿权的问题。为担保主债务的履行,原告与两被告签订了《权利最高额质押合同》,两被告质押出租车经营权和经营权的使用权,原告作为质权人对质押财产有第一顺位的优先受偿权。原《物权法》第 208 条第 1 款规定:"为担保债务的履行,债务人或者第三人将其动产出质给债权人占有的,债务人不履行到期债务或者发生当事人约定的实现质权的情形,债权人有权就该动产优先受偿。"在主债务人未按时偿还原告借款的情形下,依据原告与两被告的出质约定和物权法的相关规定,原告对《权利最高额质押合同》中载明的质押物依法享有优先受偿权。原告要求对两被告分别质押的 38 辆、61 辆出租车的

经营权和经营权的使用权折价、拍卖或变卖的价款优先受偿的请求,符合合同约定和法律规定,应予支持。

■ 评　析

Ⅰ 本裁判的思路和意义

本案就"当事人能否以'出租车经营权'作为质物设定权利质权"这一当前频繁出现的、涉"物权法定原则"的问题做出了裁判。本案中,原告、被告双方不仅就出租车经营权质押达成了协议,而且还得到了出租车经营权的行政主管部门的同意,并在行政主管部门办理了质押登记。鉴于这些事实,法院裁判认为,原告、被告双方设定的出租车经营权质权,并支持质权人的优先受偿请求,符合合同的约定和法律的规定。

在近年来频繁出现的出租车经营权质权争议案件中,这是为数不多的由省高院裁判的案件。因二审的争议焦点并不涉及出租车经营权质权的问题(二审焦点系利息计算方式),我们暂时无法十分准确地窥探最高人民法院在这一问题上的立场。但如后文所述,我们可根据最高人民法院的相关指导性案例大致推定其并不反对江西高院的裁判思路。并且,以出租车经营权的可出质性为代表性事例来评价物权法定原则的缓释机制问题有两方面优势:一方面,无论是从当事人设立质押的方式上(是否报批、是否登记和如何登记等),还是从法院的裁判立场上,既有案例的类型丰富,值得比较分析;另一方面,在法定物权种类之外的诸种新型物权创设现象中,出租车经营权质权同时涉及"法定原则"背后的社会公共政策和公示技术问题,集中反映了物权法定原则的缓释机制的复杂性。

Ⅱ 关于物权法定原则的缓释机制的规范及学理

2007 年颁布的原《物权法》第 5 条规定:"物权的种类和内容,由法律规定。"在学理上,这被称为严格的物权法定原则。2017 年颁布的原《民法总则》第 116 条(《民法典》第 116 条)重申了这一原则。严格来讲,当事人之间拟创设的物权,只有符合"法律"明确规定的种类和内容时,才会成为法律意义上的物权,从而具备"支配力"和"排他力"这两大区别于债权的物权特征。此种物权不仅可以对抗交易相对人,而且还能够对抗不特定的交易第三人。

不过,自我国起草原《物权法》以来,学理上关于是否应采取严格的物权法定原则就存在重大争议。不少学者主张,对于可特定化物而言,只要新创设的财产权类型能获得足够公示,能清晰地向外界披露当事人在该物上的财产权分割状况,就应承认它们的物权地位(常鹏翱:《体系化视角中的物权法定》,载《法学研究》2006 年第 5 期;苏永钦:《可登记财产利益的交易自由——从两岸民事法制的观点看物权法定原则松绑的界线》,载《南京大学法律评论》2010 年第 2 期;张鹏:《物债二分体系下的物权法定》,载《中国法学》2013 年第 6 期)。

在现行法多次重申严格物权法定的背景下,即便支持物权法定的学者也多主张通过一定的缓释机制来承认创设新物权的现实需求,避免物权法定主义走向僵化。一种缓释机制是对交易实践中确已形成习惯的物权类型采用“零售”方式,由行政法规、司法解释或指导性案例等权威方式予以承认。但这种方式的缓释速度和容量十分有限,难以满足实践需求。因此有必要承认第二种机制,即充分拓展既有立法资源的包容力,尽量在个案中将新生类型解释为法定类型[刘凯湘:《物权法原则的重新审视》,载《中外法学》2005年第4期;王利明:《物权法研究(修订版)》(上),中国人民大学出版社2007年版;梁慧星、陈华彬主编:《物权法》(第5版),法律出版社2010年版]。

然而,在第二种缓释机制中,法官常需在不同程度上突破法律文义的约束。这既可能带来承认必要新型物权,促进市场交易的正能量;也可能伴随过度承认新型物权,损及“公共政策目标”和“市场交易安全”的副作用。原《物权法》实施以来,如何通过此种机制来判别实践中频繁出现的新型担保物权,从而达到发挥正能量、避免副作用的缓释效果,是困扰司法实践的一大难题[最高院民二庭新类型担保调研小组:《关于新类型担保的调研》,载《商事审判指导》(第32辑),人民法院出版社2013年版]。其中,出租车经营权所代表的特许经营权的出质问题尤为明显。

特别是,由于《民法典》第440条第1~5项列举的可出质权利具有明确的对象指涉,学理和审判实践将努力的重点放在第6项规定的“应收账款”和第7项规定的“法律、行政法规规定可以出质的其他财产权利”上。不过,无论是通过扩大解释“应收账款”,使其容纳“排污权”等特许经营权的收益权;还是通过扩大解释第7项中的“法律、行政法规”,使其包含地方法规、部门规章或其他地方规定,法官在个案中判断是否需要认可新型物权时,都需要着重判断两个方面的问题:

1. 在技术层面,新类型的物权是否通过必要的方式对外予以公示。学理上关于这一层面的讨论已经比较丰富,且共识度相对较高:只要存在一套统一的对外公示手段,足以使潜在的交易第三人知晓和查询即可。就特许经营权质押而言,仅仅是向质权人交付政府主管部门颁发的特许经营权证书,是不够的。法律上有必要要求通过有效的登记系统来公示。由政府信用背书的登记机构(如特定行业的行政主管部门或者中国人民银行征信中心的权利质押登记系统),以及由私人提供的登记系统(如大型商厦的所有人或者管理人),都可以作为有效的对外公示系统(陈本寒:《新类型担保的法律定位》,载《清华法学》2014年第2期)。关键在于,通过明确的法律文件(如《武汉市客运出租汽车经营权质押出质登记管理暂行规定》)让潜在的交易当事人知晓特定地区的经营权的质押状况;或者将登记系统设置在潜在交易发生的必经环节(如商铺承租中的商厦所有人或管理人)。

2. 在公共政策层面,也是学理上尚未引起足够重视的层面,人民法院应当如何判断承认特定新型物权将引发的正能量和副作用?对此,以拟出质的新型权利为例,有必要区分一般的商业性权利(如商铺承租权、银行理财产品、投资性寿险保单等)与由行政主管部门许可的特许经营权(如出租车经营权、排污权、医疗机构收费权等)。对于前者,通常来说,只要满足技术层面的公示要求,法院就能够认可。但对于后者,学理上有必要加强对公共政策判断的机构能力和专业性的关注,讨论法院和行业主管部门谁更适合作出判断。这些经营权之所以采取特许制,通常是出于防止过度竞争、防止市场炒作、确保经营能力等诸多方面的考虑或要求。是否需要考虑、在何种程度上考虑特定公共政策因素,常常受到地域差异和时代背景的影响。以深圳为例,该市早期为了促进出租车市场投资和防止权力寻租,不仅采取了经营权拍卖出让制,而且还于1996年的《〈深圳经济特区出租小汽车管理条例〉实施细则》中详述质押规则。但后来,一方面,深圳市的不少出租车公司将经营权质押给银行的同时,又高价转让给风险意识不强的个体司机,后因资金链断裂引发了一系列社会问题;另一方面,由于出租车经营权质押进一步推动了其市场交易价格(一个出租车经营权最高可售120万元),从而形成了一股强大的利益固化群体,给该市后来发展网约车业造成了严重的进入壁垒。这也是深圳市交通运输局后来停止批准质押申请、拒绝提供质押登记服务的原因(俞力:《深圳出租车行业改革实践与思考》,微信公众号:都市交通规划,推送日期:2019年7月30日)。

因此,特许经营权质押是否符合公共政策目标是一个复杂的专业问题,法院宜尊重行业行政主管部门的判断。以行业主管部门的批准作为新设特许经营权质权的条件更为妥当。实践中,有交易当事人到当地的出租汽车行业联合会办理质押登记,得到法院认可[沈阳市中级人民法院(2016)辽01民初796号民事判决书]。此类由行业协会这类民间组织办理的质押登记,很有可能满足技术层面的公示要求,但毕竟不是行业主管部门,在公共政策层面缺陷明显。

总之,在物权法定原则的缓释机制上,法院有必要区分公示技术和公共政策问题,并在涉特许经营权的新型物权上尊重主管部门的政策判断。

Ⅲ 既往司法实践状况

就特许经营权质权这类新型物权而言,在本案判决之前,最高人民法院曾于2015年发布第53号指导性案例,即"福建海峡银行福州五一支行诉长乐亚新污水处理公司等金融借款合同纠纷案"。该案中,当事人出质的排污权获得了市建设局的批准和登记,因此被认定为有效的应收账款质权。但在出租车经营权质权这类新型物权上,无论是在第53号指导性案例前后,抑或在江西省高级人民法院(以下简称江西省高院)的本判决前后,相关司法判决呈现出了明显分歧。在江西省高院作出本判决后不久,南昌市中级人民法院针对同样办理了批准和登记手续的出租车经营权质押,却作了相反的判决。其认为,"出租车经营权不属于《物权法》第223条规定的可以用作出质的权利范畴,质押无效"[南昌市中级人民法院(2017)赣01民初360号民事判决书]。类似地,郑州市的基层法院和中级人民法院也曾以"经营权属社会公共资源,属人民政府代表人民群众所有……出租车公司或者个体只获得了一定期限内的使用权"为由,否定其出质资格[如郑州市中级人民法院的(2014)郑民四终字第446号、(2015)郑民三终字第328号、(2011)郑民二终字第792号民事判决书等]。而在另外一些地区,则出现了"出租车经营权质押应自营运执照交付原告方时发生效力"的裁判,没有考虑特许经营权出质背后的公共政策目标[沈阳市中级人民法院(2016)辽01民初796号、沈阳市沈河区人民法院(2018)辽0103民初13292号民事判决书]。

当然,也有大量法院采取了与江西省高院同样的思路,承认经主管部门批准和登记的出租车经营权质权[成都市中级人民法院(2007)成民初字第1173号、黔东南苗族侗族自治州中级人民法院(2016)黔26民初72号、郴州市北湖区人民法院(2016)湘1002民初1612号民事判决书等]。

Ⅳ 本裁判的参考意义及将来的课题

本裁判就"出租车经营权质权"这种新型物权的司法承认标准作了回答,较好地体现了我国物权法定原则的缓释机制的复杂性和解决思路。特别是,在通过个案裁判来承认新型物权的机制中,法院不仅需考虑新型物权是否在技术层面满足了必要公示要求;且在当前更值得关注的是,还需着重考虑因承认新物权将引发的公共政策效果。对出租车经营权、排污权等特许经营权而言,质押背后的公共政策考虑因地域和时期差异而呈现出复杂性,法官在裁判时尊重主管部门的判断通常更妥当。面向未来,最高人民法院有必要借助合适机会,明确表达物权法定原则缓释机制中的公共政策判断重要性和程序要求,这也值得进一步的学理研究。

□ 参考文献

刘凯湘:《物权法原则的重新审视》,载《中外法学》2005年第4期。

常鹏翱:《体系化视角中的物权法定》,载《法学研究》2006年第5期。

王利明:《物权法研究(修订版)》(上),中国人民大学出版社2007年版。

苏永钦:《可登记财产利益的交易自由——从两岸民事法制的观点看物权法定原则松绑的界线》,载《南京大学法律评论》2010年第2期。

梁慧星、陈华彬主编:《物权法》(第5版),法律出版社2010年版。

张鹏:《物债二分体系下的物权法定》,载《中国法学》2013年第6期。

陈本寒:《新类型担保的法律定位》,载《清华法学》2014年第2期。

高圣平等:《新类型担保的裁判发展与解释路径》,人民法院出版社2020年版。

028 不动产登记的静态效力

丁福如与石磊房屋买卖合同纠纷案 |《最高人民法院公报》2012 年第 11 期

朱晶晶 浙江财经大学法学院

■ 事实概要

原告(反诉被告)丁福如与被告(反诉原告)石磊于 2008 年 10 月 7 日签订房屋买卖合同,约定原告丁福如以 5600 万元受让被告石磊位于上海市长宁区龙溪路 189 号的 801 幢房屋(以下简称涉讼房屋)及该房屋占有范围内的土地使用,并约定双方应于 2008 年 11 月 8 日前至房地产交易中心办理转让过户手续,否则被告应按原告已付房款的 5‰支付违约金至实际过户交房之日。原告丁福如应于买卖合同经公证后支付 2100 万元首付款(其中 2000 万元由中原公司代为保管,并于双方进入交易中心后转付被告),房屋过户后支付剩余 3500 万元。后原告丁福如按约支付房款。2008 年 10 月 18 日,对于涉讼房屋,上海市长宁区房屋土地管理局向上海市长宁区交易中心发出附有违法建筑并结构相连的房屋的认定通知单,根据 2004 年《上海市住宅物业管理规定》第 42 条第 3 款规定(2018 年修正的《上海市住宅物业管理规定》已删除该规范),不予办理房地产转移以及抵押登记手续。实际情况是涉讼房屋于 2006 年为被告前妻的妹妹及其丈夫拆除并重建。原告丁福如请求判令被告石磊拆除涉讼房屋上的违法建筑,恢复原状,办理过户手续,并支付相应的违约金。被告石磊提起反诉,请求法院以原建筑灭失,现存为违法建筑为由,确认买卖合同无效。

■ 判决要旨

房屋行政主管部门对未经审批而改建、重建的房屋,可因现实状况与不动产登记簿记载的权利状况不一致,将其认定为附有违法建筑并结构相连的房屋并限制其交易。善意买受人根据不动产登记的公示公信原则,确信登记的权利状态与现实状态相一致,此信赖利益应予保护;根据区分原则,房屋因附有违法建筑而无法过户属合同履行范畴,不应影响合同效力。因此,这类合同如不具备原《合同法》第 52 条的无效情形,应当认定有效。出卖人负有将房屋恢复至原登记的权利状态并消除行政限制的义务。在买受人同意按现状交付并自愿承担恢复原状义务的情况下,出卖人应按诚实信用原则将房屋交付买受人,并于买受人将房屋恢复原状、消除行政限制后协助完成过户手续。

■ 评 析

Ⅰ 本判决的思路和意义

本案中，买受人以房屋买卖合同合法有效，出卖人拒绝拆除涉讼房屋上的违法建筑，导致无法办理过户构成违约为由，要求出卖人承担相应的法律责任。出卖人则以不动产登记簿中登记的原建筑已灭失，现存的是违法建筑为由要求认定房屋买卖合同无效。原告买受人的主张得到了法院的支持，被告出卖人的反诉请求被驳回。裁判要旨明确了不动产登记簿记载内容（包括权利人与房屋信息）的公示公信效力，承认对善意信赖不动产登记信息的合同当事人信赖利益的保护，并根据原《物权法》中合同效力与物权效力相区分的原则，肯定房屋买卖合同有效，出卖人应对房屋原状恢复后完成过户登记。本案作为最高人民法院公报案例对于不动产登记与现实状况不符的交易类案件有一定的审判指导意义。但该案的判决思路仍然值得进一步反思。

Ⅱ 不动产登记静态效力的规范及学理

2007 年出台的原《物权法》确定了我国采用不动产登记生效主义原则。在交易的不同阶段，不动产登记分别具有动态效力与静态效力。动态效力，指不动产登记可使不动产物权的设立、变更、转让和消灭等动态变化发生效力；静态效力，则体现为不动产登记的推定力与公信力，指向登记簿中登记状态的效力。本案主要涉及不动产登记的静态效力问题，而且具体指向登记簿中不动产物理属性记载（事实状态）的效力。

一般认为，我国原《物权法》第 16 条第 1 款（《民法典》第 216 条第 1 款）和第 106 条（《民法典》第 311 条）是不动产登记静态效力的体现。其中，《物权法》第 16 条第 1 款承认了权利正确性推定原则，结合《物权法》第 106 条，也可以说它承认了不动产物权登记的公信力［崔建远：《物权法》（第 2 版），中国人民大学出版社 2011 年版，第 49 页］。具体可理解为"在不动产登记簿上记载某人享有某项物权时，推定该人享有该项权利，其权利内容也以不动产登记簿上的记载为准"（全国人大常委会法制工作委员会民法室编：《中华人民共和国物权法条文说明、立法理由及相关规定》，北京大学出版社 2007 年版，第 24 页），第三人可以相信登记的真实性而进行交易。基于此，不动产登记簿中有关物权主体享有的利益或权能等"权利内容"具有可推定性和公信力，这在学界已经达成共识。然而，对于登记簿中的不动产事实状态是否具有推定力和公信力，学界普遍持否定态度。

在推定力方面，我国学者认为原《物权法》第 16 条第 1 款仅是关于权利正确性推定的规定，其推定都以权利人的正确性、权利的真实性及权利的完满性为内容，不涉及非权利事项，即推定的标的是某种权利的存在或不存在［崔建远：《物权法》（第 2 版），中国人民大学出版 2011 年版，第 52、57 页；陈华彬：《民法物权论》，中国法制出版社 2010 年版，第 127～128 页］。在公信力方面，我国学者提出不动产登记簿的公信力是法律为维护交易安全而设立的制度，仅适用于无处分权人处分不动产的情形，指向不动产的善意取得（程啸：《论不动产善意取得之构成要件——〈中华人民共和国物权法〉第 106 条释义》，载《法商研究》2010 年第 5 期）。在不动产登记中确定不动产事实状态，即自然环境、地理位置、占地面积等是为了实现"一物一权"原则，使物权客体必须是特定的,或者至少在实现该物权时其客体是可得特定的(程啸:《不动产登记簿之研究》,载《清华法学》2007年第4期),其功效为记录不动产上的权利状况奠定基础,实现对物的有效利用,并不涉及公信力问题。在比较法上,德国学者也认为"凡在土地登记簿中所看到的,都可相信是真实的"这一推论是错误的。以登记公信力为基础的善意取得条款保护的范围仅指能导致法律意义上登记簿不正确的事实构成,而不包含事实说明,即非权利事项的登记不具有公信力([德]鲍尔·施蒂尔纳:《德国物权法》(上册),张双根译,法律出版社2004年版,第490~491页)。

本案判决适用不动产登记簿的公示公信力对善意买受人的保护以及合同效力与物权效力相区分两项理由,双管齐下确认房屋买卖合同的效力。与学界认为不动产登记簿中有关不动产事实状态的内容不具有推定力和公信力反向行之,似乎意在扩大不动产登记簿推定力与公信力的适用范围,从而将涉讼房屋的买卖从违法建筑买卖中脱离出来,再以此为基础展开具体裁判。

Ⅲ 既有司法实践状况

在本案例公布前后,对于不动产买卖合同效力纠纷问题的处理并不当然与不动产登记簿效力相联系,而是大致被区分为两种类型进行处理。

一类是不动产登记簿内容与不动产现实状况相符,但在合同签订后发生不动产被拆迁、查封、扣押等情形,导致买卖合同无法履行,过户登记无法做成。此时,既有案件基本都认定买卖合同有效。法院的裁判思路为:当事人双方在平等自愿基础上订立的房屋买卖合同,虽然其后未办理房屋过户登记,但是由于不动产登记仅是房屋产权变动的公示要件而非房屋买卖债权合同的生效要件,所以未办理过户登记并不能影响合同的效力。因此,若该房屋买卖合同不存在无效的情形,也不违反其他法律法规的规定,当事人双方签订房屋买卖合同后,即使未办理过户登记,该房屋买卖合同仍应被认定为有效。甚至在房屋未办理所有权登记的情况下,买卖合同的效力也不受影响["李佰雄诉刘光华房屋买卖合同纠纷再审案",(2017)最高法民再87号民事判决书]。即仅以合同效力与物权效力相区分原则进行裁判。

另一类是不动产登记簿内容与不动产现实状况不相符,即不动产被违法改建或重建成为违法建筑。此时对买卖合同效力的认定,法院总是直接将该买卖认定为是违法建筑买卖,再就该买卖是否有效展开审理。在已有案件中,对于违法建筑买卖合同的效力存在不同的裁判意见。不同法院的裁判思路与裁判结果并不完全相同。有法院认为,在涉讼房屋属于违法建筑时,当事人签订的房屋买卖合同无效。另有法院根据买受人的善恶意予以裁判。有法院认为,在买受人明知涉讼房屋为违法建筑,且未就相关交易内容提出异议时,可认定买卖合同是买受人在了解涉讼房屋的基础上经过充分考虑与出卖人达成的一致意见,是其真实意思表示,该合同有效["李聪与袁广庆房屋买卖合同纠纷案"(2016)沪01民终9035号民事判决书]。亦有法院认为,在买受人对违法建筑的存在不知情时,应认定其对所购房屋的整体合法性存在重大误解,使其享有撤销权["李辉诉孙正和房屋买卖合同案",(2016)京0118民初824号民事判决书]。最高人民法院对于违法建筑买卖合同的效力认定则更为细致:在"林嘉锋等诉甘肃省中国青年旅行社房屋买卖合同纠纷案”[(2014)民提字第216号民事判决书]中提出“首先,案涉房产其他部分系合法建筑,加盖部分违法不应导致全部合同无效。其次,买卖违法建筑物的合同并非绝对无效。根据《城乡规划法》第64条规定,未取得建设工程规划许可证或者未按照建设工程规划许可证的规定进行建设的……尚可采取改正措施消除对规划实施的影响的,限期改正,处建设工程造价5%以上10%以下的罚款;无法采取改正措施消除影响的,限期拆除……本案中,双方在《房地产买卖合同》及其后的50号调解书中,均明确加盖部分已经过行政处罚,城乡规划主管部门并未要求限期拆除,该加盖部分应属于‘尚可采取改正措施消除对规划实施的影响的’保留使用建筑物,亦不应因此认定买卖合同无效”。即将违章建筑买卖合同效力的判断分两步走:首先应区分涉讼房屋全部系违法建筑还是部分系违法建筑,其次买卖违法建筑部分的合同并非无效,还应判断该违法建筑是否尚可采取改正措施消除违法部分,若仍可改正则买卖合同有效,反之则无效。

Ⅳ 本判决的参考意义及将来的课题

本判决的裁判思路体现出很大的“创新性”,一改实务中将此类案件直接定性为违法建筑买卖惯常做法,而是通过利用不动产登记簿中事实状态的公示公信力和买受人的善意来认定该买卖是对原合法建筑的买卖,再通过合同效力与物权效力相区分原则说明原合法建筑的不存在并不影响买卖合同的有效性。在论证思路上能够直接回避违法建筑买卖合同的效力争议。在裁判结果上,通过行使释明权而使买卖双方同意协力消除房屋的违法状态,即将现在的违法建筑的四至、外观形状、层高等恢复至与登记内容相一致的状态,从而保证该房屋买卖合同的最终履行。就效果而言,本案中法院的这种方法是可行的,它有利于鼓励交易并保护善意买受人的合法权益。然而,法院的此种裁判思路无视不动产登记簿推定力与公信力的原本含义和适用情形,更大程度上属于一种理论的创设。为了追求论证过程的便捷与裁判效果的正当,以舍弃一般理论、背离已有案例为代价,笼统地认为不动产登记中的物理性记载(事实状态)等静态内容在违法重建改建的情况下亦具有公示公信力,可能反而会造成舍本逐末的后果。对于将来的裁判而言,结合买受人的善恶意主观状况,从重大误解的角度来判断不动产登记簿内容与不动产实际状况不符情形下的买卖合同效力似乎更为妥当,但在实务当中,如何判断买受人的善恶意,是否可借用不动产登记簿的公示公信力进行证明,仍然需要进一步的论证。此外,重大误解将房屋买卖合同出现的问题归咎于买受人一方,仅赋予其撤销权,对于确想继续履行最终获得房屋移转登记的买受人而言,会存在保护上的疏漏。本案法院的裁判也许正是基于此考虑进行了大胆的“创新”尝试。

□ 参考文献

全国人大常委会法制工作委员会民法室编:《中华人民共和国物权法条文说明、立法理由及相关规定》,北京大学出版社2007年版。

胡康生:《中华人民共和国物权法释义》,法律出版社2007年版。

崔建远:《物权法》(第2版),中国人民大学出版社2011年版。
程啸:《不动产登记簿之研究》,载《清华法学》2007年第4期。
朱广新:《不动产登记制度探究——不动产登记簿为中心》,载《河南省政法管理干部学院学报》2010年第4期。
程啸:《不动产登记簿之推定力》,载《法学研究》2010年第3期。
尹田:《物权法》,北京大学出版社2013年版。

029 预购商品房抵押预告登记的法律效力

中国光大银行股份有限公司上海青浦支行诉上海东鹤房地产有限公司、陈思绮保证合同纠纷案 |《最高人民法院公报》2014 年第 9 期

常鹏翱 北京大学法学院

■ 事实概要

2007 年 8 月 29 日,中国光大银行股份有限公司上海青浦支行(一审原告,上诉人,以下简称光大银行)与陈思绮(一审被告,被上诉人)、上海东鹤房地产有限公司(一审被告,上诉人,以下简称东鹤公司)签订《个人贷款合同(抵押、保证)》,约定陈思绮向光大银行借款 37 万元,用于购房。陈思绮以某房屋作为抵押物提供担保。东鹤公司作为保证人在合同上盖章,自愿为陈思绮在贷款合同项下所产生的全部债务向光大银行提供阶段性连带责任保证。合同签订后,光大银行和陈思绮于 2007 年 9 月 12 日办理预购商品房抵押预告登记,光大银行于同日发放贷款。之后,陈思绮和东鹤公司的商品房预售合同在另案被法院判决无效,贷款合同解除。

光大银行诉至法院,请求确认其在抵押物处分时享有优先受偿权,不足部分由两被告连带清偿。一审法院认为,陈思绮未履行还款义务,光大银行有权行使抵押权。光大银行、东鹤公司均不服一审判决,提起上诉。

■ 判决要旨

二审法院认为,抵押预告登记与抵押权登记具有不同的法律性质和法律效力。抵押预告登记所登记的并非现实的抵押权,而是将来发生抵押权的请求权,该请求权具有排他效力。因此,光大银行作为系争房屋抵押预告登记的权利人,在未办理房屋抵押权登记之前,其享有的是在抵押登记条件成就或约定期限届满时对系争房屋办理抵押权登记的请求权,并可排他性地对抗他人针对系争房屋的处分,但并非对系争房屋享有现实抵押权,一审判决对光大银行有权行使抵押权的认定有误,应予纠正。

■ 评 析

Ⅰ 本案的争点

1. 预售商品房抵押预告登记能否产生优先受偿权

本案的争点是预售商品房抵押预告登记能否产生优先受偿权。一审法院认为这种登记产生抵押权,故债权人有优先受偿权。二审法院认为预告登记保全了债权人将来取得抵押权的债权,抵押权并未现实发生,故债权人没有优先受偿权。两相对比,二审法院的见解值得赞同。

首先要明确的是,二审法院把预售商品房抵押预告登记的对象明确为债权请求权,符合《民法典》第221条有关预告登记的规定,这正是预告登记与物权登记的实质差异。在此基础上,基于预购商品房抵押预告登记,债权人没有优先受偿权。

从制度功能上看,预告登记有公示作用,被记载的债权请求权能为社会所公知,不仅债的当事人受约束,还波及第三人,用二审法院的话来说,就是预告登记的债权请求权有排他效力。尽管预告登记强化了债权请求权的排他效力,但强化程度还不足使该权利变为物权,也无法使该权利与物权的效力完全等同,债权人不能像物权人那样现实地支配标的物,对标的物没有支配利益,故债权人的法律地位仍是债权人。既然如此,预购商品房抵押预告登记就不可能使债权人取得抵押权,而法律又未明确赋予债权人优先受偿权,预购商品房抵押预告登记就不可能产生优先受偿的效力。

从预购商品房贷款抵押与在建建筑物抵押的关系来看,虽然两者的标的物都是在建建筑物,但二者完全不同,比如,预购商品房贷款抵押的抵押人是预购人,在建建筑物抵押的抵押人是房地产开发企业;又如,根据《不动产登记暂行条例实施细则》第76条,申请在建建筑物抵押登记的材料包括建设用地使用权证明、建设工程规划许可证等,预购人是无法提供这些材料的,不能通过在建建筑物抵押登记提供抵押。这表明,预购商品房抵押预告登记不能被在建建筑物抵押登记所涵括,它不是抵押登记,债权人因此不能取得优先受偿权。

从标的物的属性来看,"预购商品房"是预购人对房地产开发企业享有的按约定时间交付房屋并移转其所有权的债权请求权,预售商品房贷款抵押是以该债权请求权为标的物的担保机制。2005年5月9日,国务院办公厅转发建设部等七部委联合发布的《关于做好稳定住房价格工作的意见》,明确禁止商品房预购人将购买的未竣工的预售商品房再行转让。"预购商品房"由此无法通过流通来变价,这与担保财产的性质完全不符,这一特质决定了预购商品房抵押预告登记与优先受偿权绝缘,即便预购商品房贷款抵押借助了预告登记的公示,也不能改变"预购商品房"没有流通性的特质,债权人因此没有优先受偿权。

从商品房预售的担保架构来看,银行等贷款债权人为了保障债权,除了要求预购人提供预购商品房贷款抵押外,通常还要求房地产开发企业在预购人取得房屋所有权并以该房屋为银行办理抵押权登记之前,提供阶段性连带责任保证,本案案情也体现了这一点。若预购商品房抵押预告登记如同抵押登记一样能产生优先受偿权,债权已得到充分保障,还要由房地产开发企业提供阶段性连带责任保证，除了增加交易成本，别无益处。之所以要有这样的担保架构，恰恰在于预购商品房抵押预告登记无法现实地为债权人供给优先受偿权。也正是着眼于此，二审法院才会在否定银行对"预购商品房"的优先受偿权的同时，肯定房地产开发企业的连带责任保证人地位。

2. 债权人基于预购商品房抵押预告登记有何法律地位

一审法院认为这种登记产生抵押权，故债权人就是抵押权人。二审法院则认为债权人享有的是抵押登记条件成就或约定期限届满时对系争房屋办理抵押权登记的请求权，并可排他性地对抗他人针对系争房屋的处分，债权人并非抵押权人。两相对比，二审法院的见解值得赞同，因为预告登记的根本价值是保障债权请求权的实现，使债权人按照约定取得相应物权，预告登记因此被界定为"取得权"，即以取得物权为目的的权利，与此相对应，预购商品房抵押预告登记有保障债权人取得房屋抵押权的效力。也就是说，尽管债权人没有优先受偿权，但预购商品房抵押预告登记给予其特殊保障，其地位优于一般债权人。

Ⅱ 本判决的参考意义

预告登记在实践中主要适用于商品房预售，这种典型的未来物买卖充满不确定性，为了降低风险和保障安全，《城市房地产管理法》《国务院办公厅转发建设部等部门关于做好住房价格意见的通知》等相关规范以及住房城乡建设部从不同角度、采用不同途径进行管制，如剥夺"预购商品房"的流通性等，这些管制机制是限定预购商品房抵押预告登记法律效力的重要因素。在此限定下，正如二审法院判决指出的，如果预购人不能按期还款，银行等贷款债权人无法凭借预购商品房抵押预告登记来主张优先受偿权，但将来发生抵押权的请求权具有排他效力。此后的最高人民法院(2015)民申字第766号民事裁定书、浙江省高级人民法院(2015)浙民申字第809号民事裁定书等也体现了相同立场。

Ⅲ 本案延伸的问题

1. 如何确保债权人取得房屋抵押权

二审法院指出，预购商品房抵押预告登记不能使债权人有优先受偿权，但能使其取得房屋抵押权，如何确保该效力的实现，显然并非法院判决的任务。要完满回答该问题，应立足于我国实践，结合预告登记的法理进行分析，结论是对预购商品房抵押预告登记的内容含量进行双重扩张，一是标的物从办理时的"预购商品房"扩张到以后的现房，二是相对人从预购人扩张到房地产开发企业，这种张扩架构能确保债权人如愿取得抵押权。

首先，预购商品房抵押预告登记的标的物应包括预购人取得的现房，预购人处分现房的行为因此受到影响。之所以如此，是因为"预购商品房"不能流通，预购人无法处分"预购商品房"，只有把预购人取得的现房也归为预购商品房抵押预告登记的标的物，该登记才能有效保障债权人取得房屋抵押权。由于"预购商品房"不能承载抵押权，预购商品房抵押预告登记的功能不是要保障债权人取得"预购商品房抵押权"，而是取得实在的抵押权。在该抵押权的抵押人仍为预购人的前提下，这种抵押权的标的物只能是预购人取得所有权的现房。在此意义上，预购商品房抵押预告登记是一种把时间要素考虑进来的弹性构造，其标的物除了“预购商品房”外，还包括建成后由预购人取得的现房。换言之，预购商品房抵押预告登记的直接作用是把预购人取得的现房扩容为标的物，从而实际上转化为现房抵押预告登记。

其次，预购商品房抵押预告登记指向的相对人包括房地产开发企业，会影响它处分现房行为的效力。预告登记中的权利人和义务人处于债的关系之中，受此影响，预告登记只影响义务人的处分行为，由此推论，预购商品房抵押预告登记似乎只影响预购人处分现房的行为。不过，在预购人取得现房所有权之前，房地产开发企业也可能对在建商品房实施处分行为，但由于商品房预售必须网签备案，同一套预售的商品房只能办理一次网签备案，只能办理一次抵押预告登记，房地产开发企业不可能再把已办理抵押预告登记的在建商品房出卖给他人。然而，房地产开发企业对竣工验收的商品房取得所有权，在办理所有权首次登记后，按约定把现房转移登记给预购人，同时注销预售商品房预告登记，在注销前，预购人仍是预售商品房预告登记的权利人，似乎只要其同意，房地产开发企业就能把现房转让给他人，预抵押登记的目的将因此落空。为了防止这种结果出现，必须使预购商品房抵押预告登记能限制房地产开发企业的处分行为，而这一点能行得通，因为在商品房预售交易中，预购人既是预售商品房预告登记的权利人，又是预购商品房抵押预告登记的义务人，作为义务人的预购人并没有相应的处分权。具体来说，预购商品房抵押预告登记的标的物包括由预购人取得的现房，未经债权人同意，预购人不能处分现房，即现房的最终处分权是由债权人控制的，这样一来，预购人自行或授权房地产开发企业转让房屋所有权均属无权处分。

2. 预购商品房抵押预告登记有无其他效力

我国民法学理普遍认为预告登记有债权保障、顺位保证和破产保护的效力，本案的预购商品房抵押预告登记只涉及债权保障，未涉及其他效力。预购商品房抵押预告登记有无其他法律效力，不能想当然地肯定或否定，而是应围绕商品房预售及预购商品房贷款抵押的运作机制，结合预告登记的实证规范和实践操作，予以具体分析。

以下以保全顺位效力为例简要展开说明。预购人在取得现房前，虽然有“预购商品房”，但它不能流通，不能承载抵押权。而且，预购商品房抵押预告登记被严格限定在商品房预售领域，与预售商品房预告登记并存，而针对同一预售的商品房，同一预购人只能有唯一的预售商品房预告登记，故在预购商品房抵押预告登记后，预购人不能再把“预购商品房”作为其他预抵押登记的标的物。概括而言，因为预购人对“预购商品房”没有处分自由，“预购商品房”在成为预购商品房抵押预告登记的标的物后，就不可能再成为其他抵押权或其他预购商品房抵押预告登记的标的物，保全顺位的效力因此没有实效。而在预购人取得现房后，该房屋属于预购商品房抵押预告登记的标的物，故未经债权人同意，预购人无法通过登记以该房为他人设立抵押权。在现实中，债权人同意预购人以现房为他人提供抵押的可能性几近于无，预购商品房抵押预告登记因此不会与现房抵押权重叠，保全顺位的效力也没有实效。

在商品房竣工验收前,可能有在建建筑物抵押权,也可能有预购商品房抵押预告登记,由于预售的商品房属于在建建筑物的部分,故在建建筑物抵押权和预抵押登记应有重叠。但这是理论设想,实际不会如此。首先,在在建建筑物抵押权设立后进行商品房预售的,抵押权人的同意是商品房预售得以顺利推进的要件,而抵押权人的同意往往产生放弃抵押权的效果,故而只要能办理预购商品房抵押预告登记,就意味着预售的商品房不属于在建建筑物抵押权的标的物。其次,在预购商品房抵押预告登记后,未经债权人同意,房地产开发企业不能设立在建建筑物抵押权。既然如此,预购商品房抵押预告登记有无保全顺位的效力根本就不重要。在房地产开发企业取得商品房所有权并办理登记后,按约定把所有权转让给预购人前,该房是预购商品房抵押预告登记的标的物,未经债权人同意,房地产开发企业不能抵押该房屋,保全顺位的效力在此也没有实效。

由上可知,因为预购人和房地产开发企业没有足够的处分自由,预购商品房抵押预告登记与其他抵押权不能在同一标的物上重叠,保全顺位的效力由此没有实效。

不过,预购商品房抵押预告登记与预查封登记、查封登记之间会存在先后关系,比如,在预购商品房抵押预告登记后,预售的商品房能被预查封登记,根据顺位规范,后顺位不能影响先顺位,那么,预购人在预查封期间取得现房的,应按照预购商品房抵押预告登记的指向,为债权人办理抵押权登记,从而排斥预查封剥夺处分权的效力。

□ 参考文献

王利明:《物权法研究》(上卷)(第 3 版),中国人民大学出版社 2013 年版。

孙宪忠:《中国物权法总论》(第 3 版),法律出版社 2014 年版。

Baur/Stürner, Sachenrecht, 18. Aufl., München, 2009.

030 特殊动产(船舶)物权的变动方式与效力机制

王卫东等诉王树建船舶权属纠纷案 | 最高人民法院(2017)最高法民申3692号民事裁定书*

聂卫锋 西安交通大学法学院

■ 事实概要

2009年9月9日,徐宜武与微山县新鑫船舶修造有限公司签订造船合同,船舶于2010年8月建造完毕。徐宜武分别在2010年9月8日和2011年7月7日向王树建借款100万元和200万元。2012年下半年吕高峰以100余万元入股,与徐宜武合伙经营该船舶。徐宜武与王树建在2013年9月30日签订《协议书》,约定将讼争船舶所有权转让给王树建抵偿其所欠王树建的全部债务,该协议生效后,讼争船舶仍由徐宜武经营管理,产生的全部经营管理费用由徐宜武承担,经营利润按照约定分配。后徐宜武联系远洋公司办理讼争船舶的挂靠、入籍登记等相关事宜。2014年3月6日,徐州市地方海事局签发了讼争船舶的《船舶国籍证书》《船舶所有权登记证书》,上述证书显示船名为"远洋货8"、登记号码为270714000068、船舶所有人为远洋公司、取得所有权日期为2013年11月6日。2014年5月和6月,王树建与远洋公司签订《船舶委托经营管理合同》,约定讼争船舶以远洋公司名义登记、船舶产权仍属王树建;讼争船舶由王树建使用经营,独立核算。该合同签署日期为2013年10月5日。

因徐宜武与刘统辉等另案民间借贷纠纷,微山县法院于2014年1月15日作出(2014)微民初字第166号民事裁定,查封讼争船舶。2014年8月6日和2014年10月28日微山县法院分别作出(2014)微执字第397号执行裁定,2014年11月7日,微山县法院向徐州市地方海事局送达上述执行裁定书及协助执行通知书。因徐宜武与王卫东等另案买卖合同纠纷,微山县法院于2015年5月12日作出(2015)微商初字第368号民事裁定书,查封讼争船舶。该民事裁定书及协助执行通知书于2015年5月15日送达徐州市地方海事局,并向远洋公司邮寄送达。2015年10月14日微山县法院向徐州市地方海事局送达(2014)微执字第397号执行裁定书及协助执行通知书,继续查封讼争船舶至2017年10月14日。2015年5月5日,王卫东强行将讼争船舶在天津市滨海新区塘沽新港三号码头处开离。

---

* 本案系申诉案件,裁定书中对本案案情几无描述,由于申诉裁定,二审判决实际都支持了一审的事实认定,因此笔者选择一审法院事实认定部分加以引用。本案一审、二审案号分别为天津海事法院(2015)津海法商初字第395号民事判决书和天津市高级人民法院(2017)津民终20号民事判决书。

本案争议当事人是王卫东(再审申请人)与王树建(被申请人),一审被告徐宜武、徐州远洋航运有限公司在裁定书中列明,案由是船舶权属纠纷。

■ 判决要旨

《海商法》第 9 条、《物权法》第 23、24 条均是针对物权变动而非合同效力的强制性规定,《物权法》第 15 条则确立了不动产物权变动与合同效力的区分原则。案涉《协议书》的性质为以物抵债协议,并不违反法律法规的强制性规定。船舶为特殊动产,未经登记,并不影响物权变动的效力。案涉《协议书》约定由出让人继续占有经营符合《物权法》第 27 条的规定,即《协议书》生效时船舶所有权即发生变动。《协议书》生效于查封之前,不存在规避查封行为的问题。

案涉船舶所有权变动虽未办理登记,但再审申请人作为出让人的债权人和强制执行申请人,对于登记在第三方公司名下的案涉船舶公示信息并没有信赖利益,对案涉船舶亦不享有抵押权等物权,故不属于《物权法》第 24 条规定的善意第三人,其基于债权而产生的查封权利不能对抗所有权人。

■ 评 析

Ⅰ 本案在实体法上的争点

本案争点可提炼为:船舶转让协议是否必须履行登记手续、船舶所有权变动是否必须交付。最高人民法院(以下简称最高院)阐释的法律观点包括两个方面,一个指向特殊动产(船舶)物权的变动方式,另一个指向登记的效力。

Ⅱ 特殊动产(船舶)物权的变动方式及其规范属性

特殊动产属于动产,无论是《海商法》第 9 条还是《物权法》第 24 条(《民法典》第 225 条)均只赋予船舶登记对抗善意第三人的效力,并不要求必须履行登记手续才能够发生物权变动,因此船舶所有权变动原则上就应当依据动产物权变动的交付生效规则。案涉《协议书》不仅具有以物抵债、变动所有权的目的,其中关于出让人继续占有经营船舶的条款也具有"占有改定"的意思,故而最高院认定当事人达成了船舶所有权变动的合意,并且所有权自协议生效时转移,在现行法的规定之下,尚属正确。尽管海商法学界有相当多的学者认为,船舶所有权变动的方式宜采"合意主义"而非"交付主义"(韩强:《我国船舶物权的变动公示方法与善意取得》,载《法学》2008 年第 11 期;唐超:《特殊动产所有权的变动与对抗——〈物权法〉第 24 条及〈买卖合同解释〉第 10 条第 4 项评析》,载《北方法学》2018 年第 4 期),但就本案船舶所有权变动而言,遵照交付生效原则前提下的"占有改定"解释路径与"合意主义"解释路径,只是解释方法存在差异,结论并无差别。

本案中最高院针对船舶所有权变动的法律意见中有疑问的地方在于:其一,关于《海商法》第 9 条,《民法典》第 224、225 条是动产物权变动的强制性规定而非合同效力的强制性规定的认定，是否绝对正确。其二，《民法典》第 215 条能否直接用到船舶所有权变动上。其三，案涉《协议书》究竟仅属于“债权合同”，还是亦具有“物权变动合意”的意义。

针对其一，在登记仅作为对抗要件的特殊动产（船舶）领域，考虑到公示性较弱，绝对排除当事人的意思自治，将其界定为强制性规定，值得商榷（聂卫锋：《动产所有权的交付变动规则》，载《国家检察官学院学报》2018 年第 1 期）。

针对其二，《民法典》第 215 条乃是针对不动产物权而言，被最高院直接适用至特殊动产物权变动，显然属于对于事实层面差异性的忽视，也与现行法区分规范不动产和特殊动产物权变动的现实不符。

针对其三，“占有改定”约定使《协议书》发生了物权效力，因此不能因其与物权变动无关为理由，豁免物权变动强制性规定的审查。当然，前提是对于船舶所有权的变动确实存在强制性规定。

Ⅲ 特殊动产（船舶）登记的效力机制及其射程范围

最高院认为王卫东对于案涉船舶登记信息没有信赖利益和其不属于《民法典》第 225 条规定的善意第三人的法律意见，直接触及登记对抗效力相关的四个核心范畴。

1. 第三人范围

登记对抗效力之下善意第三人的范围，是一个争议颇大的理论和现实问题。由于特殊动产登记对抗制度乃是为维护交易安全的需要，即保护特殊动产交易过程中的第三人，因此关键在于“交易第三人”如何认定，是仅限于物权法第三人，还是扩充至债法第三人？交易是否需要与船舶有直接关联关系？最高院在裁判中特别提到，王卫东“基于债权而产生的查封权利不能对抗所有权人”，对交易关系的认定似乎采纳物权法上第三人之观点。本案中王卫东确实因交易关系与船舶出让人发生了纠纷，但是其与出让人所从事的交易与案涉船舶无直接关联关系。此外，王卫东是在船舶查封裁定前提下，擅自开离船舶，意图强行实现债权，根本不是在交易情景下从事的行为，与保护善意交易的立法目的大相径庭。

2. 善意认定

登记对抗规则之下第三人善恶意之认定标准及其区分价值等，因对于公示方式和制度目的理解的不同而争议颇多，但登记作为判断基点之一，应该值得肯定和坚持。本案中，案涉船舶上虽有登记信息，但只能得出第三方公司是船舶所有权人的认知，而与其债务人徐宜武无关，无论如何不能构成所有权归属于徐宜武的认知善意。

3. 如何理解“对抗”

“不得对抗”意味着，如果第三人之权利与未登记船舶物权人之物权产生冲突，那么未登记之船舶物权在存续或效力上可能会被吃掉。遵从“物权优先于债权”的基本法理，能够吃掉未登记之物权的权利也一定是物权，或者是一些法定优先权。在本案中，由于纠纷当事人王卫东与徐宜武、王树建等人均不是船舶之登记权利人，诉讼请求方王卫东针对船舶也未享有任何物权或者法定优先权，甚至也不是信赖未登记船舶物权的交易第三人，因此其享有的权利不能吃掉未登记船舶物权人之物权。

4."登记"产生何种信赖利益

既然登记物权与未登记物权在"登记对抗规则"之下的物权效力强弱已经被法定规则加以明确,那么对于交易第三人而言,除非某一特殊动产物权一直没有办理过登记,否则应该信赖或者优先信赖登记物权人(汪志刚:《准不动产登记对抗主义的一般法理》,载《法商研究》2018年第2期)。另外,从登记物权人手中继受取得物权但未办理物权变更登记的受让人,其基于对登记信息的信赖所取得的物权应与登记物权人处于同样的被保护地位,属于交易第三人基于特殊动产之登记而产生的积极信赖利益范畴。本案中由于王卫东本来就未基于对船舶所有权之登记而产生信赖利益,登记在第三方名下的船舶权属登记信息不能令其在本案中产生指向其债务人的积极信赖利益。

Ⅳ 既有司法实践状况

在本案之前最高院通过7个案例[(2013)民申字第1946号、(2014)行监字第43号、(2016)最高法民再15号、(2016)最高法民再16号民事判决书,(2017)最高法民申2051号、(2017)最高法民申1923号民事裁定书,《最高人民法院公报》2000年第4期"拉菲贡公司诉德兴船务有限公司、海南青龙船务实业总公司及其广州分公司海运欺诈案"]针对《海商法》第9条和《民法典》第225条表达了特殊动产(船舶)物权变动方式和效力机制相关的5个法律观点:(1)对于船舶的行政处罚应当针对真实所有人并履行告知义务,而非登记所有人;(2)未经登记不得对抗第三人的规定是关于船舶所有权登记效力的规定,船舶主体问题引起的侵权纠纷与船舶登记状况并无直接关联;(3)船舶物权变动的生效要件是交付,登记仅是对抗第三人的要件,如果船舶未交付而直接登记物权变动事项,船舶物权依法不发生变动;(4)登记对抗效力下的第三人指不知道也不应当知道物权发生了变动的物权关系相对人,不包括与船舶并无物权关系的当事人;(5)处于债权交易关系中的第三人对于实际船东的判断必须依赖船舶登记信息。

Ⅴ 本裁定的参考意义及将来的课题

最高院在本案中针对特殊动产(船舶)物权变动方式和效力机制阐释的基本法理,对于今后特殊动产物权变动的交易及司法实践,有较强的参考意义。在本案后作出的与船舶和机动车有关的案例[(2017)最高法民申4045号、(2018)最高法民申1149号、(2018)最高法民申2628号、(2018)最高法民申6156号、(2019)最高法民申5598号民事裁定书]中,最高院继续在个案中强化了特殊动产适用普通动产物权变动规则的认识,增加了善意第三人的除外群体,并明确了登记物权与未登记物权的效力在特殊情形下的不同处理等问题。

特殊动产物权变动随着《物权法》第24条(《民法典》第225条)生效至今,引发了无数争议,最高人民法院《关于审理买卖合同纠纷案件适用法律问题的解释》第10条及最高人民法院《关于适用〈中华人民共和国物权法〉若干问题的解释(一)》第6条更是加剧了这一争论。从实践层面看,在查封执行等环节,最高院的几个规范性文件[最高人民法院《关于人民法院民事执行中查封、扣押、冻结财产的规定》(第17条)、最高人民法院《关于人民法院办理执行异议和复议案件若干问题的规定》(第25条),最高人民法院(2013)执他字第14号复函]在特殊动产的登记效力问题上,似乎彼此之间也存在矛盾或模糊之处,并不都与登记对抗规则相吻合。最高院作出的数量有限的案例所阐释的法律观点也并非没有可商榷之处。针对《民法典》第225条,目前在立法论上存在废除论[庄加园:《登记对抗主义的反思与改造:〈物权法〉第24条解析》,载《中国法学》2018年第1期;张淳:《〈物权法〉第24条之立法论检讨——以登记动产物权变动的登记对抗规则为对象》,载《东南大学学报》(哲学社会科学版)2019年第1期]和改造论(唐超:《特殊动产所有权的变动与对抗——〈物权法〉第24条及〈买卖合同解释〉第10条第4项评析》,载《北方法学》2018年第4期),在解释论上存在与善意取得制度效果等同论(郑永宽:《论机动车等特殊动产物权的登记对抗效力》,载《法学家》2019年第4期)和区分动产类型适用论(唐超:《特殊动产所有权的变动与对抗——〈物权法〉第24条及〈买卖合同解释〉第10条第4项评析》,载《北方法学》2018年第4期)等,如果裁判者试图从学界获取教益的话,可能会陷入无所适从的境地。不过,既然《民法典》第225条选择了继续保持原《物权法》第24条的规范模式,解释论上的作业就将是学界下个阶段需要继续坚持的研究方向,以尽量在实践中结合各种特殊动产的特别规范体系和争议内容,在实体审判、查封、执行等多个环节中处理好特殊动产物权变动方式及其效力机制问题。

□ 参考文献

[日]铃木禄弥:《物权的变动与对抗》,渠涛译,社会科学文献出版社1999年版。

崔建远:《再论动产物权变动的生效要件》,载《法学家》2010年第5期。

唐超:《特殊动产所有权的变动与对抗——〈物权法〉第24条及〈买卖合同解释〉第10条第4项评析》,载《北方法学》2018年第4期。

聂卫锋:《动产所有权的交付变动规则》,载《国家检察官学院学报》2018年第1期。

龙俊:《中国物权法上的登记对抗主义》,载《法学研究》2012年第5期。

郭志京:《也论中国物权法上的登记对抗主义》,载《比较法研究》2014年第3期。

郑永宽:《论机动车等特殊动产物权的登记对抗效力》,载《法学家》2019年第4期。

庄加园:《登记对抗主义的反思与改造:〈物权法〉第24条解析》,载《中国法学》2018年第1期。

张淳:《〈物权法〉第24条之立法论检讨——以登记动产物权变动的登记对抗规则为对象》,载《东南大学学报》(哲学社会科学版)2019年第1期。

汪志刚:《准不动产登记对抗主义的一般法理》,载《法商研究》2018年第2期。

戴永盛:《论特殊动产的物权变动与对抗(上)——兼析〈最高人民法院关于审理买卖合同纠纷案件适用法律问题的解释〉第十条》,载《东方法学》2014年第5期。

戴永盛:《论特殊动产的物权变动与对抗(下)——兼析〈最高人民法院关于审理买卖合同纠纷案件适用法律问题的解释〉第十条》,载《东方法学》2014年第6期。

王利明:《特殊动产物权变动的公示方法》,载《法学研究》2013年第4期。

韩强:《我国船舶物权的变动公示方法与善意取得》,载《法学》2008年第11期。

031 基于默示占有改定的动产所有权移转

青岛源宏祥纺织有限公司诉港润(聊城)印染有限公司取回权确认纠纷案 |《最高人民法院公报》2012 年第 4 期

庄加园 上海交通大学凯原法学院

■ 事实概要

青岛源宏祥纺织公司(以下简称源宏祥公司)与程泉布业公司为港润(聊城)印染有限公司(以下简称港润公司)供应布匹。截至 2009 年 11 月 4 日,港润公司共欠源宏祥公司纺织货款 1,195,139.17 元,欠程泉布业公司货款 1,075,952.31 元。2009 年 11 月 20 日,三公司达成如下协议:(1)程泉布业公司将港润公司所欠货款全部转让给源宏祥公司,港润公司和程泉布业公司均同意由港润公司直接将欠款支付给源宏祥公司。(2)源宏祥公司同意港润公司以其所有的 7 台机械设备折抵所欠货款,此 7 台机械设备所有权自本协议生效之日起转移给源宏祥公司。(3)港润公司应在 2010 年 3 月 31 日前将所折抵的设备交付源宏祥公司,并保证源宏祥公司顺利取得设备,港润公司必须严格按照上述时间交付设备,若逾期交付,港润公司应按照所欠货款金额的每日 1‰向源宏祥公司支付滞纳金。协议签订后,至三方协议中约定的 2010 年 3 月 31 日前,港润公司未向源宏祥公司交付 7 台设备。

2010 年 3 月 17 日,山东省聊城市中级人民法院作出民事裁定,受理了恒润热力公司对被告港润公司的破产申请,2010 年 5 月 6 日原告源宏祥公司向港润公司申报债权。2010 年 7 月 27 日,聊城市中级人民法院作出民事裁定宣告港润公司破产。而后,源宏祥公司要求确认其享有港润公司 7 台设备的所有权。

■ 判决要旨

一审法院认为,原告源宏祥公司与被告港润公司、第三人程泉布业公司签订的三方协议合法有效,但协议有效并不表示本案所涉 7 台设备的物权发生转移。本案中,虽然当事人约定 7 台设备的所有权自本协议生效之日起转移给源宏祥公司,但并未向源宏祥公司交付,且不属于《物权法》中规定的占有改定、指示交付、简易交付三种例外情形,所以 7 台设备的物权因未交付并未发生转移,本案所涉 7 台设备属于港润公司的破产财产。二审法院除维持原审判决的观点和理由之外,还认为当事人之间的协议不构成占有改定。因该 7 台设备并未现实交付,尽管当事人签订的协议有效,也只是产生债权效力,并未发生物权变动效力,上诉人源宏祥公司并没有实际取得该 7 台设备的所有权,故其在被上诉人港润公司破产案件中并不享有取回权。

■ 评 析

Ⅰ 本判决的思路和意义

本案中，根据源宏祥公司的主张，这7台机械设备的所有权于2009年11月20日根据协议就已经移转于源宏祥公司。一审法院否认源宏祥公司破产取回权的依据在于争议设备并未完成交付，也未发生物权法规定的三种观念交付方式，所有权因此未能发生移转。二审法院否定了占有改定发生的可能性。其理由在于，《物权法》第27条占有改定的构成要件表现为：一是当事人之间达成动产物权变动协议。该协议是发生交付的基础；二是除了达成物权变动协议外，还应就该动产另外达成让与人继续占有使用该动产的协议。虽然双方当事人签订的7台设备物权转让协议包含所有权变动内容，但未就被上诉人港润公司继续占有使用该7台设备另外达成协议。本案不仅涉及动产物权变动的协议是否作为第27条占有改定的构成要件，而且牵涉《物权法》第23条（《民法典》第224条）的交付原则能否另有约定，对于动产物权变动（尤其是所有权移转）具有举足轻重的作用。

Ⅱ 默示占有改定

二审法院将动产物权变动的协议作为占有改定的构成要件之一，不免有误。因为物权变动协议（如买卖合同）只是引起占有改定的原因行为，并非占有改定的构成要件。占有改定只是原占有人的占有意思发生变更，从自主占有人转变为占有媒介人。买卖合同虽然引起了占有改定，但其本身并非占有改定的构成要件。

本案的争议之处在于，双方当事人虽然约定了转让物所有权在协议生效时移转，但并未约定由让与人继续占有该动产。对于"出让人继续占有转让物"，有学者认为，必须双方当事人明确约定方可。这里的明确约定可以采取多种方式，既可单独设立占有改定的合同条款，也可在买卖、租赁等合同中加以约定。本案中的占有媒介关系，既未在单独的占有条款中约定，也没有写入双方当事人的买卖合同中。由此法院否认了本案中占有媒介关系的存在。

二审法院在本案中，区分了协议的债权效力和转让物的物权变动，这一观点值得肯定。但若一味地强调当事人除所有权变动协议外，仍须达成继续占有使用转让物的占有媒介关系，则不免过于机械，没有尊重当事人的真意，也有碍交易的便利。

笔者认为，《民法典》第228条规定的占有媒介关系不限于明示约定，而且可基于默示的意思表示发生。因为法律行为的发生，不仅可以基于当事人明示，而且在默示的场合，甚至在一方当事人沉默的情形都有存在的余地。约定的占有媒介关系作为法律行为的下位概念，并没有排除基于当事人默示而发生的充分理由。尤其在当事人已明示约定所有权移转的时刻，自然可期待出让人自那刻起，由自主占有改变为他主占有，受让人也自那刻起取得转让物的间接占有。

由于协议订立时生效,7 台设备依然由港润公司直接占有,可以推断当事人通常会实现协议中所表示的真实意思,并履行其所负有的义务,港润公司将其原来自主占有的意思转变为占有媒介的意思,其作为源宏祥公司的占有媒介人继续占有该物。由此,源宏祥公司获得了 7 台设备的间接占有。至于当事人究竟基于哪个具体的占有媒介关系——保管、委托、借用等——则可根据案件事实得出。本案当事人约定,转让物的交付应在所有权移转后进行,至少可以认定当事人达成了默示的保管合同。

在本案中,双方当事人达成默示的占有媒介关系也有事实支持。出让人港润公司共欠受让人源宏祥公司纺织货款 2,271,091.48 元,为此才转让 7 台设备所有权,用以代物清偿。这一转让所有权的约定符合正常的交易目的,也是当事人真实的意思表示。更为重要的是,占有改定的标的物需要被特定化,否则将无法确定物权变动的标的物。从案件事实来看,协议中所转让的 7 台设备应该已经被特定化,由此也满足了物权客体特定的要求。

在当事人明示所有权变动的时刻,占有改定基于默示的占有媒介关系而发生,也符合当事人的真实意思和保护受让人的利益。尤其在受让人需要即刻取得所有权,进行继续转让或融资担保时,如果僵硬地固守当事人必须另外订立一个明示约定占有媒介关系的合同,既不符合当事人要求即刻转移所有权的意思,也不符合当事人的利益需要。当然,如果从出让人的行为可以推断出相反的占有意思,比如侵占转让物,那么出让人变更占有意思的推断将被推翻。

历史经验表明,当事人虚构占有媒介关系以转移财产才是占有改定受到质疑的重要原因。然而,占有改定的前提是占有意思的改变,而非占有媒介关系的类型与效力;所谓具体占有媒介关系的要求既非必要,也非充分,至多具有标识功能。作为占有媒介关系重要标志的义务关系仅具有以下功能,即表现当事人转移所有权意思的真实性。因此,即便占有媒介关系无效,学说也认可占有改定的成立。

本案中,受让人源宏祥公司应就占有改定的构成要件承担证明责任,主张并证明默示占有媒介关系的成立。它已经证明双方达成协议并生效,被特定化的 7 台设备所有权移转的事实。那么,依照协议所确定的时间,港润公司作为出让人的占有意思应当由自主占有变为他主占有。相应地,港润公司此时可以证明其占有意思未发生变更。若就该事实未能完成证明,那么对于港润公司占有意思发生变化的推断就应当成立。

由此,源宏祥公司得以根据港润公司被推定的占有意思变更,基于默示的占有媒介关系(保管)而获得间接占有,从而根据占有改定获得这 7 台设备的所有权。当出让人港润公司破产时,源宏祥公司作为所有人,可以主张《破产法》第 38 条的取回权,重新获得这些设备的直接占有。从这一案件可以得知,《民法典》第 228 条的约定不限于明示约定,在当事人明示所有权移转的时刻,应该能推断成立默示的占有媒介关系,从而发生占有改定。

Ⅲ 反思:交付原则的“另有约定”

原审法院认为《物权法》第 23 条(《民法典》第 224 条)排除了当事人的约定,其理由在于,2007 年生效的原《物权法》第 23 条只保留法定例外,却取消了“当事人另有约定的除外”。《物权法》第 23 条(《民法典》第 224 条)相对于《合同法》第 133 条、《民法通则》第 72 条第 2 款是新法,既然它删除了旧法中的但书条款,通常应认为有所变动,不应解释为当事人约定也可变更动产物权变动的方式。《民法典》则完全删除了原《合同法》第 133 条、原《民法通则》第 72 条第 2 款的规定。

相反意见却认为《物权法》第 23 条(《民法典》第 224 条)并非强制性规范。其理由主要在于:第一,《物权法》第 23 条(《民法典》第 224 条)并非闭合型规范;第二,债权意思主义模式符合权利本性和私法自治理念;第三,允许债权意思主义例外并不足以危害交易安全,反而会在一定程度上平衡受让人与第三人的利益关系。而且,从我国民法的历史发展考察,1986 年原《民法通则》第 72 条第 2 款针对动产物权变动基本上仿效 1964 年《苏俄民法典》,以交付为原则,但又允许当事人另有约定。原《合同法》第 133 条完全延续了原《民法通则》的物权变动规则。虽说新法优于旧法,但立法者若无充分理由,通常不会修改或废止既有规则。

即便物权变动采用物权形式主义模式,也并非不允许当事人另有约定。交付作为强制规范的要求,其辅助意义在于证明准则,即交付能够作为证明所有权移转意思的识别手段。交付是用于确认当事人是否具有郑重严肃的意思,以引起物权效力。我国《民法典》第 226 ~ 228 条规定的观念交付只是逐渐形成的默认规则,这不意味着完全排除发生其他物权变动的可能。随着时代的发展,当事人终会突破既有的观念交付类型,创设其他基于合意的交易方式。就此而论,立法者无法穷尽一切可能的例外,也没有理由给当事人强加所谓“最理想”的交易方式。只要当事人具有移转所有权的真实意思,即便突破法定的观念交付方式,也应得到尊重。

《民法典》第 224 条是否允许当事人另有约定,更多地只具有形式意义。其实质却是物权法领域,尤其是动产所有权移转背后,存在多大的意思自治空间。《物权法》第 23 条的交付原则属于任意法范畴,发挥着默示规则的作用。即便默示的占有改定获得认可,也并不意味着我国法律从交付原则走向合意原则。相反,居于主导地位的仍是双方移转所有权的意思。合意原则与交付原则的差异不应被过分夸大,只是默示规则的时间点有所不同。

否定“约定例外”的核心理由在于,此规则可能造成物权实际归属与公示的分离,最终损害交易安全,但这一理由颇值怀疑。因为双方当事人排除交付原则的适用,另约定所有权的移转时间,并不会损害其他交易相对人的合法权益。善意取得制度依然可以发挥保护交易安全的作用。具体来说,若当事人采用约定例外的方式在交付前转让所有权,不过是达成占有改定的方式。作为占有媒介人的转让人若再次处分转让动产,除非其向善意第三人交付动产,否则受让人将因未完成交付而不能取得所有权(《民法典》第 311 条)。在此情形下,承认约定例外则等同于承认占有改定变动物权,既不会破坏现有体系,也不会损害交易安全。假设当事人约定在交付后一段时间转移所有权,如分期付款买卖的所有权保留。此时受让人在价款未付清之前未获所有权,但出卖人已向前者交付标的物,使受让人提前占有标的物。若保留所有权情况下的受让人向第三人转让标的物并交付之,第三人依然可在符合善意取得的前提下获得所有权。

损害其他交易当事人的忧虑可能来自双方通谋虚伪交易。例如,当事人约定虚假的所有权移转交易(如买卖合同),以逃避出卖人债权人的强制执行或者出卖人破产。对此,不应简单地否定意思自治,而要从交易的真实性判断入手。一方面,法院应当审查当事人是否达成真实的所有权移转合意;另一方面,合同法撤销权与破产法撤销权应当在证明手段中适当降低证明难度,扩展撤销权的适用范围。只有这样实践中常见的虚假交易才能得以规制,而非因噎废食,不必要地剥夺物权变动中的私法自治空间。

□ 参考文献

崔建远:《物权法》,中国人民大学出版社 2010 年版。

王利明:《物权法研究》(第 3 版),中国人民大学出版社 2013 年版。

王泽鉴:《民法物权》(第 2 册)(用益物权、占有),中国政法大学出版社 2001 年版。

庄加园:《间接占有与占有改定下的所有权变动:兼评〈中华人民共和国物权法〉第 27 条》,载《中外法学》2013 年第 2 期。

庄加园:《交付原则框架下的意思自治》,载《法学》2017 年第 3 期。

Ernst, Eigenbesitz und Mobiliarerwerb, Tübingen 1992.

Heck, Grundriβ des Sachrenchts, Tübingen 1960.

032 以物抵债协议及以物抵债裁定对物权变动之影响

中国银行济南分行与汇统房地产有限公司等欠款纠纷执行案 | 最高人民法院(2016)最高法执监85号民事裁定书

吴一鸣 华东政法大学

■ 事实概要

济南市中级人民法院(以下简称济南中院)于2005年9月28日作出202号调解书,确认济南中银实业有限公司(以下简称中银公司)欠烟台银信投资管理有限公司(以下简称银信公司)4400万元。2005年11月28日,中银公司与银信公司达成《以物顶债协议书》,中银公司将中银大厦B座中的三层房产折价抵偿欠银信公司的债务,但未办理登记手续。

2007年8月,在另案中,中国银行股份有限公司济南分行(以下简称中行济南分行)与汇统房地产有限公司(以下简称汇统公司)、中银公司、银信公司欠款纠纷一案的民事调解书确认:汇统公司、中银公司应向中行济南分行还款1.6亿余元及相应利息,银信公司对此承担连带还款责任。2007年9月27日,几方当事人在本案执行过程中达成执行和解协议,山东省高级人民法院(以下简称山东高院)据此于同日作出26-1号民事裁定书,裁定将被执行人银信公司从中银公司处受让取得的、现仍登记在中银公司名下的前述中银大厦B座中的三层房产以评估报告确认的价值1.2亿余元抵偿本案债务,剩余部分债务由被执行人继续清偿。该裁定书于当日向各方当事人送达。

2010年10月,中国工商银行股份有限公司济南市中支行(以下简称工行市中支行)以案外人身份对2005年中银公司与银信公司案的202号调解书提出再审申请。2011年,山东高院作出裁定,撤销202号调解书,将案件发回济南中院重审。2012年4月,济南中院判决认定该案系"银信公司与中银公司隐瞒事实真相,为达到保全中银公司资产的目的而形成的虚假诉讼",并驳回银信公司的诉讼请求。此后,山东高院于2015年3月作出12-3号裁定,撤销该院于2007年9月27日作出的26-1号执行裁定。

中行山东分行(由中行济南分行更名而来,为同一主体)不服山东高院12-3号裁定,向最高人民法院提起申诉,请求撤销该裁定。

■ 判决要旨

最高院裁定驳回申诉请求。

1. 当事人之间达成的以物抵债协议不具有直接变动物权的效力。在中银公司与银信公司签订《以物顶债协议书》后,因未将物权变更登记至银信公司名下,银信公司没有合法取得涉案房产的物权,涉案房产的物权仍归属中银公司。

2. 人民法院的执行裁定具有变动物权的效力。虽然作为执行和解协议的一方,银信公司未取得涉案房产的物权,但中行山东分行基于人民法院的强制执行行为,通过执行裁定取得了涉案房产的物权,这是国家司法公权行为处分物权的结果,与善意取得无关。此处应当适用《物权法》第28条的相关规定。

3. 人民法院不宜将当事人执行和解协议的内容表现为执行裁定的内容。执行程序中,双方当事人协商以物抵债是一种私法行为,属于执行和解的一种形式。人民法院应当审查执行当事人抵债行为是否触犯第三人权益,而不宜出具执行裁定予以确认,以防止当事人恶意串通损害第三人利益或者通过执行裁定来规避行政审查等情形发生。

■ 评 析

Ⅰ 给付判决、确认判决与形成判决

本案涉及因法律文书而导致的物权变动问题。

依《民法典》第229条的规定,本条所称法律文书,不仅限于判决书,调解书、裁定书、裁决书等均包括在内。判决(调解书、仲裁裁决亦同)分给付判决、确认判决与形成判决三种,但这三类判决并非皆有变动物权之效果。

以物为标的之给付判决,仅确定被告有给付该物以实现物权变动之义务,判决内容并不导致物权之直接变动,所涉标的物之权利变动须满足物权变动之一般要件后始得发生。故给付判决并非《物权法》第28条所称的法律文书。

以明确物权归属为内容的确认判决,仅就已存在的物权归属关系予以确认,旨在定分止争,并不构成强制执行的执行名义,对于既有的物权不产生任何变动之效果。故确认判决亦非《物权法》第28条所称的法律文书。

形成判决会导致既有法律关系的变动,该判决的内容可能是直接针对物权的变动,也可能是通过变动法律关系进而产生物权变动之效果。前者如分割共有的判决,后者如撤销物之买卖合同的判决。故形成判决为《物权法》第28条所称法律文书。形成判决的具体种类包括:分割共有物的判决,撤销以物权变动为内容的合同的判决,撤销诈害债权行为的判决,人民法院针对集体成员、业主依据《物权法》规定请求撤销集体经济组织、村民委员会或其负责人或业主大会或业主委员会的变动物权的决定的判决,依情势变更解除合同的判决(徐同远:《物权法第28条中的"法律文书"的类别及其具体类型》,载《天津法学》2011年第1期;程啸:《因法律文书导致的物权变动》,载《法学》2013年第1期)和撤销婚姻的判决(刘耀东:《论基于法律文书发生的不动产物权变动——以〈物权法〉第28条为中心》,载《东方法学》2016年第1期)。

Ⅱ 以物抵债的协议或判决书、调解书

在实践中，存在债务纠纷的当事人有时会在判决生效后自行达成以物抵债协议，有时也会在案件审理过程中，在法院主持下达成以物抵债协议，并由法院通过判决书或调解书予以确认。

于审判程序之外达成的以物抵债协议为负担行为，并不直接发生物权变动之效力。欲使物权发生变动，尚需完成公示行为。对此，殊无争议。在本案中，中银公司与银信公司间的《以物顶债协议书》达成于案件审结后，即便不考虑该协议的效力瑕疵问题，而认其有效（济南中院再审认定银信公司与中银公司间的诉讼为虚假诉讼，所订立的《以物顶债协议书》为通谋虚伪表示而无效），因未完成不动产过户登记，亦不发生物权变动之效果。山东高院在26－1号民事裁定书中认定登记在中银公司名下的不动产属于银信公司所有，确属错误。对此，最高院明确指出并予纠正。

但是对于在案件审理过程中达成，并经由法院判决或调解书确认的以物抵债协议，是否具有变动物权效力？对此，实务界曾持肯定观点。比如，最高院执行工作办公室《关于法院已判决确权的财产不应列入破产财产的复函》[（2005）执协字第19—1号]认为："珠海金铭公司自愿以其独立开发销售的部分房产抵偿所欠债务，是其真实意思表示，并不违反法律规定，也不损害第三方的利益……该以房抵债协议经公证机关公证，并经江阴人民法院判决确认合法有效，12套商品房的产权因（疑为'应'）自判决之日起即视为转让给江阴第二纺织厂等债权人，不属于破产财产。天津市高级人民法院在明知金铭广场部分房产尚有争议的情况下，将金铭广场项目整体拍卖的做法不妥。"但是，该批复依然混淆了物权变动之允诺与物权变动本身，即混淆了负担行为与处分行为。即使法院的判决书或调解书确认了以物抵债协议的有效性，该协议仍为变动物权之允诺，即债务人允诺通过变动物权，使债权人通过取得物权而代替原来的给付，仍然需要通过履行方能引发物权变动。故此类判决书或调解书非属《物权法》第28条所规定的法律文书。后续的司法实务接受此种观点，作出了与前述批复中的理念完全不同的裁判[如广东省高级人民法院（2017）粤民申6466号民事裁定书]。

当然，本案中银公司与银信公司间的《以物顶债协议书》是当事人在司法程序之外自行达成的协议，与上述通过判决书或调解书确认的以物抵债协议不同，但本案中还存在另一份以物抵债协议，即由中行济南分行、汇统公司、中银公司、银信公司达成的执行和解协议，山东高院据此作出26－1号执行裁定。此类执行裁定能否产生物权变动效果则存在一定争议。

Ⅲ 以物抵债的执行裁定与物权变动

与当事人间的以物抵债协议不同，以物抵债的执行裁定直接将物权裁定归债权人取得。最高院、原国土资源部、建设部《关于依法规范人民法院执行和国土资源房地产管理部门协助执行若干问题的通知》第27条规定："人民法院制作的土地使用权、房屋所有权转移

裁定送达权利受让人时即发生法律效力,人民法院应当明确告知权利受让人及时到国土资源、房地产管理部门申请土地、房屋权属变更、转移登记。国土资源、房地产管理部门依据生效法律文书进行权属登记时,当事人的土地、房屋权利应当追溯到相关法律文书生效之时。”最高人民法院《关于人民法院民事执行中拍卖、变卖财产的规定》第29条第2款也规定:“不动产、有登记的特定动产其他财产权拍卖成交或者抵债后,该不动产、特定动产的所有权自拍卖成交或者抵债裁定送达买受人或者承受人时起转移。”这就意味着,在法院执行程序中,自上述裁定生效时起,相应的物权就发生变动。这些裁定当属原《物权法》第28条中规定的能够导致物权变动的“法律文书”。

对于上述规定,反对意见认为,所谓的抵债裁定性质上为给付裁定,而非形成裁定,不符合原《物权法》第28条中的法律文书的性质应限制为形成判决的观点[崔建远:《物权法》(第4版),中国人民大学出版社2017年版,第68页]。也有学者认为,法院依法强制拍卖等行为属于公权力行为,且不会破坏物权的公示公信原则,无害于交易安全与秩序,故上述司法解释的规定是合理的(程啸:《因法律文书导致的物权变动》,载《法学》2013年第1期)。从内容上看,以物抵债裁定通常并非对当事人以物抵债协议的简单确认,而会进一步裁定由债权人取得物权,并相应消灭债务人的债务。裁判权作为国家权力的一种,其实现无需借助当事人的行为。当执行裁定载明被执行人的物权由执行申请人取得时,该物权之变动无须借助当事人的行为即得发生;否则,国家权力能否贯彻完全取决于当事人是否履行,与国家权力的性质不符。因此,2016年施行的最高人民法院《关于适用〈中华人民共和国物权法〉若干问题的解释(一)》第7条明确规定:“……人民法院在执行程序中作出的拍卖成交裁定书、以物抵债裁定书,应当认定为物权法第二十八条所称导致物权设立、变更、转让或者消灭的人民法院、仲裁委员会的法律文书。”

在本案中,山东高院在12-3号裁定中认为,中银公司与银信公司签订《以物顶债协议书》后,并未将涉案不动产登记到银信公司名下。银信公司在此后的执行程序中,又将该不动产抵债给中行济南分行,银信公司的行为属于无权处分,而中行济南分行对此完全知情,故中行济南分行不构成善意取得。但问题在于,无论该不动产属于银信公司还是中银公司,该二公司均为同案被执行人,作为执行申请人的中行济南分行是通过以物抵债的裁定书取得该不动产的所有权。此项物权变动基于法律文书发生,而非基于法律行为发生。故最高院就此明确指出,本案申请人是“基于执行裁定取得涉案房产的物权……不属于善意取得,应当适用物权法第二十八条的相关规定,不应适用善意取得制度”。该项见解值得肯定。

正因中行济南分行是基于26-1号执行裁定取得涉案房产物权,对于该房产原主人中银公司的债权人工行市中支行而言,欲实现以该房产的价值受偿的目标,只能通过撤销26-1号裁定的途径,而非通过否定善意取得的方式。

Ⅳ 本案的后续影响及遗留问题

1. 虽然最高院在本案裁定中承认中行山东分行通过26-1号以物抵债的执行裁定取得

了涉案房产所有权，但最高院同时也指出，“当事人协商以物抵债是一种私法行为，属于执行和解的一种形式，人民法院应当审查执行当事人抵债行为是否触犯第三人权益，不宜出具执行裁定予以确认，以防止当事人恶意串通损害第三人利益”。最高院这一态度其实杜绝了此后通过以物抵债的执行裁定来变动物权的可能性。其后最高人民法院《关于执行和解若干问题的规定》[法释(2018)3号]第6条规定：“当事人达成以物抵债执行和解协议的，人民法院不得依据该协议作出以物抵债裁定。”

2. 本案尚有一个直接影响物权变动的程序性问题有待明确，即撤销26-1号裁定的理由。该裁定基于中行济南分行与银信公司等被执行人的执行和解协议作出，而中行济南分行与银信公司之间确实存在真实的债权债务关系，且“没有证据证明中行山东分行与中银公司、银信公司恶意串通”，所以撤销该裁定其实欠缺法律上的依据。虽然最高人民法院《关于适用〈中华人民共和国民事诉讼法〉的解释》(以下简称《民事诉讼法解释》)第492条规定，“被执行人的财产无法拍卖或者变卖的，经申请执行人同意，且不损害其他债权人合法权益和社会公共利益的，人民法院可以将该项财产作价后交付申请执行人抵偿债务”，其中有“不损害其他债权人合法权益”这一要件，但本案中的以物抵债协议并不存在将高价值财产折成低价进行抵债之情形，难谓存在“损害其他债权人”之情形。虽然《民事诉讼法解释》于2015年2月4日起施行，撤销26-1号裁定的12-3号裁定于2015年3月18日作出，但无论是12-3号裁定本身，还是后续的最高院裁定，均未援引《民事诉讼法解释》第492条。撤销26-1号裁定的真实理由可能是最高院裁定中所言：“中银公司具有明显的选择性抵债的恶意情形。”但是，若债务人尚未达到破产标准，选择性抵债本就属债务人意思自治范畴。因此就撤销26-1号裁定的理由，尚有进一步讨论的空间。

□ 参考文献

崔建远：《物权法》(第4版)，中国人民大学出版社2017年版。

程啸：《因法律文书导致的物权变动》，载《法学》2013年第1期。

徐同远：《物权法第28条中的“法律文书”的类别及其具体类型》，载《天津法学》2011年第1期。

刘耀东：《论基于法律文书发生的不动产物权变动——以〈物权法〉第28条为中心》，载《东方法学》2016年第1期。

033 合法建造房屋的所有权归属

陕西崇立实业发展有限公司与中国信达资产管理股份有限公司陕西省分公司、西安佳佳房地产综合开发有限责任公司案外人执行异议之诉案 | 最高人民法院(2016)最高法民终763号民事判决书

章　程　浙江大学光华法学院

■ 事实概要

崇立公司(二审被上诉人、一审原告)与佳佳公司(二审被上诉人、一审被告)签订《佳家时代广场B、C座项目联合开发合同书》(以下简称联建协议),约定佳佳公司提供建设项目用地、项目的规划审批手续和建筑设计方案及施工图纸,崇立公司以人民币出资,承担项目设计蓝图内的所有建安费用。双方共同投资至本项目总价的25%～30%时,佳佳公司应无条件地将该项目过户给崇立公司,由崇立公司独自建设、经营、销售,收益归崇立公司所有。工程竣工验收后,双方签订《有关相关问题的协议》,一致认可就合同收益分配问题再无任何争议,并认可崇立公司已经依据合同合法且无争议地拥有佳家时代广场B、C座及协议约定的地下车库全部产权以及产权转让后的全部销售收益。

佳佳公司因借款纠纷被债权人信达陕西分公司(二审上诉人、一审被告)申请执行佳家时代广场案涉房屋,崇立公司向一审法院提出案外人执行异议。一审法院根据最高人民法院《关于人民法院办理执行异议和复议案件若干问题的规定》作出(2015)陕执异字第00002号执行裁定认为,执行异议所涉房屋尚未办理不动产登记,其国有土地使用证、建设工程规划许可证等相关审批手续和建筑设计方案等均登记在被执行人佳佳公司名下,崇立公司所提供的证据材料不足以证明其是涉案房屋的所有权人,故驳回了崇立公司的异议请求。崇立公司不服,向一审法院起诉。

一审法院认为,佳佳公司与崇立公司系联建关系,共同出资开发建设涉案房屋,故佳佳公司与崇立公司均为房屋建造人,自房屋建成,即应共同享有对涉案房屋的所有权。又佳佳公司与崇立公司签订的《有关相关问题的协议》属于对合作开发的共有财产的分割,该约定系双方的真实意思表示,不违反法律、行政法规的强制性规定,应为有效,故崇立公司应为所有权人。信达陕西分公司不服一审判决提起上诉。

■ 判决要旨

第一，不动产物权变动一般应以登记为生效要件，而根据查明的事实，案涉房屋并未登记于崇立公司名下，崇立公司不能依据登记取得案涉房屋所有权。第二，崇立公司能否基于合法建造取得案涉房屋所有权。合法建造取得物权，应当包括两个前提条件，一是必须有合法的建房手续，完成特定审批，取得合法土地权利，符合规划要求；二是房屋应当建成。在案涉房屋开发的立项、规划、建设过程中，佳佳公司是相关行政审批机关确定的建设方，崇立公司仅依据其与佳佳公司的联建协议，并不能直接认定其为《物权法》第 30 条规定的合法建造人，并因事实行为而当然取得物权。联建协议表明双方明知合作开发，崇立公司仅能依据联建协议参与建成房屋分配，项目转让仍需履行相关审批手续。第三，崇立公司现既未提交证据足以证明其对案涉项目投资的事实，亦未提交证据证明其对涉案房屋占有的权利外观，更未提交证据证明案涉房屋已经登记至其名下，应当承担举证不能的不利后果。第四，《物权法》规定物权公示原则，即物权的变动必须将其变动的事实通过一定方法向社会公开，其目的在于使第三人知道物权变动情况，以免第三人遭受损害并保障交易安全。本案中崇立公司与佳佳公司之间存在合作开发房地产的合同关系，崇立公司有权另案向佳佳公司主张基于合作开发合同产生的相关权利。由此，二审法院认为，在崇立公司提交证据不足以证明其为相关审批手续载明的合法建造主体、投资事实、占有权利外观的情况下，仅依据其与佳佳公司的合作开发合同关系，经认定崇立公司不属于《物权法》第 30 条（《民法典》第 231 条）规定的合法建造人，故撤销一审判决，认定信达陕西分公司的上诉请求成立。

■ 评　析

Ⅰ 本案的争点

1. 合法建造的法律效果

本案的争点，首先是崇立公司是否因《物权法》第 30 条（《民法典》第 231 条）原始取得房屋所有权。按照《民法典》第 231 条的规定，"因合法建造、拆除房屋等事实行为设立或者消灭物权的，自事实行为成就时发生效力。"房屋竣工产生不动产所有权本身并无问题，崇立公司与佳佳公司有联建协议在先，但首先需要认定崇立公司所建房屋是否属于合法建造，只有合法建造才是符合此条的原始取得。

一审法院认为，联建协议表明崇立公司与佳佳公司均为建造主体，因此自房屋建成起二者即成立共有关系。此时，国有土地使用证、建设工程规划许可证等相关审批手续和建筑设计方案等虽均登记在被执行人佳佳公司名下，但在一审法院看来，"合法"，指的是排除违法情形，至于相关手续、登记在何人名下，则并非判断原始取得的依据。

与此相对，二审法院同样适用《物权法》第 30 条（《民法典》第 231 条），但是对"合法建造"的理解显然不同于一审法院，二审法院认为"在案涉房屋开发的立项、规划、建设过程中，佳佳公司是相关行政审批机关确定的建设方，崇立公司仅依据其与佳佳公司的联建协议,并不能直接认定其为《物权法》第三十条规定的合法建造人,并因事实行为而当然取得物权”。换言之,合法建造原始取得房屋所有权,建设主体必须是行政审批机关所确定的建设方,才能称“合法”。虽然联建协议中约定“在双方共同投资至本项目总价的25% ~30%时,佳佳公司应无条件地将该项目过户给崇立公司”,但实际上各项手续仍均在佳佳公司名下,而且实际办理时也需要履行相关审批手续。也就是说,崇立公司始终未能成为行政审批机关所确定的建设方,因此其所建房屋无法成立“合法建造”。

在以往的讨论中,一般将“合法”认为是建造房屋应当符合《城乡规划法》《建筑法》《土地管理法》《房地产管理法》等规划、建筑领域的法律管制要求,学说在解释论上因法官解释空间的不同,有认为其是引致条款、转介条款或授权条款等不同见解,也有从立法论上主张废弃“合法”要件的见解(黄忠:《违法建筑的私法地位之辨识——〈物权法〉第30条的解释论》,载《当代法学》2017年第5期)。解释论上无论采取何种见解,一般都认为此处的合法是指符合相关管制要求,将来能够取得不动产初始登记的情形,与此相对,违法建筑则是无法取得初始登记的房屋。换言之,通常认为“合法”这一要件仅解决何种房屋因建造这一事实行为成就而产生所有权的问题,至于房屋所有权归属问题,未见以往学说与实务以“合法”要件来讨论。

本案的一审判决即采以往学说与实务的见解,并未用“合法”这一要件来判定房屋所有权的归属,而直接以联建协议来判定崇立公司和佳佳公司两家均为建造主体,因此就房屋成立共有关系。而二审判决推翻一审判决之处,也就在于其开创性地用“合法”这一要件来判定所有权的归属,认定只有相关手续的名义人才是合法建造主体,方可原始取得房屋所有权。

2. 双方协议的性质认定

一审和二审法院另一点明显的不同在于对联建协议和后来的《有关相关问题的协议》的认定采取了完全不同的两种态度。

一审认为联建协议本身可以表明真正的建造主体,而《有关相关问题的协议》则具有共有物分割的物权效力。按照二审的见解,联建协议只是给双方设定了债权债务关系,依联建协议,无论是在建过程中崇立公司向佳佳公司请求移转项目,还是在建成后请求移转房屋,在实际履行之前协议本身并不发生物权效力。二审并未对《有关相关问题的协议》表态,但是从其对联建协议的性质认定中可以推知,后一协议无论是哪些合意内容,也都不可能发生房屋所有权移转的效力。

联建协议并不发生物权效力,这一点两个审级法院的判断是一致的。无论是一审以联建协议判断建造主体,从而以事实行为判定所有权归属,还是二审以佳佳公司为原始取得人,认定协议仅有债之效力,逻辑上均无问题。但二审未表明态度的《有关相关问题的协议》,在一审则有较为明显的误判。按学说见解,共有物分割除裁判分割具有物权效力以外,分割协议本身仅具债之效力,因此就不动产而言仍然要适用《民法典》第232条“处分……不动产物权,依照法律规定需要办理登记的,未经登记,不发生物权效力”的规定,也就是说如果分割要发生物权效力,仍需进行登记。

3. 公示原则与公信原则

二审的判决理由分别在第一点和第四点两次提到了物权公示原则。二审的第四点判决理由与法庭对联建协议的性质认定直接相关，也即崇立公司与佳佳公司若因法律行为而变动物权，则必须对外公示，以免第三人遭受损害并保障交易安全。联建协议既未公示，则当然不生物权效力。

但二审的第一点判决理由却不无可议。物权公示原则限于因法律行为而生的物权变动，非因法律行为所生的物权变动无从要求公示，二审既先判断崇立公司是否因事实行为而原始取得，若非原始取得，再判断其是否因法律行为而继受取得，仅在继受取得的情形，才需要适用公示原则。二审判决将上述问题的讨论置于后文，于判决理由的第一点先行言明“根据查明的事实，案涉房屋并未登记于崇立公司名下，崇立公司不能依据登记取得案涉房屋所有权”，恐怕难以逻辑自洽。

退一步说，即使崇立公司有登记，理论上也有可能是错误登记，反过来，没有登记也不能直接判定其不享有物权。也就是说，“依据登记取得案涉房屋所有权”这一表述并不合法理，物权登记只能因公信力而推定其物权状态，而此时应适用的条文应该是《物权法》第 16 条（《民法典》第 216 条）“不动产登记簿是物权归属和内容的根据”，并非二审判决第一点理由中的《物权法》第 9 条（《民法典》第 209 条）或《物权法》第 14 条（《民法典》第 214 条）。

Ⅱ 本判决的参考意义

1. 合法要件的作用

纵览过往学说，一方面，我国台湾地区虽无类似上述“合法”要件，但有学说认为，在判断不动产权属时，建筑执照仅系主管机关管理建筑物的行政措施，因此明确认为建筑执照起造人名义仅得参考，不能直接认定名义人为原始取得人（相关整理见参考文献谢在全书）；另一方面，学界对“合法”要件的解说一般都限于排除非法。因此，本案的一大示范意义在于，不但用“合法”要件判断房屋所有权是否因原始取得而产生，而且以此判断房屋所有权的归属。由此，本案中的合法不仅是符合建设、规划的法律，而且特指建设方必须是行政审批机关确定的建设方，方能成为房屋所有权的原始取得人。至于房屋实际是谁在销售，销售款进入何者账户，在判断原始取得人时则在所不问。

在本案中，国有土地使用权证上载明的权利人为佳佳公司，建筑用地规划许可证、建筑工程规划许可证、施工许可证等记载的权利人也均为佳佳公司，但二审判决理由也援引《物权法》第 142 条（《民法典》第 352 条）“建设用地使用权人建造的建筑物、构筑物及其附属设施的所有权属于建设用地使用权人，但有相反证据证明的除外”规定，因此准确地说，“合法”建造主体并不一定限于建设用地使用权人，只要是建筑用地规划许可证、建筑工程规划许可证、施工许可证等记载的权利人，即使并非建设用地使用权人，也应属于此处的合法建造主体，可原始取得房屋所有权。

2. 联建协议的定性

至于一审认为依联建协议可判断原始取得人，二审则认为联建协议仅有债之效力，则并非本案二审判决所开创。

在内蒙古凯基置业有限公司与内蒙古医科大学附属人民医院合作开发房地产合同纠纷上诉案[最高人民法院(2013)民一终字第155号民事判决书]中,上诉人内蒙古凯基置业有限公司与被上诉人内蒙古医科大学附属人民医院也签订了类似的联建协议,最高人民法院亦认定联建协议仅具有债之效力,被上诉人和上诉人之间需要通过协议的履行才能移转物权。因此可以说,本案延续了最高人民法院对于联建协议的一贯见解。

Ⅲ 本案遗留的问题

原《物权法》施行后,第30条的事实行为的"合法"要件在学界受到很多批判,但最高人民法院在本案判决中把"合法"要件往前更推一步,赋予了"合法"要件更积极的意义,直接将原始取得人与行政审批机关确定的建设方等同。此种将行政管制直连民法效果的做法是否恰当值得考虑,特别在极端情况下,行政审批机关确定的建设方可能未有丝毫资金或劳务投入,此时是否仍以行政审批机关确定的建设方为原始取得人,不无疑问。

当然本案缘起于执行异议,本身需要防止佳佳公司与崇立公司串通转移资产来逃避执行。尽管本案中当事人未有提起,判决中亦无此方面论述,而二审法院是否在此方面有所考虑,并据此将原始取得人与行政审批机关确定的建设方等同,亦难从判决书中推知。但无论如何,本案的二审判决将《物权法》第30条(《民法典》第231条)中国特有的"合法"要件更前推一步,将其与行政程序相结合,可以说形成了我国特有的判决法理。

参考文献

崔建远:《物权法》(第4版),法律出版社2017年版。

谢在全:《民法物权论》(上册),中国政法大学出版社2011年版。

黄忠:《违法建筑的私法地位之辨识——〈物权法〉第30条的解释论》,载《当代法学》2017年第5期。

苏永钦:《违章建筑与小产权房》,载台北:《法令月刊》2015年第4期。

034 金钱价值返还请求权

河南省金博土地开发有限公司与刘玉荣及第三人河南元恒建设集团有限公司案外人执行异议之诉案 | 最高人民法院(2017)最高法民申322号民事裁定书

孙 鹏 西南政法大学民商法学院

■ 事实概要

2012年8月1日、2013年9月16日，金博公司与元恒公司分别签订淇县2012年补充耕地储备项目第二、第三标段以及2013年第三标段施工合同书，约定元恒公司负责前述三个标段的复垦。完工后，元恒公司对应各标段申报的结算价为7,143,072.53元、5,222,434.75元和7,977,289.36元，合计20,342,796.64元。对应各标段的最终结算价为5,827,377.85元、4,221,527.42元和6,421,600.96元，合计16,470,506.23元。金博公司分别支付对应各标段工程款5,769,523元、4,194,171元和6,381,831元，合计16,345,525元，尚欠124,981.23元。2013年7月元恒公司承包万博公司襄城县补充耕地储备项目相关工程，万博公司欠元恒公司工程款372,379.65元。

2015年1月10日，因与刘玉荣的另案执行问题，榆林中院裁定冻结元恒公司建设银行郑州华亿支行账户。2015年7月3日，金博公司向前述账户转入4笔款项共计4,369,651.29元。转账回单分别载明："淇县2012年项目二标段"(1,373,549.53元)、"淇县2012年项目三标段"(1,028,263.75元)、"淇县2013年项目三标段"(1,595,458.36元)和"襄城县项目"(372,379.65元)。金博公司与万博公司外聘财务系同一人，万博公司未委托金博公司向元恒公司支付工程欠款。2015年7月6日，榆林中院将上述款项扣划至该院执行账户。金博公司以4笔款项中4,244,670.06元系误转为由，向榆林中院提出执行异议被驳回，金博公司向该院提起执行异议之诉。

一审判决金博公司只能请求元恒公司返还4,244,670.06元不当得利，该权益不能排除刘玉荣的强制执行。金博公司向陕西高院上诉，二审判决金博公司对案涉4,244,670.06元享有足以排除刘玉荣强制执行的民事权益。刘玉荣认为元恒公司已取得该4,244,670.06元的所有权，金博公司不能行使返还原物请求权，只能另案诉请元恒公司返还不当得利，据此向最高人民法院申请再审。

■ 判决要旨

驳回再审申请。

本案争议焦点为向他人错误转账后,转出方对转入方的返还请求权是否足以排除转入方债权人的强制执行。

再审法院认为,错误转账双方缺乏款项移转的合意,不能导致款项权利变动。款项误转入被冻结账户后即被扣划至法院执行账户,该款项具有特定性,且未被转入方占有,转账也并非交付作为“物”的货币(以下交替使用金钱和货币两个概念),缺乏适用金钱“占有即所有”的基础。故转出方对误转款项仍享有实体权益,足以排除转入方债权人的强制执行。

■ 评　析

Ⅰ 本裁判的思路和意义

本案涉及金钱占有非因移转所有权的意思转移时,权利人对该金钱享有何种民事权益,能否行使返还原物请求权之问题。一审法院基于金钱“占有即所有”原理,认为转入方占有错误转入款项进而取得其所有权,转出方不能行使返还原物请求权,只能要求返还不当得利。二审和再审法院认为,转账并不交付“物”化货币,错误转账至被冻结账户时,转入款项具有特定性,也未被转入方占有,从而排除金钱“占有即所有”原理之适用。因错误转账缺乏权利变动之合意,故金钱权利不因此而变动。该裁判结论对平衡转出方和转入方债权人利益,以及重塑金钱权利变动法理和金钱价值返还请求权均具有重大意义。

Ⅱ 金钱价值返还请求权的法理

本案裁判结论殊值赞同,但裁判思路值得商榷。再审裁定未正面评价金钱“占有即所有”原理,而选择回避该原理之适用。然而,以转账并非交付“物”化货币为由避开“占有即所有”原理有流于形式之嫌。原因在于,“物”化货币为商品货币,现已被信用货币所取代。信用货币包括现金和存款货币,本质上均为债权。现金系以发行者为债务人的债权,存款货币系以吸收存款的银行为债务人的债权。“占有即所有”原理发端于商品货币,普遍适用于现金,也广泛适用于存款货币。将金钱“占有即所有”原理中的金钱限定于商品货币和现金,不仅与现代社会交易实态不符,也是对该原理之误读。此外,款项错误转入被冻结账户后即被划入法院执行账户,因转入方自始至终不能支配该款项,其确实未取得该款项之占有,但若转入账户未被冻结或转账后才被冻结,则转入方已经取得对误转金钱之占有(准确而言为准占有),转入方未占有金钱的裁判理由便不再成立,该裁判的指导意义也将因此降低。

根据“占有即所有”原理,金钱占有与所有完全融合,不承认离开占有的金钱所有权,也不存在针对金钱的返还原物请求权。其正当性根据在于:第一,金钱的高度可替代性。商品货币因无标识而全无个性,存款货币作为账户上的记录更无个性可言,即便现金上标有号码,但也很少有人暗记号码以待未来指陈。金钱占有移转后,权利人无法识别他人占有的哪些金钱属于自己，不能满足物权标的特定之要求，故不能对其行使返还原物请求权。第二，金钱的高度流通性。如果金钱的占有与所有可以分离，则接受金钱时必须调查交付金钱的人（占有人）是否具有所有权，如此一来人们便不能放心收取金钱，金钱的流通机能以及交易的安全和便捷将备受影响。而根据“占有即所有”原理，占有人确定地取得金钱所有权，其对金钱的处分为有权处分，受领人完全不用担心他人追夺自己受领的金钱，金钱的流通性以及交易安全和便捷也得以最大限度地实现。

但是，金钱“占有即所有”之正当性根据不能完全成立。就特定性而言，现金能以封金方式特定化，存款货币也能以将款项存入不与账户户主存款混同的专用账户（如保证金专户、信托资金专户、证券交易结算资金专户等）的方式予以特定，在金钱以前述方式特定的情况下，“占有即所有”之结论就不能成立，若金钱权利人并无向占有人移转权利的意思，当然可以对占有人主张返还“原物”请求权。即便权利人与占有人的金钱混同后无法识别，也不构成将权利人的所有权降格为不当得利债权的理由。因为不同人的大米、面粉、白砂糖等可替代的种类物发生混同而不能识别时，混同各方可以按份共有混同物，并能够依照按份共有的分割原则和方法，重新将其转化为分别所有。金钱混同的情形与前述可替代种类物的混同相同，对混同后的金钱进行价值分割也易如反掌，故以混同后不能识别为由消灭被混同一方的金钱所有权，显然缺乏说服力。就流通性而言，“占有即所有”原理毫无节制地保护金钱之受领人，即便受领人因违法行为（如赌博、贩毒等）受领金钱，或者明知受领的金钱本不属于占有人，或者基于无偿行为从占有人处取得权利人的金钱，权利人也不能向受领人追索本属于自己的金钱，这在利益衡量上完全失当。事实上，金钱流通安全可以通过善意取得制度实现，不过，考虑到金钱的高度流通性，善意取得不应受“占有委托物”的限制，即便赃款等“占有脱离物”也能善意取得。况且，在本案及其他类似情形中，被他人占有的金钱并未进入流通环节，全然不存在流通保护之必要，若仍依“占有即所有”原理，使占有人也能取得金钱所有权并将其纳入自身的责任财产，占有人的债权人可对该金钱强制执行，便无异于迫使权利人为占有人的债权人设立担保，从而使债权人获得望外之利益，更是毫无公平性和正当性可言。

既然金钱“占有即所有”原理不能完全成立，则应该认为当金钱在权利人并无移转所有权之意思而发生占有转移时，除非受领人善意取得，否则权利人依然享有金钱所有权，并能向占有人提出物权性的返还请求。如前所述，现金和存款货币本质上为信用债权，是民法上的“无体物”而非动产（现金币材仅仅是表彰货币金额的工具）。金钱所有权系对信用债权的“所有权”，是典型的“价值所有权”。以权利人无法识别占有人占有的哪些金钱属于自己为由否定其所有权，系对金钱特征和金钱所有权本质之误读。事实上，针对不同财产，返还原物请求权的表现不尽相同。要求返还特定物，是真正的返还“原物”请求权，因为原物不仅承载了该物的价值，而且承载了特定的使用价值甚至情感价值，唯有返还“原物”才能实现权利人的全部诉求。对可替代的种类物而言，返还请求已不再固执于“原物”，所谓原物仅指具有同一使用价值和交换价值之物。现金混同时，权利人的确不能识别原属于自己的现金币材从而无法要求返还“原物”，但其权利客体本非原有币材，而乃该“原物”映射的信用价值,正常理智的权利人绝不会偏执地要求占有人返还其原有币材,只要占有人返还了相应的现金价值,权利人的返还请求权即已实现。对存款货币而言,有体的"原物"自始即不存在或"原物"本就是抽象的存款债权,占有人返还了该额度的存款债权,权利人的权利就已经恢复了"原状"。虽然在返还对象并非"原物"这一点上,前述金钱返还请求权与《民法典》第 235 条规定的返还原物请求权有所差别,但其实质均为要求占有人返还权利人原本拥有的价值,而且返还请求权皆具有物权效力。也就是说,只要确定其"价值"仍在占有人处,金钱权利人即可要求占有人返还一定额度的"价值",该价值返还请求权优先于对占有人的一般债权,表现为强制执行程序中的异议权、排除参与分配权和破产程序中的取回权。另外,在第三人(受领人)不能善意取得的情况下,还可基于该价值返还请求权对第三人行使价值追及权。

金钱价值返还请求权以价值特定为前提,价值特定即金钱价值尚确定地存在于占有人处。本案中,权利人向他人被冻结的账户转账,由于被冻结账户中的资金只进不出,即便权利人错误转入的金钱与账户内原有金钱混同,也能确定误转的金钱价值尚存,再审法院正是因此认定误转金额已被特定化。而且,即便转入账户未被冻结,只要转入后账户内资金未进入流通或账户资金只进不出,权利人的金钱也能维持价值特定性。事实上,不仅是错误转账,权利人的金钱以其他方式(如现金被盗)与他人的财产混同时亦是如此。在第三人(受领人)不能善意取得,权利人对该第三人行使价值返还请求权时,也应依前述方法判断金钱价值是否仍维持特定性。若权利人的金钱确定被消耗,则只能对取得其金钱的占有人或第三人请求损害赔偿或返还不当得利。

Ⅲ 既往司法实践状况

本裁判之前,针对借他人账户收(存)款、错误转账等情形,绝大部分案例以账户户主为占有人,基于"占有即所有"原理,使其取得相应金钱的"所有权"["河北省廊坊市奥凯商贸责任有限公司与江苏银行股份有限公司北京分行案外人执行异议之诉案",最高人民法院(2016)民申 2528 号民事裁定书;"重庆新洲实业(集团)有限公司等与重庆华通典当有限公司执行异议之诉案",重庆市高级人民法院(2014)渝高法民终字第 00273 号民事判决书],若户主未控制和支配账户,则存款货币为账户实际控制人(占有人)所有["铜山县农村信用合作联社茅村信用社与薛文松等执行异议之诉案",江苏省徐州市中级人民法院(2015)徐民终字第 1035 号民事判决书];少数案例认为只要确认权利人金钱尚留存于混同账户中,权利人仍对该金钱拥有"所有权"["广东国际信托投资公司破产案",《最高人民法院公报》2003 年第 3 期;"上海某武术院与国家体育总局某运动管理中心等其他所有权纠纷案",上海市青浦区人民法院(2011)青民二(商)初字第 496 号民事判决书];而针对各种保证金专户以及信托、证券交易结算等专户内的资金,则依照法律规定和当事人的约定认定其权属[参见"兴业银行股份有限公司大理分行与中国光大银行股份有限公司长春分行、大理辉鸿经贸有限责任公司案外人执行异议之诉案",吉林省高级人民法院(2018)吉民终字第 7 号民事判决书;"杜霞与单德利、山东鼎盛建筑安装有限公司执行异议之诉案",山东省济南市历城区人民法院(2015)历城民初字第 3313 号民事判决书]。

Ⅳ 本裁判的参考意义及将来的课题

本裁判刻意回避金钱“占有即所有”原理,在法律效果上与直接放弃或否定该原理并无区别,针对向被冻结账户错误转账之情形,本裁判确立了“转出方对误转金额拥有价值返还请求权,并足以排除他人强制执行”的规则,该裁判规则也可以适用于权利人的金钱被他人占有、发生混同但能确定该金钱价值尚且留存的其他情形;另外,请求返还金钱价值的对象也可扩及于不能善意取得金钱的第三人。但是,若能确定权利人的金钱价值已转化为动产、不动产等其他财产形态,权利人能否对这些“变形价值”主张物权?尤其是,若混同后的金钱进进出出,如何判断权利人的金钱价值是否留存以及留存的具体金额,都是值得进一步深入研究的课题。

□ 参考文献

《最高院晏景法官:“占有即所有”不应做形而上的理解》,载个人图书馆:http://www.360doc.com/content/18/0516/12/55289765_754377947.shtml,2020 年 4 月 16 日最后访问。

孙鹏:《金钱“占有即所有”原理批判及权利流转规则之重塑》,载《法学研究》2019 年第 5 期。

朱晓喆:《存款货币的权利归属与返还请求权——反思民法上货币“占有即所有”法则的司法运用》,载《法学研究》2018 年第 2 期。

金印:《论货币作为所有物返还请求权客体的可行性——兼论抛弃“货币占有即所有”原则的必要性》,载龙卫球、王文杰主编:《两岸民商法前沿——民法典编纂与创制发展》,中国法制出版社 2016 年版。

其木提:《货币所有权归属及其流转规则——对“占有即所有”原则的质疑》,载《法学》2009 年第 11 期。

035 乌木的所有权归属

吴高亮、吴高惠诉四川省彭州市通济镇人民政府“乌木”行政纠纷上诉案

金可可 华东政法大学法律学院

■ 事实概要

2012 年 2 月 1 日,四川省彭州市农民吴高亮,无意中在自己家附近的河渠(另一种说法为吴高亮自家的土地承包地)中发现“乌木”,吴高亮随即租借了一台挖掘机,并于当天下午在自家承包地里进行挖掘。其中一根乌木长达 34 米,胸径约 1.5 米,重达 60 余吨,据专家估算,其价值达数百万元人民币。在挖掘即将结束时,当地镇派出所强行制止了吴高亮的挖掘行动,并将地里埋藏的 7 根乌木全部掘出收走,并宣称“乌木”归当地政府所有。

2012 年 7 月 3 日,彭州市国有资产办公室正式宣布:乌木归国家,奖励发现者 5 万元,镇政府奖励吴高亮 2 万元,合计 7 万元,并且镇政府可以考虑补偿吴高亮前期挖掘费用。

2012 年 7 月 26 日,吴高亮与姐姐吴高惠将通济镇政府告上法庭,要求通济镇政府:(1)归还乌木;(2)赔偿因其保管不当致乌木损坏而造成的损失 1 万元。

■ 判决要旨

驳回上诉,维持原判。

2012 年 11 月 28 日,成都市中院审理此案,双方就乌木是谁发掘、是否位于吴高亮的承包地下和通济镇政府是否有非法行政行为三大焦点问题进行了举证。2013 年 1 月 16 日成都市中院作出裁定,驳回了吴高亮关于确认位于二原告承包地下并由原告发现发掘的 7 根乌木为原告所有的起诉,和吴高惠的全部起诉。法院认为,吴高亮请求确认 7 根乌木由他所有的诉讼请求,是确认权属纠纷,不属于行政审判的权限范围。同时对于吴高惠和吴高亮提起的另外三项诉讼请求,即确认通济镇政府运走并扣押乌木的行政行为违法;要求镇政府返还乌木;要求镇政府赔偿不当保管导致乌木损毁的损失,还将继续审理。但因随后原告提起上诉,这三项诉讼请求与二审结果有关,且涉及法律适用问题,需要送有权机关作出解释或确认,故法院裁定终止诉讼。

2013 年 6 月 15 日,四川省高院作出终审判决,维持成都市中院一审裁定,驳回吴高惠、吴高亮的上诉。

■ 评　析

I　本裁定的思路和意义

本案是近年来关于乌木挖掘所生纠纷中社会影响最大的一起,引起各界的广泛关注,然而法院却采取了避实就虚的做法,避谈乌木在民法上的所有权归属,而将问题转向行政诉讼案件的审理范围。然此等权宜之策终非长久,时至今日司法裁判上对乌木的所有权归属仍无定论,本案作为其典型代表,可谓是树立了一个并不成功的标杆。

II　乌木所有权归属的学理分析

关于乌木的所有权归属,目前学理上主要存在"确认说"和"取得说"两大类。"确认说"主张将乌木定性为国家所有的文物、古生物化石或资源等,"取得说"则主张权利人系依他种法律事实而取得所有权,其包括"天然孳息先占说""埋藏物发现说"等。

关于"确认说",首先乌木不属于文物,文物定义应采日常用语,即"遗存在社会上或埋藏在地下的人类文化遗物"[夏征农、陈至立主编:《辞海》(第6版)(第4W－Z卷),上海辞书出版社2010年版],乌木不属其列。其次乌木亦非古生物化石,根据《古生物化石保护条例》第2条第2款对古生物化石的法定定义,乌木不符合须于地质历史时期形成的时间要件和须保存在岩层中的空间要件,且从该法立法目的观之,乌木与应纳入保护范围的化石相比,研究价值甚小,其主要体现为经济价值。最后乌木也不属于资源,具体体现为:(1)乌木不属于矿产资源,理由在于《矿产资源法》的立法目的是将矿产资源纳入国有,以保障工业生产,促进国民经济和社会发展,而乌木并无工业利用价值;(2)乌木也非野生植物资源,《民法典》第251条中关于野生植物资源的定义应参引《野生植物保护条例》第2条第2款,按照该款规定,乌木不符合植物的通常特征,且将野生动植物资源纳入国有的目的仍在于保护与合理利用有重要基础作用的资源,而乌木不具备此作用;(3)乌木不属于《宪法》第9条第1款和《民法典》第250条规定的"自然资源"。这里需要区分宪法上的国家所有权和民法上的国家所有权,后者系前者于私法上之转化与落实,但两者之性质、规范对象与规范功能截然不同。民法上国家所有权系采"种类法定主义"(《民法典》第246条第1款)。并非一切自然资源均属民法上自然资源国家所有权之客体,《民法典》第250条所称"自然资源"应作目的性限缩,限于构成"国民经济与社会发展的重要物质基础"者,乌木显不具有此种意义;就属于自然资源国家所有权范围之客体,因公民有合理使用之基本权利(《宪法》第9条第2款第1句),故立法者解释立法或司法者适用法律时,应认为国家(全民)负有容忍合理使用(包括先占)之义务。

"取得说"下对乌木定性又有不同学说,主要有:(1)天然孳息说。此说认为应根据乌木发现地的所有权归属认定权属。天然孳息包括有机出产物和其他收获物,两者在分离前均为原物组成部分。而原本独立之物与原物发生结合后,究属原物成分还是独立物,应依交易观念判定。乌木既不似土壤、岩石、水文、大气和植被等要素,本身即属土地通常成分,也未与土地融合到非经毁损不能分离或分离费用过巨(此处类推附合制度所要求的固定性)

之程度，故乌木不属于土地的天然孳息。(2)埋藏物说。一方面，有观点望文生义地认为埋藏物以人力埋藏为要件，忽略了因自然原因而得埋藏者亦属埋藏物；另一方面，原《民法通则》第 79 条第 1 款曾经明确埋藏物须为“所有权人不明”，文义上应含有“此前曾为人所有”之要件，否则与无主物难以区分，乌木显然不符合这一要件。(3)无主物说。因我国现行法律并未规定无主物先占制度，关于如何确定无主物归属，即有争议。首先，有观点认为应类推埋藏物，即由国家取得所有权，发现人获取一定报酬。但类推须以存在法律漏洞为前提，两者应具有法律评价上的一致性，类推后的结果亦应妥当。具体到乌木，上述诸点均存在疑问。例如，德国法上将木乃伊和陨石等符合无主物特征之物纳入埋藏物，其目的主要在于鼓励发现人公开，以促进科研，但如前所述，乌木的价值主要在经济方面。其次，有观点认为我国民法上并无关于无主物之规定，对于乌木应适用民事诉讼法上“认定无主财产案件”之特别程序，经公告后无人认领的，判决认定财产无主，收归国家所有。但《民事诉讼法》第 192 条第 2 款的规定包括两个部分，即确认财产现行权属状况和物权变动，两者的法律依据都在民法上规定，即诉讼法上的规定不能作为物权变动的实体法依据。而认为无主物归国家所有的观点，更是缺乏实体法依据。

笔者认为，乌木的所有权归属应采先占说，但首先须指明，这里的先占，非如某些观点所言，指无主物由国家先占或由个人自由先占，这两说都缺乏实证法依据。所谓先占，具体是指土地上存有土地承包经营权、宅基地使用权等特定类型之用益物权时，用益物权人享有排他先占权；土地上未设定上述特定类型用益物权时，如属集体土地，集体成员具有先占权，其成员内部之利益分配，得以集体规约定之；如属国有土地，国家负有容忍合理自由先占之义务。先占人若侵害他人之排他先占权，或违反先占之禁止，即不能取得其所有权。理由在于：我国现行立法虽未规定无主物先占制度，但法条纵无明文规定，只要承认法官不得以法无明文为由拒绝审判，就须运用漏洞填补、法外续造等法学方法从法教义学上得出答案。详言之，可从两个角度进行论证，第一个角度是习惯法角度，即自由先占制度实质上已具备交易上习惯法之要件——长期稳定实践之惯行，例如立法者在立法调查过程中确认“法律上虽未明文规定先占制度，但事实上先占始终作为社会生活的习惯规则而广泛存续，进入国家或集体所有的森林、荒原、滩涂、水面打猎、捕鱼、砍柴伐薪、采集野生植物、果实、药材并取得猎获物、采集物的所有权，国家并不禁止，也存在捡拾抛弃物而取得所有权的情况，因此，法律虽然没有明文规定先占制度，现实中通过先占取得所有权却是客观存在着的”。(全国人大常委会法制工作委员会民法室编著：《物权法立法背景与观点全集》，法律出版社 2007 年版)，且大众对其亦有法之确信，司法实践中亦有肯定先占取得无主物所有权的裁判[参见“凌有叔等与廖彩芬等返还原物纠纷上诉案”，(2013)赣中民一终字第 7 号判决书；“陈学清诉雅辉(清远)纸品有限公司返还原物纠纷案”，(2013)清城法源民初字第 330 号判决书]。第二个角度是法律漏洞，即使否认习惯法的法源地位，不规定先占，也非立法者的有意沉默。所谓有意沉默，即立法者就某项制度作出消极之评价决定，例如我国并未规定典权和居住权，系立法者明确表示并无必要。但就先占立法者却从未公开表明态度，故应认为，先占制度阙如，是立法者明知的法律漏洞，即立法者自觉对此问题尚无把握，从而不予规范，将之留待判例与学说进行完善，在立法表明态度前，应认为立法者已向法律适用者授予漏洞填补之权限。此时要进行法内续造。因先占属于事实行为，故应以《民法典》第 231 条规定（“因合法建造、拆除房屋等事实行为设立或者消灭物权的，自事实行为成就时起发生效力”）作为裁判依据。

其次，关于先占与土地所有权人、用益物权人的关系，（1）对于本就未设定用益物权之国有土地，应认为土地所有权人负有容忍先占之义务。此系基于《宪法》第 9 条第 2 款国家就自然资源“保障合理利用”之义务，这也可类推适用于《宪法》第 10 条规定的土地，民法上亦要在此基础上作合宪性解释；而对于未设定用益物权之集体土地，应认为集体成员具有排他先占权。（2）集体所有权，仅属于“本集体成员”集体所有，其客体上之利益仅得归属于“本集体成员”；集体对其土地相关之利益通常均得主张排他权利，不独以土地本身为限，此与社会一般观念并不相悖，故得目的性扩张其权能中之“收益”概念（《民法典》第 240 条）。（3）若土地上存在用益物权，原则上应认为用益物权人享有排他先占权，但依权利之目的，此种利益不应归属于权利人者除外。前者如土地承包经营权、宅基地使用权；此时，亦应目的性扩张用益物权“收益”权能（《民法典》第 323 条）之概念，令其包含排他先占权在内；后者如探矿权、采矿权、取水权、捕捞权、狩猎权等，因其权利目的已限定权利人所得收取之客体范围。（4）无主物之先占，以不侵犯他人排他先占权为要件之一，若未经允许而占有他人排他先占权下之客体，不发生先占之效力（违反《民法典》第 231 条之“合法”要件）；其构成排他先占权之侵害，排他先占权人得依侵权行为（《民法典》第 1165 条第 1 款、第 179 条第 1 款第 4 项），不当得利（《民法典》第 122、985 条），原物返还请求权（《民法典》第 235 条）等请求返还；如有损失，亦得主张金钱赔偿（《民法典》第 1165 条、第 179 条第 1 款第 6 项、第 1184 条）。

最后须注意，先占人自应遵守自然资源保护上之法律规定，其违反除引发相应刑事、行政、民事责任外，亦因此不发生先占之效力（违反《民法典》第 231 条之“合法”要件）。先占人亦应遵守环境保护义务（《环境保护法》第 6 条第 1、4 款）。其违反除引发相应刑事、行政责任外，尚得发生侵权责任（《环境保护法》第 64 条），主管机关或物权人自得责令其停止侵害、排除妨碍、恢复原状等，由此可遏制或避免因先占而破坏自然资源或环境的行为。

Ⅲ 既有司法实践状况

近年来民众挖掘乌木屡生纠纷，因常涉及多家行政部门，法院往往偏向政府机关，除上述案件外，还有下述事例：“2012 年重庆某地村民于当地河道挖出 30 米长乌木，当地财政局起诉要求其返还出卖所得价款，终获法院支持”（载人民网：http://politics.people.com.cn/n/2014/1030/c70731－25935383.html，2020 年 5 月 10 日最后访问）；“2013 年江西修水某村民发现并挖掘巨型乌木，当地政府宣布收归国有，再度引起纠纷”（载新华网：http://www.xinhuanet.com//photo/2013－09/16/c_125391674.htm，2020 年 5 月 10 日最后访问）。学者专家亦众说纷纭、见解不一（见上述各种“确认说”和“取得说”）。

Ⅳ 本裁定的参考意义及将来的课题

虽然在司法裁判上关于乌木所有权归属的规则付之阙如，但现实中不可避免地会再度发生乌木挖掘事件,裁判者不可能一直以其权属确认不属行政诉讼管辖范围为由回避实质问题,应当如何裁判是亟待解决的难题。从长远考虑本案也有较大的反思余地。《民法典》未规定先占制度,但规定习惯可作为法源(《民法典》第10条)。结合上述分析,先占制度阙如,构成法律漏洞,司法者在将来应立足于民法条文和法学方法填补该漏洞。进一步说,是否赞同适用先占规则这一结论并不重要,但至少裁判者不应再延续如本案简单粗暴之做法,而应关注并进一步明确如何妥当协调各方利益。

□ 参考文献

全国人大常委会法制工作委员会民法室编:《〈中华人民共和国物权法〉条文说明、立法理由及相关规定》,北京大学出版社2007年版。

[德]卡尔·拉伦茨:《法学方法论》,陈爱娥译,商务印书馆2003年版。

金可可:《论乌木之所有权归属——兼论国家所有权之种类及其限度》,载《东方法学》2015年第3期。

朱虎:《国家所有和国家所有权——以乌木所有权归属为中心》,载《华东政法大学学报》2016年第1期。

王永霞:《彭州乌木事件的法解释学思考》,载《政法论坛》2013年第4期。

王建平:《乌木所有权的归属规则与物权立法的制度缺失——以媒体恶炒发现乌木归个人所有为视角》,载《当代法学》2013年第1期。

税兵:《自然资源国家所有权双阶构造说》,载《法学研究》2013年第5期。

036 网络虚拟财产的返还财产请求权

韩某诉李某某返还原物纠纷案 ｜ 河北省石家庄市中级人民法院
(2018)冀01民终13196号民事判决书

李国强 吉林大学法学院

■ 事实概要

2014年年初，被上诉人（一审原告）韩某将自己的《大话西游 Online Ⅱ》四个账号交由上诉人（一审被告）李某某使用。2018年3月23～24日，李某某将韩某四个账号中的角色和角色附带的物品以总计320元的价格出售给自己。关于韩某将自己的四个账号交给上诉人李某某使用的原因，双方各执一词，且均未能提供充分的证据证明自己的主张，故双方的相关主张人民法院均不予认可。关于李某某出售给自己的游戏角色及物品的价值，韩某提供了网络游戏《大话西游 Online Ⅱ》平台上的官方交易最低价格、《涉案角色物品出售情况》中李某某向他人出售相关物品的价格等证据证明自己的主张。李某某未提供证据，故按照其向他人出售相关物品的价格确定物品价值，但出售价格低于游戏平台最低交易价格的，人民法院按照游戏平台最低交易价格确定物品价值。

■ 判决要旨

驳回上诉，维持原判。

被上诉人韩某在网络游戏《大话西游 Online Ⅱ》中所实际控制的四个游戏账号中的游戏角色及附带物品属于原《民法总则》第127条所规定的网络虚拟财产，对该财产的合法权利应当予以保护。被上诉人韩某将自己实际控制的游戏账号交给上诉人李某某使用，上诉人在此使用过程中应当基于善意、合理的原则，不得对被上诉人的权利造成损害。而上诉人在使用被上诉人账号过程中，在没有经过被上诉人同意的情况下，擅自将游戏中的角色和装备以明显不合理的低价出售给自己，明显侵害了被上诉人的网络虚拟财产权利，故被上诉人要求上诉人返还原物或赔偿损失的请求，人民法院予以支持。

■ 评　析

Ⅰ 本判决的思路和意义

本判决主要依据《侵权责任法》第15条第1款第4、6项规定作出，遵循的是侵权责任法的逻辑。人民法院首先依据《民法总则》第127条认为被上诉人对网络虚拟财产享有的权利为财产权，进而确认在权利人脱离了对网络虚拟财产控制并产生财产损失的情况下，权利人既可以请求返还财产，也可以请求赔偿损失。本判决在《民法总则》第127条规定的基础上，明确了网络虚拟财产权利的保护路径。虽然《民法总则》第127条（《民法典》第127条）已经明确规定网络虚拟财产上成立的民事权利受到法律保护，但其既没有明确其财产权属性，也没有明确相关保护性请求权内容。本案作为第一例支持权利人基于网络虚拟财产权利主张返还财产请求权的判决值得关注。

Ⅱ 网络虚拟财产权利保护的规范依据及其学理分析

网络虚拟财产纠纷已经随着计算机技术和网络的发展而层出不穷，如何保护网络虚拟财产权利涉及两方面问题：一是作为保护前提的网络虚拟财产权利的性质定位问题；二是权利保护方式或者保护性请求权的规范依据问题。

在原《民法总则》颁布之前，就网络虚拟财产权利的性质，学界存在债权说、物权说、知识产权说、无形财产权说、新型财产权说等不同见解。其中物权说为多数说，而债权说亦为有力说。在原《民法总则》的立法过程中，草案曾一度采纳将网络虚拟财产视为物而成立物权的观点，《民法总则草案》（一审稿）第104条第2款规定："法律规定具体权利或者网络虚拟财产作为物权客体的，依照其规定。"但最后鉴于各界对网络虚拟财产的概念范畴、保护范围、权利属性、权利义务内容存在较大争议，因而最终原《民法总则》只作原则性规定。尽管网络虚拟财产已被原《民法总则》第127条列为民事权利保护的对象，但网络虚拟财产权利的性质仍未清晰界定，加之原《民法总则》第126条是列举了人身权和财产权的民事权益兜底性规定，因此也不能简单肯定其为财产权，但是从"网络虚拟财产"的用语以及其与人格身份没有必然联系等方面来看，网络虚拟财产权利应认定为财产权无疑，只是无法纳入既有的财产权体系而已。原《民法总则》颁布后，比较有代表性的观点认为：网络虚拟财产权并非是一种仅具单一法律属性的财产权利，而是由分别对应着网络虚拟财产权内部的相对性债权和对应着外部法律关系的绝对性财产权共同组成的权利束［陈甦主编：《民法总则评注》（下册），法律出版社2017年版，第886页］。学界的各种不同学说亦都明确了网络虚拟财产权为财产权，本判决亦明确了网络虚拟财产权利这一性质定位。需要进一步明确的是，网络虚拟财产权既具有传统民法物权的特征，也具有债权的特征：一方面，从权利主体到被支配的虚拟物品，完全可以类比人对于有体物的支配，在使用的过程中虚拟物品会不断发生变化，其变化的过程虽然发生在网络运营商的服务器中，但并不受网络运营商的控制；另一方面，虚拟财产的运行、存储以及权利变动，需要通过网络经营者履行用户协议，实现用户之间的信息交换，网络虚拟财产权利对于网络服务提供者与网络用户之间的合同具有依附性，合同的履行会对网络虚拟财产权利中的利益关系产生直接影响。

法律对网络虚拟财产权利的保护方式没有明确的规定，《民法典》第127条本质上是一个指引性条款，并未具体规定网络虚拟财产权利相关保护性请求权的内容（张新宝：《〈中华人民共和国民法总则〉释义》，中国人民大学出版社2017年版，第250页）。对此，《民法典》延续了原《民法总则》的规定，未作修改。因此，只能通过援引类似权利的规则以完善保护的规则。

虽然网络虚拟财产权利是兼具物权和债权属性的财产权,但在物权和债权二分的财产权体系下,也只能通过选择一种既有路径解释,将其纳入物权或债权的保护逻辑加以解释、描述和表达,简单将网络虚拟财产权利定位为既不同于物权也不同于债权的新型财产权不能解决任何问题,除非网络虚拟财产权利也像知识产权和股权一样有明确的特别规定。

在本判决中,从规则适用的逻辑融贯与简练上考虑,应将网络虚拟财产类比物权加以解释,因此判决虽然支持了返还原物的请求,但其依据是原《侵权责任法》第 15 条(《民法典》第 179 条)而不是原《物权法》第 34 条(《民法典》第 235 条),说明人民法院并不认为网络虚拟财产权利就是物权。严格地讲,返还财产和返还原物具有不同的含义,返还财产指向的范围更广,返还不当得利以及合同无效或被撤销后的返还财产都不属于原《侵权责任法》的返还财产,否则会发生法律关系混乱的结果(魏振瀛:《民事责任与债分离研究》,北京大学出版社 2013 年版,第 323 页)。《民法典》第 179 条第 1 款第 4 项规定的"返还财产"主要是指返还原物,除此之外,还应该包括其他具有绝对权属性的财产权利的返还,而虚拟财产权类比物权也具有绝对权属性,虚拟财产权利人可以行使返还财产请求权。另外,在我国《民法典》第 179 条规定了返还财产的责任承担方式的情况下,权利人这一请求并无逻辑障碍。在具体操作层面,由于虚拟财产不具有物的有体性,因此其被他人侵占的主要表现形式是权利人的账号及密码被修改,使得权利人不能登录账号,在返还财产请求权的行使上,只能请求侵权人告知新的账号和密码,以此方式恢复对虚拟财产的控制。

综上所述,网络虚拟财产权利的保护应该通过解释《民法典》第 127 条将其性质界定为财产权,再根据具体情况分别适用物权或债权保护的规则,如本案所涉权利人对网络虚拟财产的控制为他人侵夺的情形,可以将《民法典》第 179 条的相关规则适用于物权以外的具有绝对权属性的财产权,确认权利人基于网络虚拟财产权可以主张返还财产请求权。

Ⅲ 既往司法实践状况

既往判决中,人民法院多不会明确网络虚拟财产权利属于物权,但会按照物权的逻辑来论证其财产属性,例如,在"韩林以虚拟财产被盗为由诉上海盛大网络发展有限公司娱乐服务合同纠纷案"[开封市鼓楼区人民法院(2005)鼓民初字第 475 号民事判决书]中,人民法院认为原告作为消费者通过支付对价和亲身劳动获得游戏中的相关虚拟物品,系合法所得,且在游戏中能够为玩家提供使用功能和交换价值,具有财产属性。在"于静诉孙江泰合同纠纷案"[北京市第二中级人民法院(2009)二中民终字第 18570 号民事判决书]中,人民法院概括阐释了网络虚拟财产具有一般财产的属性:第一,有用性;第二,稀缺性;第三,可控制性。这种财产属性完全是依据物权客体的概括。原《民法总则》施行后的案例多承认网络虚拟财产权的财产权属性,同时也指出其不属于物权。如"冯亦然与北京乐酷达网络科技有限公司合同纠纷案"[北京市第一中级人民法院(2018)京 01 民终 9579 号民事判决书]中,人民法院认为,我国现行法律没有将比特币等网络虚拟财产规定为物权法上的"物",因而基于物权法定原则,冯亦然无法按照所有权的法律规定(如孳息)而要求乐酷达公司交付比特币"分叉"所产生的比特币现金。值得注意的是,有关网络虚拟财产的刑事案件有很多,在有关网络虚拟财产的唯一最高人民法院公报案例“上海市黄浦区人民检察院诉孟动、何立康网络盗窃案”（载《中华人民共和国最高人民法院公报》2006年第11期）中，人民法院认定网络虚拟财产属于盗窃罪的犯罪对象即公私财物，只要盗窃行为已实现了非法占有该虚拟财产在现实生活中所对应的被害人财产。这是将网络虚拟财产视为物，但同时又考虑其虚拟的特殊性。

在本判决之前，相关纠纷多发生在网络服务提供者和用户之间，既有合同纠纷也有侵权纠纷，判决结果主要从市场价值的角度保护权利人的利益，确认的保护方式主要是赔偿损失。在颇具影响的“李宏晨诉北京北极冰科技发展有限公司娱乐服务合同纠纷案”［北京市第二中级人民法院（2004）二中民终字第02877号民事判决书］中，人民法院判决被告网络服务提供者承担网络安全保障不利的责任，依据的是违反安全保障义务承担侵权责任的逻辑。需要厘清的一个重要问题是，网络服务提供者对于网络虚拟财产承担的此种安全保障义务，究竟是来源于合同约定还是法律直接规定，仅从逻辑上来看，要求网络服务提供者对于网络虚拟财产承担侵权法上的安全保障义务，实际上仍然是拟物化思维模式的产物，即研究者先验地将网络虚拟财产视为一项绝对权，而对其所处之法律关系性质为何则未作更多关注。该案发生于2003年，当时原《民法总则》和原《侵权责任法》都没有颁布，法律并未明文规定网络服务提供者的安全保障义务，按照主流观点，对于网络服务提供者来说，所谓网络虚拟财产只不过是其向网络用户提供的一系列服务行为而已，因此，网络用户实际上是要求网络服务提供者继续履行合同义务，而非侵权法上的安全保障义务［陈甦主编：《民法总则评注》（下册），法律出版社2017年版，第889页］。所以，也可以认为网络用户向网络服务提供者主张权利依据的是合同债权的保护逻辑，这在“张戈与北京华清飞扬网络股份有限公司网络侵权责任纠纷案”［北京市第二中级人民法院（2017）京02民终4209号民事判决书］中得到进一步改进，人民法院认为，在华清飞扬网络公司提供有偿服务之时，概不应由他人直接承担提供产品存在的瑕疵或疏漏之结果，在公平交易中，不应在无法定前提和明确约定的情况下由一方决定双方的责任承担，故该公司理应承担侵权责任。在这些案例中，均不涉及网络虚拟财产的返还财产请求权的问题。

Ⅳ 本判决的参考意义及将来的课题

本判决通过侵权责任的路径，保护了网络虚拟财产权利人主张返还财产的权利，有利于形成对网络虚拟财产保护的基本路径，也符合原《民法总则》颁布以来学界的多数观点。

需要注意的是，本判决同时引用原《侵权责任法》第15条和原《民法总则》第179条是错误的。这是因为，两部法律关于返还财产的责任承担方式的规定是一致的，表述不同在于一为侵权责任的承担方式，二为民事责任的承担方式。在《民法典》颁布之前，原《侵权责任法》应为分则性质的特别法，原《民法总则》为总则性质的一般法，因此，按照法律适用的规则，应适用原《侵权责任法》规定而无需再引用原《民法总则》的相关规定。而在民法典颁布生效后，《民法典》侵权责任编不再规定责任承担方式的内容，因而也不会再有此种适用法律的错误。

当前，造成网络虚拟财产利益损失的原因很多，大致可以归为四类：第一，网络游戏经营者实施的行为导致虚拟财产损失；第二，网络游戏经营者未尽到安全注意义务导致虚拟财产损失；第三，网络用户对自己的虚拟财产未尽到安全保护义务；第四，利用网络技术非法入侵导致虚拟财产损失（沈德咏主编：《〈中华人民共和国民法总则〉条文理解与适用》，人民法院出版社2017年版，第869页）。复杂多样的纠纷使得网络虚拟财产的权利人面临向直接侵害者和网络服务提供者主张权利的难题，在没有特别法规定网络虚拟财产权利保护的具体规则以前，相对而言，人民法院也需要选择不同的物权和债权保护的逻辑来解释网络虚拟财产权保护的规则，这些问题值得进一步探讨。

□ 参考文献

李适时：《中华人民共和国民法总则释义》，法律出版社2017年版。
陈甦主编：《民法总则评注》（下册），法律出版社2017年版。
张新宝：《〈中华人民共和国民法总则〉释义》，中国人民大学出版社2017年版。
林旭霞：《虚拟财产权研究》，法律出版社2010年版。
魏振瀛：《民事责任与债分离研究》，北京大学出版社2013年版。
许可：《网络虚拟财产物权定位的证立——一个后果论的进路》，载《政法论坛》2016年第5期。
李宇：《民法总则要义：规范释论与判解集注》，法律出版社2017年版。
沈德咏主编：《〈中华人民共和国民法总则〉条文理解与适用》，人民法院出版社2017年版。

037 区分所有建筑物楼顶空间及其架空层的所有权归属

曾李嵘等15人与东兴房地产开发有限公司、东淮房地产开发有限公司财产损害纠纷案 | 福建省泉州市中级人民法院(2006)泉民终字第342号民事判决书

陈华彬 中央财经大学法学院

■ 事实概要

原告曾李嵘等15人系丰泽区兴淮花苑小区B幢的业主,二被告是该小区的开发公司:东兴房地产开发有限公司、东淮房地产开发有限公司。开发商违反规划图纸的设计方案,擅自将B幢第十二层屋顶架空层围砌围墙,违章扩建成楼房。部分业主遂诉至法院,请求判令被告立即停止侵权行为并拆除对屋顶围筑的违章建筑物,严格按规划部门批准的规划设计方案恢复原状。

被告东兴房地产公司辩称,该屋顶也就是第十三层的建筑物,是经过政府相关部门批准建筑的,并未作为公摊面积由业主公摊,所以其所有权并不属原告。B幢第十二层屋顶与原告不具有利益关系,未侵犯原告的合法权益,请求驳回原告的诉讼请求或中止其诉讼请求。被告东淮房地产公司辩称,原告没有资格要求拆除建筑物,双方诉争的建筑物属行政部门管理范畴,且该部分未列入原告的公摊部分,请求驳回原告的诉求。

一审法院福建省泉州市丰泽区人民法院认为,原告所提供的证据可以证明兴淮花苑小区B幢第十二层屋顶架空层原规划设计中并没有围砌成封闭墙体,被告所提供的证据印证了这一事实,且被告对该事实也不予否认。现被告违反规划设计,私自将该架空层部分围砌封闭墙体,侵犯了B幢业主的权益。该架空部分虽未计入业主的公摊面积,但其使用权仍属B幢的业主,被告作为开发公司无处分权。原告要求被告拆除私自围砌的封闭墙体合理合法,该诉求应予支持。根据《民事诉讼法》第13条、第64条第1款,《民法通则》第117条第1款的规定,判决二被告限期拆除在丰泽区兴淮花苑小区B幢第十二层屋顶架空层违章围砌的建筑墙体。

东兴房地产开发有限公司、东淮房地产开发有限公司不服,提起上诉。

■ 判决要旨

驳回上诉，维持原判。

二审法院福建省泉州市中级人民法院认为，本案诉争的屋顶架空部分在原规划设计中并没有围砌封闭墙体，也没有涵括在B幢建筑面积中，没有计入业主的公摊面积，属于非独立的所有权空间，不属于某位业主所有，也不属于业主的公摊范围，更不属于开发公司的产权保留空间，应属于兴淮花苑小区B幢楼房全体区分所有权人所共有，上诉人无权处分。上诉人未经该楼房的所有业主同意，违反规划设计，擅自将屋顶架空部分围砌成封闭墙体，改变该架空层的结构和用途，侵犯了该楼房全体区分所有权人的权利。15位被上诉人是该楼房的部分业主，有权提起民事侵权诉讼，判决驳回上诉，维持原判。

■ 评　析

Ⅰ 本判决的思路和意义

本案于2005年一审，2006年二审，届时尚无关于该案件（问题）的明确规定，故法院主要依物权法学理予以裁判。裁判主要围绕该楼顶空间及其架空层的所有权归属问题展开。法院认为，该楼顶空间及其架空层，并非独立的所有权空间，其不属于某业主单独所有，也不属于开发商的产权保留空间，即便未计入公摊面积，仍属于该幢楼房全体区分所有权人共有。该裁判做出了正确的判断，有利于维护业主合法权益，正本清源，值得肯定。

Ⅱ 区分所有建筑物楼顶空间及其架空层的所有权归属的规范与学理或法理

立法上，关于楼顶空间及其架空层所有权的归属，主要经历了如下阶段：第一阶段，原《物权法》颁布以前，建设部等的相关规定倾向于将此认定为共用部分（但非所有权归属意义上的概念）。1998年原建设部、财政部《住宅共用部位共用设施设备维修基金管理办法》（现已失效）第3条规定："本办法所称共用部位是指住宅主体承重结构部位（包括基础、内外承重墙体、柱、梁、楼板、屋顶等）、户外墙面、门厅、楼梯间、走廊通道等。……"1992年原建设部《公有住宅售后维修养护管理暂行办法》（现已失效）第4条第2款规定："住宅的共用部位，是指承重结构部位（包括楼盖、屋顶、梁、柱、内外墙体和基础等）、外墙面、楼梯间、走廊通道、门厅、楼内自行车存车库等。"第二阶段，原《物权法》阶段，规定了涵括业主共有权在内的建筑物区分所有权，但未明确提及楼顶的权属。原《物权法》第73条（《民法典》第274条）规定："建筑区划内的道路，属于业主共有，但属于城镇公共道路的除外。建筑区划内的绿地，属于业主共有，但属于城镇公共绿地或者明示属于个人的除外。建筑区划内的其他公共场所、公用设施和物业服务用房，属于业主共有。"此采列举与概括相结合的方式规定共有部分，但仍未明确"其他公共场所"的意涵，未明确提及是否涵括楼顶空间及其架空层。第三阶段，司法解释阶段，肯定了"建筑物的屋顶"系共有部分，但仍未明确是全体共有还是部分共有。2009年最高人民法院发布的《关于审理建筑物区分所有权纠纷案件具体应用法律若干问题的解释》（以下简称《建筑物区分所有权司法解释》）第3条第1项规定：

"除法律、行政法规规定的共有部分外，建筑区划内的以下部分，也应当认定为物权法第六章所称的共有部分：(一)建筑物的基础、承重结构、外墙、屋顶等基本结构部分，通道、楼梯、大堂等公共通行部分，消防、公共照明等附属设施、设备，避难层、设备层或者设备间等结构部分；"

《物权法》第70条(《民法典》第271条)规定建筑物区分所有权系由专有权、共有权及共同管理权构成，此即三元论立场。此立场符合当代建筑物区分所有权制度发展的潮流或趋势，应认为是一项先进的立法规定(陈华彬：《建筑物区分所有权法》，中国政法大学出版社2018年版，第85页)。其中，共有权的客体是"共用部分"或"共有部分"(共用部分是从区分所有建筑物管理的角度的称谓，共有部分是自所有权视角的称谓)。各国家或地区建筑物区分所有权法通用"共用部分"或"共有部分"二概念，《物权法》第70条(《民法典》第271条)仅启用"共有部分"的术语。尽管如此，我们仍可知悉或明了，我国物权法所称"共有部分"("共用部分")乃具二项特性：其一，从属性。共有部分(共用部分)为附随于专有部分的附属物或从物。其二，不可分割性。即共有部分(共用部分)本身不得被分割。原《物权法》对共有部分(共用部分)的这两项特性未予明示，然解释上应借鉴域(境)外法经验或立法成例，认为原《物权法》上的共有部分(共用部分)有此两项特性(陈华彬：《建筑物区分所有权法》，中国政法大学出版社2018年版，第93页以下)。

关于楼顶空间及其架空层所有权的归属，学理上主要有业主共有说、开发商所有说、部分业主专有说等不同观点。业主共有说的主要理由是，楼顶具有从属性和不可分割性，且符合业主共同生活的需要，开发商所有说的主要理由是，开发商基于建造房屋取得所有权，部分业主专有说，自利益最密切的角度认为系顶层业主专有。笔者认为，屋顶平台的归属主要有两种情况(陈华彬：《建筑物区分所有权法》，中国政法大学出版社2018年版，第176页)：(1)归业主共有。根据建筑物区分所有权原理，屋顶平台事关业主的切身利益和区分建筑物作为一项不动产的判断标准，故此在商品房预售合同或销售合同没有约定其归属时，应推定为业主共有，属于区分所有建筑物结构上的法定共有部分。此种场合，屋顶平台不得单独登记为一项独立的不动产留给开发商自己，或作为买卖标的物出售于他人，只能公摊到区分所有建筑物的面积中，归业主共有。此时，全体业主或业主委员会有权将屋顶出租，收取租金；但不得单独出卖，盖因它不是一个独立之物(崔建远：《物权法》，中国人民大学出版社2009年版，第206页)。(2)作为专有部分对待，可单独地登记为一项不动产，成立一项不动产所有权。参照《建筑物区分所有权解释》第2条第2款的规定，符合以下条件的屋顶平台宜作专有部分对待而登记为一项不动产所有权：第一，符合规划；第二，具备构造上的独立性，能够明确区分，以及具有利用上的独立性，可以排他使用；第三，建设单位销售时已经根据规划列入该特定房屋买卖合同(杜万华、辛正郁、杨永清：《最高人民法院〈关于审理建筑物区分所有权纠纷案件具体应用法律若干问题的解释〉〈关于审理物业服务纠纷案件具体应用法律若干问题的解释〉的理解与适用》，载《法律适用》2009年第7期)。需注意的是，于屋顶平台归属于某特定的业主或开发商抑或第三人的情况下，其与该栋建筑物的其他业主的不动产权利之间，应适用相邻关系规则予以调整。概言之，区分所有建筑物的屋顶原则上应属于业主共有，仅于符合特定条件时方可作为专有部分对待。而本案显然不符合前述特定条件的要求,故而实应属于业主共有,法院的判断无疑是正确的。

关于楼顶空间及其架空层属全体共有还是一部共有(该幢楼房的业主共有)。依共有部分使用人的不同,可将共有部分划分为全体共有部分与一部共有部分。全体共有部分,俗称“大公”,一部共有部分,俗称“小公”。究为全体共有部分还是一部共有部分,于发生疑义时,当应解释为全体共有部分。需指出的是,全体共有部分与一部共有部分的划分标准所强调的是某些共有部分可以为全体业主使用,而某些共有部分由于构造和设计的原因而只能为部分业主使用,唯该共有部分的所有权依然属于全体业主。此种划分标准的意义在于,使用“一部共有部分”的部分业主要依据合同的约定支付租金(陈华彬:《建筑物区分所有权法》,中国政法大学出版社 2018 年版,第 173 ~ 174 页)。因此,楼顶空间及其架空层应属一部共有,即为该幢楼房的业主共有,其可因生活需要而于屋顶安放太阳能热水器、空调外挂机等。然若于临街的楼顶设置广告牌,其产生的收益则不能只归该栋楼房的业主享有,而应归全体业主共同所有[北京市第一中级人民法院:《关于建筑物区分所有权类案件的调研报告》(2009 年 3 月),第 11 ~ 12 页]。

Ⅲ 既有司法实践状况

有较早裁判认为系业主共有,但论述不够充分。比如“上海市虹古小区业主管理委员会诉上海温哥华物业管理有限公司等排除妨碍案”[上海市长宁区人民法院(1996)长民初字第 2227 号民事判决书]中,法院认为,“上海永乐物业公司既不是受托的管理者,又不是上海市仙霞路 620 弄 30 号业主的代表,不具备与被告签订在前述大楼房顶上设置基站协议的主体资格,且损害了业主的合法利益,该协议应为无效”。

当前诸多裁判明确采业主共有说。比如“周庆吾诉湖南三诚置业有限公司房屋买卖合同纠纷再审案”[湖南省高级人民法院(2015)湘高法民再二终字第 54 号民事判决书]中,法院认为,“楼顶无疑属于建筑物中业主的共有部分,本案讼争的合同条款约定楼顶所有权归出卖人所有,违反物权法定原则,当属无效”。“王树明诉王国佐等排除妨害纠纷案”[江苏省高级人民法院(2016)苏民申 3062 号民事裁定书]中,法院认为,“金丰汇贤居小区楼顶平台属于业主共有”。

少数裁判认为特定条件下系由特定业主专有。比如“原审第三人上海锦绣华城房地产开发有限公司排除妨害纠纷案”[上海市第一中级人民法院(2016)沪 01 民终 8802 号民事判决书]中,法院认为,该建筑物 1 ~3 层登记在华城公司名下,门牌号为 3218,房屋性质为商用;该建筑 4 层以上登记在上诉人等业主名下,对应的门牌号是 × ×弄 × ×、× ×号,房屋性质为居住。业主使用的电梯不能到达该建筑物的 1 ~3 层,在使用上具有独立性,因此相关部门在产权登记时对 1 ~3 层与 4 ~19 层作了区分,分别登记在不同的产权证中,且没有标注为共有关系。× ×弄 × ×、× ×号屋顶与 3218 号屋顶也不存在同一屋顶等基本结构关系。故此,上诉人所在的 × ×弄 × ×、× ×号与华城公司所有的 3218 号之间已经属于“具有构造上的独立性,能够明确区分;具有利用上的独立性,可以排他使用;能够登记成为特定业主所有权的客体”,争议的3218号楼顶平台属于华城公司的专有部分,而非业主共有。

可见,认定建筑物楼顶系为业主共有乃符合司法实践的趋势与现实的需要或要求,仅特定情形下方可认定为由特定业主专有,而这需要符合专有部分的特性或其严格的构成要件。

Ⅳ 本判决的影响及将来的课题

关于区分所有建筑物楼顶空间及其架空层的所有权归属,于当时的立法尚无明确规定的背景下,法院明确认为,即便未计入公摊面积也属业主共有,开发商无权擅自改变其结构和用途。该裁判对于认定业主共有部分具重要指导意义,对之后的立法与相关司法解释的出台亦具先驱意义。未来应原则上坚持将楼顶认定为业主共有(一部共有),特定情形下认定为专有部分应十分审慎。将来对于楼顶平台的科学管理、有效利用乃至产权(所有权)归属的发展趋势与动向,仍有进一步加强研究的空间与必要。

□ 参考文献

陈华彬:《建筑物区分所有权法》,中国政法大学出版社2018年版。

陈华彬:《论建筑物区分所有权的构成——兼议〈物权法〉第70条的规定》,载《清华法学》2008年第2期。

陈华彬:《论建筑物区分所有权的概念》,载《法治研究》2010年第7期。

崔建远:《物权法》,中国人民大学出版社2009年版。

杜万华、辛正郁、杨永清:《最高人民法院〈关于审理建筑物区分所有权纠纷案件具体应用法律若干问题的解释〉〈关于审理物业服务纠纷案件具体应用法律若干问题的解释〉的理解与适用》,载《法律适用》2009年第7期。

北京市第一中级人民法院:《关于建筑物区分所有权类案件的调研报告》(2009年3月)。

038 善意取得中的受让人登记

杨家辉诉叶娟云返还原物案 | 福建省福州市中级人民法院
(2013)榕民终字第833号民事判决书

娄爱华 苏州大学王健法学院

■ 事实概要

原告杨家辉自1996年年初在福建省福清市高山镇高民新村建设房屋。2000年,杨家辉与其妻经福清市法院主持调解离婚,双方未对此房屋提出诉求。该房屋陆续建设完毕后,为混合结构四层楼房,建设面积计473.56平方米。2003年,该房屋所有权证及土地使用权证被杨家辉之子杨贤熙和杨艇更改在各自名下。

被告叶娟云于2005年以杨艇房产的买受人身份入住该房屋,未办理产权变更登记手续。在撤销杨贤熙、杨艇的相关权属证书后,福清市建设局于2008年10月21日向杨家辉发放了房屋所有权证,福清市人民政府于2012年1月5日向杨家辉发放了土地使用权证。因要求被告叶娟云搬离该房屋未果,原告杨家辉于2012年9月13日诉至法院。

一审法院判决,“被告叶娟云应当于判决生效之日起五个月内自讼争房屋中搬离”。一审宣判后,原审被告叶娟云不服,提起上诉。2013年二审法院判决,“驳回上诉,维持原判”。

■ 判决要旨

驳回上诉,维持原判。

第一,房屋的所有权及土地使用权的权属。一审法院认为:“政府相关颁发权证部门已将本案讼争房屋的所有权及土地使用权确认归原告杨家辉享有。”二审法院维持。第二,被告是否构成善意取得。一审法院认为:“被告关于其善意取得该房屋所有权的主张,既缺乏证据支持,也不符合《物权法》关于善意取得的构成要素。”二审法院维持。第三,被告是否应该搬离。一审法院认为:“无论该房产是否属于原告杨家辉与其前妻的共同财产,原告杨家辉均有权要求被告叶娟云停止侵占、搬离该房。”二审法院维持。第四,被告的救济途径。一审法院认为:“被告与原告之子的合同纠纷属于另一法律关系,可由双方自行处理。”二审法院维持。第五,原告的诉请是否已过诉讼时效。一审法院认为:“从原告向有关部门要求纠正房屋权属证书等事实来看,原告并非怠于行使自己的民事权利,且原告完整取得讼争房地产权属证书的时间距原告就本案起诉的时间不足一年,故被告关于诉讼时效的抗辩缺乏依据。”二审法院在判决中未回应,但“驳回上诉,维持原判”。

■ 评　析

Ⅰ 本判决的思路和意义

裁判要旨中所列的五个问题中，原告请求权的行使并未超过诉讼时效，应无异议。其余四个问题，均与本案被告购买房屋的行为是否构成善意取得有关。如果本案被告购买房屋的行为构成善意取得，则裁判要旨中所列四个争点均应作与本案一审、二审判决不同的裁判：本案被告成为房屋所有权及土地使用权的权利人，本案被告不应搬离，本案被告取得不动产的相应权利，本案被告与原告之子的法律关系构成其善意取得的要素，应在本案中予以审查。由此可见，本案被告购买房屋的行为是否构成善意取得，构成本案的核心争点。

《人民法院报》2013 年 8 月 22 日第 6 版登载的本案评析认为："本案被告叶娟云受让讼争房屋时，原告杨家辉之子持有合法的房屋所有权证和土地使用权证，使得叶娟云有充分的理由相信杨家辉之子拥有房屋所有权，叶娟云在主观上不知情，是善意的。但叶娟云对其在买受讼争房屋时的价格未举证证明，且没有办理房屋所有权转移登记，而不动产的物权变更登记，是不动产转移的必备条件，该物权变动登记要件未完成应被视为不动产交易行为未完成，不发生所有权转移的后果。因此，叶娟云买受讼争房屋并不符合物权法关于善意取得的规定。"

依照《民法典》第 311 条的规定，无权处分时，受让人善意取得的构成要件应为，"（一）受让人受让该不动产或者动产时是善意的；（二）以合理的价格转让；（三）转让的不动产或者动产依照法律规定应当登记的已经登记，不需要登记的已经交付给受让人"。本案一审判决认为："本案既缺乏证据支持，也不符合《物权法》关于善意取得的构成要素。"依上述《人民法院报》评析内容的解释，"缺乏证据支持"应指缺乏"以合理的价格转让"的证据，而"不符合善意取得的构成要素"，应指未满足"依照法律规定应当登记的已经登记"的构成要件。被告善意的构成要件，法院已直接认定。本案被告之所以不构成善意取得，原因主要在于被告"未依照法律规定进行登记"。

Ⅱ 本判决的参考意义

较之《民法典》第 311 条的规定，本案进一步明确了"善意取得中受让人登记"的法律意义。《民法典》第 311 条已经将登记作为不动产善意取得的构成要件，但并未明确"登记"为何成为不动产善意取得的构成要件之一。前述《人民法院报》的本案评析载明："不动产的物权变更登记，是不动产转移的必备条件，该物权变动登记要件未完成应被视为不动产交易行为未完成，不发生所有权转移的后果。"这说明登记的意义在于完成不动产交易。未完成的交易在有权处分的场合尚不能导致所有权的变动，在无权处分的场合自然也不能通过善意取得导致所有权变动的法律效果。

这也说明，在不动产交易的完成本身就不需要登记的情形，登记对不动产善意取得没有意义，不应作为善意取得的构成要件。如"王某与汪某物权纠纷案"［北京市第二中级人民法院（2016）京 02 民终 943 号民事判决书］中，法院认为，"考虑到我国农村不动产登记制度不完善的客观实际,并鉴于涉案房屋未曾进行过不动产登记,王某分家之时亦未进行变更登记,此时如要求汪某取得上述房屋需要登记,不合实际和情理,在此情形下要求当事人必须进行上述登记行为,客观上不利于保护善意第三人的合法权益”。类似判例还有“张某母与王某物权保护纠纷案”[北京市第二中级人民法院(2013)二中民终字第12600号民事判决书],该案中受让人虽未登记,但法院也认定构成了善意取得。

本案对于抵押权的善意取得问题有意义。《民法典》第402条和《民法典》第403条,根据抵押物的不同,分别规定了以登记时为抵押权设立之时的抵押和以抵押合同生效时为抵押权设立之时的抵押。这两种情形下,登记分别为成立要件和对抗要件,具有不同效力。与之对应,在两种抵押权的善意取得中,登记的意义也不同:仅在登记作为抵押权成立要件时,登记才应作为抵押权善意取得的构成要件。如在“某银行与占丽芳、占层松、蔡建清、胡金香金融借款合同纠纷案”[江西省高级人民法院(2016)赣民再31号民事判决书]中,法院在认定银行善意取得抵押权时考虑了银行已办理了抵押权登记。

本案对股权善意取得的认定也有意义。《全国法院民商事审判工作会议纪要》[法(2019)254号]第8条规定:“未向公司登记机关办理股权变更登记的,不得对抗善意相对人。”依此见解,股权登记的效力仅为对抗第三人。若登记仅仅产生对抗效力,意味着登记并不构成股权转让的一部分。依照最高人民法院《关于适用〈中华人民共和国公司法〉若干问题的规定(三)》第25、27条,在名义股东处分股权和股东“一股二卖”时,股权受让人是否构成善意取得,应参照《民法典》第311条判定。依本案见解,《物权法》第106条(《民法典》第311条)中的登记之所以构成善意取得的要件,在于登记为不动产交易的一部分。若登记在股权转让中并非交易的一部分,在判定受让人是否构成善意取得时,就不应再考察是否已经完成了股权变动的登记。实务中将受让人完成变更登记作为股权善意取得构成要件之一,缺乏正当性依据。在“黄某与某实业公司等股东资格确认案”[福建省厦门市中级人民法院(2014)厦民终字第2882号民事判决书]中,公司原股东刘某对股权为无权处分,在判定受让人黄某是否善意取得股权时,法院认为,“依《公司法》规定,公司应当将股东的姓名或者名称向公司登记机关登记;登记事项发生变更的,应当办理变更登记;未经登记或者变更登记的,不得对抗第三人。据此,股权属于依法应登记事项,故本案黄某虽支付了相应股权转让款,但并未到工商行政部门办理股东变更登记手续,工商部门所登记股东仍为费某、刘某,黄某并未取得讼争股权,未成为公司股东”。判决主文既已明确,“未经登记或者变更登记的,不得对抗第三人”,则未登记并不影响股权变动,未登记仅导致股权变动不产生对抗效力。既然登记并非股权转让的一部分,嗣后再将受让人完成登记作为善意取得的构成要件,实有不妥。

Ⅲ 本案遗留的问题

本案指明了“未登记则未完成不动产交易”,证成了登记作为不动产善意取得构成要件的正当性。“不动产交易”的所指及其中“登记”的法律意义,有待进一步澄清。

最高人民法院《关于适用〈中华人民共和国物权法〉若干问题的解释(一)》[以下简称

《物权法司法解释(一)》]第 21 条规定,转让合同具有如下效力瑕疵的,不构成善意取得,“(一)转让合同因违反合同法第五十二条规定被认定无效;(二)转让合同因受让人存在欺诈、胁迫或者乘人之危等法定事由被撤销”。依照该规定,善意取得时转让合同至少应不具备《物权法司法解释(一)》第 21 条规定的两种效力瑕疵,该条文借此在原《物权法》第 106 条(《民法典》第 311 条)规定的三项要件之外为善意取得确定了第四个构成要件。《物权法司法解释(一)》第 21 条规定的“转让合同”究竟应如何解释,仍有疑问,下文仍以买卖为例予以说明。

在现实生活中,买卖合同缔结后会有动产交付或不动产登记的发生。若以“所有权转移”作为“转让”合同的法律效果,则在不同的理论模式下,“转让合同”的所指并不相同。依我国学者所说的债权形式主义,买卖合同既产生债法层面的约束力,又引发物权变动的法律效果,买卖合同即转让合同。但依照德国法上的物权行为理论,买卖合同作为负担行为并不能导致所有权移转,只有与交付及登记伴生的处分行为才能导致所有权移转,处分行为才是转让合同。

在上述两种所有权变动模式下,要求买卖合同没有特定瑕疵,法律效果是不同的。依照债权形式主义,买卖合同无特定瑕疵,意味着所有权在有权处分时能够终局地移转。依照德国法上的物权行为理论,买卖合同无特定瑕疵,意味着在有权处分时通过处分行为移转的所有权不会存在因买卖合同效力瑕疵而发生的不当得利返还问题。就所有权的善意取得而言,在后一种理论模式下,要求作为负担行为的买卖合同无特定瑕疵,逻辑上并无必要。负担行为本就不会移转所有权,因而不必苛求负担行为无特定瑕疵,只要抽象地导致所有权变动的处分行为无特定瑕疵即可。

《物权法司法解释(一)》第 21 条规定的“转让合同”,往往被理解为现实生活中的买卖合同。由于德国法上的物权行为理论在我国仍存在很大争议,因而不能完全杜绝该“转让合同”被解释为处分行为,以区别于作为负担行为的买卖合同的可能性。对于我国法律上是否存在德国法上的物权行为理论,存在很大争议,已无需赘言。在法律适用层面,最高人民法院《关于审理买卖合同纠纷案件适用法律问题的解释》第 3 条规定,“当事人一方以出卖人在缔约时对标的物没有所有权或者处分权为由主张合同无效的,人民法院不予支持”。若买卖合同在不涉及所有权移转时依然有效,至少证明存在区别于我国学者所说的债权形式主义意义上的买卖合同。就此而言,“转让合同”的所指并不明朗,“不动产交易”的所指也就并不清楚。

与之相关,既然“转让合同”存在所谓“债权形式主义”与“物权行为理论”两种解释路径,“登记”也就具有两种不同的法律意义。依我国学者所说的债权形式主义,登记不过是买卖合同的履行行为,虽构成所有权变动的要素,但仍在买卖合同的射程之内。依德国法上的物权行为理论,导致所有权变动的登记,显然在作为负担行为的买卖合同的射程之外。

不论依我国学者所说的债权形式主义,还是依德国法上的物权行为理论,登记对于所有权的变动都是有意义的,因此对善意取得也有意义,这区别于法国法。依照法国法的合意主义,只要买卖合同生效,无需登记,所有权就可依合同约定转移。在法国法中,虽然也有不动产登记制度,但不动产登记仅仅产生对抗效力,即“非经登记不得对抗善意第三人”,与所有权的变动无关。在此模式下,登记对不动产善意取得没有意义。当然,法国法本身也不承认不动产的善意取得,只是承认动产的善意取得。我国学界几乎无人主张不动产所有权变动采法国模式,但在股权等权利变动的问题上,有合意主义的主张,对其中“登记”的法律意义如何判定,法国法有参考意义。

□ 参考文献

娄爱华:《论善意取得制度中的转让合同效力问题——兼谈〈合同法〉第51条与〈物权法〉第106条之关系》,载《法律科学》2011年第1期。

姚明斌:《善意取得之合同效力要件再检视——基于〈物权法解释(一)〉第21条展开》,载《法学》2017年第5期。

[德]雅各布·福图纳特·施塔格尔:《动产善意取得作为“即时取得”》,王立栋译,载《中德私法研究》2014年(总第10卷)。

039 集体土地征收中土地承包经营权主体的确定

陈清棕诉亭洋村一组、亭洋村村委会征地补偿款分配纠纷 |《最高人民法院公报》2005 年第 10 期

耿　卓 广东外语外贸大学法学院

■ 事实概要

1996 年 1 月 5 日陈清棕全家承包了亭洋村一组的 1.54 亩土地，该土地承包关系得到厦门市同安区人民政府于 1998 年 12 月 31 日颁发的 No. 066277 号《土地承包经营权证》确认。2002 年 1 月 21 日，陈清棕一家迁往同安区大同镇碧岳村岳口居住，户别也转为非农业户。2002 年 7 月 23 日，亭洋村村委会与厦门如意食品公司签订土地征用协议，征用亭洋村包括原告承包的 1.16 亩土地在内的旱地 69.8 亩。亭洋村一组在向承包土地被征用的各户村民发放土地补偿款时，未给陈清棕一家发放。陈清棕为此诉诸法院。一审法院认为，原告一家已于 2002 年 1 月 21 日迁走且户别也转为非农户，因此已丧失作为农业人员承包土地的权利，亭洋村一组依法有权收回其承包的土地，无需支付征地补偿安置款。

原告陈清棕提出上诉，其主要理由如下：(1)《土地承包经营权证》是证实农村土地承包合同关系真实有效存在的唯一法律凭证，亭洋村一组没有证据证明其已经收回上诉人的承包地。(2)根据 2002 年《农村土地承包法》第 26 条，只有在承包方全家迁入设区的市并转为非农户的情况下，发包方才能收回承包地。而且从 2002 年 7 月 1 日起，厦门市的户籍管理开始取消农户与非农户的区别。被上诉人亭洋村一组答辩称：本组村民的承包地根据各户人口增减情况定期调整，已经延续 20 年，成为本组村民约定俗成的土地调整分配形式。这种约定俗成的承包土地分配形式，已构成一项村规民约。由于上诉人户口迁出后不再是本组村民，不享有土地承包经营权，故无权请求分配征地补偿款。

■ 判决要旨

撤销一审判决，改判被上诉人向上诉人支付征地补偿款。

本案名义上是征地补偿款分配之争，实际上是集体成员全家迁出户口转为非农业户后，是否仍为本集体成员而继续享有土地承包经营权。

厦门市中级人民法院认为：承包土地的农民到小城镇落户后，其土地承包经营权可以保留或者依法流转；该土地如果被征用，承包土地的农民有权获得征地补偿款。这主要是考虑土地是农民的基本生活保障，在农民进入小城镇后的基本生活保障尚未落实时，如果

收回他们的承包地,可能使他们面临生活困难。2002 年 1 月 22 日至 7 月 24 日,陈清棕一家的户口虽然迁离亭洋村并转为非农业户,但其不是迁往设区的市,而是小城镇。在此期间,陈清棕一家在亭洋村承包的土地应当按照其意愿保留或者依法流转土地承包经营权。亭洋村村委会和亭洋村一组没有证据证明陈清棕承包的旱地已经在征用前被调整给其他村民,即使能证明此事属实,这种做法也由于不符合 2004 年《土地管理法》第 14 条第 2 款和 2002 年《农村土地承包法》第 26 条第 1、2 款的规定而不能受到法律保护。

■ 评　析

Ⅰ 本判决的思路和意义

本判决以 2002 年《农村土地承包法》第 26 条第 2 款为依据,没有将户籍作为认定拥有集体成员资格的唯一因素,同时结合法律规定旨在保护农民基本生活保障的立法目的,突破文义解释(小城镇一般包括县级市市区、县人民政府驻地镇和其他建制镇,厦门市同安区大同镇已于 2001 年 6 月撤镇改为街道,是同安区的政治、经济、交通、文化中心,因此把其理解为小城镇不无争议),对上诉人迁出户口并把户别改为非农业户的行为作出实质解释,维护了其正当权益,对于从实质上理解集体成员认定资格、纠正实践中把户籍作为主要,特别是唯一因素的做法具有一定价值。

Ⅱ 土地承包经营权主体确定的规范及学理

现行法律对土地承包经营权主体并未作出明确规定[王利明:《物权法研究》(下卷),中国人民大学出版社 2007 年版,第 53 页]。一方面,《农村土地承包法》第 3 条第 2 款前半句规定,农村土地承包采取农村集体经济组织内部的家庭承包方式,并在第 16 条第 1 款进一步明确规定,家庭承包的承包方是本集体经济组织的农户;另一方面,该法第 5 条第 1 款规定,农村集体经济组织成员有权依法承包由本集体经济组织发包的农村土地。原《民法总则》第 55 条的规定又加剧了土地承包经营权主体的混乱。对此,学界有两种主张,一种观点认为土地承包经营权的主体是农户[崔建远:《物权:规范与学说——以中国物权法的解释论为中心》(下册),清华大学出版社 2011 年版,第 507 页],另一种观点认为土地承包经营权的主体是集体经济组织成员(朱广新:《论土地承包经营权的主体、期限和继承》,载《吉林大学社会科学学报》2014 年第 4 期)。实务界一般认为,土地承包经营权的主体是农户[《二轮土地承包期内,农户家庭成员中有考入国家公务员或"农转非"的,发包方能否收回其承包地》,载最高人民法院民事审判第一庭编:《民事审判指导与参考》(总第 66 辑),人民法院出版社 2016 年版,第 259 页]。事实上,即使是认为土地承包经营权主体是农户的主张也承认农户是由集体经济组织成员组成的,在家庭承包土地和享有、行使土地承包经营权时也须考虑集体经济组织成员的资格认定问题。

我国法律对于集体经济组织成员资格的规定尚付阙如,农村集体经济组织立法虽已列入全国人大立法规划,但因重重困难而进展缓慢。对于集体经济组织成员资格的认定,在地方立法、社会实际和司法实践中存在多种不同做法,学界也是众说纷纭。从我国农村实践来看，农村集体经济组织大多能形成调控自身成员资格的村规民约；地方立法对成员资格的法定化路径做了积极探索，体现出公权力对集体自治的适度引导和干预。当前处于治理现代化、新型城镇化和乡村振兴的新的历史时期，农业、农村和农民以及城乡关系都处于巨大的变动之中，这决定了农村集体经济组织成员资格的认定难以采取单一标准，应从形式和实质两个层面综合考量，即以户籍为外在的形式标准与以必要生活来源、权利义务对等因素为内在的实质标准相结合。

接下来的问题就是，集体成员所享有的土地承包经营权在其资格发生变动时是否随之变动。对此，法律规定经历了从严格到宽松的变化，体现出对农民权益保护的强化。2002年《农村土地承包法》第26条在规定发包方承包期内不得收回承包地的基础上，对承包方承包期内全家迁入小城镇落户和设区的市并转为非农业户口的两种情形分别作出不同规定：对于前者，发包方应当按照承包方的意愿对其土地承包经营权加以保留或者依法流转；对于后者，承包方则应将承包地交回发包方，否则发包方有权收回。2019年《农村土地承包法》第27条对上述规定作了重要修改，强调国家保护进城农户的土地承包经营权，明确规定不得以退出土地承包经营权作为农户进城落户的条件；对于承包期内进城落户的承包农户，只能引导其按照自愿有偿原则依法在本集体经济组织内转让土地承包经营权、交回承包地或者流转土地经营权，并且未再区分落户地是小城镇还是设区的市。虽然这样的规定确实有助于为农民提供基本生活保障进而安心进城，但在法理上有待进一步论证。

在2002年《农村土地承包法》的制度框架下，本案还需要回答以下问题：一是如何看待定期调整土地，二是发包方如何收回承包地，三是村规民约的效力如何判定。2019年《土地管理法》删除了原第14条第2款关于调整土地程序的规则，进一步强化对土地承包经营权的保护。即使部分地方集体组织决议定期调整土地并形成惯例，也会因为违反法律规定而不受保护，因此亭洋村一组的做法即使有证据支持也不会被认可。发包方收回承包地是其权利而非义务，且仅限于承包方承包期内全家迁入设区的市、转为非农业户口且拒不交回的情形。收回权的行使因缺乏可操作细则，在实践中很少出现，而且出现争议时法院往往以收回程序不规范、保障农民基本生活为由不予支持[如四川省内江市市中区人民法院(2017)川1002民初1387号民事判决书]。村规民约虽体现了村民自治，有其正当性和合法性，但也不能违反法律规定。根据《村民委员会组织法》第27条第2款的规定，村规民约既不得与法律、法规和国家的政策相抵触，也不得侵害村民的人身权利、民主权利和合法财产权利。

Ⅲ 既往司法实践状况

从司法政策来看，安徽、陕西、天津和重庆等省级法院出台了内部指导意见对下级法院进行指引。最高人民法院《第八次全国法院民商事审判工作会议(民事部分)纪要》提出"可替代性保障"裁判标准，即综合考虑当事人生产生活状况、户口登记状况以及农村土地对农民的基本生活保障功能等因素作出认定。

在本案后，在"王淑荣与何福云、王喜胜等农村土地承包经营权纠纷案"(《最高人民法院公报》2015年第3期)中，最高人民法院的立场，变的是对小城镇和设区的市的解释，不变的是始终坚持集体成员资格认定的“生活保障”实质标准。最高人民法院认为，根据《农村土地承包法》第26条第3款的规定，王淑荣于1992年1月将户口从王振学家迁至白城市新立派出所辖区内落户，成为城市居民，已经不属于农村集体经济组织的成员，因此不应再享有农村土地承包经营权。因为土地承包经营权是农户成员进行正常生产、生活的基本保障，而不是市民的基本保障。对于那些迁入设区的城市的农户或农户成员而言，衡量其是否丧失农户成员资格的实质条件之一是其是否享有基本的生活、就业保障，而户口只是其中一个参考因素［梁曙明、杨祥：《家庭成员脱离农户后的土地承包经营权利判定——何某云等三人与王某荣土地承包经营权纠纷申请再审案》，载杜万华主编：《最高人民法院民商事案件审判指导》（第4卷），人民法院出版社2016年版，第20～31页］。

各地法院的裁判理据基本相同。集体经济组织成员资格的丧失是以当事人是否获得其他替代性基本生活保障为主要考量因素的。落户小城镇的农民的工作可能不够稳定，加之我国小城镇社会保障制度尚不健全，一旦失业，就会失去生活来源。因此，无论是农转非和外嫁女［如广西壮族自治区兴业县人民法院（2017）桂0924民初1070号民事判决书］，还是义务兵［如广西壮族自治区崇左市中级人民法院（2017）桂14民终339号民事判决书］，集体成员的户口即使已经迁出本村，也仍继续享有原有土地承包经营权。只有进入小城镇落户的农民在城镇生活稳定后，法律才允许其将土地承包经营权转让或者以其他方式流转，或者自愿将承包地交回发包方［如河南省平顶山市卫东区人民法院（2016）豫0403民初2918号民事判决书］；承包方只有全家迁入设区的市并且全部转为非农户口从而享受城市居民生活保障时，才不再继续享有土地承包权，即丧失土地承包经营权［如河北省邢台县人民法院（2016）冀0521民初1464号民事判决书］。

鉴于《农村土地承包法》已于2018年修改并生效实施，法院在认定土地承包经营权主体时依照该法第27条的规定，维持户口迁出者的土地承包经营权［如辽宁省丹东市中级人民法院（2019）辽06民终1786号民事判决书］。

Ⅳ 本判决的参考意义及将来的课题

本判决以土地承包经营权担负社会保障功能为前提，从保障农民基本生活的立法目的出发，把厦门市同安区大同街道解释为2002年《农村土地承包法》第26条第2款中的“小城镇”，突破把户口迁入小城镇和户别转为非农业户口即丧失集体成员资格的理解和做法，从而判定原告仍然享有土地承包经营权，对于深刻把握集体成员资格认定的实质性要素、保护农民权益具有一定的参考价值。本判决及类似判决的主张已在2018年《农村土地承包法》的修改中得以体现。

虽然立法和国家政策已经明确并强调进城落户农民仍享有包括土地承包经营权在内的“三权”，但集体经济组织成员资格认定乃至整个成员权制度亟待建立。而且现行立法势必为成员权制度构建带来挑战，如何在不同集体成员之间实现公平以及与推动新型城镇化和乡村振兴协调，有待政策界、理论界和实务界的进一步努力。

□ 参考文献

崔建远:《物权:规范与学说——以中国物权法的解释论为中心》(下册),清华大学出版社 2011 年版。

胡康生:《中华人民共和国物权法释义》,法律出版社 2007 年版。

王利明:《物权法研究》(下卷),中国人民大学出版社 2007 年版。

戴威:《农村集体经济组织成员资格制度研究》,载《法商研究》2016 年第 6 期。

朱广新:《论土地承包经营权的主体、期限和继承》,载《吉林大学社会科学学报》2014 年第 4 期。

040 宅基地使用权继承问题

陈某1与陈某2继承纠纷上诉案 | 浙江省宁波市中级人民法院
(2016)浙02民终3633号民事判决书

高 飞 广东外语外贸大学土地法制研究院

■ 事实概要

陈某1(上诉人、原审原告)、陈某2(被上诉人、原审被告)系同胞兄弟,均为宁海县桃源街道竹溪村村民,后陈某1因参军(1968年入伍,1971年退伍)转为居民。1956年,双方的父亲陈炳育病逝,留有茅屋5间、平屋1间,占地4分3厘6毫。另据存于宁海县档案馆的土地房产所有证存根显示:陈炳育名下有房产,房产所涉地基共2段4分3厘6毫。1995年,陈某2取得涉案土地的土地使用权证,面积为345.8平方米。2001年10月,陈某1和陈某2签订《屋基地契分据》一份,载明:因父遗下兄弟未分,如今经兄弟俩共同协商决定,屋基四至以房产证为准,陈某1划分在西首边为界,陈某2划分东首边。

现双方的争议焦点为:(1)登记于陈某2名下的面积为345.8平方米的土地使用权是否属于陈炳育的遗产;(2)陈某1能否基于《屋基地契分据》取得170平方米的土地使用权。一审法院认为:

第一,对于未建有房屋的宅基地,其使用权不能继承。理由如下:(1)宅基地使用权的初始取得具有人身依附性。申请宅基地的只能是本集体经济组织的成员。(2)宅基地使用权的初始取得具有福利性质。宅基地使用权的初始取得是无偿的,村民可以以宅基地自然灭失、户内成员增加等理由向村集体提出审批宅基地,村集体经济组织依据村民的具体情况重新调整、分配宅基地,这与我国的农村土地集体所有的制度相对应。(3)我国现有法律并未规定宅基地使用权可以继承,反而对宅基地使用权的流转进行了严格限制。这种限制主要是由宅基地使用权具有的农村集体居住保证功能决定的,宅基地使用权是农民的基本生活保障和安身立命之本。对于建有房屋的宅基地,其使用权可以继承。《继承法》第3条第2项明确规定公民的房屋属于遗产范围,故建在宅基地上的房屋属于遗产,而房屋的使用、收益、处分必须依赖于宅基地使用权,因此在这种情况下,只有允许宅基地使用权作为遗产继承,才能保障物权的实现。但这种继承存在限制条件,即不得对原有房屋进行翻建、重建;如房屋灭失,则宅基地使用权收归集体。

现双方作为证据使用的存于宁海县档案馆的土地房产所有证存根,其形成时间为20世纪50年代初,其形成依据为新中国成立后进行土地改革所确定的农民私有土地制度。现陈某1主张涉案土地系继承父亲留下的屋基,但因父亲去世时在该部分土地上未建有房屋,而未建有房屋的宅基地使用权不能继承。虽然陈某2在1995年取得土地使用权时的具结书中记载房屋系祖传,但双方均确认父亲去世前并未在涉案土地上建有房屋,故陈某1的主张不成立。登记于陈某2名下的面积为345.8平方米的土地使用权不属于父亲的遗产,陈某1不能基于继承取得170平方米的土地使用权。

第二,宅基地使用权是与集体经济组织成员的权利与利益联系在一起的,它的取得具有无偿性,带有福利性质,故不能在非本集体经济组织成员之间转让。现双方签订的《屋基地契分据》所涉及的土地性质为集体所有,而陈某1系城镇居民,非该集体经济组织成员,双方就分配集体土地使用权而签订的《屋基地契分据》无效,故陈某1无权基于该分据取得土地使用权。

陈某1不服一审判决提起上诉。

■ 判决要旨

驳回上诉,维持原判。

陈某1称涉案土地系其父亲遗留下来的屋基,为此提供了1951年的土地房产所有证存根一份,双方确认本案讼争所涉及的345.8平方米土地系包含在原记载的坐落于大屋门前的8分土地上。但我国于20世纪50年代中期从农民土地私有制过渡到集体所有制,个人对土地不再享有所有权,故仅凭该份土地房产所有证无法证明双方讼争的土地系其父亲的遗产。集体土地使用权只有本集体经济组织成员才能享有,陈某1系居民,双方当事人之间签订的《屋基地契分据》对登记在陈某2名下的集体土地使用权进行分割无效。综上所述,陈某1诉请按照其与陈某2签订的《屋基地契分据》取得170平方米的土地使用权的拆迁安置补偿所得,缺乏依据,本院不予支持,故驳回上诉,维持原判。

■ 评　析

Ⅰ 本案的争点

1. 宅基地使用权能否作为遗产继承

本案中,陈炳育病逝后,其留下的房屋所占宅基地能否作为遗产由其子陈某1和陈某2继承,这是主要争点。我国现行法律制度对宅基地使用权能否作为遗产被继承未作出明文规定,理论中对该问题如何处理则是众说纷纭。原《继承法》第3条对遗产的范围进行了列举(《民法典》第1122条删除了列举情形,直接规定:"遗产是自然人死亡时遗留的个人合法财产。依照法律规定或者根据其性质不得继承的遗产,不得继承。"),宅基地使用权是否属于遗产的范围取决于对作为遗产的"公民的其他合法财产"的理解。《民法典》第362条规定:"宅基地使用权人依法对集体所有的土地享有占有和使用的权利,有权依法利用该土地建造住宅及其附属设施。"可见,作为用益物权的宅基地使用权,是民事主体的合法财产,这不存在任何疑问。然而,《物权法》对宅基地使用权的内容没有进行具体规范,而是仅在该法第153条规定,"宅基地使用权的取得、行使和转让,适用土地管理法等法律和国家的有关规定。"(《民法典》

第 363 条:"宅基地使用权的取得、行使和转让,适用土地管理的法律和国家有关规定。")从而将如何规制宅基地使用权的取得转介到《土地管理法》。《土地管理法》是关于土地制度的公法性规定,其中关于农村宅基地管理制度的规定不仅是理解宅基地使用权内容之基础,而且也是对宅基地使用权行使的公法限制。

从《土地管理法》和国家的有关规定来看,宅基地使用权是一种带有社会福利性质的权利,主要用于解决农民的基本居住问题,居住保障功能是宅基地使用权的首要功能(全国人大常委会法制工作委员会民法室编:《〈中华人民共和国物权法〉条文说明、立法理由及相关规定》,北京大学出版社 2017 年版,第 319 页)。由于宅基地使用权是农村集体经济组织为其成员提供的一种福利,故宅基地使用权的主体具有身份上的要求,即只有农村集体经济组织成员才能享有宅基地使用权,此种成员身份一旦丧失,基于成员身份取得的宅基地使用权将因失去基础而被农村集体经济组织收回,且宅基地通常是以户为单位申请,单个家庭成员不能以个人名义申请宅基地[王利明:《物权法研究》(下卷),中国人民大学出版社 2018 年版,第 186 ~ 187 页]。而且"'户'的存在是宅基地使用权存续的条件,农户中只要有成员存在,宅基地使用权就当然存续,户员的迁出或者死亡可能导致宅基地的面积被核减,但宅基地使用权不会灭失"(陈律、吴孙有:《宅基地使用权继承问题研究》,载《人民司法》2012 年第 19 期)。同时,法律和国家政策对宅基地使用权的取得、流转、消灭等有诸多限制,如必须遵循"一户一宅"原则和"户有所居"的底线规则、宅基地的面积不得超过限定标准,禁止将宅基地使用权流转给城镇居民等。

宅基地使用权在内容上的福利性、权利主体的身份性、取得的无偿性和流转的禁止性等特性,决定了宅基地使用权是一种较为特殊的用益物权,该权利尽管属于民事主体的合法财产的范畴,但却不应被包含在原《继承法》第 3 条规定的作为遗产的"公民的其他合法财产"之中,即宅基地使用权不能作为遗产被继承。

2. 陈某 2 能否继承取得宅基地使用权

现陈某 1 和陈某 2 提供存于宁海县档案馆的土地房产所有证存根,作为证明涉案土地属于其父陈炳育所有的证据,但该土地房产所有证是新中国土地改革确定的农民私有土地所有制的产物,而农民私有土地制度早就随着农业合作化运动而发生改变。如在 1962 年 9 月通过的《农村人民公社工作条例(修正草案)》第 21 条第 1 款已经确定宅基地属于生产队所有。在陈炳育病逝后,陈某 1 和陈某 2 有权共同享有陈炳育的宅基地使用权。虽然陈某 1 因参军转为居民,但在 1998 年《土地管理法》修订之前,其也能够在农村享有宅基地使用权。不过,陈某 1 因一直未在该宅基地上建造住宅,也没能够提供享有宅基地使用权的证据,故可以认定其原本享有的宅基地使用权已经被农村集体经济组织收回。相反,陈某 2 具有农村集体经济组织成员身份,在农村集体经济组织的土地上建造了住宅,并取得了涉案土地的土地使用权证,故其享有涉案土地的宅基地使用权。本案中法院没有言明陈某 2 取得宅基地使用权的依据,但从案件事实来看,其不是通过继承其父陈炳育的遗产而取得,应属以农村集体经济组织成员身份申请而取得。因此,陈某 1 主张依据《屋基地契分据》取得土地使用权的理由不能成立。

Ⅱ 本案的意义

在我国,宅基地使用权能否继承不仅具体规范缺失且立法态度模糊;同时,因宅基地使用权纠纷的复杂性,司法实践中也存在同案不同判甚至裁判法理相悖的现象;学界对宅基地使用权纠纷中所涉继承问题如何处理亦存有重大分歧。在本案中,法院根据现行法律和国家的有关规定之精神,以宅基地使用权人的资格认定为基础,强调宅基地使用权的人身依附性和社会福利性质,对实践中处理宅基地使用权纠纷案件具有一定示范意义。

Ⅲ 本案遗留的问题

尽管宅基地使用权不能作为遗产继承,但房屋作为遗产显然可以被继承。在我国的“房地合一”模式下,为了充分保护房屋财产权,房屋的继承人即便不具有农村集体经济组织成员身份或已经拥有一处宅基地,其也将因享有房屋财产权而必须享有使用该房屋坐落的宅基地的权利。

本案中法院认为,对于未建有房屋的宅基地,其使用权不能继承,对于建有房屋的宅基地,其使用权可以继承。法院将宅基地使用权能否继承与宅基地上建造的房屋捆绑在一起,这是房屋被继承后法院为保护该房屋的财产价值所提出的一个折中方案。但是,本案中法院同时强调,这种继承存在限制条件,即不得对原有房屋进行翻建、重建;如房屋灭失,则宅基地使用权收归集体。由于对宅基地使用权人来说,其享有和行使宅基地使用权不受不得对原有房屋进行翻建、重建或房屋灭失则宅基地使用权收归集体的限制,可见,通过继承房屋而享有的使用该房屋所坐落的宅基地的权利在性质上与宅基地使用权相去甚远。不过,这种权利究竟属于何种性质的权利、具体内容如何等问题,在现行法律和国家政策中均未规定。

当前,在“三块地”改革试点对宅基地有偿使用制度进行诸多有益探索的基础上,现行《土地管理法》第 62 条第 6 款规定,“国家允许进城落户的农村村民依法自愿有偿退出宅基地,鼓励农村集体经济组织及其成员盘活利用闲置宅基地和闲置住宅”,从而在社会福利性质之外赋予了宅基地一定的经济价值,但该规定过于笼统且缺乏可操作性。为了将上述规定在实践中落到实处,构建法定租赁权制度无疑是一个较优的选择,即“权利主体在特定条件下因继承、抵押权实现、买卖等方式获得宅基地上房屋及建筑物,但其无法获得宅基地使用权时,依照法律规定享有的在一定期限内有偿使用宅基地的权利”(陈小君:《宅基地使用权的制度困局与破解之维》,载《法学研究》2019 年第 3 期)。可见,本案对我国“房地一体”模式下因房屋继承导致的个体利益与以农村集体经济组织为代表的集体利益产生冲突时,如何在保证房屋和宅基地的价值均得到有效实现的同时,又使两者在权利实现时达成利益协调,从而完成宅基地有偿使用制度的建构,留下了诸多值得进一步探讨的空间。

□ 参考文献

全国人大常委会法制工作委员会民法室编:《〈中华人民共和国物权法〉条文说明、立法理由及相关规定》,北京大学出版社 2017 年版。
王利明:《物权法研究》(下卷),中国人民大学出版社 2018 年版。
陈律、吴孙有:《宅基地使用权继承问题研究》,载《人民司法》2012 年第 19 期。
陈小君:《宅基地使用权的制度困局与破解之维》,载《法学研究》2019 年第 3 期。
高飞:《农村宅基地"三权分置"政策入法的公法基础——以〈土地管理法〉第 62 条之解读为线索》,载《云南社会科学》2020 年第 2 期。
高海:《宅基地使用权继承:案例解析与立法构造》,载《东方法学》2018 年第 5 期。

041 混合担保中担保人之间的追偿权及其范围

顾正康等诉湖北汇城置业有限公司追偿权纠纷再审案 | 最高人民法院(2017)最高法民再137号民事判决书

叶名怡 上海财经大学法学院

■ 事实概要

2007年7月11日,荣华公司法定代表人钱云富向汇城公司承诺,对荣华公司不能清偿汇城公司的款项,用其个人资产承担连带担保。2007年8月15日,荣华公司向汇城公司承诺:若贵公司因为我方融资提供担保而造成损失,我公司愿全额予以赔偿。2008年10月20日,荣华公司子公司华泰龙公司向农行华中支行借款700万元整;同日,汇城公司以其房产为该借款提供抵押担保,顾正康、卞秀华为该借款提供连带保证。后因华泰龙公司未按期还款引起诉讼。汇城公司在先行承担担保责任后起诉华泰龙公司,要求后者偿还前者已支付给农行华中支行的本金、利息、案件受理费、执行费等合计945.68003万元,同时要求荣华公司、钱云富、顾正康对前项款项承担连带清偿责任。原审两级法院均支持汇城公司的诉请。

荣华公司、钱云富、顾正康向最高人民法院(以下简称最高院)申请再审。其主要理由如下:(1)申请再审人顾正康系独立与中国农业银行十堰华中支行签订《保证合同》,与汇城公司之间没有关于担保顺序和份额的约定,汇城公司是农行贷款项下的抵押人,抵押人与保证人之间相互追偿无法律依据。(2)《物权法》第176条优先于最高人民法院《关于适用〈中华人民共和国担保法〉若干问题的解释》[法释(2000)44号,以下简称《担保法司法解释》]第38条适用,排除了担保人之间的追偿权。(3)顾正康承担保证责任份额不当。即使汇城公司偿还债务后有权向保证人顾正康追偿,依据《担保法司法解释》第38条的规定和民法上的公平原则,也应当在"其应当分担的份额"范围内承担责任。(4)二审法院认定《担保法》及其司法解释规定的保证期间条款不适用本案争议事项是错误的。

■ 判决要旨

部分支持再审申请。

关于混合担保中提供担保的第三人承担担保责任后,能否向其他担保人追偿,原《物权法》无规定而《担保法司法解释》有明确规定,因此,原审两级法院适用《担保法司法解释》认定抵押人汇城公司承担担保责任后对保证人顾正康享有追偿权并无不当。不过,关于汇城公司追偿的范围,顾正康是农行华中支行的连带保证人,而非抵押人汇城公司的连带保证人,对汇城公司不负连带保证责任。原审法院判令顾正康对汇城公司承担连带责任,有所不当。考虑到汇城公司和顾正康均是对农行华中支行的全部贷款债权及实现债权的一切费用承担担保责任,在汇城公司已经单独承担了945.68003万元担保责任的情况下,本院根据公平原则,酌定顾正康分担472.840015万元,汇城公司有权在此范围内要求顾正康承担清偿责任。

■ 评　析

Ⅰ 本判决的思路和意义

本案中,再审申请人以“《物权法》没有沿袭《担保法司法解释》关于混合担保人之间有追偿权的明文规定”为由,主张汇城公司对其无追偿权。但最高院并未采纳该观点,而是认为,之前《担保法司法解释》允许混合担保人之间相互追偿,而后原《物权法》又未明文禁止这种追偿权,故《担保法司法解释》的相关规定仍可适用。本案关于混合担保中物保人可向保证人追偿的再审判决,表明了最高院在判决当时对该问题的态度。该判决发布后,在实务中产生重大影响,产生了极大的争议,引发了较为剧烈的反弹,并导致后续最高院在此问题上的完全转向。

Ⅱ 混合担保场合下担保人之间追偿权的规范及学理

原《担保法》第12条对共同保证人之间的追偿权予以肯定,“已经承担保证责任的保证人,有权向债务人追偿,或者要求承担连带责任的其他保证人清偿其应当承担的份额”。《担保法司法解释》第75条第3款对共同抵押人之间的追偿权进行了规定,第38条第1款对混合担保中各担保人之间的追偿权给予明文许可。然而,《物权法》第176条(《民法典》第392条)对混合担保中各担保人之间能否追偿权不置可否。原《物权法》与《担保法司法解释》在此问题上的不同立法表达,引发了学说与判例长久而热烈的争论,迄今仍未平息。

自原《物权法》于2007年颁行以来,一种似为多数说的观点认为,混合担保人之间有相互追偿权,理由主要包括以下几点。

1. 基于物保、人保责任平等的连带关系说。混合担保中各担保人之间的关系与连带共同保证人之间的关系相似,在解释上可认定其构成连带债务关系(高圣平:《混合共同担保之研究》,载《法律科学》2008年第2期)。

2. 担保竞合说。为同一债务担保的共同目标使各担保人与债权人之间建立了联系,即担保之连带或竞合[郑冠宇:《再论担保之竞合》,载《山东科技大学学报》(社会科学版)2010年第5期]。

3. 债的法定移转说与代位说。担保人承担担保责任后,其取代原债权人的地位,享有原债权的效力,自可承受原债权的担保权,故可向其他担保人追偿(程啸:《混合共同担保中担保人的追偿权与代位权》,载《政治与法律》2014年第6期)。

4. 解释论视角下的原规则继续有效说。自解释论立场,新颁布的法律对既有规则的“沉默”并不必然意味着是对原有规则的否定,故《担保法司法解释》第 38 条仍有适用空间(黄忠:《混合共同担保之内部追偿权的证立及其展开——〈物权法〉第 176 条的解释论》,载《中外法学》2015 年第 4 期)。

5. 交易效率说。允许追偿并未使各担保人承受超出其当初同意担保时的责任,更符合最大多数担保人的内心真意,既可避免投机行为带来的交易成本,还可避免各担保人另行约定而支出的交易成本(贺剑:《走出共同担保人内部追偿的“公平”误区——〈物权法〉第 176 条的解释论》,载《法学》2017 年第 3 期)。

6. 道德风险防范说。不允许追偿将导致共同担保中担保责任承担的无序状态,出现不公平的后果或者引发某一担保人转嫁担保责任的道德风险,甚至为法院执行人员任意选择被执行人、滥用权力、索贿受贿提供可能[刘保玉:《民法典物权编(草案)担保物权部分的修改建议》,载《法学杂志》2019 年第 3 期]。

7. 公平正义说。令全体担保人共担债务人不能清偿的风险,更符合公平正义理念(王利明:《论担保物权的立法构造》,载《东方法学》2019 年第 5 期)。

不过,另一种强有力的学说仍坚持认为,混合担保人之间无相互追偿权。其理论基础如下:

1. 新法取代旧法理论。依据原《物权法》第 178 条,原《担保法》第 28 条因与原《物权法》第 176 条(《民法典》第 392 条)相冲突而失去效力,而《担保法司法解释》第 38 条是对《担保法》第 28 条所作的解释,当然也随之失去效力[黄喆:《保证与物的担保并存时法律规则之探讨——以〈物权法〉第 176 条的规定为中心》,载《南京大学学报》(社科版)2010 年第 3 期]。

2. 风险自负理论。担保人在设定担保时均清楚自己所面临的风险,若要避免这种风险则应采取相应措施(如另行约定),否则不得追偿,因为担保责任属于其本该承担的风险,并未加重其责任(江海、石冠彬:《论共同担保人内部追偿规则的构建——兼评〈物权法〉第 176 条》,载《法学评论》2013 年第 6 期)。

3. 代位求偿权否定论。若为债权转让,则已履行债务的担保人作为新债权人,就对其他担保人享有全部担保权利,可要求其履行全部担保责任,而不是分担其应当承担的份额(李红建、雷新勇:《人保与第三人物保的相互追偿及担保物权未设立的责任问题探讨》,载《法律适用》2014 年第 8 期)。

4. 债权人放弃第三人物保无影响论(体系解释论)。物权法规定,债权人放弃债务人物保的,保证人在相应范围内免责,但债权人放弃第三人物保的,保证人并不能免责。可见,法律事实上允许物保第三人完全不担责,而保证人完全担责的情形存在[曹士兵:《中国担保制度与担保方法》(第 4 版),中国法制出版社 2017 年版,第 304 页]。

5. 意思自治理论。承认各担保人对所担保之债承担连带责任,实质上是法律强行在各担保人之间设定相互担保,这显然违背担保人的初衷(崔建远:《物权法》,中国人民大学出版社 2014 年版,第 346 页)。

6. 各担保人无共同关系理论。数项义务本无内在联系,制定法硬性“拟制”数项义务具有内在联系，人为地形成“共同关系”，违反债的相对性原理、自己责任原则、物权法目的以及物债法律关系二分理论（崔建远：《混合共同担保人相互间无追偿权论》，载《法学研究》2020年第1期）。

综上所述，关于混合担保中各担保人可否相互追偿，学说上主要有肯定说和否定说两种观点。从本案的判决书来看，其处理显然采用了肯定说的主张。在肯定说内部，支持按比例分摊责任的则为多数说。

Ⅲ 既往司法实践状况

在原《物权法》颁行之后，在本判决之前，各级法院对此问题的裁判立场不一，既有肯定说也有否定说。在“南京能发科技集团有限公司担保追偿权纠纷上诉案”［江苏省高级人民法院(2011)苏商终字第0162号民事判决书］中，法院认为，“同一债权上既有保证也有物的担保的，保证与物的担保居于同一清偿顺序，承担担保责任的一方可以请求另外一方分担责任……由斯威特集团和康成公司平均分担担保义务，既符合公平原则，也符合法律规定”。“邹平富而通工程咨询有限公司与楚志海等担保追偿权案”［山东省高级人民法院(2013)鲁商终字第214号民事判决书］同样持肯定说立场。

相反，支持否定说的案例也不在少数。例如，在“南京东部路桥工程有限公司与王军等担保合同追偿纠纷案”［江苏省南京市中级人民法院(2016)苏01民终3182号民事判决书］中，法院认为，“《物权法》第176条只规定了提供担保的第三人在承担担保责任后有权向债务人追偿，未再规定提供物权担保的第三人与保证人之间的追偿权”。另外，在“北京大唐燃料有限公司与山东百富物流有限公司等买卖合同纠纷案”［最高人民法院(2015)民一终字第371号民事判决书］中，法院亦间接承认担保人之间无相互追偿权。

在本判决之后，审判实务立场并未就此统一。采否定说的案例如“桐城市经济开发区建设发展有限公司等企业借贷纠纷案［安徽省高级人民法院(2018)皖民初84号民事判决书］”，法院指出，“《物权法》第178条规定‘担保法与本法的规定不一致的，适用本法’。《物权法》第176条规定……根据《担保法》第12条……桐城建设发展公司有权要求上述八位保证人承担保证责任，上述八位保证人承担保证责任后，有权向债务人追偿，或者要求承担连带责任的其他保证人清偿其应当承担的份额”。

采肯定说的案例如“黄伟莹、刘红琴保证合同纠纷案”［广东省高级人民法院(2019)粤民申980号民事裁定书］，该案中法院指出，“该条款（即《担保法司法解释》第38条）明确规定了混合担保中担保人之间享有追偿权，即实际承担担保责任的担保人，无论其是履行抵押担保责任还是履行保证担保责任，均可以要求其他担保人承担相应的责任份额”。

值得特别注意的是，为了统一司法尺度，《全国法院民商事审判工作会议纪要》（以下简称《九民纪要》）第56条专门对“混合担保中担保人之间的追偿问题”作出规定，“可以要求其他担保人清偿其应当分担的份额。但《物权法》第176条并未作出类似规定，根据《物权法》第178条关于‘担保法与本法的规定不一致的，适用本法’的规定，承担了担保责任的担保人向其他担保人追偿的，人民法院不予支持，但担保人在担保合同中约定可以相互追偿的除外”。本条可视为最高院在此问题上的彻底定调,即采否定说。

Ⅳ 本判决的参考意义及将来的课题

一切分歧源于成文法的暧昧不明。从原《物权法》第 176 条的文义解释来看,支持追偿的肯定说和反对追偿的否定说均可成立。从历史解释和立法者(官员)的主观解释来看,否定说占优。自体系解释而言,既然债权人放弃债务人物保的,保证人可免责,那么,债权人放弃第三人物保的,保证人自然不可免责,故否定说同样占优。从比较法解释来看,肯定说无疑正确。从客观的目的解释出发,肯定说或许相对占优,无论如何,多人共担风险要比一人承受所有负担让人感觉更公平一些。事实上,肯定说与否定说的选择,不涉及真理或谬误,毋宁是一种价值抉择。不管是选择哪一种立场,都好过于现在的模棱两可。遗憾的是,《民法典》第 392 条的表达与原《物权法》第 176 条如出一辙,立法者坚决不肯在此问题上明确表态,以消除疑义。

《民法典》正式条文依然如此,那么,最高院通过《九民纪要》确立下来的否定说,在未来相当长一段时间,将会成为审判实务的主流立场。就此而言,本判决的参考意义相当有限。与此同时,关于此问题的争论仍将会持续下去。当然,法律不允许追偿,并不否定当事人的追偿约定,对于交易主体来说,预防才是最好的保护,约定明确方可杜绝嗣后争议。

□ 参考文献

王利明:《民法典物权编应规定混合共同担保追偿权》,载《东方法学》2019 年第 5 期。

崔建远:《混合共同担保人相互间无追偿权论》,载《法学研究》2020 年第 1 期。

高圣平:《混合共同担保之研究——以我国〈物权法〉第 176 条为分析对象》,载《法律科学》2008 年第 2 期。

程啸:《混合共同担保中担保人的追偿权与代位权——对〈物权法〉第 176 条的理解》,载《政治与法律》2014 年第 6 期。

贺剑:《走出共同担保人内部追偿的“公平”误区——〈物权法〉第 176 条的解释论》,载《法学》2017 年第 3 期。

黄忠:《混合共同担保之内部追偿权的证立及其展开——〈物权法〉第 176 条的解释论》,载《中外法学》2015 年第 4 期。

黄喆:《保证与物的担保并存时法律规则之探讨——以〈物权法〉第 176 条的规定为中心》,载《南京大学学报》(哲学人文社会科学版)2010 年第 3 期。

042 混合共同担保求偿权

黑龙江北大荒投资担保股份有限公司与黑龙江省建三江农垦七星粮油工贸有限责任公司、黑龙江省建三江农垦宏达粮油工贸有限公司等担保合同纠纷案 |《最高人民法院公报》2018 年第 1 期

耿　林 清华大学法学院

■ 事实概要

本案属于借款担保案件，其基本案情分为三个层次：主债权债务关系——借款合同关系；担保合同关系；反担保合同关系。争议发生在反担保环节。本案审理经历了一审（保证人起诉）、二审（保证人与 4 个反担保公司上诉）和最高人民法院的再审（保证人申请）。

关于借款合同。2013 年 11 月 15 日，黑龙江省建三江农垦三江缘米业有限责任公司（以下简称三江缘公司）向中国建设银行股份有限公司哈尔滨农垦支行（以下简称农垦建行）贷款 1000 万元并签订借款合同。

关于担保合同。黑龙江北大荒投资担保股份有限公司（以下简称北大荒担保公司）为三江缘公司的上述借款债务向农垦建行提供连带保证担保。

关于反担保合同关系。情况比较复杂，它既有债务人提供的物的担保（机械设备、稻谷），又有债务人法定代表人和股东等两自然人提供的物的担保（各自房产）与股权担保（在债务人公司中拥有股权），还有 4 个第三人黑龙江省建三江农垦七星粮油工贸有限责任公司、黑龙江省建三江农垦宏达粮油工贸有限公司、黑龙江省建三江农垦华龙粮油工贸有限责任公司、黑龙江省建三江农垦稻福米业有限公司（以下简称七星公司、宏达公司、华龙公司、稻福公司）提供的连带保证担保。主债务人以及第三人的反担保合同均在同一天签订（2013 年 11 月 17 日）。另外，主债务人与四个第三人系五户联保关系，其中任何一方作为借款人时，其他四方均向债权人提供保证担保，或向其保证人提供反担保。

上述合同签订后，农垦建行依约向三江缘公司发放了贷款，三江缘公司未按合同约定归还 2014 年 6 月之后的本息，北大荒担保公司向农垦建行代偿了三江缘公司的欠款本息。

反担保合同签订后，三江缘公司未将出质的 4560 吨稻谷交付农垦建行，而是存放在该公司仓库内且未停止生产经营，农垦建行也未委托第三方对出质稻谷进行监管或者封存质押。2014 年 6 月，七星公司、宏达公司和北大荒担保公司发现三江缘公司院内的 4560 吨稻谷不当减少，遂向公安机关报案。经公安侦查，三江缘公司已将 4560 吨稻谷出卖给案外人中储粮公司。

北大荒担保公司提起本案诉讼[黑龙江省高级人民法院(2016)黑民终 200 号民事判决书]，请

求:(1)主债务人偿还代偿款项及利息;(2)主债务人支付违约金 200 万元;(3)四保证人对前两项给付义务承担连带清偿责任;(4)对两自然人抵押房产折价或拍卖、变卖的价款优先受偿;(5)对两自然人持有三江缘公司股权转让的价款优先受偿。

一审判决:除主债务人应代偿款项及利息,并依约判决反担保人承担 200 万元的违约金责任外,另判决,担保人就二反担保自然人的房产和股权享有优先受偿权;四反担保保证人在未成立质押的稻谷价值 50% 范围内,扣除房产和股权清偿部分,承担连带保证责任;四保证人承担保证责任后,有权向主债务人追偿。

二审判决:改判四保证人对反担保债权不承担责任,维持其他一审判决内容。二审法院认为,四保证人对水稻质押未成立并无过错,故无须承担 50% 的责任,且稻谷价值已超过主债务金额,也无须承担其他责任。

■ 判决要旨

驳回再审申请。

最高人民法院再审认为:质权未设立时,保证人应否在质押物优先受偿的范围内免除保证责任,是核心争议。北大荒担保公司与三江缘公司未能诚实守信积极履行生效的质押合同义务,双方对质权未设立均存在过错,过错当事人应承担不利后果。保证合同中虽未明确约定债务人提供水稻质押是保证人提供保证的条件,但原《物权法》对债务人提供的物保与第三人提供的人保并存时的债权实现顺序有明确规定,保证人对先以债务人的质物清偿债务存在合理信赖利益,北大荒担保公司怠于行使质物交付请求权损害了保证人的顺位信赖利益,保证人应在质物优先受偿价值范围内免责。再结合三江缘公司出卖质押物所得款项为 1300 余万元、诉争债权金额为 1000 万元的事实来看,二审法院判令四保证人免除保证责任并无不当,故驳回北大荒公司再审申请。

■ 评　析

Ⅰ 本判决争点的学说整理

现行法对所谓混合共同担保的直接规定主要是《民法典》第 392 条。但是该条究竟应如何理解,特别是在条文本身并未对混合共同担保做完整规定的情况下,如何通过解释来构建规范,是艰巨的法解释工作。

1. 关于主债权人与担保人之间的关系

学说上的观点主要有三种类型:第一,物的担保责任绝对优先说(邹海林、常敏:《债权担保的方式和应用》,法律出版社 1998 年版,第 69~70 页)。这也是对我国原《担保法》第 28 条第 1 款规定的文义追随。第二,物的担保责任相对优先说(叶金强:《担保法原理》,科学出版社 2002 年版,第 25~26 页)。第三,物的担保责任与人的担保责任平等说(史尚宽:《债法各论》,作者自版 1974 年版,第 845 页)。

2. 关于担保人之间的求偿关系

主张"物的担保责任绝对优先说"和"物的担保责任相对优先说"的学者认为,保证人先为清偿时可向物上保证人主张担保物权,即可行使求偿权,但物上保证人先清偿时,因其本应优先负责,故无向保证人行使求偿权的可能[郑玉波:《民法债编各论》(下),作者自版1981年版,第856~857页]。有学者认为承认担保人之间的求偿关系欠缺法理基础(胡康生主编:《中华人民共和国物权法释义》,法律出版社2007年版,第381~382页),不宜将并存的人保与物保看作是连带共同债务,也不能依不真正连带责任理论来合理地解释保证人与物上保证人之间的求偿关系(李红建、雷新勇:《人保与第三人物保的相互追偿及担保物权未设立的责任问题探讨》,载《法律适用》2014年第8期)。

主张"物的担保责任与人的担保责任平等说"的学者认为,物上保证人与保证人地位相同,除合同另有约定之外,两者间应连带负担保责任,无论谁先清偿,彼此之间均发生求偿问题。持此观点的学者在论证担保人之间的求偿关系时,多以连带债务或不真正连带债务为其理论基础。人的担保和物的担保并存时,各担保人之间如无约定,从表面上看确实不存在任何法律关系,但是,"为同一债务担保"的共同目标实际上已经使各担保人与债权人之间建立了联系,即担保之连带或竞合[郑冠宇:《再论担保之竞合》,载《山东科技大学学报》(社会科学版)2010年第5期],这也是债权人在主张担保权利时可以就保证人和物上保证人之间享有选择权的逻辑前提。有学者认为,共同保证与混合共同担保在发生机理上并无实质的不同(黄忠:《混合共同担保之内部追偿权的证立及其展开——〈物权法〉第176条的解释论》,载《中外法学》2015年第4期)。

Ⅱ 判例状况

在原《物权法》颁布前,因最高人民法院《关于适用〈中华人民共和国担保法〉若干问题的解释》第38条明文规定了混合共同担保时的内部追偿规则,因此司法实践中就理所当然地根据该解释的规定直接肯定各担保人之间的追偿权[如上海市第二中级人民法院(2002)沪二中民三(商)初字第157号民事判决书;上海市第二中级人民法院(2002)沪二中民三(商)初字第352号民事判决书;上海市高级人民法院(2002)沪高民二(商)终字第162号民事裁定书]。但在原《物权法》颁布实施后,由于原《物权法》第176条(《民法典》第392条)对混合共同担保人之间相互追偿权的沉默态度,使学界出现了否定混合共同担保人之间相互求偿权的论断。一些权威著述也主张,"在当事人没有明确约定承担连带担保责任的情况下,规定各担保人之间相互追偿是不妥的"(胡康生主编:《中华人民共和国物权法释义》,法律出版社2007年版,第381~382页)。

受此影响,学界有观点认为,《物权法》第176条(《民法典》第392条)的立法原意是否定在担保人之间互设追偿。但是,在司法实务中不同法院对此有不同的解读,因此所作判决也有所不同。个别法院在具体审理案件过程中认为在人的担保和第三人提供的物的担保并存时,承担了担保责任的担保人能否向其他担保人追偿,应当首先取决于当事人的约定。如没有约定或约定不明,则只能向债务人追偿[如江苏省南京市中级人民法院(2016)苏01

民终 3182 号民事判决书]。但是,也有相当一部分的判决仍然沿袭最高人民法院《关于适用〈中华人民共和国担保法〉若干问题的解释》第 38 条的立场,肯定了混合共同担保情形下各担保人之间的追偿权[重庆市渝中区人民法院(2015)中区法民初字第 02315 号民事判决书;新疆维吾尔自治区乌鲁木齐市中级人民法院(2015)乌中民四终字第 1303 号民事判决书]。

Ⅲ 本案例作者观点

担保人无论是同时还是先后订立担保合同,无论是否相互知晓,也无论是提供人的担保还是物的担保,以担保同一债务清偿为目的,且其担保处于同一位阶的多数担保人,均对债权人承担连带担保责任。债务人未清偿到期债务时,债权人有权选择任何一个担保人,要求其承担一部或全部担保责任。担保人向债权人清偿债务后,债权人对债务人的债权即转移给该担保人。担保人在清偿对债权人的债务后,各担保人应平均对受清偿的债务承担责任。清偿债务的担保人有权向其他担保人追偿;其中一担保人无法分担的,其他担保人对该无法分担部分应平均承担责任。物的担保人于分担时在担保债务范围内以物的实际价值为限分担责任。

向债权人清偿债务的担保人可选择直接向主债务人追偿,但不能追偿部分仍应由其他担保人平均分担。债权人放弃对一担保人的责任导致其他担保人无法充分追偿的,其他担保人在其放弃范围内免除清偿责任。放弃应有明确的意思表示,且须满足必要的权利消灭的实质与程序要件。债务人自己提供物的担保时,债权人也有权选择要求债务人以外的担保人向自己履行。其他担保人履行清偿义务后,有权直接要求未履行清偿义务的其他担保人予以平均分担。

法律规定的债权人与担保人之间的外部关系以及担保人之间的内部关系,均可由各当事人通过约定予以排除,但约定不明时仍适用法定规则。

Ⅳ 本案相关问题的理想结果

本案审理结果基本代表了实务界的主流观点,其方法是对现行法规定做偏重文义的解释。但从公正合理的角度出发,本案对现行法的解释仍有值得改进之处。

1. 主债务人提供的物的担保与第三担保人之间的关系。三江缘公司作为主债务人提供了水稻做物的担保。作为保证人,为什么必须在主债务人的物保之外承担责任?《民法典》第 392 条的顺序有无例外? 此其一。其是否意味着保证人应在物保范围之外承担责任? 此其二。未设立之物保,为何应由债权人(本案主债务人的担保人)来承担全部责任? 这些问题,均须从整个担保各方的利益关系中作出公正解答,而非简单地从已有条文的字面获取规则。

2. 保证人与提供物保的第三人之间的关系。原《担保法》第 28 条规定保证人就物的担保以外的债权承担责任,但是该规则已被《民法典》第 392 条修正,同为第三人时让债权人选择,也就是说,他们彼此都是平等的。因此,一审、二审均让两自然人优先承担担保责任,并不妥当。

3. 本案案情所掩盖的追偿问题。由于二审和再审均让四保证人不再承担保证责任,故不发生与物保人的相互追偿问题。并且,判决四保证人承担责任的一审判决也只是允许四保证人向主债务人追偿,而未允许物保人向保证人追偿,也未允许保证人之间彼此追偿。究其根源,当时《物权法》第 176 条未明文规定向主债务人追偿以外的其他追偿情形。第三人作为物保人与作为保证人既然处于同一地位,可任由债权人选择承担责任,自然就应无地位差异,处于“共同”清偿地位,即连带责任关系。一人承担超过自己应担份额以外的部分向其他“共同”责任追偿,符合基本正义精神,也可从现行法规范中解释出来。

4. 混合共同担保以外的“违约金”问题。保证合同中约定,“任何一方违反本合同之部分或全部即构成违约,违约方须向守约方支付反担保金额总额 20% 的违约金”,主债务人和两自然人因违反约定的“通知义务”,被判决另行承担不属于担保责任的 200 万元违约金责任。担保合同中担保人的责任基础是被担保人的债权,或如本案,是担保人承担保证责任后的责任范围,担保人或反担保人只应就此承担责任。额外的违约责任约定并无正当理由,也为《全国法院民商事审判工作会议纪要》[法(2019)254 号]第 55 条所否定。

☐ 参考文献

高圣平:《混合共同担保之研究——以我国〈物权法〉第 176 条为分析对象》,载《法律科学》2008 年第 2 期。

耿林:《比较法视野下的混合共同担保》,载《江汉论坛》2017 年第 6 期。

胡康生主编:《中华人民共和国物权法释义》,法律出版社 2007 年版。

杨明刚:《新物权法:担保物权适用解说与典型案例评析》,法律出版社 2007 年版。

韩松等编著:《物权法》,法律出版社 2008 年版。

黄喆:《保证与物的担保并存时法律规则之探讨——以〈物权法〉第 176 条的规定为中心》,载《南京大学学报》2010 年第 3 期。

崔建远:《物权法》(第 2 版),中国人民大学出版社 2011 年版。

043 以个人资产作抵押为债权提供担保属于保证

张玉彪与江苏省无锡欧翔动力机车贸易有限公司抵押权纠纷上诉案 | 江苏省无锡市中级人民法院(2012)锡商终字第0169号民事判决书

董学立 苏州大学王健法学院

■ 事实概要

欧翔公司与翔鹿公司签订供货合同一份,约定欧翔公司向翔鹿公司供货,且在翔鹿公司无法承担所有债务时,由翔鹿公司签字人以其个人资产作抵押偿还债务。张某代表翔鹿公司在合同上签字。后因翔鹿公司未按合同约定支付货款,欧翔公司遂以翔鹿公司与张某为被告向无锡市锡山区法院提起诉讼,请求判令:(1)两被告支付货款及逾期付款利息;(2)张某承担付款的连带责任。无锡市锡山区人民法院作出(2010)锡法商初字第0850号民事判决,支持欧翔公司的货款及利息请求,但以合同中“抵押财产未作约定,且未事后补正”为由,认定抵押不成立,故张某不承担民事责任。判决生效后,被告翔鹿公司未履行判决义务,该案进入执行程序。

之后欧翔公司以张某为被告诉至锡山区法院,请求判令张某对(2010)锡法商初字第0850号民事判决中的货款及利息债务承担一般保证责任;张某则以重复诉讼为由提出抗辩。锡山区法院经审理认为本案焦点为:一是该案与(2010)锡法商初字第0850号案是否属于重复诉讼;二是张某是否对前述判决中翔鹿公司的债务承担一般保证责任。关于焦点一,法院认为两次起诉的请求权基础不同,故不属于重复诉讼。关于焦点二,法院认为,虽然张某在合同中约定了以个人资产提供抵押的条款,但个人资产处于变动之中不具有特定性,这违反抵押物特定的要求,故抵押权不成立。但张某具有为翔鹿公司债务提供担保的真实意思表示,故可将此认定为保证担保;且合同中约定,在翔鹿公司无法承担债务时,张某才负责偿还翔鹿公司所欠货款,故该保证属于一般保证。基于此,锡山区法院作出(2011)锡法商初字第0554号判决:若翔鹿公司在强制执行程序后仍不能履行(2010)锡法商初字第0850号判决所确定的货款债务,张某便承担保证责任。

张某不服该判决,向无锡市中院提起上诉。经审理,无锡市中院以相同理由认定本案不属于重复诉讼且抵押权不成立;张某以个人资产提供抵押的行为应被认定为保证,并于本案中承担一般保证责任。最终,无锡市中院作出(2012)锡商终字第0169号判决,驳回张某的上诉,维持一审原判。

■ 判决要旨

驳回上诉,维持原判。

第一,本案不属于重复诉讼,因为两案的法律关系不同:前案是欧翔公司以抵押权人的身份主张抵押人张某对翔鹿公司的债务承担连带责任,其请求权基础为抵押权;本案是欧翔公司以被保证人的身份主张保证人张某对翔鹿公司的债务承担一般保证责任,请求权基础为一般保证。第二,本案合同中的担保条款不能成立抵押担保。张某约定以个人资产作抵押偿还欧翔公司货款,但个人资产属于集合概念,通常处于变化之中,不具有特定性,与担保物的特定性要求不符,且事后未就抵押物特定化予以补正,故该担保条款不能起到抵押担保的作用。第三,个人资产抵押的约定虽不能设立有效的抵押权,但其实质是当事人以其个人资产信用为债权提供担保,符合保证的规定,故当事人应当承担相应的保证责任。

■ 评　析

Ⅰ 本案的核心争点

1. 个人资产抵押的约定不能成立抵押权

本案中张某在合同中约定以个人资产作抵押为债务提供担保。法院认为,抵押物必须是抵押人为担保债务的履行和债权的实现而提供的特定财产。但个人资产属集合概念,通常处于动态变化中,不具有特定性,与法律规定的抵押财产须特定化不符,且当事人亦未就抵押物特定化予以补正,故张某约定的担保条款不能起到抵押担保的作用。

根据传统的物权法原理,担保物权须存在他人之特定物或权利上,此盖为物权标的物须具特定性所当然[谢在全:《民法物权论》(中册),中国政法大学出版社 2011 年版]。担保物权是以财富所具有的交换价值为中心成立的,以此为投资客体于金融市场流通且与担保人的个人信用脱离关系([日]我妻荣:《新订担保物权法》,中国法制出版社 2008 年版)。因此担保物价值的大小、担保物价值的安全性与稳定性都是债权人看重的因素。通常的逻辑是,担保物越是特定明确,债权人对担保物价值的预期就越稳定,除自然的损耗以及正常的市场贬值外,不易发生较大的价值波动。通过立法规定担保物必须特定明确,可以在很大程度上固定担保物的价值,减少其不足受偿的风险,以此保障债权人的合法权益。

因此,传统物权法要求担保物须在物理属性上确定存在,即担保物应是现存的、特定的。而担保物是否特定需要通过担保人在担保合同中对担保物信息的描述来判断。担保人对担保物的信息描述越是具体,则担保物特定的程度越高,反之亦然。我国原《物权法》第 185 条第 2 款第 3 项(《民法典》第 400 条第 2 款第 3 项,但具体表述为"抵押财产的名称、数量等情况")中规定了抵押合同必须写明"抵押财产的名称、数量、质量、状况、所在地、所有权归属或者使用权归属";第 210 条第 2 款第 3 项(《民法典》第 427 条,但具体表述为"质押财产的名称、数量等情况")则规定质权合同必须写明"质押财产的名称、数量、质量、状况"。这一标准详细具体,担保人需要在担保合同中描述担保物的上述信息,以满足担保物特定性要求。

随着现代担保法制中担保物范围的不断扩展,担保物的特定性呈现缓和化的趋势(谢在全:《担保物权制度的成长与蜕变》,载《法学家》2019年第1期)。担保物不仅限于有形财产,亦包括股票、应收账款和知识产权等无形财产;而除现有财产外,将来取得的财产,即未来物上亦可设定担保。例如,原《物权法》规定既可以在"正在建造的建筑物、船舶、航空器"等未来物上设立抵押权,也可在现有的以及将有的"生产设备、原材料、半成品、产品"等流动性较强的财产上设立浮动抵押权。在这一立法变化之下,抵押人往往无法在抵押合同中对抵押物的具体信息予以特定化描述。

对此,《美国统一商法典》第九编采用合理识别(reasonable identification)的标准来判断担保物是否特定,更加符合担保物特定缓和化的趋势。该编第9-108条(a)款规定,担保合同中对于动产或不动产的描述无须特定明确,只要能够合理识别其所描述的内容,即为充分。而(b)款规定了担保人以"具体列举、担保物种类、担保物数量或计算、分配的方式或步骤"中的任何一种方式在担保合同中描述担保物,都可被视为可合理识别,担保合同均能有效成立。以浮动抵押为例,抵押人只需在浮动抵押合同中描述抵押物的名称、数量等基本信息,如现有及将有的存货、原材料、产品,只要能够被抵押权人合理识别,则该描述就是充分的,抵押合同便可生效。

值得注意的是,以"债务人的所有财产""债务人的所有动产"或类似词语进行描述属于"超一般的描述"(super-generic description),并不能合理地指明担保物。"个人资产"抵押的约定与此如出一辙,当事人在抵押合同中约定以个人资产设立抵押,其实就是指代其所有财产。这种描述的确无法使抵押权人合理地识别抵押财产的大致范围,财产的种类、数量、名称等最为基本的信息都无法在这一描述中得以体现,抵押权人甚至完全无法对抵押财产的价值建立起有效的评估与预期,更无法进行合理的监管,这将提高债权人实现债权的风险。因此,个人资产抵押的约定属于不充分的描述,也就无法设立有效的抵押权。本案中法院认为"未经特定化的个人资产与物权法或担保法中规定的抵押财产即抵押物须特定化不符",其道理与"超一般的描述并不充分"异曲同工,都指出了个人资产抵押的约定无法使抵押权人合理识别抵押物的基本信息,违反担保物特定性要求,因此无法成立抵押权。

2. 个人资产抵押与集合抵押、浮动抵押的区别

个人资产由不动产、动产以及权利构成,通常包括个人的房屋、汽车、各类物品、存款、现金及股票等,具备集合性、不特定性与浮动性的特点。因此有观点认为个人资产抵押可解释为集合抵押或浮动抵押。本案中法院依据学理以及原《物权法》的规定,否定了该种观点。

首先,集合抵押(又称财团抵押)是指抵押人(企业)将属于企业的土地、建筑物、机械等物的设备以及企业的知识产权作为一个财产目录的财团,而在其上设定的抵押权[程啸:《担保物权研究》(第2版),中国人民大学出版社2019年版]。对于我国有无集合抵押制度,学界一直存在争议。有观点认为《物权法》第180条第2款(《民法典》第395条第2款)规定的"抵押人可以将前款所列财产一并抵押"可以解释为集合抵押,也有观点认为该款规定的是共同抵押(冉克平:《我国〈物权法〉第180条第2款的理解与适用》,载《法学》2010年第10期)。但无论如何理解《物权法》第180条第2款(《民法典》第395条第2款),个人资产抵押都无法解释

为集合抵押。因为集合抵押成立的前提之一是抵押人通过制作抵押财产目录将抵押物特定化，明示被抵押的财产，并予以总括性的登记。个人资产抵押并不符合这一要求。集合抵押的实质是数个特定物上分别设立的数个抵押权的集合。

其次，浮动抵押是指抵押人以其现有或将有的全部财产或部分财产设立抵押权的制度。《物权法》以第181条（《民法典》第396条）、第189条（《民法典》第403、404条）和第196条（《民法典》第411条）三个条款规定了浮动抵押制度。浮动抵押的特点之一便是其抵押物处于变动之中，且在法律规定的情形发生前，抵押人可以不经抵押权人同意自由处分抵押物。因此，浮动抵押制度兼具了融资的高效率性与抵押权实现的高风险性两个特点，立法者出于利益平衡的目的对主体和抵押物范围进行了适当限制。根据原《物权法》第181条的规定，我国浮动抵押的设立主体仅包括“企业、个体工商户、农业生产经营者”三类，而抵押物仅限于现有的以及将有的“生产设备、原材料、半成品、产品”四类动产。基于此，本案二审法官认为，虽然个人资产抵押的概括性约定在性质上比较接近浮动抵押，但个人资产抵押的主体为自然人，抵押物更是超过了上述四类动产的范围，与原《物权法》规定不符，因此个人资产抵押不能解释为浮动抵押。

Ⅱ 既有司法实践状况

司法实践中，当事人未经专业的法律训练，其用于表达内心意思的用语往往不是专业的法律术语，而是日常生活中的经验性表述。因此合同中会出现担保人以个人资产作抵押这样的概括性约定。本案的判决于2012年作出，为之后法院对个人资产抵押的约定进行裁判提供了极大的参考价值。如“曾逸文、汪蕾与被告兴化市三鑫农村小额贷款有限公司、金霞民间借贷纠纷案”[江苏省南京市玄武区人民法院(2015)玄锁民初字第550号民事判决书]、“合肥迈新电子科技有限公司与黄山市浩涵电子标识销售有限公司、吴清平买卖合同纠纷案”[合肥市包河区法院(2015)包民二初字第01373号民事判决书]、“无锡凯奥动力机械有限公司与重庆鑫水机械制造有限公司、袁心红买卖合同纠纷案”[无锡市滨湖区法院(2016)苏0211民初206号民事判决书]、“湘西自治州鸿瑞科技有限公司与保靖县永和新型材料有限公司进出口代理合同纠纷案”[湖南省保靖县人民法院(2016)湘3125民初391号民事判决书]等。上述案件中担保人采用了以个人资产作抵押为债务提供担保的约定，审理法院均认为该约定违反抵押物特定性要求而不能成立抵押担保，其更加符合保证的性质，判决担保人承担相应的保证责任。

Ⅲ 本案的参考意义及将来的课题

本案明确了个人资产抵押的约定因违反担保物特定性要求而不能成立抵押权。该判决不仅为类案裁判提供参考，亦能发挥对当事人的指引作用。当事人在担保合同中应当避免使用个人资产抵押这样过于概括性的描述，而是对担保物信息进行最基本的描述，否则无法成立有效的抵押权。此外，法院应当注意到《民法典》对当事人在担保合同中应当描述的担保物信息进行了修改：第400条第2款第3项规定抵押合同中一般包括“抵押财产的名称、数量等情况”;第427条第2款第3项规定质权合同中一般包括“质押财产的名称、数量等情况”,一改原《物权法》中要求担保合同中详尽描述担保物信息的规定。名称、数量作为识别担保物的最基本信息,也是担保物特定的最低要求。这一修改极大缓和了原先担保物特定的严格标准,为浮动抵押的设立提供了更为灵活的空间。《民法典》颁布后,担保人在担保合同中必须描述担保物的名称与数量,法院应当以此作为判断担保物是否特定的标准,而是否记载原《物权法》所要求的担保物的质量、状况、所在地以及权属问题,则属于当事人自行约定选择的内容。

参考文献

程啸:《担保物权研究》(第2版),中国人民大学出版社2019年版。

[日]我妻荣:《新订担保物权法》,中国法制出版社2008年版。

谢在全:《民法物权论》(中册),中国政法大学出版社2011年版。

谢在全:《担保物权制度的成长与蜕变》,载《法学家》2019年第1期。

冉克平:《我国〈物权法〉第180条第2款的理解与适用》,载《法学》2010年第10期。

044 未登记抵押合同的效力

新疆石河子农村合作银行与刘峻瑞、步春华借款合同纠纷案 | 最高人民法院(2015)民申字第2354号民事裁定书

冉克平 武汉大学法学院

■ 事实概要

1998年8月19日新疆石河子农村合作银行(以下简称合作银行)与刘峻瑞、步春华三方签订的《贷款合同书》中约定:贷款20万元,期限6个月,步春华以房产作为借款抵押,刘峻瑞在合同中注明房产抵押证号31××36、32××31。对于该抵押未办理登记的原因,合作银行称是为了减少刘峻瑞的房产抵押登记费用,故同意刘峻瑞提出的继续以房产抵押担保、不解除该房产抵押登记的要求。刘峻瑞在申请再审理由中亦自陈其31××36、32××31号房产是为此前步春华向合作银行的贷款提供抵押并办理了抵押登记,结合本案中刘峻瑞在步春华此前贷款还清之后并未申请注销抵押登记,以及在一审诉讼的早期阶段刘峻瑞一直承认其为案涉贷款提供了房产抵押等案件事实,应当认定合作银行的陈述符合本案的实际情况。故应认定本案当事人之所以未办理抵押登记手续,是因为合作银行已经因步春华的此前贷款而成为该房产的抵押权人,双方存在此前贷款还清后不办理注销登记,以31××36、32××31号房产继续为该20万元贷款的抵押担保的口头约定。

■ 判决要旨

刘峻瑞与合作银行之间关于先前的贷款还清后不办理注销登记,抵押房产继续为20万元贷款提供担保的约定尽管是双方的真实意思表示,但并不能发生双方所希望的法律后果,案涉抵押合同并不能为该20万元贷款依法设定抵押权。对于未履行登记手续的抵押合同,其法律效力并非确定无效。为救济其法律效力的瑕疵,除可以通过补办登记手续这种方式加以补正使其发生法律效力外,还可以通过解释上的转换这一方式,将其转换为有效的担保行为,以节约交易成本,促进交易发展。根据民法的基本原理,法律行为的转换是指原有行为如果具备替代行为的要件,并且可以认为当事人如果知道原有行为不生效力或无效将希望替代行为生效的,可以将原有行为转换为替代行为而生效。其制度趣旨在于不拘泥于法律行为的外观,而是在尊重当事人的真实意思的基础上,对交易做出新的评价,用一种适当的行为去替换当事人所选择的不适当的行为,以平衡当事人之间的利益。因此,根据本案的实际情况,本院将案涉20万元的抵押担保合同转换为连带责任保证合同。由于抵

押担保是以物的价值为限承担有限责任,而保证则是以保证人的全部责任财产承担无限责任,在担保方式转换后刘峻瑞所应承担的20万元本息的保证责任并未超出其所提供的担保物的价值,故本院对担保方式转换后刘峻瑞的保证责任范围不再予以限定。

■ 评　析

Ⅰ 法律规范

2000年最高人民法院《关于适用〈中华人民共和国担保法〉若干问题的解释》[法释(2000)44号](以下简称《担保法司法解释》)具体规定:(1)若担保合同无效,依据债权人是否有过错区分抵押人的赔偿责任(《担保法司法解释》第7条)。(2)抵押人违背诚实信用原则拒绝办理登记的赔偿责任(《担保法司法解释》第56条)。(3)因不动产登记机构的原因导致无法办理抵押登记的效力(《担保法司法解释》第59条)。

《民法典》第214条规定:“不动产物权的设立、变更、转让和消灭,依照法律规定应当登记的,自记载于不动产登记簿时发生效力。”第402条规定:“以本法第三百九十五条第一款第一项至第三项规定的财产或者第五项规定的正在建造的建筑物抵押的,应当办理抵押登记。抵押权自登记时设立。”

Ⅱ 判例与学说状况

1. 判例状况

若第三人与债权人订立的抵押合同未经登记,抵押合同的效力如何?最高人民法院近年来接连对此作出数个重要裁判,然而其间分歧明显,具体而言:(1)以法律行为的转换为理论基础,抵押人应承担以抵押物为限的连带保证责任。前述案例就是如此。(2)双方当事人以登记作为抵押合同的生效要件,法院认为抵押合同未生效,以缔约过失责任为基础,要求抵押人承担相应的赔偿责任[“中国银行股份有限公司大连甘井子支行、库伦旗首宇甜菊糖有限公司金融借款合同纠纷”,最高人民法院(2017)最高法民终436号民事判决书]。(3)双方当事人以登记作为抵押合同的生效要件,尽管涉案房产因未办理抵押登记而致抵押权未依法设立,但并不影响抵押合同的有效性以及抵押人应当承担的担保责任[“常州市武进高新技术投资担保有限公司与肖洪涛、常州美泰精密机械有限公司等追偿权纠纷案”,最高人民法院(2016)民申3276号民事裁定书]。(4)以违约责任为基础,抵押人承担连带性的违约损害赔偿责任[“万安县银山矿业投资有限公司与吉安市吉州区银丰小额贷款股份有限公司等合同纠纷案”,最高人民法院(2015)民申字第3285号民事裁定书]。(5)欠缺说理部分,径直认为抵押人应当以抵押财产为限承担连带责任[“李向龙与商都县众邦亿兴能源材料有限责任公司、韩福全等民间借贷纠纷案”,最高人民法院(2015)民申字第3256号民事裁定书]。

2. 学理状况

近年来有观点认为,在未办理抵押登记的情况下,不动产抵押合同具有非典型担保的法律意义。未登记不动产抵押合同属于非典型担保之一,介于保证与抵押权之间。由于不动产未经登记因而债权人不享有优先受偿权，抵押人在抵押物价值范围内承担连带责任（杨日洪、徐琦：《非典型担保意思表示下抵押人的责任承担》，载《人民法院报》2017 年 5 月 25 日）。债权人除享有登记请求权外，还享有与抵押合同上的担保权，即债权人要求抵押人（物上保证人）依照抵押合同承担合同上的担保义务的权利。若债权人不行使登记请求权，可以通过行使抵押合同上的担保权的方式担保主债权的实现（刘延杰、王明华：《未办理抵押权登记时抵押人应承担何种责任》，载《人民司法》2013 年第 3 期）。

从学理上看，有学者主张，若当事人因为自己的原因或者其他原因却未能登记，此时虽然不能认为作为物权的不动产抵押权已经设定生效，但是当事人之间的抵押合同是真实的意思表示的结果。“抵押人”具有以自己的财产为他人担保的意思，这一意思是合法的，虽然不符合物权设定的要求，但是却符合“保证”的要求，可以依法认定并加以保护，并以此发生保证的法律效果。在抵押权不存在的情况下，可以依据保证的规则来处理，这符合《德国民法典》第 140 条规定的“无效法律行为的转换”理论［孙宪忠：《中国物权法总论》（第 3 版），法律出版社 2014 年版，第 266 页］。

Ⅲ 评析

1. 不动产抵押合同未登记作为非典型担保方式之评析

在不动产抵押合同未登记时，将其解释为非典型担保方式并不合理。这是因为：其一，在现代民法上，债的特别担保方式包括人的担保、物的担保和金钱担保三种方式。非典型担保方式通常包括让与担保、所有权保留、代物清偿预约等（高圣平：《担保法论》，法律出版社 2000 年版，第 2～3 页）。未登记不动产抵押合同不属于其中任何一例。其二，非典型担保方式通常依据习惯而逐渐形成，具有满足社会生活实践需求、避免担保方式僵化、缓和物权法定原则的功能。但是，就未登记的不动产抵押合同而言，恐难认为其已经具有习惯法的地位，否则对其责任承担，最高人民法院的相关判决也不至于在路径和结果上迥然不同。

2. 未登记不动产抵押合同转换连带保证之评判

最高人民法院的上述见解并不具有合理性。主要理由如下。

首先，法律行为转换以行为无效为前提，未登记不动产抵押合同并无任何无效事由存在。无效法律行为的转换的适用前提是，当事人已经表示出来的法律行为因为违反禁止性规定或者公序良俗而无效（［德］迪特尔·梅迪库斯：《德国民法总论》，邵建东译，法律出版社 2001 年版，第 395～396 页）。不动产抵押合同未经登记，当事人因违反物权法定原则而不能如愿创设物权，但抵押合同的效力并不受任何影响。无论是从物权法定原则的指涉范围、当事人的效果意思，抑或是从物权行为理论出发，未登记不动产抵押合同均不能通过无效行为适格标准的检验。因此未登记不动产抵押合同并无适用法律行为转换规范的余地。

其次，连带保证作为替代行为，超出了不动产抵押合同的内容。只有当替代行为的范围比无效行为更小或者被后者所涵盖时，才能进行转换。完全与无效法律行为不同的或者更为广泛的效果意思并不符合当事人的想法，因此不可以通过转换而被创设。由于抵押与连带保证系两个完全不同的担保方式，在抵押权未设立的情形，也不能推测出当事人具有承担连带保证的意图。即使当事人的价值标准可能被认为是不合理的,法官也不能以自己的利益价值标准来取代可知的当事人的价值标准。

最后,抵押合同与保证合同的成立方式不同,受法律保护的期间及计算方式也不同。对于连带责任保证,主合同履行期届满时,主债务诉讼时效期间和保证期间开始计算。在保证期间内,债权人向保证人主张保证债权,此时,保证期间因未完成而失去意义,若此时保证人拒绝履行保证债务,则保证债务诉讼时效期间开始计算(3 年)。若将不动产抵押合同转换为连带保证,由于6 个月法定保证期间的存在,如何确立保证债务诉讼时效的起算点,势必成为司法难题。本案中,最高人民法院认为:"在担保方式转换后……刘峻瑞应当承担责任的保证期间依法应确定为主债务履行期届满之日起二年。"这显然比法定的6 个月的连带保证期间长得多。

3. 不动产抵押合同未登记的法律效力

抵押人与债权人当事人约定抵押合同未经登记则抵押合同无效的,若抵押权人能够举证证明抵押人故意不办理,此时可以视为抵押人恶意阻止条件不成就,则视为抵押合同已经登记。反之,抵押合同未生效,法院可以依据缔约过失责任要求抵押人承担相应的赔偿责任。通常情形,抵押合同的效力与抵押登记之间相互区隔。不动产抵押合同未登记的法律效力如下。

(1)强制实际履行与不动产抵押登记请求权。债权人作为登记请求权人,可以向抵押人主张申请办理抵押登记,抵押人作为登记义务人应当协助。债权人强制不动产抵押登记请求权属于债权上的请求权,其应适用诉讼时效规定。然而,从司法审判的实践来看,法院强制抵押人办理抵押登记的情形非常罕见。此外,若主合同归于无效或者被撤销,登记请求权也归于消灭。但是,主合同被解除的,除当事人另有约定外,担保合同的效力不受影响(冉克平:《论违约解除后的责任承担》,载《法律科学》2013 年第 5 期)。

(2)解除不动产抵押合同。在不动产抵押合同订立之后登记之前,若是抵押财产因自然原因而灭失,或者抵押物被征收,或者抵押物的价值急剧下降等,由此导致抵押权的设立不能实现保障主债权的目的时,抵押人或债权人均可解除抵押合同。因债权人的原因导致抵押登记不能在约定的期限或者合理的期限内办理,抵押人可以解除抵押合同。鉴于抵押人解除抵押合同,相当于解除其负担并使其获利,无须进一步考虑解除的法律效果。若抵押人在约定的抵押登记期间明确表示拒绝办理抵押登记,或者在抵押财产上为成立在后的其他债权人设立先顺位的抵押权,从而使抵押财产的价值不足以担保债权,或者在约定的抵押登记期间届满之后,经催告后在合理期限内仍然拒绝办理抵押登记,债权人可以解除合同。因抵押人的违约行为导致债权人解除抵押合同的,抵押合同终止履行。当事人可以要求恢复原状、采取其他补救措施,并有权要求赔偿损失。

(3)违约损害赔偿范围。在约定的抵押登记期间届满之后,如果因债权人原因未完成抵押登记,应解释为债权人以自己的行为放弃了抵押权,抵押人无须承担违约责任;若是因为不动产登记机构的原因导致抵押登记未能办理或者登记错误的,债权人可以依法要求登记机构承担赔偿责任。如果抵押人无正当理由拒绝办理抵押登记的,债权人可以直接要求抵押人承担违约损害赔偿责任。《全国法院民商事审判工作会议纪要》[法(2019)254号]第60条规定:“不动产抵押合同依法成立,但未办理抵押登记手续,债权人请求抵押人办理抵押登记手续的,人民法院依法予以支持。因抵押物灭失以及抵押物转让他人等原因不能办理抵押登记,债权人请求抵押人以抵押物的价值为限承担责任的,人民法院依法予以支持,但其范围不得超过抵押权有效设立时抵押人所应当承担的责任。”

(4)抵押人违约时的责任形式:不真正连带之债。在抵押人因违约引起损害赔偿责任时,其与债务人并不处于相同的连带责任人的法律地位。相反,抵押人仅在其自身引起的损害范围内承担赔偿责任,在抵押人承担责任之后,其有权向债权人代位求偿。就此而言,除非抵押合同明确约定抵押人承担连带责任,否则,其仅在债务人不能清偿时承担补充责任。此种补充责任是以抵押物价值为限,如果抵押合同约定的担保范围小于抵押物价值的,以约定的担保范围为限,不得超过抵押权有效设立时抵押人所应当承担的责任(最高人民法院民事审判第二庭编著:《〈全国法院民商事审判工作会议纪要〉理解与适用》,人民法院出版社2019年版,第364页)。

◻ 参考文献

刘延杰、王明华:《未办理抵押权登记时抵押人应承担何种责任》,载《人民司法》2013年第3期。

孙宪忠:《中国物权法总论》(第3版),法律出版社2014年版。

高圣平:《担保法论》,法律出版社2000年版。

[德]迪特尔·梅迪库斯:《德国民法总论》,邵建东译,法律出版社2001年版。

冉克平:《论违约解除后的责任承担》,载《法律科学》2013年第5期。

最高人民法院民事审判第二庭编著:《〈全国法院民商事审判工作会议纪要〉理解与适用》,人民法院出版社2019年版。

045 在建工程抵押与房地一体原则的适用

山东省国际信托股份有限公司与田佳灵执行异议之诉纠纷案 | 湖北省宜昌市中级人民法院(2019)鄂05民终776号民事判决书

刘　颖　同济大学法学院

■ 事实概要

2013年6月13日,山东省国际信托股份有限公司(以下简称山东信托公司)与宜昌弘健新材料有限公司(以下简称弘健公司)签订《信托贷款合同》,约定弘健公司作为借款人向山东省信托公司借款60,000,000元。同时山东信托公司与宜昌弗洛伊德商务有限公司(以下简称弗洛伊德公司)签订《抵押合同》,约定弗洛伊德公司以其两处国有土地的土地使用权作为抵押物为弘健公司上述贷款提供担保而向山东信托公司抵押,三方就《信托贷款合同》《抵押合同》均在北京市方圆公证处进行了公证。2013年6月14日,山东信托公司与弗洛伊德公司就上述抵押物在房产管理局办理了在建工程抵押权登记。因弘健公司未按约定还款,山东信托公司依北京市方圆公证处出具的(2013)京方圆执字第0089号执行证书向湖北省高级人民法院申请对弘健公司、弗洛伊德公司强制执行以偿还债务,湖北省高级人民法院于2014年3月4日裁定该执行案由宜昌市中级人民法院执行。

弘健公司、弗洛伊德公司因借贷纠纷被田佳灵向宜昌市中级人民法院申请执行上述两处国有土地的土地使用权,该院裁定两执行案件指定由一审法院执行,经一审法院对宜昌市中级人民法院查封的两处土地及地上建筑进行拍卖,所得价款65,867,500元,其中土地使用权拍卖价款65,559,100元、在建工程拍卖价款308,400元,全部留存于一审法院账户。

在执行过程中,山东信托公司作为案外人向一审法院提出执行异议,认为其对案涉两处土地的土地使用权及在建工程办理了抵押登记而享有抵押权,其对该拍卖价款享有优先受偿权。一审法院裁定山东信托公司仅对在建工程的拍卖价款308,400元享有优先受偿权,对土地使用权的拍卖价款不享有优先受偿权。其后,山东信托公司向一审法院提起诉讼,请求停止对涉案土地使用权及在建工程拍卖价款的执行,确认山东信托公司对土地使用权及在建工程拍卖所得全部价款享有优先受偿权。

一审法院认为,山东信托公司与弗洛伊德公司签订的《抵押合同》是双方真实意思表示,依法成立。双方在房管部门办理了在建工程抵押登记,但未到土管部门办理土地使用权抵押手续,且在建工程抵押登记因土管部门不知情而未起到公示排他效果,致使涉案土地被田佳灵及中信逸百年融资租赁有限公司先后申请司法部门查封,故该在建工程抵押权登记不能及于涉案土地。故山东信托公司仅对在建工程拍卖价款享有优先受偿权,对未办理抵押登记的土地使用权拍卖价款不享有优先受偿权。山东信托公司不服一审判决提起上诉。

■ 判决要旨

驳回上诉，维持原判。

根据《物权法》第 180、187 条的规定，虽然双方在房管部门办理了在建工程抵押登记，但因双方未到土管部门办理土地使用权抵押登记手续，且在建工程抵押登记因土管部门不知情而未起到公示排他效果。故山东信托公司只对案涉在建工程拍卖价款享有优先受偿权，对未办理抵押登记的土地使用权不具有抵押权，对该土地使用权的拍卖价款不享有优先受偿权。

■ 评　析

Ⅰ 本判决的思路和意义

两审法院在本案中的判决思路为，当事人双方签订的在建工程抵押合同有效成立，抵押效力范围应根据是否适用"房地一体"原则进行判断。我国《物权法》第 182 条(《民法典》第 397 条)规定了"房地一体，地随房走"的双向统一原则，该原则仅适用于"建筑物抵押"的情形，未有法律法规和行政规章明确规定以未完工的在建工程办理抵押，土地使用权亦随之抵押。因此，在建工程抵押的效力不能及于涉案土地使用权，需分别办理抵押登记。本案原告仅在房管部门办理了在建工程抵押登记，未在土地管理部门办理抵押登记，故其抵押效力限于在建工程，对在建工程涉及的土地使用权无优先受偿权。

本案的意义在于，明确了在建工程抵押不适用《物权法》第 182 条(《民法典》第 397 条)的"房地一体，地随房走"的双向统一原则，在建工程、土地使用权抵押应分别登记，未登记不得产生公示排他效果，由此造成相关财产被法院执行时，债权人并无优先受偿权。

Ⅱ 在建工程抵押是否适用房地一体原则的规范及学理

我国《民法典》第 397 条规定了建筑物抵押的房地一体原则，该条以"建筑物抵押"作为限定语，似乎房地一体原则仅限于"建筑物抵押"的情形。至于在建工程抵押是否适用该原则，《民法典》并未明文规定。

从立法史观察，在建工程是否可以作为抵押财产经过了模糊到认可的阶段。首先，在 1995 年颁行的原《担保法》中并未予以明确。因为在建工程既不在该法第 34 条抵押财产规定的范围，也不属于该法第 37 条规定的不得设定抵押财产。其次，建设部于 1997 年通过并实施了《城市房地产抵押管理办法》，该办法第 3 条第 5 款、第 28 条、第 34 条第 2 款对于在建工程抵押的概念、抵押订立程序与登记等作出了规定。但该办法具有一定的局限性，具体如：(1)该办法由建设部指定施行，位阶为部门规章，效力有限；(2)该办法第 3 条第 5 款所规定的在建工程抵押的抵押权人限于贷款银行，对于其他金融公司或机构是否可以作为抵押权人并未说明。再次,2000 年最高人民法院《关于适用〈中华人民共和国担保法〉若干问题的解释》[法释(2000)44 号](以下简称《担保法司法解释》)第 47 条“以依法获准尚未建造的或者正在建造中的房屋或者其他建筑物抵押的,当事人办理了抵押物登记,人民法院可以认定抵押有效”,作了回应并认可了“正在建造中的房屋”的抵押效力。最后,2007 年原《物权法》第 180 条第 1 款第 5 项规定“正在建造的建筑物”可以抵押,从此我国正式从法律层面认可了“在建工程抵押”可以作为抵押范围。《民法典》第 395 条第 1 款第 5 项保留了这一规定。

但问题也由此而来,《担保法》《城市房地产抵押管理办法》与《物权法》可能存在交错与不协调之处。例如,其一,在建工程抵押的抵押权人是否限于贷款银行,其他金融公司或机构是否可以作为抵押权人?其二,在建工程抵押与建筑物的抵押是否有区别,是否可以适用原《物权法》第 182 条的“房地一体原则”。其三,上述三部法律或部门规章并未明确规定在建工程抵押的登记机关,各省市规定的登记机关存有差异。上述问题给在建工程抵押实务造成了困扰。

对于问题一,2007 年 9 月公布的北京市国土资源局、北京市建设委员会《关于房地产开发项目在建工程抵押登记有关问题的通知》[京国土籍(2007)751 号]中明确规定,在建工程抵押,是指抵押人为取得在建工程继续建造资金的贷款,以其合法方式取得的土地使用权连同在建工程的投入资产,以不转移占有的方式抵押给贷款银行(包括其他法定金融机构)作为偿还贷款履行担保的行为。此外,最高人民法院《关于〈城市房地产抵押管理办法〉在建工程抵押规定与上位法是否冲突问题的答复》[(2012)行他字第 8 号]指出,在建工程属于原《担保法》规定的可以抵押的财产范围。法律对在建工程抵押权人的范围没有作出限制性规定。《城市房地产抵押管理办法》第 3 条第 5 款有关在建工程抵押的规定,是针对贷款银行作为抵押权人时的特别规定,但并不限制贷款银行以外的主体成为在建工程的抵押权人。由此可知,为解决《城市房地产抵押管理办法》与原《物权法》之间关于在建工程抵押权人范围不一致的问题,实务中一般将《城市房地产抵押管理办法》的规定解释为特别规定,而除银行以外的主体亦可成为在建工程抵押权人。本案中,弗洛伊德公司以其两处国有土地上的在建工程作为抵押物为弘健公司提供担保而向山东信托公司抵押。尽管作为抵押权人的山东信托公司并非银行,但不影响该抵押合同及抵押权的效力。对于问题二与问题三,2001 年《城市房地产抵押管理办法》第 11 条规定了“以在建工程已完工部分抵押的,土地使用权随之抵押”,该条仅规定在建工程已完工部分适用“房地一体原则”,但对于“未完工的在建工程抵押”是否适用仍然存在疑问。2007 年颁行的原《物权法》第 180 条首次明确了“正在建造的建筑物”可以作为抵押财产,该条在表述时将第 5 项的“正在建造的建筑物”与第 1 项的“建筑物”并列,由此产生了解释上的争议。即在我国物权法中,似乎该条的表述是将“正在建造的建筑物”与“建筑物”作为两个不同的抵押财产类型。故而原《物权法》第 182 条的“房地一体原则”仅限于建筑物,并不涉及“正在建造的建筑物”。换言之,在建工程抵押不适用该原则。本案一审法院即持此观点,二审法院也予以支持。但是,昆明市人民政府《关于印发昆明市在建工程抵押管理暂行办法的通知》[昆政发(2011)79 号]第

4 条规定,在建工程抵押的,该在建工程占用范围内的土地使用权一并抵押。该规定明确了在建工程抵押,无论是否完工部分均一并抵押,也认可了"房地一体原则"适用于在建工程抵押。此外,各省市关于在建工程抵押登记的部门存有差异。如前所述[京国土籍(2007)751 号]文规定在建工程抵押登记工作统一由市、区(县)国土资源管理部门负责办理。

在学理上,对于在建工程抵押是否适用房地一体原则上似乎均持肯定观点。学者们认为,在建工程抵押适用房地一体原则[王利明:《物权法研究》(下卷),中国人民大学出版社 2007 年版,第 430 页;高圣平、严之:《房地单独抵押、房地分别抵押的效力——以〈物权法〉第 182 条为分析对象》,载《烟台大学学报》(哲学社会科学版)2012 年第 1 期;魏雁飞:《银行在建工程抵押若干问题的法律分析——兼评〈物权法〉第一百八十二条》,载《甘肃金融》2016 年第 11 期],即原《物权法》第 182 条的"建筑物"应包括"在建工程"。笔者赞同在建工程抵押适用房地一体原则,即适用原《物权法》第 182 条的规定。理由如下:其一,在建工程抵押与建筑物抵押本质上并无太大差别,均以其物质性财产价值作为抵押,性质上亦均属于本登记[程啸:《担保物权研究》(第 2 版),中国人民大学出版社 2019 年版,第 516~517 页],两者只是在价值范围大小以及是否完工上存有差异;其二,从体系解释上,建筑物在物权法体系中具有重要篇幅,除原《物权法》第六章的"业主的建筑物区分所有权"与第 180 条第 1 项仅指已经完工并投入使用的建筑物外,其余均有解释的空间(第 146、147、182、183、200 条等),无须机械地进行统一解释;其三,从立法目的上,房地一体原则的目的是将建筑物与建设用地使用权在实际使用、经济交易和权利归属上捆绑在一起,否则彼此将失去价值与意义。因此无论工程是否在建或完工,均需与建设用地使用权捆绑在一起。

Ⅲ 既往司法实践状况

对于在建工程抵押是否适用房地一体原则,本案采否定说。但在"浙商金汇信托股份有限公司与浙江三联集团有限公司、三联控股集团有限公司、马某生、楼某珍、金华市华源置业有限公司金融借款合同纠纷再审案"[最高人民法院(2018)最高法民再 19 号民事判决书]与"锦宸集团有限公司等与中国工商银行股份有限公司厦门开元支行等执行分配方案异议纠纷上诉案"[福建省高级人民法院(2016)闽民终 960 号民事判决书]均认为在建工程抵押的范围及于土地使用权(建设用地使用权)。少有法院[如"恒丰银行股份有限公司绍兴支行、赵柏茂执行分配方案异议之诉",浙江省绍兴市中级人民法院(2019)浙 06 民终 3342 号民事判决书]与本案持同一立场。

Ⅳ 本判决的影响及将来的课题

本案的裁判要旨认为,在建工程抵押不适用于《物权法》第 182 条(《民法典》第 397 条)的"房地一体原则"。因为房屋与土地登记部门不统一,如当事人未对在建工程与土地使用权分别抵押,则在建工程抵押的效力不及于土地使用权,故对于土地使用权不具有优先受偿权。同时,本案是执行异议之诉,所涉及问题是抵押权与强制执行中查封之间的顺序,与一般的担保物权优先受偿有些不同。因此,本案似乎还将涉及另一问题,在人民法院查封不动产的执行程序中，是否须履行房地一体原则的审查义务。即基于我国对于土地与房屋采取的分离主义，但在抵押时又采“房地一体原则”，故人民法院在查封不动产时，是否需审查相关不动产是否有抵押或存在根据“房地一体”原则抵押效力及于土地使用权的情形。此问题在本案中并未提及，是为遗留问题。

尽管本判决对于在建工程抵押的效力是否及于土地使用权的问题上采否定观点，但此问题并非就此终结。本案争点的产生具有一定的历史背景，即各地对于房屋与土地登记部门不统一的情形。在不动产统一登记后，房屋与土地登记部门将统一，本案法院的论证理由可能并不成立。由此，在新的形势下，在建工程抵押的效力是否及于土地使用权，仍然值得探讨。

□ 参考文献

王利明：《物权法研究》（下卷），中国人民大学出版社 2007 年版。

朱晓喆：《房、地分离抵押的法律效果——〈物权法〉第 182 条的法教义学分析》，载《华东政法大学学报》2010 年第 1 期。

高圣平、严之：《房地单独抵押、房地分别抵押的效力——以〈物权法〉第 182 条为分析对象》，载《烟台大学学报》（哲学社会科学版）2012 年第 1 期。

魏雁飞：《银行在建工程抵押若干问题的法律分析——兼评〈物权法〉第一百八十二条》，载《甘肃金融》2016 年第 11 期。

程啸：《担保物权研究》（第 2 版），中国人民大学出版社 2019 年版。

046 主债权诉讼时效期间届满抵押权是否消灭

王军诉李睿抵押合同纠纷案 ｜《最高人民法院公报》2017 年第 7 期

程　啸 清华大学法学院

■ 事实概要

2009 年 8 月 11 日，王军与李睿签订协议书，约定王军向李睿借款 50 万元，期限自 2009 年 8 月 11 日至 2009 年 9 月 10 日。期满一次性偿还全部借款。王军将 A 房屋抵押给李睿用于担保该借款。2009 年 8 月 12 日，双方办理涉案房屋的抵押登记。2009 年 9 月 2 日，李睿被登记为上述房屋的他项权利人。借款到期后，王军一直未还款。原告王军以被告李睿未在主债权诉讼时效期间行使抵押权，故抵押权不予保护为由，诉至法院，请求判令李睿协助王军办理注销 A 房屋的抵押登记手续。北京市通州区人民法院一审认为，因李睿作为抵押权人未在主债权诉讼时效期间内行使抵押权，故抵押权已消灭，法院支持王军的诉讼请求。李睿提起上诉。

■ 判决要旨

驳回上诉，维持原判。

抵押权人在主债权诉讼时效期间未行使抵押权将导致抵押权消灭，而非胜诉权的丧失。抵押权消灭后，抵押人要求解除抵押权登记的，人民法院应当支持。在债权与为担保债的履行的抵押权并存时，债权是主权利，抵押权为从权利。在主权利已经丧失国家强制力保护的状态下，抵押物上所负担的抵押权也应消灭方能更好地发挥物的效用，亦符合物权法之担保物权体系的内在逻辑。故《物权法》第 202 条规定抵押权行使期间的重要目的之一当在于促使抵押权人积极地行使抵押权，迅速了结债权债务关系，维系社会经济秩序的稳定。综合上述分析，应当认定在法律已设定行使期限后，抵押权人仍长期怠于行使权利时，法律对之也无特别加以保护的必要，应使抵押权消灭。

■ 评　析

Ⅰ 本判决的思路和意义

本案的核心问题在于，抵押权人在主债权诉讼时效期间没有行使抵押权的，该权利是否消灭。本案法院判决认为，虽然抵押权是支配权而非请求权，不适用诉讼时效，但由于抵押权的目的在于担保债务的履行，以确保抵押权人对抵押物的价值享有优先受偿的权利。

如果对抵押权人行使抵押权的期限不进行限制,将使抵押财产的归属长期处于不稳定状态,不仅不利于保护当事人的合法权益,亦不利于物之使用和流通效能的发挥。《物权法》第202条(《民法典》第419条)的立法目的正在于此。故此,抵押权人在主债权诉讼时效期间未行使抵押权的,该抵押权消灭。本案判决的意义在于,从目的解释的角度明确了《物权法》第202条(《民法典》第419条)中"人民法院不予保护"的含义,将之界定为抵押权的法定存续期限,从而有利于解决司法实践中的争议,更好地发挥财产的价值并促进财产的流通。

Ⅱ 担保物权法定存续期限规则的演变

最早对担保物权的法定存续期限作出规定的是最高人民法院《关于适用〈中华人民共和国担保法〉若干问题的解释》[法释(2000)44号](以下简称《担保法司法解释》),该司法解释在借鉴我国台湾地区"民法"第880条的基础上,于第12条第2款规定:"担保物权所担保的债权的诉讼时效结束后,担保权人在诉讼时效结束后的二年内行使担保物权的,人民法院应当予以支持。"从该款的表述可知,《担保法司法解释》并不承认担保物权的存续受主债权时效届满的影响,而是规定了一个担保物权的法定存续期限(除斥期间),即"主债权诉讼时效期间+两年",该期限届满后,担保物权即归于消灭。

起草原《物权法》的时候,就担保物权是否因主债权罹于时效而消灭以及应否规定担保物权的法定存续期限等问题,有很大的争议。一种观点认为,担保物权不应受到主债权罹于时效的影响。因为主债权的诉讼时效期间届满后,权利本身并不消灭,债务人只是享有时效抗辩权而已。担保物权属于从权利,从属于其担保的债权,既然主债权不消灭,则担保物权也并不因此消灭,仍得以存续(邹海林、常敏:《债权担保的方式和应用》,法律出版社1998年版)。此外,担保物权是一种物权,不是请求权,其本身也不适用诉讼时效。故此,建议继续沿用《担保法司法解释》第12条的规定,为担保物权的存续规定一个法定的期限即可。另一种观点认为,法律最好规定,主债权诉讼时效届满后,担保物权不消灭,但担保人享有对担保权人的抗辩权,该抗辩权可以在担保权人要求实现担保物权时主张(全国人民代表大会常务委员会法制工作委员会民法室编:《物权法立法背景与观点全集》,法律出版社2007年版)。

原《物权法》最终并未对所有的担保物权的存续期限作出规定,只是规定了主债权诉讼时效期间届满对抵押权的影响。该法第202条规定:"抵押权人应当在主债权诉讼时效期间行使抵押权;未行使的,人民法院不予保护。"全国人大常委会法制工作委员会民法室的有关人士认为,原《物权法》该条的立法理由为:"随着市场经济的快速运转,如果允许抵押权一直存续,可能会使抵押权人怠于行使抵押权,不利于发挥抵押财产的经济效用,制约经济的发展。因此,规定抵押权的存续期限,能够促使抵押权人积极行使权利,促进经济的发展。由于抵押权是主债权的从权利,因此一些国家民法和我国台湾地区'民法'将抵押权的存续期限与主债权的消灭时效或者诉讼时效挂钩的做法,值得借鉴。"(胡康生主编:《中华人民共和国物权法释义》,法律出版社2007年版)《民法典》第419条保留了该条未作修改。

Ⅲ 对原《物权法》第202条的不同理解

原《物权法》颁行后,围绕着第202条第2句中规定的“人民法院不予保护”的含义,理论界与司法实务界产生了三种不同的观点。

第一种观点为“胜诉权丧失说”,也称“执行力丧失说”。该说认为,过了主债权诉讼时效期间后,抵押权人丧失的是抵押权受人民法院保护的权利即胜诉权,而抵押权本身并没有消灭,如果抵押人自愿履行担保义务的,抵押权人仍可以行使抵押权(胡康生主编:《中华人民共和国物权法释义》,法律出版社2007年版)。申言之,原《物权法》第202条规定的是抵押权的司法保护期,而非抵押权的存续期限。也就是说,原《物权法》规定的抵押权的行使期间近似于抵押权的“诉讼时效”,因为与诉讼时效的法律效果一样,该司法保护期届满后抵押权并不消灭,抵押权人丧失的是抵押权受人民法院保护的权利即胜诉权。在我国法律和司法解释没有明确规定主债权诉讼时效届满抵押权消灭的情况下,必须严格遵循文义解释的原则,在“法”的框架内去理解和适用法律,不得随意扩大解释将抵押权“人民法院不予保护”理解为“抵押权消灭”。故依照物权法定主义,抵押权此际并未消灭[湘西土家族苗族自治州中级人民法院(2012)州民二终字第4号民事判决书]。

第二种观点为“时效抗辩权发生说”,这是多数学者所赞同的学说。此说认为,对于主债权诉讼时效期间已经届满的抵押权,人民法院不予保护不等于该抵押权已经消灭,只是抵押人因此享有了主债务人的时效抗辩权(王利明、尹飞、程啸:《中国物权法教程》,人民法院出版社2007年版)。例如,王利明教授认为,所谓人民法院不予保护应当与民法通则关于诉讼时效届满的法律后果做相同的理解。也就是说,主债权时效届满,抵押权不消灭,而只是使抵押人享有了拒绝履行的抗辩权。作为从权利的抵押权,其实体权利不应消灭,如果抵押人自愿履行担保义务,抵押权人仍然可以接受,从而使其权利实现[王利明:《物权法研究》(下卷),中国人民大学出版社2018年版]。

第三种观点就是以本案判决为代表的“抵押权消灭说”,此说认为,原《物权法》第202条规定的抵押权的行使期限就是抵押权的存续期限或除斥期间,而非抵押权的诉讼时效或受到公权力保护的期限,抵押权因该时间的经过而消灭[海南省三亚市中级人民法院(2013)三亚民二终字第254号民事判决书]。首先,如果法律上不规定抵押权的存续期限,而是允许抵押权人在任何时候都可以行使抵押权,对于抵押人来说过于苛刻。此外,抵押权人有抵押权却不行使,不仅不利于物的交易价值和担保秩序的稳定,反而可能助长抵押权人滥用因物之担保而取得的优势地位,损害债务人的利益。故此,法律上必须对抵押权的存续期限加以限制,以便督促抵押权人积极行使抵押权,保证社会经济秩序的稳定(最高人民法院物权法研究小组:《〈中华人民共和国物权法〉条文理解与适用》,人民法院出版社2007年版)。其次,原《物权法》第202条规定了抵押权的行使期限,在期限内怠于行使的,则抵押权人“丧失人民法院公权力的保护,且抵押权的实质是对抵押物享有优先受偿权,被告对抵押物不再受到法律保护,显然不能再就抵押物优先于其他债权而受到清偿,被告享有的抵押权已不具有抵押权的实质,该抵押权的存在已没有任何意义”[重庆市铜梁县人民法院(2013)铜法民初字第

00841 号民事判决书],因此抵押人有权请求法院确认抵押权人丧失抵押权,即抵押权消灭。最后,如果认为抵押权并不消灭,只是不受公权力保护而已,则抵押物上存续这种无法行使的抵押权,不仅不利于物的效用的发挥,与原《物权法》的宗旨相悖,也损害了其他债权人的利益[河南省南阳市中级人民法院(2010)南民二终字第 701 号民事判决书]。

Ⅳ 明确抵押权因主债权时效届满而消灭的意义

笔者认为,明确主债权诉讼时效期间是抵押权的法定存续期限,若抵押权人在该期间内不行使抵押权的,令抵押权归于消灭的做法,不仅理由充分,而且有重要的实践意义。

首先,可以肯定的是,诉讼时效只适用于请求权,且主要系债权请求权。因此,作为物权的抵押权不适用诉讼时效,也不存在因时效期间届满而成为丧失强制执行力的"自然物权"或"不完全物权"。由于只有主债权适用诉讼时效,因而在主债权罹于时效后,债务人享有了对抗债权人履行债务请求的时效抗辩权。但是,抵押人无法援引该时效抗辩权来对抗抵押权人实现抵押权的要求。因为时效抗辩权对抗的是债权请求权,确切地说,是债权人的给付请求权,不能在抵押权人实现抵押权时对抗之。抵押权是物权,而物权是绝对权和支配权。作为绝对权,抵押权人于债务履行期限届满或发生当事人约定的实现抵押权的情形时,有权将抵押财产变价并优先受偿,这也是抵押权的最主要效力,其本质为变价权与优先受偿权的实现,而非抵押权人针对抵押人的给付请求。抵押权人实现抵押权时,无须抵押人的同意与协助,即便抵押人与抵押权人未就抵押权实现方式达成协议的,抵押权人也可以请求人民法院拍卖、变卖抵押财产(《民法典》第 410 条第 2 款)。此时,抵押权人实现抵押权的程序属于非讼程序,即《民事诉讼法》第 15 章第 7 节规定的作为特别程序的"实现担保物权案件"。

然而,如果认为主债权罹于时效,抵押权本身并不消灭,而只是丧失了"胜诉权"或仅产生"时效抗辩权",将不正当地限制抵押人对其财产的利用,还将影响其他债权人的合法权益,尤其是在同一标的物上享有抵押权的其他债权人对法律关系确定性的期待。具体而言:一方面,尽管《民法典》第 406 条改变了原《物权法》第 191 条,允许抵押期间抵押人可以不经抵押权人的同意而转让抵押财产,但由于抵押财产的转让并不影响抵押权,故此,在抵押权已经没有强制执行力的情况下却依然不消灭,存在于抵押财产之上,会导致受让人不敢受让抵押财产,对于抵押财产交换价值的实现产生很大的影响,限制了抵押财产的流通。另一方面,由于抵押权本身不消灭,故抵押人如果自愿履行担保责任,那么抵押权人仍有权受领相关给付,这等于变相架空诉讼时效制度。倘若在该抵押物上还有其他抵押权人,就更麻烦了。因为,无论是"胜诉权丧失说",还是"时效抗辩权发生说",都无法回答主债权时效届满后抵押权的顺位效力是否随之失效。故此,当抵押人主动向该抵押权人承担担保责任时,其他抵押权人是否可以对此提出异议,也存在很大的疑问。此时,不如直接让抵押权归于消灭,从而简化法律关系,更为合理。此外,我国《民法典》第 188 条已改变了原《民法通则》关于诉讼时效起算点和诉讼时效期间的规定,不仅将普通的诉讼时效期间延长至 3 年,还把诉讼时效的起算点明确为"权利人知道或者应当知道权利受到损害以及义务人之日”。直接将抵押权的存续期限与诉讼时效期间挂钩,规定诉讼时效期间届满担保物权归于消灭,对于担保物权人或者债权人并无不利。

综上所述,本案判决将原《物权法》第 202 条中“人民法院不予保护”解释为抵押权归于消灭,从而使主债权的诉讼时效期间成为抵押权的法定存续期限,具有重要的理论和实践意义。我国民法典编纂时本应解决这一问题,不少专家学者也提出了相应的建议。令人遗憾的是,《民法典》第 419 条照搬了原《物权法》第 202 条的规定。

Ⅴ 本判决的影响及将来的课题

本案判决解决了司法实践中关于主债权时效期间届满后抵押权是否存续的争议,有利于裁判的统一,以及不动产登记程序中不动产登记机关办理相应的抵押权注销登记。值得继续讨论的问题是,无论是原《物权法》第 202 条还是《民法典》第 406 条,都没有规定主债权时效届满对质权、留置权是否产生影响的问题,也就是说,留置权和质权是否会因为主债权时效期间内债权人没有行使而归于消灭,并不清楚。这需要理论上进一步研究和司法解释作出相应的规定。

□ 参考文献

邹海林、常敏:《债权担保的方式和应用》,法律出版社 1998 年版。

王利明:《物权法研究》(下卷),中国人民大学出版社 2018 年版。

王利明、尹飞、程啸:《中国物权法教程》,人民法院出版社 2007 年版。

胡康生主编:《中华人民共和国物权法释义》,法律出版社 2007 年版。

全国人民代表大会常务委员会法制工作委员会民法室编:《物权法立法背景与观点全集》,法律出版社 2007 年版。

最高人民法院物权法研究小组:《〈中华人民共和国物权法〉条文理解与适用》,人民法院出版社 2007 年版。

047 最高额担保中“最高额”含义的确定

珠海农村商业银行股份有限公司、冯潇金融借款合同纠纷案 | 广东省珠海市中级人民法院(2017)粤04民终1261号民事判决书

黄　忠 西南政法大学民商法学院

■ 事实概要

2013年4月23日,宝铂森公司向珠海农商行借款人民币200万元,借款期限为18个月,从2013年4月24日起至2014年10月24日止。同日,冯潇与珠海农商行签订《最高额抵押担保合同》,该《最高额抵押担保合同》第16条附则第4款被担保的主债权及最高额约定:抵押人自愿以其房产为债务人自2013年4月24日起至2018年4月24日止在抵押权人处办理约定的各类业务,其最高本金余额折合1,200,200元范围内所实际形成的全部债务以本合同所约定的抵押物提供最高额抵押担保。后冯潇为珠海农商行办理了抵押登记。

因宝铂森公司未按时偿还借款,珠海农商行将宝铂森公司、冯潇诉至法院。一审法院认为,珠海农商行、宝铂森公司、冯潇签订的合同均为各方的真实意思表示,合法有效。宝铂森公司未按约定还款,构成违约。冯潇与珠海农商行签订《最高额抵押担保合同》为宝铂森公司的借款提供抵押担保,但抵押合同中对抵押担保范围存在不同的条款约定。因合同是由珠海农商行提供的格式合同,据原《合同法》第41条有关格式合同的规定,应采用合同附则中有关最高额抵押担保的范围的约定,认定冯潇名下的房产在1,200,200元范围内为宝铂森公司的上述借款提供抵押担保。

珠海农商行上诉认为,原审法院误解了《最高额抵押担保合同》第16条附则第4款关于约定被担保的主债权及最高额的内容,并提出第16条附则第4款已明确1,200,200元为最高本金余额,冯潇名下的房产应是在以1,200,200元作为本金以及所产生的相应利息范围内为上述借款提供的担保,故其对冯潇名下的房产在1,200,200元作为本金以及所产生的相应利息范围内对债权享有优先受偿权。

■ 判决要旨

驳回上诉,维持原判。

二审的争议点为:最高额不动产抵押中“最高额”之含义,即利息是否可在最高债权额限度之外再加入作为优先受偿之债权。

二审法院认为,从法律规定来看,原《担保法》第59条将所有担保的债权无论是本金还

是利息、违约金等均纳入最高额限度,故我国法律承认的是债权最高额抵押权。而且,涉案《最高额抵押担保合同》约定,抵押人在最高本金余额折合 1,200,200 元范围内所实际形成的全部债务以本合同所约定的抵押物提供最高额抵押担保。《不动产抵押登记查询表》显示,涉案房产被担保债权数额(最高债权数额)是 1,200,200 元。可见,涉案登记的最高债权额限度是确定的,即上诉人实际享有的应是债权最高额抵押权。相反,如抵押合同载明的最高额仅指本金不包括利息,由于利息在签订抵押合同时是不确定的,则该合同没有确定最高债权额限度,与抵押登记不符。此外,由于最高债权额限度属于关键性条款,没有该条款,则最高额抵押权不成立。故本院认定本案设立最高额抵押的最高债权额限度是 1,200,200 元。珠海农商行的上诉不予支持。

■ 评　析

Ⅰ 本裁判的思路和意义

本案涉及对最高额抵押中"最高额"含义的理解问题。债权人认为《最高额抵押担保合同》中的最高额应当仅指本金最高额,而抵押人则认为应当理解为债权最高额。两审法院均未采信债权人的意见,并从最高额抵押的概念、格式合同的解释、抵押登记的效力等角度明确了最高额抵押中的"最高额"应当是指债权最高额。由于最高额抵押在金融领域适用颇多,而最高额抵押中"最高额"含义的理解则关涉债权人、担保人及第三人的利益,因此,本案的判决具有一定的参考意义。

Ⅱ 最高额担保中"最高额"含义确定的规范及学理

最高额担保,是指债权人与担保人签订一个担保合同,为一定期限内连续发生的借款合同或同种类其他债权提供担保,当债务人不履行到期债务或者发生当事人约定的实现担保权的情形,担保人在最高债权额限度内向债权人承担担保责任。根据担保方式的不同,最高额担保可以进一步分为最高额保证和最高额担保物权。无论是何种形式的最高额担保,均会面临如何理解"最高额"的问题。本案涉及的是对最高额不动产抵押中"最高额"含义的理解。

如本案所示,实务上债权人和担保人常常会对最高额担保中的"最高额"究竟是指债权最高额抑或本金最高额产生分歧。所谓债权最高额,是指主合同项的本金、利息、违约金等均一并计算,其总额不得超过最高额限定。所谓本金最高额,是指纳入最高债权额限度的债权仅指本金即原债权,而不包括利息、违约金等。本金最高额与债权最高额的区别在于,前者只将本金纳入最高债权额限度,因此会导致本金之外的利息、违约金等可以在最高债权额限度外再加入作为优先受偿的债权,如此一来,抵押权人在实现抵押权时,实际优先受偿的范围就可能超过最高债权额限度。

我国现行法仅就普通担保中的担保范围作了规定。《民法典》第 691 条规定:"保证担保的范围包括主债权及其利息、违约金、损害赔偿金和实现债权的费用。当事人另有约定的，按照其约定。”《民法典》第389条规定：“担保物权的担保范围包括主债权及其利息、违约金、损害赔偿金、保管担保财产和实现担保物权的费用。当事人另有约定的，按照约定。”可见，担保范围应当由当事人约定，如无约定，或约定不明的，则视为无限担保，即需对主债权及其利息、违约金、损害赔偿金、保管担保财产和实现债权或担保物权的费用承担担保责任。然而，在最高额保证、最高额抵押权和最高额质权中现行法却均未有规定。

比较法上多赞同债权最高额结论。比如《德国民法典》第1190条规定，债权定有利息者，其利息算入最高金额以内。《日本民法典》第398条之三规定，抵押权人，可以就确定的原本、利息及其他定期金以及因债务不履行所发生的损害赔偿的全部，以最高额为限，行使其根抵押权。我国台湾地区的“立法”与司法也采债权最高额说（谢在全：《民法物权论》，中国政法大学出版社1999年版，第723～724页）。

我国学说也赞同债权最高额结论（孙鹏等：《担保物权法原理》，中国人民大学出版社2009年版，第220页）。有学者认为，债权确定前已发生的利息、迟延利息、违约金等与本金合计未超过最高限额的，属于被担保范围，债权确定后产生的债权利息、违约金、损害赔偿金、如未超过最高限额的，也属于抵押担保的范围（曹士兵：《中国担保制度与担保方法：根据物权法修订》，中国法制出版社2008年版，第289页）。当债权确定后，由原债权所产生的利息、罚息、违约金、损害赔偿金等仍继续为抵押权所担保，但与原债权合计不超过最高额限度（崔建远：《最高额抵押权的争议问题及其解决》，载《国家检察官学院学报》2017年第4期）。而证成债权最高额说的理由主要有三点：第一，原《担保法》第59条的文义表明我国法律只承认债权最高额抵押权。第二，本金最高额会导致抵押权人实现抵押权时实际优先受偿的范围可能超过最高债权额限度，对抵押人不公。第三，本金最高额与抵押登记不符，对抵押财产上后顺位抵押权人以及抵押人的普通债权人不利，危害交易安全。

笔者认为，上述证成债权最高额的理由并不充分。首先，从原《担保法》第59条中无法解读出最高额抵押权之“最高额”究竟是本金最高额抑或债权最高额的结论。最高额抵押权之“最高额”含义的解读涉及担保的范围。因最高额抵押权中并未就此作出规定，依《民法典》第424条，应当适用抵押权之一般规则。又依《民法典》第389条，担保范围则允许当事人约定，只在无约定或约定不明时，才能解释为包括主债权及利息、违约金、损害赔偿金和实现抵押权的费用。因此若合同已明确约定“最高额”系本金最高额，那就应当予以尊重。基于此，上述第二点理由也就无法成立了，因为即使结果不利于抵押人，但只要是其自愿约定的就不能随意否定效力，除非该约定属于格式条款，且落入和合同法有关的格式条款效力控制的范围中。

因此，唯一可以支持债权最高额的只有第三人利益说。因为若采本金最高额说，那么就可能使抵押人不仅要对本金承担担保责任，还需对本金之外的利息、违约金等债权负担保责任，如本金100万元，利息、违约金20万元，最高额限100万元，抵押物价值150万元。若采本金最高额说，那么抵押人需负120万元的担保责任，抵押人仅剩余30万元。若采取债权最高额说，则抵押人只需就100万元负担保责任，抵押人可剩余50万元。两相比较，在抵押物的剩余价值上会有20万元之差。很明显，如抵押人有其他债权人，那么本金最高额的见解就会让该抵押权人较抵押人的其他债权人获得优先地位。如这一优先地位缺乏事前的公示,那么就可能会害及抵押人的其他债权人利益,显然不平。据此,本案之裁判结论可兹赞同[如最高人民法院(2017)最高法民终230号民事判决书;最高人民法院(2014)高民终字第41号民事判决书]。

Ⅲ 既往司法实践状况

在实践上,如合同已明确约定"最高额"系债权最高额,则无甚争议。但若合同未约定"最高额"的含义,或者约定"最高额"系指本金最高额时,如何理解就会产生争议。

在合同未约定最高额担保中"最高额"的含义,或者约定不明时,有判决认为应当采取债权最高额[如江西省高级人民法院(2015)赣民二终字第76号民事判决书;珠海市中级人民法院(2018)粤04民终502号民事判决书]。本案也倾向于这一认识。在合同已约定"最高额"系本金最高额时,有判决认为应尊重合同约定,认可本金最高额[如最高人民法院(2016)最高法民终595号民事判决书;广州市中级人民法院(2016)粤01民终11473号民事判决书;台州市中级人民法院(2010)浙台商终字第84号民事判决书],但也有判决认为即使是在明确约定本金最高额时,也应理解为是债权最高额[如湖北省高级人民法院(2016)鄂民终234号民事判决书;陈光卓:《最高额抵押中的最高额应为债权最高限额》,载《人民司法·案例》2019年第20期]。

笔者认为,依据《民法典》第389条,在无约定时,担保的范围包括主债权及利息、违约金、损害赔偿金和实现债权或担保物权的费用,在最高额抵押中亦应适用上述普通担保之规则。但如合同中已明确"最高额"系本金最高额时,则只能在以登记为生效要件的最高额担保中采债权最高额说,而在其他方式的最高额担保中则应尊重当事人的约定。证成债权最高额说的唯一理由是第三人利益保护。故债权最高额说就需以担保人存在其他债权人,且最高额担保的债权人具有完全的担保物权效力为前提。如担保人并不存在其他债权人,则根本就无须考虑第三人利益,自当尊重合同约定。即使担保人有其他债权人,但如最高额担保并不具完全的担保物权效力时,则也应接受本金最高额说。如在最高额动产抵押中,因动产抵押并不以登记为必要,故债权人仍可就本金及其利息、违约金等总计的债权在最高额限度内享有抵押权,只是其不得对抗善意第三人而已。又如,在最高额保证中,因保证债权并不具优先性,故认可本金最高额说也不会过分影响交易安全。

Ⅳ 本裁判的参考意义及将来的课题

本案裁判将最高额不动产抵押中的"最高额"确定为债权最高额,此结论可予赞同。但是否可将此结论类推到其他方式的最高额担保中,尚有疑问。同时,若合同已约定本金最高额时又该如何处理也颇需思量。

对当事人而言,裁判结论固然重要。但如从债权人角度计,将最高额担保中的"最高额"绝对化理解为债权最高额虽利于担保人,却会损及债权人。对此解决方案有二:一是在合同中约定最高额系本金最高额,但该约定在我国司法上有被否定之风险。二是事前即将本金、利息、违约金等债权总额控制在最高额范围内。但因利息、违约金等债权并非基于主债权而当然发生,因此事前只能做预估。如预估过低,则同样会损害债权人利益,但如预估过高,则会存在过度担保,浪费抵押物价值之嫌。由此也再次证明,在当事人之间承认约定本金最高额之效力当属必要。

□ 参考文献

谢在全:《民法物权论》(上册),中国政法大学出版社 1999 年版。

高圣平:《担保法论》,法律出版社 2009 年版。

程啸:《保证合同研究》,法律出版社 2006 年版。

孙鹏等:《担保物权法原理》,中国人民大学出版社 2009 年版。

崔建远:《最高额抵押权的争议问题及其解决》,载《国家检察官学院学报》2017 年第 4 期。

魏星、丁晓雨:《最高额抵押担保中“最高额”的司法认定——基于 136 份案例的实证分析》,载《天津法学》2018 年第 3 期。

陈光卓:《最高额抵押中的最高额应为债权最高限额》,载《人民司法·案例》2019 年第 20 期。

048 流质条款的效力

唐虎威与陈小建、魏子杨和费俊玮质押合同纠纷案 | 北京市第二中级人民法院(2019)02 京 6873 号民事判决书

陈永强 中国计量大学法学院

■ 事实概要

2015 年 9 月 28 日,陈小建与魏子杨签署了《北京市小客车挂牌指标使用协议》一份,约定魏子杨将其名下的小客车指标给陈小建长期使用,陈小建支付使用费 8.5 万元。2015 年 9 月 28 日,陈小建购得奔驰轿车一辆,登记的所有人为魏子杨。费俊玮向唐虎威借款 160 万元并以涉案奔驰车提供担保,2016 年 6 月 1 日,陈小建、费俊玮、唐虎威签订了借款手续与车辆质押手续。费俊玮与唐虎威签订了《借条》,载明:"费俊玮借到唐虎威借款 160 万元,借款于 2016 年 7 月 31 日前归还。"三方签订了《机动车质押合同》,约定陈小建将其所有的涉案奔驰车质押给唐虎威为上述借款提供担保,《机动车质押合同》第 3 条载明:"质押的机动车,到期未赎回,且不办理续借手续,即视为违约。违约后,陈小建需承担唐虎威为实现债权而发生的所有相关费用。续借期超过三天再不赎回即视为陈小建自愿放弃回赎权,唐虎威拥有机动车所有权并有支配其转移权且转让权。"经陈小建认可,费俊玮签署《承诺书》,载明:"因本人抵押借款,将奔驰车质押给唐虎威,若本人到期无力回赎,导致该机动车绝押,本人承诺同意全权委托唐虎威办理该机动车拍卖、转让事宜并无条件移交和办理产权过户手续。"经陈小建认可,费俊玮给唐虎威签署《授权委托书》,载明:"费俊玮作为委托人已将奔驰车抵押给乙方,如委托人未能按期回赎该汽车导致绝押的,委托人授权受托人全权(办理)出售该汽车和办理汽车过户手续等事宜。在办理过程中受托人所签署的一切法律文件,委托人均予以承认,并负责全部法律、经济责任。"陈小建将涉案奔驰车交付给唐虎威。借款届期后,唐虎威于 2016 年 8 月 12 日将涉案奔驰车卖给了冷泠泠。2016 年 8 月 18 日,涉案奔驰车完成了过户登记,登记在了冷泠泠名下。

■ 判决要旨

陈小建为费俊玮向唐虎威借款提供涉案奔驰车作为借款的担保,并将奔驰车交付给唐虎威,双方形成质押合同关系。唐虎威与陈小建签订的《机动车质押合同》第 3 条中关于"续借期超过三天再不赎回即视为陈小建自愿放弃回赎权,唐虎威拥有机动车所有权并有支配其转移权且转让权"的约定,以及费俊玮签署的《承诺书》与《授权委托书》中约定在质

押奔驰车出现绝押时,同意且授权唐虎威办理该机动车拍卖、转让、出售等事宜,均违反了《物权法》第 211 条之"流质契约之禁止"的规定,为无效约定。

■ 评　析

Ⅰ 本判决的思路和意义

本案为质押合同纠纷案件,担保人为借贷合同提供质押担保,担保物为机动车。借款届期未偿付,债权人按质押合同之"绝押"约定,将该机动车卖给第三人并过户登记。出质人诉诸质权人处分质押物的行为无效。法院认为,质押合同之"绝押"以及债务届期未赎回即直接取得所有权及转让权等约定内容,因违反原《物权法》禁止流质之规定而无效。最高人民法院《关于审理买卖合同纠纷案件适用法律问题的解释》[法释(2012)8 号]第 3 条第 1 款规定:"当事人一方以出卖人在缔约时对标的物没有所有权或者处分权为由主张合同无效的,人民法院不予支持。"当事人诉请处分行为无效,不予支持。但因处分行为给质押人造成的损失应予赔偿。本案为典型的流质契约无效之案例,对于禁止流质条款的适用具有普遍意义。

Ⅱ 规范及学理

流质契约之禁止,为罗马法以来之一般规则。立法例上,《德国民法典》第 1229 条、《瑞士民法典》第 894 条皆有相同之规定。在履行期届满之前,约定所有权的直接归属被认为是一种私人执行,该私人执行被法律所禁止,其核心思想在于保护债务人。在此,立法者作了一个假定,即借贷之债务人于借贷时多因窘迫处于交易之弱势地位,债权人则利用此一机会,以优势之交易地位迫使债务人订立流质契约。又担保物之价值通常高于债务额,若承认流质契约之效力,则一旦债务人届期不能偿还债务,担保物即归债权人所有,致债权人取得高于债权额之利益,有失公平。再者,担保之设立乃在于标的物之价值权的实现,而非标的物所有权之取得,若允许订立流质契约,担保之价值权即被转换为标的物之所有权,此与担保设立的目的不合。基于上述理由,立法一般不允许订立流质契约,订立流质契约者,亦为无效之约定。

从原《物权法》第 211 条之"不得与出质人约定"之用语上看,"不得"意味着禁止某种行为,即民法禁止当事人在质押合同中作"债务人不履行到期债务时质押财产归债权人所有"之约定。从规范属性上看,第 211 条应属于效力性禁止性规范,而非管理性强制性规范,前者所禁止者为法律行为之内容,后者一般针对主体之资质问题。违反效力性禁止性规范,合同即为无效。违反管理性强制性规范,合同一般仍为有效。唯应注意者,所谓流质契约无效系指该流质约定之条款无效,而非指整个质押合同无效。流质条款无效一般不影响质押合同的效力,因而质权之设立仍然成立,债权人仍享有质权。在债权届期债务人未偿还债权时,质权人可行使质权。《德国民法典》第 139 条规定:"法律行为的一部分无效的,如不能认为除去无效的部分,该法律行为仍会被实施,则整个法律行为无效。"质押契约中,流质条款的除去并不影响法律行为的实施。

以担保物之价值来实现债权与以担保物所有权来实现债权，其本质区别在于前者需要通过特定的程序，后者不需要通过特定的程序而是直接取得所有权。担保物权作为从属于主债权之权利，其目的在于确保主债权之实现，故需要实现的债权必定在主债权范围之内，为了确保担保物价值与主债权在额度上的等价，法律设置了担保物权的实现程序，拍卖、变卖等清算程序的目的即在于确保担保物价值与主债权额的平衡，避免债务人因担保遭受不当的损失。担保期间，担保物之价值尤其如土地之价值可能会发生大幅波动，由债权人直接取得所有权，可能导致其获得巨大不当利益，故至债务届期后需要重新估算担保物之价值。《民法典》第436条规定之折价、拍卖、变卖等程序皆为重新估价的一种方式。未经此等程序，约定担保物直接由债权人取得所有权的，结果上会导致担保人与债权人之间的利益失衡。故立法者对此类约定一概予以禁止。

我国物权法立法当时亦有观点认为流质契约不应一概予以禁止，而应承认其效力。其理由是禁止流质与当事人之意思自治原则相悖，担保物之价值亦可能因市场波动下降而非必定上升，流质契约对债务人不一定就是不利益，故法律应尊重当事人之自治。但原《物权法》并未采纳上述意见，立法者认为，虽然形式上看是自愿，但实质上很难判断自愿与否，也可能存在胁迫。笔者认为，该理由很难成立，立法者预先推断当事人之约定是否出于自愿从而一概禁止，似乎不妥。即便存在胁迫，当事人仍有救济渠道，可以依原《合同法》撤销，一概禁止反而过多干涉了意思自治与自主决定。真正的理由是法律既应保护债务人也应保护债权人，如果因担保物价值大大升高而有必要禁止流质，那么，基于同样的理由，担保物价值可能大大降低也需保护债权人而有必要禁止流质。公平乃是流质禁止之核心理由。

当今立法亦有承认流质契约之效力的立法例，如我国台湾地区“民法”。从我国台湾地区的民法学说和立法来看，立法上逐渐摒弃流质契约无效之观点，而改采未经登记不得对抗第三人之法理，我国台湾地区“民法”第873条之一规定，“约定于债权已届清偿期而未为清偿时，抵押物之所有权移属于抵押权人者，非经登记，不得对抗第三人”。第893条规定流质契约之禁止准用第873条之一之规定。流质契约从无效到有效，背后是法政策判断的变化，有效在一定程度上更加尊重私人自治之私法原则。当然在立法技术上，改采有效之后，尚应解决因所有权直接归属变动带来的与原债务之差额部分，应配以清算条款以平衡当事人之间的利益关系。

本案中，《机动车质押合同》《承诺书》《授权委托书》均载明债务届期不赎回的为“绝押”，“赎回”可以理解为“担保债务之清偿”，“绝押”即流质约定，机动车之所有权即归债权人。本案当事人的上述约定为典型的流质契约。法院裁判明确否定其效力。本案中，法院未作探讨的是，质押人陈小建为借名购车人，机动车之登记产权人为魏子杨，陈小建借魏子杨之购车指标买车，法院直接认可质押合同成立，意味着陈小建为机动车之所有权人。在借名关系中，究竟是由借名人还是出名人取得所有权，尚有争议，应予注意。若是不承认借名人之所有权取得，那么陈小建的出质行为就构成无权处分，第三人尚需符合善意取得要件才能成立质权。

Ⅲ 既有司法实践状况

实务上,流质契约的界定以质押合同关系成立为前提,若未成立质押合同关系的,则不能认定为流质契约,自不能适用流质契约之禁止的规定。在“上海德坤国际贸易有限公司与上海埃力生进出口股份有限公司进出口代理合同纠纷案”[上海市第一中级人民法院(2004)沪一中民四(商)初字第8号民事判决书]中,原告与被告签订两份《代理进口合同》,并以附件的形式对双方的权利义务进行约定,其中第1条第5款规定:“如乙方(即原告)未能按本协议规定如期付清货款及代理手续费,甲方有权终止本协议,享有货物单证项下的所有权,已付甲方的预付款有权不再返回乙方,并可处分货物,所得款项及代理进口保证金抵扣进口货款、税金及有关费用、利息等,尚不足以抵扣的乙方应予以赔偿。”当事人主张该条款为流质条款,应属无效。法院认为,质押合同既是要式合同又是要物合同,而流质契约建立在质押合同情形之下。本案中,双方并无建立质押合同法律关系的意思表示,故系争约定不符合流质契约之法定构成要件。

在“李其华与吕泽真返还原物纠纷案”[北京市第二中级人民法院(2015)二中民终字第05404号民事判决书]中,吕泽真为李其华支付农民工工资,吕泽真支付后,李其华将其车辆交付给吕泽真,并承诺到期不偿还此债,即将案涉车辆赔偿给吕泽真,并配合办理过户手续。该案的争议焦点是,双方以物抵债的约定是否属于流质契约。法院从流质契约法律关系、流质契约订立的时间、实现债权的程序等方面进行审查,认为李其华在债权成立时即将车辆交付给债权人吕泽真占有,其行为的后果成立质押担保。以物抵债是债权届期后成立的协议,而流质契约是债权届期前成立的,故本案属于流质契约,应认定无效。在“福海县一八二团双庆玉米烘干农民专业合作社与温泉县中玉仓储物流有限公司买卖合同纠纷案”[新疆博尔塔拉蒙古自治州中级人民法院(2015)博中民二终字第59号民事判决书]中,双方订立《还款质押合同》,其中约定债务如期未清偿的,债权人直接取得标的物之所有权,同意以物抵债。上诉人认为该质押合同是在债务履行期满后订立的,性质为以物抵债,应为有效。法院认为该协议为流质契约,系无效约定。在以物抵债与流质契约的区分上,法院往往以协议订立的时间点为判断,原《物权法》第211条所规定的流质契约乃是债务履行期届满前的所有权移转约定,而以物抵债是履行期届满之后达成的协议,后者不属于流质契约,在不违反法律强制性规定的情形下是有效的[如“青海昆玉实业投资集团有限公司与青海福果典当有限公司合同纠纷案”,最高人民法院(2016)最高法民终234号民事判决书]。

Ⅳ 本判决的参考意义及将来的课题

本案之裁判遵循了我国关于流质契约无效的一般学理和实务见解,对禁止流质之规定持效力性禁止性规范之立场,判定流质契约无效。在判定流质契约无效上,在实务中严格审查流质契约所订立的时间,只有在债务履行期届满前订立的流质契约是无效的约定,而在履行期届满之后达成的财产归属的约定,属于以物抵债。以物抵债不受流质契约禁止之规定的影响,属于有效约定。实务上,流质契约之禁止有扩张适用的倾向。在股权担保中,债务届期后未清偿股权即转移的约定，也被视为流质契约，亦属无效[如"陈振伦与臧金仓、第三人河北恒力空调工程有限公司股权质权纠纷案"，河北省枣强县人民法院(2014)枣民三初字第358号民事判决书]。但双方如在清偿期届满后达成的《股权转让协议》则被认为是有效的[如"戴品荣因与被申请人杨新刚民间借贷、股权质权纠纷案"，江苏省高级人民法院(2018)苏民申963号民事裁定书]。

立法论上，将来立法是否会如我国台湾地区"民法"改采登记对抗主义，尚待实务与学理的进一步丰富和发展。对此，《民法典》第428条规定："质权人在债务履行期限届满前，与出质人约定债务人不履行到期债务时质押财产归债权人所有的，只能依法就质押财产优先受偿。"围绕该条的理解，有待今后对实践作出进一步的观察。

□ 参考文献

梁慧星、陈华彬：《物权法》，法律出版社2016年版。
孙宪忠：《物权法》(第2版)，社会科学文献出版社2011年版。
王利明：《物权法论》，中国政法大学出版社2008年版。
崔建远：《物权法》，中国人民大学出版社2009年版。
郑玉波：《民法物权》，三民书局2007年版。
谢在全：《民法物权论》(下册)，中国政法大学出版社1999年版。
陈永强：《以买卖合同担保借贷的解释路径与法效果》，载《中国法学》2018年第2期。

049 特许经营项目收益权质押的效力认定

福建海峡银行股份有限公司福州五一支行与长乐亚新污水处理有限公司、福州市政工程有限公司借款合同纠纷案 | 最高人民法院第53号指导性案例

高圣平 中国人民大学法学院

■ 事实概要

2003年,C建设局授予F公司污水处理特许经营权。2005年3月24日,W支行与Y公司签订借款合同,约定W支行向Y公司借款3000万元,W支行与Y公司、F公司、C建设局共同签订《特许经营权质押担保协议》(以下简称《质押协议》),其中约定:F公司以其污水处理特许经营权为W支行的债权提供担保,C建设局同意该担保;F公司同意将特许经营权收益优先用于清偿借款合同项下的Y公司的债务,C建设局和F公司同意将污水处理费优先用于清偿借款合同项下的Y公司的债务;C建设局同意为W支行和F公司办理质押权利出质登记手续。贷款发放后,Y公司未依约按期足额还本付息。W支行向法院起诉,请求确认《质押协议》合法有效,判令拍卖、变卖该协议项下的质物,同时原告有权以上述质物变现所得优先受偿;判令将C建设局支付给两被告的污水处理服务费优先用于清偿应偿还原告的所有款项。

■ 判决要旨

驳回上诉,维持原判。

第一,特许经营权是对污水处理厂进行运营和维护,并获得收益的权利,并不属于可转让的权利,讼争的特许经营权的出质,实质上系指收益权的出质。第二,污水处理项目收益权作为特定化的财产权利,可以出质,主要理由在于:其一,特许经营权质押担保协议签订于2005年,在最高人民法院《关于适用〈中华人民共和国担保法〉若干问题的解释》[法释(2000)44号](以下简称《担保法司法解释》)第97条明确承认公路收益权可以出质的情形之下,污水处理收益权与公路收益权性质相似,亦应允许出质;其二,国办发〔2001〕73号文明确可以试行污水处理项目收益权质押贷款;其三,污水处理项目收益权虽系将来金钱债权,但其行使期间及收益金额均可确定,其属于确定的财产权利;其四,原《物权法》施行后,污水处理项目收益权系基于提供污水处理服务而产生的将来金钱债权,依其性质亦可纳入"应收账款"的范畴。第三,权利质权已具备公示之要件,质权已设立。参照公路收益权质

押登记的规定，由其主管部门进行备案登记。现主管部门在《质押协议》中明确表明同意办理对应的出质登记手续，应视为案涉权利质押已公示。第四，污水处理项目收益权属于将来金钱债权，质权人可请求法院判令其直接向出质人的债务人收取金钱并对该金钱行使优先受偿权，无须采取折价或拍卖、变卖的方式。同时，为保证污水处理厂的正常运营，W 支行在收取污水处理服务费时应为 Y 公司留足合理费用。

■ 评　析

Ⅰ 本判决的思路和意义

本案中，被告主张案涉污水处理特许经营权并非法定的可以质押的权利，且该质押并未办理登记，原告诉请拍卖、变卖污水处理特许经营权，于法无据。法院参照公路收益权，结合当时的政策性文件以及原《物权法》中关于应收账款质押的规定，认为污水处理收益权属于可以质押的权利，且出质公示方式是登记。至于质权实现的方式，结合污水处理收益权的性质，质权人无须也不宜采用拍卖、变卖的方式，可以直接向出质人的债务人收取金钱并对该金钱行使优先受偿权。本案作为 2019 年《应收账款质押登记办法》公布前的指导性案例，对特许经营项目收益权是否可以出质、公示方式及实现方式具有重要的实践指导意义。

Ⅱ 特许经营项目收益权质押的规范及学理

特许经营项目收益权质押的前身是收费权质押，裁判和学说上以收益权取代收费权这一术语，可能的原因有两个：一是消除源自行政干预可能带来的收费权的不确定性，二是满足金融创新交易中财产独立和便利流通的需要（王乐兵：《“物权编”与“合同编”体系化视角下的应收账款质押制度重构》，载《法学家》2019 年第 3 期）。结合现有规范，目前学说中关于特许经营项目收益权质押制度的讨论主要集中在以下方面：

第一，特许经营项目收益权是否可以出质。在原《物权法》施行前，学说上曾就收益权是否可以质押产生争议。反对者认为，基础设施及公用事业具有公益性与非营利性，以其收益权质押有悖公益性（李成：《开展收费权质押业务中的法律问题》，载《当代经理人》2006 年第 9 期）；同时，收费权具有很强的行政性质，其权利存续具有相当的不确定性，有可能随时被取消（程啸：《物权法 · 担保物权》，中国法制出版社 2005 年版，第 474 页）。肯定者则认为，收费权是具有一定财产价值的权利，能够作为质押标的，且能解决实践中的融资难问题（王利明：《收费权质押的若干问题探讨》，载《法学杂志》2007 年第 2 期）。当时的司法解释及行政规章肯定了收益权质押的效力。例如，《担保法司法解释》第 97 条指出，公路桥梁、公路隧道或者公路渡口等不动产收益权可以出质；国家计委、人民银行《关于印发农村电网建设与改造工程电费收益权质押贷款管理办法的通知》[计基础(2000)198 号]则明确批准了农村电网改造工程电费收益权可以出质；国务院办公厅转发国务院西部开发办《关于西部大开发若干政策措施实施意见的通知》[国办发(2001)73 号]则指出要扩大以基础设施项目收益权或收费权为质押发放贷款的范围，农村电网、公路、城市基础设施项目、水利开发项目和环保项目收益权质押等都在鼓励范围之内。

第二，特许经营项目收益权是否属于应收账款。原《物权法》施行后，学说上更多的讨论集中在特许经营项目收益权是否属于应收账款。反对者认为，应收账款应指合同已履行或交易已发生、销售的商品已发出或劳务已提供而向购货人或顾客应收而未收取的款项，但公路经营者并不向顾客提供赊销服务，都为实时结算，并不产生金钱债权（高圣平：《担保法论》，法律出版社2009年版，第541页）。肯定者则认为，应收账款是一个高度技术化、多元化的商事概念，其范围会随着实践而不断发展变化，收益权可以为应收账款的体系所容纳（王乐兵：《“物权编”与“合同编”体系化视角下的应收账款质押制度重构》，载《法学家》2019年第3期）。《应收账款质押登记办法》第2条规定将能源、交通运输、水利、环境保护、市政工程等基础设施和公用事业项目收益权纳入了应收账款的范围。由此可见，该办法采取了特许经营项目收益权属于应收账款的观点。

第三，特许经营项目收益权出质时的确定性要求。本案中，出质人以其未来的特许经营项目收益权进行融资，这就提出了未来债权出质时的确定性问题。美国法上确立了“嗣后取得财产条款”，当事人可以在担保合同中约定，就债务人未来取得的财产设定担保，担保物在担保权实现时可得特定即可。关于未来债权的特定性，本案一审法院认为：“该收益权因存在特许经营的基础关系，而在一定期限内所产生，且债权金额亦可根据污水处理服务费的价格、提供服务的范围和对象等因素而得以预见，故从其产生原因、期间、债权金额三方面可判断其具备债权的确定性的特征，可成为质押标的物。”由此可见，我国实践中的观点是要求未来债权在出质时就具备特定性的特征，以此降低债权无法实现的风险，此观点也对后续的司法裁判及学说产生了深远影响。

第四，特许经营项目收益权质押如何公示。在早期，收益权的质押公示方式在实践中极不统一，例如，计基础〔2000〕198号文规定，电费收益权质押合同自登记之日起生效，重庆市交通委员会《关于公路收费权质押实行备案管理的通知》[渝交委计(2009)33号]则规定公路收益权质押应当实行备案管理。学说上则认为，收益权质押应当通过登记的方式加以公示，而备案只是一种行政管理手段，不属于公示方式[王利明：《收费权质押的若干问题探讨》，载《法学杂志》2007年第2期]。不过，即使是采取登记公示的方式，当时的收益权质押也面临着因登记主管部门不同，而导致登记内容及程序不统一的问题。因此，原《物权法》实行后，更多的观点是将收益权解释为应收账款，以此使收益权质押统一在应收账款质押登记系统进行公示。《应收账款质押登记办法》第2条将收益权涵摄入应收账款的概念中，也就解决了收益权公示方式不确定、不统一的问题。

第五，特许经营项目收益权质权如何实现。关于担保物权实现的方式，《民法典》第410、436条规定了折价、变卖、拍卖等方式，但对于收益权这样行政管制色彩浓厚的将来金钱债权而言，采取前述方式实现质权不仅可能难以顺利实现债权，也可能有违公共事业的目的。因此，在实践中，收益权质权的实现方式更多的是控制收益权账户，以所收取的费用优先清偿债务，《国家开发银行公路收费权质押贷款管理暂行办法》第10条即对此作出明确规定。计基础〔2000〕198号文第16条则提出贷款人可以根据质押合同的约定，将借款人经营的电网委托其他有资格的单位经营管理，直至收回贷款。不过，收益权质权的实现并不排除变卖、拍卖等方式。

Ⅲ 既有司法实践状况

在本指导性案例公布前,实践中就已出现许多关于特许经营项目收益权质押的案件,且当时所使用的术语多是"收费权质押",其中最为典型的是公路收费权质押案件。当时公路收费权质押的合法性已为《担保法司法解释》第97条所确认,但该质押应以何种方式公示却并无统一的结论。一种观点认为,公路收费权质押应通过登记方式进行公示,例如,在"某银行与某投资公司等借款合同纠纷案"[最高人民法院(2006)民二终字第97号民事判决书]中,最高人民法院认为,"工行与投资公司所签公路收费权质押合同虽成立于光大银行所签质押合同前,但当时工行并未依国务院国函〔1999〕28号《国务院关于收费公路项目贷款担保问题的批复》的规定,依法办理质押权登记。交通局的同意批复及加盖交通局公章的投资公司质押承诺函,仅表明投资公司同意以公路收费权进行质押以及交通局同意设定质押,并不产生依法登记的法律效力"。另一种观点认为,公路收费权质押可以通过交付权利凭证或质押登记的方式进行公示。例如,在"中国农业银行重庆市农行解放碑支行与重庆鑫宇高科技有限公司等借款合同纠纷上诉案"[重庆市高级人民法院(2009)渝高法民终字第93号民事判决书]中,重庆市高级人民法院认为:"因为即使当事人签订的合同名为抵押合同而实为质押合同,质权也应自权利凭证交付质权人时设立,没有权利凭证的,质权自有关部门办理出质登记时设立。根据《国务院关于收费公路项目贷款担保问题的批复》关于'公路建设项目法人可以用收费公路的收费权质押方式向国内银行申请抵押贷款,以省级人民政府批准的收费文件作为公路收费权的权利证书,地市级以上交通主管部门作为公路收费权质押的登记部门。质权人可以依法律和行政法规许可的方式取得公路收费权,并实现质押权'的规定,本案中的公路收费权质押的登记机关应为重庆市交通局(现重庆市交通委员会)。虽然农行大渡口支行在重庆市南川区交通局办理了质押登记,但是,重庆市南川区交通局并非地级市以上交通局,因此,该登记不符合法律规定,农行解放碑支行不能对该公路收费权享有质权。"

关于收费权质押的实现方式,在"某银行与某广电局等借款质押合同纠纷案"[陕西省高级人民法院(2006)陕民二终字第056号民事判决书]中,陕西省高级人民法院认为:"西乡县广播电视局未清偿部分由陕西省广播电视信息网络股份有限公司以在西乡县广播电视局原收费权范围内所收取的费用优先偿付上述债务。"该观点实质也是质权人以广电经营收费所取得的金钱优先受偿,而非拍卖、变卖收费权。

Ⅳ 本判决的参考意义及将来的课题

作为指导案例,本判决的参考意义在于:其一,明确特许经营权质押的实质是特许经营收益权质押,且特许经营收益权可以出质,在一定程度上承认了,基础资产不能转让并不表明其收益不能转让;其二,明确了将来债权在出质时应具备的确定性要求,即从其产生原因、期间、债权金额三方面可判断其具备债权的确定性特征;其三,明确特许经营收益权属于应收账款,特许经营收益权担保的公示方式是在应收账款质押登记系统进行登记;其四,明确特许经营收益权质权的实现方式可以是由质权人收取特许经营项目的服务费,而非只有拍卖、变卖特许经营项目收益权的方式。不过,本判决基于讼争污水处理项目的主管部门已知晓并认可该权利质押情况的事实,认定有关利害关系人亦可通过C建设局查询了解讼争污水处理厂的有关权利质押的情况,并最终认定案涉质权已具备公示条件的思路仍有待商榷。因为主管部门知晓认可权利质押的情形,不代表质权已经向第三人进行了公示。法院之所以作出前述认定,目的是在应收账款质押采取登记生效主义的背景下,避免出质人借质权未登记公示而逃避担保责任。

▢ 参考文献

王利明:《收费权质押的若干问题探讨》,载《法学杂志》2007年第2期。

程啸:《物权法·担保物权》,中国法制出版社2005年版。

高圣平:《担保法论》,法律出版社2009年版。

王乐兵:《“物权编”与“合同编”体系化视角下的应收账款质押制度重构》,载《法学家》2019年第3期。

050 保证金账户质押的设立要件

中国农业发展银行安徽省分行诉张大标、安徽长江融资担保集团有限公司执行异议之诉纠纷案 | 最高人民法院第54号指导性案例

高圣平 中国人民大学法学院

■ 事实概要

2009年4月7日，N行与C公司签订一份《贷款担保业务合作协议》，约定C公司为N行提供连带责任保证，C公司在N行开立保证金专户，C公司需将具体担保业务约定的保证金在具体保证合同签订前存入保证金专户，且未经N行同意，C公司不得动用该账户资金；在保证金专户内的余额小于约定限额时，C公司应在三日内补足，若C公司未按时履行保证责任的，N行有权在保证金专户扣划相应款项。协议签订后，C公司与N行就贷款担保业务进行合作，自2009年4月3日至2012年12月31日，案涉账户共发生了107笔业务，其中贷方业务为C公司缴存的保证金；借方业务主要涉及两大类，一类是贷款归还后C公司申请N行退还的保证金，部分退至债务人的账户；另一类是贷款逾期后N行从该账户内扣划的保证金。

在张大标诉L公司、C公司等民间借贷纠纷案的执行过程中，合肥市中级人民法院将上述保证金账户内的资金1338.313257万元划至该院账户，N行作为案外人提出执行异议，但于2012年11月2日被驳回。随后，N行因与被告张大标发生执行异议纠纷，提起本案诉讼。N行诉称，案涉保证金专户中的资金实际是C公司向其提供的质押担保，请求判令其对该账户中的资金享有质权。张大标辩称，案涉账户资金本身是浮动的，不符合金钱特定化要求，N行对案涉保证金账户内的资金不享有质权。

■ 判决要旨

依据原《物权法》第212条及最高人民法院《关于适用〈中华人民共和国担保法〉若干问题的解释》[法释(2000)44号](以下简称《担保法司法解释》)第85条的规定，金钱质押作为特殊的动产质押，应当符合金钱特定化和移交债权人占有两个要件，以使金钱既不与出质人的其他财产相混同，又能独立于质权人的财产。

金钱可以以保证金的形式特定化。保证金专户开立后，账户内转出的资金为N行对保证金的退还和扣划，该账户未作日常结算使用。保证金以专门账户形式特定化并不等于固定化。案涉账户在使用过程中，随着担保业务的开展，保证金账户的资金余额是浮动的。虽

然账户内资金根据业务发生情况处于浮动状态,但均与保证金业务相对应,除缴存的保证金外,支出的款项均用于保证金的退还和扣划,未用于非保证金业务的日常结算。因此,故该账户资金浮动仍符合金钱作为质权的特定化要求。

特定化的金钱已移交债权人占有。占有是指对物进行控制和管理的事实状态。未经N行同意,C公司不得动用保证金专户内的资金。同时,N行有权直接扣划保证金专户内的资金,N行作为债权人取得了案涉保证金账户的控制权,实际控制和管理该账户,此种控制权移交符合出质金钱移交债权人占有的要求。据此,应当认定双方当事人已就案涉保证金账户内的资金设立质权。

■ 评 析

Ⅰ 本裁定的思路和意义

保证金账户质押属于金钱质押,其性质为特殊的动产质押,质权的设立应当符合金钱特定化和移交债权人占有两个要件。如果保证金账户未作日常结算使用,账户内资金的转入与转出均与保证金业务相对应,则金钱已通过保证金的形式特定化,且账户内资金的浮动不影响特定化。同时,在银行取得对保证金账户的控制和管理后,即应当认定出质金钱已移交占有。本案作为指导案例,表明了关于保证金账户质权设立的司法裁量标准,以及一定条件下账户内资金的浮动不影响金钱的特定化,这对实践中保证金业务的开展及纠纷的解决具有重要指导意义。

Ⅱ 保证金账户质押设立要件的规范及学理

保证金账户质押是实践中出现的新类型担保方式,现行法对其欠缺明确的规定。司法实践中,法院审理保证金账户质押纠纷的规范基础大多是《担保法司法解释》第85条:“债务人或者第三人将其金钱以特户、封金、保证金等形式特定化后,移交债权人占有作为债权的担保,债务人不履行债务时,债权人可以以该金钱优先受偿。”目前学理上关于保证金账户质押的设立要件,依据对其性质的不同认识,主要有债权质押说与特殊动产质押说两种学说。

债权质押说认为,保证金账户体现着存款人与银行之间的债权债务关系,在性质上属于应收账款,其理论基础在于“金钱的占有即所有”的原则。通说认为,基于金钱为一般等价物的性质以及充当交易媒介的功能,金钱的所有权适用占有即所有原则,即金钱的所有权不得与对金钱的占有相分离。若占有金钱者,不区分是否合法,皆自动取得金钱的所有权;若丧失对金钱的占有,无论是否自愿,皆自动丧失金钱所有权(梁慧星、陈华彬:《物权法》,法律出版社2005年版,第247页)。当存款人将金钱存入银行账户后,就丧失了对金钱的所有权,只享有银行支付其账户中特定金额的债权,付款人不可能再就其账户中的金钱设定动产质权(赵一平:《论账户质押中的法律问题》,载《人民司法》2005年第8期)。至于保证金账户质押的公示方式,可以在中国人民银行征信中心应收账款质押登记公示系统中登记,同时从交易的便捷性等因素考量,登记应当为质权的对抗要件而非生效要件(侯思贤:《论银行账户质押的名称、性质与公示方式的选择》,载《征信》2019 年第 6 期)。

特殊动产质押说者则提出了金钱占有即所有的例外理论。金钱变动虽以占有即所有为原则,但该原则仅适用于金钱的流通领域。在金钱质押的场合,设质金钱经过特定化后退出市场的流通,当事人之间也并无转移金钱所有权的意思,因此,金钱质押是占有即所有原则的例外(陈龙吟:《账户质押效力论》,载《北方法学》2017 年第 3 期),出质人对银行账户中的金钱享有所有权,账户质押的标的是账户中的金钱,而账户只是并无实际价值的载体(汪玉宁:《金钱质押设立条件之认定——以〈担保法〉司法解释第 85 条为中心》,载《中南财经政法大学研究生学报》2016 年第 3 期)。同时,《担保法司法解释》第 85 条中的特户是账户的一种,该条位于动产质押章节下,因此,在现行法语境下,保证金账户质押应当认定为动产质押项下的金钱质押(霍楠、夏敏:《保证金账户质押生效则不能成为另案执行标的》,载《人民司法·案例》2014 年第 4 期)。

关于保证金账户质押的设立要件,特殊动产质押说者认为应满足账户资金特定化与移交占有两项要件。就保证金账户资金的特定化,该说要求账户资金的进出只能与担保业务有关,该账户不能作为出质人的对外收款账户及对外付款的结算账户。不过,特定化不是质押账户资金的固定化,随着保证金业务的开展,保证金业务必然是浮动的,只要该浮动能与保证金业务相对应即可(霍楠、夏敏:《保证金账户质押生效则不能成为另案执行标的》,载《人民司法·案例》2014 年第 4 期)。就账户资金的移交占有,该说则认为占有的实质是对物的控制与管理状态,当保证金账户开立在质权人的银行处后,质权人即取得对账户的控制,出质人丧失对该资金的自由处分权。因此,质权人取得对保证金账户的控制后,账户就已经移交占有(其木提:《论浮动账户质押的法律效力——"中国农业发展银行安徽省分行诉张大标、安徽长江融资担保集团有限公司保证金质权确认之诉纠纷案"评释》,载《交大法学》2015 年第 4 期)。

在比较法上,与本案所涉保证金账户质押相似的有美国法上的储蓄账户担保制度。债权人就储蓄账户的担保权,尚须"公示"(perfection)才能对抗第三人,储蓄账户担保权的公示方式为控制(control)。《美国统一商法典》第 9 - 104 条规定,担保权人取得对账户控制的方法有:其一,担保权人是储蓄账户的开户银行;其二,债务人、担保权人和开户银行在三方协议中同意,开户银行将依据担保权人的指示处分储蓄账户中的资金,并且不必再经过债务人的额外同意;其三,担保权人基于此储蓄账户而成为银行的客户。需要指出的是,美国学界认为,控制作为一种"公示"方式,并不具有向社会公众公示担保权的作用,而美国法之所以允许这样的"秘密"担保权的存在,是因为银行对储蓄账户中的资金享有抵销权,任何第三人都被推定知道银行对账户享有权利(Ingrid Michelsen Hillinger, David Line Batty and Richard K. Brown, Deposit Accounts Under The New World Order, 6 N. C. Banking Inst. 1, 2002)。

受司法实践的影响,特殊动产质押说是目前的多数说,但该说尚存疑问的是:其一,保证金存入银行账户后,便进入银行的整个流转体系,成为银行包括对外发放贷款、支付存款等业务的资金来源,而不是将保证金账户内的资金"封存"在账户中(方建国、蒋海英:《商业银行保证金账户担保的性质辨析》,载《金陵法律评论》2013年秋季卷,第90页)。因此,该说建立的基础——在金钱退出流通领域后,金钱占有即所有原则即不适用的观点——有待商榷。其二,银行账户由谁实际控制和管理,涉及客户的金融隐私和众多金融信息,第三人无法辨别,无合法理由亦无权查阅。换言之,该说提出的控制公示实际上公示性较弱,第三人无法辨别某一债权人是否对某个银行账户进行了"实际控制和管理"(侯思贤:《论银行账户质押的名称、性质与公示方式的选择》,载《征信》2019年第6期)。但也应看到的是,控制实际上是占有(交付)的一种特殊形式,占有本身的公示性就较弱。此外,由银行交易惯例所形成的规则,在各国之间尚存差异。在我国,银行控制账户本身是否已经在交易各方之间形成了其对该账户排他的权利,尚值商榷。

Ⅲ 既往司法实践状况

作为新类型担保纠纷,保证金账户质押纠纷在实践中大量涌现是从2012年开始的。在此之前,最常见的账户质押纠纷类型是出口退税账户质押纠纷。最高人民法院《关于审理出口退税托管账户质押贷款案件有关问题的规定》[法释(2004)18号]第2条规定:"以出口退税专用账户质押方式贷款的,应当签订书面质押贷款合同。质押贷款合同自贷款银行实际托管借款人出口退税专用账户时生效。"该条因与原《物权法》冲突,已被最高人民法院废止。原《物权法》实施之后,司法实践中多将出口退税账户质押定性为应收账款质押,质权自在应收账款质押登记系统登记时设立[如"厦门国际银行北京分行诉北京诚信安隆科技发展有限公司等借款合同纠纷案",北京市西城区人民法院(2008)西民初字第14333号民事判决书]。保证金账户质押与出口退税账户质押均属于账户质押,但前者被定性为特殊动产质押,后者被定性为债权质押,由此引发了体系上的冲突。

具体至本案中,就N行的质权是否设立,一审法院也与二审法院的判决存在差别。一审法院认为,一方面,虽然合作协议约定未经N行同意,C公司不得动用保证金专户内的资金,但保证金账户是出质人开立的,在形式上不符合法定要件——"移交债权人占有";另一方面,涉案保证金账户存在多次进出账的情形,账户内的资金数额不断浮动,不符合法律规定的特定化要件。C公司并无就保证金账户中的资金提供质押担保的意思表示,N行与C公司间的质押关系不成立[安徽省合肥市中级人民法院(2012)合民一初字第00505号民事判决书]。总体而言,在本案判决作出前,对保证金账户的移交占有以及账户浮动是否导致特定性丧失等问题,实践中缺乏统一的裁判路径。

Ⅳ 本裁定的参考意义及将来的课题

本案裁判确立了司法实践中对保证金账户质押纠纷的裁判规则,即保证金账户质押的性质为特殊动产质押,依据《担保法司法解释》第85条的规定,在保证金账户质押特定化及移交占有(占有的表象是控制)后,保证金账户质权即设立。在制度供给不足的背景下,本案裁判的贡献在于承认了保证金账户质押的效力,以及在一定程度上为保证金账户的运行松绑,即许可账户在特定条件下的浮动有重要意义。不过,基于金钱的占有即所有原则,以及控制在公开性上的欠缺，特殊动产质押说是否妥善有待进一步研究。若将来实践仍采特殊动产质押的路径，有待明确的问题是：其一，质押的保证金账户是否必须是《人民币银行结算账户管理办法》中的专用存款账户，还是出质人的既有一般账户在满足不做日常结算之用时也可以满足特定化的条件［如“张远锋与兴业银行、广信公司执行异议纠纷案”，广东省高级人民法院（2012）粤高法民二终字第 12 号民事判决书］。其二，保证金账户的名称是否要有“保证金”“特户”等特定前缀，以此区别于只有单一“客户名称”的一般银行账户［如“秦皇岛建行与刘德有、嘉远公司、刘嘉诚、刘俭案外人执行异议之诉”，黑龙江省高级人民法院（2016）黑民终 227 号民事判决书］。

◻ 参考文献

其木提：《论浮动账户质押的法律效力——“中国农业发展银行安徽省分行诉张大标、安徽长江融资担保集团有限公司保证金质权确认之诉纠纷案”评释》，载《交大法学》2015 年第 4 期。

陈龙吟：《账户质押效力论》，载《北方法学》2017 年第 3 期。

霍楠、夏敏：《保证金账户质押生效则不能成为另案执行标的》，载《人民司法·案例》2014 年第 4 期。

侯思贤：《论银行账户质押的名称、性质与公示方式的选择》，载《征信》2019 年第 6 期。

051 身份关系协议的法律适用

李某某诉王某某离婚后财产纠纷案 ｜ 北京市第二中级人民法院 (2013)二中民终字第 09734 号民事判决书

王　雷 中国政法大学民商经济法学院

■ 事实概要

原告李某某与被告王某某于 2001 年 11 月 11 日登记结婚,婚后于 2003 年 9 月生育一子王某。因感情不和,双方于 2009 年 9 月 2 日在法院调解离婚。双方离婚时并未对共同共有的位于北京市某小区 59 号房屋予以分割,而是通过协议约定该房屋在王某某付清贷款后归双方之子王某所有。2013 年 1 月,李某某起诉至北京市东城区人民法院称:59 号房屋贷款尚未还清,房屋产权亦未变更至王某名下,即还未实际赠与给王某,目前还处于李某某、王某某共有的财产状态,故不计划再将该房屋属于自己的部分赠给王某,主张撤销之前的赠与行为,由法院依法分割 59 号房屋。

被告王某某则认为:离婚时双方已经将房屋协议赠与王某,正是因为李某某同意将房屋赠与王某,王某某才同意离婚协议中其他加重其义务的条款,如在离婚后单独偿还夫妻共同债务 4.5 万元。王某某认为离婚已经对孩子造成巨大伤害,出于对未成年人的考虑,不应该支持李某某的诉讼请求。

■ 判决要旨

驳回上诉,维持原判。

夫妻双方离婚时协议约定将夫妻共同共有的房产赠与未成年子女,离婚后一方在赠与房产产权转移登记之前反悔,主张依据《合同法》第 186 条第 1 款撤销赠与的,法院不予支持。

■ 评　析

Ⅰ 本裁判的思路和意义

本案中,离婚协议中的房产赠与约款能否补充适用《合同法》第 186 条第 1 款赠与人的任意撤销权?肯定说将此种房产赠与约款认定为赠与。否定说则主张不能脱离离婚协议的“整体”来孤立看待房产赠与约款这个“部分”。两种对立观点反映出身份关系协议法律适用的难题:“回归”简单适用财产法、坚守身份关系的特殊性抑或还有第三条道路?

法院在裁判本案时坚持离婚协议的特殊性，拒绝将离婚协议中的财产赠与约款“回归”定性为原《合同法》上的赠与，这对于身份关系协议的法律适用，对于妥当协调身份法与财产法之间的关系，均具有重要意义。

Ⅱ 身份关系协议法律适用的规范及学理

夫妻双方在离婚协议中约定将共同共有的房屋赠与未成年子女，一方能否在离婚后赠与房产产权转移登记之前要求撤销赠与？与此相关的请求权基础规范主要有以下几个：

第一，最高人民法院《关于适用〈中华人民共和国婚姻法〉若干问题的解释（二）的补充规定》（以下简称《婚姻法司法解释二》）[法释（2017）6 号]第 8 条规定：“离婚协议中关于财产分割的条款或者当事人因离婚就财产分割达成的协议，对男女双方具有法律约束力。”“当事人因履行上述财产分割协议发生纠纷提起诉讼的，人民法院应当受理。”第 9 条规定：“男女双方协议离婚后一年内就财产分割问题反悔，请求变更或者撤销财产分割协议的，人民法院应当受理。”“人民法院审理后，未发现订立财产分割协议时存在欺诈、胁迫等情形的，应当依法驳回当事人的诉讼请求。”第 8 条是离婚财产分割协议法律约束力的基础规范，第 9 条是对立规范。此处存在的难题是，第 9 条是否是对立规范的全部？能否对第 9 条作反面解释，认为若无第 9 条第 2 款“订立财产分割协议时存在欺诈、胁迫等情形的”，则离婚财产分割协议皆有法律约束力？本案李某某主张撤销离婚协议中的房产赠与约款的依据就是赠与合同中赠与人的任意撤销权。

第二，《民法典》第 658 条第 1 款规定：“赠与人在赠与财产的权利转移之前可以撤销赠与。”第 2 款规定：“经过公证的赠与合同或者依法不得撤销的具有救灾、扶贫、助残等公益、道德义务性质的赠与合同，不适用前款规定。”即便将离婚协议中的房产赠与约款认定为赠与，该情形是否属于第 658 条第 2 款的“道德义务性质的赠与”？此种赠与约款建立在解除婚姻关系的基础上，如果将此种赠与认定为目的赠与，具有道德义务性质，则仍可排除赠与人任意撤销权的适用。

第三，原《民法典》第 301 条规定：“处分共有的不动产或者动产以及对共有的不动产或者动产作重大修缮的，应当经占份额三分之二以上的按份共有人或者全体共同共有人同意，但共有人之间另有约定的除外。”即便将离婚协议中的房产赠与约款认定为赠与，但如果鉴于“道德义务性质的赠与”的不确定法律概念属性而难以将此种赠与简单涵摄在此概念之下，还可以考虑本案李某某和王某某在离婚协议中约定将共同共有的房屋赠与未成年子女的行为属于处分夫妻共同财产。系争房屋由二人共同共有，李某某和王某某均不单独享有处分该房屋的权利，处分该房屋需双方意思表示一致。相应地，根据《物权法》第 97 条（《民法典》第 301 条）的规定，在未征得作为共同共有人的王某某同意的情况下，李某某也无权单方撤销赠与。

由此，且不谈未成年人利益最大化或者诚信原则，结合要件事实论的司法技术，单从具体规则和理论最大可能性来看，本案存在如下请求—抗辩结构：原告依据原《合同法》第 186 条第 1 款请求，被告依据《婚姻法司法解释二》第 8 条抗辩，原告依据《婚姻法司法解释二》

第9条第2款再抗辩(认为属于"等情形",暂不考虑该条第1款一年的除斥期间限制),被告依据《婚姻法司法解释二》第9条第2款再抗辩(认为该款对应情形均须发生在"订立财产分割协议时")、依据原《合同法》第186条第2款再抗辩或者依据原《物权法》第97条再抗辩。当然,在第一轮请求—抗辩环节,被告也可不诉诸《婚姻法司法解释二》第8条,而是针对原告请求所依据的原《合同法》第186条第1款,抗辩离婚协议中的房产赠与约款不能简单涵摄原《合同法》的赠与之下,前者存在自身性质的特殊之处。

进一步,离婚协议是夫妻双方权衡利益、考量利弊后就婚姻关系解除、子女抚养、共同财产分割、夫妻债务承担、离婚损害赔偿等达成的"一揽子"协议,是具有人身和财产双重性质的合意,离婚协议属于身份关系协议。从具体再到抽象,从特殊再到一般,如何处理身份关系协议的法律适用?原《合同法》第2条第2款规定:"婚姻、收养、监护等有关身份关系的协议,适用其他法律的规定。"该款属于不完全法条,当其他法律没有规定时,如何解决身份关系协议的法律适用难题?《民法典》第464条第2款规定:"婚姻、收养、监护等有关身份关系的协议,适用有关该身份关系的法律规定;没有规定的,可以根据其性质参照适用本编规定。"这提供了更周延的解决方案,也带来了更多的解释难题——何为"可以根据其性质参照适用"?本案离婚协议中的房产赠与约款是否属于根据其性质不能参照适用赠与合同中赠与人任意撤销权的情形?在围绕赠与人任意撤销权的第一轮请求—抗辩环节,《民法典》第464条第2款提供了更多裁判规范和说理论证方法。

Ⅲ 既往司法实践状况

本案裁判之后,司法实践中逐渐形成了如下共识:离婚协议是一个整体,是围绕人身关系和财产关系经过不断博弈协商形成的"一揽子"的概括合意,具有复合性。该合意中任何一项财产的处分都与其他财产的处分互为前提、互为结果,离婚协议中各个条款的订立都是为了解除婚姻关系这一目的,具有目的上的统一性。男女双方在离婚协议中约定将共同财产赠与未成年子女,如果允许一方反悔,那么离婚协议的"整体性"将被破坏。在婚姻关系已经解除且不可逆的情况下如果允许当事人对于财产部分反悔将助长先离婚再恶意占有财产之有违诚信的行为,诱发道德风险。这也是《民法典》第142条第1款有相对人的意思表示体系解释、行为性质和目的解释、诚信解释等解释方法综合作用的结果。

本案之后,北京市第三中级人民法院(2015)三中民终字第13780号"程某与王某离婚后财产纠纷案"对离婚协议的法律适用提供了更多说理论证技术。本案中,男方程某与女方王某在离婚协议中约定将登记在双方名下的共同共有房屋作价分割(此房产未取得上市资格故无法变卖),程某一次性给付王某90万元。事后程某未按照协议履行。二审法院认为本案不属于赠与,而应该以《婚姻法司法解释二》第8条为请求权基础和裁判依据,判令程某依约履行并支付迟延利息。在本案的裁判说理环节,二审法院认为本案离婚协议"既包括解除婚姻关系的形成行为,也包括夫妻财产分割及子女抚养的附随行为"。"在法律适用方面,身份法律行为应当适用民事法律行为的一般理论……但不能认为其中的附随行为可以当然地适用《合同法》的规定。……附随行为即使符合了民事法律行为的一般生效要件,但如果‘离婚’这一形成行为不生效,财产分割协议也不能生效。从这一效力规则来看,形成行为和附随行为的效力关系与主、从法律行为的效力关系非常类似。”

在民法理论上,北京市第三中级人民法院(2015)三中民终字第13780号民事判决书裁判说理中系统论证的“形成行为与附随行为”之辩颇值玩味,其说理目标或者结果同样是坚持离婚协议的整体性和“一揽子”性。该案前后,“形成行为与附随行为”也成为身份关系协议纠纷裁判文书说理中的常见话语、高频词汇。大量离婚协议案件的民事判决书中出现了类似表达:本案离婚协议“既包括解除婚姻关系的形成行为,也包括夫妻财产分割及子女抚养的附随行为”,凸显离婚协议自身所具有的整体性,拒绝简单“回归”适用财产法规则,并逐渐汇聚成裁判中如流水潺潺不断的倾向。例如,广西壮族自治区南宁市中级人民法院(2012)南市民一终字第2458号民事判决书、北京市第三中级人民法院(2015)三中民终字第13893号民事判决书、广东省广州市中级人民法院(2016)粤01民终3982号民事判决书、天津市第一中级人民法院(2016)津01民终5557号民事判决书、北京市第二中级人民法院(2018)京02民终1337号民事判决书、江苏省盐城市中级人民法院(2018)苏09民终3156号民事判决书、贵州省毕节市中级人民法院(2019)黔05民终656号民事判决书、北京市第三中级人民法院(2019)京03民终14555号民事判决书、黑龙江省哈尔滨市中级人民法院(2019)黑01民再161号民事判决书等诸多案件,均是如此。

Ⅳ 本裁判要旨的参考意义及将来的课题

本裁判中,夫妻双方离婚时协议约定将夫妻共同共有的房产赠与未成年子女,离婚后一方在赠与房产产权转移登记之前反悔,主张依据原《合同法》第186条第1款撤销赠与的,法院不予支持,这就使身份关系协议中的赠与约款不简单等同于原《合同法》上的赠与,从法律适用上也不能直接“回归”原《合同法》。

此类案件,在裁判依据和说理论证上,有多种可能,是围绕原《合同法》第186条第1款做正面“请求—抗辩”,还是以退为进地认可身份关系协议中的赠与约款属于赠与但依据原《物权法》第97条拒绝单方撤销赠与?还是二者并用,分列为强理由与弱理由?何为长久之计,何为权宜之策?根据原《物权法》第97条对应的裁判思路,是否意味着此类身份关系协议不能直接“回归”原《合同法》,但却可“回归”原《物权法》?在前述更多“请求—抗辩”结构中,针对原告撤销赠与的诉讼请求,法院如何在众多可能的请求权规范中“对症下药”?《民法典》施行后,身份关系协议的参照适用规定对此类案件裁判有何切实影响?均值进一步思考和观察。而就本案涉及的原《合同法》第186条及原《物权法》第97条,其在《民法典》中对应的分别是第658条和第301条。后者并没有任何改变,而对于赠与合同任意撤销的限制,虽然增加了“依法不得撤销”的限定语,但就本案情形来说,制度规范背景本身并没有大的变化,“回归”合同法抑或“回归”物权法的争议仍然存在,而只不过是变成了“合同编”与“物权编”的区别而已。

一个好案例的最大意义可能不是提出唯一权威的裁判思路,而是引发更多、更深入的思考,在人类认识的边疆探索更多可能。结合《民法典》第522条的规定,本案在理论和实务中还存在如下难题:即夫妻双方离婚时协议约定将夫妻共同共有的房产赠与未成年子女或者成年子女,协议未约定受赠子女可以直接请求赠与人履行的情况下,离婚后一方在赠与房产产权转移登记之前反悔、拒绝履行时,受赠子女是否有直接、独立的请求权?诸如此类的问题,也会面临诸多争议,有待学理和实践的进一步开拓。

参考文献

陆青:《离婚协议中的"赠与子女财产"条款研究》,载《法学研究》2018 年第 1 期。

刘征峰:《论民法教义体系与家庭法的对立与融合:现代家庭法的谱系生成》,法律出版社 2018 年版。

刘干、殷芹:《子女对离婚协议中受赠财产有无给付请求权》,载《人民法院报》2018 年 10 月 11 日,第 7 版。

王雷:《论身份关系协议对民法典合同编的参照适用》,载《法学家》2020 年第 1 期。

052 混合合同的法律适用规则

宏大中源太阳能股份有限公司与湖南红太阳光电科技有限公司买卖合同纠纷再审案 | 最高人民法院(2019)最高法民申4300号

许中缘 中南大学法学院

■ 事实概要

2010年6月4日,宏大公司(甲方)与红太阳公司(乙方)签订《50MW多晶硅太阳能电池片生产线建设合同书》(以下简称《建设合同书》),约定乙方为甲方承建年产能50MW多晶硅太阳能电池片生产线一条,包括提供成套设备、安装调试、保修期内的免费维护及保修期外的终身维护等。合同第1条"合同价格"中约定,一条50MW多晶太阳能电池片生产线合同总价格为人民币7166万元。合同第2条"交货范围及周期"中约定,自乙方收到甲方预付款之日起5个月内将红太阳公司全部制造的设备发运到宏大公司工厂,自进口设备全部到位后一个月内完成各设备的安装调试工作,各设备的安装调试工作完成以后两个月内,完成整条生产线的安装调试及流片生产。合同第4条"合同要求"中约定,合同规定由乙方对甲方的50MW多晶硅太阳能电池片生产线进行整线承包建设,内容包括50MW太阳能电池片生产线设计方案及生产线所需的设备的选型、配置、采购、交付并达到技术协议附件一规定的工艺水平,并提供相应的全套工艺文件,保证甲方能按合同指标正常生产,设备安装及生产所需的自来水、电、气的总接口由甲方负责并达到乙方的设计要求。合同第5条"生产线建设基本要求"中约定,由乙方承担的50MW太阳能电池片生产线交付甲方使用后,实现每条线的产能50MW/年。生产线运转一个月内,多晶硅电池片合格率95%(转换效率14%的电池片),合格片平均转换效率15.7%(欧洲莱茵标准),电池片整线破损率3%(不包括人工操作失误碎片,硅片开包的破损)。年产能达到50MW要求(按每小时累计出片2200片计算达产即可)。产品外观质量达到48所企业标准或行业内大型企业标准。50MW太阳能电池片生产线验收程序和基本要求见附件五。乙方提供工艺培训教材并在乙方工艺线上免费为甲方培训工艺技术人员。2011年4月20日,宏大公司(甲方)与红太阳公司(乙方)签订《50MW多晶硅太阳能电池片生产线建设合同补充协议》,约定对于废气处理系统等10项外围工作范围进行增补,共计增加费用5,088,000元。2011年6月15日宏大公司(甲方)与红太阳公司(乙方)签订《50MW多晶硅太阳能电池片生产线建设空调变更补充协议》,决定由甲方自行采购室外螺杆式风冷热泵机组,因此将水冷螺杆式冷水机与闭式冷却塔的采购费用共计1,458,000元从合同或增补协议中扣除。二审法院认定本案属于买卖合同合同纠纷。宏大公司不服该判决，以本案应认定为承揽合同纠纷、适用承揽合同的法律规定为由提起再审。

■ 裁判要旨

驳回再审请求。

从《合同法》第130条与第250条之规定比较来看，买卖合同与加工承揽合同尤其是承揽人提供原材料的定作合同有一定相似性，但是定作合同有其自身的特点：如《合同法》规定定作人对承揽的工作有监督权、检查权，定作人有单方改变订作方案的权利，承揽方未经许可不得留存技术材料和复制品等，法律赋予定作人诸多权利，其结果几乎使定作人达到了控制整个加工过程的程度。从本案《建设合同书》对红太阳公司所提供的设备及主要技术指标的特别约定来看，涉案生产线具有一定的定作性，但《建设合同书》约定了生产线的设计、采购、安装等均由红太阳公司完成，合同目的是为宏大公司提供符合约定的生产线交付宏大公司使用，宏大公司对生产线的设计、配置、采购、安装等过程不具有实际控制和监督的权利，因此与承揽合同定作人对工作内容进行监督检查的特征不符。从《建设合同书》的内容来看，合同约定了交货时间、技术指标，主要设备和辅助设备清单，售后服务、验收程序等，更符合买卖合同的特征，原审法院认定本案为买卖合同纠纷，并无不当，本院予以维持。

■ 评　析

Ⅰ 本裁定的思路和意义

本案中，法院以“宏大公司对生产线的设计、配置、采购、安装等过程不具有实际控制和监督的权利”为由，排除了《建设合同书》的承揽合同性质。同时，本案二审判决根据所涉合同的主要目标在于设备所有权的移交，且合同价款主要由各项设备的价格组合而成之事实，认定本案属于买卖合同纠纷。而本案属于典型地将混合合同当作单一合同对待，应适用单一合同的法律规则。本案的裁判思路呈现对混合合同基本认知的缺失，司法裁判仍旧是以单一给付为主，亟须对合同混合给付关系的厘清与法律适用规则的指导。

Ⅱ 混合合同法律适用的规范及学理

混合合同是指由数个典型（或非典型）契约的部分而构成的契约［王泽鉴：《债法原理》（第2版），北京大学出版社2009年版，第140页］。混合合同作为非典型合同的主要内容，也是未来合同法发展的重要趋势，能够满足当事人的特殊需求，解决了当事人订立多个合同的问题，大大节省了缔约成本。一是它结合了若干有名合同的功能和长处，能够弥补单个合同类型规定的不足；二是混合合同能够容纳多个有名合同的内容，便利了当事人并且节省了交易成本。如旅游合同涵盖了住宿、观光、运输等多项合同内容，能够满足缔约人的综合性需求。可以说，混合合同是合同的非典型形态但可能是生活中的典型形态。尽管混合合同是由两个或者多个合同中的典型给付混合而成,但并不能简单地适用各合同的规则,也不能简单地适用某类合同的规则。

关于混合合同的认定。合同的法律适用应以合同的性质认定为前提。首先,合同的本质是一种约定给付关系,混合合同的本质在于给付的混合。合同是一种"共相交易",合同履行之本质在于实现合同的约定给付,由此给付构成了合同的本质,其实也是债的本质(王家福主编:《民法债权》,法律出版社1991年版,第256页)。如学者所言,债就是债权人应当向债务人请求给付([德]迪特尔·梅迪库斯:《德国债法分论》,杜景林、卢谌译,法律出版社2004年版,第6页)。所谓债权是"特定人对于特定人得请求为特定给付之权利",债务是"特定人对于特定人负为特定给付之义务"(黄茂荣:《债之概念与债务契约》,厦门大学出版社2014年版,第1页)。其次,给付是典型契约类型划分的标志,亦是契约类型的核心意义。而主给付义务是债之关系(尤其是契约)上固有、必备的,并用以决定债之关系(契约)类型的基本义务。基于给付在合同中的重要地位,立法者对有名契约的确认,正是根据主给付义务确定合同的类型划分,而混合合同的本质正是给付的混合,构成混合合同的给付均为主给付关系。各项给付义务之间形成相互依赖的关系,由此构成混合合同。因此,合同性质的判断应为法律适用的前提,通过给付关系的确定判断合同为单一合同还是混合合同,再根据给付义务的关系确定法律适用。

关于混合合同的法律适用。《民法典》第467条确立的类推适用规则有待商榷。混合合同的法律适用应遵循"合同解释优先原则",即合同解释优先于有名合同规则的适用和合同漏洞的填补。混合合同本身含有复杂的给付义务关系,将混合合同当作单一合同适用单一合同的法律或简单地拆分混合合同的给付义务并分别适用相应合同的规定,都有违混合合同的整体性。混合契约中的各项给付构成有机的结合关系,整体大于部分之和,若忽略各要素有意义的功能性结合,将使契约的法律适用见树不见林,无法实现契约目的。由此,单纯的吸收主义、结合主义和类推适用主义均无法达到混合合同的法律适用目的。基于给付义务是确定合同权利与义务的标准,混合合同的法律适用应当首先进行法律解释,即根据双方当事人的约定确定给付关系的类型,以此确定其法律适用。混合合同的给付关系可分为以下三类:其一,并列给付义务关系。如房屋中介介入的房屋买卖合同,实为房屋买卖合同与居间合同的结合,属于混合合同,应该根据不同的法律关系,进行分别适用。换言之,居间服务应该按照居间合同有关规则进行处理,而房屋买卖合同根据买卖合同的规则进行分析。其二,主从给付义务关系。主从给付关系是指主合同权利构成与从权利义务构成的合同属于不同的性质。合同的主权利义务明确,一方当事人尚附带负有其他种类的从给付义务。此时应该按照主合同的权利与义务进行处理。根据主从关系原理,主合同的履行与解除问题将决定从合同的履行与解除。或言之,如果当事人解除主合同,将会涉及从合同,但从合同的解除并不涉及主合同。其三,附属给付义务关系。这也是学者所言的典型契约附带其他种类的从给付,是原给付义务与衍生给付义务而产生的合同。原给付义务是既有合同的权利与义务,而衍生给付义务是为履行原给付义务而产生的义务。缺乏原给付义务,衍生给付义务即不存在。对于此类混合合同,原则上仅适用主要部分的合同规范,非主要部分被主要部分吸收。

综上所述,混合合同的法律适用应当遵循法律解释优先原则,厘清合同给付关系的类型,从而确定法律适用规则。本案中,《建设合同书》属于承揽合同和买卖合同组成的混合合同,给付内容包括设备所有权的移转以及太阳能生产线的承建,构成并列给付关系,应分别适用买卖合同的规则和承揽合同的规则。宏大公司购买生产线的目的是实现生产,验收的标准应当按照承揽合同的相关规定而非买卖合同之规定,法院径行根据买卖合同之规定,以"应在合理期限内进行验收并提出质量异议,否则视为验收通过"为由,得出"2012年6月生产线达到验收条件"视为验收合格作为合格的适用标准,欠缺合同目的的考虑。

Ⅲ 既往司法实践状况

混合合同不仅是理论研究的盲点,而且在司法实践中分歧也较大。法官各取有限理论之所需,混合合同的法律适用呈现混乱局面,集中体现为三个方面的问题。

第一,不恰当扩大混合合同的范围。并非所有合同关系的混合形态均是混合合同,典型契约的非典型形态亦应属于典型契约的涵盖范围,而非非典型契约。如在"上海常年房产经纪事务所诉文明益居间合同纠纷案"[上海市第一中级人民法院(2014)沪一中民二(民)终字第1200号民事判决书]中,一审法院认为,根据原《合同法》的规定,居间服务只是提供订立合同的机会,但本案中,中介公司的居间涉及房地产买卖,包括如协助办理贷款手续、代办过户手续、代办交房手续等其他服务项目,因此认为"中介公司与委托人签订的居间合同除了传统的居间服务外还包括其他服务项目,是一种混合合同"。实质上,本案所涉合同仍然为居间合同,"协助办理贷款手续、代办过户手续、代办交房手续等服务项目"只是居间服务在房地产交易这一特定领域的体现,属于房地产居间服务合同的主给付义务衍生的从给付义务,不构成合同关系的复合性,因而该案中所涉合同仍旧属于居间合同,并非混合合同。

第二,将混合合同当作单一合同予以对待。实践中,混合合同经常被作为单一合同看待,由此适用单一合同的法律。如在"海南芳诚房地产开发有限公司与海南富士康房地产投资开发有限公司合资、合作开发房地产合同纠纷案"[海南省第一中级人民法院(2015)海南一中民一终字第689号民事判决书,相同的判决参见"海口葳名房地产营销策划有限公司诉海南正扬置业有限公司委托合同纠纷案",海南省澄迈县人民法院(2014)澄民初字第987号民事判决书]中,一审法院将商品房委托代理销售合同视为具有委托合同与买卖合同性质的居间合同,因"代理销售商品房的合同义务的一部分,属其必要附属内容",从而认为是单一的委托合同,适用《合同法》第410条关于委托人或者受托人可以随时解除委托合同的规定。

第三,忽视混合合同的整体性,片面理解混合合同的内容。混合合同的给付义务之间构成有意义的联结,使混合合同本身具备整体性与有机性,而实践中经常割裂混合合同的有机性。在"杨百根与郭鹿股东资格确认纠纷案"[浙江省建德市人民法院(2016)浙0182民初00085号民事判决书]中,一审法院认为,"由于本案是审理股东权纠纷,因此仅对《协议书》中有关股份转让的内容进行审理",忽视了对案涉《协议书》中包括的职务聘任及经营指标等内容的审理,割裂了股权转让协议书的混合有机性。

Ⅳ 本裁定的参考意义及将来的课题

本案实为承揽合同与买卖合同的混合合同，但一审、二审法院及再审，均将其认定为单一合同，这反映出我国司法裁判普遍缺乏对混合合同的基本认知，仍遵循单一给付的审判思路。混合合同的法律适用是由混合的给付关系决定的，单纯的吸收主义、结合主义和类推适用主义都难以指导其法律适用。给付的混合决定混合合同最本质的特征在于整体性与有机性，因此，其法律适用应遵循法律解释优先原则，首先确定给付关系的类型，方能避免见树不见林的弊端。然而，混合合同系有名合同中规定其他合同事项的合同，有名合同规则对于混合合同的参照适用意义仍然具有极大的探讨空间。

□ 参考文献

王泽鉴：《债法原理》（第2版），北京大学出版社2009年版。

王家福主编：《民法债权》，法律出版社1991年版。

［德］迪特尔·梅迪库斯：《德国债法分论》，杜景林、卢谌译，法律出版社2004年版。

黄茂荣：《债法通则：债之概念与债务契约》，厦门大学出版社2014年版。

史尚宽：《债法各论》，中国政法大学出版社2000年版。

053 合同联立的认定及其法律适用

牟定兄弟矿业有限责任公司、云南德胜钢铁有限公司民间借贷纠纷案 | 最高人民法院(2018)最高法民申862号民事裁定书

陆 青 浙江大学光华法学院

■ 事实概要

云南德胜钢铁公司与牟定兄弟矿业公司签订《合作开发协议》,对合作项目情况、清产核资、设立项目公司、价购资产、生产安排、销售原则等合作关系进行约定,同时第7条约定"乙方(兄弟矿业公司)因解决自身债务等原因急需大量资金,基于双方长期友好合作关系考量,甲方(德胜钢铁公司)承诺为其协调落实借款资金来源,具体借款及担保事宜由相关借款及担保主体按以下原则执行:借款金额2000万元,乙方以其所持有项目公司40%的股权提供质押担保,四川攀枝花先力矿业有限责任公司提供连带责任保证担保,乙方的法定代表人李云春以个人名义提供连带责任保证担保;借款期限三年,借款利率按中国人民银行同期银行贷款利率计算,按月计息,按季付息;还款来源是乙方每年度在项目公司可能分取的红利及乙方与担保人的其他还款来源。"之后,双方签订《借款担保合同》,对《合作开发协议》第7条约定的内容又作了约定和完善。

■ 判决要旨

在交易活动中,当事人为满足复杂利益需要,往往以合同联立等方式订立合同,目的是通过数个合同的结合实现整体交易功能,每个合同均能产生民事权利义务关系的变动又各自独立,应分别适用不同的合同规范。

■ 评 析

Ⅰ 本裁定的思路和意义

本案焦点在于案涉《借款担保合同》是独立存在的合同,还是《合作开发协议》履行内容的一部分。最高人民法院认为,双方签订《合作开发协议》实为合同联立,由合作合同和借款合同结合形成。基于有利实现合作开发的经济交易功能,两者被订立于一个合同文本,却为两个互相独立的合同关系,各自产生不同的权利义务关系。另外,《合作开发协议》第7条明确了借款目的是解决兄弟矿业公司自身债务等原因急需大量资金,而非用于双方合作项目,德胜钢铁公司承诺为其协调落实借款资金来源,是基于双方长期友好合作关系,而非

履行合作义务分工。故《借款担保合同》独立存在,形成借款担保合同关系,不属于合作合同履行内容的一部分。本案是实务界,特别是最高人民法院层面少有的引入合同联立概念并确立法律适用规则的案例,对研究合同联立、复合型合同具有重要的实践指导意义。

Ⅱ 合同联立认定的规范及学理

本案主要涉及合同联立关系认定及其法律适用问题。对于合同联立,《合同法》与《民法典》中均未有专门规定。学理上,将非典型合同(无名合同)分为纯无名合同、混合合同和合同联立三种类型(王泽鉴:《债法原理》,北京大学出版社 2013 年版,第 139 页)。所谓合同联立,是指数个合同“不失其个性,而相结合”(史尚宽:《债法总论》,中国政法大学出版社 2000 年版,第 10~11 页)。依王泽鉴先生之见解,此结合包括两种情况,一是单纯外观的结合,即数个独立的契约仅因缔结契约的行为(如订立一个书面)而结合,相互间不具依存关系;二是具有一定依存关系的结合,即依当事人之意思,一个契约的效力依存于另一个契约的效力。单纯外观的结合,并无法律适用上特殊的意义。因此,合同联立的规范意义在于数个合同相互结合形成彼此依存关系,进而在法律效力层面产生互动的影响。须注意的是,关于无名合同的法律适用,《民法典》第 467 条第 1 款(对应《合同法》第 124 条)规定:“本法或者其他法律没有明文规定的合同,适用本编通则的规定,并可以参照适用本编或者其他法律最相类似合同的规定。”但该条规则更多针对纯无名合同和混合合同,对合同联立的法律适用并无太多规范指引意义。另外,涉及预约和本约、主从合同、租赁和转租等,虽然不同合同也有依存关系,按各自有明确的法律适用规则,是否理解为合同联立,更多只有学理上的意义。

合同联立涉及两个核心问题:合同联立的认定和法律后果。就前者,最重要的是如何区分合同联立和混合合同。而区分两者的关键在于判断合同的个数。换言之,合同联立涉及数个合同关系,而混合合同是一个合同,只不过具备一方的给付或者双方的给付是数个典型合同的要素的结合。如何判断合同关系的数量?笔者认为,实质上就看合同所要“设立、变更或终止民事权利义务关系”的数量。因此需要深入分析合同关系的构成,即通过考察合同主体、客体及内容三部分,确立其是否能形成一个独立的合同关系还是数个合同关系。合同联立既然是数个合同关系,那么不同合同所形成的权利义务关系在法律上应该是各自独立的,而其之所以相互依存,在于交易在经济上的整体性、一体性。因此,了解经济视角下的交易一体性和法律视角下合同关系的一体性的差异,是判断两者的关键(陆青:《合同联立问题研究》,载《政治与法律》2014 年第 5 期)。就后者,王泽鉴先生认为,“其个别契约是否有效成立,虽应就各该契约加以判断,但设其中的一个契约不成立、无效、撤销或解除时,另一个契约亦同其命运(王泽鉴:《债法原理》,北京大学出版社 2013 年版,第 139 页)。”也有学者对合同联立下的“抗辩权延伸”问题有过重点探讨(迟颖:《关联合同中产生于买卖合同的抗辩权对贷款合同的适用性问题——从一则案例看德国消费信贷法抗辩权延伸制度》,载《法学论坛》2007 年第 5 期;刘怡:《论德国关联合同制度及其借鉴意义》,载《法律适用》2012 年第 9 期)。合同联立使多个合同在法律效果上形成彼此影响的局面,对传统合同相对性原则产生冲击,因此在法律适用上应该特别慎重(李建华、彭诚信:《论合同相对性原则在处理商品房买卖合同纠纷中的司法适用——基于最高人民法院相关司法解释及其判决的评判和反思》,载《法律科学》2012 年第 5 期)。笔者认为,合同联立最大的规范意义在于数个合同之间形成法律上的依存关系,但这种依存关系在效力上的表现,还是必须回到合同成立、无效、抗辩、解除等具体制度上加以判断。比如,甲合同与乙合同构成合同联立,甲合同无效,乙合同究竟应该是无效还是解除等,依然要围绕乙合同是否存在无效事由,乙合同目的能否实现等进行具体判断。认定是否属于合同联立,更多是为了让人们关注合同交易的整体性,为法律解释适用提供分析工具。

Ⅲ 既有司法实践状况

合同联立为学理概念,并非现行法上的法律制度,因此早期司法实践鲜有提及。但从实质层面看,不无判例对其进行分析。主要涉及两类交易,一是产权式商铺/酒店(商铺/酒店买卖合同和回租合同相互结合),二是按揭(商品房买卖合同与担保贷款合同等相结合)。关于前者,在“产权式酒店第一案”即“费红斌与海南铭泰香水湾旅游发展有限公司房屋买卖合同纠纷案”,(2006)海南民二终字第 372 号民事判决书中,法官就认为,尽管存在两份独立的合同,但此类“房屋买卖合同与租赁合同为一整体,互为依存,紧密联系。不同于一般的商品房买卖合同”。基于产权式酒店房屋买卖合同的特殊性,合同双方约定房屋由买方出租给卖方经营管理,因此“房屋不需要实物交付。获得租金收益就视为享受利益,意味着房屋已经交付”;关于按揭交易,2003 年最高人民法院公布《关于审理商品房买卖合同纠纷案件适用法律若干问题的解释》(以下简称商品房买卖司法解释)第 23、24 条就商品房买卖合同与担保贷款合同在合同效力上的相互影响进行了规定,对相关司法实践产生了深远的影响。

近年来,“合同联立”的表述在法院判决中出现的频率突然升高(笔者以“合同联立”为关键词搜索“北大法宝司法案例数据库”,得出 66 个判决,均为 2017 ~ 2020 年)。这其中,最高人民法院审理的案件有三个,除本文评析案例外,还有“黄甫则、杨某合同纠纷案”,最高人民法院(2018)最高法民申 1511 号民事裁定书(以下简称黄甫则案)和“包头市古城煤化有限责任公司与陕西瑞中贸易有限公司等买卖合同纠纷再审案”,最高人民法院(2018)最高法民申 4325 号民事裁定书(以下简称古城煤化)。在黄甫则案中,涉及一份《林木采伐施工合同》的性质判断。该合同约定,Z 公司将其所有的某森林资源授权杨某进行采伐施工;Z 公司向杨某借款 800 万元,待林权证变更到 Z 公司名下 2 个月内,Z 公司以林权证作抵押向银行申请贷款,返还给杨某,若还款时间超过 2 个月,Z 公司按 3% 的月利率每月向杨某支付 24 万元的利息。法院裁定认为,“从约定内容分析,案涉《林木采伐施工合同》实为合同联立,由承包合同和借款合同组成。就借款合同而言,借贷法律关系发生在自然人和法人之间,当事人意思表示一致合同即成立并生效,且双方未特别约定支付金钱作为借款合同的成立要件,故 Z 公司与杨某之间民间借贷合同成立并生效。黄甫则主张本案借款法律关系不存在,未提出证据予以证明,理由不成立”;在古城煤化案中,瑞中公司与古城公司签订《煤炭买卖合同》,双方约定瑞中公司向古城公司购买 20 万吨沫煤。同日,古城公司与明润柏荣公司签订《煤炭买卖合同》,约定古城公司向明润柏荣公司购买 20 万吨沫煤。2013 年 1 月,瑞中公司与明润柏荣公司签订《煤炭质量奖罚及违约金承担协议》,约定瑞中公司承诺根据煤炭质量要求,将瑞中公司与神华销售集团有限公司签订合同的所有奖励交给明润柏荣公司等条款。古城公司申请再审主张三方当事人实质设立的是“煤炭买卖”与“提供运力、票据服务”联立合同法律关系。“煤炭买卖”法律关系双方是瑞中公司与明润柏荣公司;“提供运力、票据服务”法律关系是古城公司作为一方,瑞中公司、明润柏荣公司作为另外一方。但法院裁定依然坚持了合同相对性原则,认定在瑞中公司与古城公司签订的合同中,瑞中公司为煤炭买受方、古城公司为供货方,双方当事人应按照合同约定行使权利、履行义务,间接否定了当事人关于合同联立的理解。除最高人民法院外,各地法院对合同联立问题也有很多值得分析的审判经验,比如“陈凤琼、钟申从房屋租赁合同纠纷案”,四川省乐山市中级人民法院(2020)川11民终312号民事判决书中,法院明确界定了合同联立的定义(“所谓合同联立是指两个以上的独立合同紧密结合成为一个不可分割的整体,各合同服务于共同的交易目的;一个合同在效力上的瑕疵可能影响另一个合同的效力,一个合同的变更、解除也可能影响另一个合同的变更、解除”)。该案涉及产权式商铺委托经营下的合同联立问题。又如“陈孙忠与金树春建设工程施工合同纠纷上诉案”,浙江省丽水市中级人民法院(2017)浙11民终1269号民事判决书强调合同联立与混合合同的差异等,均颇值研究,限于篇幅,不一一展开。

Ⅳ 本裁定的参考意义及将来的课题

本案中,最高人民法院明确肯定了合同联立的概念,并将其界定为一种特殊的合同订立方式,“目的是通过数个合同的结合实现整体交易功能”。这一界定,符合合同联立的本质特征,颇值赞赏。从案涉事实来看,《合作开发协议》既涉及合作开发项目,还涉及当事人为相对方“协调落实借款资金来源”。后者以及由此产生的借款合同显然与合作开发合同关系相对独立,因此不能界定为混合合同。但必须说明的是,正如该裁定所言,合同联立认定的重要因素在于“实现整体交易功能”。在分析产权式商铺、按揭交易等合同联立现象时,我们可以清晰地发现,促成产权式商铺、按揭等交易的数个合同之间,形成“缺一不可”,甚至“同生共死”的复杂依存关系。比如,单纯只有商铺买卖合同,或者单纯只有商铺租赁合同,都无法形成产权式商铺这一经济上一体的交易方式。而本案中,除了案涉项目股权会为相关借款提供质押担保外,合作开发合同和借款合同之间并无强烈的依存关系。因此,本案是否属于合同联立,如何判断“实现整体交易功能”,依然有探讨的空间。另外,法院虽然强调本案涉及合同联立,但其结论为“每个合同均能产生民事权利义务关系的变动又各自独立,应分别适用不同的合同规范”。每个合同应分别适用不同的合同规范,那么,认定其为合同联立的实践意义在哪里呢? 对此,本案并未给出清晰的说明。

□ 参考文献

史尚宽:《债法总论》,中国政法大学出版社2000年版。

迟颖:《关联合同中产生于买卖合同的抗辩权对贷款合同的适用性问题——从一则案例看德国消费信贷法抗辩权延伸制度》,载《法学论坛》2007年第5期。

刘怡:《论德国关联合同制度及其借鉴意义》,载《法律适用》2012 年第 9 期。
李建华、彭诚信:《论合同相对性原则在处理商品房买卖合同纠纷中的司法适用——基于最高人民法院相关司法解释及其判决的评判和反思》,载《法律科学》2012 年第 5 期。
王泽鉴:《债法原理》,北京大学出版社 2013 年版。
陆青:《合同联立问题研究》,载《政治与法律》2014 年第 5 期。

054 预约的认定及违约责任

成都讯捷通讯连锁有限公司与四川蜀都实业有限责任公司、四川友利投资控股股份有限公司房屋买卖合同纠纷案 ｜《最高人民法院公报》2015 年第 1 期

李　俊　中南财经政法大学法学院

■ 事实概要

蜀都公司与讯捷公司签订《购房协议书》，约定“迅捷公司购买蜀都公司所拥有的蜀都大厦北一楼及中庭建筑。协议签订之日，迅捷公司支付购房定金，待购房合同签订时该定金自动转为购房款”。同时，双方还约定应就购房合同及付款方式等问题进行具体磋商，并且在该宗房屋买卖合同签订时《购房协议书》自动失效。在讯捷公司向蜀都公司支付定金后，蜀都公司则将讼争的房屋交付给讯捷公司使用。双方在《购房协议书》的基础上进行了三次协商，但是双方就场地使用费、买卖过户税费的负担、产权证的办理及购房尾款的支付时间等问题未达成一致意见。蜀都公司随后向讯捷公司发函，认为存在严重分歧而无法签订《房屋买卖合同》，因此主张双方的房屋买卖关系未成立。讯捷公司则主张双方的房屋买卖已经实际履行，并坚持在房屋过户登记后才向蜀都公司支付全部购房尾款。

该案一审上诉后，被裁定撤销原判决，发回一审法院重审。一审法院重审后，认为《购房协议书》成立并有效。蜀都公司不服提起上诉，认为“一审判决错误地认定双方为订立主合同而签订的定金合同(《购房协议书》)是买卖合同本约，并主张因不可归责于双方的事由而解除《购房协议书》”。二审法院则认为双方签订的《购房协议书》明确写明了当事人名称、标的、价款，认为根据最高人民法院《关于适用〈中华人民共和国合同法〉若干问题的解释(二)》[法释(2009)5 号]第 1 条的规定，应认定双方的房屋买卖合同关系已经成立。迅捷公司不服二审判决，遂向最高人民法院提起再审，主张《购房协议书》已构成房屋买卖合同关系，该合同成立、有效且已部分履行，并应当继续履行。对此，蜀都公司答辩称“《购房协议书》是立约定金合同，目的是担保主合同的订立，是一份认购预订协议。同时，双方的主合同始终处于磋商之中，并因不可归责于双方的原因而未能订立”。

■ 判决要旨

判断当事人之间订立的合同是本约还是预约的根本标准在于当事人的意思表示，也就是说，当事人是否有意在将来订立一个新的合同，以最终明确在双方之间形成某种法律关

系的具体内容。对于当事人之间存在预约还是本约关系,不能仅孤立地以当事人之间签订的协议之约定为依据,而是应当综合审查相关协议的内容以及当事人嗣后为达成交易进行的磋商和有关的履行行为等事实,从中探寻当事人的真实意思,并据此对当事人之间法律关系的性质作出准确界定。

■ 评 析

Ⅰ 本判决的思路和意义

本案涉及预约的认定及违约责任。在本案中,双方当事人在协议中约定"应就购房合同及付款方式等问题进行具体磋商,并且买卖合同签订时本协议自动失效"。再审法院认为,当事人在协议中明确了要在将来订立一个新的合同,以最终确定房屋买卖合同的具体内容,那么《购房协议书》的性质是预约而非本约。同时,由于双方当事人在《购房协议书》中明确约定了房屋的位置、面积和价款,再审法院认为该协议书具备了本约的主要内容,当事人之间达成了买卖房屋的合意,成立了房屋买卖法律关系,当事人可直接履行而无须另行订立本约。结合双方当事人在订立《购房协议书》之后的履行事实,再审法院最终认为双方当事人已经实际成立了房屋买卖法律关系,此时的履行行为并非依据《购房协议书》,而是基于房屋买卖关系而为的交付。

本案为最高人民法院《关于审理买卖合同纠纷案件适用法律问题的解释》[法释(2012)8号](以下简称《买卖合同司法解释》)第2条的适用提供了实践参考。对于当事人之间存在预约还是本约关系,再审法院认为不能仅凭一份孤立的协议简单地加以认定,而是应当综合审查相关协议的内容以及当事人嗣后为达成交易进行的磋商甚至具体的履行行为等事实,从中探寻当事人的真实意思,对当事人之间法律关系的性质作出准确的界定。

Ⅱ 预约的认定及违约责任的规范及学理

最高人民法院《关于审理商品房买卖合同纠纷案件适用法律若干问题的解释》[法释(2003)7号](以下简称《商品房买卖合同司法解释》)第4条和第5条,确定了商品房认购、订购和预订等协议以遵循本约为原则的立场。《买卖合同司法解释》第2条则明确了预约的独立性,将当事人之间签订的认购书、订购书、预订书、意向书、备忘录确定为预约,并且规定了预约违约责任。《民法典》第495条吸纳了上述司法解释,明确规定"当事人约定在将来一定期限内订立合同的认购书、订购书、预订书等,构成预约合同。当事人一方不履行预约合同约定的订立合同义务的,对方可以请求其承担预约合同的违约责任"。

自最高人民法院司法解释发布以来,学理的讨论主要涉及以下几个方面:

第一,如何区别预约、非预约先合同协议与本约。"预约"一词在实践中极为常见,并且常以先合同文本的方式进行缔结。视为预约的形式繁多,但是以预约之名来实现当事人合意的先合同协议并非全部都属于预约制度的范畴。不同于缔约过失涉及消极利益的损害赔偿,建立在合同自由基础上的预约在于履行缔约义务,受损方可主张替代给付的损害赔偿。也即，预约在先合同形态中应具有独立意义，并与非预约先合同协议相区分。预约和本约的关联性，通常体现为预约含有订立本约的意思，预约的认定关键在于当事人是否有明确的未来订立本约的意思。尽管《商品房买卖合同司法解释》第5条规定，如果先合同协议具备了《商品房销售管理办法》第16条规定的商品房买卖合同的主要内容，并且出卖人已经按照约定收受购房款的，该协议应当认定为本约。但是"名为预约实为本约"仍然应限定在该解释第5条中。实际上，就预约的表现形式而言，有的预约条款简略，仅表达了当事人之间有将来订立本约的意思，至于本约的内容留待以后磋商决定；有的预约条款则非常详尽，将未来本约应该规定的内容几乎都在预约中作了明确约定。仅根据当事人合意内容是否全面不足以区分预约和本约，而应当根据当事人的意思表示，也即"当事人是否有意在将来订立一个新的合同，以最终明确在双方之间形成某种法律关系的具体内容"来确定协议的性质[参见(2013)最高法民提字第90号民事判决书]。如果当事人存在明确的旨在将来订立本约的意思，那么即使预约的内容与本约已经十分接近，甚至通过合同解释可以从预约中推导出本约的全部内容，也应当尊重当事人的意思表示成立预约而非本约。可见，预约制度为当事人提供的选择在于，订立预约时可以不成立本约，但是在将来"应当"成立本约。

第二，如何判断当事人有订立预约的意思，以及预约内容的"可确定性"。就预约的构成要件而言，首先需要当事人有订立预约的意思。当事人所签订的"意向书"并不意味着都是预约，而是需要根据当事人的意思来判定，以解决名实不一的问题。在民商事活动中，记录当事人的阶段性谈判成果的术语名目繁多，只有在查清当事人真意的情况下，才能确定阶段性协议的性质(汤文平：《论预约在法教义学体系中的地位——以类型序列之建构为基础》，载《中外法学》2014年第4期)。甚至于，原本只是先合同协议，或者可采取附条件和附期限的本约，都可以以当事人的意思为依据确定为预约。有学者提出，本案中最高人民法院从当事人意思出发，确定先合同协议是预约还是本约，并没有探究当事人对最终交易达成何种合意(耿利航：《预约合同效力和违约救济的实证考察与应然路径》，载《法学研究》2016年第5期)。至于内容的可确定性和完整性，学理上认为，预约需要确定就缔结本约设定相关义务，但并不要求预约中的本约具有确定性。预约只有在其约定内容具有足够确定性，而足以探知本约的内容时才有效力。也即，预约的可确定性，既包含了协商和履行本约的可能，也要求预约应当与本约的内容无异，只有在特殊情况下才将对预约要素的判断交由司法裁量。

第三，如何确定预约的违约救济方式。尽管司法解释规定了预约，但对预约的违约救济仍然存在争议，传统的"继续磋商说""继续履行说"均受到挑战。就预约的违约责任内容而言，主要包括实际履行和损害赔偿。双方当事人缔结预约而非本约，并非意在排除实际履行，相反预约的特殊性恰恰就在于促成本约的意思。预约具有独立性，但同时与本约紧密结合，具有借用预约来促成本约的强烈意愿，除非当事人在预约文本明确否定。因此，当事人选择预约，并非预约是缔结本约的必经形态，而是当事人的一种选择。即便在当事人可以签订本约，但仍然选择预约的情况下，也并非在违约责任上选择了损害赔偿而排除强制履行。就预约能否实际履行而言，存在肯定说、否定说和内容区分说之别(陆青：《〈买卖合同司法解释〉第2条评析》，载《法学家》2013年第3期)，批判说认为预约带来的不是强制缔约意义上的实际履行,而只是临时性约束,导向损害赔偿(汤文平:《论预约在法教义学体系中的地位——以类型序列之建构为基础》,载《中外法学》2014 年第 4 期)。不过,虽然预约具备在磋商阶段合意的临时性特征,但是预约违约救济的关键在于履行缔结本约的义务,通过强制履行来促成本约。只有在不可强制履行的情形下,救济手段才转化为损害赔偿。赔偿的范围并非信赖利益的损失,而是本约的履行利益。通过当事人合意中的"约束意思"来辨别协议的性质,并据此判断预约违约责任是信赖利益赔偿、实际履行或者是履行利益的赔偿,抑或缔约过失与履行本约之间的中间状态。还需要注意的是,当事人最终订立的本约可能会偏离预约。此时的本约已不是预约所指向的本约,而是当事人新的合意。

Ⅲ 既往司法实践状况

《商品房买卖合同司法解释》第 4 条和第 5 条列明了实践中的若干预约形态,但是通过定金或者本约的处理方式都不足以体现预约的性质。最高人民法院陆续刊发了"戴雪飞案"(戴雪飞诉江苏省苏州工业园区华新国际城市发展有限公司商品房订购协议定金纠纷案,《最高人民法院公报》2006 年第 8 期)、"仲崇清案"(仲崇清诉上海金轩大邸房地产项目开发有限公司合同纠纷案,《最高人民法院公报》2008 年第 4 期)和"俞财新案"[俞财新与福建华辰房地产有限公司、魏传瑞商品房买卖(预约)合同纠纷案,《最高人民法院公报》2011 年第 8 期]等案例,旨在对预约作进一步解释。尤其在"俞财新案"中,法院认为"预约不同于合同的磋商,当事人负有缔结本约的义务,将预约指向本约的履行"。

《买卖合同司法解释》第 2 条则正式明确了预约的独立性,将当事人之间签订的认购书、订购书、预订书、意向书、备忘录确定为预约,并一般性地规定了预约违约责任。不过,该条在实践中的适用仍然存在较大争议。甚至于最高人民法院在后续判决中,就预约的认定以及违约责任内容仍未形成一以贯之的标准。例如,在"张励案"(张励与徐州市同力创展房地产有限公司商品房预售合同纠纷案,《最高人民法院公报》2012 年第 11 期)中,最高人民法院认为,"预约合同的目的在于当事人对将来签订特定合同的相关事项进行规划,其主要意义在于为当事人设定了按照公平、诚信原则进行磋商以达到本约合同的义务"。而在本案中,最高人民法院则明确区分了预约和本约,并以当事人的意思为解释的核心依据。在当事人有预约的合意时只能成立预约,并通过本约的履行来实现预约与本约之间的转化。最高人民法院在审理认购书等预约纠纷时,逐渐将探究当事人的真意视为处理预约纠纷的出发点,从而解决"名为预约按照本约处理""名为预约实为本约"等各类预约实践纠纷。

Ⅳ 本判决的参考意义及将来的课题

司法实践自《买卖合同司法解释》第 2 条以来并未形成一以贯之的解释方案,本判决明确了预约的独立性并进一步解释了预约的认定方式和预约违约责任。不过,在预约的认定上,预约的内容与本约之间完整度的问题仍然存在争议。预约的效力基础,也需要明确预约在前合同体系中的定位。在预约的违约救济上,探寻当事人真意被视为一种妥适的解决方法,但是预约的强制履行也需要反思预约的本质属性,抑或结合预约的范围和内容确定性等方面进行深入研究。《民法典》第 495 条虽然在立法上有所完善,但依然存在解释上的争议空间。就预约的损害赔偿而言,履行利益及其替代赔偿的具体内容仍有待进一步明确。

□ 参考文献

唐晓晴:《预约合同法律制度研究》,澳门大学法学院 2004 年版。

汤文平:《德国预约制度研究》,载《北方法学》2012 年第 1 期。

陆青:《〈买卖合同司法解释〉第 2 条评析》,载《法学家》2013 年第 3 期。

汤文平:《论预约在法教义学体系中的地位——以类型序列之建构为基础》,载《中外法学》2014 年第 4 期。

叶锋:《论预约合同的出路——以类型系列的构建为分析视角》,载《法律适用》2015 年第 9 期。

耿利航:《预约合同效力和违约救济的实证考察与应然路径》,载《法学研究》2016 年第 5 期。

Francesco Gazzoni, il contratto preliminare, Terza edizione, G. Giappichelli editore, Torino, 2010.

055 悬赏广告的解释规则

鲁瑞庚诉东港市公安局悬赏广告纠纷案 |《最高人民法院公报》2003 年第 1 期

施鸿鹏 复旦大学法学院

■ 事实概要

1999 年 12 月 12 日,东港市大东管理区永安街道发生了一起特大持枪杀人案。为尽快破案,在取得被害人家属同意后,东港市公安局于 1999 年 12 月 13 日发布了悬赏通告(悬赏广告),主要内容为:“一、凡是提供线索直接破案的,被害人家属奖励人民币 50 万元;二、凡是提供线索公安机关通过侦查破获此案的,公安机关给予重奖……五、对提供线索者,公安机关一律严格保密。”原告鲁瑞庚看到该悬赏广告之后,通过在东港市公安局工作的亲属提供了线索。鲁瑞庚所提供的破案线索,是公安机关获得的唯一重要线索,根据该线索,公安机关迅速破获了此案。对此,公安机关根据悬赏广告的第 2 条奖励鲁瑞庚 10 万元。此外,被害人家属于 1999 年 12 月 13 日将用于奖励线索举报人的 50 万元交给了东港市公安局。本案所涉被害人家属证实愿意拿出 50 万元人民币奖励给任何提供有关案件线索的人,使公安机关能够尽快侦破案件。

原告鲁瑞庚认为,案件破获后,被告东港市公安局未按照悬赏广告履行自己的义务,未向原告给付被害人家属奖励的 50 万元。因此原告向丹东市中级人民法院提起诉讼,请求判令被告给付悬赏奖金 50 万元,并赔偿精神损失费 5 万元。

综观原告、被告双方的诉请及抗辩,本案需讨论的争点有二:(1)根据原告所提供的线索,原告能否按照悬赏广告第 1 条获得被害人家属奖励的 50 万元;(2)悬赏广告中第 1 条及第 2 条涉及的奖励能否兼得。

■ 判决要旨

二审判决判令被告东港市公安局将被害人家属交付的人民币 40 万元给付原告鲁瑞庚;驳回原告的其他诉讼请求。

行为人完成了悬赏广告所指定的行为,即对广告人享有报酬请求权。本案悬赏广告是以公安局的名义发布的,但是报酬是被害人家属提供的,悬赏行为实则是被害人家属委托的行为。查家属本意,在于以 50 万元直接奖励能够提供破案线索的举报人,希望能够有助于公安机关迅速破案。被害人家属并未表示可以区分举报人提供线索的不同,给予不同数额的奖励。原告提供线索的行为使公安机关据此及时侦破案件，系完成了悬赏广告（第1条）所指定的行为，因此获得了取得被害人家属所提供的报酬的权利。但悬赏广告是按不同举报的效果，规定以不同的方式给予数额不同的奖励，并未表明同一举报可以兼得其他奖励，故对于重复奖励部分不予支持，东港市公安局只需支付剩余40万元。

■ 评　析

Ⅰ 本判决的思路和意义

本案中，东港市公安局发布的悬赏广告是有效的法律行为，且东港市公安局作为以自己名义发布悬赏广告的主体，同时也是本案适格的当事人。但就悬赏广告中的第1条内容而言，其悬赏给付的报酬是由被害人家属提供的，通告中的悬赏行为，实际上是受被害人家属委托（非代理关系）的。因此，在此类法律行为的解释中，需要参酌被害人家属的真实意思，以确定其法律效果。根据本案被害人家属的本意，应当将50万元直接奖励能够提供破案线索的举报人（本案原告）。但是悬赏广告本身包含针对多种情形的悬赏样态，未表明同一举报可以兼得其他奖励，因此不支持原告关于重复奖励的主张。本案之意义不在于确立悬赏广告作为债之关系发生原因之一的属性，对此自1995年第2期的《最高人民法院公报》发布“李珉诉朱晋华、李绍华悬赏广告酬金纠纷上诉案”以来就已经形成了统一见解；本案的意义毋宁在于对悬赏广告及类似法律行为的解释提供了方案。

Ⅱ 与悬赏广告相关之法律行为的解释的规范及学理

我国司法实践长期将悬赏广告视为合同之一种。除了前述“李珉案”，《民事案件案由规定》（2011年修改）亦将“悬赏广告纠纷”归入“合同纠纷”；与此相应，最高人民法院《关于适用〈中华人民共和国合同法〉若干问题的解释（二）》［法释（2009）5号］第3条亦同此见解。《民法典》第499条在解释上亦采同一立场。民法学说亦认许我国民法秩序对于悬赏广告系采合同行为说之立场［张俊浩主编：《民法学原理》（下），中国政法大学出版社2000年版，第740页；葛云松：《李珉诉朱晋华、李绍华悬赏广告酬金纠纷案评析》，载葛云松：《过渡时代的民法问题研究》，北京大学出版社2008年版；崔建远：《合同法》，北京大学出版社2013年版，第40页；韩世远：《合同法总论》，法律出版社2018年版，第123页］。不过，无论采单方行为说抑或契约说，对于司法实践而言，真正重要的是对悬赏广告的内容进行解释的问题。对此，除了私法中散见的解释规范［如《合同法》第61条第2分句（《民法典》第510条第2分句）、第211条（《民法典第680条，但有所调整》）］之外，原《合同法》第125条对于合同这一法律行为的解释做了集中的规定。此后，作为更一般性的法律行为及意思表示的解释，原《民法总则》第142条区分有相对人（需受领）的意思表示与无相对人（无须受领）的意思表示分别阐明不同的解释目的及解释方法。该条规范最终成为《民法典》第142条之规定内容。

单纯就本案的裁判结论而言，在学理上可以达成共识的是，如果意思表示的表意人及受领人对之有相同的理解，则表示即应当以此种理解适用于当事人之间（［德］卡尔·拉伦茨：

《法学方法论》，陈爱娥译，商务印书馆2003年版，第179页）。就本案而言，原告及被害人家属在事实上即形成了理解上的共识。仅此固然可以了结此案，但未免过于机巧而忽略了本案中更为重要的宏旨。从本案出发所需要关注的是，如果双方当事人对此持不同见解，则意思表示应当依何种法则展开？

法律行为的解释面向十分广泛，若涉及无相对人的意思表示，则侧重于综合考虑文本以及文本以外的各种证据，以探求表意人的主观意思，因为此时不涉及相对人利益保护及其合理期待（李宇：《民法总则要义：规范释论与判解集注》，法律出版社2017年版，第480页；崔建远等：《民法总论》，清华大学出版社2010年版，第87页（韩世远）；[德]卡尔·拉伦茨：《德国民法通论》，王晓晔、邵建东、程建英、谢怀栻译，法律出版社2003年版，第471～472页）。本案涉及的是有相对人的意思表示的解释问题。不过，此类意思表示的解释尚需进一步区分类型：一般情况下，受领人对表示的客观含义的信赖利益需要加以保护；例外情况下，受领人的利益无须或者不值得被保护，如受领人知道或者尽到合理注意之后应当知道表意人真意的情形（[德]汉斯·布洛克斯、沃尔夫·迪特里希·瓦尔克：《德国民法总论》（第33版），张艳译，中国人民大学出版社2012年版，第94～96页）。悬赏广告并非像遗赠等受领人的利益原则上无须加以保护的法律行为。在悬赏广告中，仅仅是广告发布者负有给付义务，而完成约定事务的主体的给付并非基于该悬赏广告中的义务，而是基于自愿。由于发布者酬金的给付在目的上与约定事务之完成相连接，即只有在对方完成其给付的情况下，发布者才进一步完成其给付。因此，行为人固然能够根据悬赏广告取得约定报酬，但是悬赏广告双方当事人对于其中一方报酬之取得并无无偿性合意。不仅行为人完成约定事务与悬赏广告发布者的给付之间存在条件式的连结，而且报酬之取得通常也构成行为人实施约定行为的主观目的。因此，悬赏广告的内容在解释上就应当考虑相对人的利益，通过规范解释，需查明的并非表意人（发布者）的真实意思，而是表示的客观含义，查明在尽到合理注意后意思表示如何被受领人理解，以使受领人能够适应表意人的表示行为所创设的法律状况（朱庆育：《民法总论》，北京大学出版社2016年版，第225页；[德]汉斯·布洛克斯、沃尔夫·迪特里希·瓦尔克：《德国民法总论》（第33版），张艳译，中国人民大学出版社2012年版，第96页；[德]迪特尔·梅迪库斯：《德国民法总论》，邵建东译，法律出版社2001年版，第239页）。其正当性在于，若欠缺其他可查明的解释材料，受领人可以信赖表意人所表示的内容，对受领人的信赖保护优先于表意人的利益就具有合理性。

此外，在有相对人且相对人的利益应当加以考虑的意思表示的解释中，虽然解释结论可能对表意人不利，但是并不能认为在法律行为的解释中存在一般性的不利解释规则或"疑义条款作不利于起草人之解释"。这一规则应仅限于格式条款之解释以及部分商事合同（如保险合同，另见《国际商事合同通则》第4.6条）。当然，在此类意思表示的解释中，考虑到表意人与受领人可能的利益冲突，无论最终形成何种结论，法院原则上都只能在表意人所主张的真意与受领人所主张的尽到合理注意之后的表示的客观含义之间，按照相关条款、行为性质、习惯以及诚实信用原则，根据双方当事人之间（含双方当事人本身）的利益状态，形成判决。本案的简便之处在于，表意人的真实意思与受领人所理解（主张）的解释立场正好保持一致，法院自然可以依此形成判决。

Ⅲ 既往司法实践状况

在本案之前,《最高人民法院公报》(1995 年第 2 期)公布的"李珉诉朱晋华、李绍华悬赏广告酬金纠纷上诉案",一方面承认悬赏广告作为债之关系发生原因之一,另一方面将悬赏广告做契约理解,认为悬赏广告之内容"系向社会不特定人的要约"。本案在此基础上虽然并未明确悬赏广告究竟为单方行为抑或契约,但是承认其创设债之关系的功能则无疑问。

就法律行为的解释而言,对于遗嘱等无相对人的意思表示,法院一向强调被继承人本身意志的决定性,认为"遗产分配优先尊重死者生前的意思表示"[重庆市第五中级人民法院(2016)渝 05 民再 17 号民事判决书],而并不关注规范解释及其方法的运用;有的法院明确指出,"遗嘱是典型的要式行为、死因行为、无相对人的单方法律行为,与合同等双方法律行为存在本质区别,故遗嘱解释不同于一般的合同解释。被继承人立遗嘱的本意是希望其所立的遗嘱能够生效,并能够按照遗嘱人的真意来处理遗产。因此,遗嘱的解释应探寻被继承人的内心真意,力求符合遗嘱愿望,不能仅因遗嘱存在笔误或部分歧义而轻易否定其效力"[广东省广州市中级人民法院(2015)穗中法民一终字第 2958 号民事判决书]。与此不同的是,对于有相对人且相对人的信赖利益需要保护的情形,法院普遍认可规范解释的进路。此种进路的选择具体表现为对文义解释、整体解释、目的解释等方法的运用。例如,就文义解释而言,有的法院认为,"判断当事人真实的意思表示首要方法是判断当事人字面的意思表示。这正所谓合同解释中的文义解释方法,只有在文义解释不能确定该条款的准确含义时,再运用其他解释方法去确定合同条款的含义以及填补合同的漏洞"[最高人民法院(2007)民二终字第 99 号民事裁定书,《最高人民法院公报》2007 年第 12 期]。此外,江苏省徐州市泉山区人民法院(2000)泉经初字第 383 号判决书等也认同之。对于整体解释,有的法院采用联系上下文的方式确定约定的客观可推知的含义[如上海市第一中级人民法院(2014)沪一中民二(民)终字第 2284 号民事判决书]。此外,值得关注的是,原《民法总则》施行之后,法院在第 142 条第 1 款的指引下明确认为,"在意思表示的受领人不享有其他解释资料,即受领人不知表意人的内心真意时,受领人只能从外在表示推知表意人的意思,在受领人尽到合理的交易上注意义务之后,对外在表示客观含义的合理信赖就应当优于表意人的内心真意得到保护"[辽宁省大连市中级人民法院(2019)辽 02 民终 9052 号民事判决书],强调有相对人的意思表示中,受领人视角的规范解释的重要性。

Ⅳ 本判决的参考意义及将来的课题

本案说理部分虽然一再强调被害人近亲属本意的重要性,但这一点决不能理解为对悬赏广告的内容解释中,表意人的真实意思是理解意思表示的最重要因素。如上所述,对于此类法律行为,重要的绝非自然的解释,即探求表意人的真意,而在于厘清受领人视角下此种表示的客观含义。本案所强调的被害人近亲属的本意,其目的毋宁在于,对于处于受托人地位的表意人而言,表意人视角下的法律行为的自然解释结论,需要首先参酌委托人的真实意思。而这一点毋宁是委托合同中受托人服从委托人的指示(《民法典》第 922 条)的法理以及第三人在知悉受托人与委托人关系的情况下,合同关系直接约束委托人与受托人(《民法典》第 925 条)法理的部分体现。本案中,被害人近亲属的意愿与原告一致,法院干脆借坡下驴,就此定分止争。但对于将来案件而言,锚定受领人视角下的规范解释,才是解决此类案件的法律行为解释的最关键步骤。

◻ 参考文献

崔建远等:《民法总论》,清华大学出版社 2010 年版。

李宇:《民法总则要义:规范释论与判解集注》,法律出版社 2017 年版。

陈甦主编:《民法总则评注》,法律出版社 2017 年版。

[德]汉斯·布洛克斯、沃尔夫·迪特里希·瓦尔克:《德国民法总论》(第 33 版),张艳译,中国人民大学出版社 2012 年版。

[德]卡尔·拉伦茨:《法学方法论》,陈爱娥译,商务印书馆 2003 年版。

[德]卡尔·拉伦茨:《法律行为解释之方法:兼论意思表示理论》,范雪飞、吴训祥译,法律出版社 2018 年版。

朱庆育:《意思表示解释理论》,中国政法大学出版社 2004 年版。

056 恶意磋商的认定

陕西咸阳星云机械有限公司与彩虹集团电子股份有限公司缔约过失责任纠纷上诉案 | 最高人民法院(2008)民二终字第8号民事判决书

尚连杰 南京大学法学院

■ 事实概要

2003年7月28日,陕西咸阳星云机械有限公司(以下简称星云公司)作为供方与需方彩虹集团电子股份有限公司(以下简称彩虹公司)所属的彩虹彩色显像管总厂彩管一厂签订37cm、40cm、54cm防爆带组件三个产品的材料、零部件认定协议三份;同年9月18日双方又签订了37cm、54cm L型焊接框架材料、零部件两个产品的认定协议两份。上述5份认定协议约定了5个产品的技术要求、进度安排、价格及付款方式,其中37cm、40cm、54cm防爆带组件的到厂含税价分别为4元/枚、5元/枚、6元/枚;37cm、54cm L型焊接框架的到厂含税价分别为4元/枚、13元/枚。5份认定协议均约定了以下说明事项:(1)根据认定进度要求,由需方通知供方提供认定样品;(2)材料认定中,如出现不合格情况,供方进行改进并重新提供样品,认定进度顺延;(3)供方提供的大批量样品,如需方用于生产,且使用合格,需方可按协议价格付款;(4)"五步认定"合格后,需方向供方出具"认定结论通知书",作为量产供货的依据;(5)其他未尽事宜,另行协商解决。上述协议签订后,星云公司购置设备、模具,按要求组织样品生产。

2004年8月6日,双方当事人就上述5种零部件的试作供应价格调整签订了一份协议,根据国内外特殊钢材市场供需趋势及市场价格大幅上涨的实际情况,双方一致同意对5种零部件的试作期间供应价格做小幅调整,将37cm、54cm L型焊接框架调整为每件4.23元、13.43元,37cm、40cm、54cm防爆带组件调整为每件4.50元、5.20元、6.60元。自2004年8月至2005年年初,星云公司共向彩虹公司提供除40cm防爆带组件外的其他4个认定协议中的零部件180多万枚,彩虹公司向星云公司支付了货款900多万元。

双方于2004年12月、2005年3月完成了37cm L型框架和37cm防爆带组件质量合格的认定后,未能就这两个产品订立正式的供货合同。星云公司证人畅某指出,彩虹公司与星云公司在洽谈中,提出了一个不平等解决问题的要求,要求星云公司产品大幅度降价(约30%),星云公司未予接受。而彩虹公司2005年度报告显示:2005年1季度,国内电视厂商普遍调整了经营策略和彩管库存政策,导致彩管销量短期内急剧下降,彩管库存急剧增加。而彩管价格的大幅走低、部分原料价格上涨更加剧了彩管企业的经营困难。公司通过实施有效的策略，节约挖潜、降低成本，保持了稳定的市场份额。

■ 判决要旨

彩虹公司在价格磋商中是否存在恶意磋商行为是本案审查的关键之所在。星云公司关于彩虹公司构成故意隐瞒与订立合同有关的重要事实或者提供虚假情况的主张，并无事实依据，不予支持。彩虹公司在正式供货合同订立、磋商阶段，根据市场变化提出相应的价格要约，是一种符合市场规律和交易常理的合理磋商行为；而星云公司坚持以认定协议中样品的高价格作为订立正式供货合同的大批量产品价格的磋商行为，却带有无视市场规律，违背公平原则的色彩。对于星云公司进行交易所必须投入的成本和因市场变化而产生的风险损失以及因拒绝接受彩虹公司提出的合理市场价格而停产所产生的扩大损失，应当由星云公司自行负担。对于因星云公司供应的零部件数量超过5份认定协议所规定的数量部分造成其相信彩虹公司会接续接收其供货的重大误解所产生的损失，应当由彩虹公司负担。

■ 评 析

Ⅰ 本判决的思路和意义

本案中，双方的核心争议在于彩虹公司提出降低报价的行为是否构成恶意磋商。对此，最高人民法院持否定态度，认为当产品价格出现市场波动时，出于降低商业风险的考虑，在签订正式供货合同时，要求降低之前认定协议中约定的价格，不构成恶意磋商。本案的特殊之处在于：在正式供货合同订立之前存在5份产品认定协议。对于5份认定协议是否为预约，最高人民法院未明确表态，学理上倾向于持否定态度［孙维飞：《〈合同法〉第42条（缔约过失责任）评注》，载《法学家》2018年第1期］。不过，一审法院陕西省高级人民法院认定协议为当事人设立了磋商义务，以便达成供货合同。因此，该案至少介于普通的缔约过失纠纷与预约纠纷之间。最高人民法院在本案中的态度，对于认定恶意磋商具有重要的指导意义。

Ⅱ 恶意磋商认定的规范及学理

根据《民法典》第500条第1项的规定，假借订立合同，恶意进行磋商，给对方造成损失的，应当承担损害赔偿责任。在一般的交易过程中，谈判不成属于正常现象。因此，原则上应肯定当事人中断磋商的自由，在此原则下认定是否构成恶意磋商［朱广新：《合同法总则》（上册），中国人民大学出版社2018年版，第217～218页］。不过，当违背诚实信用原则终止谈判时，会使对方遭受信赖利益损失。［胡康生主编：《中华人民共和国合同法释义》（第3版），法律出版社2012年版，第81～82页］。此时，应有成立缔约过失责任的可能。《民法典》第500条第1项在文义上包括“恶意开始磋商”和“恶意继续磋商”的含义。除此之外，学理上通常认为还包括恶意终止磋商（韩世远：《合同法总论》，法律出版社2018年版，第162～164页）。由于文义的限制,应将终止(中断)磋商解释为“其他违反诚实信用原则的行为”(叶金强:《论中断磋商的赔偿责任》,载《法学》2010年第3期)。因此,《民法典》第500条第1项和第3项实际上共同构成了恶意磋商的规范体系。在上述三种典型情形之外,其他违反诚实信用原则的磋商行为亦可被认定为恶意磋商。

对于“恶意”,有观点认为必须包括两个方面的内容:一是行为人主观上没有谈判意图,二是行为人主观上具有给对方造成损害的目的和动机[王利明:《合同法研究》(第1卷)(第3版),中国人民大学出版社2015年版,第349页]。不同观点则指出,“恶意”仅指无意缔结合同而与对方进行合同磋商,并不要求行为人具有故意加害的目的(张家勇:《论前合同责任的归责标准》,载《法学家》2014年第1期)。通常而言,证明一方当事人主观上具有恶意通常较为困难,因此学理上有采取“正当理由”的标准,即无正当理由中断磋商,需要承担缔约过失在责任。一般而言,缔约人需求或履约能力发生重大变化、第三人可以提供明显优越的交易条件,中断磋商可能被认为具备正当理由(叶金强:《论中断磋商的赔偿责任》,载《法学》2010年第3期)。中断磋商的赔偿责任问题,涉及信赖保护与合同自由之间的平衡问题。即使产生了合理的信赖,若对方当事人的中断缔约行为存在合理的理由,并不违反诚信,此时不能要求对方承担损害赔偿之责[周江洪:《缔约过程中的磋商义务及其责任》,载《绍兴文理学院学报》(哲学社会科学)2010年第6期]。此外,由于磋商义务在逻辑上属于协力义务,双方均需要遵守诚信磋商义务。如果一方诚信磋商,而对方拒绝作合理让步以致合同无法成立时,不能因此而施加不利于诚信磋商的一方。

从广义上看,预约下的诚信磋商义务也属于缔约过程中磋商义务的范畴。无论基于缔约接触所产生的诚信磋商义务还是预约下的诚信磋商义务,在判断是否因违反磋商义务而构成恶意磋商这一问题上,均可援用前述判断标准。不过,在举证责任方面,理论上倾向于对二者进行区别对待:对于前者,原则上需要由权利人来证明自己存在合理的信赖,同时对方的行为违背诚信;而对于后者,原则上权利人只需要证明对方存在不订立本约的事实即可,由后者来证明自己不订立本约的行为符合诚信原则(陆青:《〈买卖合同司法解释〉第2条评析》,载《法学家》2013年第3期)。

Ⅲ 既往司法实践状况

在本案例公布之前,涉及恶意磋商的案例,法院基本上持否定态度,从而维护缔约自由这一基本价值。例如,在“重庆市城口县岚天乡种植养殖场诉中国农业银行城口县支行缔约过失责任赔偿案”[重庆市高级人民法院(2004)渝高法民终字第57号民事判决书]中,法院认为应从以下几个方面判断是否构成恶意磋商:一是被告是否根本没有与原告缔约合同的意图;二是被告在主观上是否具有损害原告的恶意;三是被告在客观上是否实施了损害原告利益的行为。原告没有充分的证据证明以上几点,被告不构成恶意磋商。再如,在“遵义凯瑞特房地产开发有限公司与遵义市红花岗区长征镇沙坝村村民委员会等联建合同效力纠纷上诉案”[贵州省高级人民法院(2004)黔高民一终字第75号民事判决书]中,法院认为,双方当事人主要是因500万元是在合同订立前交还是订立后交达不成协议,致使合同不能签订。

这是当事人正当行使自由权利的结果,不能据此认定为恶意磋商。当涉及预约时,如在"戴雪飞诉华新公司商品房订购协议定金纠纷案"(《最高人民法院公报》2006年第8期)中,法院虽未就当事人是否构成恶意磋商进行表态,但对于判断标准进行了说明。法院指出,如果双方在公平、诚信原则下继续进行了磋商,只是基于各自的利益考虑,无法就其他条款达成一致的意思表示,致使本约不能订立,则属于不可归责于双方的原因,不在预约合同所指的违约情形内。从中可见,无论是普通的缔约磋商抑或基于预约的磋商,当事人基于自身利益考虑,均有未致合意的较大盖然性,不宜贸然认定为恶意磋商。此外,法院倾向于按照"谁主张,谁举证"原则分配举证责任,由原告证明被告存在恶意。

在本案例公布之后,实践中出现了少量肯定当事人构成恶意磋商的判决。例如,在"索伦(上海)广告有限公司与上海泰盛制浆(集团)有限公司广告合同纠纷案"[上海市长宁区人民法院(2016)沪0105民初25857号民事判决书]中,从双方往来邮件等现有证据材料来看,被告的行为让原告相信合同能成立,原告为此做了必要准备。在原告数次提出要求被告确认总价的情况下被告仍不确认,却不断告知原告项目会执行而要求原告提供设计方案等,可以认定被告的上述缔约行为违反了诚实信用原则,存在过错。此外,在与原告缔约过程中,被告同时还与好几家广告公司进行洽谈,更反映出其主观上的故意程度。在涉及预约尤其是明示拒绝磋商的情形,法院的态度更为明确。在"张励与徐州市同力创展房地产有限公司商品房预售合同纠纷案"(《最高人民法院公报》2012年第11期)中,被告在未取得商品房预售许可时即对尚未开工建设的商品房进行出售违反了有关的法律法规,其行为具有违法性;同时在与原告签订商品房认购单时对于上述情况估计不足,其后又将认购书中列明的房号安置给他人,致使双方失去了进一步协商并签订本约合同的可能性,双方签订的商品房预订单终止履行,对此结果被告应承担相应责任。上述两个案例属于恶意开始磋商或者拒绝磋商,被告存在较强的可归责性,对方的信赖存在合理性,经过综合权衡,应肯定被告构成恶意磋商,承担对信赖损害的赔偿责任。不过,对于就合同部分事项协商无果的情形,法院仍倾向于持保守态度。例如,在"艺龙网信息技术(北京)有限公司与北京趣拿软件科技有限公司合同纠纷案"[北京市高级人民法院(2015)高民(商)终字第1139号民事判决书]中,法院指出,艺龙公司及趣拿公司均有权在国际酒店合作协议的拟定过程中,为维护自身利益,提出佣金、对账、结算方式及流程之外的其他事项。双方对条款存在分歧、最终无法达成一致,亦属协议洽商过程中的正常现象。

Ⅳ 本判决的参考意义及将来的课题

本案中,虽然双方存在先合同协议,但最高人民法院仍倾向于维护缔约自由,认为彩虹公司的行为不构成恶意磋商。由此可见,即使存在缔约接触乃至形成预约,当事人也仍然保有相当的磋商自由度。最高人民法院的这一立场对于判断当事人是否诚信履行磋商义务,具有重要的参考意义。将来值得进一步关注的课题是:在判断是否属于恶意磋商时,除了举证责任之外,磋商义务的来源不同还会产生何种影响。此外,在认定彩虹公司不构成恶意磋商的情况下,可归责性要件并不满足。即使星云公司存在信赖,也无充分理由要求彩虹公司承担部分损失,除非在恶意磋商之外有其他可归责的事由。对此,也有进一步探讨的空间。

□ 参考文献

叶金强:《论中断磋商的赔偿责任》,载《法学》2010 年第 3 期。
周江洪:《缔约过程中的磋商义务及其责任》,载《绍兴文理学院学报》(哲学社会科学)2010 年第 6 期。
胡康生主编:《中华人民共和国合同法释义》(第 3 版),法律出版社 2012 年版。
陆青:《〈买卖合同司法解释〉第 2 条评析》,载《法学家》2013 年第 3 期。
张家勇:《论前合同责任的归责标准》,载《法学家》2014 年第 1 期。
王利明:《合同法研究》(第 1 卷)(第 3 版),中国人民大学出版社 2015 年版。
孙维飞:《〈合同法〉第 42 条(缔约过失责任)评注》,载《法学家》2018 年第 1 期。
韩世远:《合同法总论》(第 4 版),法律出版社 2018 年版。
朱广新:《合同法总则》(上册),中国人民大学出版社 2018 年版。

057 消费者保护法上的告知义务和欺诈认定

张莉诉北京合力华通汽车服务有限公司买卖合同纠纷案 | 最高人民法院第17号指导性案例

陆 青 浙江大学光华法学院

■ 事实概要

2007年2月28日，原告张莉从被告北京合力华通汽车服务有限公司（以下简称合力华通公司）购买上海通用雪佛兰景程轿车一辆，价格13.8万元，双方签有《汽车销售合同》。该合同第7条约定："……卖方保证买方所购车辆为新车，在交付之前已作了必要的检验和清洁，车辆路程表的公里数为18公里且符合卖方提供给买方的随车交付文件中所列的各项规格和指标……"合同签订当日，张莉向合力华通公司交付了购车款13.8万元，同时支付了车辆购置税1.24万元、一条龙服务费500元、保险费6060元。同日，合力华通公司将雪佛兰景程轿车一辆交付张莉，张莉为该车办理了机动车登记手续。2007年5月13日，张莉在将车辆送合力华通公司保养时，发现该车曾于2007年1月17日进行过维修。

审理中，合力华通公司表示张莉所购车辆确曾在运输途中划伤，于2007年1月17日进行过维修，维修项目包括右前叶子板喷漆、右前门喷漆等多项内容。送修人系该公司业务员。合力华通公司称，对于车辆曾进行维修之事已在销售时明确告知张莉，并据此予以较大幅度优惠，该车销售定价应为15.19万元，经协商后该车实际销售价格为13.8万元，还赠送了部分装饰。为证明上述事实，合力华通公司提供了车辆维修记录及有张莉签字的日期为2007年2月28日的车辆交接验收单一份，在车辆交接验收单备注一栏中注有"加1/4油，此车右侧有钣喷修复，按约定价格销售"。合力华通公司表示该验收单系该公司保存，张莉手中并无此单。对于合力华通公司提供的上述两份证据，张莉表示对于车辆维修记录没有异议，车辆交接验收单中的签字确系其所签，但合力华通公司在销售时并未告知车辆曾有维修，其在签字时备注一栏中没有"此车右侧有钣喷修复，按约定价格销售"字样。

■ 判决要旨

为家庭生活消费需要购买汽车，发生欺诈纠纷的，可以按照《消费者权益保护法》处理。汽车销售者承诺向消费者出售没有使用或维修过的新车，消费者购买后发现系使用或维修过的汽车，销售者不能证明已履行告知义务且得到消费者认可的，构成销售欺诈，消费者要求销售者按照消费者权益保护法赔偿损失的，人民法院应予支持。

■ 评　析

Ⅰ 本判决的思路和意义

本案中,张莉向被告提出两项核心主张:一是撤销合同及返还钱款;二是损害赔偿,包括双倍的惩罚性赔偿。这些主张均得到了法院的支持。裁判要旨除明确为家庭生活需要购买汽车属于消费者保护法的调整范围外,还肯定了销售者"不能证明已履行告知义务(本案中未告知该车并非合同约定的新车,而是已经过维修的车辆)且得到消费者认可的"情况构成欺诈,买受人有权撤销合同,并同时主张《消费者权益保护法》上的惩罚性赔偿。本案作为指导性案例公布于《消费者权益保护法》修正(2013 年 10 月 25 日)后仅 10 余天,对于明确消费者保护法上的告知义务,以及因未尽到告知义务构成欺诈情形下惩罚性赔偿规则的适用问题具有重要的实践指导意义。

Ⅱ 消费者保护法上告知义务和欺诈认定的规范及学理

本案主要涉及合同法和消费者保护法之间的规范互动关系,而其核心在于明确当事人"该告知未告知"的情况下,究竟承担何种责任。

在合同法上,告知义务随着合同缔结、履行和终止三阶段,分别涉及《民法典》第 500 条(尤其是第 2 项"故意隐瞒与订立合同有关的重要事实或者提供虚假情况")、《民法典》第 509 条(诚信原则下的通知等义务)和《民法典》第 558 条(债务终止后的通知等义务)的规定。合同缔约阶段"该告知未告知"可能构成缔约过失责任(《民法典》第 500 条);合同履行和终止阶段"该告知未告知"则可能构成违约责任(《民法典》第 577 条)(有学者批评后合同义务的概念,见李宇:《后合同义务之检讨》,载《中外法学》2019 年第 5 期)。违反告知义务可能构成民法上的"沉默型欺诈"(《民通意见》第 68 条),构成欺诈的,法律行为可以被撤销(原《合同法》第 54 条,《民法总则》第 148 条和第 149 条,《民法典》第 148 条和第 149 条)。在缔约阶段,若一方当事人故意隐瞒交易的重要信息,常常既构成欺诈,也符合《民法典》第 500 条第 2 项的规定,构成缔约过失责任。"欺诈制度主要解决因此所为意思表示的效力问题,而《合同法》第 42 条第 2 项的目的则在于对因此而遭受损害之人提供救济手段,二者目的有别,并行不悖"[韩世远:《合同法总论》(第 4 版),法律出版社 2018 年版,第 167 页]。

关于"该告知未告知",《消费者权益保护法》因重点解决消费者的信息不对称问题,对告知义务的规范内容更为具体、详细和有针对性,如第 8 条中规定,根据商品或者服务的不同情况,商品的价格、产地、生产者、用途、性能等诸多信息都属于法定告知义务范畴。第 20 条规定了真实、全面的告知义务。但在违反这些告知义务的救济上,除了惩罚性赔偿外,《消费者权益保护法》并没有作太多具体规定,只能转而寻求传统的民法救济。

关于惩罚性赔偿,原《合同法》第 113 条第 2 款规定"经营者对消费者提供商品或者服务有欺诈行为的,依照《中华人民共和国消费者权益保护法》的规定承担损害赔偿责任"(《民法典》中对应条文第 584 条无该款规定)。《民法典》第 179 条第 2 款规定"法律规定惩罚性赔偿的,依照其规定"。《消费者权益保护法》第 55 条修改了之前第 49 条的规定(本案适用修正前的规定），区分两款，分别规定欺诈行为的惩罚性赔偿和缺陷产品造成消费者死亡或健康严重损害时的惩罚性赔偿。就惩罚性赔偿的适用，早期有观点认为，“消费者请求双倍赔偿，必须是在合同责任存在的情形下提出。合同不存在，也就谈不上合同责任的适用；惩罚性赔偿也就成了无本之木、无源之水”（王利明：《惩罚性赔偿研究》，载《中国社会科学》2000年第4期）。但相反观点认为，惩罚性赔偿“以其法定性而具有独立性，无论合同如何终了，均不影响其特殊的性质”（韩世远：《合同法总论》，法律出版社2018年版，第916页）。当然，消费者若不如本案那样主张撤销合同，而是以产品存在瑕疵而主张违约解除，则涉及缔约过失责任和瑕疵担保责任竞合的问题，同样不应妨碍惩罚性赔偿的适用。

对于第55条中“欺诈行为”的理解，一种观点认为，消费者保护法上关于欺诈行为的规定，目的在于惩罚经营者的行为，因此作出惩罚性赔偿的规定，本身并不关注合同效力以及对方是否因此做出错误的意思表示，在构成要件上应该与合同法上的欺诈区别开来（孙玉荣：《民法上的欺诈与〈消费者权益保护法〉第49条之适用》，载《法律适用》2005年第4期；董文军：《论我国〈消费者权益保护法〉中的惩罚性赔偿》，载《当代法学》2006年第2期）。另一种观点则认为，消费者合同本身是一种平等主体之间的民事合同，基于一般法和特别法的关系，在特别法，即《消费者权益保护法》本身并未就欺诈作出明确界定的情况下，自然应该适用民法上关于欺诈的一般规定，即要认定欺诈必须具备四个条件：一是欺诈人有欺诈的故意；二是欺诈人实施了欺诈行为；三是被欺诈人因欺诈而陷入错误判断；四是被欺诈人基于错误判断而为的意思表示。另外，对于欺诈人故意要件的认定，梁慧星教授认为：“依据消法对消费者特殊保护的立法目的及参考发达国家法院的经验，应当采用举证责任转换的法技术。即不要求消费者举证证明经营者具有‘故意’，而是要求经营者就自己不具有‘故意’举证”[梁慧星：《消费者权益保护法第49条的解释与适用》，载《人民法院报》2001年3月29日，第3版；韩世远：《合同法总论》（第4版），法律出版社2018年版，第912页]。

Ⅲ 既有司法实践状况

在本指导性案例公布之前，实践中关于经营者未尽到告知义务是否构成欺诈，并可主张惩罚性赔偿存在诸多争议判决，如“陆某与北京国服信奥兴汽车有限公司买卖合同纠纷上诉案”[北京市第一中级人民法院（2012）民终字第15352号民事判决书]中，法院认为涉案车辆的车钥匙上已标明事故情况，国服信公司未主动将记有车辆划伤的标签去除，陆某将车辆开回后即依据车钥匙上的标签发现问题，国服信公司的上述行为与故意隐瞒的表现不符，故不能认定国服信公司具备欺诈的主观故意。

在本指导案例公布以前，就消费者保护法上的告知义务和欺诈认定，最高人民法院曾公布两个重要案例：“张志强诉徐州苏宁电器有限公司侵犯消费者权益纠纷案”（《最高人民法院公报》2006年第10期，该案裁判摘要为“商品经营者为消费者提供商品或服务时，应当遵循诚实信用原则，消费者亦有权知悉其所购买、使用的商品或接受的服务的真实情况。在侵犯消费者权益纠纷案件中，消费者主张商品经营者提供的商品存在品质问题，并提供了相应证据的，商品经营者如主张该商品不存在品质问题，应对其主张承担举证责任。”）和“孙银山诉南京欧尚超市有限公司江宁店买卖合同纠纷案”(第23号指导性案例,该案裁判摘要为:“消费者购买到不符合食品安全标准的食品,要求销售者或者生产者依照食品安全法规定支付价款十倍赔偿金或者依照法律规定的其他赔偿标准赔偿的,不论其购买时是否明知食品不符合安全标准,人民法院都应予支持。”)前案中,法院认为消费者应就欺诈成立承担举证责任,但又以经营者“应当明知”一些事项(新机器应当附有随机单证)而不提供认为构成欺诈。该案提炼的“裁判摘要”只字未提实际影响判决结果的欺诈认定上的举证问题,可谓颇有深意;后案裁判摘要容易被解读为消费者“知假买假”的情况下一律允许惩罚性赔偿。但该案针对的是食品安全问题,存在《食品安全法》惩罚性赔偿的特别规定,并未强调经营者应存在欺诈,故该案对解决消费者保护法上的欺诈认定和惩罚性赔偿制度的适用问题意义有限。

本指导案例对实践产生重要影响。在“邓美华诉上海永达鑫悦汽车销售服务有限公司买卖合同纠纷案”(《最高人民法院公报》2018年第11期)中,法院认为,“汽车经销商对于车辆后保险杠外观瑕疵予以‘拆装后保、后保整喷’的维修超出了车辆售前正常维护和PDI质量检测的范围,经销商对此未履行告知义务的,侵犯了消费者的知情权、选择权,使其陷入错误认识,属于故意隐瞒真实情况,构成消费欺诈。消费者要求经销商按照消费者权益保护法赔偿损失的,经销商应承担车辆三倍价款的惩罚性赔偿责任”。该案在说理部分中明确提到了本指导案例。当然,实践中对宽泛认定欺诈也有反思,如“李娜与丁清服务合同纠纷上诉案”[扬州市中级人民法院(2015)民终字第00231号民事判决书]裁判要旨认为,“经营者的服务欺诈行为大多以虚假宣传的方式实施,但并非所有虚假宣传均应被认定为欺诈行为。从体系解释和法意解释的角度区分虚假宣传和欺诈,有助于准确适用新消费者权益保护法第五十五条之规定。具体而言,审判中认定经营者欺诈时应采四要件说,审查经营者有无故意、欺诈行为、消费者陷入错误认识的后果以及因果关系,并结合虚假宣传的内容是否构成要约、不实信息是否针对合同重要条款以及致使消费者被误导的可能性和客观事实等进行综合判断”。在“陈傅叶与海南联合皇冠汽车服务有限公司买卖合同纠纷上诉案”[海口市中级人民法院(2017)琼01民终2591号民事判决书]中,法院认为“联合皇冠公司在将涉案车辆出售给陈傅叶时虽未告知右后门已更换的事实,但从联合皇冠公司之后的一系列行为来看,联合皇冠公司提出因内部沟通问题及工作疏忽,导致将更换过车门的车辆交付给陈傅叶,联合皇冠公司的行为不是欺诈行为的辩解意见符合客观实际,本院予以采信”。显然,未尽告知义务可能会侵犯消费者的知情权、选择权,但这种未尽告知义务是否能构成“故意隐瞒真实情况”的消费欺诈,依然需要结合案件事实进行审慎认定。

Ⅳ 本判决的参考意义及将来的课题

本指导案例旨在明确个人为生活消费需要购买家用汽车的,其权益应受《消费者权益保护法》的保护。销售者出售汽车有欺诈行为的,消费者有权依法要求增加赔偿其受到的损失。但作为指导性案例,要发挥法律适用上的指导功能,本案依然遗留下不少问题有待澄清。在实体法上,考虑到针对意思表示瑕疵的撤销制度和针对消费者保护的惩罚性赔偿制度的功能差异,消费者保护法上的“欺诈”认定是否应与民法上的欺诈认定相一致,依然存在争议的空间;在程序法上,就经营者是否尽到必要的瑕疵告知义务,是否存在欺诈的故意,举证责任如何分配,本案并不能给出清晰的指引。很显然,经营者"该告知未告知"可能妨碍到消费者的知情权,但从"该告知未告知"的事实走向欺诈认定成立,中间还存在很多论证环节。本案裁判摘要关于"销售者不能证明已履行告知义务且得到消费者认可的,构成销售欺诈"的论述,缺少了对中间这些论证环节的分析,略显不够严谨。

▣ 参考文献

李宇:《后合同义务之检讨》,载《中外法学》2019 年第 5 期。
韩世远:《合同法总论》(第 4 版),法律出版社 2018 年版。
孙玉荣:《民法上的欺诈与〈消费者权益保护法〉第 49 条之适用》,载《法律适用》2005 年第 4 期。
董文军:《论我国〈消费者权益保护法〉中的惩罚性赔偿》,载《当代法学》2006 年第 2 期。
梁慧星:《消费者权益保护法第 49 条的解释与适用》,载《人民法院报》2001 年 3 月 29 日,第 3 版。
王利明:《惩罚性赔偿研究》,载《中国社会科学》2000 年第 4 期。

058 报批义务违反之损害赔偿规则

深圳市标榜投资发展有限公司与鞍山市财政局股权转让纠纷案 |
《最高人民法院公报》2017 年第 12 期

汤文平 暨南大学法学院

■ 事实概要

2011 年 11 月 29 日，鞍山财政局委托沈阳联合产权交易所（以下简称沈交所）将标的资产（鞍山银行国有股权）出让信息挂牌公布出售。2012 年 2 月 24 日，标榜公司向财政局交纳保证金 1350 元。2012 年 3 月 30 日，标榜公司向沈交所交纳保证金 1350 元。2012 年 4 月 17 日，摘牌企业标榜公司与财政局签订《股份转让合同书》，约定以每股 2 元收购财政局所持 22, 500 股目标股份。合同同时约定本次转让应上报有权机关审批，在股份交割完毕之后 5 年内，买方不得出售股份。2013 年 3 月 25 日，鞍山市 × ×委作出《关于终止鞍山银行国有股权受让的函》，函告摘牌企业，银监部门向市政府称认为摘牌企业等四户企业存在关联交易，不会通过审批，市政府责成其函告终止转让。标榜公司回应要求市 × ×委要么继续履行股权转让合同，要么提供银监局的正式通知。2013 年 3 月 26 日，中国银行业监督管理委员会辽宁监管局作出《行政许可事项不予受理通知书》，告知鞍山银行，因该行于补正通知发出之日起 3 个月内未能提交补正申请材料，有关股权转让行政许可事项不予以受理。2013 年 5 月 2 日市 × ×委回应标榜公司将按法定程序专项审计，然后再逐级报送审定。2013 年 6 月 6 日，财政局函告沈交所，终止鞍山银行国有股权转让，其中宣称资产评估报告表明每股评估值为 2. 52 元，根据财金（2011）118 号文第 44 条的规定终止产权交易。2013 年 6 月 17 日，鞍山鑫鑫会计师事务所审计报告称：因标榜公司报送材料原因，无法判断是否有足够自有资金进行股份收购，无法判断是否存在影响收购的关联关系，无法判断该公司是否属于非限制性行业，是否可以入股城商行。2013 年 10 月 16 日，财政局应标榜公司通知要求返还交易保证金。2013 年 12 月 31 日，财政局在北京金融资产交易所将上述股权重新挂牌转让，并于 2014 年 7 月 24 日，以每股 2. 5 元转让给了中国华阳投资有限公司。标榜公司诉请赔偿各种交易费用（原本 20 万元）及保证金利息损失约 190 万元，可得利益损失 11, 250 万元（后一交易所带来的差价）。一审法院（辽宁高院）仅支持第一项诉求，故标榜公司就第二项诉求上诉至最高人民法院。

■ 判决要旨

二审法院判令财政局按前述差价之10%即1125万元赔偿标榜公司损失。

因财政局未按照有权机关要求补充报送相关材料,关于标榜公司等存在关联关系导致其不具有受让涉案股权资格的抗辩又证据不足,故财政局存在缔约过失。标榜公司因财政局的不诚信行为存在客观现实的交易机会损失。本案中,标榜公司未实际支付对价,且即使标榜公司实际取得涉案股权,因双方合同对股权再转让有期限限制的约定,故约定期限届满之后,涉案股权价值是涨是跌,尚不确定。另外,标榜公司虽丧失购买涉案股权的交易机会,但并不妨碍其之后将资金另行投资其他项目获得收益。综上所述,对标榜公司交易机会损失,本院酌定按财政局转售涉案股权价差的10%予以确定。

■ 评 析

Ⅰ 本判决的思路和意义

最高人民法院在本案中就国有股份转让合同报批义务违反认定了缔约过失责任,并进一步通过交易机会损失引向履行利益损害赔偿,但又仅支持了其中10%的诉求。虽然在论证上还没有充分展开,但是已足能折射出其间利益冲突和价值裁断的复杂性,对法教义学的未来建构及司法实务进一步发展颇具启发价值。

Ⅱ 报批义务违反之损害赔偿的规范及学理

本案涉及的国有银行股份转让审批之依据主要是国务院办公厅《关于加强国有企业产权交易管理的通知》第2条、财政部《金融企业国有资产转让管理办法》第7条、《商业银行法》第28条,但是它们都没有回答报批义务违反责任究竟是缔约过失责任还是违约责任。对此长期存在分歧。2010年最高人民法院《关于审理外商投资企业纠纷案件若干问题的规定(一)》[法释(2010)9号]第5、6条,是针对上列问题所作的较新规定,两个条文就报批义务违反给出的救济方案大相径庭。前者为催告后解除合同、返还已支付转让款、赔偿“实际损失”。在解释上,按照参与制定该司法解释的法官的说法,此处的“实际损失”乃信赖利益损失,此处的责任是缔约过失责任。后者却采取了两次诉讼的构造模式:第一次诉讼请求实际履行报批义务,第二次诉讼请求解除合同并赔偿损失。据称,此处赔偿的是履行利益损失,其责任为违约责任[万鄂湘主编:《最高人民法院〈关于审理外商投资企业纠纷案件若干问题的规定(一)〉条文理解与适用》,中国法制出版社2011年版,第76、88页]。

此前在这一问题上与该两条文联系最为直接的是2009年出台的最高人民法院《关于适用〈中华人民共和国合同法〉若干问题的解释(二)》[法释(2009)5号]第8条。该条通过征引原《合同法》第42条第3项(《民法典》第500条第3项),将报批义务违反的后果系于缔约过失,但是又规定了判由权利人代为申请的“间接强制履行”,与通说的缔约过失救济方式明显不符,在损害赔偿方面,该条指向的“实际损失”究竟何指也语焉不详。

为了避开上述难题,有学说建议干脆将批准程序系于履行行为,从而使基础合同的效力从批准的阴影之下彻底解放出来(蔡立东:《行政审批与权利转让合同的效力》,载《中国法学》2013 年第 1 期;吴光荣:《行政审批对合同效力的影响:理论与实践》,载《法学家》2013 年第 1 期)。随着社会经济的发展变迁以及政府职能的转变,的确某些(甚或一大批)需要批准生效的合同将只需履行环节的批准,甚至无待批准。但是批准生效合同作为一个整体制度几乎不可能消亡,前述难题无法借批准后置而毕其功于一役,仍须直面。解决这一难题的合适方法,还是得依靠如下关键性因素之间的权衡。

1. 批准要求背后的政策考量

设置批准要求的政策考量可能包括:审查受让人信用、资质、避免非合资化、国家安全、国资保护、防止竞争限制等。还可能随着社会发展和制度变迁,而有更替。获批可能性上的极大差异对实际履行报批义务及损害赔偿均将构成影响。就实际履行报批义务来说,如果本来就极难获得批准,而且只能由转让方或作为第三方的目标企业提出申请,那么法释[2009]5 号文第 8 条及法释[2010]9 号文第 6 条设置的"由相对方自己办理"可能丧失意义。而对判由义务人办理报批的强制执行,或会涉及"报批拟制",即以生效判决代替义务人意思地作出,这在上述情形下也将丧失意义。对于损害赔偿而言,审批获得的可能性直接关系到机会损失的计算。本案中,显然无论怎样补充材料,都因国有股份大幅增值而不可能获得批准。

2. 信赖保护

首先应该关注信赖的"标的"是什么。例如,信赖此合同无须审批即可生效(实际须审批)、信赖对方有能力组织报批(实际须由第三人报批且对方不能控制)、信赖一报批必获批准(实际获准无望)、信赖对方必定报批(实际对方也没有意识到有什么报批"义务"存在)。其次应关注信赖因何而起。例如,因对方的恶意欺诈、无意间的在先行为或信赖人自己的错误认识而生信赖。最后应关注基于信赖发生怎样的费用,有何投资。例如,在本案中,二审法院即强调了受让方仅支付保证金,还没有实际进入对价给付。但是在另一方面,整个交易经历了完整的挂牌竞价程序,又加强了信赖的正当性。

3. 缔约自由的保护

因为这种法定的生效条件对合同生效造成阻碍,不仅在客观上使合同实质性缔约过程往后推延了,也在主观上对当事人的心理造成影响。这两种主客观的变异对当事人之间的利益衡量都有深意。

首先,在客观上的缔约程序推延,使成立前与成立后某些类似的因素具有了可比性。同是批准,或许有董事会[《外商投资企业投资者股权变更的若干规定》(依商务部令 2019 年第 3 号已废止该规章)第 9 条]、股东会(《公司法》第 104 条)、其他股东(《公司法》第 71 条第 2 款),本案所涉机关批准是针对国资的主管部门或政府的批准,实与股东会异曲同工。在前述大多数审批场合,"义务人"若不提请批准,合同未成立,一般并无责任,而仅在满足特殊要件时,始有保护信赖的必要。那么拒不提请机关审批是否可以理解为——只是提升了保护对方信赖的规格,即使信赖责任的构成较为容易而已呢?

其次,在客观上的缔约程序推延使初始情事发生变化的概率增加。这即使是在合同有效成立之后的场合也是有意义的，继续性合同即有重大事由之终止权的便宜，至于情势变更则更堪称法律对当事人有限想象力的豁免。这对于推延的缔约过程绝对是有深意的，就此可以从预约理论的晚近发展得到强有力的印证。这当然不是典型的情势变更之适用情形，而是在评价上的参照。结论应该是，无论是预约还是批准生效合同，在“情势变更”的规格认定上都应比真正的情势变更原则要宽松，在效果上也应更进一步有利于义务人，因为这毕竟还没有“抵达”生效的“最终合同”的阶段。

批准设置在主观上对当事人心理造成的影响可以归结为一个对“守约方”的质疑：你在进入这个有待批准的合同时是否也意味着承担了某种风险？这道疑问可能会提高对“守约方”自担风险或先期分散风险的期待，在反面也就降低了对“违约方”的要求。二审判决虽一方面谴责出让方“违反诚实信用”，另一方面却又维护了其90%的增值收益，这种风险分配也是潜台词之一。

Ⅲ 既有司法实践状况

相对于前述抽象规则的纠结烦琐，裁判立场的嬗变似乎就要“简易”很多。在很长一段时期里，法院认为合同既“未生效”[最高人民法院《关于适用〈中华人民共和国合同法〉若干问题的解释(一)》第9条，法释(1999)19号]，也就没有可供执行的报批义务，往往径直判决原告败诉。但在很多个案中，这一方案的确经不起诚实信用及公平原则的检验。2010年第8期《最高人民法院公报》推出的“再审申请人广东省中大中鑫投资策划有限公司股权转让纠纷一案民事再审裁定书”可以视为裁判立场的一次转折，在该案再审裁定中，最高人民法院区分了未生效与无效，认为未经批准不影响报批义务的效力，且报批义务人拒绝报批的行为有违诚实信用原则，最后要求其履行报批义务，并承担违约赔偿之责。结合上文评价框架，一定会重点考虑“中鑫公司案”外商投资企业股权受让方为转让方垫付目标股权拍卖价款的约定、受让方实际履行了该垫付义务、其他合作出资方及目标企业均确认可获批准且愿配合报批等特殊情事。该案预示了人民法院就外商投资企业股权转让审批控制有放松的态势。2012年第3期《最高人民法院公报》推出的“陈允斗与宽甸满族自治县虎山镇老边墙村民委员会采矿权转让合同纠纷案”则预示了就矿业权审批控制放松的态势。该案之后，尽管《探矿权采矿权转让管理办法》第10条第3款审批生效的规定未动，最高人民法院《关于审理矿业权纠纷案件适用法律若干问题的解释》[法释(2017)12号]第6条却已倾向于将审批系于履行。但是这些“简易”的个案裁判并没有解决所有难题，本案所涉国资收购即是。例如，广受关注的所谓史上最大股权收购案——“陈发树与云南红塔集团有限公司股权转让纠纷”(以下简称“红塔集团案”)，2014年及2015年相继经最高人民法院二审及再审，涉案标的云南白药股份受让方主张的缔约过失赔偿没有被支持。受让方从出让方云南红塔集团处拿到协议文本，“十分钟”就决定签约，并一次性付清了逾22亿元对价，其后股价迭涨已达64.6亿元。但因中国烟草集团不同意批准此次转让，受让方未能取得股权。云南省高级人民法院及最高人民法院三次裁判背后的评价，似也有借国资转让批准程序贬抑受让方率尔“信赖”之意。本案作为公报案例推出，至少在政策考量上，呈现了与上述“红塔集团案”略有不同的走向。

Ⅳ 本判决的参考意义及将来的课题

本案与前引“红塔集团案”都是国有股份转让合同成立后批准生效前发现股份价值大涨，实际上也不可能被批准按原价转让。本案受让人仅支付了保证金，“红塔集团案”中的受让人则已迅即支付全款。但是本案被法院支持了10%的期待利益诉求，“红塔集团案”在期待利益上无收获，这本身说明了最高人民法院在时隔两年之后，更重视国资转让中的受让人信赖保护。当然，两个典型案例还可以挖掘其他不同点，如本案判决书详细交代了挂牌交易过程，而“红塔集团案”判决书仅提及2009年9月10日缔约内容；等等。研判司法实践中发展的不同态势，分析该公报案例将对国资转让带来的影响究竟如何，值得继续关注。另外，《民法典》第502条就未履行报批义务的责任问题专门作了规定。即“应当办理申请批准等手续的当事人未履行义务的，对方可以请求其承担违反该义务的责任”。该规定是否会对报批义务违反的损害赔偿规则构成根本影响，还有待今后实践中进一步观察。

□ 参考文献

汤文平：《批准生效合同报批义务违反、请求权方法与评价法学》，载《法学研究》2014年第1期。

汤文平：《德国法上的批准生效合同研究》，载《清华法学》2010年第6期。

汤文平：《批准（登记）生效合同、“申请义务”与“缔约过失”：〈合同法解释（二）〉第8条评注》，载《中外法学》2011年第2期。

蔡立东：《行政审批与权利转让合同的效力》，载《中国法学》2013年第1期。

吴光荣：《行政审批对合同效力的影响：理论与实践》，载《法学家》2013年第1期。

059 约定不明的多数人债务的推定规则

王勇与艾国保、霍建明买卖合同纠纷案 | 内蒙古自治区呼伦贝尔市中级人民法院(2014)呼民终字第436号民事判决书

齐　云 厦门大学法学院

■ 事实概要

2012年4月29日,艾国保及霍建明二人共同到王勇经营的博世农物流化肥经销处签订买卖化肥的销售合同,甲方为王勇,乙方为艾国保、霍建明,同时,李文建作为该合同的保证人在合同上签字确认。该销售合同约定,乙方向甲方购买复合肥60吨,每吨按1800元价格结算,共计108,000元,自双方合同签订之日起,乙方向甲方支付全部货款,如有赊欠,在2012年10月1日前结清。如果乙方还不上欠款,由担保人负责返还。后来艾国保及霍建明到期未付二者共同赊欠的化肥款10万元,王勇于2014年7月14日起诉三人要求他们承担连带给付责任。一审中,霍建明不知所踪,王勇遂撤回对霍建明的诉讼请求。一审判决艾国保应承担10万元的还款责任,李文建因保证期间已过不承担责任。艾国保提起上诉。

■ 判决要旨

驳回上诉,维持原判。

二审法院认为,此案争议焦点为艾国保和霍建明是否具有"共同履行"销售合同所涉及的10万元化肥欠款的合同义务。该销售合同中甲方为王勇,乙方为艾国保和霍建明,而该合同第3条结算方式第(1)项约定:"双方自合同签订之日起,乙方向甲方支付全部货款,如有赊欠,每吨按1800元结算,欠款10万元秋后再付。"该合同亦未有艾国保和霍建明按份偿还化肥欠款的约定,故该合同之债的标的,即化肥欠款10万元,系不可分之债,二人共同负有清偿化肥欠款10万元的义务,债权人王勇可以要求其中任一债务人履行全部债务,王勇在一审中撤回对霍建明的起诉系依法处分自己的权利,一审法院准许其撤回对霍建明的起诉并无不当,故而,依原《民法通则》第87条,艾国保应承担10万元还款责任。

■ 评　析

Ⅰ 本判决的思路和意义

本案中,最核心的问题是,数个债务人对同一债务负有履行义务的,若没有明确约定其债务形式,数个债务人应如何向债权人承担责任,此时数个债务人构成什么性质的多数人

之债？这就涉及约定不明的多数债务人的默认推定规则。本案二审法院认为，两个买受人负有共同履行10万元还款的义务，此时构成一种不可分之债，那么它是以何种标准来判定债之可分与否的？与此同时，因为我国立法并未规定不可分之债，该判决援引的法条是关于连带之债的原《民法通则》第87条，那么不可分之债是一种连带之债吗？综上所述，本案在立法和理论的层面提出了以下三个尚待明确的问题：第一，如何判断债之可分与否；第二，不可分之债与连带之债的关系如何界定；第三，约定不明的多数债务人的推定规则。此案例的研究可以明晰我国在多数人之债领域一些理论及立法上的难点。

Ⅱ 约定不明的多数债务人推定规则的规范及学理

我国在立法层面关于多数人之债只规定了按份之债和连带之债，体现为原《民法通则》第86条和第87条。另外，原《侵权责任法》第13条和第14条规定了连带责任，《民法典》不仅在总则编第177条和第178条分别规定了按份责任和连带责任，还在合同编第517～521条进一步规定了按份之债和连带之债。简言之，目前我国在多数人之债的类型上只规定了按份之债和连带之债。

二审法院在我国立法中并无"不可分之债"规定的背景下仍然将案涉债务定性为"不可分之债"，可能的原因在于，我国学者多认为应回归传统大陆法系的做法并在立法上完善我国多数人之债的基本类型。即在按份之债和连带之债的基础上，至少还应增加可分之债与不可分之债这一债的分类（张玉敏：《论我国多数人之债制度的完善》，载《现代法学》1999年第4期）。

那么，如何判定一个债是可分之债还是不可分之债呢？其标准是：给付的可分与否。换句话说，所谓的不可分之债，是指给付不可分的多数人之债（齐云：《不可分之债研究》，法律出版社2013年版，第158～160页）。而给付的可分与否，要从"整体观念"和"整体价值"为视角出发，观察给付被实际分割履行能否维持其原功能并保持其原价值，若可以，则为可分给付，否则为不可分给付。比如，甲乙二人共同承诺交付梵高的真迹《星夜》给丙，此时给付不可分割履行，否则就会损害此画的价值，故此债为不可分债务；与之相对，若甲乙二人承诺共同交付100公斤黄金给丙，此债即为可分债务，因为分割履行不会损害黄金原来的功能和价值。另外，"给付不可分"还可以分为性质不可分和约定不可分，前者是指给付本身客观上是不可分的；后者是指给付本身客观上是可分的，但是基于当事人的主观约定而成为不可分。对此，《意大利民法典》第1316条规定："当给付以物或行为为标的，并且依其性质或者依缔约当事人确定的方式不能分割的，债即为不可分。"就本案来说，在化肥销售合同中明确约定乙方应向甲方支付全部货款，而该合同的甲方为王勇，乙方为艾国保、霍建明二人，通过"文义解释"可知：艾国保和霍建明两人负有向王勇偿付10万元化肥款的义务，那么，此时到底是可分债务，还是不可分债务呢？

对此问题，一审法院认为，艾国保和霍建明"共同赊欠"王勇化肥款未还，依原《民法通则》第87条和原《侵权责任法》第13条，各债务人对"共同债务"依法应承担连带责任。可以看出，一审法院使用了"共同债务"这一概念，但没有明确所谓的"共同债务"到底是什么性质，而且最终适用的是关于连带债务的法条。二审法院认为，该销售合同明确约定乙方（艾国保和霍建明）应向甲方（王勇）支付全部货款，而且该销售合同亦未有二人“按份偿还”化肥欠款的约定，故该合同之债的标的，即化肥欠款10万元，系不可分之债，二人共同负有清偿化肥欠款10万元的义务。二审法院关于该债务的定性，值得商榷。依据前述给付可分与否的判断标准来看，本案为金钱之债，金钱之债的给付总是可分的，比如，假设霍建明偿还3万元，艾国保偿还7万元，最终王勇获得10万元，可见分割履行并不会影响王勇最终获得的价金总数，因此，该债务属于可分债务。

那么，为什么二审法院会将此债务定性为不可分债务并适用关于连带债务的规定呢？这可能是因为在我国多数人之债立法不完善的情况下二审法院有如下困境和考虑：首先，依原《民法通则》第87条，连带之债的形成需要“依照法律的规定或当事人的约定”，而本案中两个买受人并没有明确约定连带负责，我国也缺乏在约定不明时一般性推定为连带债务的规则，所以，本案中无法认定两个买受人构成连带债务。其次，虽然我国现行立法并没有规定不可分债务，但从比较法角度来看，其“整体履行”的效果与连带债务具有相似性（比如，《巴西新民法典》第259条规定：“如有两个以上的债务人且给付不可分，他们每个都对整个债务承担责任。”），这样，二审法院为了让每个买受人对10万元化肥款都有“整体履行”的义务，先将此债定性为不可分债务，再将不可分债务“参照”适用连带债务的规定，从而达到了其意图的目的。

然而，需明确的是，虽然在“整体履行”上，连带之债与不可分之债存在一定的相似性，但二者整体履行的原因和功能完全不同，不能混淆，更不能以连带之债取代不可分之债。连带之债和不可分之债都涉及“整体履行”，即任一债权人都可要求债务人整体履行，而任一债务人都有整体履行的义务，但是它们产生的原因是截然不同的：对于连带之债，此种“整体履行”的效力是当事人双方“心甘情愿”的，因为这是当事人的约定或法律的设定，它是一种人为的上层结构，是一种与“债的主体”相关的人的性质；对于不可分之债，此种“整体履行”效力却是当事人双方“情非得已”的，因为这是给付的客观性质决定的，它是一种自然的结构，是与“债的标的”相关的物的性质。换句话说，不可分之债的整体履行是因为给付不可分，因此不得不整体履行；而连带之债的整体履行，是因为此种债设立的目的，就是达到此种整体履行的效果（齐云：《不可分之债研究》，法律出版社2013年版，第49～63页）。简言之，按份之债与连带之债是以“债的主体”的相互关系为标准进行的债的分类，它关注的是数个当事人如何承担义务和享受权利；可分之债与不可分之债，是以“债的标的”（给付）可分与否为标准进行的债的分类，它关注的是给付如何在不减损其功能和价值的前提下被适当履行。不同的债的分类的关注点是不一样的，一种债的分类并不排斥另一种债的分类。对此，《阿根廷民法典》第668条规定：“约定的连带性不使债具有不可分性，债的不可分性也不使债具有连带性。”对于本案，以给付可分与否为标准来看，二买受人共同负有清偿化肥欠款10万元的债务，为可分债务；与此同时，还可以继续从债的主体关系的视角来分析：此时数债务人到底构成按份债务，还是连带债务。这取决于约定不明的数债务人的推定规则。

在我国,约定不明的数个债务人对同一债务负有履行义务的,我国法律只针对特定情形规定了推定规则,而没有明确针对一般情形设定推定规则。比如,根据我国《民法典》第699条,同一个债务人有两个以上保证人的,若没有约定保证份额,数个保证人承担连带责任。针对一般情形的推定规则,各国处理方式主要有三种类型([德]克里斯蒂安·冯·巴尔主编:《欧洲私法的原则、定义与示范规则:欧洲示范民法典草案》,高圣平等译,法律出版社2014年版,第1~3卷,第850页):第一,推定为按份债务,根据《西班牙民法典》第1137条和第1138条的规定,若有数个债权人或债务人,除非有明确约定,否则不构成连带之债,推定他们均享债权或均担债务,拉丁法族很多国家都一般性地规定不得推定为连带债务。第二,推定为连带债务,比如,《德国民法典》第427条规定:"二人以上以合同共同对可分给付负有义务的,有疑义时,作为连带债务人负责任。"《欧洲示范民法典草案》第Ⅲ-4:103条也跟随了德国模式,设置了类似的规定。第三,区分民事债务和商事债务分别适用不同推定规则。即在民事债务中推定为按份债务,而在商事债务中则推定为连带债务。比如,《捷克民法典》第511条规定了按份债务推定,《捷克商法典》第293条则是连带债务推定。之所以有这三种截然不同的立法例,是因为立法者的理念和出发点不同,此处存在所谓的"有利于债务人原则"和"有利于债权人原则"之争,前者认为连带债务是一个在技术上对债务人更为沉重的债务,在当事人没有明示接受更重责任的前提下,基于意思自治的原则,不能直接推定当事人缔结了责任更重的连带债务,而应作出按份债务推定(齐云:《论协同之债》,载《法商研究》2020年第1期),这其实是欧洲大多数国家的共同法传统;后者认为,为了履行的便利以及尽可能实现债的目的,应偏向债权人利益保护,而推定成立连带债务显然最有利于债权人利益的实现(李中原:《多数人之债的类型建构》,载《法学研究》2019年第2期);而区分论是对上述两种做法的折中,即在民事领域,偏向于保护作为债务人的普通人,于是选择按份推定,而在商事领域,其适用对象是商事主体,更追求债权实现的便利,于是选择连带推定。

综上所述,我国现行立法对约定不明的多数人债务的推定规则并没有直接明确的规定,面对以上三种不同的立法例,我国法官在判案时到底应做何种选择呢?其实,对于此问题,我国立法虽然没有直接规定,但无论是本案适用的原《民法通则》第87条,还是《民法典》第518条,均明确规定连带债务成立必须要有法律规定或当事人约定,因此,除非我国未来立法对上述问题有新的不同规定,否则便不能一般性地推定为连带债务。与我国类似,《葡萄牙民法典》第513条规定:"债务人间或债权人间之连带关系,仅基于法律或当事人之意思而产生时方成立。"类似的规定还有《法国民法典》第1202条、《瑞士债法》第143条和《荷兰民法典》第6.6条等。有学者认为,这些国家其实也是间接地采取了按份债务推定规则([德]索娅·迈尔:《欧洲合同法中的多数债务人关系》(上),陈大创译,载王洪亮等主编:《中德私法研究》(第12卷),北京大学出版社2015年版,第80页)。故而,本案二审法院判决两个买受人负连带责任欠妥。

Ⅲ 本判决的参考意义及将来的课题

二审法院的判决暴露出我国在多数人之债的理论以及立法上的不足,导致此领域争议颇多,在具体类型上,我国当前立法只规定了按份之债和连带之债,并不能涵盖典型的多数人之债的分类,应加强对可分之债和不可分之债的理论研究,同时还应考虑我国未来立法中是否要像传统大陆法系国家一样明确规定之。至于数个债务人对同一债务负有履行义务的,若没有明确约定其债务形式,应该对《民法典》第518条的规定进行反面解释而作出按份债务的推定。未来在此问题上,我国立法是否要改变其立场而明确规定,尚待进一步研究。

参考文献

张玉敏:《论我国多数人之债制度的完善》,载《现代法学》1999年第4期。

齐云:《不可分之债研究》,法律出版社2013年版。

[德]克里斯蒂安·冯·巴尔主编:《欧洲私法的原则、定义与示范规则:欧洲示范民法典草案》,高圣平等译,法律出版社2014年版,第1~3卷。

[德]索娅·迈尔:《欧洲合同法中的多数债务人关系》(上),陈大创译,载王洪亮等主编:《中德私法研究》(第12卷),北京大学出版社2015年版。

李中原:《多数人之债的类型建构》,载《法学研究》2019年第2期。

齐云:《论协同之债》,载《法商研究》2020年第1期。

060 利他合同

黄以霞等诉王明然等买卖合同案 | 江苏省宿迁市中级人民法院
(2005)宿中民二终字第 0187 号民事判决书

薛 军 北京大学法学院

■ 事实概要

本案诉讼原告(二审被上诉人)为黄以霞等 59 人。诉讼第一被告(二审上诉人)为王明然。诉讼第二被告(二审上诉人)为泗阳县辛迪加食品有限公司(以下简称辛迪加公司)。该公司的法定代表人为王明然。

本案原告黄以霞等 59 人系原泗阳县糖果食品厂职工,糖果厂于 2000 年被宣告破产。2001 年 3 月 22 日,被告王明然以人民币 20 万元价格竞买成交糖果厂实物资产,并交付了价款 20 万元。同年 4 月 20 日,被告与原糖果厂破产清算组签订了实物资产拍卖出售协议书,该协议约定:原糖果厂实物资产受让总金额为 20 万元,王明然取得所有权,王明然组合原企业全体在册职工,并依照法律、法规保障职工的合法权益。原企业职工的工龄要在乙方新建的企业中连续计算,并办理劳动关系变更手续。同年 4 月 29 日,被告王明然与原糖果厂破产清算组办理了资产交接手续。同年 10 月 10 日,被告王明然与另外 15 人以上述买受的资产注册成立了辛迪加公司并由其任公司董事长。但本案原告黄以霞等人与被告辛迪加公司一直没有建立劳动关系。鉴于原糖果厂破产还债程序已经终结,破产清算组已经解散,被告一直未能履行“组合”义务,未吸收原告进该企业工作,未为原告办理和缴纳养老保险,未支付原告最低生活费,更未偿付解除劳动合同补偿金,原告起诉要求判令王明然和辛迪加公司依照劳动部门测算的数额偿付原告生活费、解除劳动合同补偿金和应缴纳养老保险费。

被告王明然辩称,原告与被告之间从未订立过劳动合同,也未订立过安置合同或其他合同,双方不存在合同法律关系;实物资产拍卖出售协议的主体与原告没有关系,原告依据该协议主张权益是错误的、不适格的;原告起诉无合同和法律依据。另外,原告起诉已经超过诉讼时效。

■ 判决要旨

判决驳回上诉,维持原判。

江苏省泗阳县人民法院认为,本案被告王明然在原糖果厂破产还债程序中,经过依法竞争买受原糖果厂实物资产,并与破产清算组就资产买卖双方的权利义务订立了实物资产拍卖出售协议书,是双方真实意思表示,该协议依法成立并发生法律效力。与被告王明然订立财产转让协议的行为是破产清算组在破产清算过程中依法处置企业破产财产的行为,其首要和根本的目的是安置原破产企业职工,因此该破产资产买卖协议在形式上表现为一种原因行为,但更重要的是依附于而又相对独立于破产资产买卖这一原因行为而存在的第三人约款,即约定由资产买受人履行对合同当事人以外的原破产企业在册职工进行依法安置的义务。第三人约款的相对独立性使利益第三人对义务人依约定取得了直接请求权。本案中,原糖果厂破产清算组按协议约定向被告王明然交付了原糖果厂的实物资产,其合同义务已经正确和全面履行。被告王明然除了应当向破产清算组交付协议价款外,还应当依据协议约定,诚信、全面、正确地履行更重要的义务,即安置原企业破产时全部在册职工。被告王明然对符合协议约定的组合安置条件的职工未能按约定的组合标准履行安置义务属违约行为,应当依法承担违约责任。享有安置利益的职工有权依法直接请求被告王明然履行义务或赔偿损失。另外,鉴于直接享有安置利益的原糖果厂职工高传刚、徐荣花已经死亡,他们各自的法定继承人有权依据继承法的规定主张被继承人生前相应的权利。因被告辛迪加公司不是买卖合同主体,也不是安置职工的义务主体,涉诉职工与被告辛迪加公司没有建立劳动关系或合同关系,故对原告要求被告辛迪加公司与被告王明然共同承担赔偿责任的诉讼请求不予支持。

江苏省泗阳县人民法院所列实体法上的裁判依据是《继承法》第 2、3、10 条;《合同法》第 6 条、第 8 条、第 44 条第 1 款、第 60 条第 1 款、第 91 条第 1 款第 7 项、第 107 条。

二审法院江苏省宿迁市中级人民法院认为,因签订协议书的双方当事人是泗阳县糖果厂清算组与王明然,本案的被上诉人仅是利益第三人,该协议书也没有送达给被上诉人。上诉人没有充分证据证明被上诉人知道或应当知道该合同的全部内容。因此对上诉人主张被上诉人的起诉已经超过诉讼时效的主张不予支持。

■ 评　析

1 判决的思路及意义

本案所涉的关键法律问题是,在当事人订立的资产买卖合同中,特别约定了买受人应当对第三人履行相应义务的利益第三人约款。而相关的受益第三人未以任何方式参与资产买卖合同的订立,不是合同一方当事人,也未对相关的约定表示同意接受。在这种情况下,受益第三人是否可以针对允诺人(也就是买卖合同关系中的资产买受人)享有直接的履行请求权?后者是否可以基于合同效力的相对性原则,主张受益第三人不是合同一方当事人,因此不是适格的原告?对于这一问题,一审、二审法院在判决中均明确认可,受益第三人可以基于合同中的利益第三人约款,而享有直接的履行请求权。如果允诺人违约不履行相应的义务,该第三人可以要求违约损害赔偿。

法院对此案的裁判思路,完全契合民事立法与理论上通行的利他合同的基本理论和制度构造,认同利益第三人可以基于他人订立的合同中的利益第三人约款,享有直接的履行请求权。这一裁判对于厘定利他合同的基本法理,具有重要参考价值。

不仅如此,此案判决还涉及利他合同制度构造中的多项重要基础性的问题,值得关注。此案中若干受益第三人已经去世,其权益应该如何处置?这一问题的解决,取决于一个重要前提,也即对受益第三人取得相应权利的时间节点的认定。对此,法院认为,就原则而言,受益第三人约款随着合同的成立生效一同成立与生效,而一旦正常生效,受益第三人即取得相应权利,而不需要其他诸如相关第三人"同意接受""实际知晓""未加拒绝"之类的附加条件。因此,即使受益第三人在主张权利之前去世,也同样被认为已经取得了相关权利,并且这一权利可以由其继承人继承。本案中,法院对这一问题的裁判思路值得赞同。

此外,本案的被告,也就是利益第三人约款的允诺人提出了诉讼时效的抗辩。这一问题涉及利益第三人的请求权获得的时间以及诉讼时效起算点的问题。法院在裁判中,一方面认可受益第三人基于合同取得直接的履行请求权,另一方面基于对案件事实的分析,认为没有证据表明第三人知道相关约款的内容,因此不构成权利不行使,诉讼时效的抗辩也因此不能成立。法院的这一裁判思路,就整体而言,值得支持。在诉讼时效问题上,利益第三人约款的确存在一定的特殊性。由于第三人获得履行请求权不以其知情为前提,所以第三人完全有可能在不知情的情况下,获得了相应的权利。由于不知情,第三人就有可能长时间不去主张权利。在这种情况下,当然不能发生诉讼时效的起算问题,否则对第三人是不公平的。要解决这一问题,可能的方案就是合同关系的当事人,积极地告知第三人相关赋权性约款的存在。一旦有积极的权利告知,就会导致时效的起算。

Ⅱ 相关规范及学理

关于利他合同,在中国合同法的理论与实践中,长期存在争议。争议的焦点在于,1999年《合同法》第64条是否可以被解释为中国法上关于利他合同的基础性规范。研判第64条的表述,可以发现,该条文没有提到第三人可以取得独立的履行请求权。支持论者认为,没有提到第三人的独立履行请求权,并不表明第三人不能取得独立的履行请求权,可以通过解释论的建构,认为第64条提供了中国法上的关于利他合同的基础性规范。反对论者结合对立法过程中第64条之来源的梳理,认为虽然在立法目的和计划上,原《合同法》的制定者的确试图规范利他合同,但由于学理研究未臻深入,导致第64条规范的仅仅是不真正利他合同,由此造成中国合同法上出现了违反立法计划的关于利他合同的法律漏洞,所以必须借助于法律漏洞填补技术来塑造中国法上的利他合同理论与构造,或者在大规模修法或民法典编纂之时通过立法的方式来填补这一法律漏洞。

应该认为,原《合同法》第64条并不足以支撑通过解释论的途径来建构一个完整的利他合同制度框架。这主要是因为,对于利他合同制度建构至为重要的第三人是否取得独立的履行请求权,何时取得相关的权利,取得相关的权利是否需要具备特定的条件,受益第三人是否可以拒绝相关的赋权法律效果,一旦第三人拒绝之后产生何种法律效果,这些问题都无法在第64条的表述中获得哪怕最低限度的指示。因此,虽然借助于第64条的解释论来构造中国法上的利他合同的努力值得肯定,但其本质上仍是以解释论的名义,进行法律漏洞填补。与其如此,不如实事求是地承认法律漏洞的存在,还第 64 条以其应有的体系地位(关于不真正利他合同的规定),进而避免不必要的理解上的扭曲。

在原《合同法》实施的过程中,针对当事人在合同中约定向第三人履行的问题,司法解释做出了回应。最高人民法院《关于适用〈中华人民共和国合同法〉若干问题的解释(二)》[法释(2009)5 号]第 16 条规定,人民法院根据具体案情可以将原《合同法》第 64、65 条规定的第三人列为无独立请求权的第三人,但不得依职权将其列为该合同诉讼案件的被告或者有独立请求权的第三人。根据司法解释的这一规定,法院似乎认为,不能基于第 64 条的规定认可第三人具有独立的履行请求权,因此在诉讼程序中也不能被列为有独立请求权的第三人。司法解释的这一规定,支持了第 64 条是关于不真正利他合同的规定的学理观点。

学界的这一争论最终在民法典编纂中得到了回应。《民法典》第 522 条的规定采取了综合式的立法模式。第 1 款延续了原《合同法》第 64 条的框架,规定了不真正利他合同。同时在第 2 款规定了真正意义上的利他合同,使第三人可以获得独立的履行请求权。通过这一新的立法,中国法上的利他合同制度得以完善,先前存在的立法层面上的漏洞得到填补。特别需要强调的是,第 2 款还明确了受益第三人的履行请求权取得的方式问题以及第三人的拒绝权问题,这些都是利他合同的基础性规则。

Ⅲ 既有司法实践状况

原《合同法》制定之后,虽然存在关于利他合同的立法漏洞,但这并未影响中国的司法者借助比较法上的资料,深入认知利他合同存在的必要性。本文所评析的案例就是一个典型。可以注意到,法院在列举裁判依据时,并未提到原《合同法》第 64 条,而是将诚实信用原则条款(原《合同法》第 6 条);合同严守条款(原《合同法》第 8 条),全面履行条款(原《合同法》第 60 条)作为裁判依据。当然,法院在援引这些条文的过程中,并未详细论述,为什么基于私人自治、诚实信用原则以及全面履行的规则,就能够推演出第三人可以基于他人的约定而获得独立的履行请求权。

但这种裁判思路具有典型意义。一个类似案件是由上海市第二中级人民法院作出的(2019)沪 02 民终 10385 号民事判决书。法院在裁判理由中明确提到:“虽然我国合同法目前尚未明确规定合同以外的利益第三人对不履行债务的债务人享有债权履行请求权,仅规定当事人约定由债务人向第三人履行债务的,债务人未向第三人履行债务或者履行债务不符合约定,应当向债权人承担违约责任,但并不妨碍该第三人依据诚实信用原则要求债务人按约履行合同所确定的义务,从而满足第三人与合同有关的客观利益。因此,在韵达公司未举证证明其已就丢失的货物向寄件人承担违约责任情况下,即使孙卫东非涉案运输合同的相对人,其亦有权要求韵达公司向其交付涉案运输合同项下的玩偶,并在韵达公司交付不能的情况下,提出违约赔偿的请求。”

这说明中国的法官已经充分注意到原《合同法》第 64 条的准确内涵,不能勉为其难地拿来作为真正的利他合同案件的裁判依据。同时,中国的法官并未因为法律漏洞的存在,而忽略利他合同所具有的重要实践意义。随着中国民法典编纂的完成,中国未来的民事司法,完全可以而且应该以《民法典》第 522 条第 2 款作为直接的裁判依据来妥当处理利他合同案件。

Ⅵ 参考意义及将来的课题

本案中涉及的利他合同还存在很多需要在未来的司法适用中通过解释论来予以进一步明确的问题。对于利他合同而言,最关键的是判断合同当事人是否有赋予第三人以直接履行请求权的意思。如果没有这一意图,则相关的合同只是纯粹的向第三人履行的合同,也就是所谓不真正利他合同。如果当事人在这方面的意图不是很清晰明确,不容易通过解释等方式来推知,则需要结合合同的性质、当事人缔约的目的等因素来判断第三人是否可以获得独立的履行请求权。至于第三人获得履行请求权的条件、时间节点,第三人行使拒绝权的法律效果,以及此种拒绝行为是否受制于债权人的撤销权,相关合同是否因为债务人拒绝向第三人履行而可以解除,谁可以行使这种解除权等问题,都仍然值得深入研究。

□ 参考文献

薛军:《利他合同的基本理论问题》,载《法学研究》2006 年第 4 期。

张家勇:《为第三人利益的合同的制度构造》,法律出版社 2007 年版。

薛军:《论〈中华人民共和国合同法〉第 64 条的定性与解释——兼与“利他合同论”商榷》,载《法商研究》2010 年第 2 期。

韩世远:《合同法总论》(第 3 版),法律出版社 2014 年版。

薛军:《合同涉他效力的逻辑基础与模式选择——兼评〈民法典合同编(草案)〉(二审稿)相关规定》,载《法商研究》2019 年第 3 期。

061 第三人违约是否引发丧失商业信誉之不安抗辩

俞财新与福建华辰房地产有限公司、魏传瑞商品房买卖(预约)合同纠纷案 | 《最高人民法院公报》2011 年第 8 期

贺　剑 北京大学法学院

■ 事实概要

2007 年 12 月 10 日,一审被告福建华辰房地产有限公司(以下简称华辰公司)在尚未取得预售许可的情形下,与一审原告俞财新签订《商铺认购书》。按照合同约定,俞财新向华辰公司认购诉争商铺合计 2000 余平方米,总价款约 1.8 亿元。俞财新应当在签订认购书后 10 日内交纳 6360 万元订金,华辰公司在收到订金后 30 日内领取《商品房预售许可证》,并与俞财新签订《商品房买卖合同》,同时保证在之后 10 日内办理备案登记。双方还对违约金、付款方式等事项作了约定。一审被告魏传瑞对华辰公司的债务承担连带保证责任。

截至 2007 年 12 月 21 日,俞财新如约向华辰公司支付订金总计 5760 万元,其中汇款 4800 万元,现金 960 万元。2008 年 1 月 7 日又汇款支付订金 100 万元。剩余 500 万元再未支付。2008 年 6 月 26 日,华辰公司取得诉争商铺的《商品房预售许可证》,后另售他人。

俞财新起诉称,其在付款期间,因了解到华辰公司无法按期办理《商品房预售许可证》,故暂缓支付订金余款 500 万元,这符合《合同法》第 68 条之规定;经多次催告,华辰公司以各种理由拒不与俞财新签订《商品房买卖合同》,后又将诉争商铺转卖他人,已无履约可能。据此请求解除《商铺认购书》、返还订金 5860 万元及赔偿违约金,并请求魏传瑞承担连带保证责任。福建省高级人民法院一审判决:(1)解除《商铺认购书》;(2)华辰公司向俞财新支付 5860 万元及其利息(按同期贷款利率计算);(3)魏传瑞就上述第二项债务承担连带偿还责任;(4)驳回俞财新的其他诉讼请求。

俞财新、华辰公司不服一审判决,分别向最高人民法院提起上诉。

■ 判决要旨

驳回上诉,维持原判。

关于俞财新少支付 500 万元订金是否属于行使不安抗辩权的问题。本院认为,俞财新主张不安抗辩权的理由是华辰公司丧失商业信誉,依据是其与福州华辰房地产有限公司(以下简称福州华辰公司)签订另一购房合同后,福州华辰公司将合同约定的房屋设定抵

押。然而,福州华辰公司与华辰公司是两个不同的法人,以案外人违约为由在本案合同履行中行使不安抗辩权,不符合合同相对性原则。根据《合同法》第 68 条的规定,俞财新关于其行使不安抗辩权的主张,依据不足。《合同法》第 69 条规定了行使不安抗辩权的要件,即使俞财新有权行使不安抗辩权,也应当及时通知对方。但无证据证明俞财新履行过通知义务。因此,俞财新关于其行使不安抗辩权的主张,缺乏事实和法律依据,本院不予支持。

该案在《最高人民法院公报》中的裁判摘要为:"根据合同的相对性原则,涉案合同一方当事人以案外人违约为由,主张在涉案合同履行中行使不安抗辩权的,人民法院不予支持。"

■ 评 析

Ⅰ 本判决的思路和意义

本判决除涉及不安抗辩权外,还关乎违约方解除权、双方违约、名为买卖实为借贷之证据认定等诸多难题。鉴于题旨,其他问题暂不讨论。本判决的特色在于确立了如下规则:依据合同相对性原则,合同一方无法以案外人(合同当事人之外的第三人)违约,进而导致合同相对方丧失商业信誉为由,享有针对合同相对方之不安抗辩权。这不但牵涉第三人违约与丧失商业信誉之关系,还关乎合同相对性原则之理解。尽管该案时隔多年,但鉴于学界对其迄今罕有关注,故仍有解读和省思之必要。

Ⅱ 第三人违约是否使(先履行)合同一方享有不安抗辩权,无关乎合同相对性原则

一般认为,合同的相对性是指合同关系仅存在于合同当事人之间,不对第三人发生效力[韩世远:《合同法总论》(第 4 版),法律出版社 2018 年版,第 13 页;朱广新:《合同法总则》(第 2 版),中国人民大学出版社 2012 年版,第 19 页]。具体而言,第三人原则上无法基于当事人之间的合同取得合同权利、承担合同义务[最高人民法院《关于适用〈中华人民共和国合同法〉若干问题的解释(二)》[法释(2009)5 号]第 16 条],更不会因此承担违约责任(《民法典》第 593 条)。当然,在保险合同等少数情形,合同相对性原则亦例外被突破。但无论原则还是例外,均涉及如下问题:第三人是否因合同约定而享有或承担该合同项下的权利、义务或责任。

套用于本判决,关乎合同相对性原则之问题应为:第三人(福州华辰公司)是否因涉案合同享有不安抗辩权,或者成为该不安抗辩权所指向之相对人?以上问题之突兀,其实已初步表明,合同相对性原则与不安抗辩权之行使或许并无关联。

进一步观察本判决,其基于合同相对性原则所欲处理之问题为:第三人之(违约)行为,能否使合同一方(俞财新)向另一方(华辰公司)主张合同权利(不安抗辩权)?其回答与潜在的论理则为:基于合同相对性原则,第三人之行为不能视为合同一方之行为,故合同另一方不能据此向该合同一方主张合同权利。于此,合同相对性原则似乎是指:第三人非合同一方,故第三人之行为不等于合同一方之行为。此与该原则之本义,即合同之外的第三人可否取得合同项下之权利、义务或责任,相去不可以道里计。

一个需附带说明的问题是:合同一方之合同权利,是否只能因合同相对方的行为,而不能因第三人的行为产生? 显然不是。因第三人的原因导致违约,守约方仍可享有针对违约方之违约救济权利,即为明证。而且,该问题与合同相对性原则并不相关,而取决于有关法律制度之规范目的(如违约责任是否为结果义务)。违约责任如是,不安抗辩权亦如是。

Ⅲ 第三人之行为或其他事实,亦可(间接)使先履行一方享有不安抗辩权

原《合同法》第 68 条第 1 款规定,后履行一方若有下列情形之一,先履行一方即享有不安抗辩权:"(一)经营状况严重恶化;(二)转移财产、抽逃资金,以逃避债务;(三)丧失商业信誉;(四)有丧失或者可能丧失履行债务能力的其他情形。"

依据该规定,不安抗辩权的产生前提为,后履行一方出现经营状况严重恶化、丧失商业信誉等"情形"。此等情形之有无,与后履行一方在系争合同中的违约行为并无必然关联。只要存在前述情形,无论是后履行一方自行造成,还是第三人或其他因素所导致,均可产生先履行一方的不安抗辩权。

在学理上,少数研究对此有清醒认识。其或者个别指出,"丧失商业信誉的行为,不一定针对特定的当事人";若后履行一方在同类合同中对他人丧失商业信用,先履行一方即可能因此享有不安抗辩权[隋彭生:《合同法要义》(第 4 版),中国人民大学出版社 2015 年版,第 168 页]。又或者一般而论,"凡与后履行一方有关且可能威胁到先履行一方对待给付请求权的情形,不管其是否由来于后履行一方自身的行为,皆可纳入不安抗辩权的发生事由"[朱广新:《合同法总则》(第 2 版),中国人民大学出版社 2012 年版,第 503 页]。

在实践中,不安抗辩权之产生亦无须与后履行一方在系争合同之行为直接相关。例如,"新乡市津都奶业有限公司与新乡市鑫福钢结构有限公司建设工程施工合同纠纷申请案"[最高人民法院(2013)民申字第 2398 号]民事裁定书认为,施工方是基于对系争项目乃第三人(中国扶贫会)计划投资项目之信任而全额垫资施工;在合同履行过程中,施工方获知第三人并无对系争项目之投资计划而停工,系以不安抗辩权为依据。

Ⅳ 第三人违约是否导致后履行一方丧失商业信誉,进而产生先履行一方之不安抗辩权?

本判决涉及第三人违约是否导致后履行一方丧失商业信誉问题。在不安抗辩权之发生并不受制于后履行一方在系争合同之违约行为的背景下,与本判决类似、因而须相同对待的情形至少还包括:后履行一方在其他合同中对第三人违约、在其他合同中对先履行一方违约、在系争合同的既往履行中(常见于继续性合同场合)对先履行一方违约等。以上情形均涉及如下共通问题:违约是否导致丧失商业信誉。换言之,作为不安抗辩权发生事由之一的丧失商业信誉所指为何,是否包括违约?

在学理上,现有研究通常仅强调,"丧失商业信誉"应当符合原《合同法》第 68 条第 1 款第 4 项之兜底条款的要求,即"丧失或者可能丧失履行债务能力";并未谈及违约与丧失商业信誉之关系(参见崔建远主编:《合同法》,法律出版社 2016 年版,第 110 页;韩世远:《合同法总论》,法律出版社 2018 年版,第 419 页)。不过,少数研究对此仍有说明:丧失商业信誉"通常应指的

是先给付义务人在经济活动中多次违约以致人们对其信用产生怀疑，仅仅一次情节轻微的违约不能认定为‘丧失商业信誉’”；此外，丧失商业信誉原则上亦须达到有丧失或可能丧失履行债务能力之程度（王洪亮：《债法总论》，北京大学出版社2016年版，第129页）。

在实践中，个别裁判虽界定了商业信誉，但并未谈及违约。如“王和喜与乌鲁木齐亿鑫金通汽车销售有限公司买卖合同纠纷再审案”［新疆维吾尔自治区高级人民法院（2019）新民申1435号］民事裁定书认为，“《合同法》第68条的丧失商业信誉是指后履行方当事人在进行商业活动过程中，商业信誉很差，严重违背诚实信用原则。这里的丧失商业信誉必须要到达严重的程度”。相反，不少较高层级的裁判均指出，违约不等于丧失商业信誉；不过，多次或长期违约，且违约是欠缺履行债务能力所导致时，仍属于丧失商业信誉。例如，“王健股权转让纠纷再审案”［最高人民法院（2019）最高法民申568号］民事裁定书指出：“当事人违约并不等同于‘丧失商业信誉’，不等同于丧失合同履行能力。不安抗辩权的行使应当满足先给付义务人有确切证据证明后给付义务人的履行能力明显降低，有不能为对待给付的现实危险的前提条件。”更精准的说明见于“深圳市汇采纸制品有限公司、邹善良股权转让纠纷案”［云南省高级人民法院（2019）云民终737号］民事判决书：“‘丧失商业信誉’中的‘商业信誉’，是指社会公众对某一经营者的经济能力、信用状况等给予的社会评价的推断，由此可见，判断一个商业主体是否丧失商业信誉，不能仅仅根据该主体单一的、偶尔发生的不良情形就作出判断。如果一方当事人要以违约为由指控对方丧失商业信誉，其必须举证证明对方当事人多次或者长期性没有能力履行或者不能履行合同义务……”

此外，部分下级法院的裁判虽也认同多次或长期违约涉及丧失商业信誉，但并未强调违约的原因必须为欠缺履行债务能力。如“上海锦林纺织品有限公司与上饶市华美服饰有限公司承揽合同纠纷案”［上海市杨浦区人民法院（2018）沪0110民初11727号］民事判决书认为：“丧失商业信誉，是指后履行债务的当事人失去了诚实信用、按期履行等良好的声誉。”类似意见还见于“安徽省晨力科学仪器有限公司与龙岩龙安安全科技有限公司居间合同纠纷案”［福建省龙岩市新罗区人民法院（2017）闽0802民初6504号］民事判决书：“所谓丧失商业信誉，是指一方当事人长期或多次不履行合同义务，当事人存在破产、资不抵债、财产明显减少、有清偿能力却拒不履行等情形。”

前述学理以及较高层级裁判所持的见解可资赞同：丧失商业信誉必须满足“丧失或者可能丧失履行债务能力”之要求。此种限制与作为兜底条款的原《合同法》第68条第4款在体系上一致。据此，导致后履行一方丧失商业信誉之当事人或第三人违约，必须限于导致后履行一方丧失或者可能丧失履行债务能力之违约。

就本判决而言，关键便在于第三人福州华辰公司在其他合同中对作为合同一方之俞财新的违约，是否导致系争合同的后履行一方华辰公司丧失或可能丧失履行债务能力，进而丧失商业信誉？从本判决的事实来看，福州华辰公司的实际控制人，正是涉案合同的保证人魏传瑞；此外，魏传瑞或许也是华辰公司的实际控制人。换言之，同一实际控制人控制的两个公司，一个公司在其他合同中对先履行一方违约，是否表明另一公司丧失商业信誉（或者丧失或可能丧失履行债务能力）？这是一个事实判断问题，牵扯各种证据与因果关系，无须多论。但可以明确,前述关联公司的商业信誉及履行债务能力确有可能一荣俱荣、一损俱损,故不可简单以公司独立人格、独立财产为由,更不可以合同相对性原则为由,一概排除此种可能。

Ⅴ 未来课题

导致后履行一方丧失商业信誉之违约,是否包括其具有履行债务能力,而单纯欠缺履约意愿之违约?如恶意欺诈、被认定为失信被执行人等场景,此为未来需研究之课题。虽然此种解读与体系解释的结论不符,但是,从文义解释来看,丧失商业信誉并不限于履行债务能力之欠缺,而涵盖因恶意违约等而"失信"之情形。从目的解释来看,若将商业信誉视为一种名誉或无形资产,无论是欠缺财产所导致之信誉减损,还是不重然诺所导致之信誉减损,并无区别对待之理。随着《民法典》的颁布生效,在技术层面,欠缺履约意愿之违约所导致之丧失商业信誉,是直接适用《民法典》第527条第1款第3项,还是类推适用之,亦有探讨余地。

□ 参考文献

崔建远主编:《合同法》(第6版),法律出版社2016年版。
隋彭生:《合同法要义》(第4版),中国人民大学出版社2015年版。
韩世远:《合同法总论》(第4版),法律出版社2018年版。
朱广新:《合同法总则》(第2版),中国人民大学出版社2012年版。

062 情势变更与不可抗力的关系问题

成都鹏伟实业有限公司与江西省永修县人民政府、永修县鄱阳湖采砂管理工作领导小组办公室采矿权纠纷案 |《最高人民法院公报》2010年第4期

侯国跃 西南政法大学民商法学院

■ 事实概要

2006年,永修县政府决定以拍卖的方式出让鄱阳湖永修县水域4个采区的采砂权。县采砂办制作并在"中国投资在线"网站上登载《推介书》,载明:"鄱阳湖汛期早,时间长,从每年4月上旬到11月底,开采期长达200天;投资金额1.1亿元人民币以上,主要为购买采矿权的价款和税费;销售总额可达7亿~10亿元,利润5000万~7000万元。"为配合招商引资,县采砂办工作人员编写了《江西省鄱阳湖永修采区2006年采砂可行性报告》,对采砂权的投资前景,包括运作盈利方式、设备投入、人员配置、效益等方面做了详细的分析预算,结论是本项目利润5015.6万元。该《可行性报告》还指出,采砂存在政策风险、市场风险和自然风险。"如果遇上枯水年,会对开采期造成较大影响。不过……开采6个月(180天)是没有问题的。"

2006年4月26日,鹏伟公司以4678万元竞得采砂权。随后,鹏伟公司陆续向永修县非税收入管理局交纳8228万元。2006年5月10日,采砂办与鹏伟公司签订《采砂权出让合同》,约定:"一、采砂权使用期限自签订本合同之日至2006年12月31日止,同时满足防汛要求;采砂船数量28艘(功率4000kw以内/艘);年控制采量1740万吨;二、拍卖成交金额8228万元(包括税费)……十、本合同约定的采区采砂权使用期限,是根据上级主管部门的批文当年度的有效可采期,实际可采期限以当年水位不能供采砂船只作业时为准。"

自2006年7月以后,江西省持续高温干旱天气,降雨偏少,长江江西段出现同期罕见枯水位,鄱阳湖水大量流入长江,水位急剧下降,出现自20世纪70年代初期以来罕见的低水位。2006年8月18日,因鄱阳湖水位过低造成运砂船难以进入采区,鹏伟公司被迫停止采砂。

■ 判决要旨

撤销一审判决,改判永修县人民政府、县采砂办退还鹏伟公司采砂权出让价款1079余万元。

鹏伟公司在履行本案《采砂权出让合同》过程中遭遇鄱阳湖36年未遇的罕见低水位,

导致采砂船不能在采砂区域作业,采砂提前结束,未能达到《采砂权出让合同》约定的合同目的,形成巨额亏损。这一客观情况是鹏伟公司和采砂办在签订合同时不可能预见的,鹏伟公司的损失也非商业风险所致。在此情况下,仍旧依照合同约定履行,必然导致采砂办取得全部合同收益,而令鹏伟公司承担全部投资损失,对鹏伟公司而言是不公平的,有悖于合同法的基本原则。鹏伟公司要求采砂办退还部分合同价款,实际是要求对《采砂权出让合同》的部分条款进行变更,符合合同法和本院司法解释的规定。

■ 评　析

Ⅰ 本判决的思路和意义

一方面,二审法院认定了发生自然灾害的事实,即"自 2006 年 7 月以后,江西省持续高温干旱天气,降雨偏少,长江江西段出现同期罕见枯水位",以及该自然灾害对合同履行的影响,即"受 36 年未遇的鄱阳湖罕见低水影响,鹏伟公司采砂提前结束,该自然灾害与鹏伟公司的亏损具有直接的因果关系";另一方面,二审法院并未支持鹏伟公司以不可抗力为由解除合同的诉讼请求,而是从合同法的基本原则出发,把鹏伟公司要求采砂办退还部分合同价款的主张解释为对合同部分条款的变更,进而适用情势变更规则处理本案。简言之,本案确立了"基于不可抗力的原因而可能适用情势变更规则"的裁判思路,或者说"不可抗力是因、情势变更是果"的法律思维。

Ⅱ 关于不可抗力与情势变更的规范及学理

根据《民法典》第 180 条的规定,不可抗力是指不能预见、不能避免且不能克服的客观情况。由此可见,合同法视野中的不可抗力,是指合同订立后发生的,当事人订立合同时不能预见的,且不能避免和不能克服的导致合同不能履行或目的不能实现的客观情况。

关于情势变更,原《民法通则》和原《合同法》均未设置规定。在司法实践中,最高人民法院首先是在"法函(1992)第 27 号"复函中通过对原《民法通则》第 59 条第 1 款显失公平进行解释认可情势变更规则,其后又在《全国经济审判工作座谈会纪要》[法发(1993)8 号]中明确:由于不可归责于当事人双方的原因,作为合同基础的客观情况发生了非当事人所能预见的根本性变化,以致合同履行显失公平的,可以根据当事人的申请,按情势变更原则变更或解除合同。

2008 年《劳动合同法》第 40 条第 3 项规定,"劳动合同订立时所依据的客观情况发生重大变化,致使劳动合同无法履行,经用人单位与劳动者协商,未能就变更劳动合同内容达成协议的",用人单位可以解除劳动合同。该法第 41 条关于经济性裁员的规定,通常也被解释为情势变更规则的具体体现。但是,由于原《合同法》对情势变更缺乏一般性规定,故最高人民法院以《关于适用〈中华人民共和国合同法〉若干问题的解释(二)》[法释(2009)5 号](以下简称《合同法司法解释二》)第 26 条予以补充。该司法解释主要起草人曹守晔法官指出,"本条主要解决合同订立后显失公平的问题"[曹守晔:《〈关于适用合同法若干问题的解释(二)〉的理解与适用》,载《人民司法》2009 年第 13 期]。在司法实践的基础上,立法机关在《民法典》第 533 条第 1 款规定:"合同成立后,合同的基础条件发生了当事人在订立合同时无法预见的、不属于商业风险的重大变化,继续履行合同对于当事人一方明显不公平的,受不利影响的当事人可以与对方重新协商;在合理期限内协商不成的,当事人可以请求人民法院或者仲裁机构变更或者解除合同。"可见,所谓情势变更是指在合同成立以后发生的不可归责于当事人原因的合同基础条件之重大变化[韩世远:《合同法总论》(第 4 版),法律出版社 2018 年版,第 488 页]。

情势变更和不可抗力一样,同属当事人在订立合同时无法预见的客观情况或现象,但二者存在实质区别。首先,客观表现不同。情势变更主要表现为影响合同履行的社会经济形势的剧变事件,如物价极度上涨、货币严重贬值、金融动荡危机和国家政策变更等[曹守晔:《最高人民法院〈关于适用《中华人民共和国合同法》若干问题的解释(二)〉之情势变更问题的理解与适用》,载《法律适用》2009 年第 8 期]。由于情势变更的情况较为复杂,故须经诉讼或仲裁裁量认定。不可抗力则主要表现为人力不可抗拒的自然力,比如地震、海啸、台风、洪水、旱灾等自然灾害,当然也包括某些社会异常事件,比如战争、罢工等重大事件。不可抗力并不必须通过诉讼确认。其次,造成的影响不同。发生情势变更时,在大多情况下合同仍能履行,只是继续履行合同将会造成显失公平的后果。一般认为,显失公平应按照理性人的标准判断,包括履行特别困难、债权人受领严重不足、履行对债权人无利益等[崔建远:《合同法》(第 6 版),法律出版社 2016 年版,第 90 页]。在德国的判例上还创造了仅因价格超常涨落而使一方当事人履行合同即遭受"经济废墟"或"生存毁灭"等概念[韩世远:《合同法总论》(第 4 版),法律出版社 2018 年版,第 507 页]。而不可抗力事件将会造成合同履行不能或合同目的不能实现。总而言之,情势变更规则重在修正外因引发的利益严重失衡之局面,以实现"给付均衡"为规范意旨,使合同在公平的基础上得到变通履行或裁判解除;而不可抗力制度重在对履行不能或目的不达的客观现实予以回应,使合同关系在毁灭性力量的作用下提前宣告终止。

契约应当严守是合同法的基本原则,因为合同是当事人自由判断和自愿选择的结果。我国《民法典》第 465 条对此设有明文规定。然而,当发生不可抗力或情势变更等例外情形时,当事人当初做出判断和选择的前提已不复存在,故而,法律基于对客观现实的尊重和对诚信原则的贯彻,确立不可抗力制度或情势变更规则,进而缓和契约严守与合同正义之间的冲突。

但问题是,不可抗力与情势变更的法律后果并不完全相同。根据原《民法总则》第 180 条第 1 款、《民法典》第 590 条第 1 款,原《合同法》第 94 条第 1 项、第 117 条第 1 款等规定,不可抗力既构成合同终止的法定解除条件,也构成违约责任的法定免责事由。也就是说,在不可抗力发生后,当事人有权直接解除合同,且无需承担违约责任。不同的是,根据司法解释及《民法典》的规定,在发生情势变更时,法律引导当事人以面对现实的态度履行"重新磋商"的义务,磋商不成时由法院或仲裁机构强制变更合同,仅在变更合同仍然无法修复利益失衡之结果时,方可强制裁判解除合同。也就是说,情势变更的后果通常是变更合同,解除合同应属例外。故而，个案中实际发生的客观情况在性质上构成不可抗力还是情势变更，乃合同纠纷裁判可能难以回避的关键问题。

不过，不可抗力与情势变更之界限并非泾渭分明，它往往考验着裁判者的智慧。大致而言，在个案中有两种方法可供遵循：一是形态论，即从事件本身的形态出发，如遇严重影响合同履行的自然灾害、战争等，可认定为不可抗力，而无须考虑情势变更；如遇社会经济形势的重大变化，则应认定为情势变更；二是结果论，即从事件的影响程度出发，对合同造成毁灭性打击，即导致当事人无法履行合同义务或合同目的不能实现的事件，应认定为不可抗力；而仅影响合同利益格局，即造成对一方当事人明显不公平的事件，则应被认定为情势变更（侯国跃：《新冠肺炎疫情的合同之维：不可抗力还是情势变更》，载《中国检察官》2020 年第 5 期）。

Ⅲ 既往司法实践状况

最高人民法院曾在《关于在防治传染性非典型肺炎期间依法做好人民法院相关审判、执行工作的通知》[法（2003）72 号]中规定："因政府及有关部门为防治'非典'疫情而采取行政措施直接导致合同不能履行，或者由于'非典'疫情的影响致使合同当事人根本不能履行而引起的纠纷，按照《中华人民共和国合同法》第一百一十七条和第一百一十八条的规定妥善处理。"这一规定中明确强调政府行政措施或"非典"疫情构成不可抗力须以导致合同履行不能作为结果性条件。这种认定思路使用的就是从事件的影响程度出发区分不可抗力和情势变更的"结果引导型"的裁判方法。

从《合同法司法解释二》第 26 条的规定来看，最高人民法院最初是试图撇清情势变更与不可抗力的关系的，故强调情势变更具有"非不可抗力造成"的特征。此后，无论是地方法院的司法裁判，还是民法学界的学理解释，都以此作为二者关系的基本观点。然而，本案告诉我们，其实最高人民法院内部的认识可能也未必完全一致。《合同法司法解释二》发布之后即出现本案裁判便是明证。

Ⅳ 本裁定的参考意义及将来的课题

在实务中，本案中最高人民法院的裁判已经确认不可抗力可以是导致合同基础动摇的原因，进而可能引发情势变更规则的适用。但是，对于最高人民法院这一裁判存在不同理解。在理论界，王利明教授认为，只要发生了当事人无法预见的客观情势，比如"非典"、限购等，导致合同订立的基础丧失，若继续履行合同使得当事人显失公平，则构成履行艰难，根本不用区分其到底是情势变更还是不可抗力（参见王利明教授 2019 年 11 月 29 日"民法典合同编总则重大疑难问题"讲座实录，载中国民商法律网：http://www.civillaw.com.cn/zt/t/?id=36761，2020 年 5 月 10 日最后访问）。韩世远教授也认为，不可抗力与情势变更共同规范当事人没有承受的、支配领域外的风险，故二者并非必然冲突，而是功能互补[韩世远：《合同法总论》（第 4 版），法律出版社 2018 年版，第 496～498 页]。在立法方面，《民法典》第 533 条第 1 款在规定情势变更规则时删除了"非不可抗力造成的"这一表述，是否也确认了在不可抗力发生的情况之下也有情势变更规则适用的空间之命题,值得进一步深入研究。

以新冠肺炎疫情及其防控为例,全国人大常委会法工委发言人、研究室主任臧铁伟表示:当前我国发生了新冠肺炎疫情这一突发公共卫生事件;为了保护公众健康,政府也采取了相应疫情防控措施;对于因此不能履行合同的当事人来说,属于不能预见、不能避免并不能克服的不可抗力(参见《在法治轨道上保障疫情防控顺利开展——全国人大常委会法工委有关部门负责人就疫情防控相关法律问题答记者问》,载人民网:http://politics.people.com.cn/n1/2020/0211/c1001-31580515.html,2020年3月10日最后访问)。随后,最高人民法院于2020年4月16日印发《关于依法妥善审理涉新冠肺炎疫情民事案件若干问题的指导意见(一)》的通知[法发(2020)12号],就合同纠纷案件中如何看待新冠肺炎疫情或防控措施的问题,该指导意见总体上有两方面的意见值得注意:一是类型化的裁判思维,即在个案中根据疫情或疫情防控措施对合同履行的影响程度等因素决定法律适用,而非一概而论地定性疫情或疫情防控措施;二是结果导向的裁判思维,即根据疫情或疫情防控措施导致的结果是合同履行不能、合同目的不达抑或是显失公平,来确定适用不可抗力规则还是情势变更规则。

□ 参考文献

梁慧星:《民法总论》(第5版),法律出版社2017年版。

韩世远:《合同法总论》(第4版),法律出版社2018年版。

崔建远:《合同法》(第6版),法律出版社2016年版。

刘凯湘、张海峡:《论不可抗力》,载《法学研究》2000年第6期。

曹守晔:《〈关于适用合同法若干问题的解释(二)〉的理解与适用》,载《人民司法》2009年第13期。

063 继续性合同的适用规则

孙金辉与济南万怡物业服务有限公司物业服务合同纠纷案 | 济南市中级人民法院(2018)鲁01民终3323号民事判决书

许中缘 中南大学法学院

■ 事实概要

2008年10月30日,原告万怡物业(甲方)与被告孙金辉(乙方)签订《前期物业服务合同》,约定:乙方房屋坐落于济南某某小区××室,房屋建筑面积151.64平方米,甲方向乙方提供物业服务;乙方住宅区的物业管理服务费按建筑面积每月每平方米1元标准计算,业主应于每季度第一个月前5日内向物业公司预交整个季度的物业服务费。合同签订后,万怡物业在该小区提供物业服务。因孙金辉未交纳2012年1月1日至2016年12月31日的物业服务费,万怡物业诉至法院。万怡物业称,孙金辉的物业费为9098元,违约金按照合同约定,从应付之日起按日支付未支付款项的0.5%,以未支付款项为基数分段计算,截至2016年12月31日,违约金共计23万余元,但仅主张3000元。

审理中,被告认为物业服务合同为继续性合同,适用诉讼时效不应该以整个合同一体适用,而应该以季度为单位,每个相对独立的履行部分个别计算,分别适用诉讼时效。如果不从每一笔物业费的拖欠之日起算诉讼时效期间,就意味着被告在物业费拖欠之日不构成违约,违约金无从产生。被告认为,本案诉讼时效的有效区间应为原告主张其权利之日即2017年8月18日向前两年,即除原告主张的2015年8月19日至2016年12月31日的物业费之外,其他物业费的请求皆超出诉讼时效,丧失胜诉权。

■ 判决要旨

驳回上诉,维持原判。

物业服务合同属于继续性合同,物业服务期间内产生的物业费系同一合同项下具有整体性和关联性的定期给付之债。物业服务合同双方当事人之间具有长期稳定的合同关系,维系其合同的基础是互相之间的信赖,业主没有支付某一期物业费,物业公司没有及时追索和主张,并非怠于行使权利,而是基于维护双方间良好的合作关系以及对业主的信任和谅解。因此,同一物业服务合同中约定的定期给付物业费之债的请求权,诉讼时效期间从最后一笔物业费履行期限届满之日起算。

■ 评　析

Ⅰ 本判决的思路和意义

本案中,被告辩称物业服务合同适用诉讼时效应以每个相对独立的履行部分个别计算,分别适用,该答辩意见未得到法院的支持。裁判要旨强调物业服务合同双方之间具有长期稳定的合同关系,维系其合同的基础是互相之间的信赖,同一物业服务合同中约定的定期给付物业费之债的请求权,诉讼时效期间从最后一笔物业费履行期限届满之日起算。本案对于继续性合同的适用规则类案例具有重要的审判指导意义。

Ⅱ 继续性合同的适用规则规范及学理

以时间因素在合同履行中所处的地位和所起的作用为标准,合同可区分为一时性合同和继续性合同。一时性合同,是指一次给付便使合同内容实现的合同。继续性合同,是指合同的内容非一次给付可以完结,而是继续地实现,时间因素在债的履行上居于重要地位,总给付的内容取决于应为给付时间的长度(韩世远:《合同法总论》,法律出版社2011年版,第62~63页)。典型的继续性合同如合伙、租赁、雇佣、委托、保管合同等。我国原《合同法》的理论体系是以一时性合同为中心构建起来的,排除了劳动合同、保险合同等固有继续性合同,使其单独立法,雇佣合同等部分继续性合同则被排除在典型合同范围之外。对于一时性合同的规则不能解决的特殊问题,原《合同法》则采用例外规范的技术予以规定。

继续性合同具有三个特征:一是自始欠缺确定的总给付内容,给付时间的长短对合同总给付的确定具有决定意义;二是合同一般具有无限延续性或不可耗损性;三是合同当事人之间负有持续尽力义务且具有极强的信赖关系(屈茂辉、张红:《继续性合同:基于合同法理与立法技术的多重考量》,载《中国法学》2010年第5期)。基于以上特征,继续性合同的适用规则具有如下特殊性:

第一,继续性合同的履行规则。继续性合同,在存续期间内其履行呈持续状态,债权关系并不立即消灭,称为"继续的给付"或者"状态给付"(韩世远:《合同法总论》,法律出版社2011年版,第64页)。由于继续性合同需要将合同关系持续地维持下去,当事人之间的信赖关系便成为合同的实质性要素,因此债权债务关系的让与性弱,如《民法典》第894条第1款规定,"保管人不得将保管物转交第三人保管,但当事人另有约定的除外"。对于继续性合同的债务不履行(给付不能、给付延迟、不完全给付及物之瑕疵担保等),原则上应区别"个别给付"和"整个合同"。对于"个别给付",原则上可直接适用原《合同法》或相关法律有关违约责任等的规定;对于"整个合同",仅能终止合同,即解除时使过去的给付保持效力,避免法律关系趋于复杂(王泽鉴:《债法原理》,北京大学出版社2009年版)。

第二,继续性合同的解除规则。一时性合同严格贯彻合同严守原则,解除权产生的原因较少。继续性合同却与此不同,一方面,由于继续性合同存续期间长,继续性合同由一个整体的合同来固定双方大概的合同权利义务,并随着时间的推移而产生新的权利义务。这样一来,每一个时间推移所产生的新的权利义务就具有相对独立性,构成一个相对独立的债权债务；另一方面，继续性合同特别重视信赖基础，信赖基础一旦丧失，或因其他特殊事由难以期盼当事人继续维持这种结合关系时，法律宜允许一方当事人有权解除合同[崔建远：《合同法》(第5版)，法律出版社2010年版，第35页]。值得注意的是，《民法典》第562条对不定期继续性合同的随时终止作出了一般性规定。此外，继续性合同也适用原《合同法》“总则”中的解除规则，如合意解除(《合同法》第93条第1款，《民法典》第562条第1款)、约定解除(《合同法》第93条第2款，《民法典》第562条第2款)、因不可抗力之法定解除(《合同法》第94条第1项，《民法典》第563条第1项)、因违约之法定解除(《合同法》第94条第2～4项，《民法典》第563条第2～4款)；此外，还有因情事变更之司法解除(最高人民法院《关于适用〈中华人民共和国合同法〉若干问题的解释(二)》[法释(2009)5号]第26条、《民法典》第533条)。但需要注意的是，“总则”中关于解除规则的设定，事实上多以一时性合同为典型，对于继续性合同本身的特殊性关注不足(韩世远：《继续性合同的解除：违约方解除抑或重大事由解除》，载《中外法学》2020年第1期)。

第三，继续性合同的解除效力。《民法典》第566条第1款部分延续了原《合同法》第97条的规定。即“合同解除后，尚未履行的，终止履行；已经履行的，根据履行情况和合同性质，当事人可以请求恢复原状或者采取其他补救措施，并有权要求赔偿损失”。学界通说认为，根据“合同的性质”，继续性合同被解除后，或无恢复原状的可能性，或不宜恢复原状，故通常不生恢复原状义务问题(韩世远：《继续性合同的解除：违约方解除抑或重大事由解除》，载《中外法学》2020年第1期)。

第四，继续性合同适用诉讼时效的问题。继续性合同在本质上可以分解成若干“个别给付”，具有某种程度经济上及法律上的独立性(王文军：《论继续性合同的解除》，载《法商研究》2019年第2期)。继续性合同的解除不具有溯及力也印证了这一点。本案中，法院认定争议的物业费为定期给付之债。但我国现行法律规范只对分期给付之债诉讼时效的起算点作出了规定，对于定期给付之债，学界也存在较大争议(关于定期给付债务诉讼时效问题，参见本判例百选第26号案例)。一是认为定期给付债务在合同履行过程中具有双务性，各期债务具有独立性，应当分别起算诉讼时效；二是认为以信赖关系为基础，权利人基于对同一合同项下的同一性质的债权最后履行期限的合理信赖，也同样存在为维护合作关系而不在每一笔债务履行期限届满后立即主张权利的情形，尤其是在履行期限较短的情况下，应当从最后一期履行期间届满之日起算诉讼时效(最高人民法院民事审判第二庭编著：《最高人民法院关于民事案件诉讼时效司法解释理解与适用》，人民法院出版社2015年版，第111页)。此外，还有观点认为，无论是分期给付之债，还是定期给付之债，诉讼时效期间起算的关键都在于分期履行的债务是否具有独立性。在确定分期履行之债是否可分时，应采取多视角的综合性评析标准，从给付本身性质、债的履行目的、法律价值取向等方面作出合理判断(冯恺：《分期履行之债的诉讼时效适用基础——请求权的可分性分析》，载《法律科学》2004年第4期)。

Ⅲ 既有司法实践状况

既有司法实践对于继续性合同解除效力的司法态度基本一致。一般认为，合同解除后发生效力终止的法律后果，但继续性合同的解除不具有溯及力，合同解除之前应当履行的给付义务仍应按约履行。如“宜昌市夷陵区龙泉镇龙泉村村民委员会、王银荣土地租赁合同纠纷案”[最高人民法院(2017)最高法民申2869号民事裁定书]中，法院认为：“案涉合同作为继续性合同，其解除原则上并不具有溯及力，申请人要求将被申请人占有经营期间的收益予以返还或者抵充损失，据理不足。”

既有司法实践对于继续性合同的解除规则存在诸多争议判决，如“山西数源华石化工能源有限公司与山西三维集团股份有限公司租赁合同纠纷案”[最高人民法院(2012)民一终字第67号民事判决书]中，涉案合同双方均存在违约行为但均未构成根本违约，同时也难以适用合同解除的其他规则，法院被迫从当事人的意思方面寻求突破，根据双方均将解除合同作为诉讼请求或反诉请求，而认定双方对于解除合同具有共同意思，从而判决解除合同。类似地，在“九江雅格泰大酒店有限公司房屋租赁合同纠纷案”[最高人民法院(2017)最高法民再227号民事判决书]中，被告在履约过程中的违约行为不足以构成根本违约，也不符合约定的解除合同条件。但法院认为，“鉴于雅格泰公司向被告发出解除租赁合同的通知，被告在案件审理过程中提起反诉，请求法院判决解除租赁合同，应认定双方就解除合同达成了一致意见”。

在继续性合同适用诉讼时效的问题上，司法实践中态度不一。如在“贵阳双诚物业管理有限公司湄潭分公司、王奇物业服务合同纠纷案”[贵州省高级人民法院(2017)黔民申488号民事裁定书]中，法院认为双方签订的物业合同所约定的物业费系合同之债，且有具体的履行时间，虽每月的服务及费用相同，但系每月均要履行的相同债务，不属于同一债务的分期履行，应从每一期物业费履行期限届满后起算诉讼时效。而在“秦皇岛华侨大酒店与秦皇岛市海港区工商行政管理局租赁合同纠纷案”[最高人民法院(2011)民提字第304号民事判决书]中，法院认为，如果诉讼时效从每一期租金债务履行期限届满之日分别计算，将会割裂同一租赁合同的整体性，还将导致债权人频繁地主张权利，动摇双方之间的互信。因此，为充分保护债权人，维护双方之间的互信，存在长期房屋租赁合同关系的双方当事人因租金支付发生纠纷的，诉讼时效应从最后一期租金履行期限届满之日起开始计算。

Ⅳ 本判决的参考意义及将来的课题

本案判决以信赖关系为基础，对继续性合同适用诉讼时效的问题作出裁判指引，关注继续性合同的特殊性，为继续性合同类案件的裁判提供了一定的思维方法。就将来而言，在法律规则的设定上要考虑继续性合同的特殊性，同时注重协调《民事诉讼法》和《民法典》关于诉讼时效的规定。此外，从既有的司法实践中明显可以看出，继续性合同解除问题存在明显的规则供给不足，导致裁判存在独辟蹊径、回避应答的情形，或产生司法权力直接介入民事法律关系的风险。未来需要进一步完善相关法律规范，尤其是在合同法的一般规则设计中关注继续性合同的特殊性。

□ 参考文献

韩世远:《合同法总论》,法律出版社2011年版。

王泽鉴:《债法原理》,北京大学出版社2009年版。

崔建远:《合同法》(第5版),法律出版社2010年版。

最高人民法院民事审判第二庭编著:《最高人民法院关于民事案件诉讼时效司法解释理解与适用》,人民法院出版社2015年版。

屈茂辉、张红:《继续性合同:基于合同法理与立法技术的多重考量》,载《中国法学》2010年第5期。

韩世远:《继续性合同的解除:违约方解除抑或重大事由解除》,载《中外法学》2020年第1期。

王文军:《论继续性合同的解除》,载《法商研究》2019年第2期。

冯恺:《分期履行之债的诉讼时效适用基础——请求权的可分性分析》,载《法律科学》2004年第4期。

064 债务人进入破产程序后的代位权行使

中国长城资产管理公司长沙办事处与成功控股集团有限公司、酒鬼酒股份有限公司、湖南湘泉集团有限公司代位权纠纷上诉案 ｜ 最高人民法院(2006)民二终字第218号民事裁定书

石一峰 浙江大学光华法学院

■ 事实概要

原审第三人湘泉集团于2001年9月13日至2006年6月28日,在湘西工商银行贷款18笔,共计欠款2.48亿元。2005年7月,上诉人长城公司从湘西工商银行受让了上述债权,经催告,原审第三人湘泉集团至今未予偿还。此外,2002年9月,原审第三人湘泉集团将自己持有的被上诉人酒鬼酒公司股票8800万股,以3.5288亿元的价格转让给被上诉人成功控股集团。2002年12月,湘泉集团又与成功控股集团、酒鬼酒公司签订三方协议,约定上述股权转让金由成功控股集团直接付给酒鬼酒公司。上诉人长城公司以原审第三人湘泉集团在明知该三方协议无效的情况下,怠于行使权利,侵害了其利益为由,提起代位权诉讼,请求判令两位被上诉人共同清偿湘泉集团所欠上诉人债务2亿元及相应利息,但被湖南省高级人民法院以湘泉集团已进入破产程序为由裁定驳回起诉。其理由在于:最高人民法院《关于贯彻执行〈中华人民共和国企业破产法(试行)〉若干问题的意见》[法(经)发(1991)35号][以下简称《破产法意见》,该意见后被法释(2013)2号废止]第17条规定,“人民法院发布立案公告后,债权人只能申报债权,不能向受理破产案件的人民法院提起新的诉讼”,包括代位权诉讼;同时认为代位权诉讼将使得破产债务人违背禁止个别清偿的原则。此外,长城公司已申报债权,若认为破产债务人怠于行使债权,应通过债权人会议来主张自己的权利,请求受理破产法院通过裁定的方式救济,但不能另行提起诉讼。

长城公司向最高人民法院提起上诉。其主要理由如下:湖南省高级人民法院对《破产法意见》第17条存在错误理解:(1)该条主要禁止以债务人为被告的新的诉讼,并且仅禁止向受理破产法院起诉。(2)本案以非破产债务人为被告提起诉讼,也未向受理破产申请的法院提起诉讼。(3)假设湖南省高级人民法院的理由成立,一旦债务人申请破产,债权人就不能提起任何新的诉讼,那么也就不能向保证人提起新的诉讼,但这显然与现行法律相矛盾。成功控股集团与酒鬼酒公司均未作答辩。

■ 判决要旨

在债务人进入破产程序的情况下，人民法院不应以普通程序受理债权人代位权诉讼，应由受理破产案件的法院确定次债务人是否应当向债权人履行债务。理由在于：(1)代位权行使在普通民事程序中的标的是债务人对次债务人的债权，行使的目的是使债权人个别受偿。但在破产程序中这一债权作为债务人的破产财产，应由全体债权人公平受偿。若由债权人行使代位权将直接影响其他债权人的利益，违反破产债权人公平受偿的原则。(2)破产程序本身即具有追回债务人对外债权的功能，可申请法院予以纠正。最高人民法院《关于审理企业破产案件若干问题的规定》[法释(2002)23 号](以下简称《破产法规定》)第 50 条、第 51 条第 2 款规定了清算组具有及时回收破产企业财产的职责以及债权人在清算组怠于履行职责时有监督的权利。(3)尽管债权人对债务人以外的连带债务人提起诉讼并不为法律或司法解释所禁止，但此种诉讼的对象是基于个别债权的连带责任，其效果也是保护个别债权的实现，而代位权诉讼的标的是债务人对次债务人的债权，该项财产是对债务人全部债务的担保，不是对个别债务的担保，代位权诉讼与对债务人的保证人的诉讼有着根本的区别。

■ 评　析

Ⅰ 本判决的思路和意义

本案中，一审和二审法院均以债务人进入破产程序为由否认债权人可在此时提起代位权诉讼。其核心理由在于代位权诉讼将使债权人获得个别清偿，从而与破产法中的禁止个别清偿和公平受偿原则相悖。而债权人在破产程序中存在通过债权人会议表达意见或通过监督申请法院纠正等其他保障债权的手段。本案中提出了债权人代位权诉讼除受实体法上构成要件影响外，还受程序法的影响。在判决思路上似也表明代位权诉讼并非以债权“入库”为结果而是会导致个别清偿。此将对后续代位权诉讼产生重要意义。

Ⅱ 规范及学理

关于代位权诉讼，《民法典》第 535 条及最高人民法院《关于适用〈中华人民共和国合同法〉若干问题的解释(一)》[法释(1999)19 号](以下简称《合同法司法解释一》)相关条款对其构成及行使条件已有较为清晰的规定。对于债权人行使代位权的后果素有“入库规则”与“直接个别清偿规则”的争议(史尚宽：《债法总论》，中国政法大学出版社 2000 年版，第 462 ~ 463 页)。但从《合同法司法解释一》第 20 条的规定来看，代位权诉讼的结果是次债务人向债权人履行清偿义务并导致三方债权债务关系消灭，采取的是“直接个别清偿规则”。此规则在普通诉讼程序中，并未引发太多争议。然而，在债务人进入破产程序后，由于破产法对全体债权人公平清偿的要求，使普通诉讼程序中债权人代位权导致的“直接个别清偿”与破产法之理念相冲突。

与原《破产法意见》第 17 条在程序上限制新诉讼不同，新《企业破产法》第 21 条改变了规则——并非限制诉讼,而是"有关债务人"的新民事诉讼只能由"受理破产申请的人民法院"进行集中管辖。虽然债务人不是代位权诉讼的被告,但其一般以诉讼第三人的身份参与诉讼,因而该诉讼也是"有关债务人"的新诉讼。但此是否意味着在程序上,债权人可提起代位权诉讼呢?根据最高人民法院《关于适用〈中华人民共和国企业破产法〉若干问题的规定(二)》[法释(2013)22 号](以下简称《破产法司法解释二》)第 21 条第 1 款的规定,即使是在破产申请受理前,债权人就已提起代位权诉讼的,破产申请受理时案件尚未审结的,人民法院也应当中止审理。同时,根据该解释第 23 条的规定,破产申请受理后,债权人再提起代位权诉讼的,人民法院将不予受理。其中的原因在于,代位权诉讼是就债务人财产提起的个别清偿诉讼,因而无法按照新《企业破产法》第 20 条的规定,在管理人接管债务人的财产后,继续进行中止的诉讼或者仲裁。

代位权诉讼之所以与破产程序相悖,与其到底采取"入库规则"还是"直接个别清偿规则"有关。代位权诉讼可追溯至法国民法中的间接诉权制度,在强制执行法欠缺对债权人保护手段的情况下,间接诉权以实体法的形式直接赋予债权人行使债务人权利的权利。但是债权人不能以自己的名义行使该权利,而仅能以债务人的代理人身份,以债务人的名义为请求(尹田:《法国现代合同法:契约自由与社会公正的冲突与平衡》,法律出版社 2009 年版,第 299 页)。故债权人代债务人所受领之给付,其标的物仍为一般债权人之共同担保物,行使代位权者不得直接以之充作清偿。债权人为欲满足自己之债权,应另采强制执行之方法(史尚宽:《债法总论》,中国政法大学出版社 2000 年版,第 471 页)。因此,代位权制度的本旨是为维持债务人之责任财产,提高自身债权的保障。但日本司法实践对债权人代位权的运用大大超越了该制度本来的宗旨,其判例先后在代位权行使效果以及制度的用途和要件上作出了扩张,允许代位权人直接受领第三债务人的给付,甚至允许代位权被转用于保全特定债权而非一般责任财产(钱伟荣:《债权人代位权——日本判例和学说的现状及其展望》,韩世远、[日]下森定主编:《履行障碍法研究》,法律出版社 2006 年版。转引自潘重阳:《论债权人代位权制度之存废——以实体与程序交叉为视角》,载《大连海事大学学报》(社会科学版)2015 年第 3 期)。我国《合同法司法解释一》中也规定代位权的行使将直接消灭三方关系,即行使代位权者可直接获得次债务人的清偿。但该规定的目的是为解决困扰中国企业多年的"三角债"问题多提供一个可资利用的手段(梁慧星:《读法条　学民法》,人民法院出版社 2014 年版,第 154 页),具有政策引导性。一旦采取直接消灭三方债权债务的方式,就是采取"直接个别清偿规则",便会与破产程序中禁止个别清偿原则不符。

对于此,《民法典》第 537 条仍采取"直接个别清偿规则",又特别规定"债务人破产的,依照相关法律的规定处理"。此时,若债务人进入破产程序,但其管理人仍怠于行使债权的,债权人只能通过申报债权,并在债权人会议中提出监督的方式要求管理人追回债务人的财产。如果提出监督后,管理人仍然怠于行使债权,是否允许债权人以"入库规则"为效果提起代位权诉讼呢?对于此,《破产法司法解释二》第 21 条第 2 款规定,若债权人提起代位权诉讼后,在一审中变更其诉讼请求为追收的相关财产归入债务人财产的,可不中止审理。但该款仅适用于"破产申请受理前"提起的代位权诉讼,对于"破产申请受理后"提起的代位权诉讼,依据该解释第 23 条,似无受理的可能。不过,第 23 条第 3 款中“个别债权人代表全体债权人……主张次债务人……向债务人清偿”(采取“入库规则”)在教义学归类上也可属于代位权诉讼。

Ⅲ 既往司法实践状况

债权人代位权诉讼在破产程序中面临的首要冲突便是该案件的诉讼管辖权归属于哪一家法院,以及是否允许当事人排除。《合同法司法解释一》第 14 条规定:“债权人依照合同法第七十三条的规定提起代位权诉讼的,由被告住所地人民法院管辖。”而《企业破产法》第 21 条规定:“人民法院受理破产申请后,有关债务人的民事诉讼,只能向受理破产申请的人民法院提起。”针对这两者优先适用的问题,浙江××公司等诉金××投资股份有限公司等债权人代位权纠纷案[浙江省高级人民法院(2009)浙辖终字第 141 号民事裁定书]中,浙江省高级人民法院认为,《合同法司法解释一》第 14 条系对民事诉讼法规定的原告就被告原则的重申,属一般规定;《企业破产法》第 21 条系对涉及破产债务人民事诉讼管辖的特别规定。根据特别法优于一般法的法律适用原则,应当适用《企业破产法》第 21 条确定管辖权。而就是否允许当事人约定排除,湘电风能有限公司、弈成新材料科技(上海)有限公司债权人代位权纠纷案[最高人民法院(2019)民辖终 73 号民事裁定书]中,最高人民法院将《合同法司法解释一》第 14 条界定为债权人代位权诉讼特殊地域管辖规定,认定其为不得违反的强制性规定。

在明确诉讼管辖法院后,若债务人的破产申请已被人民法院受理,此时债权人的债权如何得到保障? 司法实践中主要依据债权人代位权诉讼情况分为三类:(1)代位权诉讼尚未提起,债权人向破产管理人申报债权。即便债权人向人民法院提起代位权诉讼的,法院也将依照《破产法司法解释二》第 23 条的规定不予受理。(2)已提起代位权诉讼但未作出判决的,依照《破产法司法解释二》第 21 条第 1 款第 1 项规定,中止审理,并移送破产受理法院[广东省高级人民法院(2018)粤民申 7387 号民事裁定书]。(3)代位权诉讼判决已作出,但未执行完毕。人民法院应根据《企业破产法》第 19 条、《破产法司法解释二》第 22 条的规定,中止执行,由债权人依法向管理人申报债权[江苏省高级人民法院(2018)苏执监 483 号执行裁定书]。

依据《破产法司法解释二》第 21 条第 2 款和第 23 条第 3 款,在特别情形下债权人可提起以“入库”为目的的代位权诉讼,此时仍需满足代位权实现的一般要件。例如,实践中存在债务人与次债务人人格混同且互负债权债务,债务人对次债务人的债权被法院认定抵销,从而导致债权人代位权诉讼构成要件缺失的情况[辽宁省高级人民法院(2017)辽民终 1288 号民事判决书]。

Ⅳ 本裁定的参考意义及将来的课题

就债权人代位权在破产程序中的行使问题,本案中最高人民法院清晰地指出普通民事诉讼程序与破产程序对个别债权人和全体债权人保护的区别,即在债务人进入破产程序后，若以“直接个别清偿”为目的提起代位权诉讼将与破产法禁止个别清偿和公平清偿原则相悖。但根据《破产法司法解释二》的相关规定，以“入库”为目的的代位权诉讼在特别情形下仍可得到支持。此时代位权诉讼的法律效果则从直接消灭债权人与债务人以及债务人与次债务人之间的债权债务关系，降格为仅消灭债务人与次债务人之间的债权债务关系。但本案中仅就一般情形下限制破产程序中代位权诉讼的提起进行了裁判，对于特别情形下以“入库”为目的的代位权诉讼是否得以适用未表明态度。

对于此，要对破产法中的相关规定作进一步的分析和研究，即是否在破产程序中存在以“入库”为目的的代位权。此外，还需关注《民法典》第536条的规定：“债权人的债权到期前，债务人的债权或者与该债权有关的从权利存在诉讼时效期间即将届满或者未及时申报破产债权等情形，影响债权人的债权实现的，债权人可以代位向债务人的相对人请求其向债务人履行、向破产管理人申报或者作出其他必要的行为。”这与《民法典》第537条中规定的代位权成立的，由次债务人向债权人履行义务不同。第536条实际创设了特别情形下以“入库”为目的的代位权，第537条则是仍以“直接个别清偿”为目的的代位权。从第537条第2句“债务人对相对人的债权或者与该债权有关的从权利被采取保全、执行措施，或者债务人破产的，依照相关法律的规定处理”来看，立法者有意创设不同于以“直接个别清偿”为目的的特别代位权。此是否表明进入破产程序后，债权人仍可以在特别情形下行使以“入库”为目的的代位权，需进一步明确。

▣ 参考文献

史尚宽：《债法总论》，中国政法大学出版社2000年版。

尹田：《法国现代合同法：契约自由与社会公正的冲突与平衡》，法律出版社2009年版。

潘重阳：《论债权人代位权制度之存废——以实体与程序交叉为视角》，载《大连海事大学学报》（社会科学版）2015年第3期。

梁慧星：《读条文 学民法》，人民法院出版社2014年版。

065 债权人对故意有偿行为的撤销

国家开发银行与沈阳高压开关有限责任公司、新东北电气(沈阳)高压开关有限公司、新东北电气(沈阳)高压隔离开关有限公司、沈阳北富机械制造有限公司等借款合同、撤销权纠纷案 | 最高人民法院(2008)民二终字第23号民事判决书

王洪亮 清华大学法学院

■ 事实概要

1998年8月,国家开发银行(以下简称国开行)与沈阳高压开关有限责任公司(以下简称沈阳高开)签订了一份《基本建设借款合同》,其中约定沈阳高开向国开行借款15,300万元,应自2001年11月至2007年11月分7次偿还本金和利息。沈阳变压器有限责任公司(以下简称沈阳变压)承担连带保证责任。后沈阳高开在偿还了1300万元后,其余贷款本息未还。2003年5月,两者又签订了一份短期借款合同,约定沈阳高开向国开行借款1000万元,应于一年后偿还本金与利息。东北建筑安装工程总公司(以下简称东北建安)承担连带保证责任。随后沈阳高开同样未能偿还该笔贷款本息。2003年5月至2004年3月,沈阳高开以实物出资方式,合资成立新东北电气(沈阳)高压开关有限公司(以下简称新东北电)、新东北电气(沈阳)高压隔离开关有限公司(以下简称新泰高压;占股74.4%),沈阳北富机械制造有限公司(以下简称诚泰能源;占股95%);沈阳东利物流有限公司(以下简称新泰仓储;占股95%)。

2004年4月,沈阳高开与东北电气发展股份有限公司(以下简称东北电气)签订股权转让协议,东北电气以其持有的沈阳添升通信设备有限公司(以下简称沈阳添升)98.5%的股权(以10台汽轮发电机组折价13,000万元投资沈阳添升,但后来审计表明该发电机组账面价值实际为2787.88万元)作为对价取得了新泰高压74.4%的股权;东北电气以其对东北输变电设备集团公司(以下简称东北输变电)7666万元的债权及利息为对价取得了诚泰能源95%的股权和新泰仓储95%的股权。辽宁省沈阳市中级人民法院在2000年已经因东北输变电无财产可供执行而作出执行终结的裁定。

2006年8月,沈阳高开将沈阳添升98.5%的股权以13,000万元的价格转让给沈阳德佳经贸有限公司(以下简称沈阳德佳)。但账目表明,期间沈阳德佳收购股权的13,000万元资金出自辽宁新泰。而沈阳高开收到转让款13,000万元后立即将其中约10,000万元以直接和间接方式背书给了辽宁新泰。2005年2月中国银监会辽宁监管局相关调查载明,沈阳高开通过投资、转让、股权变更等一系列方式,在两年多时间里将一家由大量国有银行贷

款形成的龙头企业变成没有偿还债务能力的空壳企业，手段恶劣，性质严重。

国开行于2004年5月31日向北京市高级人民法院提起诉讼，请求判令：(1)沈阳高开支付贷款本金15,000万元和利息；(2)沈阳变压对贷款本金14,000万元及利息承担连带清偿责任；(3)东北建安对贷款本金1000万元及利息承担连带清偿责任；(4)确认沈阳高开与东北电气之间的股权转让合同无效；(5)新东北电、新泰高压、诚泰能源、新泰仓储、东北电气对沈阳高开的债务承担连带责任；(6)由被告方承担本案诉讼费用。在庭审中，国开行提出，由于东北电气将其受让的沈阳高开的股权再次转让，故东北电气应对其不能返还的部分承担赔偿责任。后又于2005年3月31日向辽宁省高级人民法院提起诉讼，请求判令撤销沈阳高开与东北电气间转让新泰高压、诚泰能源、新泰仓储股权的行为。辽宁省高级人民法院将该案应移送北京市高级人民法院合并审理。北京市高级人民法院受理后，将该移送案与本案合并进行了审理，并撤销了东北电气以其持有的对东北输变电7666万元的债权及利息与沈阳高开持有的在诚泰能源95%的股权和在新泰仓储95%的股权进行股权置换的合同。二审最高人民法院撤销了沈阳高开以其在新泰高压74.4%的股权与东北电气持有的沈阳添升98.5%的股权进行股权置换的合同，并判决沈阳高开将其在沈阳添升98.5%的股权返还给东北电气，东北电气将其在新泰高压74.4%的股权返还给沈阳高开。如两者不能相互返还，东北电气应在13,000万元扣除2787.88万元的范围内赔偿沈阳高开损失。

■ 判决要旨

根据原《合同法》第74条的规定，债务人以明显不合理的低价转让财产，对债权人造成损害，并且受让人知道该情形的，债权人可以请求人民法院撤销债务人转让财产的行为。

■ 评　析

I 本判决的审判思路和学理评析

本案首先要解决的问题是究竟适用原《合同法》第52条第2项、原《民法总则》第154条(《民法典》第154条)，还是原《合同法》第74条(《民法典》第538条、第539条对应地作了修改)。债权人先是请求北京市高级人民法院确认沈阳高开与东北电气之间的股权转让合同无效，后来又请求辽宁省高级人民法院判令撤销相关股权转让行为。两案合并审理后，应当确认国开行的请求是撤销沈阳高开与东北电气间转让新泰高压、诚泰能源、新泰仓储股权的行为。依据当事人的请求，应当适用原《合同法》第74条。当事人也可以选择依据恶意串通主张合同无效，但恶意串通构成并不清晰，对于恶意串通的证明标准较高，且合同被认定无效后，原告作为债权人无权要求第三人将标的物返还给债务人。债权人撤销权构成特别规范，应优先适用(茅少伟：《论恶意串通》，载《中外法学》2017年第1期)。故在原告仅仅请求判令被告之间股权置换合同无效的情况下，法院也应当优先适用债权人撤销权规范。

本案的关键是国开行是否有权撤销沈阳高开与东北电气间转让新泰高压、诚泰能源、新泰仓储股权的行为的问题。限于篇幅,本文仅分析其中国开行可否撤销新泰高压股权与沈阳添升股权置换行为的问题。依据原《合同法》第74条,符合如下构成要件,国开行即可行使债权人撤销权。

首先,债权人对债务人须享有合法的债权。本案中,沈阳高开尚欠国开行1.5亿元。基于学界通说,债权人的债权必须是金钱债权或者将来可转化为金钱债权的债权[韩世远:《合同法总论》(第4版),法律出版社2018年版,第480页],本案债权是典型的金钱债权。在国开行起诉行使撤销权之时,尽管部分债权还没有到期,但债务人的行为已经危及将来债权的实现,故应当允许债权人根据未到期的债权,主张撤销权。

其次,需要有债务人的行为。原《合同法》规定在有偿行为的情况下,债务人以明显不合理的低价转让财产的,债权人可以撤销。涉案合同属于互易合同,其中有两次股权的转让行为,属于原《合同法》要求的"转让财产行为"。

至于债务人转让财产是否以明显不合理的低价进行的,对此,最高人民法院《关于适用〈中华人民共和国合同法〉若干问题的解释(二)》[法释(2009)5号](以下简称《合同法解释二》)第19条有明确规定。本案中,股权置换交易发生在2004年4月7日。沈阳高开出资1600万美元,获得新泰高压股权74.4%;而东北电气以10台汽轮发电机组折价13,000万元投资沈阳添升,获得其98.5%的股权。从表面上,二者的投资价值相当。但前文表明,汽轮发电机组的账面价值为2787.88万元。

值得注意的是,沈阳高开将沈阳添升98.5%的股权转让给沈阳德佳的对价为13,000万元。但其后沈阳高开将该笔款项的80%转给辽宁新泰,其余转给新泰高压等企业,沈阳德佳在股权价款支付前后账户余额未发生改变。因此,法院从交易当地一般经营者的视角,考虑交易当时东北电气出资价值,以及嗣后转让该股权的实际对价,认定该笔股权价值在2787万元左右,并未达到沈阳高开股权对价的70%,故债务人的行为构成明显不合理低价转让财产。

再次,债务人的行为有害债权。对此,要具体考察债务人的诈害行为是否导致债务人一般财产的减少,并使得债权人无法获得全额赔偿[韩世远:《合同法总论》(第4版),法律出版社2018年版,第465页]。本案中,沈阳高开的股权置换后获得的对价在2787万元左右,其责任财产明显减少。而且银监局证明,沈阳高开已经成为一个没有偿还债务能力的空壳企业,实际上不能履行国开行全部的债务。所以可以认定债务人的股权置换行为有害于债权人债权的实现。

值得讨论的是涉案借贷债权之上附有第三人保证。若第三人的保证可以保障债权人债权的实现,债权人不得行使撤销权;但是在保证人清偿能力不足的情况下,债权人也得以行使撤销权。如在本案中,直到诉讼时,债务人与保证人都未偿还15,000万元本金及利息,债务人的行为仍会危及债权人债权实现[韩世远:《合同法总论》(第4版),法律出版社2018年版,第461页]。

复次,须有债务人的恶意。从原《合同法》第74条的文义中,并不能得出债务人恶意这一要件,但自利益平衡的角度来看,应当要求债务人主观上有恶意方可行使撤销权(王洪亮:

《债法总论》,北京大学出版社 2016 年版,第 152 页)。有学者认为,债务人明知其资产不足以清偿全部债务,而仍处分财产或权利,即推定其恶意处分财产[韩世远:《合同法总论》(第 4 版),法律出版社 2018 年版,第 468 页]。本案中,沈阳高开主观恶意十分明显,对此,银监会也予以证明。

最后,根据原《合同法》第 74 条,还需要满足受益人知道的构成要件,即受益人受益时知道债务人的行为有害于债权人的实现。本案中,东北电气应当明知其投入沈阳添升的资产(10 台发电机)价值仅为 2787 万元左右,在这种情况下却仍以该不合理的低价换取沈阳高开享有的股权,其与后者进行了一系列不合理低价的交易行为,而且这些交易发生的时点恰好是在债务人设立新泰高压之后的不久。另外,在股权置换时,应对对方的财务情况、负债情况进行一定的调查,从中可以知道沈阳高开的负债情况。

综上所述,对于沈阳高开以其在新泰高压 74.4% 的股权置换东北电气持有的沈阳添升 98.5% 的股权的行为,国开行享有撤销权。

依据最高人民法院《关于适用〈中华人民共和国合同法〉若干问题的解释(一)》[法释(1999)19 号](以下简称《合同法解释一》)第 25 条第 1 款,经法院依法撤销的侵害债权行为的判决生效后,债务人与第三人之间的侵害债权的行为自始无效。所以,案涉股权置换合同自始无效。但法律上并没有明确规定第三人的返还义务,也没有规定返还不能的赔偿义务。而处理合同无效或可撤销之后法律效果的原《合同法》第 58 条规则在这里也无法准用,国开行作为债权人行使撤销权后只能请求第三人将标的物或者财产返还给债务人东北电气。而且,从撤销权的规范目的出发,也不能判决沈阳高开返还第三人股权。在债权人行使撤销权后,第三人只能向债务人另案提出请求。

Ⅱ 既往司法实践状况

在司法实践中,形成了比较稳定的裁判意见,对于债务人与第三人实施有偿行为侵害债权实现的,债权人得予以撤销[如申请再审人中国水利电力对外公司与被申请人上海福岷围垦疏浚有限公司、龙湾港集团上海实业有限责任公司、海南龙湾港疏浚集团有限公司撤销权纠纷案,最高人民法院(2009)民二提字第 58 号民事判决书;陈志明等诉陈伟伟公司债权人撤销权纠纷案,最高人民法院(2016)最高法民终 310 号民事判决书]。对于"明显不合理低价"转让财产的判断,一般参照《合同法司法解释二》第 19 条的规定予以判定[如胡婷婷等与郑金龙等撤销权纠纷申请案,最高人民法院(2014)民申字第 1943 号民事裁定书],具体根据交易当时、交易当地一般经营者的判断,并参考交易当时交易地的物价部门指导价或者市场交易价,结合其他相关因素综合考虑予以确认[如中国建设银行淮北分行与淮北市友谊汽车修理改装厂债权人撤销权纠纷案,最高人民法院(2004)民二终字第 63 号民事判决书]。

在构成要件上,一般同时要求债务人与转得人恶意[如中国水利电力对外公司与上海福岷围垦疏浚有限公司、龙湾港集团上海实业有限责任公司、海南龙湾港疏浚集团有限公司撤销权纠纷案,最高人民法院(2009)民二提字第 58 号民事判决书]。

在法律效果上,需具体根据申请人的诉讼请求决定,若申请人主张诈害行为无效的,法院一般仅判决诈害行为无效(前述中国水利电力对外公司案)。若当事人既主张诈害行为无效,又主张转得人返还的,法院一般在判决诈害行为无效之外,还会判决转得人(第三人)将所得返还给债务人[中钢集团天津有限公司等诉于景立等买卖合同纠纷、债权人撤销权纠纷案,最高人民法院(2016)最高法民终683号民事判决书]。

对于撤销权的行使,法律要求债权人自知道或者应当知道可撤销之日起1年内行使,自债务人的行为发生之日起5年内行使。涉及物权变动登记的,实践中有观点认为5年最长期间应从债务人签订转让合同时起算(雅德咨询公司诉金湖饮食服务公司等债权人行使撤销权超过法定期间被驳回案,载《江苏省高级人民法院公报》2015年第6辑)。

Ⅲ 本裁定的参考意义及将来的课题

本案中,债务人以及转得人故意的举证责任问题值得考虑。若将举证责任完全分配给债权人,则会使行使撤销权产生困难。虽然有的学者主张应对转得人的故意采取推定的方式,实质上使得举证责任倒置,但对于债务人的故意是否也可以采取推定的方式,采取举证责任倒置的法律基础何在?对于债务人、转得人故意的问题,比较合理的思路还是通过客观化考察债务人的注意义务,并类型化具体的故意情形,如将财产转给关系密切的人或关联企业、在被判决承担债务不久等关键时刻转让财产等。

对于有偿行为型的撤销权构成,关注的重点应在故意要件,而非有偿行为的类型,如是否不合理低价,一方面,不合理低价不容易判断;另一方面,与无偿行为也不容易区分,而且在对债权人债权实现是否构成诈害的判定上,即使支付完全的对价,也可能存在侵害债权的情况。在法律效果上,本案处理有超出法律规定之嫌,从结果来看,比较类似合同撤销的法律效果。基于撤销权的规定,法院只能判决转得人将财产返还给债务人。

《民法典》生效后,相关规则发生了变化,前述原《合同法》第74条被分解为《民法典》第538、539条两个条文,依次规定了无偿处分时的债权人撤销权和不合理价格交易时的债权人撤销权。行使撤销权的事由已经根据司法解释等作了扩张,但基本保持撤销权的既有规范逻辑。本裁定涉及的前述解释问题,依然有探讨的空间。

□ 参考文献

韩世远:《合同法总论》(第4版),法律出版社2018年版。

王洪亮:《债法总论》,北京大学出版社2016年版。

066 债权让与通知对债务人的效力

遵义渝禾商贸有限责任公司诉中信银行股份有限公司贵阳分行公司、简传刚、杨小平保理业务合同纠纷案 | 最高人民法院(2016)最高法民申7号民事裁定书

冯洁语 南京大学法学院

■ 事实概要

2013年8月19日，再审被申请人N公司与再审被申请人Z银行签订了《国内保理业务合同(有追索权)》，其中约定将N公司对再审申请人Y公司享有的3000万元债权让与Z银行。同日，N公司与Z银行共同向Y公司发出了债权让与通知。之后，2014年6月27日，Z银行将该债权转让给了D公司，但并未对Y发出通知。但Y声称已经知情债权让与D公司。Y公司到期未向Z银行清偿其债务。Z银行遂诉请Y公司偿还3000万元债务，Y公司在二审中提出两点主张，其一，Y公司已经向N公司支付相应款项，债务已经履行完毕；其二，现债权人为D公司，Z银行无权主张债权。但均未被法院采纳。

Y公司向最高人民法院申请再审。再审的主要理由在于Z银行将本案所涉债权转让给D公司，故Z银行不再具有债权人资格，其已丧失本案诉讼主体资格。Z银行在解释还款原因时，已告知N公司和Y公司其将债权转让D公司的事实。且通知义务在案件审理中亦可以履行，Z银行在诉讼程序中举示债权转让材料的行为，已经达到了通知的法律效果。

■ 判决要旨

驳回再审申请。

《合同法》第80条规定："债权人转让权利的，应当通知债务人，未经通知，该转让对债务人不发生效力。债权人转让权利的通知不可撤销，但经受让人同意的除外。"该条规定采债权转让的通知主义模式，通知是债权转让对债务人生效的要件。债务人应当向谁履行债务，取决于其是否收到债权转让通知。债务人在没有收到债权转让通知前，无论其是否实际知晓债权转让的情况，债权转让对债务人均不发生法律效力，债务人仍应向原债权人履行债务。该案中，虽然Z银行将所涉债权转让D公司，但未通知债务人，因此，该债权转让对债务人不发生效力。

■ 评　析

Ⅰ 本裁定的思路和意义

本案涉及两次债权让与，第一次债权让与通知了债务人，而第二次债权让与没有通知债务人，但是债务人通过其他方式知晓了债权让与的事实。原《合同法》第 80 条规定了未经通知，债权让与对债务人不发生效力。但并未明言，"不发生效力"具体何意。该案例，尽管当事人在再审中并未提出已经清偿之抗辩，但仍能反映出最高人民法院从正反两方面明确了"不发生效力"的含义，即一方面，如果已为通知，则债务人纵向原债权人为给付，也不发生清偿之效果；另一方面，如果未为通知，则债务人纵明知债权已经转让，仍必须向原债权人为给付。

Ⅱ 通知对债务人效力的规范与学理

原《合同法》第 80 条第 1 款第 2 句规定债权让与未经通知，对债务人不发生效力。这一规定同样延续到了《民法典》第 546 条第 1 款。从文义来看，通知是债权让与对债务人发生效力的唯一要件。

通知在性质上属于准法律行为的一种，即所谓的观念通知[韩世远：《合同法总论》(第 4 版)，法律出版社 2018 年版，第 612 页]，是将债权已经让与的事实告知债务人(韩海光、崔建远：《论债权让与和对抗要件》，载《政治与法律》2003 年第 6 期)。我国主流观点传统上往往从对抗要件的角度理解通知的效力(韩海光、崔建远：《论债权让与和对抗要件》，载《政治与法律》2003 年第 6 期)，新近学说则更倾向于从权利主张要件层面理解(王勤劳：《债权让与制度研究》，法律出版社 2013 年版，第 125 页)。两种观点仅为理念与术语之争，在通知对债务人的效力方面并无实质区别。在上述两种观点以外，少数有力说则认为从立法目的来看，通知是为了保护债务人，但实际上，通知主义对于债权受让人而言更为有利。如果从债务人保护的规范目的出发，那么通知与债务人保护"不必拴在一起"(张谷：《论债权让与契约与债务人保护原则》，载《中外法学》2003 年第 1 期；王洪亮：《债法总论》，北京大学出版社 2016 年版，第 459 页)。就此而言，我国学说对于如何理解通知对债务人的效力大致形成了三种观点，(1)对抗要件说；(2)债权形式要件说；(3)债务人保护工具说。在最后一种观点下，通知对债务人的效力与前两种观点略有不同。

通知对债务人的效力可以分为通知以前与通知以后。在通知以后，不同学说的观点基本相同。债务人应当基于通知向债权受让人为给付[韩世远：《合同法总论》(第 4 版)，法律出版社 2018 年版，第 612 页]。即使债权让与合同无效或被撤销，乃至债权让与本身存在效力瑕疵，债务人仍得信赖通知而为有效的清偿[王洪亮：《债法总论》(第 4 版)，北京大学出版社 2016 年版，第 462 页]。但是，在通知以后，如果债务人仍然向原债权人为给付，则不发生清偿的效力。此时，债权受让人的债权不受影响。此时，债务人仍须向债权受让人提供给付，并依给付型不当得利请求债权出让人返还所受领的给付。例如，在本案中，债务人虽然主张已经清偿了债务，但是由于第一次债权让与已经通知，故债务人对债权受让人仍负有债务。原二审判决明确了这一点。由于此时债务人向原债权人提供了给付,故而构成给付型不当得利。根据给付型不当得利优先原则,债权受让人不能基于不当得利请求债权出让人返还所受领的给付。

在债权让与以后,通知以前,如果债务人并不知晓债权让与之事实,那么债务人仍得对原债权人为一切法律行为。对于这一问题学说并无争议。例如,债务人仍得向原债权人为有效的清偿[韩世远:《合同法总论》(第4版),法律出版社2018年版,第616页;王洪亮:《债法总论》,北京大学出版社2016年版,第460页]。此种情况下,债权受让人的债权因债务人清偿而消灭,只能依不当得利请求债权出让人返还所受领给付。但是,对于债务人能否放弃此种保护,上述三种学说存在争议。在前两种学说下,如果将其推演至极致,会得出债务人不得基于不当得利请求原债权人返还所受领给付的结论[韩世远:《合同法总论》(第4版),法律出版社2018年版,第616页]。在最后一种学说下,由于通知只是债务人保护的工具,对于债务人而言,理所当然可以不主张保护,可以基于不当得利请求债权出让人返还给付,并重新对债权受让人为清偿(王洪亮:《债法总论》,北京大学出版社2016年版,第460页)。

对于通知以前,已经知悉债权让与的债务人的法律地位的问题,学说争议更大。尽管在前两种理论下,通知才是债权让与对债务人的生效要件,因此,通知以前,即使债务人知悉债权让与的事实,债权出让人仍得向其收取债权,债务人必须向其为给付,并且该给付对债权受让人而言,发生清偿的效力(王勤劳:《债权让与制度研究》,法律出版社2013年版,第139~140页)。但是,前两种学说的支持者往往并未将理论与逻辑贯彻到底,一方面,对于债权出让人能否向债务人主张债权,支持前两种学说的学者基本回避了这一问题;另一方面,支持前两种学说的学者多数在价值判断上也不能认可恶意的债务人仍受保护。其主张通过引入诚信原则,对原《合同法》第80条进行限缩解释,即该条仅保护善意的债务人[韩海光、崔建远:《论债权让与和对抗要件》,载《政治与法律》2003年第6期;徐涤宇:《〈合同法〉第80条(债权让与通知)评注》,载《法学家》2019年第1期]。债务人保护工具说在解释这一问题上更为自洽,原《合同法》第80条第1款第2句规定的"不发生效力"指的是不通知对于债务人的清偿效力不生影响。债权让与以后,通知以前,如果债务人知悉债权已经转让,那么一方面,债务人对债权出让人享有抗辩理所当然。此时,债务人可以向债权受让人为给付,但如果嗣后发现债权让与合同无效或被撤销,则债务人的给付不发生清偿的效力。另一方面,知悉债权已经转让的债务人不应再受到保护,因为通知作为债务人保护工具,目的在于避免债务人错误清偿(王洪亮:《债法总论》,北京大学出版社2016年版,第459页)。

本案中,第二次债权让与没有通知债务人,但债务人已知悉债权让与的事实,最高人民法院的裁定理由采纳了严格贯彻通知作为对抗要件或权利主张要件的观点。

Ⅲ 既往司法实践状况

在本裁定之前,实践中对于通知和债务人保护的关系已经有诸多判决。对于通知以后,债务人继续向债权出让人清偿这一问题,最高人民法院的态度较为明确。较为典型的案例如"青岛泓海投资有限公司与中国农业银行潍坊市分行不当得利纠纷申请案"[最高人民法院(2013)民申字第1631号民事裁定书],该案中,最高人民法院认为,在已经通知的情况下,债务人对债权出让人为给付,不发生清偿的效果,债权受让人仍对债务人享有债权。该案明显反映了最高人民法院认为通知以后,债务人继续向原债权人为给付,不发生清偿的效力。

但是,在给付后的返还问题上,尤其是在债权受让人能否向债权出让人请求返还的问题上,法院的案例呈现三种态度。其一,以债权受让人的债权未受影响为由,否定不当得利。例如,在上述"青岛泓海投资有限公司与中国农业银行潍坊市分行不当得利纠纷申请案"中,最高人民法院认为债权受让人没有"受有损害",不符合不当得利构成要件,否定了债权受让人请求债权出让人返还的诉求。其二,虽然债权受让人的债权未受影响,但受让人可以通过代位法理,代位债务人请求债权出让人返还,如王富博法官对"中国信达资产管理公司济南办事处与中国银行股份有限公司淄博市周村支行金融债权转让合同纠纷案"的评论。其三,也有法院认为,如果债权出让人在债权已经转让的情况下,依然积极收取债权,构成侵害他人债权,如"中国建设银行股份有限公司衡东支行诉李光明财产侵权责任纠纷再审案"[湖南省衡阳市中级人民法院(2016)湘04民再11号民事裁定书]。

对于通知以前、债务人知悉债权让与的事实以后债务人的保护问题,最高人民法院态度不明。2009年最高人民法院发布的《关于审理涉及金融不良债权转让案件工作座谈会纪要》[法发(2009)19号](以下简称《纪要》)第2条第2句规定,"不良债权已经剥离至金融资产管理公司又被转让给受让人后,国有企业债务人知道或者应当知道不良债权已经转让而仍向原国有银行清偿的,不得对抗受让人对其提起的追索之诉,国有企业债务人在对受让人清偿后向原国有银行提起返还不当得利之诉的,人民法院应予受理",似背离了原《合同法》第80条第1款第2句的规定,以债务人的主观状态作为保护的标准,而非以通知为唯一的客观标准。王富博法官在针对前述"中国信达资产管理公司济南办事处与中国银行股份有限公司淄博市周村支行金融债权转让合同纠纷案"的评论中明确表示应当根据债务人的主观情形,分别赋予受让人不同的救济方式。

尽管《纪要》的适用范围是国有银行对国有企业享有的不良金融债权,并不当然适用于一般债权让与,但是,最高人民法院在多个批复中,均明确表示一般债权让与也应当参照《纪要》。例如,在《关于如何理解最高人民法院法发(2009)19号〈会议纪要〉若干问题的请示之答复》[(2009)民二他字第21号]中,最高人民法院指出,"根据《纪要》的精神和目的,涉及非国有企业债务人的金融不良债权转让纠纷案件,亦应参照适用《纪要》的规定"。就此而言,在一般债权让与中,债务人保护的限度同样取决于债务人的主观状态,而非仅取决于通知。

Ⅳ 本裁定的参考意义及将来的课题

本案中,最高人民法院一方面延续了通知以后债务人错误清偿不受保护,不发生清偿效力的观点;另一方面,在通知之前债务人保护的限度问题上,一改之前所采的主观标准,转而采纳了通知作为债务人保护的限度。从学理上看,两种标准体现了对通知功能认识的不同,并且更为关键的是,其中也体现了价值判断的不同。以债务人的主观状态作为标准,体现了对善意的保护,由此形成的是一个有层次区分的债务人保护体系。具体而言,区分三个层次,债权让与时、债务人善意时、债务人收到通知时,根据不同的时点,给予其相应的保护。相反,如果以通知作为标准,体现的则是建立统一的客观保护体系。《民法典》颁布生效后,何种体系更为妥当不仅需要考虑《民法典》第 546 条第 1 款的文义,而且需要考虑我国信赖责任体系的构建,以期实现价值判断上的统一。此外,在债务人错误清偿以后,返还应当采何种理论构成同样有待我国司法实践的进一步探索。

□ 参考文献

韩世远:《合同法总论》(第 4 版),法律出版社 2018 年版。

韩海光、崔建远:《论债权让与和对抗要件》,载《政治与法律》2003 年第 6 期。

徐涤宇:《〈合同法〉第 80 条(债权让与通知)评注》,载《法学家》2019 年第 1 期。

张谷:《论债权让与契约与债务人保护原则》,载《中外法学》2003 年第 1 期。

王洪亮:《债法总论》,北京大学出版社 2016 年版。

王勤劳:《债权让与制度研究》,法律出版社 2013 年版。

067 转让抵押权不以办理转移登记为必要

黄健民与黄稼云担保物权纠纷案 | 陕西省宝鸡市渭滨区人民法院(2017)陕0302民特1号民事裁定书

吕双全 宁波大学法学院

■ 事实概要

2015年4月,陕西省太白县农村信用合作联社(以下简称太白联社)与海立公司签订借款合同,约定太白联社出借海立公司300万元,黄稼云以其名下A、B两处房屋为上述借款本息提供抵押,并办理了抵押登记手续。2015年5月,长安银行中滩路支行与海立公司签订借款合同,约定长安银行中滩路支行出借海立公司400万元,黄稼云以上述A房屋再次提供抵押,并办理了抵押登记手续。后太白联社于2016年10月、长安银行中滩路支行于2016年3月分别将上述借款债权及抵押权转让于龙腾公司。黄稼云作为抵押人,同意按照原借款合同向龙腾公司承担还本付息义务。

2016年11月,龙腾公司与黄健民、海立公司、黄稼云签订债权转让协议,将其享有的对海立公司的债权及对黄稼云的抵押权一并转让给黄健民,并约定黄稼云于该协议生效之日起30日内向黄健民履行还款义务,否则黄健民有权申请实现抵押权,但未办理抵押权转移登记。还款期限届至后,黄稼云未依约还款,黄健民向法院提出担保物权实现申请,请求裁定拍卖或变卖被申请人黄稼云A、B两处房产,并在债权范围内优先受偿。

■ 判决要旨

抵押权转让发生效力。

本案所涉各方协议均系真实意思表示,不违反法律、行政法规等禁止性规定,应为有效。长安银行中滩路支行、太白联社将债权及抵押权一并让与龙腾公司,龙腾公司又将上述债权及抵押权一并转让给申请人黄健民,符合《物权法》第192条以及《合同法》第81条规定。黄稼云以其房屋提供抵押担保,并办理了抵押登记手续,抵押权自登记时设立。抵押权转让时虽未办理转移登记,但按照抵押权随债权转让而转让的规定,债权受让人也可以取得已经合法登记的抵押权,不因未办理转移登记而丧失抵押权。裁定准予拍卖变卖黄稼云的抵押房产,并由黄健民在债权范围内优先受偿。

■ 评 析

Ⅰ 本裁定的思路和意义

本案中,不动产抵押权与债权一并转让,虽未办理抵押权转移登记,受让人仍得取得抵押权。裁判要旨表明,抵押权随主债权转让属于法律规定的特殊物权转移方式,因而不需要满足一般不动产抵押权设立时所要求的登记要件。虽然本案涉案标的为不动产,但由于动产抵押权设立本来即不需要登记,故而该结论可推广至整个抵押权转让体系之上。本案裁判认为债权转让后抵押权无须登记即可随之转让。在立法、司法解释未予明确的情况下,本案裁判对不动产抵押权转让效力的确定具有重要意义。

Ⅱ 抵押权转让规范及学理

原《物权法》第 192 条规定:"抵押权不得与债权分离而单独转让或者作为其他债权的担保。债权转让的,担保该债权的抵押权一并转让,但法律另有规定或者当事人另有约定的除外。"原《合同法》第 81 条规定:"债权人转让权利的,受让人取得与债权有关的从权利,但该从权利专属于债权人自身的除外。"上述条文虽从宏观上规定了抵押权与债权一并转让的规则,但并没有具体说明抵押权是否仍需要办理登记手续,因而留下了解释空间,导致实务及学说产生了不同的意见。在司法解释中,最高人民法院对于受让人为金融资产管理公司的情形做出了规范。2001 年颁布的《关于审理涉及金融资产管理公司收购、管理、处置国有银行不良贷款形成的资产的案件适用法律若干问题的规定》[法释(2001)12 号]第 9 条规定:"金融资产管理公司受让有抵押担保的债权后,可以依法取得对债权的抵押权,原抵押权登记继续有效。"然而就在同年,国务院建设部修正的《城市房地产抵押管理办法》却针对城市房地产做出了相反的规定,该办法第 37 条第 1 款规定:"抵押权可以随债权转让。抵押权转让时,应当签订抵押权转让合同,并办理抵押权变更登记。……"值得注意的是,现今《民法典》第 407 条、第 547 条第 1 款除承继原《物权法》第 192 条与原《合同法》第 81 条外,还新增一款规制该问题。其第 547 条第 2 款规定:"受让人取得从权利不因该从权利未办理转移登记手续或者未转移占有而受到影响。"具体对抵押权转让来说,依据该款规定,受让人取得抵押权不需要办理转移登记手续。

在学说上,关于不动产抵押权转让未经登记是否发生转移效力,可以分为肯定说与否定说两类。

肯定说认为,债权让与时,抵押权随同转移,无须登记即发生转移效力(王泽鉴:《民法物权》,北京大学出版社 2010 年版,第 371 页)。该说认为,只有作此解释,方不至于在债权让与后,抵押权未办理移转登记前,造成无担保债权存在,有违于抵押权之从属性之情形[谢在全:《民法物权论》(中册),中国政法大学出版社 2011 年版,第 717 页]。

否定说认为,债权让与时,抵押权的一并转移无须征得抵押人的同意,但在不动产抵押权的场合,需要办理抵押权的转移登记(史尚宽:《物权法论》,中国政法大学出版社 2000 年版,第 308 页)。该说多以《合同法》第 87 条(《民法典》第 502 条第 3 款)为其法律依据(王利明、杨立新、王轶、程啸:《民法学》,法律出版社2017年版,第454页,程啸执笔),该条规定,"法律、行政法规规定转让权利或者转移义务应当办理批准、登记等手续的,依照其规定";或以国土资源部(现为自然资源部)《不动产登记暂行条例实施细则》第27条第8项为其法律依据[崔建远:《物权法》(第4版),中国人民大学出版社2017年版,第437页],该条规定,"因主债权转移引起不动产抵押权转移的","当事人可以向不动产登记机构申请转移登记"。如果以登记为对抗要件的,则未办理变更登记的,善意第三人有权不承认该抵押权的转让(梁慧星、陈华彬:《物权法》,法律出版社2016年版,第288页)。

肯定说和否定说争议之焦点,即在于对原《物权法》第192条及原《合同法》第81条所规定之"一并转让规则"的理解之上。肯定说将该规则作为法律规定的特别物权移转方式,将该条文认定为原《物权法》第9条第1款(《民法典》第209条第1款)规定之"法律另有规定"的情形;否定说将该规则仅作债权层面的理解,移转抵押权之债权依该规则发生效力,但物权层面上的抵押权移转则适用上述第9条第1款的一般规则。

结合理论体系构成及《民法典》的规定,肯定说更值得赞同,理由有如下几点:

第一,不动产抵押权未办理登记即可转让,是抵押权从属性的要求。抵押权以担保债务之清偿为目的,其为主债权而存在,具有从属性。作为从属性的重要体现,抵押权在处分上不得与其所担保之债权分离而单独让与。如果采否定说,则在债权已转让而未办理抵押权登记之时,会出现受让人享有债权却不享有抵押权的情形,违背抵押权的从属性。基于抵押权从属性的要求,受让人受让债权却未办理抵押权登记情形下的处理办法或许有两种:一种是认定债权不发生转让;另一种是认定抵押权亦有效转让。前者为德国法所采用。在德国法下,一般债权的让与无需任何形式要件,但受抵押权担保之债权的让与则须以土地登记法所规定的形式进行[鲍尔/施蒂尔纳:《德国物权法》(下册),申卫星、王洪亮译,法律出版社2006年版,第89页]。然而,我国债权转让规则并未设立此特殊规则,因而很难作类似解释。因此,在我国法律体系下,认定抵押权亦有效转让的做法更符合实际。

第二,不动产抵押权未办理登记即可转让,亦可保证当事人之间的利益平衡。基于不动产抵押权登记生效主义的规则,在债权转让之前,抵押权已经登记并产生合法效力,因此即便不办理转移登记,也可保持物权公示状态,不损害当事人之外的善意第三人的合法权益(袁辉根、王宝成:《受让抵押权不以办理转移登记为必要》,载《人民司法·案例》2019年第2期)。对于抵押人而言,无论债权人如何变更,抵押人均应承担抵押责任,采肯定说并不会给抵押人带来额外的不利益。反之,如果采否定说,在未办理移转登记之前,因受让人取得债权却未取得抵押权,则抵押人无需承担抵押责任,反而会因此获得额外的利益。从平衡债权受让人及抵押人利益的角度来看,采取肯定说更符合公平正义。

第三,作为否定说法律依据的原《合同法》第87条,并未出现在《民法典》中;自然资源部《不动产登记暂行条例实施细则》第27条第8项所规定的内容,也仅是当事人"可以"申请转移登记,并未要求必须登记,因此否定说将丧失法律根基。更为重要的是,《民法典》第547条第2款规定了从权利转让无需移转登记或占有,可以认为从正面承认了肯定说。

从肯定说出发,不动产抵押权随主债权一并转让之时,受让人无需办理转移登记即可取得抵押权。值得注意的是，动产抵押权一并转让时效果的认定。无论是采肯定说还是否定说，均承认受让人无需办理登记即可取得动产抵押权，但是否定说认为仍应符合动产抵押权的一般规则，即未经登记，不得对抗善意第三人。如果从肯定说的视角出发，因"一并转让规则"是法律规定的特别物权转移方式，则受让人取得的亦应当是可对抗善意第三人的完整的动产抵押权。

Ⅲ 既往司法实践状况

在我国的司法实践中，法院判决态度依具体情形的不同而存在差异。如果债权受让人为金融资产管理公司，则法院多依据《关于审理涉及金融资产管理公司收购、管理、处置国有银行不良贷款形成的资产的案件适用法律若干问题的规定》第 9 条规定，认定未办理移转登记也可以取得抵押权。例如，"李杰与辽宁金鹏房屋开发有限公司金融不良债权追偿纠纷案"[最高人民法院(2014)民二终字第 199 号民事判决书，载《最高人民法院公报》2016 年第 4 期]。如果债权受让人为非金融资产管理公司，则司法实践中存在着截然相反的两种意见。

一种意见采肯定说的观点，认为一般主体作为债权受让人，未办理移转登记亦可以取得抵押权。例如，"湖南绿兴源糖业有限公司与丁兴耀等借款合同纠纷申请再审案"[最高人民法院(2015)民申字第 2040 号民事裁定书]，最高人民法院认为，原《物权法》第 192 条系关于抵押权处分从属性的规定，"债权受让人取得的抵押权系基于法律的明确规定，并非基于新的抵押合同重新设定抵押权，故不因受让人未及时办理抵押权变更登记手续而消灭"，同时回避了关于《城市房地产抵押管理办法》第 37 条的讨论。在"高鸿宇等与四平市中兴房地产开发公司等金融不良债权追偿纠纷上诉案"[吉林省高级人民法院(2016)吉民终第 357 号民事判决书]中，一审法院认为，"我国现行法律并无主债权转让需对相关担保债权进行变更登记的规定，相关当事人是否办理变更登记应依自愿，不办理变更登记不影响从权利转让的效力"，《城市房地产抵押管理办法》第 37 条"仅为管理性规范，并非效力性规范，且该规范为部门规章，不能以该规章的规定作为否定抵押权随主债权转让的效力的依据"，二审法院维持了原判。在实务中，也有法院认为原《物权法》第 192 条及原《合同法》第 81 条虽与《城市房地产抵押管理办法》第 37 条冲突，但因法律的效力优于部门规章，应当予以优先适用[例如"肖建、井冈山市房地产综合开发公司民间借贷纠纷执行案"，江西省高级人民法院(2019)赣执复 66 号执行裁定书]。

另一种意见采否定说的观点，认为一般主体作为债权受让人，未办理移转登记不能取得抵押权。例如"肖峰等诉肖桂芳等执行异议纠纷案"[湖南省永州市中级人民法院(2017)湘 11 民终 2785 号民事判决书]，法院依原《物权法》第 9 条规定，认为"债权转让后，该房产抵押权未办理相应的抵押权变更登记，应当认定抵押权变更未发生法律效力"，因此抵押权人仍系债权出让人。

在既往司法实践中，虽然裁判意见存在分歧，但就整体上而言，支持肯定说的判决为多数。

Ⅳ 本裁定的参考意义及将来的课题

本案裁定中,法院表现出的立场维持了近年来形成的多数观点,形成了较为稳定的司法态度,即不动产抵押权随主债权一并转让,未经登记也可发生转让效力。从学理上分析,这也是尊重抵押权从属性的自然结果。在动产抵押权转让的效力上,因其设立不需要登记,故而未经登记即可发生转让效力。然而关于动产抵押权转让之后,是否具有对抗效力,已超出本案裁定的射程范围。从肯定说的思路出发,似乎可以认为可取得对抗善意第三人的动产抵押权,已如上述。但具体到如何平衡善意第三人和抵押权人之间的利益,仍有待进一步明确。

□ 参考文献

王泽鉴:《民法物权》,北京大学出版社 2010 年版。

谢在全:《民法物权论》(中册),中国政法大学出版社 2011 年版。

史尚宽:《物权法论》,中国政法大学出版社 2000 年版。

王利明、杨立新、王轶、程啸:《民法学》,法律出版社 2017 年版。

崔建远:《物权法》(第 4 版),中国人民大学出版社 2017 年版。

梁慧星、陈华彬:《物权法》,法律出版社 2016 年版。

[德]鲍尔/施蒂尔纳:《德国物权法》(下册),申卫星、王洪亮译,法律出版社 2006 年版。

袁辉根、王宝成:《受让抵押权不以办理转移登记为必要》,载《人民司法·案例》2019 年第 2 期。

068 以物抵债（替代清偿）的规则建构

通州建总集团有限公司与内蒙古兴华房地产有限责任公司建设工程施工合同纠纷案 ｜《最高人民法院公报》2017 年第 9 期

肖 俊 上海交通大学凯原法学院

■ 事实概要

2005 年 6 月 28 日，内蒙古兴华房地产有限责任公司（以下简称兴华公司）与通州建总集团有限公司（以下简称通州建总）签订《建设工程施工合同》，约定合同工期自 2005 年 7 月 8 日至 2006 年 11 月 30 日，合同价款暂定 6000 万元。工程完工后，兴华公司投入使用，但仅支付 59 万余元工程款。2012 年 1 月 13 日，兴华公司与通州建总签订《房屋抵顶工程款协议书》（以下简称《抵顶协议》），约定就乙方（通州建总）承揽甲方（兴华公司）的供水财富大厦工程，协商以该楼盘 A 座 9 层房屋抵顶工程款 1095 万元。

债务人始终未履行《抵顶协议》，债权人诉至内蒙古自治区高级人民法院，请求兴华公司给付工程欠款。一审法院判决：兴华公司应给付通州建总工程款 26,004,559.35 元及利息。兴华公司不服前述判决，向最高人民法院上诉要求撤销一审判决第一项，并在工程款中扣除抵顶工程款。

最高人民法院认为，抵顶工程款是否应计入已付工程款中属二审的审判焦点。自《抵顶协议》签订至今已 4 年多，兴华公司仍未向通州建总交付该协议书约定的房屋，通州建总签订《抵顶协议》的目的无法实现。在该情况下，通州建总请求兴华公司直接给付工程欠款，应予支持。

■ 判决要旨

部分维持、部分改判。

1. 对以物抵债协议的效力、履行等问题的认定，应以尊重当事人的意思自治为基本原则。除当事人有明确约定外，当事人于债务清偿期届满后签订的以物抵债协议，并不以债权人现实地受领抵债物，或取得抵债物所有权为成立或生效要件。

2. 当事人于债务清偿期届满后达成的以物抵债协议，可能构成债的更改，即成立新债务，同时消灭旧债务；亦可能属于新债清偿，即成立新债务，与旧债务并存。基于保护债权的理念，债的更改一般需有当事人明确消灭旧债的合意。

3. 在新债清偿的情形下，旧债务于新债务履行之前不消灭，旧债务和新债务处于衔接并存的状态;在新债务合法有效并得以履行完毕后,因完成了债务清偿义务,旧债务才归于消灭。

4. 若新债务届期不履行,以物抵债协议目的不能实现的,债权人有权请求债务人履行旧债务,且该请求权的行使,并不以以物抵债协议无效、被撤销或者被解除为前提。

■ 评 析

Ⅰ 本判决的思路和意义

我国原《合同法》没有以他种给付完成替代清偿的规定,基于当事人"抵偿欠款"的意思,将此类协议统称为"以物抵债"。基于不同的交易类型和学说,法官对于此会作出不同的判决,"同案不同判"是此类案件中的典型难题[房绍坤、严聪:《以物抵债协议的法律适用与性质判断——最高人民法院(2016)最高法民终 484 号判决评释》,载《求是学刊》2018 年第 5 期]。

本判决虽然使用"新债清偿"这一德国法上的术语,但没有就此陷入概念的抽象争论,而是从意思表示和合同法的基本原理出发,对以物抵债最基本的问题进行分析:首先,当事人缔结以物抵债合同的目的为何;其次,合意的性质是诺成还是实践;再次,达成以物抵债协议后,新旧债间的给付顺序为何;最后,若债务人拒绝履行,原债关系是否恢复。

虽然近 10 年来最高人民法院有不少关于"以物抵债"的判决和审判意见,但均没有如本案一般,从合同法的基础原理进行系统的梳理,因此本案对于争议巨大的以物抵债规则的建构有着重要的作用。

Ⅱ 替代清偿的规则与学理

1. 以物抵债的定义与功能。本判决认为"以物抵债系债务清偿方式之一,是当事人之间对于如何清偿债务的安排",明确地把"以物抵债"界定为一种债的消灭方式,属于原《合同法》第六章"合同的权利义务终止"的一部分。由此,以物抵债不再是内容多样的日常用语,也不会与担保合同混淆,它的性质是"清偿合同",即债权人同意债务人以他种给付替代原给付,以消灭原债为目的的合同,它给予债务人替代给付的权利和义务(肖俊:《代物清偿中的合意基础与清偿效果研究》,载《中外法学》2015 年第 1 期)。

本判决认为此种替代清偿合同系诺成合同,在此之前,司法实践中一直存在以物抵债属于要物合同的观点,但本判决基于意思自治的原理,明确将之排除,并主张以物抵债的诺成性,提出"当事人于债务清偿期届满后签订的以物抵债协议,并不以债权人现实地受领抵债物,或取得抵债物所有权、使用权等财产权利为成立或生效要件"。

2. 以物抵债与近似现象的区分。在日常语言中,以物抵债是一个宽泛的概念,因此在法律适用中,首先需要分析当事人的意图。本案判决提出,"当事人于债务清偿期届满后达成的以物抵债协议,可能构成债的更改……基于保护债权的理念,债的更改一般需有当事人明确消灭旧债的合意"。这一观点与《民法典》第 544 条规定的债的变更中的意思表示规则相符,如果当事人存在明确的变更债务意图,则构成债的变更,否则应推定为原债未发生改变。显然,此时不再适用替代清偿协议的规则。

与变更的目的相区分的,是替代清偿的以物抵债协议,本判决使用"新债清偿"这个术语进行指称。从上下文的语境看,其与大陆法系的"新债清偿"制度并非完全吻合。德国法的新债清偿("为清偿而给付")是"债权人应该尝试由为清偿目的而交付于自己的标的物获得清偿"([德]梅迪库斯:《德国债法总论》,杜景林等译,法律出版社2003年版,第196页)。换言之,首先是物被交付给债权人,随后债权人将之变价,通过变价所得清偿原债,债权人不仅有主张抵债物的权利,也负有就他种给付的变价权能及变价义务([德]罗歇尔德斯:《德国债法总论》(第7版),沈小军、张金海译,中国人民大学出版社2014年版,第143页)。我国以物抵债规则并没有要求债权人对抵债物变价和清算,2015年最高人民法院《关于当前商事审判工作中的若干具体问题》(以下简称《商事审判问题》)提出,以物抵债约定系事后达成,所以不会对债务人造成不公平,故无需履行上述程序,债权人可以就抵债物直接受偿。这种立场也更符合我国的交易习惯,债务人在不能履行原债的情况下,通过以物抵债协议获得了替代给付的权利,也没有遭受暴利盘剥的道德风险,因此,不应增加债权人负担,要求其管理和清算,更不应要求债权人承担由于变价义务所生的损害赔偿责任。

从上下文的语境看,本案所使用的"新债清偿"一词只是用来表示以实现替代清偿功能的以物抵债协议,它可以通过合同法的一般原理进行分析,无须引入德国法的规定。

3. 以物抵债协议中的新旧给付关系。在以物抵债协议达成后,对于双方之间新旧债务的关系,本判决认为:"新旧债务处于衔接并存的状态,在新债务合法有效并得以履行完毕后,因完成了债务清偿义务,旧债务才归于消灭。"这一分析体现了以物抵债协议的结构特征,它作为一个独立的合同,既没有介入也没有改变原债关系,这使得债权人和债务人之间同时存在新旧两种异质的给付内容。由此,在以物抵债协议达成后,债权人可以直接主张抵债物,在替代给付完成前,原债的拘束力将继续存在。

4. 以物抵债目的不达时,原债请求权的回复。本判决提出:"若新债务届期不履行,以物抵债协议目的不能实现的,债权人有权请求债务人履行旧债务,且该请求权的行使,并不以以物抵债协议无效、被撤销或者被解除为前提。"以物抵债不是选择之债,选定之后变成单一之债,合同目的是清偿原债,替代物瑕疵不能产生原债清偿的效果,原债就不会消灭。因此如果替代清偿的目的不能实现的,不需要主张协议无效或解除协议,债权人可直接主张原债给付请求权,这正是清偿合同效力的体现。

Ⅲ 既往司法实践状况

在本判决之前,最高人民法院在以物抵债的功能界定、合意效力和新旧履行顺序上都有不同的立场。

1. 以物抵债协议的要物性问题。2012年《最高人民法院公报》刊载的"成都市国土资源局武侯分局与招商(蛇口)成都房地产开发有限责任公司、成都港招实业开发有限责任公司、海南民丰科技实业开发总公司债权人代位权纠纷案"[(2011)最高法民提字第210号民事判决书,载《最高人民法院公报》2012年第6期]在裁判摘要中提出,"债务人与次债务人约定以代物清偿方式清偿债务的,因代物清偿协议系实践性合同,故若次债务人未实际履行代物清偿协议则次债务人与债务人之间的原金钱债务并未消灭”。由此径将以物抵债协议等同于要物合同,引发学界争议[周江洪:《债权人代位权与未现实受领之“代物清偿”——“武侯国土局与招商局公司、成都港招公司、海南民丰公司债权人代位权纠纷案”评释》,载《交大法学》2013 年第 1 期;其木提:《代物清偿协议的效力——最高人民法院(2011)民提字第 210 号民事判决评释》,载《交大法学》2013 年第 3 期]。

2. 以物抵债的功能。2014 年《最高人民法院公报》刊载的“朱俊芳与山西嘉和泰房地产开发有限公司商品房买卖合同纠纷案”[最高人民法院(2011)民提字第 344 号民事判决书,载《最高人民法院公报》2014 年第 12 期]在判决摘要中提出,“借款到期,借款人不能偿还借款。对方当事人可要求并通过履行《商品房买卖合同》取得房屋所有权”,由此为了融资需求,最高人民法院允许将以物抵债的效力从债的消灭扩张到担保领域(陆青:《以房抵债协议的法理分析》,载《法学研究》2015 年第 3 期)。

3. 以物抵债协议的履行顺序。最高人民法院《关于商事审判工作中的若干具体问题》第 2 条第 1 款第 9 项规定,“如果此时抵债物尚未交付给债权人,债务人反悔但未能提供证据证明有能力继续履行原债务,债权人请求债务人履行以物抵债约定的,应予支持”,由此,债权人只能要求先履行原债,只有在原债陷入给付不能时,才能要求履行替代给付。

综上所述,本判决的立场与以往的判决不同,它基于意思自治和合同法的一般原理,对以物抵债规则进行了体系性的重构,排除了要物合同的阻碍,确认了以物抵债的规范内涵及新旧债务的给付顺序。

Ⅳ 本判决的参考意义及将来的课题

2019 年 11 月最高人民法院发布了《全国法院民商事审判工作会议纪要》(以下简称《九民纪要》),其第 44 条规定履行期届满后的以物抵债协议是诺成性的,并且债权人可以直接主张履行,这意味着只有以“替代清偿”为功能的以物抵债,才是诺成性的并且直接产生拘束力,这正是本判决立场的体现。但是与本判决相比,《九民纪要》在规则建构的体系性和科学性上没有更进一步发展,却显得更为保守。将来的课题可以集中在两个方面:

1. 以物抵债的概念统一。《九民纪要》第 44 条和第 45 条以“履行期届满前”“履行期届满后”“诉讼中”为线索区分了以物抵债的类型,这显然破坏了以物抵债的同一性。既然以物抵债的功能已经被定为“替代清偿”,那么最重要的则是判定合同的主给付义务是否为替代给付,而非是协议达成的时间,事实上,《九民纪要》规定的“履行期届满前的以物抵债”和“诉讼中的以物抵债”分别属于担保合同及和解合同,都不是规范意义上以“替代清偿”为目的的以物抵债协议。

“履行期届满前后”只是一个用来区分以物抵债和担保合同的参照点,两者的差别不在约定的时间节点,而是主给付义务:在担保合同中,两个债务关系不是新旧而是主从,担保责任的履行取决于主债务是否履行,只有主债务不履行的情况下才履行从债务。近似的“诉讼中的以物抵债”也存在同样问题,以物抵债的前提是存在一个确定的原债关系,但诉讼中的以物抵债,原债关系尚陷争讼,没有确定的原债自然谈不上替代给付关系,此时形成的是和解合同,双方目的不是替代清偿而是避免诉讼(肖俊:《和解合同的私法传统与规范适用》,载《现代法学》2016 年第 5 期)。由此,只有通过本判决确定的"替代清偿"功能才能作为统一以物抵债类型和概念的基础。

2. 以物抵债中的履行障碍问题和原给付请求权的回复。原《合同法》和《九民纪要》没有规定以物抵债协议的瑕疵担保责任,从学理上看,对此可以适用买卖合同中的瑕疵担保责任。但在何种情况下债权人可以主张回复原债请求权仍然有待研究。在罗马法中,对于替代清偿的瑕疵,不采买卖合同的瑕疵担保责任,只要债权人没有获得满足就可以重新请求原债给付。在现代民法中,《德国民法典》采取先按照替代给付承担瑕疵担保责任的做法(第 365 条),只有在瑕疵程度严重的情况下,才允许通过解除替代给付关系回复到原债关系;《意大利民法典》则选取了两者并存的径路(第 1197 条第 2 款),当事人可以选择替代给付的瑕疵担保责任或回复到原债关系。

从本判决看,最高人民法院的态度是可以不经解除直接申请回复到原债关系。虽然没有直接讨论履行瑕疵问题,但本判决提出,若清偿目的不能实现,债权人有权请求债务人履行旧债务,无须解除以物抵债协议。因此,在替代给付存在轻微瑕疵的情况下,债权人不能主张回复原债请求权,但若瑕疵的严重程度使清偿目的无法实现,则债权人可不解除以物抵债协议直接主张原债给付。

□ 参考文献

房绍坤、严聪:《以物抵债协议的法律适用与性质判断——最高人民法院(2016)最高法民终 484 号判决评释》,载《求是学刊》2018 年第 5 期。

肖俊:《代物清偿中的合意基础与清偿效果研究》,载《中外法学》2015 年第 1 期。

[德]梅迪库斯:《德国债法总论》,杜景林等译,法律出版社 2003 年版。

[德]罗歇尔德斯:《德国债法总论》(第 7 版),沈小军、张金海译,中国人民大学出版社 2014 年版。

肖俊:《和解合同的私法传统与规范适用》,载《现代法学》2016 年第 5 期。

069 非金钱合同债务履行费用“过高”与违约方解除

新宇公司诉冯玉梅商铺买卖合同纠纷案 |《最高人民法院公报》2006 年第 6 期

谢鸿飞 中国社会科学院法学研究所

■ 事实概要

1998 年 10 月 19 日,新宇公司与被告冯玉梅签订了一份商铺买卖合同,约定新宇公司向冯玉梅出售时代广场第二层编号为 2B050 的商铺,建筑面积 22.50 平方米,每平方米售价 16,363.73 元,总价款 368,184 元,10 月 22 日前交付,交付后三个月内双方共同办理商铺权属过户手续。1998 年 10 月 26 日,该合同在南京市房地产市场管理处登记。合同签订后,冯玉梅按约支付了全部价款。1998 年 11 月 3 日,新宇公司将 2B050 号商铺交付冯玉梅使用,但一直未办理产权过户手续。

1998 年,原告新宇公司将时代广场内的自有建筑面积租赁给嘉和公司经营。1999 年 6 月,嘉和公司因经营不善停业。同年 12 月,购物中心又在时代广场原址开业。2002 年 1 月,购物中心也停业。小业主因两次停业无法正常经营,部分小业主遂与嘉和公司的债权人集体上访,要求退房或偿还债务。在此期间,新宇公司的股东也两次变更,新股东为了重新开业,拟对时代广场重新规划布局,为此与大部分小业主陆续解除了商铺买卖合同,并开始在时代广场内施工。冯玉梅与另一户邵姓业主购买了约 70 平方米的商铺,虽其商铺无法经营,但坚持不退商铺,导致新宇公司不能继续施工,6 万平方米建筑闲置。新宇公司遂起诉冯玉梅,依情势变更为由,请求法院判令解除双方签订的商铺买卖合同。

■ 判决要旨

南京市玄武区人民法院一审依据《合同法》第 5 条规定的公平原则和第 6 条规定的诚实信用原则,判决解除商铺买卖合同,冯玉梅返还商铺,新宇公司向冯玉梅返还价款、商铺增值额 163,516 元,支付违约金及其他经济损失 48 万元。南京市中级人民法院除将违约金及其他经济损失增至 68 万元之外,其他判决内容维持了一审判决。

南京市中级人民法院的裁判要旨是:(1)根据《合同法》第 110 条的规定,有违约行为的一方当事人请求解除合同,没有违约行为的另一方当事人要求继续履行合同,当违约方继续履约所需的财力、物力超过合同双方基于合同履行所能获得的利益,合同已不具备继续履行的条件时,为平衡双方当事人的利益,可以允许违约方解除合同,但必须由违约方向对方承担赔偿责任,以保证对方当事人的现实既得利益不因合同解除而减少。(2)在以分割商铺为标的物的买卖合同中,买方对商铺享有的权利,不同于独立商铺。为保证物业整体功能的发挥,买方行使的权利必须受到其他商铺业主整体意志的限制。

■ 评　析

Ⅰ 本判决的思路和意义

本案判决之所以为理论界和实务界热议,一是因为它阐释了认定原《合同法》第110条有关债务人履行费用过高的标准,即以违约方履行的成本超过"合同双方基于合同履行所能获得的利益"为标准;二是它扩充了原《合同法》第110条的法律效果,第110条并未规定在排除履行请求权时,合同双方尤其是违约方可否请求解除合同,本案判决则予以肯定。本案例后被纳入《最高人民法院公报》。在民法典编纂和《全国法院民商事审判工作会议纪要》(以下简称《九民纪要》)制定期间,有关违约方解除的议论大多都会追溯本案。

Ⅱ 非金钱债务履行费用过高与违约方解除的学理

1. 履行费用过高的认定标准

原《合同法》第110条第2项规定,不履行非金钱债务或者履行非金钱债务不符合约定,但履行费用过高的,债权人不能请求实际履行。本条规范的正当理据阐释主要有两种思路:一是将其归于契约自由或私法自治。在合同未约定或未明确约定时,债务人在缔约时不可能愿意承担过高的履行费用,因此,豁免其实际履行义务符合其自由意志,债权人在缔约时亦不会苛责债务人此时依然如约履行。二是诉诸公平原则或诚实信用原则。这又细分为两种路径:(1)从当事人双方关系考量,即双方权利与义务的均衡关系或等值性在履行过程中被严重破坏;(2)从整个社会福利考量,即实际履行将导致社会资源的减损或浪费,故应被排除。本规范作为缺省的法律规范,适用前提是当事人未约定或未明确约定,且双方对合同是否纳入这一风险分配存在争议。故笼统地说,其实质是立法者对当事人真实意思的模拟,可诉诸契约自由或私法自治获得正当性。尽管如此,本条规范的模拟结果显然是从债务人侧观察得到的,并未充分考虑债权人的意志,其正当性还需诉诸第二种路径协力,方可彻底证成。

对在何种情形构成"履行费用过高",学界通说是采经济理性标准。相对抽象的判断标准是"履行费用与债务人给付利益之间严重不成比例,有违诚实信用原则"(王洪亮:《强制履行请求权的性质及其行使》,载《法学》2012年第1期)。相对具体的标准是对比履行费用与其他补救履行所需费用以及债权人通过继续履行所获得的利益(韩世远:《合同法总论》,法律出版社2011年版,第610页);或采用两个更细致的标准:数量大小标准,即通过考虑经济不合理性、履行时间长度和履约程序烦琐程度等合理确定一个数值标准,若债务人履行费用超过该数值,则构成履行费用过高;相对比例标准,即以债务人履行费用超过债权人履行利益的一定比例为标准,若履行费用超过该比例,则构成履行费用过高(张兰兰:《履行费用过高规则的动态适用——对〈合同法〉第110条第2项第2种情形的具体化》,载《华东政法大学学报》2020年第1期)。

对履行费用过高的认定,可采用的法律手段无非是比较债权人和债务人在正常情形和履行费用增加时的成本与收益。首先,评定两种情形下债务人的履行费用和债权人的收益;其次,纵向对比债务人的履行费用增加情况;最后,横向对比债务人的履行费用与债权人的履行利益之间的比例关系或数量关系。若债务人的履行费用显著增加,但债权人的履行利益并未相应增加,可认定为“履行费用过高”。当然,若出现本案判决所称的债务人履行费用将超过“合同双方基于合同履行所能获得的利益”时,更可认定为“过高”。

履行费用过高与情势变更可能发生竞合。依据最高人民法院《关于适用〈中华人民共和国合同法〉若干问题的解释(二)》[法释(2009)5号]第26条,在缔约时的客观情势发生变化时,当事人可以请求变更和解除合同。在因客观原因导致履行费用过高,且使双方之间的给付出现严重不均衡或“等值”障碍时,可能构成情势变更。故在本案中,原告起诉时即以情势变更为由请求解除合同。但履行费用过高规则与情势变更的构成要件存在诸多重要差异,如前者可由债务人主观原因造成,如本案中新宇公司变更经营计划,后者则仅限于当事人缔约时无法预见的客观情势变更;两者的法律效果也多有不同,如前者直接排除实际履行,后者则可在变更合同后实际履行。从整体上看,前者的构成要件不如后者严格,后果的法律效力则更为缓和。可见,在履行费用过高同时构成情势变更时,适用情势变更也能平衡双方利益。但在诉讼中,这往往取决于原告的选择。

2. 履行费用过高时违约方的解除权

在履行费用过高时,债权人或债务人能否解除合同,原《合同法》并无明文规定。在经济学上,当债务人履行费用显著增加,但债权人的履行利益维持不变或增加甚微时,双方若能达成解除合同的合意,无疑构成帕累托最优。问题在于,此时若债权人不同意解除,应债务人请求,司法权可否启动并判断合同可否解除?在本案中,因调解不成,二审法院才维持一审法院解除合同的判决项,其核心理由是,即使新宇公司履约,冯玉梅也无法实现其经营目的。从法经济学角度看,在帕累托最优无法达致时,法院应当事人的请求,可以运用卡尔多-希克斯标准判断能否解约,而无论请求人为合同哪一方当事人。在本案中,新宇公司将从解除合同中获利,冯玉梅可能受损(准确地说,其法律上的利益并未受损),但合同解除提升了整个社会的福利,只要新宇公司对冯玉梅进行了补偿(承担违约责任),卡尔多-希克斯标准就可以实现,即社会整体的收益大于损失。因此,本案判决结果值得肯定。

然而,在大陆法系国家,依卡尔多-希克斯标准作为合同解除的标准将遭遇重大的法伦理质疑。债为法锁、合同拘束力和合同忠实义务等固有观念,均使合同难以解除。一个显例是,直到17世纪,自然法理论才承认基于债务不履行发展的一般解除权。在这种法律背景中,违约方解除几乎未见于大陆法系诸国民法典中。但当履行费用过高构成履行经济上的“不能履行”时,大陆法系民法通常都规定债务人的给付义务消灭,一定程度上起到了合同解除的效果。我国当时的法律并不认可违约方的解除权:《合同法》第94条(《民法典》第563条)规定的解除权人仅限于债权人,并不包括违约方(债务人);其第110条亦未明确排除履行请求权后,合同当事人能否请求解除合同。

Ⅲ 履行费用过高与违约方解除的司法实践状况

1. 履行费用过高的认定标准

对何时构成非金钱债务的履行费用过高,裁判实践基本上都采取了成本—收益标准,不过表述略有差异。如“精华制药集团南通有限公司与普莱克斯(上海)工业气体有限公司买卖合同纠纷案”[江苏省如东县人民法院(2017)苏0623民初1117号民事判决书]的标准与新宇公司案类似,即“继续履行合同的成本超过了合同当事人所获得的利益”。这种比较债务人的违约成本和债权人的履行利益的方法容易操作,故在实践中非常流行。但因两者量化非常困难,故裁判文书通常只直接作出认定结论,并不进行数字对比。

裁判实践采纳的标准有两个值得注意的面向。一是超出双方在合同中的经济利益,考虑更多因素,如第三人利益、社会稳定等。在“周云、辉县市涌金城商贸有限责任公司与杨瑞池租赁合同纠纷案”[河南省高级人民法院(2015)豫法民提字第344号民事判决书]中,因案涉合同项下的商铺已出租给他人,他人已使用该商铺用于经营,河南省高级人民法院认为,若继续履行本案合同势必导致案外租赁合同的终止,引起新的纠纷和损失,故以履行费用过高认定涉案合同不适于继续履行。这也形成了原《合同法》第110条规定的履行费用过高与法律上或事实上不能履行的竞合关系。二是将其扩大至履行金钱义务的费用过高。在“王华与安徽海葵餐饮管理有限责任公司特许经营合同纠纷案”[安徽省合肥市中级人民法院(2015)合民三终字第00070号民事判决书]中,法院认为,原告此前在履行特许经营合同的过程中损失已较大,作为经济能力有限的自然人,其重新开店继续履行涉案合同的能力受到严重限制,故不支持继续履行。

2. 违约方解除的司法裁判

在《最高人民法院公报》刊载“新宇公司案”后,一些法院认可该案的裁判标准,尤其是在商品房买卖合同、房屋租赁合同履行过程中出现“合同僵局”时。如在“张春艳与唐慧房屋租赁合同纠纷案”[浙江省绍兴市中级人民法院(2018)浙06民终1265号民事判决书]中,双方签订了租期5年的《租赁合同》,原告将房屋用于开水果店,但生意一直不好,数月后已无力继续经营。在双方合意解除失败后,原告起诉请求法院解除合同。一审法院驳回诉讼请求,二审法院认为原告亏损严重,无法继续履行合同,依据原《合同法》第110条判决合同解除。但也有很多判决不承认违约方解除,其理由大多是法无明文规定。“蚌埠宝龙置业有限公司与安徽雅豪工贸有限责任公司房屋租赁合同纠纷案”[安徽省高级人民法院(2015)皖民四终字第00340号民事判决书]明确指出,“目前我国法律明文规定和司法解释条款对能否支持违约方行使法定解除权,尚无明确表述与明确规定”,故不支持违约方解除合同。

Ⅳ 本判决的参考意义及将来的课题

本案最典型的意义在于提出了“当出现合同僵局时,违约方能否诉请法院解除合同”这一问题。基于如下重要原因,我国法律还无法全面和彻底破解这一问题:一是履行不能制度不完整；二是不承认法律行为的主观基础变更（障碍），只承认客观情势变更；三是不承认金钱债务的履行不能；四是缺乏对长期合同的法定调整机制。

2018 年公布的《民法典合同编（草案）》第 353 条第 3 款首次赋予了违约方解除权。《九民纪要》第 48 条亦规定违约方可诉请解除合同，但设定了较为严格的条件。因争议过大，2019 年 12 月的《民法典草案》删除了违约方解除条款。为解决这一问题，《民法典》第 580 条（相当于原《合同法》第 110 条）第 2 款规定，在非金钱债务履行不能，致使不能实现合同目的的，人民法院或者仲裁机构可以根据当事人的请求终止合同权利义务关系，但是不影响违约责任的承担。这在一定程度上破解了部分合同僵局问题，但其全面破解还需要学界和实务界的协力。

▢ 参考文献

韩世远：《合同法总论》，法律出版社 2011 年版。

崔建远：《合同法总论》，中国人民大学出版社 2016 年版。

朱广新：《合同法总论》，中国人民大学出版社 2018 年版。

王洪亮：《强制履行请求权的性质及其行使》，载《法学》2012 年第 1 期。

孙良国：《违约方的合同解除权及其界限》，载《当代法学》2016 年第 5 期。

刘洋：《“履行费用过高”作为排除履行请求权的界限——“新宇公司诉冯玉梅商铺买卖合同纠纷案”评析》，载《政治与法律》2018 年第 2 期。

王利明：《论合同僵局中违约方申请解约》，载《法学评论》2020 年第 1 期。

张兰兰：《履行费用过高规则的动态适用——对〈合同法〉第 110 条第 2 项第 2 种情形的具体化》，载《华东政法大学学报》2020 年第 1 期。

070 合同解除权与解除异议

四川省聚丰房地产开发有限责任公司与达州广播电视大学合资、合作开发房地产合同纠纷案 | 最高人民法院(2013)民一终字第18号民事判决书

张双根 北京大学法学院

■ 事实概要

2008年3月15日,达州广播电视大学(以下简称电大财校)与四川省聚丰房地产开发有限责任公司(以下简称聚丰公司)签订《合作开发协议书》(以下简称《协议》),约定电大财校以达州市政府批准的《校园总体规划调整方案》及学校临街开发的出让土地使用权作为投资,聚丰公司以现金全额投资并独立开发建设房地产项目;电大财校有权利按约定获取开发效益,且不承担项目开发建设风险;电大财校在聚丰公司付清首付款后20日内办理土地使用权过户手续;聚丰公司若未按照约定按期兑现电大财校利益,则视为违约,电大财校可解除合同。

2011年5月9日,电大财校向聚丰公司发出"达电大财校函(2010)3号"《解除函》,以2010年6月22日达州市政府召开专题会议,决定对学校临街出让土地实行阳光操作,以招拍挂方式公开进行交易,导致其已无法履行《协议》为由,提出解除《协议》的主张。对此,聚丰公司未在三个月内予以回应。后2011年11月17日,达州市政府在《达州日报》刊登《关于注销土地使用证的公告》,决定注销前述案涉土地的土地使用证,公告该土地使用证作废。后聚丰公司于2012年2月28日起诉电大财校违约,请求判令电大财校立即全面履行《协议》,并承担诉讼费用。在一审诉讼期间,电大财校于2012年4月27日再次向聚丰公司发出《解除通知》。

■ 判决要旨

根据原《物权法》的规定,不动产物权应当依不动产登记簿的内容确定,不动产权属证书只是权利人享有该不动产物权的证明。行政机关注销国有土地使用证但并未注销土地登记的,国有土地的使用权人仍然是土地登记档案中记载的权利人。国有土地使用权转让法律关系中的转让人以国有土地使用证被注销、其不再享有土地使用权为由主张解除合同的,人民法院不应支持。

■ 评　析

Ⅰ 本判决的思路和意义

总结本案,值得关注的理论问题有两点:(1)合同一方能否以行政机关之决定导致其无法履行合同为由,主张解除合同?(2)合同一方书面提出解除合同后,合同相对人未在三个月内提出异议,是否发生合同解除的效力?

最高人民法院(以下简称最高院)就本案在公报中所提炼的"裁判摘要"(上述"裁判要旨"),仅针对前一问题(本案三个争点中的第三个争点)。后一问题略隐于其第二个争点之中,但更富理论评析价值。就该问题,一审法院认为,聚丰公司在《解除函》到达之日起三个月内并未向人民法院或者仲裁机构确认能否解除合同,则《解除函》到达聚丰公司时就已发生法律效力。但最高院纠正此看法,认为在合同一方意图解除合同,但既不符合约定解除的条件,又不具备法定解除的权利时,不适用原《合同法》第 96 条第 1 款(《民法典》第 565 条第 1 款)与最高人民法院《关于适用〈中华人民共和国合同法〉若干问题的解释(二)》[法释(2009)5 号](以下简称《合同法司法解释二》)第 24 条关于解除异议的规定。最高院的这一裁判思路,对现行法关于合同解除以及解除异议相关规定的理解,具有相当的理论澄清价值。

Ⅱ 合同解除异议的规范及学理

合同解除权,无论是约定解除权还是法定解除权,在法律性质上均为形成权,且依学理与现行法,其行使不以诉的方式为必要。如此一来,在一方以非诉方式来解除合同时,似乎存在"漏洞":如果对方同样以非诉方式提出异议,那么合同到底是已解除,还是未解除呢?1999 年原《合同法》第 96 条第 1 款第 3 句似意图补漏,规定对方可以通过"请求人民法院或者仲裁机构确认解除合同的效力"的方式来提出异议。但该句规定不仅未堵住漏洞(非诉方式的异议到底产生什么效力),还带出新疑问,即对方诉讼(包括仲裁)方式的异议,应在何时提起呢?10 年之后的《合同法司法解释二》,又不得不以第 24 条来修补原《合同法》的"漏洞",规定解除异议的行使期限与逾期效果。

在理论上肯定原《合同法》及《合同法司法解释二》上述规定的学者,认为倘若解约方在异议期间内没有起诉行使异议权,无论解约方是否享有解除权,合同都在解除通知到达时解除[沈德咏等主编:《最高人民法院关于合同法司法解释(二)理解与适用》,人民法院出版社 2009 年版,第 176～177 页];在相对人未在约定或法定的异议期间内提出异议之情形,法院仅需对此做形式审查,即一旦发现存在逾期的情形,即可驳回相对人的异议,而不必就解除权是否成立做实体审查(王利明:《合同编解除制度的完善》,载《法学杂志》2018 年第 3 期);在相对人提出继续履行合同的诉讼中,法院应驳回其请求,但可以向其进行释明,由被解除方自主决定是否变更相关的诉讼请求(师安宁:《合同解除与"异议之诉"制度》,载《人民法院报》2015 年 1 月 19 日,第 7 版)。但也有不少学者对合同解除异议制度提出根本性质疑,认为我国合同解除异议制度存在错误,其根源在于立法者将其单纯作为形成权而非形成诉权进行对待,并建议废除或限制适用《合同法司法解释二》第24条的规定[汤文平:《论合同解除、债权抵销之异议——〈合同法解释(二)〉第24条评注》,载《东方法学》2011年第2期]。或认为,尽管第24条的初衷在于从速确定合同解除的效力,尽早稳定合同关系,但在价值层面却存在许多起草者始料未及的负面影响,如诱发机会解约(无论是否明知自己缺乏解除权,都在投机心理的驱使下更有动力发出解约通知)、徒增自治成本、破坏交易预期、导致司法误判、救济降级等弊病,故在适用《合同法司法解释二》第24条时,应当对解除权存在与否进行实质审查,从而彻底架空和虚置这一在价值和逻辑上有诸多舛误的规定(贺剑:《合同解除异议制度研究》,载《中外法学》2013年第3期)。

最高院在本案中,虽未表达出对原《合同法》合同解除异议制度,乃至对《合同法司法解释二》第24条的质疑,但在结果上对第24条的适用予以限制,因此在立场上更近于上述后一派的学术观点。申言之,按诸第24条的文义,在约定的异议期限或(近乎)法定的三个月期限届至后相对方才提出异议的,则无论解约方的解除权是否合法成立,均发生合同解除的效果。而在本案中,最高院在审查电大财校的解除主张既不符合约定亦不符合法定条件后,径直认为对其不适用原《合同法》第96条第1款与《合同法司法解释二》第24条的规定。但是,为何在合同解除权不成立时不适用关于解除异议的规定,最高院并未给出任何说理。

Ⅲ 既有司法实践状况

在本公报案例公布之前,司法实践中关于《合同法司法解释二》第24条的理解差异,主要体现于其适用范围或前提,即是否要审查解约方提出的合同解除权,是否符合约定或法定的行使条件。

不对解约方的解除权进行审查而直接适用《合同法司法解释二》第24条的判决,如"上海中船重工万邦航运有限公司诉上海中化思多而特船务有限公司定期租船合同案"[上海市高级人民法院(2011)沪高民四(海)终字第153号民事判决书]。在此案中,上海市高级人民法院并未审查解约方的解除权成立与否,而直接认为"无论自解除合同通知到达日还是自该轮实际交还日起算,万邦航运就合同解除异议提起的诉讼均超过了法定除斥期间,故应确定涉案定期租船合同事实上已被有效解除"。另在"重庆泰雷商贸有限责任公司与重庆佳路机电有限公司合同纠纷上诉案"[重庆市第一中级人民法院(2013)渝一中法民终字第00946号民事判决书,载《人民司法·案例》2013年第24期]中,重庆市一中院的裁判要旨基本类似。

相比较而言,对解除权成立与否进行审查,或肯定该审查之必要的判决,在数量上相对居多。在地方法院判决中,如"中国建设银行股份有限公司北京市分行与北京亿方物业管理有限责任公司物业服务合同纠纷上诉案"[北京市第一中级人民法院(2009)一中民终字第19000号民事判决书],北京市第一中级人民法院在确认建行北京分行既未按照约定行使约定解除权,也未按照法定条件行使法定解除权后,遂认为该案不符合《合同法司法解释二》第24条之规定。而在"杨光启诉翁元麟、温露西解除合同行为无效请求判令其继续履行房地产转让合同纠纷案"[江苏省高级人民法院(2011)苏民终字第0025号民事判决书]中,江苏省高级人民法院更是明确认为,根据《合同法司法解释二》第 24 条的规定,合同解除“必须具备约定解除或法定解除的条件。如前所述,本案合同虽订有解除条款,但并未出现法定解除或约定解除的客观事由,故其单方实施的解除行为应属无效”。

最高院在本案中所持的立场,在此之前也已有多次呈现。如在“中国石油集团测井有限公司与西安挚信房地产开发有限责任公司项目联建合同纠纷上诉案”[最高人民法院(2010)民一终字第 108 号民事判决书,载《人民司法·案例》2011 年第 22 期]中,最高院对三个月异议期间的适用予以限制,认定合同解除的条件并未成就;不过该案判决时,《合同法司法解释二》刚刚出台,为避免新规对当事人实体权利的影响,最高院不适用第 24 条有基于“法不溯及既往”的考虑。而在另一最高院公报案例“深圳富山宝实业有限公司与深圳市福星股份合作公司、深圳市宝安区福永物业发展总公司、深圳市金安城投资发展有限公司等合作开发房地产合同纠纷案”[最高人民法院(2010)民一终字第 45 号民事判决书,载《最高人民法院公报》2011 年第 5 期(总第 175 期)]中,最高院在判断合同是否解除时,首先进行了实质判断,在肯定“合同一方当事人构成根本违约时,守约的一方当事人享有法定解除权”后,才认定“当事人没有约定合同解除异议期间,在解除通知送达之日起三个月以后才向人民法院起诉的,人民法院不予支持”。而在本案之后,如“广州气体厂有限公司等诉广州市润力房地产开发有限公司房屋买卖合同纠纷再审案”[最高人民法院(2016)最高法民申 3375 号民事裁定书],最高院将《合同法司法解释二》第 24 条与原《合同法》第 96 条第 1 款结合考察,更是明确提出了“气体厂公司根据合同法第九十六条规定通知润力公司解除合同的,必须具备合同法第九十三条或者第九十四条规定的条件”的观点。

此外还需指出的是,最高院在本案判决之后不久,还专门作出“对《关于适用〈中华人民共和国合同法〉若干问题的解释(二)》第 24 条理解与适用的请示的答复”,要求通知解除合同须以具备法定或约定解除权为前提,重申了本案观点。该答复亦为后来的部分裁判所援引[如湖南省高级人民法院(2019)湘民申 2268 号民事判决书、福建省高级人民法院(2019)闽民终 100 号民事判决书、最高人民法院(2016)最高法民终 744 号民事判决书等]。因此,总体来说,本案判决只是最高院就《合同法司法解释二》第 24 条采“限制适用”立场得以形成之过程中的一个判决,尚称不上关键性判决。

Ⅳ 本判决的参考意义及将来的课题

就此须提及如下两点:

第一,本案后又因电大财校的申请进入再审程序。最高院在其再审裁定书[最高人民法院(2014)民申字第 56 号民事裁定书]中,维持其原有结论,仅在说理上添加“即使聚丰公司在一审期间没有以达州电大(电大财校)的解除理由不符合解除条件为由提出抗辩,但其诉讼请求是确认《合作开发协议书》并继续履行,实际上包含了达州电大解除理由不成立的意思”。

殊不知,这一画蛇添足式的说理添加,恰恰暴露了最高院的立场——更确切地说:针对第 24 条仅主张限制其适用范围的理论主张——在其逻辑上的不自洽:一旦解除异议制度在适用范围上仅限于解除权合法成立之情形,则解除异议对合同相对方来说,也就丧失了任何意义。这是因为,在解约方通知解除时,合同相对方在此时尽管无法知道或判断解约方的解除权是否真的合法成立,但在结果上无非两种,即要么成立,要么不成立:在解约方解除权合法成立的情形,相对方即便是提起异议,也无法阻却合法有效之解除权行使后所产生的法律效果;而在解除权并未合法成立的情形,既然异议制度对此情形不适用,那么相对方即便未提起异议(如本案聚丰公司之所为),也不会对其产生不利益的后果。要么是提了异议也没用,要么是不提异议也没关系。在此结果引导下,相对方所选择的行为模式必然是:无论解约方的解除权是否合法成立,均不提出异议。

原《合同法》第96条第1款第3句之合同解除异议制度,看似专为合同相对方的利益所设置,但在最高院本案的裁判立场下,已看不出相对方有任何能受惠于该制度之处了。而《民法典》第565条针对解除异议制度的表述虽有变化("对方对解除合同有异议的,任何一方当事人均可以请求人民法院或者仲裁机构确认解除行为的效力"),但并未改变解除异议制度本身。因此,针对合同解除异议制度以及《合同法司法解释二》第24条,在理论上的彻底反思,仍有待继续。

第二,本案电大财校提出解除合同的理由,在于因当地市政府的行为,导致其可能无法履行《协议》,亦即其将来存在违约的可能。由此也提出一个学理问题,即违约方能否享有合同解除权?尽管该问题在本案中未列入法院的审查中,但考虑到"违约方之合同解除权"目前正是学理讨论的热点(关于违约方解除权问题,参见本判例百选第68号案例),甚至有将其纳入法典的主张,则在此不妨提出,以便为后续学理讨论积累资料。

参考文献

沈德咏等主编:《最高人民法院关于合同法司法解释(二)理解与适用》,人民法院出版社2009年版。

王利明:《合同编解除制度的完善》,载《法学杂志》2018年第3期。

师安宁:《合同解除与"异议之诉"制度》,载《人民法院报》2015年1月19日,第7版。

汤文平:《论合同解除、债权抵销之异议——〈合同法解释(二)〉第24条评注》,载《东方法学》2011年第2期。

贺剑:《合同解除异议制度研究》,载《中外法学》2013年第3期。

071 瑕疵补正请求权:修理与更换

任才生诉宜兴市广海元汽车销售公司因汽车质量问题要求更换纠纷案 | 江苏省宜兴市人民法院(2011)宜民初字第2540号民事判决书

夏静宜 扬州大学法学院

■ 事实概要

2009年11月16日,原告R从被告G公司处购得一汽大众1.8T迈腾自动舒适型轿车一辆,价格为210,800元。购车后不久,该车即出现启动熄火故障。2011年8月8日,G公司为该车更换了离合器变速箱。2011年10月7日,该车在行驶途中出现显示挡位闪跳、车辆无动力的现象,R再次将该车送G公司修理。G公司检查后确认,该车存在滑阀箱故障,决定更换变速箱总成。2011年10月18日,R向无锡市宜兴工商行政管理局消费者保护科投诉。2011年10月31日,在宜兴工商行政管理局12315投诉台主持之下,R与G公司达成消费者申诉案件调解协议。双方约定,由G公司为R更换变速箱总成,并提供两次免费保养(价值约1800元);更换总成后,车辆须经宜兴市车辆检测中心作整车检测。2011年11月7日,G公司更换变速箱总成后,该车在试车途中再次出现同一故障,G公司确认为滑阀箱与车辆不适配所致。2011年11月13日,G公司更换滑阀箱。2011年11月14日,G公司将该车送交宜兴市宏达汽车综合性能检测有限公司检测,检测结果为合格。同日,G公司书面通知R提车。R收到通知后未提车,向法院提起诉讼,请求更换同款轿车。

审理中,G公司称R所购2009款轿车已停产,相似车型为2011款1.8T迈腾自动舒适型轿车,价格为209,800元。对此,R表示愿意更换现有车型。

■ 判决要旨

支持原告R的更换请求。

原告R从被告G公司购买轿车,双方之间成立买卖合同关系,双方应当依照合同约定履行义务。G公司交付的机动车存在质量问题,不符合合同约定,依据原《合同法》规定(《民法典》第582条),R"可以合理选择要求对方承担修理、更换、重作、退货、减少价款或报酬等违约责任"。

当事人订立合同的目的是实现各自的期望。本案中,原告R购买轿车的目的是充当交通工具,便于生活工作,而在其购车不到两年的时间内,该车多次出现变速箱质量问题,历经多次修理仍故障不断。此种情形,对于R而言,仅凭修理(更换部件)已无法实现合同目的。此外,变速箱是机动车最重要的部件之一,变速箱反复出现问题,说明车辆存在安全隐患。R为实现合同目的以及消除自身、他人之安全隐患,主张更换车辆的要求于法有据。

虽然原被告双方曾就纠纷解决达成调解协议,但被告G公司未能履行调解协议约定的义务。签订调解协议的目的是恢复车辆的使用性能,实现原告R的购车目的,而安全驾驶是R购买车辆最基本的要求。修理过程的状况显示,仅凭修理(更换部件)难以确保驾车安全。因此,调解协议不能对抗R的更换请求。

■ 评 析

Ⅰ 本判决的思路和意义

本案中,原告R拒绝接受历经多次修理的轿车,主张更换同款轿车,其主张最终获得了法院的支持。裁判要旨明确了标的物存在质量瑕疵的情形,买受人得合理选择主张修理请求权或者更换请求权;肯定了在修理无法实现合同目的的前提下,买受人得主张更换请求权;进而认为,买受人在先前选择修理,而出卖人未能通过修理恢复标的物性能、实现合同目的情形下,买受人得变更选择,主张更换请求权。

作为江苏省高院的参阅案例,本案在明确肯定买受人享有变更选择权以及强调"合同目的"是判断买受人选择是否"合理"的重要依据方面,具有参考借鉴意义。

Ⅱ 瑕疵补正请求权的规范与学理

1. 修理与更换的关系

作为瑕疵补正请求权的具体形态,修理与更换之间是否存在适用上的先后顺序,在我国法律上并不明确。依据原《合同法》第111条的规定,就修理与更换,买受人享有选择权,但须受到"合理性"的制约。关于合理性的解释,学界存在不同观点。比如,有观点通过对"更换"的含义作限缩理解,将其理解为"无修理可能,或修理所需费用过高,或所耗时间过长,债务人交付同种类同质量同数量的标的物的补救措施"的方式,实质上肯定了修理优先规则[韩世远:《合同法总论》(第4版),法律出版社2018年版,第767页]。也有观点认为,应当借鉴《联合国国际货物销售合同公约》(CISG)第46条的规定,以根本违约为买受人行使更换请求权的实质要件[朱广新:《合同法总则研究》(下册),中国人民大学出版社2018年版,第679页],从而在多数情形中否定了买受人选择更换请求权的可能。与之相对,有观点指出,修理优先规则导致买受人选择权落空,并非理想的规范模式,应当在原则认可买受人自由选择权的基础上,通过赋予出卖人费用过巨抗辩权的方式,实现对买受人选择权的制约(缪宇:《论买卖合同中的修理、更换》,载《清华法学》2016年第4期)。此外,另有观点从立法论的角度批判买受人选择权模式本身,主张应当将选择权分配给出卖人[杜景林:《我国合同法买受人再履行请求权的不足与完善》,载《法律科学》(西北政法大学学报)2009年第4期]。

我国消费者法领域的"三包"规定[《部分商品修理更换退货责任规定》(1995)、《农业机械产品修理、更换、退货责任规定》(1998/2010);《固定电话机商品修理更换退货责任规定》(2001);《移动电话机商品修理更换退货责任规定》(2001);《家用视听商品修理更换退货责任规定》(2002);《微型计算机商品修理更换退货责任规定》(2002);《家用汽车产品修理、更换、退货责任规定》(2012)]可能与原《合同法》第111条发生竞合。此种"三包"规定通常包括以下内容:在购买商品7日之内,消费者得自由选择退货、更换或修理;在购买商品8~15日之内,消费者得选择更换或修理;在"三包"有效期内,对于修理两次仍不能正常使用的商品,消费者得主张更换;无法更换的,得主张退货。由此可知,在修理与更换的关系问题上,"三包"规定确立了修理优先规则。对此,学说多持批判立场,认为此种规定不当限制了买受人的选择权[钟瑞华:《中国"三包"制度总检讨》,载《清华法学》2005年第2辑(总第6辑)],其制度初衷是避免反复更换给出卖人造成过重负担,而事实上,在某些情况下这些规则却并非有利于出卖人(缪宇:《论买卖合同中的修理、更换》,载《清华法学》2016年第4期)。

关于修理请求权与更换请求权的关系,在比较法上,存在以下三种立法模式。一是通过对更换请求权课以严苛要件(根本违约)的方式,实质上肯定了修理优先规则,即前述《联合国国际货物销售合同公约》(CISG)的立场。二是原则上肯定买受人得自由选择,通过赋予出卖人费用过巨抗辩权(《德国民法典》第439条第3款)或者认可出卖人实施他种补正(《日本民法典》第562条第1款第2句)的方式,制约买受人的选择权,避免出卖人就补正履行负担过重。三是肯定买受人得自由选择,未设特别限制(《国际商事合同通则》第7.2.3条)。其中,第二种立法模式能够兼顾保护买受人的履行利益与出卖人的补正利益(避免承受过重的补正负担),买受人选择权的制约规则明确具体、可操作性强,是较为理想的规范模式。

2. 买受人变更选择之权利

在修理请求权与更换请求权之间,买受人作出选择之后,能否变更选择,主张他种补正请求权,依据原《合同法》第111条的规定,并不明确。这一问题与原《合同法》第111条的性质论问题相交织,对此,学界存在以下三种不同观点。第一种观点将原《合同法》第111条理解为一种法定的选择之债。依据选择之债的相关理论,在包括修理与更换在内的各种救济方式之间,买受人一旦作出选择,选择之债即转化为单一之债,债的内容确定,不得再作变更(隋彭生:《合同法要义》,中国人民大学出版社2011年版,第241页;崔建远:《债法总论》,法律出版社2013年版,第30页;韩世远:《减价责任的逻辑构成》,载《清华法学》2008年第1期;周友军:《论出卖人的物的瑕疵担保责任》,载《法学论坛》2014年第1期)。第二种观点则主张,原《合同法》第111条规定的各种救济方式之间并非选择之债的关系,而是选择竞合的关系。依据选择竞合的相关理论,买受人享有数项请求权,只是数项请求权的法效果不能同时发生,买受人选择某项补正请求权,而该种补正方式无法实现履行利益时,可重新选择他种补正请求权,唯此种买受人变更选择之权利须受诚信原则的制约[杜景林:《我国合同法买受人再履行请求权的不足与完善》,载《法律科学》(西北政法大学学报)2009年第4期;殷安军:《论违约救济方式选择后的可变更性》,载《华东政法大学学报》2015年第2期;金晶:《合同法第111条(质量不符合约定之违约责任)评注》,载《法学家》2018年第3期]。第三种观点试图对原《合同法》第111条的性质论问题与买受人是否享有选择变更权问题作切割，一方面坚持原《合同法》第111条选择之债的性质，另一方面，在满足特定条件的前提下肯定买受人变更选择之权利(贺栩栩:《论买卖合同法中继续履行规则的完善》,载《政治与法律》2016年第12期)。

Ⅲ 既往司法实践状况

1. 修理与更换的关系

由于受学说以及"三包"规定的影响，我国司法实践在修理与更换的关系问题上，总体倾向于采纳修理优先规则。具体而言，标的物属于"三包"规定的范围——比如，标的物为家用电器、录音机、电视机、钟表、电话、电脑的情形，绝大多数法院通常直接适用"三包"规定，特别是两次修理仍不能正常使用方可更换或退货之规则[参见海南省第一中级人民法院(2006)海南民二终字第265号民事判决书；上海市第二中级人民法院(2013)沪二中民一(民)终字第1615号民事判决书；杭州市中级人民法院(2015)浙杭商终字第1261号民事判决书；深圳市中级人民法院(2015)深中法民终字第899号民事判决书]。标的物不属于"三包"规定范围的情形，多数法院通过对买受人"合理选择"的解释，实质上仍采纳修理优先规则。这一点，在标的物价值较高——如房屋、车辆、大型器械——的情形体现得尤为明显[参见河南省高级人民法院(2008)豫法民二终字第159号民事判决书；宁波市江北区人民法院(2009)甬北商初字第1060号民事判决书；莱芜市中级人民法院(2015)莱中商终字第46号民事判决书；溧阳市人民法院(2014)溧商初字第00082号民事判决书]。只有在极少数情形，通常是在标的物价值不高的案件之中，法院例外地肯定买受人得在修理与更换之间作自由选择[嘉兴市中级人民法院(2013)浙嘉商终字第85号民事判决书；沈阳市中级人民法院(2014)沈中民三终字第00861号民事判决书]。

2. 买受人变更选择之权利

关于买受人能否变更选择，主张他种补正请求权之问题，我国司法实践的态度并不明朗。如前项所述，由于受学说及"三包"规定的影响，多数法院倾向于认同修理与更换之间存在适用上的先后顺序，即修理优先，两次(或多次)修理仍不能正常使用方可更换。因此，买受人的选择权被压缩在极其狭窄的空间之中，在多数情形，买受人实质上丧失了在修理与更换之间作选择的权利，因此，也就无所谓变更选择之权利。硬要说"变更选择"，不过是无法修理或多次修理仍无法正常使用时，二次适用更换这一补正形态的必然结果[上海市奉贤区人民法院(2012)奉民二(商)初字第1447号民事判决书；宁波市江北区人民法院(2009)甬北商初字第1060号民事判决书；溧阳市人民法院(2014)溧商初字第00082号民事判决书]。

Ⅳ 本判决的参考意义及将来的课题

关于修理与更换的关系，本判决并未贯彻既往司法实践的逻辑，即采纳修理优先，无法修理或者多次修理仍不能正常使用时方可变更之规则，而是将"合同目的"作为买受人选择更换请求权是否"合理"的判断标准，在一定程度上拓宽了买受人自由选择的空间，实现了买受人与出卖人利益的兼顾保护。另外，本判决明确了买受人在一定条件下可不受先前选择的拘束，重新主张他种补正请求权，针对学说上关于买受人是否享有变更选择权的理论争议,表明了司法实务界的态度。虽然《民法典》第582条较之原《合同法》第111条,将“更换”与“重作”在列举顺序上做了调整,但并没有作出实质性改变。因此,本案对于今后的参考意义仍然值得重视。

不过,值得注意的是,本判决是在《家用汽车产品修理、更换、退货责任规定》(2012)实施前作出的,彼时,家用汽车尚未纳入“三包”规定的范围,因此,本判决得以摆脱“三包”规定的束缚,基于原《合同法》的规定,形成上述观点。家用汽车“三包”规定实施后,本判决所提示的思路和观点能否获得延续乃至发展,有待进一步考察予以明确。

回 参考文献

缪宇:《论买卖合同中的修理、更换》,载《清华法学》2016年第4期。
金晶:《合同法第111条(质量不符合约定之违约责任)评注》,载《法学家》2018年第3期。
韩世远:《合同法总论》(第4版),法律出版社2018年版。

072 隐藏在银行卡盗刷纠纷背后的法理

宋鹏诉中国工商银行股份有限公司南京新门口支行借记卡纠纷案
|《最高人民法院公报》2017 年第 12 期

解　亘 南京大学法学院

■ 事实概要

2012 年 6 月,原告宋某在被告工行新门口支行办理了借记卡(牡丹灵通卡)一张。2015 年 8 月 5 日凌晨,宋某持有的工行借记卡内资金在驻马店市一农村信用社自动取款机上被取款 6 次,金额合计 14,094 元(含手续费 94 元)。宋某系现役军人,其所在部队证明,在银行卡被刷卡取款的时间段内宋某并未外出。宋某以开户行未履行安全保障义务为由提起诉讼,要求被告承担违约责任。

《中国工商银行借记卡章程》第 7 条规定:"申请借记卡必须设定密码。持卡人使用借记卡办理消费结算、取款、转账汇款等业务须凭密码进行(芯片卡电子现金除外)。凡使用密码进行的交易,发卡银行均视为持卡人本人所为。依据密码等电子信息办理的各类交易所产生的电子信息记录均为该项交易的有效凭据。持卡人须妥善保管借记卡和密码。因持卡人保管不当而造成的损失,发卡银行不承担责任。……"

■ 判决要旨

银行负有保障储户存款安全的义务,应努力提高并改进银行卡防伪技术,最大限度防止储户银行卡被盗刷。

借记卡章程关于"凡使用密码进行的交易,发卡银行均视为持卡人本人所为"的规定,仅适用于真实的借记卡交易,并不适用于伪卡交易,银行不能据此免责。

在无任何证据证明持卡人自行泄露银行卡密码的情况下,不应判令持卡人承担部分损失,从而减轻银行的赔偿责任。

■ 评　析

Ⅰ 本判决的思路和意义

围绕银行卡被盗刷的纠纷,《最高人民法院公报》曾在 2009 年第 2 期发布过公报案例——王永胜诉中国银行股份有限公司南京河西支行储蓄存款合同纠纷案。虽然未明言,在该案中最高人民法院通过修正判例理由的方式实际上确立了此类纠纷按照向无受领权限之第三人清偿之理论构成来应对的立场,即运用债法总则层面的清偿理论来解决此种纷争。

然而,本判决却改变了这一思路,重新退回到下级法院普遍采用的违约构成,即下沉到合同法的层面来应对。此外,本案通过推定储户没有自行泄露银行卡密码的方式,将举证负担分配给了银行。

Ⅱ 银行卡被盗刷纠纷中隐藏的学理

银行与储户之间的关系具有二重性。

首先,银行与储户之间的关系是抽象意义上的债权债务关系。之所以人们会觉得存在银行的钱就是自己"所有"的财产,是因为银行良好的信用——体现为见索即付的义务和能力——所造成的错觉。由于货币作为一般等价物的特殊属性,通说认为,金钱的占有人即为所有人。当储户将一定数量的货币交付给银行的那一瞬间,这些货币的所有权已经发生转移。储户真正关心的,是在自己需要时银行能否及时充分地偿还本息。储户并不在意自己交付的货币原物能否被返还。当储户请求时,银行只需要支付等额的金钱便不构成违约。可见,两者之间无非债权债务关系,并不存在基于保管合同的物权关系。既然两者之间不存在物权关系,银行对于储户的存款自然不存在所谓的安全保障义务。

银行与储户之间的关系,与通常的债权债务关系并无明显的差异。既然如此,在解决两者之间的纷争时没有理由不遵从债法的规则和法理。盗刷银行卡的行为,在债法的话语体系中,其实就是作为债务人的银行向没有受领权限的第三人(盗刷者)所作的一次清偿。既然受领人没有权限,那么,该清偿行为原则上不会导致作为债权人之储户对银行的债权受到任何的影响。或许正因如此,最高人民法院在"王永胜诉中国银行股份有限公司南京河西支行储蓄存款合同纠纷案"中将裁判理由修正为"原被告的债权债务关系仍然存在"。但如果这样的清偿一律不影响原有的债权债务关系,难免会在受领人具有债权人外观的情形——盗刷银行卡的情形最为典型,损害了债务人的合理信赖。为此,在比较法上有所谓"向债权准占有人清偿"的制度(《法国民法典》第1240条、《日本民法典》第478条、我国台湾地区"民法"第310条第2款),即债务人向具有债权人外观之人(称为"债权准占有人")的清偿会导致原有的债权在清偿范围内归于消灭。

要构成向债权准占有人的清偿,至少需要受领人具有债权人的外观或者拥有受领权限的外观,债务人善意无过失地相信受领人拥有受领权限。此外,围绕是否还需要债权人具有归责事由,则存在不同的立场。这不禁会让人联想到表见代理制度中的根本分歧——是否需要本人的归责事由。实际上,这一制度与表见代理制度的背后,有共同的理论基础——表见法理。

如果按照向无受领权限者清偿的构成来看待银行卡的盗刷,那么在银行与储户的纠纷中,最终的法律效果只能是全有或全无,即要么不影响原有的债权债务,要么因构成向债权准占有人的清偿导致储户对银行的债权消灭。完全不存在由银行与储户分担损失——储户的存款债权部分消灭——的余地。

诉讼活动只要围绕上述要件展开即可。其中,债务人的善意无过失要件,几乎是恒定满足的。这是因为,ATM 具有极高的可靠性,能够准确比对出卡中的识别信息以及刷卡人输入的密码与储户预留的信息是否相符。本案的裁判要旨将盗刷卡的真伪当作判断银行是否承担责任的关键,就意味着最高人民法院认为,ATM 能够识别而且也应当识别银行卡的真伪。然而,这样的认知完全脱离了现实,不符合交易惯例。在当今的世界,恐怕没有任何一台 ATM 同时具备超级质谱仪的功能,能够在极短的时间内分析出银行卡的化学成分。因此,本案裁判要旨中,将借记卡章程中的格式条款——"凡使用密码进行的交易,发卡银行均视为持卡人本人所为"——判定为部分无效,使其仅适用于真实的借记卡交易的立场,不具有妥当性。

尽管在银行卡被盗刷的纠纷中,银行清偿时几乎始终满足善意无过失的要件,但在实际的诉讼中,却会看到当事人围绕着银行是否在其他环节存在不当的举措展开攻防,法院在事实认定和判决理由的部分也会着力阐述这一点。照理,在向无受领权限清偿的理论构成中,在判断债务人的主观状态时,只需要判断其在清偿的那一瞬间是否善意无过失,债务人在其他环节的主观状态并非要件。合理的解释是,债务人在其他环节的不当举措,是用来判断债权人是否存在归责事由的间接事实。如果债务人在其他环节的举措明显不当,就意味着是由于债务人的原因导致了第三人具备债权人的外观,债权人并不存在归责事由。司法实践中的这些做法恰恰说明,向债权准占有人清偿制度和表见代理制度的要件中应当包含债权人或者本人的归责事由。

银行与储户之间的关系还具有另一层属性,即在储蓄合同中所展现出来的合同关系属性。储蓄合同导致了两者之间的关系不同于抽象的债权债务关系。由于金融法规的存在,银行在储蓄合同所负担的债务内容中,除了负担约定利息、管理账户(对于活期账户而言,每一次的存入原本应该看作一个独立的法律行为,照理应该成立多笔债权。但事实却是,存入的款项会与之前的存款余额合并,变更为一笔全新的债权)等义务外,还需要在一定程度上关照债权人的上述利益。在抽象的债权债务关系中,债务人无需关照债权人的资金乃至人身安全,但由于储蓄合同的存在,银行却承接了这样的附随义务。需要注意的是,银行所负担的这些保护义务,是典型的手段债务,而非结果债务。换言之,银行只需要付出合理的注意即可,并不担保储户资金乃至人身的绝对安全。因此,当银行违反了这些附随义务时,会构成违约。在违约救济中,法律效果将不再全有或全无,而是可以按照比例令双方分担损失。

对于储户而言,理想的诉讼策略,应当首选确认之诉,请求法院确认其对银行的债权依然如数存在。如果储户提起违约或者侵权之诉,就意味着储户从一开始就已经自认其对银行的债权消灭了,因为无论是违约责任还是侵权责任,均以损失的存在为前提。从逻辑上看,既然储户的存款债权消灭,说明盗刷事件满足了向债权准占有人清偿的全部要件,其中自然也包括储户的归责事由。既然储户也存在归责事由,那么,在接下来的违约或者侵权诉讼中,储户势必不能获得全额的赔偿。

但在现实的诉讼中,无论是储户还是法院,均会先入为主地认为储户一方存在损失,以此作为出发点再考虑损失是否应当转嫁以及转嫁多少给银行。如果债务人不是银行，在债务人错向第三人清偿的情形，恐怕没有人会在第一时刻认为债权人一方发生了损失。为什么当债务人是银行的情形，人们会普遍产生这样的认知呢？这显然是因为人们将银行账簿的记录绝对化了。首先，不同于票据，银行账簿并不具有财产权利与凭证（账簿）合二为一的属性。其次，账户余额来自银行账簿，而银行账簿是作为债务人之银行单方面记录其对储户之债务变化的记账簿，与通常之债务人记账本并无本质的差异。只不过，由于储户与银行之间缔结的结算账户合同往往会赋予银行单方面贷记（增加存款数额的记账）的形成权，使贷记具有了抽象债务允诺的效果（凌超羿：《错误转账的类案分析——以银行结算合同之理论为基础》，华东政法大学2018年硕士学位论文）。换言之，仅在贷记这一点上，银行账簿不同于通常的债务人记账本。因借记导致银行账簿上所记录存款余额的减少，其实并不必然反映债权债务的真实情况，债权数额可以被修正。

如果生效判决认定银行卡的盗刷构成向债权准占有人的清偿，这时储户才有必要另行提起违约之诉。当然，这样操作就需要两次诉讼，非常不经济。最好的应对方法是，在提起确认之诉时，附加一个预备的诉请——违约或者侵权的损害赔偿之诉。如此便可在一个诉讼中彻底解决纷争。但遗憾的是，目前的司法实践普遍不允许诉的预备合并。这一症结，只有通过民事诉讼法立法上的突破才能最终克服。

即便在向无受领权限之第三人清偿的构成之下，银行也一定会利用储蓄合同关系中的免责条款作为抗辩，就如本案中的那样。对此，需要通过《民法典》第497条应对。这样的免责条款在效果上极大地降低了向债权准占有人清偿的门槛，应当认定为部分无效。

Ⅲ 既往司法实践状况

在本判决之前的银行账户资金被盗取的纠纷中，最高人民法院的态度经历了反复。

最高人民法院就冒领存款问题的表态，最早可以追溯到最高人民法院《关于银行工作人员未按规定办理储户挂失造成储户损失银行是否担任民事责任的批复》[法（民）复（1990）13号]。在此批复中最高人民法院并未阐明自己所依据的法律构成，只是笼统地答复："根据中国人民银行关于储蓄存单（折）挂失的有关规定和《民法通则》第七十五条、第一百零六条的规定，徐水县工商银行金融服务所对由此造成的经济损失应依法承担民事责任。"原《民法通则》第106条有两款，分别规定了违约责任和侵权责任。

在之后的"周福君诉徐水县工商银行挂失存款被冒领赔偿损失案"（载《最高人民法院公报》1991年第1期）和"顾骏诉上海交行储蓄合同纠纷案"（载《最高人民法院公报》2005年第4期）中，最高人民法院对违约构成表示了支持。而在其间的"聂晓斌诉宾阳工行存款合同纠纷案"的再审[最高人民法院（2004）民一提字第0003号民事判决书]中最高人民法院的立场再次回到模糊状态。

直到前述之"王永胜诉中国银行股份有限公司南京河西支行储蓄存款合同纠纷案"，最高人民法院才第一次采取了向无受领权限之第三人清偿的理论构成。然而，从本案判决被《最高人民法院公报》刊载就不难看出，在银行卡被盗刷纠纷的处理上，最高人民法院始终没有达到理论上的自觉,没有意识到其对“王永胜诉中国银行股份有限公司南京河西支行储蓄存款合同纠纷案”裁判理由的修正,具有怎样的价值。

Ⅳ 本判决的参考意义及将来的课题

在本文看来,本判决以卡的真伪作为基准的立场,对银行提出了完全不合理的期待,完全背离了交易世界的常识。

在银行卡盗刷的纠纷中,真正的难题并不在于采取何种理论构成,而在于如何分配举证负担。在这类纠纷中,最为关键的是,作为债权人的储户对于银行卡和密码信息的泄露是否存在归责事由。真卡不离身,并不意味着储户就当然没有任何的归责事由。从常识上判断,如果是银行的安全系统出现了问题,账户资金的受损一定不会仅限于个别的储户。所以,因储户自身的原因,例如手机、电脑中木马、病毒等,而导致信息泄露,恐怕才是银行卡盗刷案件中的大概率事件。如此说来,似乎应当将不存在归责事由的举证负担分配给储户,由其来证明实际上是由于银行的原因导致了其账号和密码信息的泄露。然而,让储户证明银行的信息系统存在技术缺陷,对于储户来说其难度可想而知。但反之,若令银行来证明储户存在归责事由,例如其手机、电脑感染过木马、病毒,同样也是过分沉重的负担。如何合理地分配举证负担,已经超出了法律论的范畴,需要高度的政策判断。

□ 参考文献

其木提:《论债务人对债权准占有人清偿的效力》,载《法学》2013 年第 3 期。

解亘:《冒领存款纠纷背后的法理——王永胜诉中国银行南京河西支行储蓄存款合同纠纷案评析》,载《浙江社会科学》2013 年第 2 期。

李建星、施越:《电子支付中的四方关系及其规范架构》,载《浙江社会科学》2017 年第 11 期。

凌超羿:《错误转账的类案分析——以银行结算合同之理论为基础》,华东政法大学 2018 年硕士学位论文。

073 预期违约情形"以自己的行为表明不履行合同义务"的认定

开封东京空分集团有限公司、白银有色集团股份有限公司买卖合同纠纷案 | 最高人民法院(2018)最高法民终377号民事判决书

陈韵希 上海交通大学凯原法学院

■ 事实概要

2014年11月,原告白银公司因提升改造铜冶炼技术所需,与被告开封东京公司分别签订了关于20000Nm3/h制氧站空分系统采购及安装的技术协议和订货合同,合同总价款7420万元。合同约定开封东京公司于合同生效后6个月内将第一批货物运输至项目现场,12个月内全部履行完毕,且应根据白银公司的施工进度安排交货时间,并根据白银公司通知到现场安装和调试。关于付款,合同约定白银公司支付预付款30%、发货款30%、验收款30%、质保金10%。白银公司按约支付了预付款2226万元。2015年期间,白银公司两次通知开封东京公司暂缓加工,后者未提出异议。2016年7月4日,白银公司通知开封东京公司按原合同继续执行,将设备调试完成、出氧时间定为复工后1年之内。然而开封东京公司复函表示,因合同经历两次暂缓履行,期间国内经济形势发生较大变化,目前融资贷款困难,建议变更付款方式,即再支付合同价15%的预付款,同时将发货款与验收款的支付时间提前,遭到白银公司拒绝。后白银公司委托律师前往开封东京公司进行调查,调查结果显示后者不具备履行能力。白银公司遂通知开封东京公司中止履行合同,要求后者限期提供能够履行合同的书面证据,并提供相应担保。由于开封东京公司在期限内未能提供,且仍要求白银公司增加预付款,白银公司随后通知开封东京公司解除订货合同,并要求退还2226万元预付款,开封东京公司表示拒绝。双方协商不成,白银公司遂提起诉讼,请求法院判令解除订货合同以及开封东京公司返还预付款等。

■ 判决要旨

部分维持、部分变更。

原《合同法》第94条(《民法典》第563条第1款)规定:"有下列情形之一的,当事人可以解除合同:……(二)在履行期限届满之前,当事人一方明确表示或者以自己的行为表明不履行主要债务……"基于被告因融资困难而要求原告支付额外预付款,以及原告派员调查证明被告无履行能力的事实,原告有权要求被告提供相应的履约担保,在被告未提供担

保的情况下,原告有权以预期违约为由解除合同。

■ 评　析

Ⅰ 本判决的思路和意义

本案一审判决判令订货合同解除,但其理由为:被告至原告起诉前,一直未向原告发出合同约定的任何设备,其不履行合同的行为已构成现实违约,故根据原《合同法》第94条第4项“当事人一方迟延履行债务或者有其他违约行为致使不能实现合同目的”的规定,原告有权解除订货合同。最高人民法院二审判决则认定,被告的行为构成预期违约,原告取得解除权的法律依据应当是第94条第2项有关预期违约的规定,故一审法院适用法律错误。二审判决的意义在于,将“债务人欠缺履行能力+不提供担保”这一类似于原《合同法》第69条不安抗辩权规定的情形,认定为预期违约的一种类型,这对于预期违约规则的理解和适用具有指导意义。

Ⅱ 预期违约的规范和学理

但凡包含履行期的双务合同,在履行期到来之前,都存在债务人不履约风险以及债权人的风险防范问题。许多国家和地区的民事法律都赋予债权人一定的救济手段,使其在债务人不履约风险增大到一定程度时,能及时采取措施避免损失并追究对方的违约责任。在我国的法律体系中,也有应对不履约风险的制度安排,这就是《合同法》中的预期违约制度(《民法典》第578条)和不安抗辩权制度(《民法典》第527、528条)。根据前者规定,在履行期限届满之前,当事人一方明确表示(又称“明示毁约”)或者以自己的行为表明不履行合同义务(又称“默示毁约”)时,另一方当事人可以立即解除合同并追究对方的违约责任。根据后者规定,在双务合同中的后履行方丧失或可能丧失履行能力的情况下,先履行方可以中止履行,但在中止履行后必须及时通知对方;若后履行方没有在合理期限内恢复履行能力并且没有提供适当的担保,则先履行方有权解除合同。

对比预期违约和不安抗辩权,主要有以下区别:首先,从适用条件看,预期违约和不安抗辩权的适用范围主要以不履约风险激增的原因为区分标准。原《合同法》第94条第2项和第108条所规定的适用情形多被解释为“拒绝履行”(anticipatory repudiation),主要针对的是债务人欠缺履行意愿的情形。而第68条明确规定其适用于债务人欠缺履行能力的情形。不过学术界也有观点主张,将制度所应对的将来不履行的确定性程度作为区分标准,即以预期违约应对确定不履行的情形,以不安抗辩权应对不履行尚不确定的情形。其次,从法律效果来看,预期违约规定的是一种无须催告的径直性解除机制。之所以不需要催告,是因为债务人既然明确表示不愿再履行合同,也就没有必要给予其回心转意的机会。而不安抗辩权规定的是一种渐进性解除机制,即中止履行权人要解除合同,必须经过“通知+不提供担保”这一类似于催告的前置程序。这是因为,履行能力的欠缺一般出于客观原因,主观上债务人可能有继续履行之意愿,事实上也有恢复履行能力的可能,故应当给予债务人消除不履约风险并维系交易关系的机会,而不宜允许债权人立即解除合同关系。

尽管预期违约和不安抗辩权有上述区分,但是学术界的主流观点认为,这两个制度之间存在衔接关系,即所谓第94条第2项中"以自己的行为表明不履行主要债务",指的就是第69条规定的"债务人欠缺履行能力+不提供担保"的情形。这应当说是对拒绝履行概念的一种扩张性解释,因为严格意义上的拒绝履行,原本是指债务人以明确且肯定的形式表明自己将不再继续履行合同,以及通过自发且积极的行为使得合同履行不再可能(如卖方把特定的合同标的物出售给第三方)这两种行为类型,而不包括"债务人欠缺履行能力+不提供担保"的情形。依据这一"衔接论",结论便是,预期违约不仅适用于债务人欠缺履行意愿,也适用于债务人欠缺履行能力的情形。

然而,无论是依据第69条还是依据第94条第2项,最终结果都一样,即债权人均可获得解除权。既然如此,为何还要将预期违约和不安抗辩权相衔接?或者说,为何有必要扩张解释"以自己的行为表明不履行合同义务"?这是因为,第69条仅规定了解除,未规定损害赔偿,因而债权人根据该条规定解除合同后,缺乏直接的法律依据来解决履行期前的损失清算问题,如果能使第69条和预期违约衔接,就能使债权人援引第108条追究对方的违约责任。针对这一问题,《民法典》对不安抗辩权的规定进行了修改,其第528条规定,先履行方中止履行后,对方在合理期限内未恢复履行能力或提供适当担保,将被视为以自己的行为表明不履行主要债务,此时中止履行的一方可以解除合同并可以请求对方承担违约责任。这就为中止履行权人解除合同后进行损失清算提供了直接法律依据。

除此之外,对扩张解释"以自己的行为表明不履行合同义务"的意义还可做进一步挖掘。不安抗辩权制度规定的渐进性解除机制以中止履行为起点,要求债权人负有先履行义务,这就使后履行方或同时履行方在对方欠缺履行能力时,无法发动该解除机制。然而,当合同履行无望,合同关系的维系失去意义时,提前解除合同可使债权人避免因继续投入而蒙受进一步的损失,并尽快寻求其他交易机会,这种期前解除的意义,没有理由因履行期的先后关系而遭到否定。即使债权人无需先行履行,也应当在其合同利益受到重大威胁时,允许其在与债务人协商未果后提前终结病态合同关系。通过扩张预期违约的适用范围,使"以自己的行为表明不履行合同义务"灵活适用于任何"债务人缺乏履行能力+不提供担保"的情形,可以实现上述救济机制,从而弥补不履约救济风险制度的缺陷。

以此来看本案判决,其正是采取了这一方法。从原被告的纠纷经过看,存在"债务人缺乏履行能力+不提供担保"的事实,似乎可依据第69条进行处理。但一审、二审法院均没有把不安抗辩权制度作为依据,原因恐怕在于,原告的付款义务并非完全先于被告的义务,其预付款部分也已经履行完毕,因此严格来说,并不完全符合第68条所要求的"先履行"条件。或许因为如此,一审法院将原告的解除权依据归结于被告的现实违约。不过一审法院的认定也存在问题,因为从本案的事实来看,原告推迟了被告的履行期限,在原告发出解除通知的时点,被告的合同义务实际上尚未届期,故而难以认定其存在现实违约,其行为触发的应是不履约风险救济机制。二审法院的处理方式则是,进一步扩张解释"以自己的行为表明不履行合同义务",使其能够适用于一切债务人欠缺履行能力的情形,并使第94条第2

款同时容纳径直性解除和渐进性解除两套救济机制。

Ⅲ 既往司法实践状况

上述处理方式在司法实务界也得到了较广泛的采纳，因此本案判决具有一定的代表性。例如，在“杭州微电机厂诉上海威群空调设备有限公司购销合同债务转让案”[(1999)金经初字第909号]、“上海鑫泷贸易有限公司与上海泰琪高强水泥制品厂买卖合同纠纷上诉案”[(2002)沪二中民四(商)终字第14号]、“史宇峰与何杰林民间借贷纠纷上诉案”[(2006)穗中法民一终字第2830号]、“花旗银行(中国)有限公司诉樱达生活电器(中山)有限公司合同纠纷案”[(2014)浦民六(商)初字第S3800号]、“王玮、惠州市康之源医药有限公司股权转让纠纷案”[(2018)粤13民终5233号]等案中，法院均认为，所谓“以自己的行为表明不履行合同义务”的判断标准应比照不安抗辩权。即其应具备以下条件：(1)一方预见另一方在履期限到来时，将不履行或不能履行合同；(2)一方的预见有确切的证据；(3)被要求提供履行保证的一方不能在合理期间内提供充分的保证。采取这种判断标准的理由是：“默示毁约是指合同履行期限到来之前，一方当事人有确凿的证据证明另一方当事人在履行期限到来时，将不履行合同，且另一方当事人又不愿提供必要的履行担保的行为。由于一方对另一方在合同期限到来时不能履行合同的预见具有强烈的主观性，为使这种预见具有客观性，就必须借助于一定的客观标准来判断是否构成默示毁约，否则就会出现主观臆断的默示毁约，所以，即使一方当事人理由十分充足、证据十分确凿，也不能立即宣告对方构成违约，并获得法律的救济，而应当通知对方，要求对方提供充分的履行担保，对方在合理期限内未提供担保的，才可认定对方构成违约。”(参见上海鑫泷贸易有限公司与上海泰琪高强水泥制品厂买卖合同纠纷上诉案[(2002)沪二中民四(商)终字第14号])

Ⅳ 将来的课题

以本案判决为代表，司法实务界倾向于将“以自己的行为表明不履行合同义务”扩张至债务人欠缺履行能力的情形，并认为，“通知+不提供担保”是判断债权人能否以默示毁约为由取得解除权的重要依据。这种处理方式使得渐进性解除机制的适用不再拘泥于“先履行”条件，能使法律制度更好地应对不履约风险纠纷，但也模糊了预期违约和不安抗辩权之间的界限，使得径直性和渐进性两套解除机制出现交叠，故仍然存在问题。更为理想的法律解释方案或许是，根据解除机制的特点，对预期违约和不安抗辩权的适用范围予以区分，从而使各种类型的不履约风险纠纷都能得到妥善处理。具体而言，预期违约制度由于允许债权人不经催告直接终结合同关系，即不再给予债务人消除不履约风险以维系合同关系的机会，就宜适用于可以明确预见债务人将不履行合同的情形，这种情形的典型即是严格意义上的拒绝履行。与此相对，鉴于不安抗辩权制度采取的是一套渐进性的解除机制，其设置“通知+不提供担保”程序的合理性，主要在于给予债务人消除不履约风险以及债权人确认情况的机会，所以其应适用于债务人是否履行尚不确定的情形。而为了使其有更广泛的适用性，应当缓和“先履行”要件。概言之，对于预期违约和不安抗辩权之适用范围的区分，应以将来不履行的确定性程度为标准。如此,关于“以自己的行为表明不履行合同义务”的解释,就应当回归至严格意义上的拒绝履行,即仅指债务人以自发且积极的行为导致自身丧失履行能力的情形。至于类似本案的纠纷,则可通过不安抗辩权制度来处理。这些问题,可在将来不履约风险救济制度的解释适用中予以进一步探讨。

参考文献

葛云松:《预期违约规则研究——兼论不安抗辩权》,中国政法大学出版社 2003 年版。

王利明:《预期违约与不安抗辩权》,载《华东政法大学学报》2016 年第 6 期。

陈韵希:《合同预期不履行的救济及其法理基础——再论〈合同法〉不安抗辩权和预期违约的界分》,载《比较法研究》2017 年第 6 期。

李建星:《不安抗辩权与预期违约的完全区分论》,载《政治与法律》2017 年第 12 期。

韩世远:《合同法总论》(第 4 版),法律出版社 2018 年版。

074 违反竞业禁止、保密义务与违约金酌减

马海力、王巍与楼世良、楼利波、庄子粲股权转让纠纷案 | 浙江省宁波市中级人民法院(2009)浙甬商终字第948号民事判决书

姚明斌 华东政法大学法律学院

■ 事实概要

2008年5月12日,宁波金禾电子信息有限公司(以下简称金禾公司)全体股东(包括一审被告马海力、王巍)将全部股权以800万元的价格转让给一审原告楼世良、楼利波、庄子粲。股权转让协议中特别约定:"转让方及其亲属、亲戚、亲朋好友在今后五年内不从事、不参与防伪税控主机共享设备的生产、销售、服务维修,不从事、不参与同税务有关联性的任何(业务)研发、生产、销售和服务维修。转让方对自己作为公司股东期间接触、知悉的有关金禾公司的任何客户资源、商业信息、业务渠道、商业秘密等事项承担严格的保密义务,如违约,转让方承担违约责任,以股权转让价人民币800万元的双倍金额作为违约金支付给受让方。"协议经各方依约履行后,金禾公司由三原告进行经营。2008年7月15日,被告王巍承诺若在5年内从事与公司相关的业务或为他人窃取、刺探、收买或违规提供公司秘密,则赔偿金禾公司200万元。

在转让金禾公司股权后,被告王巍又想将股权买回。出于减少金禾公司业务量,让三原告感到办公司困难的目的,王巍指使案外人以原金禾公司在江苏的业务为基础成立了宁翔公司,由王巍提供软件技术指导,被告马海力则协助开拓宁波市场,将原金禾公司客户挖给宁翔公司。马海力到多家属于金禾公司客户的税务师事务所,以宁翔公司的名义提供软件升级维护服务、签订合同、开具发票,并称金禾公司已是空壳。此外,王巍还让两名从金禾公司辞职的业务员到宁翔公司上班,从事计算机维修工作。

楼世良等三原告以马海力、王巍违约为由起诉索赔,又称考虑到二被告的承受能力,请求法院判令二人共同支付违约金800万元。一审法院认定二被告构成违约,但认为约定的违约金高达1600万元,即便原告已自行减少为800万元,"普通自然人一般仍难以承受,从常理来看确实偏高,应予调整"[本案一审判决参见浙江省宁波市镇海区人民法院(2008)甬镇民二初字第958号民事判决书]。在原告损失的具体金额难以确定的情况下,一审法院综合考虑被告王巍曾承诺赔偿200万元之事实,二被告的过错程度以及三原告的预期利益等因素,判决二被告共同支付违约金250万元。二被告提起上诉。

■ 判决要旨

驳回上诉，维持原判。

本判决中，二审法院酌减违约金时所考虑的因素包括：(1)事先约定了高额的违约金，表明当事人基于意思自治赋予了该违约金以明显的惩罚性质；(2)被告王巍曾出具过违约即赔偿200万元的承诺书；(3)二被告违约恶意明显，三原告则对违约并无过错；(4)股权转让协议约定的竞业禁止义务、保密义务期限为5年，而二被告从该义务期间伊始即行违约之事；(5)金禾公司是以知识产权和技术服务为核心资产的科技型公司，争议违约金针对的是较为特别的竞业禁止义务和保密义务；(6)违约金针对的竞业禁止、保密义务与公司股权转让交易密切相关，该义务的履行直接影响公司的成长性、预期利益和内在价值，是新股东受让股权的重要基础。

■ 评　析

Ⅰ 本判决的思路和意义

在违约金酌减问题上，二审法院综合考量了当事人的自治意图、双方当事人对于违约的过错、被告违约的时间程度、本案违约所涉义务的特殊意义、违约金约定与股权转让及其预期利益之间的重要关联等因素。

本案判决的典型意义体现在三个方面：

第一，该判决通过较为详细的说理，完整地呈现了酌减违约金时二审法院所参考衡量的要点。

第二，该判决虽形成于最高人民法院《关于适用〈中华人民共和国合同法〉若干问题的解释(二)》[法释(2009)5号](以下简称《合同法司法解释二》)施行伊始，但对其第29条第1款所规定的裁量因素作了相当全面的处理。

第三，尤具意义的是，该判决确认了当事人的自治意图对于违约金酌减应有所影响。一方面，从1600万元违约金的高额度，认定当事人约定违约金并非完全意在预估违约损害，而是赋予了违约金“明显的惩罚性质”；另一方面，科技型公司核心资产的特殊性与违约金所涉竞业禁止、保密义务的特殊性，亦足以印证前述判断，并说明本案竞业禁止、保密义务能否获得履行直接影响了缔约时守约方是否订立合同，受让股权。此一思路，是以合同条款的内容、合同义务的特点和交易个案的情况为基础，厘定合同真意，并以尊重自治为导向，确定酌减结论。

Ⅱ 违约金酌减的规范及学理

原《合同法》第114条第2款规定违约方可以申请法院或仲裁机构酌减过分高于违约损害的违约金。《民法典》第585条第2款延续了这一规则。《合同法司法解释二》第29条第1款进一步规定，酌减时应以实际损失为基础，综合衡量“合同的履行情况、当事人的过错程度以及预期利益”等因素，根据公平原则、诚实信用原则确定是否酌减、酌减多少。而且原则上，超出违约损害30%的违约金可以认定为原《合同法》第114条第2款的过高情形（《合同法司法解释二》第29条第2款）。

对于约定违约金，学理上较为主流的意见认为，若无特别的约定，违约金构成损害赔偿总额的预定，主要发挥补偿损害的功能；当事人可以另行约定带有"惩罚"属性的违约金；有观点进一步认为这种惩罚性表现为与既有法定违约赔偿的叠加关系，且不适用司法酌减规则。亦有另外的见解认为，无论违约金具体类型为何，司法酌减规则均有适用的空间。

近来则有观点主张，违约金兼具担保履约的压力功能和填补损害的补偿功能，二者均有当事人之合意作为基础，从兼顾自治与公平的角度，应当在司法酌减时考虑当事人配置违约金具体功能权重的意思。强调重视违约金的压力功能，还应将其区别于违约金的"惩罚性"。理解违约金的"惩罚性"，若是以缔约时为准，指向的是当事人事先的设计（如与法定违约赔偿的叠加关系），虽然符合尊重自治的立场，但仅是揭示了最极端的约定安排；若是以违约损害发生时为准，则只是对约定金额与实际损害大小关系的事后描述，并无规范适用的指导意义。

Ⅲ 既往司法实践状况

我国司法实践长期以来遵行的是"补偿为主、惩罚为辅"的违约金规制思路，且对"惩罚性"的理解主要定位于与实际损害大小关系的事实描述。此一思路之下，即便当事人基于个案交易的需要约定了较高额度的违约金，通常也会被酌减至实际损害的幅度。加之裁判实践对可赔损害的认定普遍偏保守，违约金最终还是会从当事人约定的轨道被拉回到法定违约赔偿的标准。作为合同工具的违约金，非但未能济法定违约赔偿规则确定性不足之处，反而因司法酌减而被法定赔偿规则所"策反"。

2009年《合同法司法解释二》施行后，第29条第2款规定的"30%标准"还引发了相当程度的机械适用。虽然最高人民法院曾一度通过公报案例指出，"既不能机械地将'当事人约定的违约金超过造成损失的百分之三十'的情形一概认定为合同法第一百一十四条第二款规定的'过分高于造成的损失'，也不能在依法'适当减少违约金'数额时，机械地将违约金数额减少至实际损失的百分之一百三十"，强调"'百分之三十'并不是一成不变的固定标准……（也）不是人民法院适当减少违约金的标准"［"韶关市汇丰华南创展企业有限公司与广东省环境工程装备总公司广东省环境保护工程研究设计院合同纠纷案"，最高人民法院（2011）民再申字第84号民事裁定，载《最高人民法院公报》2011年第9期］，但裁判实践中以数字规则替代具体说理的做法仍然普遍存在，法定违约赔偿对约定违约金的"反噬"还在继续。

近来，最高人民法院有意从两个方面矫正违约金酌减实践的这种异化趋势。其一，是明确了判断违约金过高的标准，不仅限于违约造成的实际损失，还应当考虑可得利益［"国信达资产管理股份有限公司甘肃省分公司与庆阳市智霖房地产开发有限公司、庆阳智霖实业有限公司等债权债务概括转移合同纠纷案"，（2018）最高法民终355号民事判决］。其二，是肯认约定违约金除了可以事先确定赔偿数额以省却损害举证成本，有时还含有借以向债务人施加履行压力、配置履约担保功能的意旨，后者在个案中甚至可以证成排除酌减规则的适用［"北京华普产业集团有限公司、北京华普投资有限责任公司股权转让纠纷案",(2017)最高法民终455号民事判决]。考虑到合同法通行于民商交易之现实,此类裁判思路上的矫正对于尊重私法自治,维护合同约定的确定性具有重要意义。

Ⅳ 本判决的参考意义及将来的课题

本案也很好地凸显了违约金制度中的一个颇具特点的具体问题,即针对以竞业禁止义务、保密义务为代表的"不作为义务"而约定的违约金,具有一定的特殊性。

此类义务通常附有一定的存续期间,在期间内若有所违反,至少就违反之部分,事实上难有实际补救的余地,即一经违反,义务所涉利益即告落空,无法实现。即使债务人在剩余期间继续保持不作为对于债权人而言仍有意义,亦不可否认已被违反的部分事实上无从实际补救。加之违反此类义务所导致的损害通常难以精确计算,一旦当事人针对此类义务约定了违约金,与其说是用于预估违约损害、预定填补额度,不如说更有意着力于通过预定的给付负担向债务人提前施压,促使其在实际违约前"三思而后不行",避免违约风险落为现实。易言之,此类义务及其适用场景的特殊性,可以反射出当事人有别于通常情形的功能配置意图,这种意图不仅是债权人缔约时之所愿,亦为债务人允诺时之所知。相应地,在酌减环节,这种意图以及违约方"行为"层面的主观恶意程度(而非"结果"层面的客观损害幅度),才是应当予以侧重考量的因素。

由此亦可见,本案判决以被告王巍另行承诺之200万元金额作为酌定基础,不无可议,因为很难认为该另行承诺构成对原有合同安排及违约金约定的变更。更具正当性的酌减因素,应该是考量若二被告停止违约并在剩余期间继续履行竞业禁止、保密义务,对于三原告的后续经营仍可能有相当的积极意义。

□ 参考文献

韩世远:《违约金的理论问题——以合同法第114条为中心的解释论》,载《法学研究》2003年第4期。

姚蔚薇:《对违约金约定过高如何认定和调整问题探析——〈合同法〉第114条第2款的理解与适用》,载《法律适用》2004年第4期。

靳学军、李颖:《违约金调整的司法难题及解决》,载《人民司法·应用》2008年第19期。

雷继平:《违约金司法调整的标准和相关因素》,载《法律适用》2009年第11期。

王洪亮:《违约金酌减规则论》,载《法学家》2015年第3期。

韩强:《违约金担保功能的异化与回归——以对违约金类型的考察为中心》,载《法学研究》2015年第3期。

罗昆:《我国违约金司法酌减的限制与排除》,载《法律科学》2016年第2期。

姚明斌:《〈合同法〉第114条(约定违约金)评注》,载《法学家》2017年第5期。

石冠彬:《民法典合同编违约金调减制度的立法完善——以裁判立场的考察为基础》,载《法学论坛》2019年第6期。

姚明斌:《违约金论》,中国法制出版社2018年版。

075 债权人违反协力义务的法律效果

孙宝静诉上海一定得美容有限公司服务合同纠纷案 |《最高人民法院公报》2014 年第 11 期

刘 洋 上海财经大学法学院

■ 事实概要

原告孙宝静与被告上海一定得美容有限公司签订了为期 6 个月(2010 年 7 月 18 日至 2011 年 1 月 18 日)的纤体瘦身服务合同一份,价值 10 万元,由原告预付入服务卡内,所有服务项目疗程单价按 85 折从卡内扣。合同约定,原告保证遵照被告制定的方案适时参加各类项目及正确使用相关产品、按计划及进程表接受被告提供的服务,以配合被告服务的实施。如因原告的懈怠态度或其自身原因违反方案及进程,经被告提醒而未有改善,则被告有权终止对原告的服务,且原告无权要求退赔任何费用。此外,被告还专门向原告发布声明书:"为促使阁下达到理想的疗体效果,阁下必须(1)遵从我司的顾问指示;(2)配合营养师的指导及配合进食时间;(3)配合纤体部之安排并参与所有纤体疗程。如因阁下的个人原因,不能配合我司上述之安排而导致纤体疗程失败或进度缓慢,我司一概不负任何责任,也不会因此而退还余款或保留按照协议追究违约责任的权利。"原告在该声明书上签字予以确认。

原告于同年 7 月 19 ~ 31 日在被告处多次接受瘦身疗程服务后,因体重未减轻遂停止继续接受服务,直至合同约定的服务期满。原告起诉要求解除合同并由被告退还 9 万元预付款,一审法院以原告自行放弃接受服务、违反合同约定的配合义务为由,驳回其诉讼请求。

原告上诉认为:合同中关于合同期满不退还任何费用的约定系格式条款,减轻被告责任、排除原告权利,应属无效。且附期限的服务合同在到期后,应对被告所提供的服务款项进行结算,多收的预付款应退还。

■ 判决要旨

撤销原判,改判部分返还。

在预付式消费中,如果消费者单方终止消费,经营者并无违约或过错行为的,应结合消费者的过错程度、经营者已经提供的商品或服务量占约定总量的比例、约定的计价方式等因素综合确定消费者的违约责任。

案涉合同中"余款不退"的约定系被告公司预先拟定的格式条款,声明书的内容仅约束原告权利并加重其责任,却未约束被告公司的权利,不符合公平原则,应属无效。被告履行服务合同并无过错;但原告却在仅接受服务不足一个月后即单方面放弃,导致服务协议未能继续履行,构成违约,应承担违约责任。故须综合考量合同履行程度、被告提供服务的情况、原告过错,依公平和诚信原则,酌定原告承担 2 万元的违约金赔偿责任。加之原告已接受的部分服务价值 31, 800 元,被告应在扣除前述服务费和违约金后,向原告返还 48, 200 元预付款。

■ 评　析

Ⅰ 本判决的思路和意义

本案虽以预付款应否返还作为表现在外的争点,但在规范评价的视野下,其实质上指涉服务合同的关系框架中,劳务之提供若因债权人拒绝受领、不予配合而履行不能时,债务人得否继续主张报酬请求权,并以此为由保有债权人为履行对价义务而给付的预付款?对此问题,二审法院认为不能以合同中约定的"预付款不予退还"条款作为支持债务人报酬请求权的依据,因其属格式条款且在负担分配上明显呈现不利于消费者的特征,故应无效。不过,鉴于合同中已明确将配合、协力约定为债权人的义务,所以可直接将债权人拒绝受领、不予配合的行为认定为违约,进而通过判令其承担违约责任的方式,填补债务人因报酬请求权丧失而遭受的损失。

双务合同关系中债务人给付义务的履行离不开债权人方面的协力及配合,而这一判决恰恰体现了债权人方面无正当理由拒绝受领、不予配合,致使债务履行不能时,对于债务人报酬请求权的保护,同时存在违约损害赔偿请求权及报酬风险转移两条可能的备选路径。由此,本案与受领行为的规范意义、债权人迟延的法律效果及违约责任关联起来,涉及履行障碍法上诸多基础性概念和制度问题,颇值关注。

Ⅱ 债权人违反协力义务之法律效果的规范及学理

对于合同履行过程中债权人的协力义务,我国《合同法》及《民法典》中设计了诸多条款加以规制,既有总则中一般性的规则,也有分则中专门针对某些有名合同而设置的特殊条款。前者实以《合同法》第 60 条第 2 款(《民法典》第 509 条第 2 款)为代表;而后者则以买卖合同、承揽合同及技术合同中的相关规则最典型,若再作详细展开,那么买卖合同第 143、146 条(《民法典》第 605、608 条),承揽类合同中第 256、259、278、283、284、295 条(《民法典》第 775、778、798、803、804、816 条),技术开发合同第 331、333 条(《民法典》第 852、854 条),技术咨询合同第 357、359 条(《民法典》第 879、881 条),技术服务合同第360、362 条(《民法典》第 882、884 条)均属之。可是,就违反协力义务所导致的法律效果而言,这些条文调整的模式却并不相同。具体言之,有些仅明确了债权人协力义务的存在,而义务违反的法效果径被忽略,比如《民法典》第 509 条第 2 款;部分规则采风险负担转移的路径,对债权人违反协力义务行为的法律效果加以设计,买卖合同第 143、146 条,客运合同第 295 条、技术咨询合同第357、359条和技术服务合同第360、362条构成这一规制进路的适例；其他的规范中，则大致从履行障碍的视角切入，将债权人对协力义务的违反看作违约行为，从而引发损害赔偿请求权、解除合同等救济手段的运用，这主要存在于前述涉及承揽合同的第256、259、278、283、284条以及技术开发合同第331、333条之中。

由此可见，我国立法者虽然意识到债务关系的履行过程中，往往离不开债权人的密切配合与协助，但未能从形形色色的具体的债权人协力义务及其表现形态中提炼出共同的法理，并通过在债法总则的层面设置通用性规范的方式，对此予以统一化的调整。这也导致本应在履行障碍规范体系中占据重要地位的债权人迟延制度于我国私法中的缺位，违反协力义务的法律效果也不得不因合同类型的变动，而随着实证规范呈现殊异的格局。

在学说层面，对于债权人违反协力义务的法律效果，多从协力义务本身的法律属性界定入手，而后再从中引导出违反此种义务的法律效果。具体而言，学理研究的思维脉络多表现为，首先申明债权人之配合、协力对于多数债务之圆满履行的必要性和重要性[韩世远：《合同法总论》(第4版)，法律出版社2018年版，第567页；张广兴、韩世远：《合同法总则》，法律出版社1999年版，第111页]。而后指出，该种义务遭违反时，其法律效果的确定，须以此义务法律属性的澄清为前提。而就此问题，存在多种见解：一是将债权人对于债务履行的协力、配合界定为单纯的权利的行使，如受领行为，即属债权效力的内容；二是认为债权人对于债务履行的协力与配合构成真正的义务，相应地，违反此种义务即属违约行为，可产生损害赔偿责任，在比较法的层面，此种立法模式以法国民法最为典型；三是将债权人对于债务履行的协力、配合认定为不真正义务，其本质上构成债权人行为的负担，此种负担不可由债务人依诉的方式加以请求，债权人违反时也不会引致损害赔偿的责任的产生，而只是令其自身的法律地位被降低和遭受由此带来的不利益而已[韩世远：《合同法总论》(第4版)，法律出版社2018年版，第570页；张广兴、韩世远：《合同法总则》，法律出版社1999年版，第112页]。从源头上看，这种理论和立法模式始自德国民法。自民国时期进入我国私法学说的视野以来，即长期占据着绝对主导性的地位[韩世远：《论债权迟延》，载《法制与社会发展》1999年第3期；齐晓琨：《解读德国〈民法典〉中的债权人迟延制度》，载《南京大学学报》(哲学·人文科学·社会科学)2010年第2期；黄喆：《论建设工程合同发包人的协力义务——以德国民法解释论为借鉴》，载《比较法研究》2014年第5期；王利明：《合同法研究》(第2卷)(第3版)，中国人民大学出版社2015年版，第485页；王洪亮：《债法总论》，北京大学出版社2016年版，第328页]。在“不真正义务说”的框架之下，债权人对受领等协力义务的违反，将导致债权人迟延的成立，进而产生债务人责任减轻、风险转移、费用赔偿请求权等多重法律效果，以使其处于如同债权人之协力义务并未缺位、债务已得到顺利履行时其所本来应当处于的状态，除非债权人迟延的其他必要规范前提未能充足(刘洋：《对待给付风险负担的基本原则及其突破》，载《法学研究》2018年第5期)。

不过，值得注意的是，主流学说在原则上将受领等协力义务界定为不真正义务的同时，也承认若有法律特别规定或当事人特别约定，其亦可上升成为实实在在的给付性义务。进而，对该义务的违反便不再仅意味着债权人迟延，毋宁会同时成立债务人迟延，致生损害赔偿责任等更重的法律效果。对此，买卖合同和承揽合同中债权人的受领义务，即其典型。然而，在此种“双重迟延”共生的案型中，债权人迟延和债务人迟延的法律效果关系如何，却基本均为我国学界所忽略。尤其是债权人不履行受领或其他协力义务，令债务履行不能时，就债务人的报酬请求权之保护而言，究竟是采取债权人迟延框架下风险转移的路径，还是经由债务人迟延引起的损害赔偿模式，我国现行学说却鲜有涉及、关照不足。值得注意的是，《民法典》第589条规定：“债务人按照约定履行债务，债权人无正当理由拒绝受领的，债务人可以请求债权人赔偿增加的费用。在债权人受领迟延期间，债务人无须支付利息。”

Ⅲ 既往司法实践状况

除本案外，司法实践中，对于债权人违反协力义务的处理模式及其法律效果的判定，呈现多样化的格局。

首先，可以肯定的是，如果在买卖抑或承揽（包含定作）的合同关系中，司法机关基本上皆承认，债权人的协助、配合行为，尤其是对于债务人为履行债务而提供给付的受领行为，并非仅属学理中发展出的所谓“不真正义务”，而是构成真正的给付性义务。对于该种义务的违反，将导致违约责任的成立。从救济债务人的角度来看，其不仅可向未适当履行协力、配合行为的债权人要求损害赔偿，还可以通过解除合同的意思表示，使自己摆脱合同关系的拘束。

这种案例和判决方式，在我国司法实践中其实不胜枚举，比如在“广州合华科技有限公司、广州市万冠洁净工程技术有限公司买卖合同纠纷案”［广东省广州市中级人民法院（2019）粤01民终22753号民事判决书］中，二审判决即明确指出：“万冠公司于2011年6月已经制造完成水设备，而合华公司在长达数年时间均未能收取案涉货物，其行为已构成严重违约。”同样，在“无锡圣恩铜业有限公司与宜兴市华鼎铜业有限公司买卖合同纠纷案”［江苏省无锡市中级人民法院（2014）锡商终字第0060号民事判决书］中，法院亦是在相同思路的引导之下，于认定“圣恩公司拒收华鼎公司交付的货物，构成违约”之后，判令前者向后者赔偿近900万元的损失。就承揽合同而言，“江苏艾德太阳能科技有限公司与广运机电（苏州）有限公司承揽合同纠纷案”［江苏省徐州市中级人民法院（2014）徐商终字第0551号民事判决书］的下述判决内容，已再清晰不过地展现了审判机关的前述认知逻辑：“作为承揽人的广运机电公司已经依约完成涉案设备的制作，设备未能及时交付安装系因定作人艾德太阳能公司拒绝受领所致。艾德太阳能公司无正当理由拒绝受领工作成果及拒不支付定作款的行为，已经构成违约，广运机电公司要求其承担继续履行合同、支付定作款、赔偿损失的违约责任，符合法律规定及合同约定，本院依法予以支持。”而在“建昌兰剑水泥有限公司诉江阴市伟业房屋拆修工程有限公司承揽合同纠纷案”［（2017）最高法民申4464号民事裁定书］中，针对定作人拒绝协力的行为，法院还允许承揽人得基于此解除合同。

其次，前述模式并非可一概套用于任何类型的合同关系中。比如，“顾德明与上海川沙外贸实业有限公司民间借贷纠纷上诉案”［上海市第一中级人民法院（2014）沪一中民四（商）终字第2244号民事判决书］中，对于债权人顾德明拒绝川沙公司还款通知、不领取本金和利息的行为，裁判文书即仅判定为“系顾德明对自身权益的处分，对于由此可能产生的损失，应当由顾德明自行承担”,却并未将之认为成立违约责任。这表明,受领、协力义务的性质和违反该义务的法律效果,至少在不同类型的契约关系中被区分性地对待。

最后,学理中为阐明受领、协力义务之法律性质而常用的“不真正义务”概念,在实践中反倒多遭漠视。即便当事人在诉辩攻防或理由阐述中提出,受领、协力义务之违反仅属不真正义务的不履行,也基本上均为判决文书或其说理所不采和无视。“绍兴勤峰纺织有限公司、绍兴上虞伯隆毛纺织有限公司买卖合同纠纷二审民事判决书”[浙江省绍兴市中级人民法院(2019)浙06民终3057号民事判决书]与“王怡星、马永建等与河南升龙物业管理有限公司等合同纠纷案”[河南省郑州高新技术产业开发区人民法院(2017)豫0191民初11749号民事判决书]即其适例。

由上可见,债权人违反受领、协力义务的案型,能对受领迟延及风险转移法理加以运用的裁判实践并不常见;买卖、承揽类合同中并存的债权人迟延与债务人迟延状态,也多呈现后者掩盖前者的现象,违约损害赔偿责任的泛化即其表征。

Ⅳ 本判决的参考意义及将来的课题

本案属服务类合同,债务人服务之提供离不开债权人的密切配合。而当债权人无正当理由拒绝受领服务、不予配合时,至少在当事人存有特别约定的情况下,应当界定为债务人迟延,可以引致损害赔偿责任的产生,而非仅属债权人迟延。但债务人报酬请求权是否亦可经由风险转移路径得以保护以及此种借助于风险转移规则保护债务人报酬请求权的路径如何作教义学的体系界定,尤其是关于《民法典》第589条规定与本案情形及其他相关情形之间的关系,则仍待未来裁判实践的发展。

□ 参考文献

韩世远:《合同法总论》(第4版),法律出版社2018年版。

王利明:《合同法研究》(第2卷),中国人民大学出版社2015年版。

王洪亮:《债法总论》,北京大学出版社2016年版。

张广兴、韩世远:《合同法总则》,法律出版社1999年版。

076 减损义务与替代交易

青海省大柴旦大华化工有限公司与江苏绿陵润发化工有限公司买卖合同纠纷案 | 最高人民法院(2009)民二终字第91号民事判决书

程　坦　浙江大学光华法学院

■ 事实概要

大华公司与绿陵公司签订《供销合同》(以下称本合同),约定2007年11月至2008年11月,大华公司以每吨1850元的价格每月向绿陵公司提供氯化钾1200吨(共计12,000吨)。本合同签订后,因大华公司收到货款后未能按照约定履行供货义务,绿陵公司分别于2008年3月7日、4月9日、16日、25日、5月10日以每吨2420元、3300元、3170元、3300元和3700元的价格从他处购入氯化钾共计13,862吨。2008年8月30日,大华公司以设备及工艺的原因无法履行合同为由,向绿陵公司发函要求解除本合同。同年12月14日,大华公司向绿陵公司发函,提出解决双方之间履行合同的意见,但双方未达成协议。最终,大华公司起诉至一审法院请求解除本合同。绿陵公司提起反诉,请求大华公司承担继续履行合同的义务,支付迟延履行的违约金610.5万元,赔偿绿陵公司从他处高价购买货物的价格损失1320万元,并由大华公司负担诉讼费用。

一审法院以本合同已超过履行期限且大华公司表示自愿承担违约责任,维持合同关系没有实际意义为由,认定本合同解除。又绿陵公司在与他人签订第一份替代合同时已经发现氯化钾的市场价格上涨,并对大华公司不履行合同的原因已经预见,绿陵公司根据原《合同法》第119条负有防止损失扩大的义务。因此,大华公司应在约定的违约金之外,再以本合同价格与第一份替代合同价格的差价(2420 - 1840 = 580元)为标准,乘以本合同货物总量12,000吨,向绿陵公司赔偿损失684万元。大华公司不服一审判决提起上诉,理由为一审判决计算赔偿的起止时间有误。

■ 判决要旨

驳回上诉,维持原判。

大华公司无正当理由不履行合同约定的供销12,000吨氯化钾的义务,导致绿陵公司只能以更高的价格从他处购买氯化钾,从而造成经济损失,对此大华公司理应承担赔偿责任。一审法院以大华公司未履行的供货数量12,000吨为基础,根据合同约定价格与绿陵公司从他人第一次购买氯化钾时的合同价格的差额,计算绿陵公司的经济损失,符合法律规定。

■ 评　析

Ⅰ 本判决的思路和意义

本案中,买卖合同标的物的市场价格在合同签订后不断上涨,除约定的违约金外,买受人在反诉中还请求出卖人赔偿因其不履行给付义务而从他处分4次购入标的物所导致的合同价格的差额损失。但原审法院并未完全采纳买受人的观点,而是认为买受人负有防止损失扩大义务,因其在进行第一次替代交易时(2008年3月7日)已经发现标的物市场价格上涨,所以应以买受人进行第一次替代交易时的合同价格确定损失赔偿额,也即以买受人进行第一次替代交易的时间为防止违约损失扩大的时间。最高人民法院(以下简称最高院)支持了一审法院的判决。本案中,最高院将买受人"本应进行替代交易的时点"作为赔偿额计算的标准时,对于作为减损规则之一的替代交易规则在损失赔偿额计算中的适用问题具有重要的指导意义。

Ⅱ 减损义务与替代交易适用的规范及学理

所谓替代交易,是指在债务人不履行给付义务的情况下,债权人为获得与原合同标的同种类的商品或服务而与他人缔结替代合同。替代交易是损害赔偿法中计算期待利益损失赔偿的一种重要方法(孙良国:《期望损失赔偿的实现:替代交易的研究》,载《当代法学》2009年第6期)。债权人将进行替代交易的不利后果转嫁给债务人的正当理由,除了债务人因合同拘束力应赔偿债权人代替履行的损失外,还在于债权人通过进行替代交易可以减少自己的实际损失,具有促进效益最大化的作用(张金海:《论作为违约损失赔偿计算方法的替代交易规则》,载《法学》2017年第9期)。尽管标的具有可替代性的合同项下的债权人都有进行替代交易的可能,但学界通常以动产买卖合同为模型对问题展开讨论。典型例子如,动产买卖合同标的物的市场价格在债务人违约后发生变动的,若债权人能够合理地在市场上进行替代交易,此时标的物价格损失如何计算。

在以替代交易为前提计算动产买卖合同标的物价格损失赔偿时,比较法上存在两种方法:具体的计算方法和抽象的计算方法。如《联合国国际货物销售合同公约》(CISG)第75条规定,合同解除后,若债权人在合理期间内以合理的方式实际上进行了替代交易的,则其可以原合同与替代交易合同价格的差额为准请求损失赔偿,此为具体的计算方法。第76条规定,在合同已经解除且标的物存在市场价格的情况下,若债权人未根据第75条实际进行替代交易的,则其可以原合同价格和解除时标的物的市场价格的差额为准请求损失赔偿,此为抽象的计算方法,也称市场价格规则。在同样采取市场价格规则的域外法中,与CISG以"解除时的市场价格"作为赔偿额计算的基准不同,英国法以"债务人违约时的市场价格"、美国法以"买方知道卖方不履行时"或"买方违约的情况下卖方交付时的市场价格"作为赔偿额计算的基准。

市场价格规则实际上以债权人负有进行替代交易的义务为前提。原因在于,其假定债权人在解除合同时或知道债务人不履行时等时点能够进行替代交易以减轻违约造成的损失。因此,市场交易规则是减损义务的具体体现。《民法典》第 584 条规定了违约损失赔偿的范围,其目的在于通过损失赔偿置债权人于原合同若正常履行时其将处于的地位。但《民法典》第 584 条之后并未如 CISG 一样另外设置类似第 75 条和第 76 条的条款。因此,尽管有学者主张以"债权人知道违约的时点"或"债权人采取减损措施的时点"的市场价格作为赔偿额计算的基准[李永军:《合同法》(第 3 版),法律出版社 2010 年版,第 232 页],但对于动产买卖合同标的物价格损失赔偿的计算问题,立法尚未明确我国在适用以替代交易为前提的计算规则时,采何时点的市场价格作为计算基准。

此外,《民法典》第 591 条规定了债权人的防止损失扩大义务,债权人在债务人违约后应当采取适当措施防止损失扩大,否则对于未采取措施导致的扩大损失不得请求赔偿。多数学者认为债权人缔结替代合同是减轻违约造成的损害的一种典型措施[韩世远:《合同法总论》(第 4 版),法律出版社 2018 年版,第 812 页;崔建远:《合同法》(第 3 版),北京大学出版社 2016 年版,第 382 页;朱广新:《合同法总则研究》(下册),中国人民大学出版社 2018 年版,第 720 页]。少数学者认为,法律肯定债权人对于取得合同标的享有利益,但是并不要求其借助替代交易另行取得相同标的(张金海:《论作为违约损失赔偿计算方法的替代交易规则》,载《法学》2017 年第 9 期)。两种观点的根本分歧在于债权人进行替代交易是否以行使解除权为前提。如在多数说中,有的学者认为缔结替代交易合同并不需要以解除合同为前提[孙良国:《期望损失赔偿的实现:替代交易的研究》,载《当代法学》2009 年第 6 期;韩世远:《合同法总论》(第 4 版),法律出版社 2018 年版,第 812 页]。有学者对此表示质疑,认为若债权人在未解除合同的情况下缔结替代合同的,则在债务人反悔选择继续履行时,债权人将面临同时履行内容相同的两个合同的困境(罗发兴:《减损措施的类型及其合理性的判断准则——英美法和国际公约的启示》,载《东南司法评论》2009 年卷,第 503 页)。质疑说与少数说的学者也承认在例外情形下,可以认可合同解除前债权人进行的交易为替代交易(罗发兴:《减损措施的类型及其合理性的判断准则——英美法和国际公约的启示》,载《东南司法评论》2009 年卷,第 504 页;张金海:《论作为违约损失赔偿计算方法的替代交易规则》,载《法学》2017 年第 9 期)。

事实上,我国法律在代替履行的损害赔偿的提起要件上与 CISG 和英美法的规定并不相同。英美法在违约救济上以损害赔偿为原则,以特定履行为例外。CISG 虽未明确规定提起代替履行的损害赔偿必须事先解除合同,但第 75 条和第 76 条的存在本身可推导出一个结论,即在合同未解除时无法计算代替履行的损害赔偿。因此,在 CISG 和英美法中,债权人在解除时等时点已经摆脱了原合同的拘束力,其进行替代交易不会因债务人的反悔而陷入上述困境。反观我国,原《合同法》虽未明确规定代替履行的损害赔偿的提起要件,但学界的主流观点为债权人拥有救济选择权,又因解除与代替履行的损害赔偿功能不同可得并用,则债权人在替代交易后请求代替履行的损害赔偿时,除非其已经行使了解除权,否则仍受到原合同的拘束,并未免除自己的对待给付义务。质疑说与少数说中的例外情形,则是指债权人无须行使解除权就能从原合同的拘束力中解放的情况。因此,若以多数说为前提,负有替代交易义务减轻损失的债权人若想免除对待给付义务,很多情况下需事先解除合同。但解除合同对于债权人来说是权利而非义务。因此,我国法律若承认债权人负有进行替代交易以减轻违约造成的损失的减损义务,还需进一步论证为何"债权人负有义务及时行使解除权"的问题。

综上所述,关于减损义务与替代交易适用的问题,我国法律没有明确规定,学说也比较模糊。经过整理,大概推论存在以下观点:(1)在动产买卖合同标的物价格损失计算中,以"债权人知道违约的时点"或"债权人采取减损措施的时点"的市场价格作为赔偿额计算的基准。(2)债权人负有及时行使解除权并进行替代交易以减轻违约造成损失的减损义务。(3)债权人虽无(2)中的义务,但在合同解除后(或债务人履行不能时等债权人无需行使解除权即能摆脱原合同拘束力的例外情况),债权人有义务进行替代交易以减轻损失。从本案的判决来看,因债务人明确表明无能力继续履行给付义务,债权人进行替代交易无须事先行使解除权,其处理更接近第三种观点。

Ⅲ 既往司法实践状况

在我国司法审判实践中,有关减损义务与替代交易适用的案例主要集中在下级法院,且处理结果超出了本判决所涵摄的范围。概言之,相关案例中下级法院的处理更接近第二种观点。

接近第二种观点的判决主要集中于不动产租赁合同或承包经营合同纠纷中。如承租人或承包方中途违约请求解除合同,出租人或发包方虽坚持请求履行,但最终选择解除合同并请求到解除日为止违约方未支付的租金或承包费。此种情况下,有法院以出租人或发包方未及时解除合同造成损失扩大为由,对其请求的租金或承包费进行减额。法院的处理事实上对出租人或发包方课以及时行使解除权的义务,且未考虑其能否在市场上进行替代交易。相关案例主要有"蔡德志与曾新案"[中山市中级人民法院(2015)中法民一终字第454号民事判决书]等。

此外,动产买卖合同纠纷中也存在接近第二种观点的判决。如标的物的市场价格在买受人违约后不断下降,出卖人最终解除合同,并以解除后某日标的物的市场价格与原合同价格的差额为基准请求损失赔偿。有法院判定此种情况下的出卖人未及时解除合同造成损失扩大,认为应以实际解除合同日之前的某日也即"应当解除合同日"的市场价格为基准计算标的物的价格损失。相关案例有"无锡圣恩铜业有限公司与宜兴市华鼎铜业有限公司案"[无锡市中级人民法院(2014)锡上终字第0777号民事判决书]等。

我国法院虽对于债权人进行替代交易是减轻损失的一种合理措施这点意见一致,但并未明确债权人进行替代交易与其行使解除权之间的关系。因此,在对债权人课以进行替代交易的减损义务时,是应限于本判决的情况,还是可将其扩大到下级法院判决的情况,目前还不明确,尚需进一步论证。

Ⅳ 本判决的参考意义及将来的课题

在计算动产合同标的物价格损失时,本判决虽以履行期届满前的"本应进行替代交易时点”的市场价格作为计算基准,但事实上并未对债权人课以及时行使解除权的义务。因此,本判决仅在动产买卖合同标的物价格损失计算问题上,在未触及债权人是否有义务行使解除权的范围内具有参考意义。尤其是在《民法典》第584、591条并未对合同法规则作出根本改变的背景下,该判决的参考意义更是凸显。但本判决仍存在问题,如最高院在对债权人课以替代交易义务时,并未详细论证要求债权人当时采取此措施是否具备合理性。减损义务是诚实信用原则的具体表现,有进行替代交易可能性的债权人并非在所有情况下都必须采取此种减损措施。因此,本案中最高院的处理显然欠缺考虑。另外,如前所述,在损害赔偿的计算中,是否能对债权人课以及时行使解除权并进行替代交易的义务,可以作为将来的课题进一步研究。

□ 参考文献

孙良国:《期望损失赔偿的实现:替代交易的研究》,载《当代法学》2009年第6期。

张金海:《论作为违约损失赔偿计算方法的替代交易规则》,载《法学》2017年第9期。

李永军:《合同法》(第3版),法律出版社2010年版。

韩世远:《合同法总论》(第4版),法律出版社2018年版。

崔建远:《合同法》(第3版),北京大学出版社2016年版。

朱广新:《合同法总则研究》(下册),中国人民大学出版社2018年版。

罗发兴:《减损措施的类型及其合理性的判断准则——英美法和国际公约的启示》,载《东南司法评论》2009年卷。

077 检验期间、通知期间与质量保证期的关系

北京天超仓储超市有限责任公司与首佳提供照明方案(北京)有限责任公司买卖合同纠纷案 | 北京市第三中级人民法院(2016)京03民终12203号民事判决书

金　晶 中国政法大学民商经济法学院

■ 事实概要

2012年,北京天超仓储超市有限责任公司(以下简称天超公司)作为甲方与首佳提供照明方案(北京)有限责任公司(以下简称首佳公司)作为乙方签订《合同书》,约定:双方就天客隆燕郊三季店超市照明改造工程增项相关事项订立本合同;乙方完成本项目照明工程所需具体明细项目的购置、运输、安装、运行调试等全部工作内容;本项目照明工程甲方只需提供配电柜位置,其余工作内容均由乙方完成;标准为符合中国国家标准及行业标准;乙方承诺灯具、光源质保期为二年,电子镇流器质保期为三年;超市正常运营期间,乙方为甲方提供完善的售后服务,承诺期限内产品出现的质量问题,乙方无条件进行维修更换。涉案工程于2012年11月前完工。涉案工程使用了松下牌灯管,关于使用的镇流器,2015年3月3日庭审中,首佳公司和天超公司共同确认均系中诚牌电子镇流器,2016年8月19日庭审中,首佳公司又称全部安装的是欧司朗镇流器,且有CCC认证。中诚牌电子镇流器外观无CCC标识。2013年1月17日,天超公司向首佳公司支付855,000元。2014年5月26日,首佳公司通过电子邮件向天超公司发出《对天客隆关于照明工程价格质疑的回复与说明》,解释了首佳公司对工程的报价不存在虚报,解释了灯具数量和照度问题,并要求天超公司尽快付款。2014年6月11日,首佳公司再次解释价格问题,并再次催要款项。首佳公司为证明其已完成施工并经天超公司验收合格,提交2013年1月6日工程施工申请验收单复印件,签字人员为"刘明明""郝玉龙"等人,天超公司对于该工程施工申请验收单的真实性不认可,称签字人员均是其公司人员,但不清楚是否其签字,并称"郝玉龙"已离职,"王春生"现仍在天超公司就职。庭审中,一审法院当庭拨打"王春生"电话,王春生表示,工程施工申请验收单具有真实性,均系天超公司员工本人所签。

■ 判决要旨

驳回上诉,维持原判。

案件争点之一为首佳公司供货是否符合双方约定的质量标准。本案中,双方未约定检

验期,电子镇流器的 CCC 认证应标识于产品表面,是否有 CCC 认证标识应属于外观瑕疵,天超公司在接收该批货物时,应及时发现产品没有 CCC 认证标识,但天超公司仍在工程施工申请验收单上签字确认,且灯具一直处于正常使用状态,上述行为应视为对该批灯具数量和外观瑕疵进行了检验,故视为标的物质量符合双方约定。

案件争点之二为质保期、检验期间和异议期间的关系。法院认为,双方约定灯具、光源质保期为 2 年,电子镇流器质保期为 3 年,该质保期并非检验期间,而是卖方承诺对标的物在使用过程中出现质量问题予以处理的期限;检验期间则为对标的物在交付时存在瑕疵提出异议的期间,二者不同。本案中,天超公司未在合理期间提出异议,视为首佳公司所供货物符合双方约定;如在使用过程中出现质量问题,天超公司在质保期内可以要求首佳公司提供质保服务。

■ 评　析

Ⅰ 本判决的思路和意义

一审、二审争议焦点均为首佳公司所供货物是否符合双方约定的质量标准。

一审认为,原《合同法》第 157 条和第 158 条中"合理期间"与"质量保证期间"的关系,应与"合理期间"与"自标的物收到之日起两年内"的关系一样,当事人未约定检验期间的,买受人应在发现或应当发现标的物数量或者质量不符合约定的合理期间内通知出卖人。买受人在合理期间内未通知或自标的物收到之日起质量保证期间内未通知出卖人的,视为标的物数量或质量符合约定。本案中,双方当事人仅约定质量保证期,未约定检验期间,故天超公司须在"合理期间"及质量保证期内向首佳公司提出质量异议,否则应视为首佳公司提供的产品符合质量约定。超过检验期间仅是视为标的物在交付时不存在瑕疵,并不妨碍买受人针对使用中出现的质量问题在质量保证期内要求出卖人履行承诺。本案中,天超公司未举证证明首佳公司在其逾期付款前存在不履行保修义务的事实,故天超公司逾期付款的行为构成违约,应向首佳公司支付剩余货款。

二审认为,双方未约定检验期,且本案电子镇流器的 CCC 认证应标识于产品表面,是否有 CCC 认证标识应属于外观瑕疵,天超公司在接收该批货物时,应及时发现该批产品没有 CCC 认证标识,但天超公司仍在工程施工申请验收单上签字确认,并于店长意见处载明"使用正常",且该批灯具一直处于正常使用中,天超公司上述行为应当视为对该批灯具数量和外观瑕疵进行了检验,因此视为标的物质量符合双方约定。此外,双方约定灯具、光源质保期为 2 年,电子镇流器质保期为 3 年。该质保期并非检验期间,而是卖方承诺对标的物在使用过程中出现质量问题予以处理的期限;检验期间则为对标的物在交付时存在瑕疵提出异议的期间,二者不同。天超公司未在合理的期间提出异议,视为首佳公司所供货物符合双方约定;如在使用过程中出现质量问题,天超公司在质保期内可以要求首佳公司提供质保服务。

本案对于厘清质量保证期、检验期间、通知期间的关系,对于货物是否符合约定质量标准的认定,具有指导意义。

Ⅱ 检验期间、通知期间与质量保证期的关系:规范、学理与司法实践

检验期间与通知期间的关系,受到检验与通知关系的影响,两者关系认定中,核心在于检验是否具有独立功能,难点在于起算点。

首先,检验期间无独立价值,检验的真正功能在于辅助通知义务的实现,通知内容应具体明确。内容精确性的要求是检验所应实现的目标。因此,检验通知义务重通知,而非检验,仅在适格通知后,才对出卖人产生法律后果,检验充分与否、是否进行,并非必须,买受人若未检验,但凭经验、臆测或其他信息能知晓瑕疵存在,径行通知出卖人的,应认为买受人已践行检验通知义务[参见王洪亮:《债法总论》,北京大学出版社 2016 年版,第 292 页;刘春堂:《民法债编各论》(上),三民书局 2014 年版,第 60 页;郑玉波:《民法债编各论》(上册),三民书局 1981 年版,第 48 页]。

其次,就起算点,通常,检验是通知的前提,买受人检验并发现瑕疵后方能通知。逻辑上,提出瑕疵通知所需时间,应是正常交易正常检验所需时间(参见王洪亮:《债法总论》,北京大学出版社 2016 年版,第 292 页)。未约定检验期间,默认及时检验并在发现瑕疵后的合理期间内进行通知,此时,通常检验确定的时间应是能够通知的最早时点,是买受人有无"及时"通知的判断基准点。检验期间和通知期间的起算点分裂:约定检验期间时,从交货时起算,依《民法典》第 621 条并结合常理,应理解为自确定或应当确定违约之时起算,约定检验期限的起算点,须对意思表示内容进行解释和补充,确定对方具有检验可能性的时点;未约定检验期限时,为合理期限,合理期限的起算点,自知道或应当知道起算,不涉及意思表示的解释补充。买受人若能即时了解违约情事,通知期限之起算不考虑检验期限经过与否。例如,即便检验尚未开始或尚未完成,买受人须就交货时已确定的瑕疵进行通知。

原《合同法》第 158 条第 1 款一体规定检验期间和通知期间,学界有不同评价。有见解认为,一体模式有所不足,检验期间吸收了通知期间,致检验重及时,却忽略了具体环境因素,约定期间过短时易滋生法院干预约定检验期的自由裁量权,削弱了期间的不变性(武腾:《合同法上难以承受之乱:围绕检验期间》,载《法律科学》2013 年第 5 期;武腾:《买卖标的物不适约研究》,中国政法大学出版社 2017 年版,第 251 页以下)。一体规定检验通知期间,亦为可取,单纯的检验期间并无实际意义,约定检验通知期应尊重私法自治,约定期间过短,系当事人自主分配交易风险之结果,原则上应予认可,法院应谨慎干预,法院干预期间的自由裁量权应限于未约定期间时的隐蔽瑕疵[原《合同法》第 158 条第 2 款、最高人民法院《关于审理买卖合同纠纷案件适用法律问题的解释》[法释(2012)8 号](以下简称《买卖合同司法解释》)第 18 条(《民法典》第 622 条)],不应盲目扩至所有瑕疵类型。原《合同法》第 157 条(《民法典》第 620 条)的检验期间自买受人收到标的物时起算,收到既不同于受领,也不同于交付,其应根据买受人的检验可能性来判断,就此而言,也考虑了具体的环境因素。

质量保证期是出卖人向买受人承诺标的物符合质量要求或使用性能的期间,即标的物的正常使用寿命。于此期间发现瑕疵,出卖人不得以交货时无瑕疵为由免责(最高人民法院

民二庭编著:《最高人民法院关于买卖合同司法解释理解与适用》,人民法院出版社 2016 年版,第 329 页)。质量保证包括法定质量保证和约定质量保证,前者系立法者依出卖人行为和交易习惯所设的符合买受人合理期待的保护措施,后者是双方分配交易风险的合同安排。(真正)质保期应具品质保证期间的独立功能。质保期的原本内涵应立足于担保使用中不新产生瑕疵,系当事人或法律依据标的种类、交易类型特别确定的品质保证时间。通知期间指向瑕疵给付本身,解决交货时标的物有无瑕疵问题[司法实践中明确区分质保期和检验通知期,认为检验期系判断标的物交付时是否存在质量瑕疵,质保期为确保标的物质量性能符合约定且在一定时间内不发生合理减损的独立功能,判决例参见(2019)最高法民终 38 号民事判决书、(2017)津 02 民终 1918 号民事判决书]。判决例明示,质保期并非当事人约定的检验期间,超过检验期间仅视为标的物在交付时无瑕疵,并不妨碍买受人针对使用中出现的质量问题在质保期间内要求出卖人承担责任[参见(2016)沪 02 民终 7033 号民事判决书]。质保期经过后方显现之瑕疵,若买受人能证明交货时已存瑕疵且已适时通知,其仍能主张瑕疵给付的违约责任。

在承认(真正)质保期独立功能的前提下,原《合同法》第 158 条的质量保证期实质上是不真正质保期,即约定的最长客观检验期间。当事人既约定检验期间,又约定质保期时,前者旨在代替法定的"及时检验 + 通知的合理期间"[相关判决例,参见最高院(2014)民二终字第 27 号民事判决书],后者旨在代替法定的最长两年期间,二者起算点不同。例如,在特殊交易类型中,法定最长两年通知期间无法符合实践需求,大型设备本身运输、安装、调试程序复杂,调试可能已逾两年,故可约定质量保证期,以"减损"或"改变"最长两年的通知期间[判决例认为,当事人未约定检验期间但约定质量保证期的,检验的合理期间不能超过质量保证期。参见(2016)最高法民申 1205 号裁定]。质保金受质保期的时间限定,质保期届满,买受人应退还质保金[参见(2017)京 03 民终 13956 号判决。反之,质保期尚未届满,出卖人无权要求买受人退还质保金,相关判决例参见(2017)苏 07 民终 3925 号民事判决书]。但质保金并非单纯对期限的约定,亦是对支付条件的约定。

实践难点在于,原《合同法》第 158 条同时规定约定检验期间、质保期与最长两年期间,质保期包括法定质保期(《建设工程质量管理条例》第 40 条)与约定质保期,此背景下,约定检验期间或约定质保期短于法定检验期或法定质保期的,应以法定期间为准(《买卖合同司法解释》第 18 条第 2 款),例如,质保期短于两年时,应采两年期间。若约定检验期间或约定质保期长于法定质保期时,超过部分期间效力如何?学理实务均有见解认为,应依标的物性质认定:标的物性质因时间推移而变者,超过部分期间无效;标的物性质不因时间推移而变化,视为出卖人自愿加重自身义务,约定有效(宁红丽:《试论出卖人物之瑕疵责任的构成——以〈买卖合同司法解释〉为主要分析对象》,载《社会科学》2013 年第 9 期;谢鸿飞:《合同法学的新发展》,中国社会科学出版社 2014 年版,第 551 页)。

Ⅲ 本判决的参考意义及将来的课题

本案例旨在明确,当事人仅约定质量保证期,未约定检验期间时,买受人须在合理期间及质量保证期内提出质量异议,否则视为产品符合质量约定。质量保证期并非检验期间,而是出卖人承诺对标的物在使用过程中出现质量问题予以处理的期限;检验期间则为对标的物在交付时存在瑕疵提出异议的期间。买受人未在合理期间内提出异议,视标的物符合约定;但在使用过程中出现质量问题,买受人仍可在质保期内向出卖人主张质保服务。但本案论证仍有提升空间。例如,质保期是否应当区分(真正的)质保期,是否应当承认品质保证期间的独立功能,在承认真正的质保期独立功能的前提下,是否应当在判决中明确原《合同法》第 158 条的质保期为约定最长客观检验期间,其实质为不真正质保期。值得注意的是,对于可检验期间问题,《民法典》第 620 ~ 623 条在原《合同法》第 157 ~ 158 条的基础上,虽然吸收了司法解释的规定,增加了隐蔽瑕疵的相关规定,但并没有本质上的变化,上述问题仍然值得进一步讨论。

□ 参考文献

G. H. Treitel, *Remedies for Breach of Contract*, *A Comparative Account*, Clarendon Press, Oxford, 1988.

史尚宽:《债法各论》,中国政法大学出版社 2000 年版。

崔建远:《合同法》(第 2 版),北京大学出版社 2013 年版。

韩世远:《合同法总论》(第 4 版),法律出版社 2018 年版。

金晶:《〈合同法〉第 158 条评注(买受人的通知义务)》,载《法学家》2020 年第 1 期。

078 借名购房中的多重法律关系

陆某某、徐某与宋某某、章某某所有权确认纠纷案 | 浙江省海宁市人民法院(2011)嘉海民初字第3806号民事判决书

陈信勇 浙江大学光华法学院

■ 事实概要

原告陆某某、徐某系夫妻,户籍均在农村。被告宋某某、章某某系夫妻,宋某某具有城镇常住户口。陆某某与宋某某为朋友关系。1992年二原告欲购买海宁市硖石镇的一处房屋。该房当时属原硖石镇政府所有。1992年5月12日被告宋某某以其名义为二原告向原硖石镇政府申请购买该房。购房款600元及各项手续费为二原告支付。该房的房屋所有权证(加盖"全部出卖"字样)、房屋买卖审批表、买契本契、各类付款收据原件均由二原告持有保管。买卖双方一直未办理房屋过户。所购房屋由二原告居住并出租至2010年该房被列入拆迁范围止。2011年1月12日,海宁市旧城改造与建设投资开发有限公司(拆迁单位)与被告就案涉房屋达成房屋拆迁货币补偿协议,被告领取了拆迁补偿款中的5万元。为此,二原告与被告产生纠纷,并诉至海宁市人民法院。

本案审理过程中,硖石街道办事处向法院作出书面说明表示,本案讼争房屋已由原所有权人硖石镇政府于1992年5月有偿转让并实际交付宋某某,虽然买卖双方至今未办理房屋过户,但已将编号为海字第010955号房屋所有权证原件交由宋某某持有保管,原硖石镇政府实际已不是该房的所有权人。

■ 判决要旨

法院经审理认为,二原告要求确认讼争房屋为其所有的诉讼请求,事实依据充分,法院予以支持。申请购房时,被告为名义上的购房人,但不是实际购房人,且房屋权属登记至今未作变更,其也非房屋所有权证中载明的所有权人,故二被告认为本案讼争房屋为被告所有的主张,法院不予采纳。判决讼争房屋为原告所有。

■ 评　析

I 本判决的思路

审理法院作出上述判决的依据有三点:一是原《民法通则》第4条,即民事活动应当遵循自愿、公平、等价有偿、诚实信用的原则。但判决到底依据哪一项原则,并不明确。二是原

《物权法》第33条，即因物权的归属、内容发生争议的，利害关系人可以请求确认权利。这是提起确认之诉的法律依据，并非判决讼争房屋归属的法律依据。三是2007年修正的《民事诉讼法》第128条（现为第142条），即法庭辩论终结，应当依法作出判决。判决前能够调解的，还可以进行调解，调解不成的，应当及时判决。这是作出判决的程序法依据。综观以上三项裁判依据，除了第一项并未明确的基本原则外，法官是在完全没有找到可适用的实体法依据的情况下作出了判决。

就讼争房屋的所有权归属而言，法院在审理过程中已查明，该房"因故一直未办理房屋权属变更登记，仍在原硖石镇政府名下"。尽管硖石街道办事处已向法院说明原硖石镇政府"不是本案讼争房屋的实际所有权人"，但法院判决房屋归属的首要根据是不动产登记簿的记载内容，而非当事人或案外人的陈述，且该房屋登记于原硖石镇政府名下，并不存在任何可证明其登记错误的相反证据。被告于1992年5月12日向原硖石镇政府申请购买该房，硖石镇政府同意出售，双方的房屋买卖合同成立，但因未办理房屋权属变更登记而未发生房屋所有权转移。毫无疑问，讼争房屋既不属于原告所有，也非被告所有，仍属硖石街道办事处所有。显然，法院在没有明确法律依据的情况下，将案外人——硖石街道办事处——所有的房屋判归了二原告所有，该判决是值得商榷的。

法院在审理确认房屋所有权的诉讼中，如发现房屋属第三人所有，可向当事人释明。原告可变更诉讼请求（本案实质争议并非房屋所有权归属，而是拆迁补偿款归属）。如果原告变更确认房屋所有权的诉讼请求为请求转交拆迁补偿款诉讼请求的，可继续审理并依法作出判决；如果原告坚持不变更诉讼请求，则判决不支持其诉讼请求，拆迁补偿款归属纠纷另行解决。依据《民事诉讼法》的有关规定（现为《民事诉讼法》第56条），硖石街道办事处、拆迁单位均与本案处理结果有法律上的利害关系，可以申请参加诉讼，或者由人民法院通知其参加诉讼。法院应当全面分析在原告、被告及第三人硖石街道办事处、拆迁单位之间发生的各项法律事实，以及由此产生的多重法律关系后，最终作出令人信服的判决。

Ⅱ 既有的司法实践状况

本案是因借名购房引起的民事纠纷案件。司法实践中，借名购房引起的纠纷案件并不少见。借名购房大致上可分为：为规避限购令而借名购房；不符合经济适用住房购买条件者借名购房；不符合其他购买资格者（如单位职工购买资格）借名购房；家庭成员之间借名购房；其他原因借名购房。不同原因的借名购房类型，其处理应当有所不同。

在"汪某某与武汉融广资产管理有限公司、邱某某、胡某某委托合同纠纷案"[武汉市武昌区人民法院(2018)鄂0106民初11146号、武汉市中级人民法院(2019)鄂01民终11246号民事判决书]中，汪某某和邱某某签订《借名购房协议》，约定：邱某某因故不便以自己名义购买新的住房，委托汪某某以汪某某名义购买御景苑房屋一套。汪某某接受邱某某的委托，以汪某某名义签订房屋买卖合同，但实际购房款及相关费用全部由邱某某支付，邱某某是实际出资人和房屋的实际所有人。后邱某某以汪某某的名义将房屋售与金某某，汪某某认为案涉房屋归其所有，向法院起诉请求返还出售房屋房款。一审法院认为，《借名购房协议》合法有效，按照合同约定，不动产登记簿上记载的事项与实际状况不一致，汪某某只是房屋的名义所有人，邱某某享有实际权利。在借名购房的情形下，借名人邱某某对房屋享有的所有权属于事实物权中的符合当事人本意的事实物权，故确认其权利自是当然之义。一审法院据此认定案涉房屋属基于《借名购房协议》约定的事实物权人所有。二审法院维持一审判决。本案的裁判思路是基于《借名购房协议》约定产生的"事实物权"高于基于不动产登记产生的"法律物权"。但《借名购房协议》约定产生的所谓"事实物权"，事实上只是债权。此种判决以"事实物权高于法律物权"为由，将物权一分为二，实际上坚持物债不分，甚至债权高于物权，将基于债权请求权的给付之诉与基于物权归属的确认之诉相混淆。

在"原告吕某程、邵某虎与被告阮某、吕某发所有权确认纠纷案"[杭州市西湖区人民法院(2011)杭西民初字第1181号、杭州市中级人民法院(2011)浙杭民终字第1788号、浙江省高级人民法院(2012)浙民提字第82号民事判决书]中，吕某程与丈夫邵某虎出资，借父(吕某发)、母(阮某)名义购买父亲所在单位的房屋(所涉房屋非经济适用房或房改房，但与吕某发作为单位职工身份有一定关系)。购买后，房屋登记于被告名下，由原告出资装修并居住。原告请求被告协助办理过户手续，遭到其母阮某拒绝，遂诉至法院。一审法院以原告为实际购买人，被告仅为名义购买人为由，依据原《民法通则》第72条、原《物权法》第33条判决涉案房屋属原告所有。二审法院则以原告提交的证据不足以推翻房屋权属证书的登记效力为由，撤销一审判决，对原告提出的确认讼争房屋归其所有，由被告协助办理房屋所有权变更登记的诉讼请求不予支持。再审法院撤销了二审判决，维持了一审判决。从本案的三次判决中，我们可以发现许多漏洞。原《物权法》第9条第1款(《民法典》第209条第1款)明确规定："不动产物权的设立、变更、转让和消灭，经依法登记，发生效力；未经登记，不发生效力，但法律另有规定的除外。"本案中原、被告约定所购房屋归原告所有，这种约定能否直接发生物权效力，或者具有高于不动产登记的效力，一审、再审判决裁判依据是否充足，不无疑问。二审判决虽然肯定了不动产登记的推定效力，但完全忽视原、被告之间借名购房协议这个法律行为的效力，缺陷也很明显。

在"刘某1与刘某3合同纠纷案"[北京市海淀区人民法院(2017)京0108民初20460号、北京市第一中级人民法院(2017)京01民终7801号民事判决书]中，刘某3借刘某1之名购买北京市的经济适用房。一审法院根据证人证言、付款凭据和居住事实等认定借名购房合同关系成立。案涉房屋性质虽为经济适用房，但其原购房合同的签署时间为2005年，已超过限制上市交易期限，且刘某3现具有在京购房资格，故依据原《合同法》第107条，判决刘某1协助刘某3办理该房屋的所有权登记变更手续。二审法院维持一审判决。该案并没有直接判决案涉房屋归借名人所有，而是判决出名人协助借名人办理案涉房屋过户手续。此种判决没有物债不分，但对借名购房合同属于何种合同未做分析，也未援引相应的法律依据。

其余类型的借名购房恕不一一举例。

Ⅲ 学理辨析

1. 关于借名购房协议的性质

关于借名人与出名人达成的借名购房协议的性质，当前主要存在间接代理说、信托合同说、行纪合同说、混合合同说、无名合同说、委托合同说等学说。

间接代理的构成须符合三个要件：委托人的授权；代理人以自己的名义与第三人进行法律行为；委托人行使介入权和第三人行使选择权时委托人才可能承受代理行为的后果。借名购房有发生间接代理的可能，但未必发生，不能笼统地说借名购房成立间接代理关系。（李德通：《规避限购令之借名购房行为的性质与效力探讨》，载《法治研究》2012 年第 4 期；冉克平：《论借名实施法律行为的效果》，载《法学》2014 年第 2 期）

在信托合同中，受托人不仅取得信托财产的所有权或其他权利，而且其对信托财产有积极管理和处分的权利；在借名购房协议中，借名人对财产仍有占有、使用、收益和处分的权利。二者不尽相同。（周峰、李兴：《隐名购房行为的法律性质认定与执法对策研究》，载《法律适用》2012 年第 8 期）

行纪合同是行纪人以自己的名义为委托人从事贸易活动，委托人支付报酬的合同。出名人以自己的名义为委托人购房，但一般不属贸易活动，故不能归入行纪合同。

混合合同说认为，出名人所负借名购房、借名登记及移转登记义务从属于不同类型合同。但实际上，出名人履行借名购房、借名登记义务均属受托处理事务的范畴，移转登记义务也可以归入“受托人处理委托事务取得的财产，应当转交给委托人”的范畴。（施志康：《借名买房合同的性质、效力及物权归属问题研究》，西南政法大学 2017 年硕士学位论文）

如果能够在有名合同中找到相应的合同种类，就不应当将借名购房协议归入无名合同。笔者认为借名购房协议可归入委托合同。委托合同是委托人和受托人约定，由一方为另一方处理事务的合同。委托人和受托人约定，由一方为另一方购买房屋（或者购买其他商品），并未脱离委托合同的范畴（委托持股协议也同样可归入委托合同）。至于借名购房构成中是否构成代理，可依《民法典》第 925、926 条处理。

2. 关于借名购房协议的效力

在司法裁判和学术成果中，借名购房协议有效说、无效说、可撤销说和效力待定说均有体现。有的学者认为借名购买普通房屋有效，借名购买保障性住房无效。笔者认为，借名购房协议成立后一般是有效的，但如具备无效情形则属无效合同；如具备可撤销情形，则可能被撤销。

借名人以借名购房方式规避限购政策的，如审理期间仍处于限购期，法院对其请求出名人协助办理过户手续的请求，不应予以支持，否则就会出现司法判决对抗政府宏观调控政策的现象；如果已过限购期，则可以予以支持。对借名购房协议，不能认定为无效合同。

借名人自身不具备购买经济适用房的资格，借符合条件的出名人之名购买经济适用房的，此种行为侵害了其他申请者的利益，扰乱了住房保障秩序，借名购房协议应属无效。出卖方也可以欺诈为由撤销与出名人签订的经济适用房买卖合同。

其他类型的借名购房协议和出名人与第三人签订的房屋买卖合同,不因为借名而无效。但如果出卖方规定了某种购买资格(如本单位职工身份),出名人提交虚假信息使出卖人相信出名人为实际购买者,则可以以欺诈为由撤销房屋买卖合同,出卖人明知的则不享有撤销权。

Ⅳ 本判决的参考意义

笔者认为,在借名购房场合,至少存在三个法律主体(借名人、出名人和第三人),两个法律行为(借名购房协议、房屋买卖合同)和两个法律关系(借名人、出名人因借名购房协议产生的委托合同关系,出名人和第三人间的房屋买卖合同关系)。在借名所购房屋已登记于出名人名下时,出名人此时依不动产登记享有房屋所有权,同时依据《民法典》第927条负有将房屋交付借名人(委托人)和将房屋所有权移转于借名人名下的义务。借名人(委托人)提起确认之诉直接主张房屋所有权的,应予释明。借名人变更诉讼请求为协助办理过户手续的,依据《民法典》第927条裁判予以支持。

在上文陆某某、徐某与宋某某、章某某所有权确认纠纷案中,原告、被告之间存在口头借名购房协议,硖石街道办事处与被告之间存在房屋买卖合同,被告与拆迁单位之间存在房屋拆迁补偿协议,4个法律主体之间存在连环法律关系。拆迁单位应将补偿款付与硖石街道办事处,硖石街道办事处应将补偿款作为未移交所有权的替代物交付被告,被告应当依法转交原告。

□ 参考文献

李德通:《规避限购令之借名购房行为的性质与效力探讨》,载《法治研究》2012年第4期。

冉克平:《论借名实施法律行为的效果》,载《法学》2014年第2期。

周峰、李兴:《隐名购房行为的法律性质认定与执法对策研究》,载《法律适用》2012年第8期。

马强:《借名购房案件所涉问题之研究——以法院裁判的案件为中心》,载《政治与法律》2014年第7期。

施志康:《借名买房合同的性质、效力及物权归属问题研究》,西南政法大学2017年硕士学位论文。

079 分期付款买卖合同解除规则对股权转让的参照适用

汤长龙诉周士海股权转让纠纷案 ｜ 最高人民法院第67号指导性案例

孙新宽 德国海德堡大学法学院

■ 事实概要

原告汤长龙与被告周士海于2013年4月3日签订《股权转让协议》及《股权转让资金分期付款协议》。双方约定：周士海将其持有的青岛变压器集团成都双星电器有限公司6.35%的股权转让给汤长龙。股权合计710万元，分四期付清，即2013年4月3日付150万元；8月2日付150万元；12月2日付200万元；2014年4月2日付210万元。此协议双方签字生效，永不反悔。协议签订后，汤长龙于2013年4月3日依约向周士海支付第一期股权转让款150万元。因汤长龙逾期未支付约定的第二期股权转让款，周士海于同年10月11日，以公证方式向汤长龙送达了《关于解除协议的通知》，以汤长龙根本违约为由，提出解除双方签订的《股权转让资金分期付款协议》。次日，汤长龙即向周士海转账支付了第二期150万元股权转让款，并按照约定的时间和数额履行了后续第三、四期股权转让款的支付义务。周士海以其已经解除合同为由，如数退回汤长龙支付的4笔股权转让款。汤长龙遂向人民法院提起诉讼，要求确认周士海发出的解除协议通知无效，并责令其继续履行合同。另查明，2013年11月7日，青岛变压器集团成都双星电器有限公司的变更（备案）登记中，周士海所持有的6.35%股权已经变更登记至汤长龙名下。

一审法院驳回汤长龙的诉讼请求。二审法院撤销原审判决，确认周士海要求解除双方签订的《股权转让资金分期付款协议》行为无效。周士海向最高人民法院申请再审。

■ 判决要旨

驳回再审申请。

有限责任公司的股权分期支付转让款中发生股权受让人延迟或者拒付等违约情形，股权转让人要求解除双方签订的股权转让合同的，不适用《合同法》第167条关于分期付款买卖中出卖人在买受人未支付到期价款的金额达到合同全部价款的1/5时即可解除合同的规定。

■ 评　析

Ⅰ 本判决的思路和意义

本案的争议问题是，周士海是否因汤长龙“逾期未支付约定的第二期股权转让款”而有权解除股权转让合同。涉及的核心法律问题是，原《合同法》第 167 条第 1 款（《民法典》第 634 条第 1 款对此作出了修改）的分期付款买卖解除规则能否（参照）适用于本案的股权转让协议。原《合同法》第 167 条仅直接适用于“转移标的物的所有权”的“买卖合同”[《合同法》第 130 条（《民法典》第 595 条）]，对股权转让合同不能直接适用。但是，《合同法》第 174 条（《民法典》第 646 条）规定，买卖合同的有关规定可以参照适用于其他有偿合同；最高人民法院《关于审理买卖合同纠纷案件适用法律问题的解释》[法释（2012）8 号]（以下简称《买卖合同司法解释》）第 45 条第 1 款更进一步明确规定，股权转让合同可以参照适用买卖合同的规定。但是，股权转让与一般的有体物买卖存在差异，并非必须“参照适用”买卖合同的规定。本案的“裁判要点”明确认为，股权转让合同不能参照适用（指导案例 67 号“裁判要点”中的表述为“不适用”，准确言之，应为“不参照适用”）原《合同法》第 167 条第 1 款中关于解除权的规定，这对今后的司法实践具有指导意义。

Ⅱ 分期付款买卖合同的解除规则可否参照适用于股权转让协议

指导案例 67 号在“裁判理由”部分阐述了 4 点理由。第一，法院认为原《合同法》第 167 条所规范的对象经常为“以消费为目的”的分期付款买卖，与股权转让存在较大区别，因此不能“简单适用”于股权转让合同。此点理由最为核心，下文将详细探讨。第二，法院认为案涉股权转让协议的合同目的能够实现。法院似乎是指因合同目的能够实现，周士海无权依据《合同法》第 94 条第 4 项解除合同，但这与原《合同法》第 167 条是否能够准用于股权转让协议之间并无关联。第三，法院依据诚实信用原则，认为即便原《合同法》第 167 条第 1 款可以准用于股权转让合同，当事人也应当首先要求“支付全部价款，而不是解除合同”。此处关于原《合同法》第 167 条第 1 款能够准用于股权转让协议的立场，与裁判要旨明显相悖。此外，法院否定了当事人对原《合同法》第 167 条第 1 款规定的“支付全部价款”和“解除合同”之间的选择权，并不恰当[郝丽燕：《〈合同法〉第 167 条（分期付款买卖）评注》，载《法学家》2019 年第 5 期]。第四，法院认为解除股权转让协议不利于交易安全，将影响公司经营管理的稳定。此点理由仍未触及原《合同法》第 167 条第 1 款对股权转让的准用问题。此外，维护交易安全也并非意味着股权转让协议不能解除（李建伟：《分期付款的股权转让合同解除权的特殊性——兼评最高人民法院第 67 号指导性案例的约束性规范》，载《清华法学》2019 年第 1 期）。以下集中对法院的第一点裁判理由进行详细探讨。

法院认为，原《合同法》第 167 条规定的“分期付款”主要指以消费为目的的交易，“多发、常见在经营者和消费者之间”，而股权转让并非此种类型。但是，原《合同法》第 167 条在文义上并未限定仅适用于消费者合同，实践中，适用原《合同法》第 167 条的大量案例涉及的也不是消费者合同（参见钱玉林：《分期付款股权转让合同的司法裁判——指导案例 67 号裁判规则质疑》,载《环球法律评论》2017 年第 4 期)。更为关键的是,依据原《合同法》第 167 条第 1 款的规定,在“买受人未支付到期价款的金额达到全部价款的五分之一”时,出卖人即可解除合同,与原《合同法》第 94 条第 3 项和第 4 项规定的解除权要件相比,原《合同法》第 167 条第 1 款规定的解除权要件更为宽松,无法发挥保护消费者的作用。一方面,与原《合同法》第 94 条第 3 项相比,在买受人迟延付款的金额达到全部价款的 1/5 时,出卖人根据原《合同法》第 167 条第 1 款无需“催告”买受人付款即可解除合同,而原《合同法》第 94 条第 3 项规定了催告要件,相比之下,原《合同法》第 167 条第 1 款给予了出卖人更宽松的解除权(宁红丽:《分期付款买卖法律条款的消费者保护建构》,载《华东政法大学学报》2013 年第 2 期)。另一方面,在买受人迟延付款金额达到全部价款的 1/5 时,通常并不影响合同目的的实现,出卖人不能根据原《合同法》第 94 条第 4 项解除合同,而此时却可以依据原《合同法》第 167 条第 1 款获得解除权,后者显然对出卖人更为有利(杨旭:《〈合同法〉第 167 条对股权买卖之准用——〈指导案例〉67 号评释》,载《现代法学》2019 年第 4 期)。

由于原《合同法》第 167 条第 1 款的现行规定对出卖人更为有利,若不加修正地适用于消费者合同,将与消费者保护的理念背道而驰。由此引申出一个基础性的问题,原《合同法》第 167 条的规范目的,究竟应更侧重于保护买受人,抑或是出卖人?规范目的的不同,将影响对原《合同法》第 167 条的解释适用(周江洪:《分期付款买卖合同的解除及其限制——“汤长龙诉周士海股权转让纠纷案”评释》,载《交大法学》2017 年第 4 期)。

第一种观点是,原《合同法》第 167 条的规范目的应当是保护买受人[蔡睿:《分期付款买卖中出卖人解除权的制度构造与立法反思——兼评最高人民法院 67 号指导案例》,载《法律科学》(西北政法大学学报)2019 年第 3 期]。为实现此目的,原《合同法》第 167 条第 1 款所设置的解除权要件,相比于一般的合同解除权要件应当更为严格。在解释技术上,可以将原《合同法》第 167 条第 1 款解释为原《合同法》第 94 条第 3 项的补充规范,只有在同时满足原《合同法》第 167 条第 1 款和第 94 条第 3 项规定的要件(“催告要件”)时,分期付款买卖的出卖人才可以解除合同(孙新宽:《分期付款买卖合同解除权的立法目的与行使限制——从最高人民法院指导案例 67 号切入》,载《法学》2017 年第 4 期)。在此种解释下,原《合同法》第 167 条作为保护买受人的规范,应仅适用于消费者买卖合同,故不能参照适用于股权转让合同。

第二种观点是,原《合同法》第 167 条的规范目的是保护出卖人,因为分期付款交易须“先交货后付款”,出卖人在交付标的物后,面临着价款无法回收的风险,指导案例 67 号在一定程度上也持此观点。在买受人未支付价款金额达到全部价款的 1/5 时,极大侵害了出卖人利益,因而出卖人可以无需催告即解除合同(江平主编:《中华人民共和国合同法精解》,中国政法大学出版社 1999 年版,第 136 页)。但也有观点主张,在保护出卖人的规范目的下,“催告要件”对于原《合同法》第 167 条第 1 款的解除权仍是必要的(杨旭:《〈合同法〉第 167 条对股权买卖之准用——〈指导案例〉67 号评释》,载《现代法学》2019 年第 4 期)。

在保护出卖人的规范目的之下,原《合同法》第 167 条第 1 款也可以适用于非消费者买卖。分期付款买卖中“先交付标的物后付款”的特征,使出卖人承担了一定的信用风险。分期付款的股权转让交易中,如果转让人已经完全履行了转让股权的义务,受让人在获得股权后，仍有两次以上的款项尚未支付的，就会产生与分期付款的有体物买卖同样的风险，此时，原《合同法》第167条第1款应当可以准用于股权转让协议（杨旭：《〈合同法〉第167条对股权买卖之准用——〈指导案例〉67号评释》，载《现代法学》2019年第4期）。此外，在股权转让交易中，除签订股权转让协议之外，还需要变更股东名册、变更工商登记（《公司法》第32条第2、3款），不同的交易阶段可能会影响能否参照适用原《合同法》第167条第1款（李建伟：《分期付款的股权转让合同解除权的特殊性——兼评最高人民法院第67号指导性案例的约束性规范》，载《清华法学》2019年第1期）。在指导案例67号中，2013年11月7日已就股权转让完成了变更工商登记，此后买受人仍需分两次支付款项，这符合参照适用原《合同法》第167条第1款的要求。本案中周士海未经催告即解除合同，解除权行使是否有效，取决于原《合同法》第167条第1款的解除权是否以“催告”为要件。

Ⅲ 既有司法实践状况

在指导案例67号发布之前，司法实践很少探讨原《合同法》第167条在股权转让协议中的参照适用问题。在一则最高人民法院二审的案件［中国石油化工股份有限公司与重庆英达实业有限公司股权转让纠纷上诉案，最高人民法院(2011)民二终字第109号民事判决书。该案二审维持一审判决］中，一审法院判决出让方英达公司有权解除合同，并援引了原《合同法》第167条第1款意在证成受让人构成根本违约。但是判决并未探讨该款与原《合同法》第94条第3项和第4项的关系，亦未深入探讨该案所涉的股权转让与有体物买卖之间的关系，在法律适用上存在不足之处。

指导案例67号颁布之后，在引用该案例的裁判文书中，涉及的多是对该指导案例适用范围的讨论。例如，指导案例67号在裁判要旨部分仅提及，原《合同法》第167条第1款中规定的“解除权”不得参照适用于股权转让协议，因而有法院认为，这不影响该款规定的“支付全部价款”对股权转让协议的适用。在“贾页强、王永霞股权转让纠纷案”［四川省成都市中级人民法院(2018)川01民终10049号民事判决书］中，法院认为：“本案中，冯世明并非要求解除合同，而是主张支付全部价款，故贾页强、王永霞以该指导案例为依据，认为冯世明无权要求贾页强支付全部价款的理由不成立。”此外，指导案例67号也并未排除一般解除权在股权转让协议中的适用。最高人民法院在“周卫军、朱维珍股权转让纠纷案”［(2018)最高法民终874号民事判决书］中明确指出，“最高人民法院67号指导案例虽认为有限责任公司的股权分期付款违约等情形，不适用《中华人民共和国合同法》第一百六十七条之规定，但该指导案例并未排除出让人依法解除的权利。”

Ⅳ 本判决的参考意义及将来的课题

指导案例67号明确了原《合同法》第167条第1款中关于解除权的规定不适用于股权转让协议，对今后的司法实践具有参考意义。但本案也遗留下诸多问题。原《合同法》第167条第1款的规范目的，究竟应立足于出卖人的保护还是买受人的保护，仍需澄清，这也影响该款是否仅应适用于消费者合同。如果也可以适用于非消费者合同，分期付款的有体物买卖与股权转让之间是否存在实质上的不同,也需要进一步反思。

值得注意的是,《民法典》第 634 条第 1 款对原《合同法》第 167 条第 1 款作出了重大修改,增加了“经催告后在合理期限内仍未支付到期价款的”这一要件,这一修改使得出卖人行使解除权的要件更加严格,凸显了对买受人保护的思想。对此,有必要对分期付款买卖的解除权予以重新审视和思考。

◻ 参考文献

江平主编:《中华人民共和国合同法精解》,中国政法大学出版社 1999 年版。

宁红丽:《分期付款买卖法律条款的消费者保护建构》,载《华东政法大学学报》2013 年第 2 期。

周江洪:《分期付款买卖合同的解除及其限制——“汤长龙诉周士海股权转让纠纷案”评释》,载《交大法学》2017 年第 4 期。

孙新宽:《分期付款买卖合同解除权的立法目的与行使限制——从最高人民法院指导案例 67 号切入》,载《法学》2017 年第 4 期。

钱玉林:《分期付款股权转让合同的司法裁判——指导案例 67 号裁判规则质疑》,载《环球法律评论》2017 年第 4 期。

杨旭:《〈合同法〉第 167 条对股权买卖之准用——〈指导案例〉67 号评释》,载《现代法学》2019 年第 4 期。

郝丽燕:《〈合同法〉第 167 条(分期付款买卖)评注》,载《法学家》2019 年第 5 期。

李建伟:《分期付款的股权转让合同解除权的特殊性——兼评最高人民法院第 67 号指导性案例的约束性规范》,载《清华法学》2019 年第 1 期。

蔡睿:《分期付款买卖中出卖人解除权的制度构造与立法反思——兼评最高人民法院 67 号指导案例》,载《法律科学》(西北政法大学学报)2019 年第 3 期。

080 股东与公司间股权回购协议的裁判路径

江苏华工创业投资有限公司与扬州锻压机床股份有限公司、潘云虎等请求公司收购股份纠纷案 ｜ 江苏省高级人民法院(2019)苏民再62号民事判决书

刘 燕 北京大学法学院

■ 事实概要

2011年7月,原告江苏华工创业投资有限公司(以下简称华工公司)与被告扬州锻压机床集团公司(以下简称扬锻公司)和扬锻公司的其他股东签订增资扩股协议,约定原告华工公司以2200万元人民币对扬锻公司进行增资。同日各方签订补充协议,约定若扬锻公司在2014年12月31日前未能在境内资本市场上市或公司主营业务、实际控制人、董事会成员发生重大变化,华工公司有权要求扬锻公司以现金回购其所持有的全部扬锻公司股份,价款按以下公式计算:“回购股权价款 = 投资额 +(投资额 ×8% ×投资到公司实际月份数/12)- 累计分红。”

2011年11月20日,扬锻公司召开创立大会,所有股东一致表决同意通过新的公司章程,其中第21条规定:“公司在下列情况下可以依照法律、行政法规、部门规章、本章程的规定回购本公司的股份:(一)减少公司注册资本;(二)与持有本公司股份的其他公司合并;(三)将股份奖励给本公司职工;(四)股东因对股东会作出的公司分立、合并决议持异议,要求公司回购其股份。除上述情形外,公司不进行买卖本公司股份的活动。”

因证监会暂停首次公开发行股票申报,2014年10月扬锻公司决定申报新三板。2014年11月,华工公司致函扬锻公司,要求扬锻公司以现金形式回购其持有的全部公司股份,回购股权价格同《补充协议》的约定。

■ 判决要旨

撤销一审和二审判决,改判扬锻公司履行股权回购协议。

一审法院认为,股东与公司约定的对赌式股权回购条款,意味着股东在《公司法》第142条规定的法定情形外无需经法定程序即可由公司支付对价而取回财产,实质是股东可以不承担公司经营风险而当然获得约定利益,违反了《公司法》第142条和《公司法》第20条,约定无效。二审法院认为公司与股东之间的股权回购约定违反了资本维持原则,约定无效。

再审判决指出,应区分判断合同效力与合同的可履行性。合同签订时公司仍为有限公

司,《公司法》第 142 条不适用于判断合同效力。履行法定程序的股权回购并不必然违反资本维持原则,且双方约定的回购条件合理公平,约定有效。股权回购可通过减资进行,而扬锻公司的财务情况决定公司以现金支付华工公司的股权回购款,不会导致公司资产的减损,也不会损害公司的债务清偿能力,股权回购约定具有法律上和事实上的履行可能。

■ 评　析

Ⅰ 本判决的思路和意义

本案中,对股东与公司之间约定特定情形下公司以现金回购股东股权、股东退出公司的回购协议,再审法院试图将法律上的可履行性(合同效力)与事实上的可履行性相区分。《公司法》并不禁止减资,只要公司履行法定的减资程序,则回购不违反法律的强制性规定。至于债权人利益的保护,则视公司当时的财务状况判断减资是否会损害公司的清偿能力。再审法院的裁判改变了公司对特定股东进行现金补偿、股份回购必然因违反资本维持原则而无效的既往观点,被视为对赌协议司法裁判的“里程碑”案例,显示出商业发达地区法院对当事人交易安排的尊重,其所提出的“清偿能力标准”也比以注册资本作为公司向股东支付是否合法之唯一尺度的观点有所推进。

Ⅱ 规范及学理

1. 有限公司与股份公司股权回购的不同对待及其原理

股东出资投入公司后非经减资或清算不得取回是公司法人的基本特征,由此派生出公司持续经营过程中的资本维持原则,导致回购受到限制。《公司法》第 74 条和第 142 条针对有限责任公司和股份有限公司的回购行为有不同的措辞。第 74 条正面列举了有限责任公司在若干情形下应收购相关异议股东的股权。相反,第 142 条则是在明确规定股份公司“不得回购股份”的前提下,作为例外列举了股份公司可以回购股份的几种场景。实践中对于立法的差异化处理有不同理解。一种观点认为《公司法》对有限公司的回购无“原则禁止”(邓峰:《普通公司法》,中国人民大学出版社 2009 年版,第 335 页)。一些法院也认可有限责任公司在上述第 74 条的场景之外进行回购,如员工离职时回购员工股,以及本案中公司通过减资回购。

从域外公司法来看,回购股份是否区分有限公司和股份公司并无一定之规。回购的规制大体可分为两个维度:一是哪些场景下允许回购;二是回购的财源或额度限制。德国法区分有限责任公司与股份公司,允许有限公司回购已缴清出资的股份,而对股份公司的回购则采取“原则禁止、例外允许”的立场。但有限公司与股份公司适用的财源限制是一样的,即回购必须以不减损资本为前提,同时公司须建立自有股份公积金([德]托马斯·莱赛尔、[德]吕迪格·法伊尔:《德国资合公司法》(第 3 版),高旭军等译,法律出版社 2005 年版,第 625 ~ 626 页)。相反,美国州公司法传统上采取自由回购的立场,并不限制回购场景,但通常要求回购股份不得减损公司资本或者不得导致公司丧失清偿能力,且这种财源限制并不因公众公司或闭锁公司而有差异。英国历史上对各类公司均采取“原则禁止、例外允许”的立场，但自1981年后对封闭公司放松管制，允许在满足法律规定的程序（如董事声明、审计报告以及债权人等可向法院提出异议）的情形下用资本回购。转变的原因，一是对封闭公司是否还有必要适用传统的资本管制开始有了不同看法，二是封闭公司通常缺乏可分配利润，股份也缺乏流动性，若创业者因退休而希望抽回资产，只有允许公司回购其股份才能行得通（[英]保罗·戴维斯、[英]沙拉·沃辛顿：《现代公司法原理》（上册）（第9版），罗培新译，法律出版社2016年版，第326页）。我国公司法区分有限公司与股份公司的做法类似德国法，但无论是第74条还是第142条都缺乏对回购财源限制的规定，没有处理回购与资本维持原则之间的关系，不能不说是一个遗憾。总体来看，各国对回购场景的限制在逐渐放松，以适应公司财务运作的需求，但同时施加财源限制。

2. 股权回购的法律上可履行性与事实上可履行性

“履行不能”是我国合同法下的概念，且区分法律上与事实上的履行不能。所谓法律上不能履行，是指履行将会违反法律的规定。如债务人破产时，如果强制履行其与某债权人之间签订的合同，将产生该债权人优先于其他债权人获得受偿的权利，从而与破产法的相关规定相冲突。所谓事实上不能履行，是指履行在事实上不可能做到，或者已经没有意义。如货物运输合同中，当货物出现损毁、灭失的情形时，再要求履行已经没有意义，因而只能要求承运人承担损害赔偿责任。

不过，《民法典》第580条第1款规定的履行不能仅限于非金钱债务，学理上一般也认为，金钱债务无履行不能（王家福主编：《中国民法学·民法债权》，法律出版社1991年版；王洪亮：《债法总论》，北京大学出版社2016年版）。而对赌协议下的回购看起来属于金钱债务，因此有学者认为，公司因受制于资本维持原则而无法回购应解为“履行迟延”，而非履行不能（潘林：《重新认识“合同”与“公司”：基于“对赌协议”类案的中美比较研究》，载《中外法学》2017年第1期）。本案将法律允许减资视为对赌协议具有“法律上的可履行性”，将公司有清偿能力视为具有“事实上的可履行性”，这一解释进路并未被《全国法院民商事审判工作会议纪要》[法（2019）254号]所采纳。资本维持与清偿能力都属于保护债权人利益的底线规制，只是侧重点不同，因此二者都属于“法律上的可履行性”的判断依据。更进一步，由于资本维持原则或清偿能力标准的适用都涉及对公司财务状况的审查与判断，都需要以具体公司的实际情况为基础，这里似乎并不存在“法律上的可履行性”与“事实上的可履行性”之间的清晰界分，二者属于一枚货币的两面。

3. 资本维持规则抑或清偿能力标准

资本维持原则与清偿能力标准是公司法规制回购行为的两种不同标准，同时也是域外公司法在分配问题上的两种不同立场。

资本维持原则属于传统的法定资本制度的重要组成部分。它是一种底线规则，即只要不损及资本，公司可以自由地向股东进行利润分配、回购股份或以其他方式输送利益；一旦损及资本，则公司须践行特定的减资程序（张保华：《资本维持原则解析——以“维持”的误读与澄清为视角》，载《法治研究》2012年第1期）。

清偿能力包括两种含义：一是资产负债表意义上的清偿能力，又称为“资不抵债”（balance sheet insolvency）；二是衡平法或破产法意义上的，指公司不能清偿到期债务（equity insolvency）。美国《修订示范商业公司法》采用了上述双重含义，公司进行利润分配、回购或赎回后，必须满足：（1）公司的资产总额仍然大于负债总额（若公司发行了清算时有优先权的优先股，则还需要大于该优先股的金额）；（2）公司能够清偿到期债务。

无论是资本维持原则还是清偿能力标准，扮演的都是底线规制的角色，以便达成债权人保护与公司财务运作自由度之间的平衡。不过二者关注的重点不同，资本维持原则关注公司静态的注册资本额，清偿能力标准则关注公司的现金流以及资产与负债的总体情况，并不考虑公司的注册资本或所有者权益的结构。现代经济环境下，公司债权人更在意企业的盈利能力、现金流等，而非企业当初设立时的资本额以及股东的出资情况，因此清偿能力标准比资本维持原则更具商业上的合理性。《公司法》目前仍然实行资本维持原则，但有学者建议引入清偿能力标准。

4. 减资与回购之间的关系

利润分配、回购、减资都意味着公司资产向股东的流出，但它们具有不同的技术特征。利润分配是股东基于股份而获得的股息红利，它源于公司创造的盈利，因此，这种流出方式不减少资本，也不会引起股东身份的变化。相反，减资则意味着公司资本减少，同时相关资本/股份对应的股东身份也不复存在。

回购的情形则比较复杂。当公司回购股份时，原持有相关股份的投资人不再具有公司股东的身份。但公司自身对于所回购的股份可以有两种不同的处理方式：一是注销所回购的股份，由此就相当于减资的效果，回购不过是减资的具体途径而已；二是暂时持有该股份，以便给员工持股计划或债转股下的行权提供所需的股份。此种情形下，回购或赎回并不会带来减资的效果，相反，会计上用“库存股”来记录这部分公司暂时持有的股份。如图 1 所示，回购基于公司是否当即注销所回购的股份而可能类似于利润分配或者归属于减资：

- 利润分配：股东身份不受影响，公司资本不减少
- 回购、赎回
  - 消灭股东身份 + 公司不减资
  - 消灭股东身份 + 公司减资
- 减资：消灭股东身份，公司资本减少

图 1　回购与利润分配、减资关系

从这个角度看，本案以减资来论证回购的合法性，逻辑上是有问题的。判决书未说明公司回购股份之后如何处理；若公司不注销该批股份，则不一定构成减资。

Ⅲ 既往司法实践状况

在本案之前，法院对对赌协议的态度经历了一个变化的过程。最高人民法院在“苏州工业园区海富投资有限公司与甘肃世恒有色资源再利用有限公司、香港迪亚有限公司、陆波增资纠纷再审案”［（2012）民提字第 11 号民事判决书］中明确，股东与公司以公司业绩对赌、

业绩不合约定时由公司对股东进行现金补偿的约定使股东对公司的投资可以取得相对固定的收益,该收益脱离了公司的经营业绩,损害了公司利益和公司债权人利益,公司与股东之间对赌约定因违反《公司法》第20条无效。由于最高人民法院同时认定,股东与股东之间的业绩对赌补偿条款有效,因此被实务界概括为"公司与股东对赌无效,股东与股东对赌有效"。鉴于此,实践中开创了股东与股东对赌、公司提供担保的做法,以达到实质上公司与股东对赌之安排。在"强静延与曹务波等股权转让纠纷再审案"[(2016)最高法民再128号判决书]中,公司的实际控制人与新股东之间约定,公司若无法在约定时间前完成股票首次公开发行,实际控制人承诺以现金方式购回新股东所持的公司股权,公司为回购提供连带担保责任。最高人民法院认为,公司对股东之间的股权回购协议提供担保的行为符合《公司法》第16条的规定,对公司依法有效。同时最高人民法院还指出,即便公司并未对担保事项进行股东会决议,但是该担保行为引来新股东的注资,有利于公司的自身经营发展,并未损害公司及公司中小股东的利益。换言之,最高人民法院已经逐渐认识到,公司与股东之间的对赌未必损害公司及其债权人利益,但是禁止公司与股东对赌究竟是保护公司其他股东利益,抑或保护公司债权人利益,其真正的法律依据与逻辑为何,并不清晰。

Ⅳ 本判决的参考意义及将来的课题

本判决承认了投资者与公司对赌的协议之法律效力,但能否履行则以满足资本维持原则为前提。不过,由于我国公司法的缺陷,判决也存在一定的问题。未来需要理顺回购与减资的关系,前提是《公司法》第74条或第142条直接承认对赌协议下回购的合法性。此外,法官在哪个时点考虑可履行性、应关注哪些因素等都还有待进一步探讨。

□ 参考文献

刘燕:《对赌协议与公司法资本管制:美国实践及其启示》,载《环球法律评论》2016年第3期。

刘燕:《"对赌协议"的裁判路径与政策选择——基于PE/VC与公司对赌的场景分析》,载《法学研究》2020年第2期。

潘林:《重新认识"合同"与"公司":基于"对赌协议"类案的中美比较研究》,载《中外法学》2017年第1期。

张巍:《资本的规则》,中国法制出版社2017年版。

张保华:《资本维持原则解析——以"维持"的误读与澄清为视角》,载《法治研究》2012年第4期。

081 独立担保索付欺诈的认定

安徽省外经建设(集团)有限公司诉东方置业房地产有限公司保函欺诈纠纷案 | 最高人民法院第109号指导性案例

李世刚 复旦大学法学院

■ 事实概要

开发方东方置业房地产有限公司(以下简称甲),与承包方安徽省外经建设(集团)有限公司(以下简称乙)、施工方安徽外经建设中美洲有限公司(以下简称丙)在哥斯达黎加共和国就当地某建筑项目签订了《施工合同》。乙向建行安徽省分行(以下简称A)提出申请,并以哥斯达黎加银行(以下简称B)作为转开行,开立履约保函。随后,B开立履约保函,担保人为A,委托人为乙,受益人为甲,担保金额为2,008,000美元。保函是无条件的、不可撤销的、必须的、见索即付的。执行此保函需要受益人给B提交一式两份的证明文件,指明执行此保函的理由,另外由受益人出具公证过的声明指出通知丙因为违约而产生此请求的日期,并附上保函证明原件和已经出具过的修改件。A同时向B开具反担保函,承诺自收到B通知后20日内支付保函项下的款项。反担保函是“无条件的、不可撤销的、随时要求支付的”,并约定“遵守国际商会出版的458号《见索即付保函统一规则》”。

施工过程中,有建筑师出具《项目工程检验报告》指出施工项目存在瑕疵。据此,甲向B提交索赔声明、违约通知书、违约声明、《项目工程检验报告》等保函兑付文件,要求执行保函。B便向A发出电文,称甲提出索赔、要求支付B开具的履约保函项下2,008,000美元的款项,B进而要求A于指定日期前支付上述款项。

之后,针对甲的索付,一方面,乙向合肥市中级人民法院提起保函欺诈纠纷诉讼,同时申请中止支付B的履约保函、A反担保函项下款项,并得到法院裁定的支持;另一方面,在哥斯达黎加,应丙申请,当地法院下达临时保护措施禁令,裁定B暂停执行B银行的履约保函;但于次月判决丙申请预防性措施败诉,解除了临时保护措施禁令。于是,B向甲支付了履约保函项下款项。此外,丙曾以甲为被申请人提交仲裁请求判定甲拖欠工程款及相应利息,终止合同并裁决甲赔偿损失,并得到了仲裁裁决的支持。

本案,乙诉至合肥市中级人民法院请求判定被告甲构成索付欺诈,银行A和B为本案第三人。

■ 判决要旨

撤销一审、二审民事判决。

本案一审、二审民事判决均认定:甲索付构成欺诈,A 应当止付反担保保函。甲不服二审判决,向最高人民法院申请再审。最高人民法院作出(2017)最高法民再 134 号民事判决:撤销一审、二审民事判决,驳回乙方的诉讼请求。

指导案例第 109 号列明三项裁判要点,集中在独立保函欺诈的认定方面:(1)认定构成独立保函欺诈在对基础交易进行审查时,应坚持有限及必要原则,审查范围应限于受益人是否明知基础合同的相对人并不存在基础合同项下的违约事实,以及是否存在受益人明知自己没有付款请求权的事实;(2)受益人在基础合同项下的违约情形,并不影响其按照独立保函的规定提交单据并进行索款的权利;(3)认定独立反担保函项下是否存在欺诈时,即使独立保函存在欺诈情形,独立保函项下已经善意付款的,人民法院亦不得裁定止付独立反担保函项下的款项。

■ 评　析

Ⅰ 本判决的思路和意义

本案被告甲的经常居住地在中国域外,本案系涉外案件,民事法律关系的定性适用法院地法。法院需要依据中国法律对法律关系进行识别,认定为独立保函欺诈纠纷。2016 年 12 月 1 日生效的最高人民法院《关于审理独立保函纠纷案件若干问题的规定》[法释(2016)24 号](以下简称《独立保函司法解释》)成为中国法上的依据。在案件管辖上,一审法院依据侵权行为地行使管辖权。对审理的依据,虽然当事人约定适用《见索即付保函统一规则》,但是该规则并没有直接规范保函欺诈的认定,也需要适用中国法。法院依据侵权行为地判定管辖权,这一点值得特别注意。

判决涉及了独立保函索付欺诈认定中的几种具体情况,具有参考意义:保函欺诈的认定与证明标准,尤其对基础交易考察的程度;保函欺诈的含义是否与一般民事领域中的欺诈含义等同;受益人基础交易中存在违约行为是否当然构成索付欺诈;保函索付欺诈可否当然推定反担保索付也构成欺诈。

Ⅱ 独立保函欺诈认定的规范及学理

1. 独立保函欺诈认定的法律依据

从一审到再审,法院处理本案最为主要的实体规范是《独立保函司法解释》,凸显了该解释的重要意义:

第一,本案中,虽然反担保函指明适用国际惯例《见索即付保函统一规则》(URDG458),即当事人选择适用国际惯例作为准据法,但是对欺诈索付的认定这类极为关键的事项,《见索即付保函统一规则》的新旧版本(URDG758、URDG458)均将其留给各国国内法去解决。本案很好地证明了该解释的重要意义:它构筑了独立担保的中国规则;在此领域仅依靠被广泛采用的国际惯例和条约远不能解决全部问题。

第二,法院将案件识别为保函欺诈纠纷的前提是将保函识别为独立保函,其所依据的也是《独立保函司法解释》,其详细地给出了独立保函的认定标准:独立担保人不享有基础交易项下的抗辩;独立担保人的义务是支付一定的金额,且应完全独立于基础交易中的主债务(第1条、第6条)。这两个要件深刻体现和决定了独立担保的"高度独立性"。

2. 保函欺诈的认定与基础交易的考察原则

在判定独立保函索付是否构成欺诈时,当事人常通过基础交易关系进行证明。本案最高法院从以下三个方面给出了明确的意见:

第一,关于基础交易的审查的原则,该案中,最高人民法院比较准确地把握了独立保函的独立性,其裁判理由指出:在审理独立保函及与独立保函相关的反担保案件时,"应当坚持有限原则和必要原则",审查的范围应当限于受益人"是否明知""基础合同的相对人并不存在基础合同项下的违约事实或者不存在其他导致独立保函付款的事实"。"否则,对基础合同的审查将会动摇独立保函'见索即付'的制度价值"。此段表述值得肯定。

第二,最高人民法院认为,受益人基础交易中存在违约行为的不当然构成索付欺诈。基于独立担保的独立性,受益人基础交易中存在违约行为并不能被当然认定为索付欺诈或权利滥用。即使受益人因拖欠工程款而被仲裁机构判定为严重违约,也不能因此而否定受益人依据独立保函在满足索付条件的情况下行使担保权利。

第三,最高人民法院认为,保函索付欺诈不当然推定反担保索付也构成欺诈。同样是基于独立性,反担保函受益人的恶意索付,应当区别于保函受益人的恶意索付,不能当然地从后者直接推定出前者的存在。"只有担保行明知受益人系欺诈性索款且违反诚实信用原则付款,并向反担保行主张独立反担保函项下款项时,才能认定担保行构成独立反担保函项下的欺诈性索款。"

综上所述,因具有独立性,独立担保原则上排除担保人以基础交易关系对抗受益人(主债权人)。担保人最为核心的风险控制机制是对受益人"恶意索付"进行抗辩。依据《独立保函司法解释》,如果受益人索付被认定为"欺诈"或者"滥用"权利便构成中国法下独立担保的"恶意索付",允许担保人止付(第12、13、14条)。笔者认为,中国法从类型化和证据力两个方面确立了对恶意索付进行抗辩的判断标准:"明显的""欺诈或滥用"。

3. 保函"欺诈"含义的特殊性

笔者认为,就独立保函索付中的"欺诈"宜区别于民法一般意义上的欺诈,其是一个逐渐被修正、被扩大的概念;与此相适应的是,恶意索付抗辩事由从"欺诈"扩充至"欺诈或滥用"更为合适。

欺诈与权利滥用是法律制度中常见的两个概念。在独立担保索付的过程中,从理论上讲,它们是可以相互区别的概念。权利滥用是指,依据基础交易关系,独立担保的债权人在本不再需要行使担保权利的情况下,强行索付、损害他人利益,违反了权利的目的——担保主债务;而欺诈是指独立担保人在不具备行使担保权利条件的情况下,采取欺诈手段,制造自己具备行使担保权利的假象,进行索付。

尽管如此，我们发现，当涉及独立担保索付抗辩事由时，欺诈与滥用可一并使用。原因主要如下：

第一，在独立担保领域，二者有共通之处。主债权人以欺诈手段实现尚不具有行使条件的权利，有违权利行使的目的，被认为是权利滥用也并非不可，而权利滥用在某些情况下也可以被认为是欺诈。主债权人明知依据基础交易其本不应行使权利，却告知担保人其享有权利且要行使之，这也可以被认为是一种“欺诈”。其实，这二者的共通之处是具有相同的“恶意”，即知道或应当知道索付会对他人造成损害，却仍然行使。

第二，就止付的法律效果而言，并不因手段上或动机上的差异而有不同的制裁方式。虽然在理论上“欺诈强调受益人的主观恶意，而滥用权利则更强调客观的欺诈行为”，但“就抗辩或止付层面而言，区别欺诈与权利滥用确实并无太多实益”（刘贵祥：《独立保函纠纷法律适用刍议》，载《人民法院报》2009 年 6 月 25 日）。

此外，在实践中，要求独立担保人去查实当事人的主观动机（如是否真有欺诈的主观故意等）几乎是不可能的，而通过客观现象推定索付具有“恶意”则是可行的。因此，恶意应指受益人知道自己行使权利会损害担保人或主债务人的利益；更为客观的判断标准是受益人知道自己没有权利。至于是采取欺诈手段，还是忽略权利行使目的而强行索付，已不重要。

综上所述，区分欺诈和权利滥用的意义有限，其法律效果一致，具有共通性，即“恶意”：受益人知道或者应当知道索付会对他人造成损害。由此，《独立保函司法解释》将“欺诈”与“滥用”混同使用：第 12 条在罗列了 4 种属于“欺诈”的情形以后，概括性地指出“受益人明知其没有付款请求权仍滥用该权利”的其他情形也构成保函“欺诈”。这一概括性的兜底条款表明此处“欺诈”与滥用系同义，区别于传统民法的欺诈概念。

Ⅲ 既往司法实践状况

最高人民法院在“湖南机械进出口公司、海南国际租赁公司与宁波东方投资公司代理进口合同案”［（1998）经终字第 184 号民事判决书］中，明确否认了在国内民事活动中采用独立担保方式的有效性。2000 年最高法院在制定《关于适用〈中华人民共和国担保法〉若干问题的解释》［法释（2000）44 号］时也延续了这一态度。2016 年《独立保函司法解释》第 23 条规定，独立保函不会因为欠缺涉外因素而被判定为无效，正式承认了国内市场中独立保函的有效性，由此确立了中国法上的独立担保规则。

就独立担保索付欺诈的认定，中国法院主要通过扩大解释最高人民法院《关于贯彻执行〈中华人民共和国民法通则〉若干问题的意见（试行）》第 68 条有关“欺诈”的规定，判定独立保函索付“欺诈”的含义。例如，“上海振华重工（集团）股份有限公司诉印度海外银行香港分行保函欺诈纠纷案”［上海市第二中级人民法院（2010）沪二中民六（商）初字第 39 号民事判决书］，“浙江金盾压力容器有限公司与油金属制造有限公司国际货物买卖合同纠纷案”［浙江省绍兴市中级人民法院（2011）浙绍商外初字第 68 号民事判决书；浙江省高级人民法院（2013）浙商外终字第 134 号民事判决书］。随着《独立保函司法解释》的出台，其将“欺诈”与“滥用”混同使用，进一步表明恶意索付中的“欺诈”与“滥用”系同义，区别于传统民法有关意思表示理论上的“欺诈”:知道或应当知道索付会对他人造成损害,却仍然行使。

Ⅳ 本判决的参考意义及将来的课题

本案对理解《独立保函司法解释》的意义以及独立保函恶意索付(索付欺诈)的认定、法律关系的定性以及司法管辖等具有重要作用。《独立保函司法解释》构建和填补了中国法上独立担保制度的空缺,具有重要意义。但是一方面其适用范围有限,另一方面层级有限,独立担保作为通用担保制度的地位以及与其他制度的平滑衔接,还需要在民法典的层面进行考察和展开。独立保函的判定以及恶意索付的认定本身是一个开放体系,本案重申了对基础交易审查的有限原则和必要原则,并对独立保函恶意索付与反担保恶意索付之间的关系、基础交易中债权人违约与恶意索付的关系等给出了明确的指导意见,具有重要意义。此外,法院依据侵权责任案件管辖规则处理保函委托人起诉债权人保函索付欺诈案件的管辖,可否理解为合同(独立保函)之外第三人对合同当事人可以提起侵权之诉,值得关注。

□ 参考文献

刘贵祥:《独立保函纠纷法律适用刍议》,载《人民法院报》2009 年 6 月 25 日,第 6 版。

曹士兵:《中国担保制度与担保方法:根据物权法修订》,中国法制出版社 2008 年版。

王利明:《典型合同立法的发展趋势》,载《法制与社会发展》2014 年第 2 期。

高圣平:《论独立保证的典型化与类型化》,载《武汉大学学报》(哲学社会科学版)2016 年第 1 期。

刘贵祥、沈红雨、黄西武:《涉外商事海事审判若干疑难问题研究》,载《法律适用》2013 年第 4 期。

李国光等:《最高人民法院〈关于适用《中华人民共和国担保法》若干问题的解释〉理解与适用》,吉林人民出版社 2000 年版。

李世刚:《论中国规则下独立担保的功能与定位——以利益与风险分配为视角解读〈独立保函司法解释〉》,载《上海大学学报》(社会科学版)2019 年第 3 期。

李世刚:《独立担保中国规则的风险控制机制研究——以“独立保函司法解释”为研究对象》,载《法学杂志》2020 年第 2 期。

082 基础合同真实性与保理人权利的实现

中央储备粮长春直属库有限公司与前郭县阳光村镇银行股份有限公司、松原市隆瑞祥贸易有限公司合同纠纷 | 吉林省高级人民法院(2018)吉民再112号民事判决书

高　放 杭州电子科技大学经济学院

■ 事实概要

2014年7月12日长春库(一审被告、二审上诉人、再审申请人)与隆瑞祥公司(一审被告、二审被上诉人)签订《粮食采购合同》,约定向隆瑞祥公司采购2013年产水稻,合同价款2009.28万元,同时约定长春库在收到隆瑞祥公司开具的增值税专用发票后6个月内支付货款。2014年7月25日,长春库向隆瑞祥公司出具《发票收妥确认函》,载明:"本公司已共计收到贵公司销售的货物价值2009.28万元,我公司尚未付款。现本公司已收到21张发票,发票总金额2009.28万元。"同日,阳光银行(一审原告、二审被上诉人、再审被申请人)与隆瑞祥公司签订《国内保理合同》一份。约定由阳光银行向隆瑞祥公司提供保理融资500万元,融资额以应收账款2009.28万元为基础,该保理为有追索权的明保理业务。同日,隆瑞祥公司与阳光银行签订《流动资金借款合同》,约定隆瑞祥公司向阳光银行借款500万元,并约定借款期限(2014年7月25日至12月24日)与利息及逾期还款罚息。在签订《流动资金借款合同》当日,阳光银行向隆瑞祥公司发放了贷款500万元。同日,隆瑞祥公司向长春库发出了一份加盖其公章的《应收账款转让通知书》,将隆瑞祥公司与阳光银行签订《国内保理合同》和把其对长春库总计2009.28万元应收账款及该部分应收账款所享有的权利转让给阳光银行的事实通知了长春库。长春库和阳光银行均在该《应收账款转让通知书》上加盖了公章。截至一审起诉日,阳光银行尚有79万余元及相应利息、罚息未得到清偿,其向长春库和隆瑞祥公司索要未果,遂提起诉讼。至起诉日,长春直属库仍未收到在《粮食采购合同》中隆瑞祥公司约定交付的标的水稻。

■ 判决要旨

撤销二审判决及一审判决部分内容,改判隆瑞祥公司向阳光银行偿还贷款并支付利息和罚息,长春库对隆瑞祥公司不能偿还的部分承担赔偿责任。

保理合同中既包含债权转让法律关系,也包含金融借款、应收账款催收等法律关系,并非单一的债权转让,此类案件不应确定为债权转让合同纠纷。保理合同中的基础债权是否

真实，属于是否能够履行合同问题，与保理合同的效力无关。保理商不存在缔约过错问题，且没有违反合同约定，不能以是否尽到审慎义务而判令其承担责任。

■ 评 析

Ⅰ 本案争点

1. 合同效力问题

本案《国内保理合同》的效力认定是判定各方当事人对本案法律责任承担的基础。而不同类型的合同在效力判定路径上，有显著不同。因此，确定本案《国内保理合同》的效力判定路径是作出判决的首要任务。由于本案裁判作出时，《民法典》尚未生效，当时并没有保理合同的规定，因此，再审法官依据银行业规范，认定本案《国内保理合同》同时包含了债权转让、金融借款、应收账款催收等多种法律关系，并非单一债权转让合同，而是以融资服务为目的的保理合同。故而，一审与二审法院忽略了保理合同的特殊性，仅以债权转让为案由判断《国内保理合同》的效力，并不正当。

再审法院纠正了一审与二审法院就合同效力问题所犯的错误，进一步厘清了审判思路。保理合同中，债权人将基础合同中的债权转让给保理人，保理人对债权人提供融资服务后，保理人有权向基础合同的债务人主张清偿。本案长春库认为，由于隆瑞祥公司并未实际履行《粮食采购合同》中的货物给付义务，且本合同系受隆瑞祥公司卢某欺诈所签订，在出具《发票收妥确认函》时尚未识破骗局，因此，基础合同并非真实，债权人的应收账款债权并不存在。一审与二审法院采纳其主张，均认定，在隆瑞祥与长春库之间并未存在真正买卖合同关系且长春库与隆瑞祥之间不存在有效债权债务的情况下，以此为基础的《国内保理合同》因失去事实基础而无效。再审法院认为：(1)《粮食采购合同》与《国内保理合同》，均不存在违反《合同法》第 52 条(《民法典》中已删去该条，代之以第 153、154 条等)之情形，故而有效。(2)长春库主张阳光银行在签订保理合同时，有违反银监会《商业银行保理业务管理暂行办法》的情形，保理合同因此无效。(3)但合同无效的认定不得以地方性法规、行政规章为依据，因此，《商业银行保理业务管理办法》不能作为判定保理合同效力的依据。基础合同是否为真实交易，只是合同履行中的事实问题，只是确认是否违约的基础。至于基础债权是否真实，是否会导致保理合同履行不能，也同样属于合同履行及是否违约问题，与合同效力无关。

保理交易结构的核心特征在于基础交易项下应收账款的转让，可谓“不让与，非保理”(李宁:《保理合同立法论》，载《法学》2019 年第 12 期)。就保理合同和债权让与的关系而言，保理合同是原因行为，保理合同中债权人与保理人就债权让与达成合意，即成为债权人让与债权的原因，赋予债权人进行债权让与的义务，因此亦为负担行为。债权让与则为独立于保理合同的处分行为。若不区分债权让与的合意，即保理合同，与债权让与行为的负担性与处分性，仅将保理合同视为以债权让与处分为核心的处分行为，就会产生因《合同法》第 51 条等无权处分情形可能导致债权让与无效(《民法典》未延续该条文规定)，即本案一审与二审中让与所谓“虚构债权”会导致保理合同无效的后果。在本案以前，最高人民法院实际上对下级人民法院因基础合同无效而判定保理合同无效的判决进行过纠正，如中国工商银行股份有限公司乌鲁木齐钢城支行与中铁物资集团新疆有限公司、广州诚通金属公司合同纠纷案［最高人民法院（2014）民二终字第271号民事判决书］。其后的裁判也继续沿用这一审判思路，如锦州辽西小商品批发市场服务有限公司、中国工商银行股份有限公司天津空港经济区支行合同纠纷案［最高人民法院（2016）最高法民终第578号民事判决书］。在本案之后的地方高院裁判也证明此举已在司法审判实践中被采纳，如陈松奎中共重庆市黔江区委党校等与买梅菊、石邦会等合同纠纷案［重庆市高级人民法院（2019）渝民终1358号民事判决书］，华电煤业集团运销有限公司、邵东县人合融资担保有限公司金融借款合同纠纷案［湖南省高级人民法院（2019）湘民再633号民事判决书］等。

2. 债务人对保理人债权的清偿责任分担

再审程序中，法院明确了债务人应当向保理人承担清偿责任。《国内保理合同》的订立，以隆瑞祥公司在长春库有基础债权并将该债权转让给阳光银行为前提，所以，在签订了保理合同、隆瑞祥公司向长春库发出《应收账款转让通知书》并得到长春库盖章确认后，债权转让完成，阳光银行取得应收账款的相关权利。因此，在向隆瑞祥公司发放500万元融资款后，阳光银行有权基于债权让与向债务人长春库主张清偿。《粮食采购合同》《发票妥收确认函》《应收账款转让通知书》上均加盖了长春库公章，保理人阳光银行有理由相信案涉应收账款真实存在，故长春库应当在其确认的应收账款金额范围内，向阳光银行履行偿还隆瑞祥保理融资款本息的责任。

在一审与二审中，法院基于错误判定保理合同的效力，所以未以保理法律关系判定债务人与债权人对保理人的清偿责任分担。不过，法院认为，隆瑞祥公司基于不真实的债权向阳光银行进行转让导致合同无效，存在主观过错，因此基于《合同法》第42条（《民法典》第500条）与第58条（《民法典》第157条），应当对阳光银行尚未获清偿的79万余元融资款进行返还。长春库明知其与隆瑞祥公司没有发生真实买卖，却出具《发票收妥确认函》确认已收到货物，在阳光银行向其送达《应收账款转让通知书》并核实债权真实性时，其盖章予以确认。长春库在签订合同中故意隐瞒与订立合同有关的重要事实，提供虚假情况，使阳光银行足以相信其与隆瑞祥公司之间存在真实的货物买卖关系，进而向隆瑞祥公司发放融资款，长春库属于欺诈行为，主观上存在明显过错，侵害了阳光银行的利益，基于侵权责任的承担规则，给其造成了损失，应对该损失即隆瑞祥公司不能清偿的部分承担赔偿责任。

再审法院虽纠正了一审与二审法院对合同效力的判定，但在债务人对保理人未实现的清偿的责任分配上，继续认可了前审法院的裁判。前审法院的整体裁判路径为：基础合同与保理合同无效，债权让与人作为保理合同的当事人，基于过错导致合同无效而应当向保理人承担违反权利瑕疵担保义务的违约责任；债务人由于过错而使保理人产生对基础债权的信任向债权让与人发放融资款致其财产权受侵害，因此基于侵权向保理人未实现的清偿承担补充责任。但再审法院的裁判路径实有不同：保理合同有效，债权转让已通知债务人并得到债务人确认，因此债权转让对债务人产生效力，保理人成为应收账款新债权人，有权向债务人主张应收账款项下的债务清偿,也就是现余 79 万余元的本息清偿。由此可见,债务人承担主要清偿责任。但是,由于再审中债权让与人未提出任何诉讼请求或答辩,保理人未对原审清偿责任分配提出异议,而原审判定的清偿对保理人的实体权利未有不利影响,因此维持原判清偿责任的承担。

保理合同有效,将债权让与通知债务人,债务人确认通知的情况下,保理人取得应收账款项下全部权利,有权向债务人主张基础合同内的债务清偿。债务人若拒绝清偿,需要有合法抗辩。债权让与生效后,债务人向保理人主张的抗辩事由,应以基础交易合同为限。本案中债务人长春库的抗辩理由是保理人在签订保理合同时未尽审慎义务,未能发现基础合同债权的不真实性。这也是司法实践中常见的债务人拒绝承担清偿责任的主张。本案再审法院认为,保理人对待转让应收账款债权的审查义务源于《商业银行保理业务暂行管理办法》等银行内部监管文件,这种审慎义务的要求旨在引导金融机构能够更好地控制风险,减少提供金融服务过程中的利益损失,其仅为银行业内部的管理规定,不产生对外效力或对外责任。因此不予支持。最高人民法院在既往裁判中,也持此意见,如中国平煤神马集团物流有限公司、中国平煤神马能源化工集团有限责任公司金融借款合同纠纷案[最高人民法院(2018)最高法民再 129 号民事判决书]。

Ⅱ 本判决的参考意义

1. 基础合同非真实并不必然导致保理合同无效

保理关系的基本内容和基础合同的债权人、债务人与保理人的权利义务规范,仅见于效力位阶较低的行政规章(李宇:《保理合同立法论》,载《法学》2019 年第 12 期)。根据业内规则、法院司法审判经验和保理的基本法理,保理合同的本质为以债权让与为典型给付,加之金融服务的组合,其性质为混合契约。基础合同和保理合同,是两个相互独立的合同,并非类似主从合同的关系,虽然保理业界通常要求,基础合同应当真实合法有效,但其目的在于规范商业银行按规定开展保理业务,降低银行放贷信用风险。因此,基础合同非真实并不必然导致保理合同无效。实际上,涉及了让与虚构债权、特约禁止让与的债权、将来债权的保理合同,都不必然无效。这也为中小企业活用应收账款,以保理方式进行融资提供了更多可能。

《民法典》合同编第十六章已将保理合同作为新类型的有名合同加以规范。第 761 条基本采取了前述债权让与加之金融服务组合对保理合同进行了定义。就本案涉及的债权标的可能存在虚构的情形,第 763 条规定,"应收账款债权人与债务人虚构应收账款作为转让标的,与保理人订立保理合同的,应收账款债务人不得以应收账款不存在为由对抗保理人,但是保理人明知虚构的除外"。并未将基础合同真实性直接与保理合同效力相关联,也采纳了过往司法实践中的裁判规则,该规定为未来关于类似案件的处理提供了更为直接的规范依据。

2. 债务人对保理人主张清偿的抗辩

债权让与并未改变债权的同一性,债权之上所附着的瑕疵亦随之移转。一经通知债务人,债权让与即对债务人生效,债务人对让与人的抗辩,即可开始对抗受让人。保理关系与债权让与一般规则并无不同。抗辩权的形成时间,并不要求债权让与时主张抗辩的事实已经发生,只要债权让与时在债权关系的内容中该抗辩的原因已经存在,在通知时已存在,即为足够,不应因债权转让的结果而使债务人陷入不利地位。因保理人在向债务人核实基础合同债权情形时,债务人除保理合同另有约定外没有义务必须配合,故债务人主张的保理人未尽审慎审查义务抗辩不能影响债务人承担在已让与债权项下对保理人的清偿责任。在重庆重铁物流有限公司、平安银行股份有限公司重庆分行合同纠纷案[最高人民法院(2018)最高法民终31号民事判决书]中,最高人民法院厘清了相关裁判路径。

Ⅲ 本案遗留的问题

基于当事人诉讼请求和利益衡量,本案未进一步明确债务人与债权人对保理人未实现的本息的清偿顺序。将有追索权的保理定性为"让与担保"或"间接给付",在债务人以基础交易不实向保理人进行抗辩时,债务人应否向保理人承担责任,以及债务人与债权人对保理人的清偿顺序和责任分担,在说理路径上有明显不同。《民法典》保理合同章亦未对这些内容进行明确规定。不过,《民法典》第769条指出,保理合同章没有规定的,直接适用债权转让的有关规定。而《民法典》债权转让部分中与此相关的仅有第548条规定:"债务人接到债权转让通知后,债务人对让与人的抗辩,可以向受让人主张。"《民法典》中新的保理合同规范的适用与解释,能否解决这一问题,司法审判的裁判效果与裁判路径会发生怎样的变化,以及《民法典》中债权转让一般规则在保理合同案件中的融合适用,未来可期。

□ 参考文献

李宇:《保理合同立法论》,载《法学》2019年第12期。

韩世远:《合同法总论》(第4版),法律出版社2018年版。

关丽、丁俊峰、包晓丽:《保理合同纠纷中基础交易合同债务人拒绝付款的司法认定》,载《法律适用》2019年第23期。

王泽鉴:《民法概要》(第2版),北京大学出版社2011年版。

083 定作人任意解除权的行使与赔偿范围之认定

北京东方宏业家具有限公司诉鄂尔多斯市福泰房地产开发有限责任公司定作合同纠纷案 | 北京市第二中级人民法院(2016)京02民终10573号民事判决书

宁红丽 对外经济贸易大学法学院

■ 事实概要

2012年3月22日,北京东方宏业家具有限公司(以下简称东方宏业公司)与鄂尔多斯市福泰房地产开发有限责任公司(以下简称福泰公司)签订加工订货合同,由东方宏业公司为福泰公司加工总价款88万元的家具。合同约定,收到订金之日起25天到货,由东方宏业公司负责运输至福泰公司指定地点,合同签订之日起3日内支付10万元预付款,家具加工完毕厂内验收合格后发货前3日内付50万元进度款。家具交付方式为,东方宏业公司加工完毕后,通知福泰公司到其厂内验收合格后,由东方宏业公司将家具送至福泰公司指定地点。结合合同关于交货时间的约定,东方宏业公司未于2012年4月履行通知验收义务,而认定其于2012年年底通知福泰公司验收家具。东方宏业公司曾于2015年诉至法院,要求福泰公司继续履行涉案合同,支付家具款并承担仓储费。福泰公司不同意东方宏业公司的全部诉讼请求,坚持行使任意解除权解除合同。一审法院驳回了东方宏业公司的诉讼请求。

■ 判决要旨

驳回上诉,维持原判。

涉案合同因福泰公司行使任意解除权而解除。就福泰公司在涉案合同解除后是否应赔偿东方宏业公司因合同解除而遭受的损失,法院认为,合同解除并不排斥当事人请求赔偿损失的权利。但本案中东方宏业公司要求福泰公司承担合同解除后的损害赔偿责任,应以福泰公司对合同解除存在过错为前提。根据查明事实,通知验收系东方宏业公司的义务,而通知验收是家具交付的必经过程,只有验收后才能继续交付家具。而且,合同约定的家具交付时间仅为25天,但东方宏业公司通知福泰公司验收家具的时间比合同约定的交付家具时间迟延半年以上。因此,导致合同解除的原因是东方宏业公司严重违背了合同约定的通知验收义务,而非福泰公司拒绝验收家具。虽然涉案合同因福泰公司行使任意解除权而解除,但福泰公司对合同解除不存在过错,东方宏业公司无权要求其承担合同解除后的损害赔偿责任。

■ 评 析

Ⅰ 本判决的思路和意义

本案中,因承揽人东方宏业公司迟延履行,定作人福泰公司拒绝继续履行,承揽人起诉要求其继续履行,而定作人在诉讼中主张解除合同。法院支持承揽合同的定作人有权随时解除合同;对于福泰公司在涉案合同解除后是否应赔偿东方宏业公司因合同解除而遭受的损失,法院认为,应以福泰公司对合同解除存在过错为前提。

原《合同法》第 268 条规定了定作人的任意解除权,但对其适用条件和法律效果均语焉不详,法官须基于个案情形和主观理解对相关争议作出判决,导致该制度在司法实务中分歧很大。《民法典》第 787 条虽然在原《合同法》第 268 条的基础上进行了修改,但仍未能对该制度的重大理论分歧和实务争议作出回应。本案涉及任意解除权的行使条件和合同解除后赔偿范围的认定等重要问题,对本案展开分析,对厘清该制度的行使条件与法律效果有重要的参考意义,并能引发对任意解除权与一般解除权关系的深刻思考。

Ⅱ 规范及学理

1. 定作人任意解除权的行使时间

本案涉及定作人任意解除权的行使时间。根据大陆法系立法例,如《法国民法典》第 1794 条、《德国民法典》第 649 条及《日本民法典》第 641 条之规定,任意解除权的行使时间为"工作期间"或"完成工作前"。原《合同法》第 268 条虽然没对这一条件作出明定,但在司法适用时也应如此解释。为了解决司法实践中对该解除权行使时间的标准不一致的问题,《民法典》第 787 条在原《合同法》第 268 条基础上增设"承揽人完成工作前",实属必要。本案中,因承揽人东方宏业公司履行迟延,定作人福泰公司拒绝继续履行,承揽人起诉要求其继续履行,就合同标的物进行验收,而定作人在诉讼中主张解除合同。据此,本案中定作人行使任意解除权的时间是在承揽人完成工作之后(承揽人发出验收通知),若按《民法典》第 787 条的规定,这时定作人已经不能再行使任意解除权,只能要求法定解除。

2. 承揽人迟延与定作人任意解除权之行使

承揽人迟延是否会影响到定作人任意解除权的行使?原《合同法》第 268 条与《民法典》第 787 条均未对此作出规定。学理上一般认为,定作人的赔偿责任是一种法定责任,其行使不以承揽人有过错为前提,无论是否有过失,只要合同解除造成承揽人的损害,定作人就要承担赔偿责任[王利明:《合同法研究》(第 3 卷),中国人民大学出版社 2018 年版,第 439 页;韩世远:《合同法学》,高等教育出版社 2010 年版,第 495 页]。而司法实践中,法官面对此种情形时会根据当事人主观状态的不同作出不同结论,计有两种不同的处理方案:第一,当事人是否违约不影响定作人任意解除权之行使,但定作人行使任意解除权后承担损害赔偿责任的条件是其对合同解除存在过错(马超雄:《北京二中院判决东方宏业公司诉福泰公司定作合同纠纷案——定作人行使任意解除权后承担损害赔偿责任的条件》,载《人民法院报》2017 年 4 月 6 日,第 6 版)。本案审理法官即采此种观点。第二,承揽人履行迟延不影响定作人任意解除权之行使,但定作人仍应支付承揽人已完成工作的报酬并赔偿其在合同履行完毕后可能获得的利益。

笔者认为,承揽人履行迟延但未达到根本违约程度的,在其完成承揽工作之前,定作人可行使任意解除权。此时,定作人应依《民法典》第 787 条的规定承担赔偿责任。承揽人存在违约行为的,定作人可依过失相抵原理主张减轻赔偿责任。

Ⅲ 既往司法实践状况

1. 定作人任意解除权的行使时间

《民法典》颁布之前,由于原《合同法》第 268 条未对定作人任意解除权的行使时间作明确规定,司法实践中计有以下方案:

(1)定作人行使任意解除权应在承揽人完成工作前。在"邹革非与广州爱厨家居承揽合同纠纷案"[广东省广州市中级人民法院(2019)粤 01 民终 20835 号民事判决书]、"北大荒鑫亚经贸有限责任公司与北大荒青枫亚麻纺织有限公司加工合同纠纷上诉案"[最高人民法院(2015)民二终字第 68 号民事判决书]中,法院均认为,"随时"实际是指合同成立生效后,合同履行完毕前的任何时间。而在"浙江博道设计有限公司诉舟山市定海区干览镇人民政府建设工程设计合同纠纷案"[浙江省高级人民法院(2017)浙民申 3286 号民事裁定书]、"汤泉富与宁波欣联建材有限公司承揽合同纠纷案"[浙江省宁波市中级人民法院(2013)浙甬商终字第 533 号民事判决书]、"南京紫金体育产业股份有限公司与江苏众丰信息科技发展有限公司承揽合同纠纷案"[江苏省常州市中级人民法院(2019)苏 04 民终 1257 号民事判决书]等判决中,法院均认为,定作人在承揽人已经完成承揽工作后行使任意解除权,是对定作人任意解除权的滥用。

(2)定作人应当在"合同有效期"内行使解除权。实践中有判决认为,定作人应当在"合同有效期"内行使任意解除权(陈望来:《承揽合同的随时解除权、留置权如何确定》,载《中国审判》2010 年第 4 期)。

(3)合同履行完毕后,定作人仍可行使任意解除权。司法实践中也有个别判决认为,合同履行完毕后,定作人仍享有任意解除权,但应支付约定的全部报酬或价款。如"北京金华汉新技术有限责任公司与北京东方华艺模塑有限公司承揽合同纠纷案"[北京市第二中级人民法院(2009)二中民终字第 22781 号民事判决书]、"深圳掌华科技有限公司与惠州英诺达光电科技有限公司买卖合同纠纷案"[广东省深圳市中级人民法院民事判决书(2014)深中法商终字第 1785 号]等均持此种观点。

2. 定作人行使任意解除权的损害赔偿

定作人行使任意解除权的损害赔偿,在司法实践中有以下几种处理方案:

(1)定作人行使任意解除权后,依照一般法定解除主张其法律效果。根据此思路,当事人依据原《合同法》第 268 条解除合同后自然可主张原《合同法》第 97 条(《民法典》第 566 条第 1 款)规定的解除后果,主要体现为法院支持定作人在任意解除合同后要求返还定作款的诉讼请求。如"贵州航天天马机电科技有限公司与重庆同力重型机器制造有限公司承揽合同纠纷案"[重庆市高级人民法院(2013)渝高法民终字第 00112 号民事判决书]、"杨留青等诉温州市瓯海新桥小个子美食火锅店承揽合同纠纷案”[浙江省温州市中级人民法院(2017)浙03民终720号民事判决书]、“六瞳国际文化传媒(北京)有限公司与北京美思优唐文化传播有限公司承揽合同纠纷案”[北京市第三中级人民法院(2017)京03民终9028号民事判决书]等均持此种观点。

(2)原《合同法》第268条所规定的“赔偿损失”的范围。关于此“损失”范围的认定,立法例中存在德国民法采纳的“报酬请求权”模式与法国、瑞士、日本、意大利民法以及我国台湾地区“民法”采纳的“损害赔偿”模式。与此对应,司法实践中也存在“直接损失说”和“履行利益说”两种不同观点:

第一,直接损失说。此种观点认为,定作人行使任意解除权是“法定权利”,因此无须承担违约责任,其不应向承揽人赔偿预期利益损失,仅需赔偿实际利益损失。“杨留青等诉温州市瓯海新桥小个子美食火锅店承揽合同纠纷案”[浙江省温州市中级人民法院(2017)浙03民终720号民事判决书]、“聊城市东昌府区昌盛纺织有限公司与青岛三剑线业工贸中心承揽合同纠纷案”[山东省青岛市中级人民法院(2016)鲁02民终7146号民事判决书]、“宁波鑫合利斯服饰有限公司与国际环球(哈尔滨)时装有限公司定作合同纠纷案”[浙江省宁波市中级人民法院(2018)浙02民终1027号民事判决书]、“荆州市泛亚石油化工有限公司、成都赛普瑞兴科技有限公司承揽合同纠纷案”[四川省高级人民法院(2016)川民终941号民事判决书]均持此种观点。

第二,履行利益说。此观点认为,定作人行使任意解除权时,对承揽人未履行的部分,也要赔偿其履行利益的损失。司法实践中,“宁波戈凌蓝服饰实业有限公司与宁波海曙天诚创易广告传媒有限公司承揽合同纠纷上诉案”[浙江省宁波市中级人民法院(2011)浙甬商外终字第14号民事判决书]、“路桥华南工程有限公司与中铁武桥重工股份有限公司等加工承揽合同纠纷案”[河南省高级人民法院(2006)豫法民三终字第00036号判决书]、5486淮安钟凯丽装饰工程有限公司与晋云妹、刘星装饰装修合同纠纷案[江苏省淮安市淮阴区人民法院(2018)苏0804民初5486号民事判决书]、“江苏杰富宏泰阀门有限公司与南通天星铸锻有限公司承揽合同纠纷案”[江苏省海安县人民法院(2015)安曲商初字第00057号民事判决书]、“中铁武桥重工股份有限公司诉挪威NRS AS公司等加工承揽合同纠纷案”[河南省高级人民法院(2006)豫法民三终字第36号判决书]等判决持此种观点。

Ⅳ 本裁定的参考意义及将来的课题

本案提出了原《合同法》第268条在司法适用中的普遍问题。虽该判决仍存在探讨与改善空间,但仍有相当的分析价值,对本案进行深入研究,能为《民法典》出台后该制度的适用提供有效参照。尤其是在《民法典》对定作人任意解除权的行使时间作出明确规定的背景下,本案判决中未能充分关注定作人任意解除权行使时间存在的问题,就更为凸显。本判决涉及将来的研究课题包括:承揽人违约与任意解除权的行使、承揽合同任意解除后定作人损害赔偿范围的认定以及任意解除权与一般法定解除权的关系等。

□ 参考文献

黄茂荣:《债法各论》(第1册),中国政法大学出版社2004年版。

韩世远:《合同法学》,高等教育出版社 2010 年版。

王利明:《合同法研究》(第 3 卷),中国人民大学出版社 2012 年版。

蔡恒、骆电:《我国〈合同法〉上任意解除权的理解与适用》,载《法律适用》2014 年第 12 期。

陆青:《论法定解除事由的规范体系——以一般规范与特别规范的关系为中心》,载《华东政法大学学报》2015 年第 1 期。

周江洪:《委托合同任意解除的损害赔偿》,载《法学研究》2017 年第 3 期。

王文军:《论继续性合同的解除》,载《法商研究》2019 年第 2 期。

084 借用资质承揽建设工程的法律责任

莫志华、深圳市东深工程有限公司与东莞市长富广场房地产开发有限公司建设工程合同纠纷案 ｜《最高人民法院公报》2013 年第 11 期

黄　喆 东南大学法学院

■ 事实概要

2003 年 4 月 30 日,莫志华与东深公司订立《长富商贸广场工程合作协议书》(以下简称《合作协议书》),约定莫志华以东深公司的名义与建设单位签订商贸广场工程施工合同,东深公司的权利义务由莫志华实际享有和承担,莫志华向东深公司缴纳工程造价 1.5% 的费用作为东深公司的工程管理费。2003 年 5 月起,东深公司分别与长富广场公司订立《长富广场工程初步协议》、《东莞市建设工程施工合同》以及《大朗长富商贸广场工程施工合同》。上述协议签订后,莫志华于 2003 年 6 月 23 日开始施工,在工程施工过程中,由于材料涨价等原因,莫志华、东深公司与长富广场公司多次协商未果,在东莞市建设局的协调下,东深公司承诺退场。

由于对已完成工程的造价产生争议,莫志华、东深公司遂提起诉讼。东深公司认为其与长富广场公司所签订的合同因涉及挂靠而无效,因此按照合同结算工程造价缺乏合理性,应当按实结算工程造价。长富广场公司则反诉要求莫志华、东深公司支付逾期完工的违约金,并赔偿损失。

■ 判决要旨

撤销二审判决,部分维持一审判决。

由于莫志华与东深公司在诉讼中自认莫志华挂靠东深公司承建涉案工程的事实,《建筑法》第 26 条规定,“禁止建筑施工企业以任何形式允许其他单位或者个人使用本企业的资质证书、营业执照,以本企业的名义承揽工程”。莫志华作为自然人,不具有承包建筑工程的资质,莫志华挂靠有资质的建筑施工企业东深公司承包工程,违反了上述法律的强制性规定。根据《合同法》第 52 条:……“有下列情形之一的,合同无效:……(五)违反法律、行政法规的强制性规定”(《民法典》第 153 条第 1 款)及最高人民法院《关于审理建设工程施工合同纠纷案件适用法律问题的解释》[法释(2004)14 号](以下简称《建设工程施工合同司法解释一》)第 1 条:“建设工程施工合同具有下列情形之一的,应当根据合同法五十二

条第(五)项的规定,认定无效:……(二)没有资质的实际施工人借用有资质的建筑施工企业名义的……”因此,东深公司与长富广场公司签订的三份施工协议应认定为无效。

因合同无效,不存在违约的问题,长富广场公司不得根据合同主张莫志华、东深公司逾期完工的违约责任。鉴于建筑工程的特殊性,虽然合同无效,但莫志华与东深公司的劳动和建筑材料已经物化在涉案工程中,依据《建设工程施工合同司法解释一》第2条(《民法典》第793条第1款),建设工程无效合同参照有效合同处理,应当参照合同约定来计算涉案工程款。莫志华与东深公司主张应据实结算工程款,其主张缺乏依据。莫志华与东深公司不应获得比合同有效时更多的利益。涉案工程款应当依据合同约定结算。

■ 评 析

Ⅰ 本判决的思路和裁判意义

本案中,由于莫志华和东深公司自认存在挂靠施工关系,根据《建设工程施工合同司法解释一》第1条第2项,东深公司与长富广场公司签订的建设工程施工合同无效。但莫志华和东深公司的劳动和建筑材料已经物化在涉案工程中,此时涉及无效合同的不当得利返还问题。根据《建设工程施工合同司法解释一》第2条,返还的范围可以参考合同关于工程价款的约定。本案中,法院委托的造价咨询公司作出了两份工程造价鉴定书,一份是按照当事人在合同中约定的计价办法、包干价和调幅比例进行结算,另一份则是按实际完成的工程量及建筑工程类别,参照定额及材差结算。两种计价方式下,按实结算的金额比合同约定的工程价款高出1700余万元。再审法院未支持莫志华和东深公司据实结算工程款的主张,认为其不应获得比合同有效时更多的利益,判决涉案工程款应当依据合同约定结算。

此外,一审期间,就莫志华和东深公司逾期完工的情况,长富广场公司反诉请求其支付逾期完工的违约金和其他损失,但因合同无效,一审法院没有支持该反诉请求。

同时,根据一审、二审和再审所确认的证据和事实,长富广场公司并不知悉莫志华和东深公司之间的挂靠关系,在合同的签订和履行过程中与长富广场公司发生法律关系的只有东深公司。对此,再审法院认为,莫志华和东深公司应对合同无效承担全部责任,但是,由于双方仅对工程款的计算数额存在争议,且均未提起损害赔偿之诉,过错责任的认定并不影响涉案工程款数额的计算。

裁判效果上,以涉案建设工程施工合同无效为起点,再审法院认为承包人不应获得比合同有效时更多的利益,判决根据合同约定计算涉案工程价款。就本案而言,这种观点有合理之处,但就本案事实来看,合同无效的过错全部在于承包人,案件处理结果却令过错方取得了全部工程价款(包括施工利润、风险和税金),发包人不能根据合同请求违约损害赔偿,也无法获得工程保修,却支付了全部工程对价。发包人仅可根据原《合同法》第58条第2句(《民法典》第157条第2句)的规定向承包人主张缔约过失责任,因其未主张缔约过失的损害赔偿,所以发包人在该案中未获任何救济。

Ⅱ 借用资质承揽建设工程的规范和学理

根据《建设工程施工合同司法解释一》第1条第2项和第4条的规定,没有资质的实际施工人借用有资质的建筑施工企业名义与他人签订建设工程施工合同的行为无效。因此,法院将借用他人名义订立的建设工程施工合同均认定为无效。司法解释的法律依据是《建筑法》第26条第2款的禁止性规定。借用资质的行为违反了上述法律的强制性规定,根据《合同法》第52条第5项,合同无效。

借用资质承揽工程涉及传统民法中"用他人名义"进行活动的行为。"用他人名义"在实践中可区分为使用未特定化的他人名义、借用他人名义和冒用他人名义三种类型,本案借用资质承包建设工程就是其中的借用他人名义实施行为。借用他人名义,是指行为人借用一特定存在的他人名义进行法律行为,并使人产生他就是该特定人的认识的情形。此时的问题是,意思表示是否对行为人本人产生效果,或是否对被行为人借用名义的人产生效果。如果行为人并不声明他是为被其借用名义的人活动(以他人名义),而是表示他是为自己活动,却把他人的名字作为自己的名字告诉交易相对人,从而使相对人认为他就是该他人。此时,问题的关键在于交易相对人如何看待该法律行为,如果他的意愿是与名义被借用之人缔结合同、而非与行为人,那么该法律行为就对名义被借用之人发生效力([德]卡尔·拉伦茨:《德国民法通论》,王晓晔等译,法律出版社2003年版,第837、843页)。针对名义被借用之人的效果意思存在与否的问题,日本多数判例认为,既然出借了名义,那么此人至少有将自己作为交易行为的当事人也不要紧的意思。此时,意思与表示之间并不存在不一致,不构成心里保留,契约有效;但如果交易相对人知道出借名义的事实,那么就没有保护其信赖的必要,此时表意人因其意思表示非真意而无效,其与交易相对人之间的契约无效([日]山本敬三:《民法讲义Ⅰ·总则》,解亘译,北京大学出版社2012年版,第120页)。

具体到借用资质承揽建设工程的情形,出借资质的施工企业允许借用人以其名义与发包人签订建设工程施工合同,在发包人善意无过失的前提下,建设工程施工合同效力的判断仅以发包人的意愿为准,由于发包人的意愿是和出借资质的施工企业订立合同,而非与借用资质的行为人,因此合同对出借资质的施工企业发生效力。出借资质的施工企业本身虽然没有承担法律行为效果的意愿,但由于此时决定行为效果的并非意思自治,而是信赖保护,故而建设工程施工合同可以在发包人和出借资质的施工企业之间成立并生效。

对于存在于发包人和出借资质的施工企业之间的施工合同而言,有没有违反《建筑法》第26条从而触发原《合同法》第52条第5项的无效情形?从《建筑法》第26条第2款的文义看,该款禁止的是出借资质人和借用资质人之间以"借用名义"为内容的法律行为。本案中,莫志华与东深公司签订的《合作协议书》约定,由莫志华以东深公司的名义与建设单位签订工程施工合同,东深公司的权利义务由莫志华实际享有和承担,莫志华向东深公司缴纳工程造价1.5%的费用作为东深公司的工程管理费。该协议内容正是《建筑法》第26条第2款所禁止的,从而根据原《合同法》第52条第5项,《合作协议书》无效[本案相关判决,广东省东莞市中级人民法院(2014)东中法民二终字第312号民事判决书]。

根据《建设工程施工合同司法解释一》第1条第2项，东深公司与长富广场公司之间的建设工程施工合同也是无效的。《建筑法》禁止建筑施工企业以任何形式允许其他单位或者个人使用本企业的资质证书、营业执照，以本企业的名义承揽工程。建筑行业中，借用具备法定资质条件的建筑施工企业名义对外承揽工程是普遍现象，这是违反法律禁止性规定的违法行为。该现象的普遍存在，规避了行政管理机关对建筑施工企业资质条件的管理，扰乱建筑市场的正常秩序，严重影响了建设工程的质量。为遏制违法行为，规范建筑市场，维护经济秩序，本条司法解释明确规定借用具有法定资质企业名义对外承揽工程的合同无效（最高人民法院民事审判第一庭编著：《最高人民法院建设工程施工合同司法解释的理解与适用》，人民法院出版社2004年版，第30页）。通过最高人民法院的解释，大致可以看出：第一，最高人民法院认为《建筑法》第26条第2款的禁止性规定的射程范围不仅包括“借用资质”行为本身，还包括借用资质人和其他交易相对人所实施的法律行为；第二，最高人民法院希望借由本条达成的主要社会效果在于，通过合同无效的不利评价规范借用资质人的行为，进而维护行政管理机关对建筑施工企业资质条件的管理。

关于以上两点值得注意的是，第一，《建筑法》第26条第2款所禁止的是以有关“出借资质”或“借用资质”为内容的法律行为，基于法律行为的相对性，该项禁止性规范的效力不应穿透其本身所指向的法律行为，借用资质人对外实施的法律行为的效果不在该规范的射程范围内。第二，虽然最高人民法院非常看重合同无效对借用资质人的负面效果，但在案件的实际处理中，借用资质人往往可通过“建设工程无效合同参照有效合同处理”的原则获得全部工程价款、收取完整丰厚的工程利润。同时因为合同无效，出借资质人无须承担有效合同下的工程质量责任和工期责任。因此，在该类案件中，借用资质人和出借资质人常常主动拿出借用资质的证据、自认借用资质的行为，其目的在于既可以摆脱施工合同中对自己不利的条款的拘束，又可以主张参照合同约定支付工程价款，甚至主张按实结算、获取更多利益。因此，宣告合同无效并不能遏制借用资质行为，反倒损害了交易相对人的合法权益。

Ⅲ 本判决的影响及将来的课题

本案作为公报案例，将在法律适用上发挥指导作用。从案件处理的实际效果上看，对借用资质的莫志华而言，可以根据《建设工程施工合同司法解释一》第2条参照合同约定请求发包人支付工程款。但对发包人长富广场公司而言，施工合同有效，意味着可以根据合法有效的施工合同条款追究东深公司的工期、质量和安全等违约责任，而如果合同无效，违约条款就无从谈起。长富广场公司无法追究东深公司的违约责任，却仍需参照施工合同的约定支付工程价款。以施工合同无效为案件审判的起点，导致无辜的发包人承受了所有的不利益、有过错的出借资质人随时可以从合同责任中脱离，以及和发包人没有合同关系的借用资质人可以根据他人之间的合同主张完整的工程价款。行政管理机关对建筑施工企业资质的管理被完全架空，借用资质行为无法遏制。本案的法律效果和社会效果值得反思。

回归传统民法“借用他人名义”进行活动的行为理论，应将该活动区分为两个内容不同的法律行为，一个是以“借用名义”为内容的法律行为；另一个是借用名义人和其他交易相对人实施的法律行为。前一法律行为受《建筑法》第 26 条第 2 款的规制，应评价为无效，后一法律行为的效果，不在《建筑法》第 26 条第 2 款的射程范围内。《建设工程施工合同司法解释一》第 1 条第 2 项的解释是对《建筑法》第 26 条第 2 款所禁止的“借用资质”行为的误读，将该禁止性规范不适当地穿透辐射到其他法律行为的效果上，从而引发一系列纠纷处理上的困难和逻辑的不自洽。

建设工程合同中，需要系统探讨公法禁令对合同效力的影响。对于借用资质承揽建设工程的情形，应区分评价不同法律行为的效果，重新处理发包人、出借资质人以及实际履行合同的借用资质人之间的关系和法律责任的承担问题。

☐ 参考文献

王利明:《民法总则研究》(第 3 版)，中国人民大学出版社 2018 年版。

朱庆育:《民法总论》，北京大学出版社 2016 年版。

最高人民法院民事审判第一庭编著:《最高人民法院建设工程施工合同司法解释的理解与适用》，人民法院出版社 2004 年版。

[德]卡尔·拉伦茨:《德国民法通论》，王晓晔等译，法律出版社 2003 年版。

085 货运代理转委托行为的效力规则

宁波维度纺织品有限公司与建峰(上海)国际货运代理有限公司、建峰(上海)国际货运代理有限公司宁波分公司海上、通海水域货物运输合同纠纷 | 浙江省高级人民法院(2011)浙海终字第102号民事判决书

方新军 苏州大学王健法学院

■ 事实概要

宁波维度纺织品有限公司(以下简称维度公司)委托宁波富豪公司进出口有限公司(以下简称富豪公司)作为外贸代理人,为其办理一批服装的出口业务。富豪公司委托宁波飞轮物流有限公司(以下简称飞轮公司)办理相关订舱事宜,飞轮公司以无船承运人的身份向富豪公司签发提单。飞轮公司又以自己的名义委托建峰(上海)国际货运代理有限公司(以下简称建峰公司)订舱,建峰公司作为无船承运人向飞轮公司签发了记名提单。飞轮公司随后收回了自己的提单,并将建峰公司的提单通过富豪公司转交给了维度公司。货物出运后,因国外客户未付款赎单,最终导致涉案货物在目的港灭失。维度公司起诉要求建峰公司赔偿因无单放货导致的货款损失。宁波海事法院一审判决认为:根据《合同法》第403条的规定,在飞轮公司披露了建峰公司后,维度公司可以行使飞轮公司对建峰公司的权利。同时维度公司合法持有建峰公司签发的正本提单,作为正本提单持有人,可以要求承运人承担责任。由此判决建峰公司赔付维度公司相应货款等相关损失。

建峰公司提起上诉。其主要理由如下:第一,飞轮公司是以自己的名义向建峰公司订舱,维度公司和建峰公司之间不存在合同关系。一审判决适用原《合同法》第403条,曲解了建峰公司、维度公司和飞轮公司之间的法律关系。第二,飞轮公司作为无船承运人已经向维度公司签发了提单,一审判决认为飞轮公司和维度公司之间属于委托合同关系显然有误,两者已经构成海上货物运输合同关系。第三,建峰公司出具给飞轮公司的提单是记名提单,不具有可转让性,即使维度公司持有该提单,也不享有提单权利。第四,因维度公司和国外买家存在贸易纠纷,导致货物到港后无人提货,最后由进口国海关进行了处理。建峰公司一直向飞轮公司披露上述情况,尽到了告知义务,建峰公司不应承担无单放货的责任。

■ 判决要旨

驳回上诉,维持原判。

首先,对于维度公司的诉讼主体资格问题。浙江省高级人民法院(以下简称浙江省高院)认为,维度公司系实际托运人,维度公司与富豪公司、飞轮公司分别系委托与再委托的关系。飞轮公司的再委托并未超越委托人的授权范围,且飞轮公司在收回了自己的提单后,把建峰公司签发的提单通过富豪公司交给了维度公司,维度公司并无异议,因此,根据原《合同法》第 403 条的规定,维度公司可以行使飞轮公司对建峰公司的权利。虽然建峰公司签发的提单系记名提单,但由于维度公司系案涉货物的实际托运人,其从承运人处原始取得并持有提单并不属于提单转让范畴,系合法持有建峰公司签发的正本提单,为正本提单持有人。其次,对于建峰公司是否应承担无单放货的责任问题。浙江省高院认为,在案证据只能证明案涉货物曾经进入目的港的海关监管仓库,难以证明案涉货物系被目的港海关处理的事实,故建峰公司仍应承担无单放货的责任。

■ 评　析

Ⅰ 本判决的思路和意义

本案中,法院适用原《合同法》第 403 条允许维度公司直接起诉建峰公司,完全突破了合同的相对性。原《合同法》当初引入第 402 条(《民法典》第 925 条)、第 403 条的目的是解决外贸代理问题,在本案中外贸代理人富豪公司几乎完全消失。飞轮公司向富豪公司签发无船承运人提单,其与富豪公司之间成立运输合同;建峰公司向飞轮公司签发记名提单,建峰公司和飞轮公司之间成立运输合同。维度公司和建峰公司之间没有直接的法律关系。而且建峰公司也是无船承运人,其必然要和具体的承运人签订运输合同。如果适用原《合同法》第 403 条打破合同相对性,为什么不一破到底直接让维度公司起诉真正的承运人?该案裁判思路在中国非常典型,厘清其中的法律适用问题对于货运代理转委托案件的处理具有重要意义。

Ⅱ 司法实践状况

在货运代理实务中,货主通常会将货物运输事务委托给货运代理人办理,这一关系网络可表述为:货主—货代—承运人。货运代理人接受委托后,往往会将货代事务转委托给另一货运代理人处理,这一关系网络可表述为:货主—货代 1—货代 2—承运人。目前,各地法院对于货运代理转委托案件的处理却千差万别,同案不同判的现象非常严重。上海市高级人民法院于 2005 年发布《关于审理货运代理合同纠纷案件若干问题的解答》(以下简称上海高院解答)认为,“依据《合同法》第 400 条的规定,受托人将货运代理事务全部或部分转委托第三人处理,经委托人同意的,委托人和第三人之间直接成立货运代理合同关系。转委托未经同意的,委托人与受托人、受托人与第三人之间成立各自独立的法律关系。第三人包括货运代理人、报关公司、仓储公司、集装箱车队等处理货运代理事务的人。”上海市高级人民法院认为适用原《合同法》第 400 条解决货运代理转委托案件的理由是:货运代理合同属于无名合同,应该参照适用与其最相类似的委托合同的规定。但是,货运代理人在传统大陆法系属于承揽运送人,承揽运送人又属于行纪人之一种,上海市高级人民法院并未考虑货运代理案件参照适用行纪合同规定的可能性。

针对货运代理转委托案件是否可以适用原《合同法》第 402 条,货代 1 与货代 2 之间的货运代理合同是否可以直接约束货主和货代 2 的问题,上海市高级人民法院认为,第 402 条中的“第三人”是货代接受货主委托与其缔结运输合同的一方当事人,不包括第 400 条中的次受托人。第 402 条中的“合同”不应被理解为委托合同本身,而是委托合同中要求受托人代理委托人去缔结的“合同”。第 402 条中的“授权”是指“授予代理权”,而不是“授予转委托权”。上海市高级人民法院认为第 402 条在货代和承运人之间有适用的可能,在货代之间的转委托行为中则没有适用的余地。对于第 403 条是否可以适用货运代理转委托案件,上海市高级人民法院未置可否。

最高人民法院(以下简称最高院)2012 年发布《关于审理海上货运代理纠纷案件若干问题的规定》[法释(2012)3 号]。其第 5 条规定:“委托人与货运代理企业约定了转委托权限,当事人就权限范围内的海上货运事务主张委托人同意转委托的,人民法院应予支持。没有约定转委托权限,货运代理企业或第三人以委托人知道货运代理企业将海上货运代理事务转委托或部分转委托第三人处理而未表示反对为由,主张委托人同意转委托的,人民法院不予支持,但委托人的行为明确表明其接受转委托的除外。”最高院的法官明确指出该条规定的解释依据就是原《合同法》的第 400 条。关于第 402 条能否适用于货运代理合同,最高院专门和全国人大法工委进行了沟通,最终的结论是:“在目前的司法实践中,无论是海事审判还是涉外商事审判,对该条的理解和适用均存在疑问,需要统一考虑,必要时请全国人大法工委作出解释”(万鄂湘、陆效龙、余晓汉:《最高人民法院 2009 年海事海商审判综述》,载《环球法律评论》2010 年第 5 期)。对于第 403 条是否可以适用于货运代理合同,最高院同样未予考虑。

Ⅲ 货运代理转委托行为的规范及学理

在货运代理人以自己的名义进行法律行为时,最高院和上海市高级人民法院一致认为应该适用原《合同法》中有关委托合同的规定,这种理解值得商榷。在中国,货运代理人既可以以货主的名义,也可以以自己的名义进行法律行为,法院应该区分货运代理人进行法律行为的名义,以此为标准来处理货运代理合同的相关纠纷。

当货主委托货代 1 办理货物运输事宜时,货主对货代 1 既可能授予代理权,也可能没有授予代理权。只有在货主对货代 1 授予代理权时,货代 1 对外才能够以货主的名义进行法律行为。如果货主没有对货代 1 授予代理权,货代 1 只能以自己的名义对外进行民事法律行为,否则构成无权代理。因此,委任合同可以区分为有代理权的委任和无代理权的委任。在前者,委任合同是基础合同,它调整的是委任人和受任人之间的内部关系;代理权的授予是与委任合同相区分的单方行为,它是内部关系和外部关系的媒介;受任人以委任人的名义对外进行法律行为是委任合同的实行行为,它涉及的是委任人和第三人之间的外部关系。在后者,行纪合同涉及的同样是委任人和受任人之间的内部关系,因此行纪合同在本质上属于无代理权的委任合同之一种。它是关于受任人以自己的名义完成委任人的委托事项,委任人支付报酬的约定;受任人(行纪人)以自己的名义与第三人签订合同以完成委托事务,则是行纪合同的实行行为。两者的核心差异是有无代理权的授予。

具体到货运代理转委托行为,也应根据货代 1、货代 2 是否获得授权以及进行具体法律行为的名义,确定其行为性质与法律适用。货主授予货代 1 代理权,货代 1 转委托货代 2 完成货主委托事项的,首先应该考虑货代 1 是否授予货代 2 代理权。如果授予代理权,应该再考虑货代 1 是以自己的名义还是以货主的名义授予货代 2 代理权。按照德国联邦最高法院关于复代理类型划分的理论,无论是以货主的名义还是自己的名义授予货代 2 代理权都属于复代理,前者是直接复代理,后者是间接复代理,这种划分方式符合货运代理行业的发展趋势[陈甦主编:《民法总则评注》(下册),法律出版社 2017 年版,第 1197 页]。但是按照我国通说,只有货代 1 以自己的名义授权货代 2 代理权才为复代理,货代 1 以货主的名义只能是单纯的一般代理[梁慧星:《民法总论》(第 5 版),法律出版社 2017 年版,第 227 页]。我国的通说未对复代理人进行法律行为的名义进行区分,不符合复代理的复杂状况。如果货代 1 未授予货代 2 代理权,货代 2 以货代 1 的名义与第三人进行法律行为,则属于无权代理。

如果货主在委托货代 1 处理运输事务时未授予其代理权,此时货代 1 委托货代 2 处理相关运输事务的,仍然要区分货代 1 是否授予货代 2 代理权以及以谁的名义。如果货代 1 以自己的名义授予货代 2 代理权的,这是单纯的代理问题,货代 2 的行为与货主无关。如果货代 1 以货主的名义授予货代 2 代理权的,此时构成无权的复代理,除非货主事后追认,或者符合表见代理的构成要件,否则货代 2 的行为与货主无关。如果货代 1 委托货代 2 处理货物运输事务,但是未授予货代 2 代理权,此时货代 2 以货代 1 的名义进行法律行为的,同样是无权代理问题,但是表见代理有可能存在。

上述关于复代理类型的分析都是建立在货代 2 不是以自己的名义与第三人进行法律行为的基础上,这使分析可以在代理的框架内展开。实务中,货代 2 基本上都是以自己的名义与第三人进行法律行为,这已成为货运代理行业的常态。问题是,无论货主是否授予货代 1 代理权,也无论货代 1 是否授予货代 2 代理权,货代 2 以自己的名义与第三人从事的法律行为,其法律效果如何?

货代 2 以自己的名义与第三人进行法律行为,在大陆法系被称作相继承揽运送,承揽运送人和相继承揽运送人之间成立合同关系,委托人只有在承揽运送人转让债权或者是基于侵权,才可以向相继承揽运送人主张权利。由于货运代理的表述在我国已经约定俗成,因此在我国的语境中可以将相继承揽运送表述为相继货运代理。在相继货运代理的情形下,仍然应该基于名义标准参照适用行纪合同的规定,尽管原《合同法》行纪合同章没有关于转委托的规定,但并不意味着要参照适用委托合同章第 400 条的规定。因为根据原《合同法》第 61 条的规定,当事人对合同内容没有约定或者约定不明确的,可以按照交易习惯确定。"层层转托,认人不认单"早已成为货运代理行业的惯例。在货运代理转委托案件中,无论委托人是否同意，受托人以自己的名义进行转委托的，只在货代 2 和第三人之间产生直接的合同关系，如果因为第三人的原因导致合同不能履行或者履行有瑕疵的，应该根据《合同法》第 121 条（《民法典》第 593 条）的规定，由货代 2 对货主或者货代 1 承担违约责任，然后再向第三人追偿，原《合同法》第 402、403 条不能适用货运代理转委托案件。

同时，根据货运代理行业的惯例，承揽运送人签发运输单证、固定运费时，其应该被视为实际承运人，这是介入权拟制。此时货运代理人和委托人之间成立运输合同，至于货运代理人和谁签订实际的运输合同，和委托人没有法律关系。货运代理转委托行为的法律效力如图 1 所示：

- 货主授予货代 1 代理权
  - 货代 1 授予货代 2 代理权
    - 以货主的名义：直接复代理
    - 以自己的名义：间接复代理
  - 货代 1 未授予货代 2 代理权：货代 2 以货代 1 的名义—无权代理
- 货主未授予货代 1 代理权
  - 货代 1 授予货代 2 代理权
    - 以货主的名义：无权的复代理
    - 以自己的名义：一般代理
  - 货代 1 未授予货代 2 代理权：货代 2 以货代 1 的名义—无权代理

货代 2 以自己的名义与第三人从事法律行为：适用行纪合同的规定

图 1　货运代理转委托行为的法律效力

Ⅳ 本判决的参考意义及将来的课题

本判决中，浙江省高院参照适用委托合同的规定处理货运代理转委托案件，在具体的解释论上，未能厘清代理、委托、行纪、复代理、转委托、相继货运代理、介入权拟制这些概念之间的区别和联系。原《合同法》第 402、403 条在司法实践中已经引发了诸多乱象，有学者主张，应该将第 402 条彻底删除，第 403 条则可以通过改变体系位置和明确限制条件予以保留（方新军：《民法典编纂视野下合同法第 402 条、第 403 条的存废》，载《法学研究》2019 年第 1 期）。《民法典》第 925、926 条保留了这两条规定，在解释论上研究如何避免这两个条文在体系上的过度外溢以及由此引发的价值冲突是非常紧迫的课题。

□ 参考文献

梁慧星：《民法总则》（第 5 版），法律出版社 2017 年版。

陈甦主编：《民法总则评注》（下册），法律出版社 2017 年版。

方新军：《货运代理转委托行为的类型区分及法律效力》，载《法学研究》2015 年第 1 期。

方新军：《民法典编纂视野下合同法第 402 条、第 403 条的存废》，载《法学研究》2019 年第 1 期。

万鄂湘、陆效龙、余晓汉：《最高人民法院 2009 年海事海商审判综述》，载《环球法律评论》2010 年第 5 期。

086 合伙关系的认定

刘永林、内蒙古金泽煤业有限责任公司与吕文斌、大连金泽矿业有限公司合伙协议纠纷案 | 最高人民法院(2013)民提字第69号民事判决书

严 城 浙江财经大学法学院

■ 事实概要

2004年6月10日,刘永林与广利公司签订协议书,约定以1640万元购买广利公司的某煤矿。因刘永林无力支付全部款项,遂与吕文斌约定共同投资购矿,但未签订书面协议。截至2004年10月19日双方共向广利公司支付940万元,其中刘永林支付400万元,吕文斌支付540万元。后因双方就投资份额产生争议,吕文斌向鄂尔多斯中院起诉请求确认其占有煤矿49%的份额。吕文斌在诉讼中称双方曾口头约定吕文斌占煤矿49%份额,刘永林占51%份额,刘永林否认该口头约定。诉讼中双方均未举证证明剩余700万元由谁支付。一审法院支持吕文斌的诉讼请求。

刘永林向内蒙古自治区高级人民法院(以下简称内蒙古高院)提出上诉。内蒙古高院认为吕文斌出资的540万元占全部矿款额(1640万元)的33%,判决确认吕文斌所占份额为33%。吕文斌向最高人民法院申请再审,最高人民法院指令内蒙古高院再审。内蒙古高院发回鄂尔多斯中院重审。鄂尔多斯中院重审时依然支持了吕文斌的诉讼请求。刘永林向内蒙古高院提起上诉,内蒙古高院维持了鄂尔多斯中院的判决。

刘永林向最高人民法院申请再审,最高人民法院认为,根据现有证据可以证明剩余700万元购矿款由案涉煤矿支付,故刘永林与吕文斌的共同出资额为940万元(其中吕文斌出资为540万元)。鉴于吕文斌的实际出资比例高于其坚持主张的49%份额,故判决支持吕文斌的诉讼请求。

■ 判决要旨

维持原审判决。

当事人双方虽然没有签订书面合伙协议,但双方存在共同投资的事实,并且又有两个以上无利害关系人证明有口头合伙协议的,人民法院应当认定形成了合伙关系。而各自合伙份额的确定,应以双方各自实际出资数额占双方共同出资总额的比例来计算。

■ 评 析

Ⅰ 本判决的思路和意义

当事人之间未签订书面合伙协议，此时如何认定合伙关系的成立，最高人民法院以《关于贯彻执行〈中华人民共和国民法通则〉若干问题的意见》(以下简称《民通意见》)第 50 条为依据，认为不仅要具备“合伙的其他条件”，又要“有两个以上无利害关系人证明有口头合伙协议”。至于何为具备“合伙的其他要件”，或者说须具备合伙的哪些实质要件，最高人民法院认为具备当事人共同出资的事实足矣。最高人民法院的此项立场，对各级法院在处理同类问题时具有一定的审判指导意义。

Ⅱ 合伙关系认定的规范及学理

原《民法通则》第 30 条将“个人合伙”定义为“两个以上公民按照协议，各自提供资金、实物、技术等，合伙经营、共同劳动”。据此，个人合伙是以两个或两个以上自然人之间的协议为基础，以共同出资、经营为主要内容的一种人的集合和财产的集合。该条指出合伙的三项构成要件：合伙协议、共同出资和共同经营。其成为判断合伙关系成立与否的重要依据。

因民事合伙协议并无书面形式的强制性要求，实践中多以当事人之间未签订书面合伙协议为典型。一旦产生合伙纠纷，法院依据何种标准查明合伙关系成立与否便成为问题。基于此，最高人民法院《民通意见》第 46 条和第 50 条就此予以专门规范。其中第 46 条规定了合伙人的界定标准主要有三点：合伙协议、共同出资、参与盈余分配。第 50 条规定了未签订合伙协议情形下的合伙关系认定标准，即“具备合伙的其他条件，又有两个以上无利害关系人证明有口头合伙协议的”，便可推定当事人之间具有合伙关系。所谓“合伙的其他条件”，是指第 46 条所列的三项标准。据此，最高人民法院改变了原《民法通则》的立场，强调了参与盈余分配在认定合伙上的重要性。

《民法典》第 967 条将合伙合同定义为“两个以上合伙人为了共同的事业目的，订立的共享利益、共担风险的协议”。该定义所揭示的合伙关系的成立要件与此前差别较大，具体有三项：合伙协议、共同(的事业)目的、利益共享和风险共担。紧随其后规定合伙人出资义务，但未将其视为合伙的必要特征。不过对于参与市场交易的外部合伙而言，通常要具备一定的合伙财产，也即离不开合伙人的出资义务。

对于未签订(书面)合伙协议时如何认定合伙关系的成立与否，学界鲜有针对性研究，盖此问题极具实践弹性。例如，即使存在一方当事人的付款事实，但因双方并无明确的合伙协议，就该付款行为的性质是出资关系、借贷关系还是垫付款关系并不明确。故学界的任务主要在厘清判断合伙关系成立与否的实质要件。

具备哪些要件即可构成合伙关系，国内外学说并不一致。德国通说认为，合伙的构成要件主要有三个：合伙协议、共同目的和促成(共同目的的)义务(Palandt, Bürgerliches Gesetzbuch, 27. Aufl. C. H. Beck 2017, Sprau § 705, Rn. 1; Ulmer/Schäfer, MüKoBGB, 6. Auflage, 2013,

§705 , Rn. 128ff; Stefan Habermeier, Staudinger, 2003, BGB § 705, Rn. 1)。日本学者我妻荣教授亦采相似观点,主张合伙的成立须具备合伙协议、共同目的和促成义务([日]我妻荣:《我妻荣民法讲义——债法各论》(中卷二),周江洪译,中国法制出版社2008年版,第238页以下)。我国台湾地区"民法"从团体主义立场规范民事合伙制度概括出合伙的三项构成要件:合伙契约、经营共同事业为目的、共同出资(梅仲协:《民法要义》,中国政法大学出版社1998年版,第463页)。可见,域外及我国台湾地区学界就合伙的成立要件基本存在共识,也即合伙协议、共同目的、促成共同目的的义务。也有少数观点主张利益共享亦为其必要构成。

我国大陆地区学者对如何认定合伙关系观点分歧较大。有的从原《民法通则》第30条合伙定义出发,认为合伙的主要特征有四:合伙协议而设立的共同出资、共同经营、共享收益、共担风险的组织(王利明:《论民法典对合伙协议与合伙组织体的规范》,载《甘肃社会科学》2019年第3期);有的认为合伙的主要特征是:合伙合同、合伙的组织性、合伙财产和责任能力(朱玮、何旺翔:《合伙民事主体资格再探究》,载《学海》2006年第1期),因此特别强调合伙的组织性和责任能力;有的强调合伙合同和共同共有关系两项特征(李永军:《民事合伙的组织性质疑》,载《法商研究》2019年第2期),将共同共有关系视为贯穿民事合伙的关键特征;有的认为民事合伙的核心构成要件主要是合伙合同和共同目的[龙卫球:《民法总论》(第2版),中国法制出版社2002年版,第415页];还有认为合伙应具备债务合同、共同目的、属人性三项要件[严城:《民法典合同编(草案)合伙合同一章的成功与不足》,载《法治研究》2019年第1期]。学说主张之所以分歧较大,实乃未区分合伙的必要构成和非必要构成所致。笔者认为,合伙协议、共同目的、共同出资、合伙的组织关系、共同经营、利益共享与风险共担等皆为构成合伙的要件,只不过合伙协议、共同目的和促成共同目的的义务这三项要件对于认定合伙关系不可或缺。合伙的组织性并非合伙的必要构成,因为对于不参与市场交易的内部合伙而言,该组织关系只不过是一种纯粹的债务合同关系。即使对于参与对外交往的外部合伙而言,共同目的为因,基于该共同目的而形成的组织关系为果。同时,利益共享和损失共担亦非合伙的必要构成。所有的合伙人并非就经济性目的上具有同样的利益追求,尚不足以否定合伙,盖合伙人在追求共同的经济目的下的各自动机可能并不相同。而共同共有关系同样并非外部合伙的成立要件,而是合伙成立后各合伙人为了推动共同事业目的的实现而产生的必然后果。基于合伙协议或者合伙人决议而定的共同目的,以及各合伙人为实现共同目的所负的促成义务才是合伙的核心构成,其他要件如出资义务等实为这两项要件的衍生后果。

另外,尽管有观点认为,参与者在事先缺乏合伙协议情况下满足合伙人的活动也可以产生所谓"事实上的合伙关系"(Haupt, Gesellschaftsrecht, 3 Aufl., 1944, S. 6)。但这种观点值得商榷。原《民通意见》第50条就未签订合伙合同情形下的合伙关系的推定并非承认"事实上的合伙关系"理论,而是通过合伙人的相关行为解释出当事人之间已经通过默示方式缔结了旨在确定共同目的和设定追求共同目的的而彼此互负协作义务的合伙协议。

Ⅲ 既有司法实践状况

前文提到,在不存在书面协议的情况下,《民通意见》第50条确立了合伙关系认定的两项标准:一是要具备“合伙的其他条件”(合伙关系认定的实质要件),二是要具备“有两个以上无利害关系人证明有口头合伙协议”(口头合伙协议存在与否的证明要件)。司法实践中,多数法院放弃证明要件,更注重于实质要件的认定,以当事人之间具备共同出资、共同经营、共担债务中的两个以上特征即可。如果当事人之间存在真实的口头合伙协议,那么两个以上无利害关系人的证明只是在证据层面还原合伙协议存在的真实性。但实践中问题更多的是当事人之间并未口头约定合伙协议或者约定不明确,或者即使存在口头合伙协议但无利害关系人在场的情形。如在“涂茂福、涂家辉合伙协议纠纷案”[福建省高级人民法院(2019)闽民申1145号民事判决书]中,法院认为“罗东根、涂茂福、阴志荣和黄恒贵之间虽未签订书面合伙协议,但罗东根对涉案项目工程有出资,并参与了项目的施工管理,具备合伙条件。”在“王济贫与王国利、陈宜镜、吴奇合伙协议纠纷案”[四川省高级人民法院(2015)川民终字第233号民事判决书]中,法院认为“本案当事人之间虽无书面合伙协议,但根据本案当事人已共同出资、成立西昌丽豪假日酒店,并已实际共同经营的事实,可以认定本案当事人已形成事实上的合伙关系”。还有法院认为只要存在共同出资以及合伙人身份转让的,同样构成合伙关系,如“宋云山与李维军合同纠纷案”[陕西省高级人民法院(2015)陕民一终字第00058号民事判决书]。

当然,也有部分法院在具备证明要件的前提下,对实质要件有所松动,仅强调共同出资要件。除本案外,在“张广安与周启超、兰考县中医院等合伙协议纠纷案”[河南省高级人民法院(2015)豫法民三终字第95号民事判决书]中,法院认为:“虽然张广安与地生金公司、周启超之间关于垫资兰考县中医院整体迁建项目没有订立书面合伙协议,但是张广安与地生金公司、周启超共同为兰考县中医院整体迁建项目出资及退款,三方具备合伙的条件和特征,且兰考县中医院、王洪亮、黄某、韩奇证明三方为合伙关系。”也有法院认为,即使具备实质要件,只要不具备证明要件的,亦不能构成合伙关系。在“邓国亮、邓国球等与张森、唐武强合伙协议纠纷案”[广西壮族自治区高级人民法院(2015)桂民提字第99号民事判决书]中,法院认为案涉双方虽具备合伙的其他条件,但相关证人证言不足以证明双方有口头合伙协议,故不具备《民通意见》第50条规定的证明要件,不应认定存在合伙关系。

Ⅳ 本判决的影响及将来的课题

当实践中合伙人之间因未签署书面合伙协议,或者即使有口头合伙协议亦无法查明时,法院必须根据成立合伙关系的实质要件,尤其是共同目的和促成义务两项要件,结合具体案情对共同目的及合伙人的促成义务作动态把握,从而认定个案中的合伙关系成立与否。本案中最高人民法院仅从案件事实中抽取出“共同出资”这一要件,便认定存在合伙关系,尚有进一步检讨空间。毕竟共同目的才是合伙的根本,因为存在共同目的才有各合伙人推动合伙关系发展的共同出资义务,但从共同出资中尚不足以推导出合伙人之间的共同目的。若法院不作进一步审查,就不能查清各方出资的方式行为的性质究竟是投资性出借、投资性“入股”(入伙)用益租赁等。因此,笔者认为,法官应审查当事人出资的目的,而不能仅以共同出资为由裁定合伙关系成立。事实上,即使没有“共同出资”,如果当事人仅提供劳务给付,但彼此约定利益共享和风险共担的同样构成合伙关系,盖其通过共同管理以实现共同的盈利目的。当然,即使延续本案裁判立场,未来司法实践是否会对“共同出资”作进一步解释,把重心从“出资”转向“共同”,更关注合伙共同体的本质属性,尚有进一步观察之余地。值得补充的是,在共同出资的情况下,若一方提供出资,但不参加合伙经营、劳动,对内不承担合伙的债务风险,但对财务账簿保有查阅权,对事务执行人保有监督权,此时依然可能具有合伙的共同目的,而不宜以并未共同经营为由认定为借贷关系。共同目的为本,共同经营为辅。两者不能本末倒置,自不多言。

从“裁判要旨”看,本案判决除强调“共同出资”外,似乎也重申了《民通意见》第50条所规定的“有两个以上无利害关系人证明有口头合伙协议”这一认定合伙关系的要件。但对前述司法实践的梳理表明,仅以无法证明当事人之间订有口头合伙协议否认合伙关系的成立,显然有失偏颇。如果法院基于案件事实查明当事人共同追求某项事业目的,并为之作出努力的,似乎同样应认定合伙关系的成立。随着《民法典》的出台和原《民法通则》的同步废止,《民通意见》规定的这一证明要件是否还有存续的必要,颇值深思。

参考文献

[日]我妻荣:《我妻荣民法讲义——债法各论》(中卷二),周江洪译,中国法制出版社2008年版。

梅仲协:《民法要义》,中国政法大学出版社1998年版。

王利明:《论民法典对合伙协议与合伙组织体的规范》,载《甘肃社会科学》2019年第3期。

房绍坤、张旭昕:《民法典制定背景下的合伙立法》,载《吉林大学社会科学学报》2016年第1期。

李永军:《民事合伙的组织性质疑——兼评〈民法总则〉及〈民法典各分编(草案)〉》,载《法商研究》2019年第2期。

087 不当得利当事人确定和善意得利人返还范围规则

刘忠友与南昌市市政建设有限公司、江西省福振路桥建筑工程有限公司建设工程合同纠纷案 | 最高人民法院(2017)最高法民再287号民事判决书

赵文杰 华东政法大学法律学院

■ 事实概要

2014年5月5日,甲方江西省福振路桥建筑工程有限公司(以下简称路桥公司)与乙方刘忠友、案外人辛国强签订一份《项目施工管理目标责任书(承包合同书)》,合同约定:“乙方作为G320国道进贤绕城新线B标段工程的实际承包方行使项目经理的权利和义务,代表甲方实施上述工程项目的施工管理。第一笔融资款到位后,优先偿还刘忠友2000万元……”刘忠友陆续汇给路桥公司2000万元,充作工程保证金。路桥公司于2014年5月12日将其中600万元转入南昌市市政建设有限公司(以下简称市政公司)。市政公司于次日将该600万元转入辛国强掌控的江西博世强生物工程有限公司(以下简称博世强公司),转款事由为“进贤产业园道路排水工程投标保证金”。刘忠友在约定工程迟迟未开工的情况下,于2014年6月19日到市政公司对账,发现辛国强所称将2000万元转到市政公司的事实系虚假,遂要求路桥公司返还2000万元合同保证金。路桥公司于同日出具承诺书,载明:“我公司中标承建的进贤G320绕城公路新线B标段,于2014年5月6日与刘忠友、辛国强签订了内部承包协议,该工程保证金由刘忠友向我公司交纳保证金2000万元,由于种种原因,该工程近期无法实施。故双方签订的内部协议也无法履行,因此本公司承诺于2014年6月23日退回刘忠友保证金1200万元、2014年6月30日前归还800万元,以上款项的利息按月息2%及交退款的实际天数计息,亦于2014年6月底前付清。”路桥公司出具承诺书后,陆续向刘忠友归还1120万元。由于余款迟迟未还,刘忠友起诉要求路桥公司赔偿经济损失880万元及利息98万元,并要求判令市政公司对路桥公司应承担的600万元及利息承担连带返还责任。一审法院认为市政公司与刘忠友之间不存在直接合同关系,也未获得实际利益,基于合同相对性原则,驳回了刘忠友对市政公司的请求。二审法院认定,市政公司认为其与辛国强合伙投标另一工程的投标保证金,并将600万元按辛国强指示以“投标保证金”的用途转到博世强公司,而以刘忠友、辛国强合伙体名义由路桥公司转出的600万元仍存放在市政公司。市政公司负有返还600万元及利息的义务,支持了刘忠友的请求。市政公司不服二审判决,向最高人民法院(以下简称最高院)申请再审。

■ 判决要旨

撤销二审判决，维持一审判决。

1. 市政公司取得600万元利益是基于辛国强虚构的合伙投标进贤产业园排水工程，刘忠友受到600万元损失是基于辛国强虚构的进贤G320绕城公路工程，似乎不属于严格意义上的同一原因事实，但整体而言，前述两个虚构行为系辛国强同一合同诈骗犯罪活动的不同环节，基于公平理念和社会一般观念，应认定两者具有实质上的牵连关系，足以成立因果关系。基于上述构成要件层面的分析，市政公司和刘忠友之间成立不当得利。

2. 市政公司作为善意受益人，因其在收到600万元的次日即将该款转出，所受利益已不存在，不应向刘忠友负有返还义务。

■ 评　析

Ⅰ 本判决的思路和意义

本案中，最高院一方面认为应区分给付和非给付两类不当得利，在给付不当得利中，应就给付行为发生当时判断是否构成不当得利，本案中确实存在两个合同关系（刘忠友和路桥公司的承包合同、辛国强和市政公司的合伙合同），刘忠友遭受"损失"和市政公司获得利益也并非基于同一合同关系；另一方面又认为两个合同都是辛国强诈骗的手段，依公平理念和社会一般观念，刘忠友受损和市政公司得利之间具有法律上因果关系。因此，市政公司和刘忠友之间成立不当得利关系。

在认定不当得利请求权成立后，尚需确定返还范围。针对市政公司提出的已将600万元转出，所获利益不存在之抗辩，最高院认为现行法中并无善意得利人得利丧失抗辩的规定。这属于违反规划的应规定而未规定的情况，是开放法律漏洞，可通过类推适用填补。《民法典》第461条和第459条、第460条中就损害赔偿、费用偿还等问题根据占有人的善恶意做区分处理，该法理亦可类推于受益人返还义务范围的确定上：如受益人主观上是善意的，其返还义务的范围应以现存利益为限，无现存利益的，不再负有不当利益的返还义务；如受益人主观上为恶意，即使无现存利益，也不能免除其返还所受不当利益的义务。此外，最高院还认为这一规则在比较法上亦有充分支持。

值得注意的是，最高院一方面维持了一审法院的判决结果；另一方面却并未采信其维持合同相对性的理由。在不当得利事实构成的认定上，一方面认为应区分给付不当得利和非给付不当得利；另一方面却仍依统一的要件，即"民事主体一方取得利益、取得利益没有法律根据、取得利益致使民事主体他方受到损失"。

综上所述，最高院虽意识到了区分类型处理不当得利的必要性，但未在事实构成上贯彻该区分。在得利返还范围上，最高院识别出存在开放漏洞，并通过体系解释和比较法解释予以填补。尽管对作为前提的开放漏洞是否存在、体系解释的论证是否充分、比较法解释是否过于粗疏等存在不同见解，最高院在本判决中体现出的方法论自觉和开放的借鉴态度，是值得肯定的。

Ⅱ 不当得利当事人确定和善意得利人返还范围的规则与学理

在涉及多人的不当得利案件中,如何确定适格当事人一直是理论和实务中的难点问题。这一问题的解决和不当得利事实构成的认识密切相关。就此,主要存在两种观点:一种观点认为不当得利的事实构成是统一的,为一方受有利益、他人受损(借他人代价)、受有利益和他人"损失"之间有直接因果关系、无法律上原因,该学说可称为统一说(张广兴:《债法总论》,法律出版社 1997 年版,第 97~106 页;张俊浩主编:《民法学原理》,中国政法大学出版社 2000 年版,第 649 页;王利明主编:《民法》,中国人民大学出版社 2000 年版,第 494~495 页;崔建远、韩世远、于敏:《债法》,清华大学出版社 2010 年版,第 184 页;李宇:《民法总则要义:规范释论与判例集注》,法律出版社 2017 年版,第 379~381 页)。另一种观点认为应根据不当得利的发生原因区分不当得利的事实构成,大略可分为给付型不当得利和非给付不当得利。该学说可称为非统一说[史尚宽:《债法总论》,中国政法大学出版社 2000 年版,第 77~83 页;王泽鉴:《不当得利》(第 2 版),北京大学出版社 2015 年版,第 35~38 页]。给付型不当得利的事实构成为一方受有利益、因给付获利、给付目的落空(无法律上原因)。非给付不当得利并非一个类型的不当得利,而是侵害型不当得利、单纯去除型不当得利等类型的合称;除一方受有利益、非因给付获利、借他人代价、他人代价和受有利益之间有因果关系这些要件同一外,就何为无法律上原因有不同的判定标准。给付型不当得利和非给付不当得利是互斥关系,在判定不当得利返还义务人方面,给付型不当得利依托给付概念,非给付不当得利仰赖法律上因果关系(直接因果关系)。由于原《民法通则》第 92 条和原《民法总则》第 122 条(《民法典》第 122 条)的文义中未做"给付"和"其他方式"的区分,在解释不当得利事实构成时,一般不因发生事由而做区别对待。但是,在我国台湾地区和德国学说的影响下,非统一说已渐成主流(傅广宇:《"中国民法典"与不当得利:回顾与前瞻》,载《华东政法大学学报》2019 年第 1 期)。学说上的继受并没有对立法和司法产生根本影响。立法方面,不仅原《民法总则》第 122 条仍采原《民法通则》第 92 条的统一表述,《民法典》第 985 条也依旧采用非常抽象的表达,"得利人没有法律根据取得不当利益的,受损失的人可以请求得利人返还取得的利益",并没有在法律条文中引入"给付"和"其他方式"等原因的区分。司法方面,裁判文书显示司法机关虽然体认不当得利类型区分的必要性,但难谓完全认识到区分对事实构成的影响,出现了承认给付和非给付不当得利区分的同时,又在给付型不当得利中使用法律上因果关系这一非给付不当得利中的事实构成,而未以给付关系来判定不当得利的返还债务人的龃龉。合理的处理应当是:在给付型不当得利中,以给付关系作为判定当事人的根据。唯有如此,方能贯彻意思自治、后果自负的原则,让给付人承担自己择定之给付受领人的破产风险,返还义务人可保有对给付人的抗辩,当事人不受对方和第三人之间关系的侵扰。

就善意得利人能否主张在现存利益范围内返还,《民法典》颁布之前的法律和司法解释一直未作明确规定。原《民法通则》第 92 条、《民通意见》第 131 条、原《合同法》第 58 条、原《民法总则》第 122 条都只是规定了返还取得的不当利益(原物和孳息),并未言明初始取得的利益在返还义务届期不复存在时,得利人究竟按现状返还,还是返还初始取得的全部利益。通说认为应区分得利人的善恶意为不同对待,善意得利人仅需按现状返还,恶意得利人则需返还取得的全部利益(崔建远:《债法总论》,法律出版社 2013 年版,第 302 ~ 305 页;李永军:《合同法》,法律出版社 2004 年版,第 407 页)。对既有之规范,有两种观点:一种观点认为存在开放漏洞,因为现行法律中未做应为的区分规定(张广兴:《债法总论》,法律出版社 1997 年版,第 109 ~ 110 页);另一种观点认为不存在漏洞,其理由是对《民法通则》第 92 条做目的性解释可得出"益损相抵"的原理,因为不当得利旨在取缔不当利益,不可因此加损害于返还义务人。该解释足以得出善意得利人的返还范围限于现存利益的结论[孙维飞:《(2017)最高法民再 287 号民事判决(不当得利返还范围)法学方法评析》,载清格法律研习社:https://mp. weixin. qq. com/s/wOR - bipks - N0hLhmf5G2yw,2018 年 10 月 28 日最后访问]。《民法典》第 986 条对此作出了明确规定,其内容为:"得利人不知道且不应当知道获得的利益没有法律根据,取得的利益已经不存在的,不承担返还该利益的义务。"故随着《民法典》的颁行,这一理论争议已经消弭。

除此之外,最高院认为只要将 600 万元转出给博世强公司即构成所得利益的丧失,似误解了所得利益丧失的判定。所得利益丧失以得利人的整体利益状况为观察对象,判定初始所获是否还存于得利人财产中。在本案中,市政公司将从路桥公司转来的 600 万元再转给博世强公司,有两种可能:一种是履行和博世强公司之间有效的合同;另一种是误偿对博世强公司不存在的债务。若为前者,市政公司转出 600 万元会导致其对博世强公司的 600 万金钱债务的消灭,在其财产内仍有 600 万元的增益。若为后者,市政公司转出 600 万元后对博世强公司取得不当得利返还债权,其财产中有 600 万元债权的增益。无论如何,不能因市政公司转出初始获得的 600 万元就径直认为该得利在其财产中不存在,而要视得利人整体财产是否还有增益而定。

Ⅲ 既有司法实践状况

在牵涉多人的不当得利案件中,最高院间或认为,若得利人是因有效合同获得利益的,则其获得利益具有法律上的原因,不构成不当得利。如在"黎明、新疆维吾尔自治区烟草公司不当得利纠纷案"[最高人民法院(2018)最高法民终 157 号民事判决书]中,裁判理由述明:"《土地承包协议书》系温泉县人民政府与新疆烟叶公司所签订,系双方真实意思表示,合法有效。温泉县人民政府作为合同的一方,取得合同利益不存在不当得利的情形。……黎明不是《土地承包协议书》的合同相对方,对温泉县人民政府主张不当得利的依据不足,一审判决认定不当,本院予以纠正。"即在给付型不当得利中,未以损益间因果关系为判定返还义务人的标准,而是以合同给付关系为判定依据。

Ⅳ 本判决的影响及将来的课题

本判决表明最高院已经认为应区分给付型不当得利和非给付不当得利去处理不当得利的当事人确定问题,但是仍未脱离统一说,未能将给付关系作为判定给付型不当得利中当事人的依据。由此导致非统一说本应带来的尊重当事人自主决定后果、简化和稳定裁判标准的功能几乎消失殆尽。不得不谓得其形,而失其神。即便要仍采因果关系作为认定依据,最高院在本案中突破了传统的直接财货变动的判定标准,而以"基于公平理念和社会一般观念,应当认定两者之间具有实质上的牵连关系"为由,认定成立法律上的因果关系。但突破直接财货变动变动标准后,如何认定实质上的关系有待进一步澄清和论证,裁判标准统一的困难也大大增加。在得利返还范围确定上,本案依得利人善恶意区分对待是一大进步,但就得利是否真的不复存在并未作出令人信服的论证。此外,在双务合同中,善意得利人的得利丧失抗辩在多大程度上要受到限制是今后仍需探讨的问题。

回 参考文献

王泽鉴:《不当得利》(第2版),北京大学出版社2015年版。
史尚宽:《债法总论》,中国政法大学出版社2000年版。
张广兴:《债法总论》,法律出版社1997年版。
张俊浩主编:《民法学原理》,中国政法大学出版社2000年版。
王利明主编:《民法》,中国人民大学出版社2000年版。
李永军:《合同法》,法律出版社2004年版。
崔建远、韩世远、于敏:《债法》,清华大学出版社2010年版。
崔建远:《债法总论》,法律出版社2013年版。
李宇:《民法总则要义:规范释论与判解集注》,法律出版社2017年版。
傅广宇:《"中国民法典"与不当得利:回顾与前瞻》,载《华东政法大学学报》2019年第1期。

088 受害人特殊体质与损害赔偿责任的减轻

荣宝英诉王阳、永诚财产保险股份有限公司江阴支公司机动车交通事故责任纠纷案 | 最高人民法院第24号指导案例

程 啸 清华大学法学院

■ 事实概要

王阳驾驶轿车碰擦行人荣宝英致其受伤。交警大队认定王阳负事故全部责任,荣宝英无责。司法鉴定结论:荣宝英左桡骨远端骨折的伤残等级评定为十级;左下肢损伤的伤残等级评定为九级。损伤参与度评定为75%,其个人体质的因素占25%。原告荣宝英起诉被告王阳与永诚保险公司,要求赔偿医疗费用、残疾赔偿金、精神损害抚慰金等费用。被告永诚保险公司辩称:因鉴定意见结论中载明"损伤参与度评定为75%,其个人体质的因素占25%",故确定残疾赔偿金应当乘以损伤参与度系数0.75。

■ 判决要旨

虽然受害人的体质状况对损害后果的发生具有一定的影响,但这不是法律规定的过错,受害人不应因个人体质状况对交通事故导致的伤残存在一定影响而自负相应责任。受害人骨质疏松仅是事故造成后果的客观因素,并无法律上的因果关系。因此,受害人对于损害的发生或者扩大没有过错,不存在减轻或者免除赔偿责任的法定情形。

■ 评 析

Ⅰ 本判决的思路和意义

本案核心争议在于,残疾赔偿金是否需要因为受害人自身体质对损伤的参与度而相应扣减。一审法院采肯定的观点。二审法院认为,虽然受害人的体质状况对损害后果的发生具有一定的影响,但这并非法律规定的过错,受害人不应因个人体质状况对交通事故导致的伤残存在一定影响而自负相应责任。本案判决的意义在于,从因果关系和过错的角度对受害人特殊体质给予了正确的法律评价。

Ⅱ 受害人特殊体质在侵权法上的意义

特殊体质是指自然人具有的异于常人的体质,如先天心脏病、过敏症,或后天形成的心肌梗塞、骨质疏松等。在侵权法上,只有当受害人的特殊体质与侵权行为结合,共同造成人

身伤亡或导致损害后果的扩大,侵权法才需要对之作出评价。如果损害完全是其受害人自身体质所致,不存在他人的侵权行为,则纵然受害人的体质再特殊,也不成立侵权责任,更无需讨论减轻赔偿责任的问题。

侵权法中讨论受害人特殊体质的思考过程应当是:首先,受害人具有特殊体质;其次,加害人侵害了(作为或不作为)受害人的生命权、身体权或健康权,造成了人身伤亡。因此,侵权法中受害人的特殊体质,是指受害人自身具有的与加害行为相互结合而造成或扩大了人身伤亡的损害后果的、异于常人的生理或心理状况,具体分为:其一,受害人先天性的特殊体质,即由于遗传因素决定的人的生命有机体易患某种疾病或者已经罹患了某种疾病,人体的反应会异常严重的体质状况,如过敏性体质、血友病、先天性薄颅骨病、先天性心脏病等。其二,受害人后天性特殊体质,即非因遗传因素而导致的身体器官或者机能与正常人的差异,如受害人罹患的心脏病、高血压、糖尿病、冠心病、肺癌等疾病,或因年老而出现骨质增生、骨质疏松、颈椎退行性病变等。

Ⅲ 受害人特殊体质对因果关系的影响

因果关系不仅是侵权法规定的基本内容,而且构成了几乎所有赔偿责任成立要件的基础。一个人对某一损害的责任只能建立在这个人与该损害存在联系的基础上。讨论受害人特殊体质能否减轻加害人的赔偿责任时,核心是分析该特殊体质对于加害行为与损害后果之间的因果关系是否产生影响以及何种影响。有些法院认为,既然通过鉴定证明受害人的特殊体质确实对于人身伤亡的发生或扩大具有原因力,就应认可该特殊体质与损害后果的因果关系,进而按照损伤参与度即比例因果关系相应地减轻赔偿责任,否则难谓公平合理[北京市第二中级人民法院(2016)京02民终6675号民事判决书]。然而,第24号指导案例却给出了否定性回答。该案判决认为,即便受害人的特殊体质确实与侵权行为相互结合而造成或扩大了损害后果,这种事实上存在的因果联系也不是法律因果关系,不能据此减轻赔偿责任。

笔者认为,应在区分受害人特殊体质与损害的因果关系类型的基础上,分别讨论特殊体质与损害后果之间是否存在法律上的因果关系。依据平等对待原则,既然侵权法在确定单个或数个加害人是否以及如何承担赔偿责任时,要考虑因果关系、过错及各加害行为的原因力等要件(张新宝、明俊:《侵权法上的原因力理论研究》,载《中国法学》2005年第2期)。那么,在加害人与受害人的角色反转,受害人的行为或危险源被审查时,可能导致一方对具有法律相关性的损害承担责任的任何事由也应当可以(全部或部分地)减轻责任。

Ⅳ 三种类型的因果关系及赔偿责任的确定

1. 受害人有的某种特殊体质与加害行为相互结合,侵害了受害人的生命权。换言之,如果受害人无此特殊体质,纵有加害行为也不会侵害受害人的生命权,无须承担赔偿责任。此种因果关系属于"共同因果关系"。实践中,最典型的案件是"蜜蜂蜇死人案"。该案受害人具有严重的蜂毒过敏性体质,被加害人饲养的蜜蜂中的一只叮蜇,因严重过敏死亡[合肥市中级人民法院(2014)合民一终字第00571号民事判决书]。司法实践一种观点认为,本类型因果关系中受害人特殊体质并不中断加害行为与权益被侵害的责任成立因果关系,然而对该特殊体质能否减轻赔偿责任,则有不同看法。第24号指导案例认为,受害人年老骨质疏松等特殊体质仅为"事故造成后果的客观因素",不属于法律因果关系。另一种观点认为,鉴于损害后果的发生如此异常,而"欠缺最低限度抵抗力为一般生活危险,乃个人的悲剧与不幸,受害人应无奈地接受命运之安排,而不能将本该由自身承担的不幸转嫁给偶然遭遇的侵权人"(孙鹏:《"蛋壳脑袋规则"之反思与解构》,载《中国法学》2017年第1期)。

笔者认为,在本类型因果关系中受害人特殊体质不应减轻加害人的赔偿责任。一方面,生命权、健康权、身体权等人格权在性质上为绝对权,且属于在法益位阶上处于最高层次的权利,故此应当享有最为广泛的保护。基于平等原则,法律上对任何自然人的生命权、健康权、身体权的保护力度都应相同。如果加害人不违反不侵害他人绝对权的义务,无论受害人的体质多么特殊、如何异常,也与加害人无关。故此,要求加害人对于损害后果承担全部责任,难谓不公。另一方面,赔偿功能是侵权法最基本的功能。每个自然人的生理和心理状况各不相同,加害人无权挑剔受害人。无论侵权人主观上的可非难程度如何,均不应影响损害赔偿的范围与数额。即便侵权人仅具有最轻微的过失,但造成了严重的损害,也要承担全部的赔偿责任。

2. 受害人有特殊体质,加害人实行了侵害受害人健康权的行为,即便受害人无此体质,该加害行为单独发生通常亦足以侵害受害人的健康权并造成损害,只是因受害人具有的特殊体质,故此损害后果更大或更严重。该因果关系与前一种因果关系同属共同因果关系,均为受害人特殊体质与加害行为合力导致了损害。区别在于:本类型的因果关系中,即便没有受害人的特殊体质,加害行为单独发生也会侵害受害人的健康权,无非损害程度会轻一些。本类型的因果关系最为常见,尤其是在机动车交通事故责任中,第24号指导案例即属本类型。有些法院认为,此时应当根据受害人所受损害的类型分别判断,即对医疗费、护理费等不应考虑特殊体质而减轻赔偿责任。因为受害人虽具有特殊体质,但该体质并不意味着受害人就要住院治疗而支付医疗费和护理费。另外,残疾赔偿金与精神损害抚慰金应考虑受害人特殊体质而相应地减轻赔偿责任,因为受害人特殊体质影响了伤残等级及相应的精神损害程度[芜湖市中级人民法院(2015)芜中民一终字第01052号民事判决书]。

笔者认为,应当区分受害人的不同损害类型分别讨论受害人特殊体质对赔偿责任的影响,更符合责任范围因果关系的要求。受害人因生命权、健康权或身体权被侵害而遭受的损害分为财产损失与精神损害。财产损失又可分为所受损害与所失利益。所受损害是指现存利益的积极减少,如受害人为治疗和康复而支出的医疗费、护理费、交通费等,辅助器具费用以及丧葬费;所失利益是指受害人于侵害事由时虽未发生,但倘无该侵害事由,将来可以取得的财产利益,如误工损失、残疾赔偿金与死亡赔偿金。就所受损害而言,倘在加害行为发生前,受害人虽有特殊体质却并未因此而实际支出这些费用,现在因加害行为,受害人不得不遭受医疗费、护理费、交通费等损害,那么这些损害与权益被侵害存在因果关系,加害人应承担赔偿责任。此时,不应考虑受害人特殊体质而减轻赔偿责任。反之,如果在加害行为发生前特殊体质已使受害人正在治疗而支出医疗费等,则应当区分受害人本应承担的医疗费等费用与加害行为发生后扩大的那部分费用,后者才与权益被侵害具有相当因果关系,应由加害人承担赔偿责任。

同理,就所失利益中的残疾赔偿金,必须考虑的是,受害人的特殊体质在加害行为发生之前是否已降低了受害人劳动能力。如回答是肯定的,加害行为只是在此基础上进一步降低了受害人的劳动能力,则该被降低部分的损失才与权益被侵害有因果关系,加害人应就这部分劳动能力的下降承担赔偿责任(支付相应的残疾赔偿金)。反之,如果受害人虽有特殊体质,但并未对其劳动能力产生影响,则即便该特殊体质使得损害后果扩大或更严重,加害人也应就受害人劳动能力下降引起的损害支付全部的残疾赔偿金。在第 24 号指导案例中,受害人荣宝英虽患有骨质疏松的特殊体质,但并无证据证明该特殊体质在交通事故发生前已经导致了其劳动能力的下降,故不应以该特殊体质为由减轻残疾赔偿金。至于精神损害赔偿金,则不能因受害人的特殊体质而减少。因为精神损害赔偿的主要功能是补偿与抚慰,受害人特殊体质不应成为减少精神损害赔偿责任的原因。

3. 在加害行为发生前,受害人的特殊体质已经无可避免地会导致受害人残疾或死亡,而加害行为的发生超越特殊体质提前实现了这一结果。此类因果关系属于“假设的因果关系”,即损害已因某一加害人之行为而发生了,但即便该加害行为不存在,损害的全部或一部也会因为另外一个与加害人无关的原因而发生。在假设的因果关系中,存在两个与损害有关的原因:一个是实际引发损害的加害行为(如交通事故、殴打他人等侵权行为),即“真正原因”;另一个是并未实际发生,但如果真的发生也能造成同一损害的原因即“假设原因”或“保留原因”,该原因可能来自第三人,也可能来自受害人自身,最典型的情形就是受害人已患绝症或病入膏肓,死亡乃该自身疾病所不可避免的结果,现在仅仅因为第三人的侵权行为的发生(机动车交通事故),提前导致了受害人的死亡[吉安市中级人民法院(2015)吉中民一终字第 526 号民事判决书]。

笔者认为,在受害人特殊体质作为假设原因即损害体质的情形中,应根据加害人赔偿义务的意义、目的以及损害的不同类型,分别考虑特殊体质对损害范围的影响问题。首先,就受害人因生命权、健康权被侵害而遭受的医疗费等所受损害而言,应由加害人承担赔偿责任。倘若加害人能够证明,在侵权行为发生前受害人已因特殊体质而住院治疗并正在支出医疗费等费用,侵权行为并未导致上述费用的增加,则该所受损害与受害人的权益被侵害之间不存在因果关系,侵权人不应承担赔偿责任。其次,就死亡赔偿金、残疾赔偿金这些所失利益而言,由于受害人在加害行为发生之前已有的特殊体质会导致这样的一种结局——即便没有损害事故,受害人的生存期限或者劳动能力也必然会减少,故此,受害人或其近亲属能够获得的赔偿仅限于真正原因(如交通事故)与假设原因(受害人的特殊体质)这一区间的损害。例如,在受害人罹患肺癌而死于交通事故的案例中,受害人顶多生存几天而已,故死亡赔偿金应以这几天为限。最后,因侵权人的过错程度,侵害的手段、场合、行为方式等具体情节,侵权行为所造成的后果等是确定精神损害赔偿数额的考虑因素,故受害人特殊体质不应单独影响精神损害赔偿数额。

Ⅴ 本判决的影响及将来的课题

本案判决解决了司法实践中就受害人特殊体质能否减轻赔偿责任的巨大争议,该案例也成为最高人民法院颁布的100多个指导案例中被适用次数最多的案例[《最高人民法院指导案例24号司法应用报告(2018)》]。值得继续讨论的问题是,在受害人已经或应当知道自己存在特殊体质的情况下,其是否负有更高的照顾保护自己的注意义务以避免因该特殊体质而引起损害的发生或造成损害的扩大。

□ 参考文献

王泽鉴:《损害赔偿》,北京大学出版社2017年版。

张新宝、明俊:《侵权法上的原因力理论研究》,载《中国法学》2005年第2期。

孙鹏:《"蛋壳脑袋规则"之反思与解构》,载《中国法学》2017年第1期。

089 数人侵权责任规则的检索顺序及共同过失的认定

杨丐俊与中国工商银行股份有限公司澧县支行、兴业银行股份有限公司长沙分行等财产损害赔偿纠纷案 | 最高人民法院(2014)民提字第159号民事判决书

曹险峰 吉林大学法学院

■ 事实概要

2007年6月20日,被申请人天云公司(一审被告)法定代表人代文清与再审申请人杨丐俊(一审原告、二审被上诉人),签定一份金额为3000万元的《借用资金协议书》,专用于天云公司增资扩股。天云公司在担保单位处由法定代表人签字并加盖公司印章。借款最终转入天云公司在被申请人澧县工行(一审被告、二审上诉人)的账户。

2007年6月21日,天云公司与正祥公司签订虚假的钢材购销合同,以存款质押向澧县工行申请开立银行承兑汇票。6月25日,澧县工行开出一张金额为2500万元的汇票,出票人为天云公司、收款人为正祥公司、付款行是澧县工行。

6月25日当晚,澧县工行副行长周菜等人陪同天云公司人员赶赴长沙,第二日先后向长沙市株洲农业银行(被拒)、被申请人兴业银行长沙分行(一审被告、二审上诉人)申请贴现。杨丐俊发现天云公司账户上的资金被动用,向常德市公安局报案。澧县工行受理天云公司要求其在答复贴现行查询时,应注明"出票单位要求收款单位不得在银行贴现"的申请。兴业银行长沙分行经查询得知这一情况,停止办理贴现,将汇票退给收款人正祥公司。

之后,兴业银行长沙分行工作人员毛标,授意代文清伪造购销合同等贴现材料。7月2日,易缅祥持该虚列背书人的银行承兑汇票再次来到兴业银行长沙分行申请贴现。兴业银行长沙分行向澧县工行发出查询书,被回复该张汇票暂无挂止冻结、公安局已介入调查等内容。兴业银行长沙分行见答复中没有不得贴现的内容,遂办理贴现。贴现款转入湖南德邦医药有限公司账户后,转入其他账户并流失。

2009年3月,湖南省高级人民法院(2009)湘高法刑终字第66号刑事裁定书认定代文清、莫宗林和易缅祥构成合同诈骗罪。经公安部门追赃,部分钱款未能追回。

■ 判决要旨

在合同诈骗犯以签订借款合同的形式,通过票据贴现行为骗取他人财产,从而引发财

产损害的案件中,受害人虽不是汇票出票人,但其财产权受到损害。出票人签订虚假交易合同,申请开立银行承兑汇票。出票人开户银行未按要求回复。受理汇票的银行明知汇票不得贴现,却违规贴现。出票人、承兑银行和贴现银行都具有过错,构成共同侵权。因受害人自愿放弃合同诈骗犯的民事赔偿,根据《侵权责任法》第6、11条的规定,三者对剔除诈骗犯应承担部分剩余的损失承担连带责任。

■ 评 析

Ⅰ 本案的争点

本案历经一审、二审与再审,从形式上看似乎仅涉及对原《侵权责任法》第11、12条(《民法典》第1171、1172条)事实构成的不同理解,但实质上本案更多地涉及了数人侵权责任规则的检索顺序及共同过失的认定问题。

Ⅱ 数人侵权责任规则体系的规范及学理

《民法典》第1168～1172条(原《侵权责任法》第8～12条)依次规定了5种数人侵权责任,上述法规范适用时具有一定的顺序性。

1.《民法典》第1168条在数人侵权体系中的核心地位

首先,就共同侵权行为而言,《民法典》第1168条居于核心地位。由于《民法典》第1169条情形相对好识别,故此处分析《民法典》第1168条与第1170条的关系。在共同加害行为中,有无实施具体加害行为、实施了什么样的加害行为以及损害结果是否可分,都不再重要,只要是在共同过错的涵摄范围内,全体加害人都应承担连带责任。故加害人不明与实际致害人只是全体人中的部分人之情形也可能构成共同过失。所以,实质上构成共同过失但形式上表现为共同危险行为的情形,仍应适用《民法典》第1168条,而无《民法典》第1170条的适用余地。

其次,在《民法典》第1168条与第1171、1172条的对比关系上,也存在相应的检索顺序。从表面上看,无意思联络数人侵权以"分别实施"为行为特征,与共同加害行为之"共同实施"明显不同,似乎不存在检索顺序。但要看到,并不存在先验的"共同实施"。在《民法典》第1168条中,存在行为是"分别实施"但依据共同过错而凝结成"共同实施"的情形。例如,甲乙丙三人欲谋害丁,甲居中指挥,先由乙开车撞丁,为稳妥起见,又安排丙开另外一辆车再次撞向丁,丁伤重而亡。此例中,在未予查明甲乙丙三者共同过错前,从表面的行为特征来看,丁的死亡就是"分别实施"的乙的行为与丙的行为产生的"同一损害"。此时,如乙丙的侵权行为"都足以"导致丁死亡,则适用《民法典》第1171条(原《侵权责任法》第11条),如乙丙的侵权行为不都足以导致丁死亡,则可能适用《民法典》第1172条(原《侵权责任法》第12条)。但当共同过错要素被查明时,甲乙丙的行为则是"共同实施"。

最后,在第1171条与第1172条的关系上,应先检索第1171条。这是因为第1171条与第1172条具有相同的事实构成——二人以上分别实施侵权行为造成同一损害,第1172条中的“能够确定责任大小的”完全能够涵盖第1171条中的“每个人的侵权行为都足以造成全部损害的”，且“相应的责任”完全能够涵盖“连带责任”。因此，第1171条属第1172条的特别规定，故应先检索特别规定，再检索一般规定。

2. 本案的规范基础

本案中几审法院的争点在《民法典》第1171条与第1172条之间纠结，但笔者认为应予考虑《民法典》第1168条的适用。

关于《民法典》第1168条的规范范围，存在诸多学说：共同故意说、共同过错说、客观关联共同说、折中说、意思关联共同与行为关联共同兼指说等。笔者赞同共同过错说。共同过错说很早就成为主流学说（佟柔主编：《民法原理》，法律出版社1986年版），现在仍处于通说地位（王胜明主编：《〈中华人民共和国侵权责任法〉条文解释与立法背景》，人民法院出版社2010年版；最高人民法院侵权责任法研究小组编著：《〈中华人民共和国侵权责任法〉条文理解与适用》，人民法院出版社2010年版；王利明：《侵权责任法研究·上卷》，中国人民大学出版社2016年版）。更何况，折中说、客观关联共同说及兼指说等都大于等于共同过错说的规范范围，故以共同过错说检讨本案的处理具有一定的合理性与可行性。

共同过错包括共同故意与共同过失，以及部分故意与过失并存的情形。共同故意是指行为人不仅具有各自对损害结果的故意，而且还存在必要的共谋。共同过失，就是数人对其行为所造成的共同损害后果应该预见或认识，但因疏忽大意或不注意而致使损害结果的发生。故意与过失的结合与共同过失的构造没有本质区别，都是构成损害结果的整体原因，另依“举轻以明重”之法理，应认为故意与过失的结合符合“共同实施”的要求。

本案中，几审法院都一致认定天云公司、澧县工行及兴业银行长沙分行具有过错：就天云公司而言，诈骗人代文清系天云公司法定代表人，天云公司作为借款合同担保人应当知道诈骗行为的存在，但其仍申请开立银行承兑汇票，造成杨丐俊损失，故应确认天云公司有过错。就澧县工行而言，出票人向澧县工行明确提出上述银行承兑汇票不得办理贴现，并须向查询人说明，且公安机关亦向澧县工行进行了调查。至此，澧县工行应知质押存单可能系赃款，但其不仅没有主动挂止冻结，反而在兴业银行长沙分行第二次查询时促成非法贴现，造成杨丐俊损失。故应确认澧县工行有过错。就兴业银行长沙分行而言，对上述银行承兑汇票进行第一次贴现查询时，兴业银行长沙分行已经明知不能贴现。其后进行第二次查询时，根据澧县工行的回复，兴业银行长沙分行应当知道该张银行承兑汇票可能涉及他人财产权益，但其不仅没有主动停止办理该张银行承兑汇票的贴现，其工作人员反而恶意促成代文清等人贴现，造成杨丐俊损失。因此，应确认兴业银行长沙分行有过错。

共同过失强调“过失的共同”与“共同的过失”（曹险峰：《数人侵权的体系构成——对侵权责任法第8条至第12条的解释》，载《法学研究》2011年第5期）。从案情来看，一方面，天云公司、澧县工行、兴业银行长沙分行对于权利人（虽然未必确切知道谁是权利人）的损失都有共同的注意义务，构成“过失的共同”；另一方面，三者的行为共同构成权利人损失的原因，构成“共同的过失”。“共同过失的存在需要一个结合点，在那个点上数人共同引发了风险，同时均可以避免而未避免风险的实现”（叶金强：《共同侵权的类型要素及法律效果》，载《中国法学》2010年第1期)。由于天云公司系明知专款专用,仍通过虚假交易等手段申请贴现,故虽有后续阻止行为,仍可构成故意。因此,本案乃天云公司的故意与澧县工行、兴业银行长沙分行的过失的结合,构成共同过错。

几审法院以无意思联络数人侵权责任规则作为裁判依据,一方面忽视了《民法典》第1168条的适用可能性;另一方面则属对无意思联络数人侵权责任规则适用条件的误读。《民法典》第1171条与第1172条之所以归属数人侵权体系,乃因为"同一损害"的存在,使普通的因果关系认定规则("若无则不"规则)失效。也就是说,无意思联络数人侵权虽然忽略了"分别实施"的每一个侵权行为与"同一损害"的某一部分损害间因果关系的证明,但必须要求行为与损害之间具备因果关系,在单独侵权行为立场上,侵权责任是成立的。反观此案,从单独侵权行为的立场来看,只有兴业银行长沙分行的行为能构成侵权责任,天云公司的行为与最终损害间不具有相当因果关系,不能成立侵权责任,澧县工行的行为亦同。但正是因为三者间具有"共同的过失"(对最终损害共同的注意义务)与"过失的共同"(三者过失的结合才能导致损害的发生),具有共同过错,故本案应按《民法典》第1168条进行裁判。

Ⅲ 既有司法实践状况

依最高人民法院(2005)民一终字第42号民事判决书,最高人民法院对共同侵权行为的认定采行为关联共同性标准[程新文:《法人共同侵权行为的认定与处理》,载最高人民法院民事审判第一庭编:《民事审判指导与参考》2006年第3集(总第27集),法律出版社2006年版,第179~199页]。之后最高人民法院再次确认了该观点。(刘德权主编:《最高人民法院司法观点集成3》,人民法院出版社2009年版,第1560~1563页),但从判决内容(通海公司等多个公司的商量拆除和直接参与拆除新华公司所建造房屋的行为,与闵行置业公司得到使用土地的权利以及占有土地的行为,具有密切的联系,意思联络明显,主观上有一定的过错;客观上表现为时间的接续性、行为的关联性和利益的同一性)来看,作共同过错的解读亦是可以的。在第19号指导性案例[(2010)沪二中民一(民)终字第1353号民事判决书]中,一审法院依据最高人民法院《关于审理人身损害赔偿案件适用法律若干问题的解释》[法释(2003)20号](以下简称《人身损害赔偿司法解释》)第3条,将两车偶然相撞致一车内乘客死亡,认定为共同侵权行为,显然采行为关联共同性标准。可见,《人身损害赔偿司法解释》实施之后原《侵权责任法》实施之前,司法实践以意思共同说与直接结合说处理共同加害行为。但在原《侵权责任法》实施之后,对于共同加害行为,司法实践倾向于转向共同过错说[但在原《侵权责任法》实施之后,司法实践仍有继续适用"直接结合"等概念的判决。例如,日照市中级人民法院(2015)日民再终字第1号民事判决书、灵璧县人民法院(2018)皖1323民再6号民事判决书。也有采共同关联说标准的判决。例如,(2018)沪民申417号民事判决书]。

Ⅳ 本判决的影响及将来的课题

本案较好地诠释了商事领域侵权责任法的适用可能;本案判决的反复,也揭示了司法实务对于数人侵权规则体系的理解与运用还有待提高。在此需要看到,侵权责任法从数人侵权行为的角度规范了因果关系的常态与例外,将因果关系这一较为学理化与暗蕴化的规则表达为数人侵权的不同样态,为司法适用提供了较为清晰的指向。可见,对数人侵权体系中某一规则的正确理解与准确定位,必须从数人侵权体系构成的角度出发,从因果关系理论运用的层面予以认识。

□ 参考文献

王利明:《侵权责任法研究》(上卷),中国人民大学出版社 2016 年版。

杨立新:《侵权法论》(第 5 版),人民法院出版社 2013 年版。

张新宝:《侵权责任法》,中国人民大学出版社 2016 年版。

程啸:《侵权责任法》(第 2 版),法律出版社 2015 年版。

叶金强:《共同侵权的类型要素及法律效果》,载《中国法学》2010 年第 1 期。

孙维飞:《单独侵权视角下的共同侵权制度探析》,载《华东政法大学学报》2010 年第 3 期。

曹险峰:《数人侵权的体系构成——以对侵权责任法第 8 条至第 12 条的解释论为中心》,载《法学研究》2011 年第 5 期。

最高人民法院侵权责任法研究小组编著:《〈中华人民共和国侵权责任法〉条文理解与适用》,人民法院出版社 2010 年版。

090 擅自转让旅游业务与连带责任

焦建军与江苏省中山国际旅行社有限公司、第三人中国康辉南京国际旅行社有限责任公司旅游侵权纠纷案 |《最高人民法院公报》2012年第11期

孙维飞 华东政法大学法律学院

■ 事实概要

2008年12月15日,原告焦建军与被告江苏省中山国际旅行社有限公司(以下简称中山国旅)签订旅游合同,约定由中山国旅提供出境旅游服务。焦建军向中山国旅交纳了4560元的团费。此后,中山国旅未经焦建军同意,擅自将出境旅游业务转让给第三人中国康辉南京国际旅行社有限责任公司(以下简称康辉旅行社)。2008年12月26日,第三人康辉旅行社委托泰国车队运送焦建军等人返回泰国曼谷,途中,焦建军因交通事故受伤,所乘旅游车的驾驶员应就交通事故负全责。原告就所受医药费等损失,诉请被告中山国旅和第三人康辉旅行社承担侵权连带责任。

■ 判决要旨

驳回上诉,维持原判。

旅游者与旅行社签订旅游合同后,双方形成旅游服务合同关系,旅行社所提供的服务应当符合保障旅游者人身、财产安全的要求。同时,旅行社委托的旅游辅助人所提供的食宿、交通运输等服务系旅行社履行旅游服务合同义务的延续,应认定为代表旅行社的行为,旅游辅助人的侵权行为可直接认定为旅行社的侵权行为。

旅游者在旅游过程中乘坐旅行社提供的车辆发生交通事故导致人身损害、财产损失的,构成违约责任和侵权责任的竞合,旅游者有权选择合同之诉或侵权之诉要求旅行社承担相应民事赔偿责任。

中山国旅未经旅游者同意擅自将旅游业务转让给他人系违约行为,其负有的安全保障义务不发生转移的效力。旅行社擅自将其旅游业务转让给其他旅行社的,与其签订旅游合同的旅行社和实际提供旅游服务的旅行社应承担连带责任。

■ 评　析

Ⅰ 本案的争点

1. 泰国车队是否为康辉旅行社的旅游辅助人。假如康辉旅行社对原告旅游者承担合同义务,此案首先遇到的问题是:泰国车队是否为康辉旅行社的履行辅助人,即债务人康辉旅行社为履行债务而使用之人?在所履行的义务为旅游合同义务时,此种履行辅助人被称为旅游辅助人。合同义务人之外的主体,就住宿、交通等服务之提供,若构成旅游辅助人,首先要满足的条件应当是:提供的上述服务在合同义务范围内。此案中,二审法院认为,“泰方车队属于受康辉旅行社委托,协助康辉旅行社履行旅游合同义务的旅游辅助服务者”,由此可见,在二审法院看来,泰国车队所提供之交通服务应解释为在合同义务范围内,泰国车队属于康辉旅行社的旅游辅助人。

2. 旅行社是否应为旅游辅助人的过错负责。此案中被告中山国旅主张:“康辉旅行社选择的旅游辅助服务者泰国车队具有合法运营资质,发生交通事故是驾驶员的过错所致,被上诉人焦建军的损失应由第三人即泰方车队承担赔偿责任。”被告的主张意味着旅行社仅就挑选或监督旅游辅助人的过错负责。二审法院则认为:“泰方车队属于受康辉旅行社委托,协助康辉旅行社履行旅游合同义务的旅游辅助服务者,与旅游者之间并未直接形成旅游服务合同关系,其为旅游者提供的交通服务是康辉旅行社履行旅游服务合同义务的延续,应认定为是代表康辉旅行社的行为。”二审法院的主张意味着旅行社自身即使在挑选或监督旅游辅助人上没有过错,也应就旅游辅助人的过错负责。

3. 旅行社若应为旅游辅助人的过错负责,其所负责任的性质。假如承认旅行社应为旅游辅助人的过错负责,就其所负责任的性质仍有讨论之必要。自履行合同义务的视角看,因履行辅助人的过错导致合同义务未能履行或未能恰当履行时,合同义务人应为履行辅助人的过错负责,其责任为违约责任。从侵权法视角看,雇主应为雇员的过错致害行为对受害人承担侵权责任。此时,雇员可称为事务辅助人,不同于履行辅助人。二审法院并未从侵权法上雇主为雇员过错行为负责的角度认定旅行社的侵权责任,而是从原《合同法》第122条以及最高人民法院《关于审理旅游纠纷案件适用法律若干问题的规定》[法释(2010)13号]第3条出发,认为:旅游辅助人提供服务的行为“应视为康辉旅行社履行旅游服务行为”,当旅游辅助人提供的服务有瑕疵造成旅游者人身损害、财产损失时,旅游者有权选择要求旅行社承担违约责任或者侵权责任。也就是说,二审法院主张:依原《合同法》第122条有关违约责任和侵权责任竞合的规定,旅行社应为旅游辅助人的过错负责时,其所负责任既可针对违约责任,也可针对侵权责任。

4. 旅行社擅自将其旅游业务转让给其他旅行社的,是否应承担连带责任。此案中,被告中山国旅未经焦建军同意擅自将旅游业务转让给康辉旅行社,中山国旅主张:“旅游业务是否转让与交通事故及损害后果的产生并无必然因果关系。”因此,中山国旅不应承担责任。二审法院则认为:“焦建军与中山国旅签订出境旅游合同,双方形成旅游服务合同关系,中山国旅所提供的服务应当符合保障旅游者人身、财产安全的要求。中山国旅未经旅游者同意擅自将旅游业务转让给他人系违约行为,其负有的安全保障义务不发生转移的效力。”合同当事人之间除了给付义务,尚有保护义务,即在合同履行过程中注意保护对方人身、财产安全的义务。此义务也就是判决书所称“安全保障义务”。二审法院的观点是:未经旅游者同意,擅自转让旅游业务的,合同当事人的安全保障义务并未转移,当受让人因提供旅游服务不合格导致旅游者人身、财产损失时,转让人和受让人负连带责任。二审法院着眼的重点不是不得转让的义务以及擅自转让构成的义务违反,而是擅自转让人安全保障义务的继续存在以及安全保障义务的违反。

5. 若擅自转让旅游业务的转让方和受让方应承担连带责任,该连带责任性质如何。擅自转让旅游业务的转让方和受让方承担连带责任(此处为广义,涵盖不真正连带责任)时,转让方和受让方各自承担何种性质的责任?首先,受让方康辉旅行社对旅游者承担违约责任须以其对旅游者负有合同义务为前提。擅自转让旅游业务时,由于旅游者作为权利人并未同意,因此,转让人的合同义务不会消灭并转移给受让人。若认可受让人对旅游者负有合同义务,须寻找解释途径。由于并存的债务承担并未消灭擅自转让人的合同义务,也无需权利人同意,因此,有学者提出并存的债务承担予以解释。其次,就擅自转让方中山国旅来说,由于实际损害系因受让方提供的服务有缺陷而产生,可从受让方的责任性质入手分别讨论转让方承担连带责任的情形。其一,若受让方承担侵权责任,则转让方承担连带责任有两种可能:受让方承担侵权责任,转让方承担侵权责任,二者连带;受让方承担侵权责任,转让方承担违约责任,二者连带。其二,若受让方承担违约责任,则转让方承担连带责任也有两种可能:受让方承担违约责任,转让方承担违约责任,二者连带;受让方承担违约责任,转让方承担侵权责任,二者连带。

本案中,原告诉请转让方和受让方承担侵权连带责任。判决中涉及侵权连带责任的理由构成属于判决理由,可能涉及的其他连带责任的理由构成则应划入附带意见的范畴。假如以后类似案件的判决须参考本案,那么,本案中的附带意见可不予参考,应予参考的是判决理由。这里仅讨论判决理由,也就是侵权连带责任的构成。本案一审判决认为:“中山国旅未经焦建军同意将旅游业务转让给第三人康辉旅行社,该转让行为属于共同侵权行为。”可见本案一审判决着眼于擅自转让的行为,并以“共同侵权”作为理由构成;此案二审虽然维持原判,但阐述时认为:“中山国旅未经旅游者同意擅自将旅游业务转让给他人系违约行为,其所负有的安全保障义务不发生转移的效力。”二审判决的重点有所改变,侧重的是擅自转让人仍负有“安全保障义务”。共同侵权中,有合谋致损害于他人情形时,若其中一行为人的行为和损害结果有因果关系,另一行为人即因合谋而须负责。受害人无需证明另一行为人的行为与损害结果之间有因果关系。就此案来说,当受让方的行为符合侵权责任构成要件时,共同侵权的理由构成可以避免探讨转让人的行为(擅自转让)与旅游者损害之间的因果关系。但本案缺乏转让人和受让人的合谋,共同侵权的理由构成无法有力回应被告中山国旅的前述辩驳,即“旅游业务是否转让与交通事故及损害后果的产生并无必然因果关系”。由此,二审的理由构成更应值得重视。另外,二审的理由构成应当能够解释,为何受害人无需证明转让人的擅自转让等行为与损害结果之间的因果关系,而只需证明受让人的行为符合侵权责任的构成即可。能够提供此种解释的只有替代责任的视角,即受让人的行为符合侵权责任构成时,擅自转让人因其"安全保障义务"并未转移须就受让人的侵权行为承担责任。

Ⅱ 本判决的参考意义

本案判决涉及多方面问题,下面就其中较具有特殊性、值得参考的主要内容,稍作阐述:

1. 旅游辅助人、旅游合同保护义务违反与侵权责任。假如本案中康辉旅行社负有合同义务,且泰国车队属于康辉旅行社的旅游辅助人。本案二审判决确立的规则是:因旅游辅助人的原因,致使合同保护义务(此案判决中用语为"安全保障义务")违反,造成旅游者受损害时,旅游者既可请求合同义务人康辉旅行社承担违约责任,也可请求其承担侵权责任。受害人请求合同义务人承担侵权责任时,无需证明旅游辅助人同时符合侵权替代责任中的事务辅助人特征。

2. 擅自转移旅游业务与侵权连带责任。就擅自转移旅游业务,并且因受让方提供服务有缺陷,致使旅游者受损害的情形,本案二审判决确立的规则是:旅游者可以请求转让人和受让人承担侵权连带责任。就上述规则,着眼于二审判决的思路,较为合理的解释如下:首先,受让人提供服务有缺陷,致使旅游者受损害时,可让其承担侵权责任;其次,由于旅游业务擅自转让时,转让人的合同保护义务并未消灭,因此,转让人应就受让人的侵权行为承担替代责任,从而与受让人一起承担侵权连带责任。

Ⅲ 本案遗留的问题

本案遗留的问题是:本案二审判决是否属于基于旅游法及相关司法解释中保护旅游者的特殊政策考量而做出的特殊处理?若采肯定见解,则本案判决所确立的上述规则在不涉及旅游者保护的案件中不应参考,其规则仅适用于旅游辅助人、旅游合同保护义务违反与侵权连带责任的情形;若采否定见解,则本案判决可普遍推广,在与旅游合同不相关的纠纷中也可以参考,其规则可推广适用于履行辅助人、合同保护义务违反与侵权连带责任的情形。

□ 参考文献

叶金强:《旅游纠纷中的连带责任——以"焦建军与中山国旅等旅游侵权纠纷案"为参照》,载《法学》2015 年第 2 期。

周江洪:《旅游人身损害赔偿责任的中日比较——以履行辅助人理论为中心》,载《苏州大学学报》(哲学社会科学版)2017 年第 1 期。

申海恩:《旅行社转团中的责任承担——德国法视角的考察》,载《苏州大学学报》(哲学社会科学版)2017 年第 1 期。

091 刑事受害人的民事赔偿范围

尹瑞军诉颜礼奎健康权、身体权纠纷案 |《最高人民法院公报》2019 年第 3 期

石冠彬 海南大学法学院

■ 事实概要

2012 年 11 月 26 日 17 时许，同住淮南市田家庵区老龙眼洞泉村的尹瑞军与颜礼奎因小区菜地问题发生口角并厮打，颜礼奎持刀将尹瑞军捅伤。随后，尹瑞军被送往淮南市东方医院集团总医院治疗，事后出院。2013 年 8 月 22 日，淮南市田家庵区人民法院作出(2013)田刑初字第 00346 号刑事判决，认定颜礼奎犯故意伤害罪，并判处有期徒刑一年零三个月。后尹瑞军另行提起民事诉讼。在该案一审过程中，法院委托司法鉴定机构依法出具鉴定意见书，鉴定结论中包含瑞军的伤情相当于道路交通事故十级伤残。尹瑞军的诉请包含要求被告颜礼奎支付残疾赔偿金和精神损害抚慰金等在内。该案一审法院以非物质损失为由未支持尹瑞军的两项诉讼请求；二审法院认为"残疾赔偿金"属于物质损失，应当予以赔偿，但不应支持原告尹瑞军提出的精神损害抚慰金这一诉讼请求。

■ 判决要旨

支持残疾赔偿金诉请，驳回精神损害抚慰金诉请。

对于刑事案件的受害人因犯罪行为受到身体伤害，未提起刑事附带民事诉讼，而是另行提起民事侵权诉讼，并主张残疾赔偿金和精神损害抚慰金的情形，应作如下处理：对于精神抚慰金的诉讼请求，因被告人被判处刑罚对受害人而言已经是一种精神上的抚慰，且精神抚慰金不属于物质损失的范畴，故对于刑事案件受害人的这一诉请不应予以支持；对于残疾赔偿金的诉讼请求，因侵权行为造成受害人残疾的，必然会对受害人今后的生活和工作造成影响，造成受害人的生活成本增加或者劳动能力下降，进而变相地减少了受害人的物质收入，故残疾赔偿金应属于物质损失的范畴，该诉讼请求有明确的民事法律依据，也更符合公平原则，故对刑事案件被害人的这一诉请应予以支持。

■ 评　析

Ⅰ 本判决的思路和评价

本案中,对于侵犯人身权利的犯罪行为所引起的民事赔偿范围应否包含精神损失和残疾赔偿金的问题,二审法院在不突破现行司法解释明确否定精神损害抚慰金的前提下,从民事法律依据、公平责任、可以解释成物质损失三个维度出发,最终得出了刑事案件的受害人因犯罪行为受到身体伤害时,虽然不能依法主张精神损害抚慰金,但是有权主张残疾赔偿金。该案本质上遵循否定残疾补偿金属于精神损害抚慰金性质的裁判思路,一定程度上变相突破了涉刑案件不能支持精神损害赔偿的规定。

应当说,本判决在现行规则之下通过解释学的方法最大限度地扩大刑事案件受害人所能主张的民事赔偿范围,具有积极价值,值得肯定。

Ⅱ 犯罪行为造成被害人人身损害时民事赔偿范围的规范与学理

就犯罪行为造成被害人人身损害的民事赔偿范围而言,从现行有效的规定来看,主要可分为法律和司法解释两类,从分属部门法的视角来看则包含了民事法律规范与刑事法律规范。

就刑事法律规范而言,《刑法》第 36 条第 1 款规定:“由于犯罪行为而使被害人遭受经济损失的,对犯罪分子除依法给予刑事处罚外,并应根据情况判处赔偿经济损失。”《刑事诉讼法》第 101 条规定:“被害人由于被告人的犯罪行为而遭受物质损失的,在刑事诉讼过程中,有权提起附带民事诉讼。……”由此可知,无论是现行《刑法》还是《刑事诉讼法》,其明确列举的犯罪行为引起的民事赔偿范围均限于“经济损失”“物质损失”,本身就是否应当赔偿精神损失并未规定。但相关刑事领域的司法解释对此整体上持否定立场,且先后出台的相关司法解释内部可谓保持了连续性——最高人民法院《关于适用〈中华人民共和国刑事诉讼法〉的解释》[法释(2012)21 号](以下简称《刑事诉讼法司法解释》)第 138 条规定:“被害人因人身权利受到犯罪侵犯或者财物被犯罪分子毁坏而遭受物质损失的,有权在刑事诉讼过程中提起附带民事诉讼;被害人死亡或者丧失行为能力的,其法定代理人、近亲属有权提起附带民事诉讼。”“因受到犯罪侵犯,提起附带民事诉讼或者单独提起民事诉讼要求赔偿精神损失的,人民法院不予受理。”第 155 条第 2 款和第 3 款分别规定:“犯罪行为造成被害人人身损害的,应当赔偿医疗费、护理费、交通费等为治疗和康复支付的合理费用,以及因误工减少的收入。造成被害人残疾的,还应当赔偿残疾生活辅助具费等费用;造成被害人死亡的,还应当赔偿丧葬费等费用。”“驾驶机动车致人伤亡或者造成公私财产重大损失,构成犯罪的,依照《中华人民共和国道路交通安全法》第七十六条的规定确定赔偿责任。”由此可知,刑事领域的相关司法解释既没有明确肯定,也没有明确排斥残疾赔偿金和死亡赔偿金的适用,但确实否定了刑事案件受害人可以通过刑事附带民事诉讼的方式或单独民事诉讼的方式主张精神损害抚慰金的权利。对于刑事案件受害人不能主张精神损害赔偿这一点,事实上,最高人民法院最早在 1999 年 10 月 27 日出台的最高人民法院《关于印发〈全国法院维护农村稳定刑事审判工作座谈会纪要〉的通知》[法(1999)217号]中就有所体现,而后在2000年12月19日施行的最高人民法院《关于刑事附带民事诉讼范围问题的规定》[法释(2000)47号](已失效)中再次予以明确。特别值得一提的是,在2012年《刑事诉讼法》修改之前,最高人民法院《关于刑事附带民事诉讼赔偿范围问题的答复》[法办(2011)159号]曾明确表态,“附带民事诉讼案件依法只应赔偿直接物质损失,即按照犯罪行为给被害人造成的实际损害赔偿,一般不包括死亡赔偿金和残疾赔偿金”,从而在一定程度上确立了刑事案件受害人也不能主张“两金”的司法裁判立场。但《刑事诉讼法司法解释》(2013年1月1日施行)并未吸收这一规则。与此同时,前述司法解释就交通肇事罪的民事赔偿范围则指引适用《道路交通安全法》第76条的规定,从而为得出交通肇事罪受害人所主张的民事赔偿应包含残疾(死亡)赔偿金和精神损害抚慰金这一结论提供了明确依据。

就民事法律规范而言,《民法典》第1179条延续了先前《侵权责任法》第16条的立场,规定:“侵害他人造成人身损害的,应当赔偿医疗费、护理费、交通费、营养费、住院伙食补助费等为治疗和康复支出的合理费用,以及因误工减少的收入。造成残疾的,还应当赔偿辅助器具费和残疾赔偿金;造成死亡的,还应当赔偿丧葬费和死亡赔偿金。”《民法典》第1183条则合并了原《侵权责任法》第22条和司法解释的相关立场,规定:“侵害自然人人身权益造成严重精神损害的,被侵权人有权请求精神损害赔偿。”“因故意或者重大过失侵害自然人具有人身意义的特定物造成严重精神损害的,被侵权人有权请求精神损害赔偿。”由此可知,从民事法律规范的角度来说,《民法典》包括前民法典时代的相关民事法律规范均规定侵犯人身权益造成他人伤残或者死亡的,需要赔付残疾赔偿金或死亡赔偿金;且侵犯自然人人身权利的行为被认定为严重损害被害人精神时,侵权人需要承担精神损害赔偿责任(需要支付精神损害抚慰金);显然,造成他人伤残的行为自然应当认定为“严重损害被害人精神”的情形。从这一点来说,《民法典》的立场与前民法典时代施行的最高人民法院《关于确定民事侵权精神损害赔偿责任若干问题的解释》[法释(2001)7号](以下简称《精神损害赔偿司法解释》)等民事类司法解释均保持了相同立场。

就此,从学界研究来看,对于“精神损害赔偿”的认识有一个明显的历史演变过程——新中国成立初期的理论界认为精神损害赔偿属于对人的“物化”,是资本主义腐朽思想的体现,所以对其持绝对的抗拒态度(佟柔等主编:《民法概论》,中国人民大学出版社1982年版,第307页;胡平:《精神损害赔偿制度研究》,中国政法大学出版社2003年版)。伴随着1986年原《民法通则》的颁布及相关司法解释的出台,精神损害赔偿制度逐步成为学界共识,侵犯权利也从人格权扩展成为人身权。因为《精神损害赔偿司法解释》第9条曾明确将残疾赔偿金和死亡赔偿金作为精神损害抚慰金的表现形式,所以有论者认为当年《国家赔偿法》和《消费者权益保护法》规定的死亡赔偿金和残疾赔偿金是完善我国精神损害赔偿制度上迈出的重要一步(邵磊:《刑事附带民事案件精神损害赔偿问题研究》,载《河北法学》2005年第6期)。但是,最高人民法院《关于审理人身损害赔偿案件适用法律若干问题的解释》[法释(2003)20号]第17条一定程度上重新界定了“两金”的属性,故有学者认为,即使刑事诉讼法的相关司法解释明确禁止刑事案件受害人主张支付精神损害抚慰金,受害人仍然可在民事赔偿中主张残疾赔偿金和死亡赔偿金(张新宝:《侵权责任法原理》,中国人民大学出版社2005年版,第527页)。最高人民法院相关人士在对刑事诉讼法司法解释的理解著作中也曾持这一立场(江必新主编:《最高人民法院刑事诉讼法司法解释理解与适用》,人民法院出版社2015年版,第492页)。从应然层面的分析来看,学界对刑事案件受害人有权主张精神损害抚慰金多持肯定立场,有论者就明确认为《刑法》和《刑事诉讼法》中所言的"物质损失"本身并不排斥精神损害赔偿的适用,因为两者紧密相关,可互相转化(刘世友、赵向鸿:《刑事附带民事诉讼中精神损害赔偿问题研究》,载《法律适用》2010年第7期)。

Ⅲ 既往司法实践状况

诚如前述,在现行司法解释明确否定刑事案件受害人享有主张精神损害抚慰金请求权的情况下,尽管理论界与实务界人士都有观点主张受害人仍可在民事赔偿中主张"两金",司法实务也有判例持这一立场[甘肃省高级人民法院(2015)甘民一终字第24号民事判决书],但司法实务整体上对刑事案件受害人主张"两金"仍持否定立场,多认为"两金"本质上仍然属于精神损害抚慰金的范畴[陕西省高级人民法院(2016)陕刑终338号刑事附带民事判决书;湖北省高级人民法院(2015)鄂孝感中刑终字第00036号刑事附带民事裁定书;四川省高级人民法院(2016)川刑终159号刑事附带民事判决书,等等]。

源于司法解释的明文规定,就交通肇事罪之外的刑事案件,法院就精神损害抚慰金基本上遵循了刑事案件受害人无权主张精神损害抚慰金请求权的立场[江西省高级人民法院(2015)赣刑三终字第79号刑事附带民事判决书;河北省高级人民法院(2015)冀刑四终字第76号刑事附带民事判决书,等等]。但是就交通肇事罪的受害人能否主张精神损害抚慰金而言,裁判分歧则相对较大,有法院完全依照《道路交通安全法》第76条的规定肯定受害人享有该请求权[遵义市中级人民法院(2014)遵市法刑三终字第126号刑事附带民事判决书;自贡市中级人民法院(2017)川03刑终34号刑事附带民事判决书,等等];有法院则认为交通肇事罪中的受害人也不能主张精神损害抚慰金[通辽市中级人民法院(2016)内05刑终127号刑事附带民事判决书;三亚市中级人民法院(2014)三亚刑终第69号刑事附带民事判决书,等等]。当然,也有法院认为交通肇事罪中的民事赔偿范围应当包含"两金"而不包含精神损害抚慰金[海西蒙古族藏族自治州中级人民法院(2014)西刑终字第57号刑事附带民事判决书;吉林市中级人民法院(2015)吉中刑终字第102号刑事附带民事判决书]。就此,最高人民法院在刑事诉讼法司法解释适用的理解书籍中以学理解释的方式提出,机动车交通肇事案件应当特别对待,宜将"两金"纳入赔偿范围,因为被告人一般具有较强的赔偿能力,但是对于精神损害抚慰金则并未说明需要特别对待[江必新主编:《最高人民法院刑事诉讼法司法解释理解与适用》,人民法院出版社2015年版,第493页]。

Ⅳ 本判决的影响及将来的课题

本案作为公报案例,一定程度上代表着最高人民法院就刑事附带民事赔偿范围的司法裁判立场已经出现了一定的变化,是一个积极的信号。该公报案例提出,对于侵犯人身权利的犯罪行为对被害人造成的伤残，刑事案件的被告人同时需要承担支付残疾补偿金这一民事责任。这一观点在未来司法实务可能将逐步形成共识，并有望以此为起点，最终改变涉刑案件不能主张精神损害抚慰金这一与民事法律规范相冲突、导致刑事规范内部冲突且与域外立法例明显不相容的裁判立场。

无论理论界还是实务界，都值得重新反思"因为怕空判而否定刑事案件受害人享有精神损害抚慰金请求权"这一立场的合理性，在现行规则的前提下，主张《民法典》的相关规则是否事实上已经否定了相关刑事法律规则的适用效力，殊值研究。

◻ 参考文献

王利明:《侵权责任法研究》(第2版)，中国人民大学出版社2016年版。

张新宝:《侵权责任法原理》，中国人民大学出版社2005年版。

江必新主编:《最高人民法院刑事诉讼法司法解释理解与适用》，人民法院出版社2015年版。

邵磊:《刑事附带民事案件精神损害赔偿问题研究》，载《河北法学》2005年第6期。

刘世友、赵向鸿:《刑事附带民事诉讼中精神损害赔偿问题研究》，载《法律适用》2010年第7期。

092 按因侵权所获利益认定赔偿额的方法

无锡国威陶瓷电器有限公司、蒋国屏与常熟市林芝电热器件有限公司、苏宁易购集团股份有限公司侵害实用新型专利权纠纷案 | 《最高人民法院公报》2019 年第 3 期

王 好 杭州师范大学沈钧儒法学院

■ 事实概要

无锡国威陶瓷电器有限公司（以下简称国威公司）与蒋国屏以常熟市林芝电热器件有限公司（以下简称林芝公司）、苏宁易购集团股份有限公司侵害实用新型专利权为由，一审诉请判令两公司停止侵权，并由林芝公司承担 1500 万元的赔偿责任。本案专利涉及一种 PTC 发热器及其导热铝管。一审判决认定侵权成立，但认为权利人受损、侵权人获益相关证据不足，酌定赔偿额为 100 万元；二审法院认定侵权不成立。国威公司、蒋国屏申请再审，请求法院改判林芝公司侵权成立，并支持其一审全部诉讼请求。最高人民法院裁定提审该案。

再审申请人主张按侵权人因侵权所得利益计算赔偿额，并提出“侵权产品总销售额 × 侵权产品利润率”的计算方法。为证明侵权产品的总销售额，再审申请人提交了从多家单位获取的证据。其中海信（山东）空调有限公司［以下简称海信（山东）公司］提供的证据载明了林芝公司向其供应 9 种型号产品的数量和金额；同时该公司表示前述各型号产品在发热体铝管结构上无区别，并提供了其中 7 种型号产品的实物。其余 3 家单位虽提供了供货金额等证据，但这些证据未说明侵权产品占总供货数量的比例。

■ 判决要旨

林芝公司侵权成立，应承担赔偿责任。

对现有证据能证明相应销售额的侵权销售行为，应根据受害人的主张，按侵权人因侵权所得利益确定赔偿责任；仅对销售额不明的那部分侵权销售行为，才由法院酌定相应赔偿额。认定侵权获益，可采“总销售额（不含税）× 产品利润率 × 侵权行为对产品利润的贡献度”的计算方法。二审判决认定侵权不成立，裁判结果错误；一审判决认定侵权成立正确，但在本案部分证据能证明部分侵权获益的情况下全盘适用法定赔偿，适用法律有误，应予纠正。

■ 评　析

Ⅰ 本判决的思路和意义

本案判决采取了避免向酌定赔偿逃逸（在知识产权法领域称法定赔偿，以下统称酌定）的思路。其一，现有证据不足以证明案涉侵权产品的全部销售额，不同于一审判决，再审法院仅对销售额不明的这部分销售行为适用酌定赔偿。其二，受害人主张的计算方法不尽合理，法院对其合理部分仍予考虑。其三，当侵权产品利润率、专利利润贡献度难以确切证明时，本案法院结合现有证据酌定之，未轻易作出侵权获益不确定的判断。具体认定步骤如下：

第一步，分析受害人主张的计算方式中的不合理成分。主要包括：首先，除海信（山东）公司外，其余单位提供的证据难以说明所涉供货金额中有多少对应侵权产品，不能作为认定侵权获益的基础。其次，受害人主张按“总销售额×产品利润率”的方法计算获益，但如此算得的是产品整体的利润，可能计入非侵权因素的贡献。

第二步，在剔除上述不合理因素后，按“总销售额（不含税）×产品利润率×侵权行为对产品利润的贡献度”算定侵权获益。在侵权人未提供相反证据的情况下，推定其向海信（山东）公司供应的9种型号产品均为侵权产品，相应销售额均计入认定侵权获益的基数；综合双方主张，酌定侵权产品利润率为15%；基于案涉专利对侵权产品市场吸引力的重要性，酌定专利利润贡献度为50%。综合算得林芝公司向海信（山东）公司销售侵权产品的收益为114,371,557元×15%×50%=8,577,867元。

第三步，由于林芝公司向其余单位销售侵权产品所获利益、所致损失不明，由法院酌定这部分侵权行为相应的赔偿额为80万元。合计由林芝公司赔偿受害人经济损失9,377,867（8,577,867+800,000）元及为制止侵权所支付的开支6万元。

在侵权获益举证困难且计算标准尚有疑义的背景下，采取本案判决的做法有助于缓解侵权获益赔偿在实务中利用率低下的现状，鼓励受害人对侵权获益加以积极主张和举证。

Ⅱ 按侵权人因侵权所获利益认定损害赔偿额的规范及其法理

传统损害赔偿法以填平损失为宗旨。不过，根据侵权人因侵权所获利益确定赔偿额的规则（以下称获益赔偿）也已为实定法所认可。《民法典》第1182条规定：“侵害他人人身权益造成财产损失的，按照被侵权人因此受到的损失或者侵权人因此获得的利益赔偿；被侵权人因此受到的损失以及侵权因此获得利益难以确定，被侵权人和侵权人就赔偿数额协商不一致，向人民法院提起诉讼的，由人民法院根据实际情况确定赔偿数额。”《商标法》第63条、《著作权法》第49条、《专利法》第65条等亦作了类似规定。

获益赔偿在实务中适用率很低。为降低举证难度，《商标法》第63条第2款要求尽力举证，最高人民法院《关于审理侵犯专利权纠纷案件应用法律若干问题的解释（二）》［法释（2016）1号］第27条要求提供初步证据，在权利人已完成一定举证义务，而与侵权行为相关的账簿和资料主要由侵权人掌握时，法院可责令侵权人提供相关账簿、资料。除举证困难外，获益赔偿的制度目的、体系定位、计算标准存疑，也可能是获益赔偿受冷遇的原因。

现行法将获益赔偿置于补偿性赔偿的框架下。根据原《侵权责任法》第 20 条(《民法典》第 1182 条)、《专利法》第 65 条，获益赔偿的适用以受害人受有损失，但实际损失难以确定为前提。据此，这些规范仍以补偿损失为宗旨，只是在实际损失难以确定时，允许替代性地根据侵权获益计算赔偿额。但由于侵权人获益与权利人受损间通常缺乏合理对应性，获益赔偿与损失补偿何以连贯颇有疑问。本案判决遵循规范文义，在补偿损失的意义上考虑侵权获益；值得留意的是，本案法院事实上未审查权利人所受损失是否确实难以确定。

不同于现行法，学说上多认为获益赔偿不再以损失为中心，具有不同于补偿性赔偿的功能。有认为获益赔偿实为不当得利返还[程啸：《侵权责任法》(第 2 版)，法律出版社 2015 年版，第 698 页]，但由于侵权获益可超过被侵害权益的客观市场价值，获益赔偿似非如不当得利法那样仅旨在维护权益归属秩序(缪宇：《获利返还论——以〈侵权责任法〉第 20 条为中心》，载《法商研究》2017 年第 4 期)。多数见解认为获益赔偿旨在通过去除违法所得威慑(预防)违法行为，但对获益赔偿的体系定位意见不一，有侵权责任说、不法管理说、独立请求权说等；获益赔偿是否以损害为要件、主观要件如何等也都有争议(张家勇：《基于得利的侵权损害赔偿之规范再造》，载《法学》2019 年第 2 期；黄芬：《人格权侵权获利赔偿的请求权基础研究》，载《法商研究》2019 年第 4 期；朱岩：《"利润剥夺"的请求权基础——兼评〈中华人民共和国侵权责任法〉第 20 条》，载《法商研究》2011 年第 3 期)。

值得关注的是，《民法典》第 1182 条与原《侵权责任法》第 20 条有所不同，规定"侵害他人人身权益造成财产损失的，按照被侵权人因此受到的损失或者侵权人因此获得的利益赔偿"。该规定虽仍要求损失要件，但不再将获益赔偿置于例外地位，构成对损失填补原则的正面突破。此番规定目的何在、是否妥当，有待进一步探讨。

关于侵权获益计算，最高人民法院《关于审理专利纠纷案件适用法律问题的若干规定》(2015 年修正)[法释(2015)4 号]第 20 条第 2 款规定："……侵权人因侵权所获得的利益可以根据该侵权产品在市场上销售的总数乘以每件侵权产品的合理利润所得之积计算。侵权人因侵权所获得的利益一般按照侵权人的营业利润计算，对于完全以侵权为业的侵权人，可以按照销售利润计算。"最高人民法院《关于审理商标民事纠纷案件适用法律若干问题的解释》[法释(2002)32 号]第 14 条规定侵权获益"可以根据侵权商品销售量与该商品单位利润乘积计算"。这些解释可以起到一定的指引作用，但也存在疑点：一是上引解释采"单位产品利润 × 销售量"标准，但如本案判决所言，侵权产品的利润与侵权获益尚非等同；二是上引解释未说明是否可采其他计算思路。如比较法上有通过比较侵权发生与否时侵权人利益状况之差来算定侵权获益者(损失计算之"差额说"的镜像方法)，此时即便侵权人亏损，仍可能算得正值的侵权获益(因不侵权时的亏损更大)；三是在采营业利润标准时哪些成本可予扣除，有待明确。目前学说对侵权获益计算问题关注不多，相关讨论主要出现在知识产权法域(朱理：《专利侵权损害赔偿计算分摊原则的经济分析》，载《现代法学》2017 年第 5 期)。

Ⅲ 既往司法实践状况

从既往实践看,尽管现行法将实际损失难以确定作为适用获益赔偿的前提,法院并不严格审查该要件是否成立,事实上允许受害人直接主张获益赔偿。获益赔偿适用率极低的原因在于侵权获益很难确切证明。就人身侵权而言,多发的公众人物肖像权侵权案件是典型的获益型侵权,但由于肖像仅起宣传作用,并非产品或服务本身的内容,侵权人经营所得与侵权行为的关联程度不很直观。针对此类案件,法院往往基于人格利益的商业化价值认可受害人受有一定损失,但认为权利人受损、侵权人获益均难确定,最终适用酌定赔偿,如"深圳市格调家私有限公司与黄渤肖像权纠纷上诉案"[北京市第三中级人民法院(2018)京03民终3477号民事判决书]等大量类似案件。类似问题在商标侵权案件中同样存在。在"河南金博士种业股份有限公司与深圳市梦网科技发展有限公司等侵犯商标权纠纷再审案"[最高人民法院(2009)民申字第1771号民事裁定书],因"玉米种子利润并非仅为涉案商标标识的利润",法院认为侵权获益难以确定。

在专利权与著作权侵权案件中,权利人的智力成果常被直接应用于侵权人的产品、服务、作品,此时自可将相关收益作为认定侵权获益的基础。不过要确切证明侵权产品所生利润、侵权行为对前述利润的贡献程度等也并非易事。例如,在"余某等与琼瑶侵害著作权纠纷上诉案"[北京市高级人民法院(2015)高民(知)终字第1039号民事判决书]中,权利人主张基于侵权人的编剧酬金、侵权电视剧发行价确定侵权获益,法院认为其依据不足。

如不适当放宽证明标准并允许法官享有相当裁量余地,"侵权获益难以确定"毋宁是普遍现象。但既有实践对获益赔偿认定中的法官裁量看法不一。如"余某等与琼瑶侵害著作权纠纷上诉案",二审法院认为一审法院"既根据违法所得来确定赔偿数额,同时又结合各种因素对赔偿数额进行酌定"有误。迄今为止,在商业化利用他人人格利益案件与知识产权侵权案件中,大多判决都适用酌定赔偿。这不仅引发赔偿额是否缺乏基本可预见性的忧虑,也会挫伤受害人对侵权获益加以举证的积极性。

在适用获益赔偿的判决中,计算标准不一。最明显的是,一些判决未明确将侵权获益与侵权产品的利润相区分,如"江苏天容集团股份有限公司诉湖南昊华化工有限责任公司不正当竞争纠纷案"(《最高人民法院公报》2018年第10期)、"珠海金稻电器有限公司等与松下电器产业株式会社侵害外观设计专利权纠纷上诉案"(最高人民法院发布2016年十大知产案件之六)、"李雅非等诉王宇等名誉权纠纷案"[广东省高级人民法院(2014)粤高法民一申字第750号民事裁定书]等。另一些则作此区分,如"STOKKEAS(斯托克股份有限公司)诉浙江多宝贝婴童用品有限公司等侵害发明专利权纠纷案"[浙江省杭州市中级人民法院(2016)浙01民初1278号民事判决书]等判决。本案判决澄清了区分的必要性。

Ⅳ 本判决的参考意义及将来的课题

获益赔偿在实务中适用率很低。既往实践表明,其原因可包括:部分受害人未积极主张并举证、侵权获益通常难以确切计算、侵权获益计算标准存有疑义、部分判决向酌定赔偿逃逸等。如何避免获益赔偿被架空？本案判决指出了一些方向：(1)适当放松证明标准，并允许法官在认定获益赔偿时享有较宽松的裁量余地；(2)在现有证据能够证明部分侵权获益的情况下，应在同一案件结合适用获益赔偿与酌定赔偿，从而尽可能节制适用酌定赔偿；(3)当受害人主张的计算方法不尽合理，其合理成分仍应予以考虑。此外，判决详细呈现了侵权获益的计算过程，并澄清"侵权产品利润≠因侵权所获利益"，可供后续实践参考。

一些遗留问题还有待研究。首先，澄清制度目的是当务之急。无论以损失抑或获益为基础，赔偿额认定都不全然是对客观事实的探查，必然受价值判断影响。故有必要明确获益赔偿的首要目的究竟在于适当补偿损失、返还不当得利抑或威慑违法行为。其次，获益赔偿的体系位置、构成要件等理论争议仍待化解。最后，若认可法官在认定获益赔偿时享有较宽松的裁量余地，更有必要系统研究裁量方法，如酌定侵权行为的"利润贡献度"时可考虑哪些因素等。另外，侵权获益计算标准上的疑问难以通过个案完全澄清，有待进一步探索。

□ 参考文献

张家勇：《基于得利的侵权损害赔偿之规范再造》，载《法学》2019年第2期。
黄芬：《人格权侵权获利赔偿的请求权基础研究》，载《法商研究》2019年第4期。
朱理：《专利侵权损害赔偿计算分摊原则的经济分析》，载《现代法学》2017年第5期。
缪宇：《获利返还论——以〈侵权责任法〉第20条为中心》，载《法商研究》2017年第4期。
程啸：《侵权责任法》(第2版)，法律出版社2015年版。
朱岩：《"利润剥夺"的请求权基础——兼评〈中华人民共和国侵权责任法〉第20条》，载《法商研究》2011年第3期。

093 纯粹经济损失的侵权责任法保护

黔江区永安建筑有限责任公司诉黔江区民族医院、黔江区供电有限责任公司财产损害赔偿纠纷案 | 重庆市第四中级人民法院(2006)渝四中法民一终字第9号民事判决书

李 昊 北京航空航天大学法学院

■ 事实概要

2005年7月15日9时许,黔江区永安建筑有限责任公司(一审被告、二审上诉人,以下简称永安公司)在其承包的金三角河堤段工程的施工过程中,损坏了黔江区供电有限责任公司(一审被告、二审被上诉人,以下简称供电公司)埋在该地段的10KV电力电缆,导致输电线路中断,造成黔江区民族医院(一审原告、二审被上诉人,以下简称民族医院)停电26小时,影响了民族医院的正常经营。事故发生后,永安公司于当日支付供电公司电缆维修材料费10,000元。供电公司于次日上午将被损坏的线路予以修复,并于12时左右恢复通电。经查证民族医院从2005年6月28日至7月27日的经营收入为平均每日6万多元,而2005年7月15日的经营收入为13246.17元。民族医院向一审法院起诉,认为永安公司在施工过程中损坏了供电公司的电缆,致使输电线路中断,导致其因停电而遭受重大经济损失,请求法院判令永安公司和供电公司连带赔偿其经济损失38,982元。

一审法院认为,永安公司在施工过程中损坏电力设施,导致停电事故发生,影响医院的正常运行,造成其可得收入的减少,其行为符合侵权行为的构成要件。同时《电力法》(此处系指1995年通过的电力法,于2018年被修正,但案涉法条并无变动)第60条第3款规定:"因用户或第三人的过错给电力企业或其他用户造成损害的,该用户或第三人应当依法承担赔偿责任。"故永安公司理应承担民事赔偿责任。供电公司在其供电设施遭受损坏后积极履行抢修义务,其行为并无过错,不应承担民事责任。民族医院的损失额以其提供的收支日报表为参照,结合本案实际情况,酌情认定为25,000元。永安公司不服一审判决提起上诉。

■ 判决要旨

撤销一审判决,驳回民族医院的诉讼请求。

第一,供电公司没有对涉案电缆线实施侵权行为,也没有与建筑公司共同实施侵权行为,故供电公司在本案中不对民族医院负赔偿责任。

第二,加害人对电缆的切断,损害了供电部门的物权,是“第一次损害”,而电缆线的毁损致民族医院因供电不能而遭受的损失系“后续损害”,该后续损害是否应当得到赔偿,须依据侵权法的基本构成要件,结合民族医院的损失应否属于民法应当保护的法益范围等进行综合评定。首先,从因果关系要件上看,民族医院的损害与加害人的加害行为之间存有相当因果关系,民族医院可以基于侵权法的规定向加害人请求损害赔偿;其次,侵权法并没有对一切权益作同样的保护,而是有所区别,即以“人”的保护最为优先;“所有权”的保护次之;“财富”(经济上利益)又次之,仅在严格的要件下,始受保护。本案中的“后续损害”,一般仅限于因人身权、所有权受损产生才受保护,即除经济损失系因人身或所有权遭受侵害而发生者外,原则上不予赔偿。再次,在电缆线毁损而导致电力供应中断时,用户所遭受的多属纯粹经济上损失,以不能营业之损失最为常见,本案既属此情形。纯粹经济上损失系指被害人直接遭受财产上不利益,而非因人身或物被侵害而发生。除加害人系故意以悖于善良风俗之方法致用户受损害的特殊情形外,不在赔偿之列。最后,纯粹经济上损失应否赔偿,一般从以下两个方面进行考量:其一,电力中断会经常发生。事故发生后,人身或物品未遭受损害的情况下,虽对人们的生活造成不便,有时产生经济上损失,但电力供应短期即告回复,纵有经济损失,亦属轻微,一般人观念中多认为对此应负容忍义务。其二,被害人对于此等意外事故,若皆得请求经济上损失赔偿,则其请求权将漫无边际,加重了加害人的赔偿义务,有违公平正义,也不利于整个社会经济的发展。因此除经济损失系因用户的人身或所有权遭受侵害而发生外,原则上不予赔偿。基于上述适当限制加害人赔偿责任的政策考量,对《电力法》第 60 条第 3 款中的“损害”应限缩解释为因“人身或所有权遭受侵害而发生的损害”。由此,二审法院认为本案民族医院要求赔付的停电期间的营业损失在性质属于纯粹经济上损失,不应获得支持,故撤销一审判决,驳回民族医院的诉讼请求。

■ 评　析

Ⅰ 本判决的思路和意义

本案焦点在于纯粹经济损失的侵权责任法保护问题。民族医院主张的损失为医院因停电所遭受的利润损失,二审法院将该损失认定为纯粹经济损失,即非因人身或物(所有权)受到侵害而直接遭受的财产上的不利益,并认为对于纯粹经济损失,除加害人故意以悖于善良风俗之方法导致外,侵权责任法一般不予赔偿。法院给出了不予赔偿的政策考量,即一方面社会大众对于该种损失具有容忍义务;另一方面肯定该种损失赔偿将会导致众多潜在的受害者请求加害人赔偿损失,导致加害人承担过重的赔偿义务,有违公平正义,也会阻碍社会经济的发展。

本案中的纯粹经济损失在类型界定上应属于“物之使用不能”,属于典型的反射损害。本案的裁判意见对于明确纯粹经济损失的概念内涵及纯粹经济损失的侵权责任法保护问题有重要参考意义。

Ⅱ 侵权责任法对于纯粹经济损失的规范及学理

我国现行立法中并未出现纯粹经济损失这一概念，而是由学理对其进行了归纳总结。有学者将其界定为“被害人所直接遭受的经济上的不利益或金钱上的损失，它并非是因被害人的人身或有形财产遭受损害而间接引起的，或者说，它并非被害人所享有的人身权或物权遭到侵犯而间接引起的”（李昊：《纯经济上损失赔偿制度研究》，北京大学出版社2004年版，第7页），该种界定对纯粹经济损失的范围采取了较为宽泛的认定。其他学者对纯粹经济损失的界定在概念的核心特征上与上述观点基本保持一致，但是在范围认定上或多或少有一定的限缩，如有学者将其界定为“并非通过对被侵害人的人身和确定的财产权利造成的实质损害而产生的费用损失”（张新宝：《侵权责任法》，中国人民大学出版社2016年版，第199页），在该种界定模式下，侵害债权或知识产权等导致的损失就会被排除在纯粹经济损失的范围外。

我国法律并未完全否定纯粹经济损失的侵权责任法保护，例如原《民法通则》第106条第2款规定：“公民、法人由于过错侵害国家的、集体的财产，侵害他人财产、人身的应当承担民事责任。”该条在原《侵权责任法》出台前发挥着侵权责任法一般条款的作用，学界通说认为该处的“财产”并非仅指财产权，还包括财产性利益（张新宝、李倩：《纯粹经济损失赔偿规则：理论、实践及立法选择》，载《法学论坛》2009年第1期），这实际上为肯定纯粹经济损失的赔偿提供了规范基础。本案法院也援引了原《民法通则》第106条第2款作为裁判依据，且认为经济上利益也可受到侵权责任法的保护，但限于其中的附随经济损失，纯粹经济损失原则上则不予赔偿。在原《侵权责任法》颁布后，学界对于该法第2条《民法典》第120条与第1164条）中“民事权益”“财产权益”的表述展开了讨论，主流观点认为第2条所称权益既包括权利也包括利益，纯粹经济损失依然可以受到侵权责任法的保护（张新宝：《侵权责任法》，中国人民大学出版社2016年版，第199页；王利明：《侵权责任法》，中国人民大学出版社2016年版，第29页；葛云松：《〈侵权责任法〉保护的民事权益》，载《中国法学》2010年第3期）。此外还有诸多类型的纯粹经济损失被法律专门规定，并得到侵权责任法的保护。例如，《民法典》第1181条第2款就肯定了第三人为被侵权人支付的医疗费和丧葬费可以获赔，《民法典》第1202条肯定了对产品伤害他人的赔偿，《民法典》第1229条肯定了因环境污染、破坏生态对他人造成的纯粹经济损失承担侵权责任。

虽然我国的侵权责任法并未明确排除对纯粹经济损失的赔偿，但在上述法定类型之外的纯粹经济损失是否应予赔偿仍存在争议。否定说认为支持纯粹经济损失的侵权责任法救济会导致加害人承担不合理的经济负担进而侵害其行为自由、侵权责任法过度侵蚀合同法的适用领域、产生滥诉现象、此种损失一般人负有容忍义务等（张新宝、李倩：《纯粹经济损失赔偿规则：理论、实践及立法选择》，载《法学论坛》2009年第1期；葛云松：《纯粹经济损失的赔偿与一般侵权行为条款》，载《中外法学》2009年第5期）；而肯定说则主张在个案中，受损当事人范围确定，也能为行为人所能预见，对此进行赔偿并不会给行为人造成过重负担、将纯粹经济损失排除在侵权责任法保护范围之外可能损害受害人的利益等［张红：《纯粹经济损失赔偿的可能与限度》，载《武汉科技大学学报》（社会科学版）2019年第2期；朱晓喆、冯洁语：《产品自损、纯粹经济损失与侵权责任——以最高人民法院(2013)民申字第 908 号民事裁定书为切入点》,载《交大法学》2016 年第 1 期]。应当认为,对法定类型外的纯粹经济损失的赔偿不宜一概否认或肯定,而是应当由法官在个案中进行综合的政策考量,并通过类型化的方式来逐步确定应予赔偿或不予赔偿的纯粹经济损失类型。

本案中的损失属于反射损害型的“物之使用不能”类型的纯粹经济损失,主要体现为营业损失,国外的司法实践在该类损失的赔偿上存在争议,但英国法和德国法都否认了对其的赔偿,最重要的理由是为避免加害人“面临在不特定时间中,对不特定人员负不特定责任之危险”,即所谓的“水闸理论”(Flood Gate)。本案二审法院亦主要秉持了这一理由。

Ⅲ 既往司法实践状况

在本案中,二审法院否定了对反射损害型的“物之使用不能”类型的纯粹经济损失(主要是营业损失)的赔偿,这在该领域属于具有开创性的案例。在本案判决之后,对该类型的纯粹经济损失,司法实践也基本保持了否定的态度。有法院认为加害人对其撞断他人专用供电杆,导致他人因电力中断无法营业产生的营业收入损失无需进行赔偿,理由为该种损失与受害人联系较远[湖北省荆门市中级人民法院(2016)鄂 08 民终字第 219 号民事判决书]。当然该案有其特殊性,即加害人的行为只导致某一特定主体停电停产,而非使潜在的不特定主体受损,但其本质上也应归属于反射损失型的“物之使用不能”损失,因此该案法官虽没有援引“水闸理论”,但还是否定了原告的诉求。还有类似案件认为,由于公共运输通道或公用设施的关闭而造成的非财产和人身的损害是国际上普遍认可的一种典型的纯粹经济损失,除非法律有特别规定,此类损失通常不予保护和支持[上海海事法院(2018)沪 72 民初字第 899 号民事判决书]。

而对于其他类型的纯粹经济损失,则不乏持肯定意见的法院判决。例如,在错误保全型案件中,法院认为侵权人故意超值查封受害人房产,导致受害人无法履行与他人签订的租赁、转让、经营管理合同,因此产生利润损失,侵权人对此应承担赔偿责任[最高人民法院(2013)民申字第 1520 号民事裁定书];在产品自伤案件中,法院认为受害人购买侵权人生产的存在缺陷的混凝土搅拌站,并出卖由该产品生产出的不达标水泥进而对他人承担的赔偿责任属于纯粹经济损失,侵权人应予赔偿[最高人民法院(2013)民申字第 908 号民事裁定书];还有法院认为,在用人单位拒绝协助劳动者办理注册建造师执业单位变更,导致该劳动者不能使用注册二级建造师名称在其他单位从事相应的执业活动,因此取得低于持证工作获得的工作报酬时,此种收入的差额属于纯粹经济损失,用人单位应予赔偿[重庆市第一中级人民法院(2014)渝一中法民终字第 06265 号民事判决书]。

可见本案所代表的反射损害型的“物之使用不能”类纯粹经济损失,在立法没有明确规制的情况下,司法实践中已形成一般不予赔偿的裁判规则,而其他类型的纯粹经济损失还有待于司法实践进一步加以类型化以明确赔偿规则。

Ⅳ 本判决的参考意义及将来的课题

本判决对纯粹经济损失这一概念给出了相对明确的界定,同时排除了对反射损害型的

"物之使用不能"类型的纯粹经济损失的赔偿,有助于确立此类型案件适用的一般规则。但是并不能将该判决理解为一概排除对纯粹经济损失的侵权责任法救济,对其他类型的纯粹经济损失的侵权责任法保护问题,还需要法官在结合具体案情的基础上,综合考量各方利益进行类型化的操作才能得出妥适的结论。

☐ 参考文献

李昊:《纯经济上损失赔偿制度研究》,北京大学出版社 2004 年版。

王利明:《侵权责任法》,中国人民大学出版社 2016 年版。

杨立新:《侵权责任法》(第 3 版),法律出版社 2018 年版。

张新宝:《侵权责任法》(第 4 版),中国人民大学出版社 2016 年版。

王泽鉴:《侵权行为法》,北京大学出版社 2016 年版。

[意]毛罗·布萨尼、[美]弗农·瓦伦丁·帕尔默主编:《欧洲法中的纯粹经济损失》,张小义、钟洪明译,法律出版社 2005 年版。

张新宝、李倩:《纯粹经济损失赔偿规则:理论、实践及立法选择》,载《法学论坛》2009 年第 1 期。

葛云松:《纯粹经济损失的赔偿与一般侵权行为条款》,载《中外法学》2009 年第 5 期。

葛云松:《〈侵权责任法〉保护的民事权益》,载《中国法学》2010 年第 3 期。

朱晓喆、冯洁语:《产品自损、纯粹经济损失与侵权责任——以最高人民法院(2013)民申字第 908 号民事裁定书为切入点》,载《交大法学》2016 年第 1 期。

陈红梅:《论环境侵权中纯粹经济损失的赔偿与控制》,载《华东政法大学学报》2012 年第 2 期。

094 适用公平责任规则是否以存在法律因果关系为要件

田九菊诉杨帆生命权纠纷案 | 河南省郑州市中级人民法院
(2017)豫01民终14848号民事判决书

王文胜 湖南大学法学院

■ 事实概要

2017年5月2日9时24分许,受害人段小立与杨帆先后进入金水区××小区×号楼×单元电梯内,因段小立在电梯内吸烟,二人发生言语争执。段小立与杨帆走出电梯后,仍有言语争执,双方被该小区物业公司的工作人员劝阻后,杨帆离开,段小立同物业公司工作人员一同进入物业公司办公室。其后,段小立在物业公司办公室突然晕倒,9时31分物业工作人员呼叫"120",急救人员于6分钟后到达并当场抢救。最终,段小立经抢救无效死亡。

另查明,事件发生过程中,段小立情绪较为激动,并随着时间的推移情绪激动程度不断升级;杨帆情绪相对比较冷静、克制;二人只有语言交流,无拉扯行为,无肢体冲突。二人接触时长不足5分钟。

受害人家属田九菊向法院起诉,请求判令被告杨帆赔偿死亡赔偿金等共计40余万元。

一审法院认为,段小立猝死的结果是杨帆未能预料到的,杨帆的行为与段小立的死亡之间并无必然的因果关系,但段小立确实在与杨帆发生言语争执后猝死,依照《侵权责任法》第24条的规定,根据公平原则,酌定杨帆向田九菊补偿1.5万元。田九菊不服一审判决,提起上诉。

■ 判决要旨

二审判决撤销一审判决,驳回田九菊的诉讼请求。

适用《侵权责任法》第24条的前提是行为与损害结果之间有法律上的因果关系,且受害人和行为人对损害的发生都没有过错。本案中杨帆劝阻吸烟行为与段小立死亡结果之间并无法律上的因果关系,因此,一审判决以段小立确实在与杨帆发生言语争执后猝死为由,依照《侵权责任法》第24条的规定,适用公平原则判决杨帆补偿田九菊1.5万元,属于适用法律错误。

本案一审判决作出后,杨帆未上诉,但一审判决适用法律错误,损害社会公共利益,依法应予改判。杨帆对段小立在电梯内吸烟的劝阻行为合法正当,是自觉维护社会公共秩序和公共利益的行为，一审判决判令杨帆分担损失，让正当行使劝阻吸烟权利的公民承担补偿责任，将会挫伤公民依法维护社会公共利益的积极性，既是对社会公共利益的损害，也与民法的立法宗旨相悖，不利于促进社会文明，不利于引导公众共同创造良好的公共环境。

■ 评　析

Ⅰ 本判决的思路和意义

一审法院适用原《侵权责任法》第 24 条，酌定杨帆向田九菊补偿 1.5 万元，引发了广泛的质疑和批评。为改变一审判决结果，在被告并未上诉的情况下，二审法院不惜突破程序规则的束缚，以“一审判决适用法律错误，损害社会公共利益”为由加以改判。

两审法院所认定的核心事实一致，对于过错和因果关系的判断结论也基本一致：杨帆没有过错，其行为与受害人死亡之间没有法律上的因果关系。因此，导致两审法院判决结果完全相反的根本原因，是对适用原《侵权责任法》第 24 条有不同理解。一审法院在确认不存在法律上的因果关系后仍适用原《侵权责任法》第 24 条。二审法院则认为，适用原《侵权责任法》第 24 条的“前提是行为与损害结果之间有法律上的因果关系”，因此不能适用原《侵权责任法》第 24 条。

对于二审判决结果，舆论多持赞同和支持立场。最高人民法院也在 2018 年度的工作报告中明确表达了对该案二审判决的赞赏。在原《侵权责任法》第 24 条长期被滥用或误用、引发社会不满的背景下，该案二审判决明确传达了“维护社会公共秩序和公共利益的行为应受到鼓励”这样的价值取向，无论在法律适用方面还是社会影响方面，都具有积极的意义。

Ⅱ 相关的规范及学理

原《民法通则》第 132 条规定：“当事人对造成损害都没有过错的，可以根据实际情况，由当事人分担民事责任。”原《侵权责任法》第 24 条规定：“受害人和行为人对损害的发生都没有过错的，可以根据实际情况，由双方分担损失。”对照来看，原《侵权责任法》第 24 条基本沿袭了原《民法通则》第 132 条的规定，仅有几处文字表述的变化：以“受害人和行为人”取代“当事人”，以“对损害的发生都没有过错”取代“对造成损害都没有过错”，以“分担损失”取代“分担民事责任”。从法条的文义和一般社会观念来看，适用公平责任规则至少要求行为人的行为与损害后果之间存在事实上的因果关系，但争议在于是否还要求存在法律上的因果关系。对此，主要有三种观点：

第一，法律因果关系不要说。该说认为，只要行为人的行为与受害人所受损害之间存在事实因果关系，即可适用公平责任规则，无须存在法律因果关系。目前，多数学者采这一观点［曹险峰：《论公平责任的适用——以对〈侵权责任法〉第 24 条的解释论研读为中心》，载《法律科学》（西北政法大学学报）2012 年第 2 期；王毓莹、向国慧：《论公平责任原则的限制适用》，载《法律适用》2004 年第 9 期；李昊、张博文：《受害人特殊体质与公平责任——反思“劝烟案”中的因果关系》，载

《法治现代化研究》2018 年第 6 期]。

第二,法律因果关系必要说。有学者主张,在适用公平责任规则时,既需要存在事实因果关系,也需要存在法律因果关系。其核心理由是:"公平责任本属侵权责任一般原则之例外,如果在因果关系上采'条件说'而否定'相当性',将无法防止'公平责任'的泛滥。换言之,公平责任作为过错责任之例外,其'公平性'体现在对'过错'要件的省却,如果进一步弱化因果关系要件,不仅将根本动摇侵权责任的价值体系,也与我国'公平责任规定'仅排除致害人过错要件的规范文义不符。因此,在欠缺更强理由的情况下,适用公平责任显然应采纳与过错责任相同的因果关系判定标准。"(张家勇:《也论"电梯劝阻吸烟案"的法律适用》,载《法治研究》2018 年第 2 期)。

第三,折中说。有学者认为,原则上,在既有事实因果关系又有法律因果关系时,才能适用公平责任规则;若行为人的行为与受害人的损害之间仅存在事实因果关系,原则上不能适用公平责任规则;但是,在例外情况下,若"行为人的行为的确开启或维持了一定的风险,使受害人遭遇损害事件的概率增大",则仍可以在仅存在"某种事实上的关联"、不存在"法律意义上的因果关系"时适用公平责任规则,如一同去河里游泳或一起喝酒的过程有人伤亡的情形(窦海阳:《侵权法中公平分担损失规则的司法适用》,载《法商研究》2016 年第 5 期)。

从《侵权责任法》第 24 条(《民法典》第 1186 条)"对损害的发生都没有过错"的文义来看,在有事实因果关系的前提下,如果没有法律因果关系,不论行为本身是否存在过错,都可以适用第 24 条;如果具有法律因果关系,在行为没有过错时,也可以适用第 24 条。也就是说,原《侵权责任法》第 24 条在文义上并未以存在法律因果关系作为其构成要件。因此,主张应以(或原则上应以)存在法律因果关系为要件,是论者为了阻止第 24 条适用泛滥而对该条在文义上的适用范围所作的极大限缩,自方法论而言,已属于对第 24 条所作的"目的性限缩解释",其在本质上已属于漏洞填补的范畴(王文胜:《〈侵权责任法〉中公平责任规则的构造、表达及其反思——从"郑州电梯劝烟案"说起》,载《法治现代化研究》2018 年第 5 期)。

Ⅲ 既往司法实践状况

多数法院采法律因果关系不要说。例如,著名的南京彭宇案一审判决,法院认定的事实是,原告赶车到达前一辆公交车后门时和刚从该车第一个下车的被告瞬间相撞,被告下车时无法准确判断车后门左右的情况;按照法院认定的这一事实,该案被告的行为与原告所受损害之间存在事实因果关系但不存在法律因果关系,而法院最终是适用了公平责任规则[南京市鼓楼区人民法院(2007)鼓民一初字第 212 号民事判决书]。另一起案件中,被告饲养的宠物狗(小型犬)跑向原告,原告因避让而摔倒受伤。法院认为,"依照一般社会见解和生活经验,本案所涉的小型犬于人脚下奔跑扒挠,在通常情形下并不会造成致人脚踝骨折的严重后果,所以被告饲养宠物的行为与原告脚踝骨折的损害后果之间不足以建立相当因果关系",从而原告所主张的侵权责任不成立,但仍依公平责任规则判决被告对原告的合理损失进行适当补偿(酌定为 30%)[北京市通州区人民法院(2018)京 0112 民初 2407 号民事判决书]。又如,在一起体育运动伤害案件中,原被告均为体育学院足球专业学生,在踢球过程中,被告跑上前将球抢断，球触碰到被告的脚后反弹击打到了原告的左眼并致其受伤。法院认为，双方都没有过错，但被告的行为与原告的受伤"有一定的因果联系"，适用公平责任规则判决被告补偿原告1万元[武汉市中级人民法院(2016)鄂01民终6284号民事判决书]。

也有法院采法律因果关系必要说。例如，在一起案件中，受害人与几位被上诉人相约自驾游，途中未系安全带的受害人因车辆爆胎失控而被甩出身亡。二审法院认为，公平责任规则的适用应当具备行为人的行为与受害人损失之间存在因果关系等要件，而因果关系的判断，应采取相当因果关系的标准，在本案中，相约自驾游通常不会发生涉案的损害，故相约自驾游的行为与受害人的死亡之间不存在因果关系，不能适用公平责任规则[南京市中级人民法院(2019)苏01民终3152号民事判决书]。在另一起同样广受舆论关注的案件中，苏某将无毒可食用的芭蕉分享给儿童覃某吃，覃某在与另一儿童曾某玩耍时又将芭蕉分享给曾某吃，曾某在吃的过程中因噎窒息死亡。法院认为，曾某的死亡与苏某及覃某的行为之间没有法律因果关系，判决二人不承担过错侵权责任，也未判决二人承担公平责任[广东省佛山市中级人民法院(2015)佛中法民一终字第1211号民事判决书]。

不过，又有法院在明确没有事实因果关系的场合适用公平责任规则进行裁判。例如，在一起案件中，四人共同饮酒，其中一人在饮酒后第二日死亡，其饮酒未过量，死亡原因不明，法院认为，不能认定共同饮酒与死亡之间存在因果关系，但仍适用公平责任规则，判决其他三人进行补偿，且补偿数额根据三人在组织、召集及相互之间熟识程度等情况而在1.5万~4万元[河南省平顶山市中级人民法院(2016)豫04民终2995号民事判决书]。也有法院在不能确认存在事实因果关系时明确拒绝适用公平责任规则，例如，某房屋发生火灾，无法确认具体的起火原因，受害人起诉要求该房屋外墙电线的管理者(供电公司)承担责任，法院认为，不能确认被申请人的行为与损害结果之间存在因果关系，显然也就不能适用公平责任原则进行处理[湖南省高级人民法院(2016)湘民申1340号民事裁定书]。

Ⅳ 本判决的参考意义及将来的课题

原《侵权责任法》第24条完全采用负面的表达方式，只规定负面的构成要件，不规定任何正面的构成要件；在法律后果上，第24条以"可以根据实际情况，由双方分担损失"的表述，本质上没有提供任何具体明确的法律规则，只是给法官赋予了极大的自由裁量权。该条给受害人提供了不合理的预期，同时也给法官带来了极大的裁判风险。在司法实践中，该条已经沦为法官"和稀泥"的工具之一，导致许多引发社会广泛不满的判决的产生。在此背景下，本案二审判决采纳了对第24条进行"目的性限缩解释"的法律因果关系必要说，拒绝滥用公平责任规则，其判决结果值得赞同，其裁判思路和价值取向对于类似案件都具有参考意义。

不过，从司法实务来看，在类似的案例中，多数法院选择的是与本案一审相同的裁判思路。这充分说明，问题的根源在于原《侵权责任法》的立法者没有在第24条中给出具体明确的法律规则。

在民法典编纂过程中，立法者关注到了这一问题。《民法典》第1186条修改了原《侵权责任法》第 24 条的表述,改为“受害人和行为人对损害的发生都没有过错的,依照法律的规定由双方分担损失”,增加了“依照法律的规定”这一条件。从而,作为第 24 条承继者的第 1186 条不再具有独立的规范意义,不再属于独立的请求权基础规范,在裁判时应适用其他的、具体的法律规定。由此,公平责任规则被司法滥用的问题应能基本消除。

□ 参考文献

王文胜:《〈侵权责任法〉中公平责任规则的构造、表达及其反思——从“郑州电梯劝烟案”说起》,载《法治现代化研究》2018 年第 5 期。

李昊、张博文:《受害人特殊体质与公平责任——反思“劝烟案”中的因果关系》,载《法治现代化研究》2018 年第 6 期。

孙良国:《语境约束条件下的结果妥当性——法律经济学视角中的“郑州电梯劝烟案”》,载《法治现代化研究》2018 年第 4 期。

张家勇:《也论“电梯劝阻吸烟案”的法律适用》,载《法治研究》2018 年第 2 期。

窦海阳:《侵权法中公平分担损失规则的司法适用》,载《法商研究》2016 年第 5 期。

陈科:《公平责任一般条款的司法适用——以 100 份侵权案件判决书为分析样本》,载《法律适用》2015 年第 1 期。

曹险峰:《论公平责任的适用——以对〈侵权责任法〉第 24 条的解释论研读为中心》,载《法律科学》(西北政法大学学报)2012 年第 2 期。

王毓莹、向国慧:《论公平责任原则的限制适用——公平责任原则的公平危机及其防范》,载《法律适用》2004 年第 9 期。

095 经营者未尽产品特殊危险的充分警示义务与被侵权人过错的责任分担规则

张玉梅诉南京港华燃气有限公司产品生产者责任纠纷案 |《最高人民法院公报》2019 年第 9 期

王 竹 四川大学法学院

■ 事实概要

2015 年 7 月 11 日,南京市秦淮区一出租房屋厨房内发生爆燃事故,原告张玉梅在做饭过程中被爆燃气体烧伤。火灾现场的勘验笔录记载:“厨房内西侧橱柜内有一瓶液化石油气,液化石油气总阀门处于关闭状态,钢瓶阀门处接有软管,软管通至厨房北侧的灶台下方的橱柜内,软管另一头未接灶具,软管表面过火。灶台下方橱柜内北侧墙壁接有金属燃气管,燃气管一头接在灶具上,一头接港华管道天然气,金属燃气管表面有过火痕迹。”同年 7 月 31 日出具的火灾事故认定书对起火原因认定如下:“此次火灾……起火原因为大量泄漏的可燃气体与空气混合形成爆炸性混合物,遇激发能源引发爆燃。”

该房屋系案外人胡幸民所有并用于出租。2015 年 7 月 3 日,胡幸民与被告港华公司签订《城市管道燃气供用气合同》,被告港华公司向胡幸民发放了天然气新客户使用手册,该手册在“燃气安全”章节写明:“不得在同一室内同时使用含天然气在内的两个或两个以上独立燃料源。”7 月 4 日,南京坤旭商贸有限公司工作人员上门安装了胡幸民购买的港华紫荆双眼台式灶。次日,南京燃气管线工程有限公司工作人员上门对燃气表及相关设施进行验收通气,胡幸民在通气工作单上签字确认。

经法院实地勘查及向消防部门、燃气管理部门调查认定,爆炸确系由于液化石油气罐中的液化石油气泄漏造成,而非被告港华公司提供的天然气泄漏所致。

■ 判决要旨

燃气经营企业仅以发放用户手册等方式进行安全风险的书面告知,而未能在发现安全隐患后作出具体、明确的警示,以保证消费者清楚认知到危险的存在从而避免危险后果发生的,应就未积极履行安保义务所导致的消费者的损害后果承担侵权责任。

■ 评 析

Ⅰ 本判决的思路

本案争点为:危险气体经营企业仅以出具格式条款的方式进行安全注意事项告知和风险警示,能否认为已尽到充分的安全保障义务及缺陷告知义务。

在判断义务人在何种限度内承担安全保障义务时,要考虑义务人预防、控制损害的能力。能力范围内能够遇见及避免的危险,义务人应当尽力避免、加以控制,否则便存在过错。港华公司作为安装燃气管道和燃气器具的专业性公司,在从事上述安装、验收服务过程中,理应发现该用户厨房内原先使用的罐装液化石油气,且对于在同一室内同时存放和使用两种独立气源的安全风险,港华公司较原告张玉梅显然具备更强的判断能力,故其应当承担与该种判断能力相匹配的安全保障义务。

就警示义务,港华公司向用气人发放客户使用手册的行为,虽然能够证明其已履行了作为燃气经营企业的告知义务,但在发现罐装液化石油气后,港华公司未能采取进一步的措施防范事故的发生。港华公司虽无权将液化石油气罐收走或者移到户外,但至少可以做到将液化石油气罐移出原存放点或者在灶具附近加贴明显的警示标志,警醒任何潜在的厨房使用人。

法院综合全案事实,酌定港华公司对于此次事故所造成的原告张玉梅的损失承担15%的赔偿责任。

Ⅱ 本判决的参考意义

本案判决试图引入安全保障义务来配合警示义务论证危险气体经营者的责任,尽管在理论构建上具有尝试的可能性(冉克平:《产品责任理论与判例研究》,北京大学出版社2014年版,第114~115页)。但由于《民法典》第1198条第1款规定的安全保障义务仅限于“经营场所、公共场所的经营者、管理者或者群众性活动的组织者”(原《侵权责任法》第37条第1款限定为“公共场所的管理人或者群众性活动的组织者”),故应回到缺陷产品的警示缺陷领域予以处理,主要包括三个方面:第一,产品经营者的警示义务;第二,产品特殊危险的充分警示义务;第三,未按照警示使用产品构成被侵权人过错。

1. 产品经营者的警示义务

《产品质量法》第46条规定:“本法所称缺陷,是指产品存在危及人身、他人财产安全的不合理的危险;产品有保障人体健康和人身、财产安全的国家标准、行业标准的,是指不符合该标准。”该法第27条第1款第5项规定了产品的警示义务,但未纳入缺陷类型划分中。可见该法并未区分缺陷的类型。《消费者权益保护法》第18条第1款有类似规定:“经营者应当保证其提供的商品或者服务符合保障人身、财产安全的要求。对可能危及人身、财产安全的商品和服务,应当向消费者作出真实的说明和明确的警示,并说明和标明正确使用商品或者接受服务的方法以及防止危害发生的方法。”

尽管国家市场监督管理总局2019年制定的《消费品召回管理暂行规定》中关于缺陷的

定义是以"召回"为中心,但该规定第3条第2款"本规定所称缺陷,是指因设计、制造、警示等原因……"却似将美国侵权法的缺陷三分法纳入了我国的立法体系,本案也是法官利用警示缺陷理论进行判决的尝试。存在警示缺陷的前提是产品的生产者或销售者负有警示的义务(程啸:《侵权责任法》,法律出版社2015年版,第499页)。

(1)警示义务针对产品内在危险

警示是指向使用者和消费者提出产品风险及性质的警告,从而让使用者和消费者能够通过在使用或消费中采取适当的行为或者选择不使用或消费该种产品来避免损害。警示义务针对产品内在危险,是指产品在生产当时客观具有的产生危险的可能,而且这种产生危险的可能是无法通过其他的改进或替代而能够加以避免的。(张庆、刘宁、乔栋:《产品质量责任:法律风险与对策》,法律出版社2005年版,第111页)。产品的内在危险是产品本身所具有的危险性,包括某些产品从其特性上看属于危险品或具有潜在的危险。这种关于产品内在危险的警示义务,一般以生产者主观上明知或者应当知道为前提。

尽管生产者、销售者负有对产品的可预见危险进行警示的义务,但不能不合理地要求生产者、销售者对与产品相关的一切风险承担漫无边际的警示义务。美国法上,1950年的Campo vs. Scofield案确立了产品责任法领域的"明显危险无警示义务原则"。该原则认为,能够引发警示义务的危险应当以普通人的预见为认定标准,对于具有明显危险性的产品和产品风险,不具有警示义务。

(2)警示义务两种判断标准的关系

警示义务的判断标准主要是"消费者期待标准"和"风险—效益"标准。消费者期待标准的典型代表是《侵权法重述·第二次》第402A条第1款导语的规定:"(1)出售任何处于对使用者或者消费者及其财产具有不合理危险性缺陷状况产品的人,对由此造成的最终使用者或者消费者物质伤害承担责任……""不合理危险性缺陷"实际上是以消费者期待为判断标准。而"风险—效益"标准的典型代表是《侵权法重述·第三次·产品责任编》第2条第c款的规定:"如果可预见的因该产品引起的损害风险能够通过出售者或者以其他方式分发者,或者他们在商业分销链条中的前手,通过提供合理的说明或者警示而减少或者避免,而没有提供合理的说明或者警示致使产品不具有合理性安全,那么因说明或者警示不足而存在缺陷。"这种"可预见"与"合理"的表述实质上就是基于"风险—效益"标准。就两种标准的关系,产品危险性越高,危险越特殊,消费者期待标准在衡量中就越占主导地位。

2. 产品特殊危险的充分警示义务

本案争议的核心在于,该"警示"是否足够充分。法院试图引入安全保障义务理论来论证的原因,正是认识到经营者应达到"充分警示义务"的要求。那么,这种要求的正当性只能诉诸这是一种易燃、易爆的"高度危险物品",且"对于在同一室内同时存放和使用两种独立气源的安全风险"超过了普通人的注意义务范围,因此应该对产品"特殊"危险对应的更高的"充分"警示义务予以明确。

(1)产品的特殊危险

学说上认为,产品是否存在危险,分为四种情况:完全没有危险;合理危险;不合理危险;

具有高度危险(杨立新:《侵权法论》,人民法院出版社 2013 年版,第 717 页)。对一些特殊的产品(如易燃易爆物品等),应当对其危害性等作出特别的警示[王利明:《侵权责任法研究》(下卷),中国人民大学出版社 2011 年版,第 250 页]。《产品质量法》第 28 条就特殊危险产品的包装质量作出了特别规定:"易碎、易燃、易爆、有毒、有腐蚀性、有放射性等危险物品以及储运中不能倒置和其他有特殊要求的产品,其包装质量必须符合相应要求,依照国家有关规定作出警示标志或者中文警示说明,标明储运注意事项。"

产品特殊危险,是指由于产品固有的危险性,在特殊情形下容易发生通常认识之外的损害风险。常见的产品特殊危险包括:第一,看似安全的产品在使用超过一定临界使用量时突发的危险,例如杀虫剂过量喷洒可能形成易燃易爆气体。第二,产品仅与特殊物品同时使用时发生突发的危险,如用微波炉加热容器中的两颗葡萄可能会引发爆炸。第三,两种明显风险意外叠加造成的意外危险,如本案中一种燃气源的点火装置点燃了另一种燃气源溢出的燃气。如无特别警示,产品特殊风险会在安全的假象中突然爆发,造成严重损害,是一种既"不合理"也本可以通过充分警示予以避免的危险。

(2)产品特殊危险的充分警示义务不能仅仅通过产品手册作出

就警示义务而言,本案的经营者发放的"天然气新客户使用手册"有如下内容:"不得在同一室内同时使用含天然气在内的两个或两个以上独立燃料源"。《消费者权益保护法》第 26 条第 1 款规定:"经营者在经营活动中使用格式条款的,应当以显著方式提请消费者……安全注意事项和风险警示……并按照消费者的要求予以说明。"应当认为,本案经营者已经在一定程度上尽到了"警示义务"。如果本案涉及的是普通产品,经营者就应该免责。但作为产品特殊危险,还应尽到"充分"警示义务,至少在两个方面应该提高:第一,警示的具体性,确保使用人注意到特殊危险的具体警示,包括使用一些容易理解的图示和符号,警示的语言准确、明确、易解等。第二,警示的显著性,特殊危险产品有必要写在产品能够确保使用人看到的位置,并且确保警示在产品的安全使用期内如无故意损害能够清晰地被识别。本案中,法院认为更好的警示方式是"在灶具附近加贴明显的警示标志"。

3. 未按照警示使用产品构成被侵权人过错

(1)产品责任中的被侵权人过错

《民法典》第 1202 条未规定相当于《产品质量法》第 41 条第 2 款规定的三项抗辩事由,而整个"产品责任"章也是特殊侵权责任部分唯一未规定抗辩事由的章。这种立法模式实际上就将产品责任领域的免责事由体系诉诸《产品质量法》第 41 条第 2 款,而将减责事由诉诸《民法典》第 1173 条规定的"被侵权人过错":"被侵权人对同一损害的发生或者扩大有过错的,可以减轻侵权人的责任。"

本案提出的问题是,消费者(如果)(因被侵权人是房屋承租人而非房屋所有人,本案案情并未交代这一细节,暂且推断被侵权人获取了"使用手册")。获取了使用手册,但未阅读或者未能认真阅读其中的警示信息,是否构成"被侵权人过错"而减轻经营者的责任。由于我国侵权法上未明确规定使用人"误用"这一产品责任的特殊抗辩事由,且《民法典》第 1176 条规定的自甘风险规则仅限于"自愿参加具有一定风险的文体活动",这使更为契合我国立法模式的构建是将“误用”这一抗辩事由纳入“被侵权人过错”在产品责任的特殊体现中,并包含消费者未遵守警示信息的类型。

(2)经营者未尽产品特殊危险的充分警示义务与被侵权人过错的责任分担规则

在经营者未尽足够充分的警示义务,而使用人未遵守警示信息的情形,其责任结构为产品责任的减轻,减轻幅度一般不应超过50%。而本案展示的是产品存在特殊危险的情形,一方面应该强化经营者的“充分”警示义务;另一方面也应该将消费者未遵守“警示”认定为被侵权人的过错。法院以仅承担15%责任的方式进行判决,实际上是一种“责任分担”而非“责任减轻”的思路。这印证了笔者长期的主张:被侵权人过错实质上是一种损害的分担规则。

Ⅲ 本案遗留的问题

对于普通产品,警示的对象是生产者能够合理预见的最终使用者,而对可能负有责任的中间人作适当的警示可能足以免除生产者的责任(董春华:《中美产品缺陷法律制度比较研究》,法律出版社2010年版,第120页)。如果由于出租人未能将“使用手册”移交给承租人,使得承租人没有机会得到警示并最终因此发生了损害,出租人应当承担侵权责任。但对于燃气灶具这种具有特殊危险的产品,法院认为,燃气经营企业不仅应当向燃气用户持续、稳定、安全供应符合国家质量标准的燃气,指导燃气用户安全用气,并对燃气设施定期进行安全检查,还应当建立健全燃气安全评估和风险管理体系,发现燃气安全事故隐患的,应当及时采取措施消除隐患。因此,燃气经营者有义务对燃气设施定期进行安全检查,且每次均就产品特殊危险对最终使用者予以充分的警示。

□ 参考文献

杨立新:《侵权法论》(第5版),人民法院出版社2013年版。

王利明:《侵权责任法研究》(下卷),中国人民大学出版社2011年版。

程啸:《侵权责任法》(第2版),法律出版社2015年版。

张庆、刘宁、乔栋:《产品质量责任:法律风险与对策》,法律出版社2005年版。

冉克平:《产品责任理论与判例研究》,北京大学出版社2014年版。

董春华:《中美产品缺陷法律制度比较研究》,法律出版社2010年版。

096 惩罚性赔偿的适用规则

孙银山诉南京欧尚超市有限公司江宁店买卖合同纠纷案 | 最高人民法院第23号指导性案例

税 兵 澳门大学法学院

■ 事实概要

2012年5月1日，原告孙银山在被告南京欧尚超市有限公司江宁店（以下简称欧尚超市）购买"玉兔牌"香肠15包，其中价值558.6元的14包香肠已过保质期。孙银山到收银台结账后，即径直到服务台索赔，后因协商未果诉至法院，要求欧尚超市支付14包香肠售价10倍的赔偿金5586元。

■ 判决要旨

被告欧尚超市于判决发生法律效力之日起10日内赔偿原告孙银山5586元。

1. 原告孙银山属于消费者。《消费者权益保护法》第2条规定："消费者为生活消费需要购买、使用商品或者接受服务，其权益受本法保护；本法未作规定的，受其他有关法律、法规保护。"消费者是相对于销售者和生产者的概念。只要在市场交易中购买、使用商品或者接受服务是为了个人、家庭生活需要，而不是为了生产经营活动或者职业活动需要的，就应当认定为"为生活消费需要"的消费者，属于消费者权益保护法调整的范围。本案中，孙银山实施了购买商品的行为，且并未将所购香肠用于再次销售经营，其索赔属于行使法定权利。因此欧尚超市认为孙银山"买假索赔"不是消费者的抗辩理由不能成立。

2. 被告欧尚超市属于销售明知是不符合食品安全标准的食品。2009年《食品安全法》第3条规定："食品生产经营者应当依照法律、法规和食品安全标准从事生产经营活动，对社会和公众负责，保证食品安全，接受社会监督，承担社会责任。"该法第28条第8项规定，超过保质期的食品属于禁止生产经营的食品。欧尚超市作为食品销售者负有保证食品安全的法定义务，应当对不符合安全标准的食品自行及时清理，但欧尚超市仍然摆放并销售超过保质期的"玉兔牌"香肠，未履行法定义务，可以认定为销售明知是不符合食品安全标准的食品。

3. 被告欧尚超市的责任承担问题。2009年《食品安全法》第96条第1款规定："违反本法规定，造成人身、财产或者其他损害的，依法承担赔偿责任。"第2款规定："生产不符合食品安全标准的食品或者销售明知是不符合食品安全标准的食品，消费者除要求赔偿损失外,还可以向生产者或者销售者要求支付价款十倍的赔偿金。”当销售者销售明知是不符合安全标准的食品时,消费者可以同时主张赔偿损失和支付价款10倍的赔偿金,也可以只主张支付价款10倍的赔偿金。本案中,原告孙银山仅要求欧尚超市支付售价10倍的赔偿金,属于当事人自行处分权利的行为,应予支持。该赔偿获得的利益属于法律应当保护的利益,且法律并未对消费者的主观购物动机作出限制性规定。

■ 评　析

该案的诉争点是关于2009年《食品安全法》(以下均指2009年《食品安全法》)第96条(现被2018年《食品安全法》第147条与第148条吸收)关于“惩罚性赔偿”之法律适用,但亦牵扯出《消费者权益保护法》、《侵权责任法》及《食品安全法》的规范性质、规范竞合及构成要件等问题。

Ⅰ 惩罚性赔偿的规范性质

《食品安全法》第96条不是特殊侵权规范,而是请求权聚合规范,它确立了一种法定的加重责任制度。所谓请求权聚合(accumulation of claims),是指一个行为产生出并列的(side by side)复数请求权,权利人可以同时主张,而不需择一行使(Christian von Bar & Ulrich Drobnig, *The Interaction of Contract Law and Tort and Property Law in Europe: A Comparative Study*, *Sellier*, European Law Publishers, 2004, p. 198.)。就《食品安全法》第96条而言,它同时赋予权利人填补性赔偿责任和惩罚性赔偿责任两项请求权,两者并行不悖([德]迪特尔·梅迪库斯:《德国民法总论》,邵建东译,法律出版社2000年版,第69页)。

1.《食品安全法》第96条第1款是不完全法条,确立了填补性赔偿责任。“依法承担赔偿责任”的表述意味着该条款具有不完全法条的性质,属于指示性或者转介条款。食品经营者和生产者是民事主体,赔偿责任是民事责任,“至于责任主体、责任范围等一般性问题,当然适用《侵权责任法》《合同法》等一般法的规定”(高圣平:《食品安全惩罚性赔偿制度的立法宗旨与规则设计》,载《法学家》2013年第6期)。同时,该条款没有对责任性质予以限定,其言及的“依法承担责任”既可解释为依据原《侵权责任法》主张侵权责任,也可解释为依据原《合同法》主张合同责任,但均适用民事责任的一般原理,以填补损失为要旨。

2.《食品安全法》第96条第2款是完全法条,确立了惩罚性赔偿责任。完全法条,包括构成要件与法律效果两个部分,“十倍赔偿”不可以被狭隘地限定为侵权责任。一方面,作为前置性规范的《食品安全法》第96条第1款,其所规定的民事责任既包括侵权责任,也包括合同责任。那么,惩罚性赔偿可能是基于侵权责任产生,也可能是基于合同责任产生,这完全取决于当事人对请求权基础的选择。另一方面,第96条第2款规定的责任主体既包括生产者,也包括销售者。姑且无论消费者与生产者之间的法律关系如何,至少消费者与销售者之间是存在合同关系的,因此在生产或销售不安全食品时,消费者同样面临请求权基础的竞合,不能武断地排除当事人基于合同责任主张惩罚性赔偿的可能性。

3.《食品安全法》第96条第1、2款之间是逻辑上的包容关系。在理解该第96条第1款与第 2 款的逻辑关系时,应该紧扣其中作为标识的关键字“还”。“还”字意味着消费者同时享有两个请求权,二者可以同时行使。具体而言,不安全食品的生产者与销售者可能出现两种责任情形:一是在因侵权行为承担填补性责任的基础上,同时承担惩罚性赔偿责任;二是在因违约行为承担填补性责任的基础上,同时承担惩罚性赔偿责任。由于《食品安全法》第 96 条赋予消费者两个独立的给付请求权,产生了两个平行的请求权规范,故构成请求权的聚合。

Ⅱ 惩罚性赔偿的规范竞合

1.“十倍赔偿”与“知假买假”

(1)《消费者权益保护法》与《食品安全法》在效力范围和调整对象上存在重叠和交叉,属平行的同位阶规范。两部法律分别赋予消费者“三倍赔偿”和“十倍赔偿”两个请求权,虽均为惩罚性赔偿,但给付内容和构成要件并不相同,况且原告有选择权,因此这种情形属于“择一行使的请求权聚合”(alternative accumulation of claims)(*Christian von Bar*、*Ulrich Drobnig*,p. 198),不同于针对同一给付的请求权竞合。

(2)“知假买假”不属于《消费者权益保护法》的调整范围,不能适用“三倍赔偿”规则。根据《消费者权益保护法》第 2 条的规定,该法的适用范围需符合两项要件:消费者 + 消费行为。消费者是与生产者、经营者相对应的概念,如果不承认孙银山是消费者,只能把他从逻辑上归入经营者、生产者的范畴,这显然更有悖于生活常识。该条文不是在界定消费者内涵,而是在界定该法的适用范围,“知假买假”的消费者同样也是消费者,只不过是“非消费行为的消费者”而已,不属于《消费者权益保护法》的调整范围,其权益不受该法保护。

(3)“知假买假”并未被《食品安全法》第 96 条排除,基于惩罚性赔偿的法定性原则,应适用“十倍赔偿”规则。因此,本案中,判令被告向“知假买假”的原告承担 10 倍赔偿责任,在法律适用上完全正确。

2.“十倍赔偿”与“产品缺陷惩罚性赔偿”

《食品安全法》第 96 条与《侵权责任法》第 47 条(《民法典》第 1207 条)之间的适用关系,是司法实践中的难点问题之一。前者规定了“十倍赔偿”规范,后者规定了“产品缺陷惩罚性赔偿”。“十倍赔偿”与“产品缺陷惩罚性赔偿”是两种竞合的请求权规范,当事人具有选择权。就“产品缺陷惩罚性赔偿”规范而言,其适用以造成受害人死亡、健康严重损害为前提,“受害人的生命、健康损害必须是已经实际发生的,而不能仅是一种危险”(最高人民法院侵权责任法研究小组:《〈中华人民共和国侵权责任法〉条文理解与适用》,人民法院出版社 2016 年版,第 342 页);但就“十倍赔偿”规范而言,毋需以实际损害发生为前提,仅以“生产不符合食品安全标准的食品或者销售明知是不符合食品安全标准的食品”为要件,二者的构成要件要素不具有逻辑上的涵括关系。

就法律特性而论,缺陷产品与不安全食品是一种交叉重叠关系,不符合安全标准的食品未必会致人损害,而符合安全标准的食品也有可能致人损害。那么,当不安全食品致人死亡、健康严重损害时,《食品安全法》第 96 条与原《侵权责任法》第 47 条出现规范竞合,此时的规范竞合是请求权规范竞合，在没有“特别规范排除一般规范”时（[德]迪特尔·施瓦布：《民法导论》，郑冲译，法律出版社2006年版，第166页），当事人有权选择请求权规范，既可以依据“十倍赔偿”提出诉讼请求，也可依据“产品缺陷惩罚性赔偿”提出诉讼请求。对于法院而言，应当在当事人起诉时将诉讼请求固定，并按照不同构成要件进行审理。当然，也有学者认为，就不符合食品安全标准的食品类产品致人死亡或健康严重损害的这一情形，两者之间形成了适用规范并存的局面。此时，无法通过“特别法优于一般法”的法律冲突适用规则解决两者之间的适用关系问题，由当事人选择其中之一适用亦不符合法理，应当直接适用原《侵权责任法》第47条的规定（周江洪：《惩罚性赔偿责任的竞合及其适用——〈侵权责任法〉第47条与〈食品安全法〉第96条第2款之适用关系》，载《法学》2010年第4期）。

Ⅲ 惩罚性赔偿的规范适用

1. 如何辨识“十倍”

如前所述，填补性赔偿责任与惩罚性赔偿责任是两个独立的请求权规范，分别有独立的构成要件。其中，惩罚性赔偿作为一种法定责任，决定了其只能“赔”不能“退”，这是因为退货或者退款都是合同解除效力的体现，只应该发生在合同之债的语境之中。在适用《食品安全法》第96条第2款时，是否退还价款不影响“十倍赔偿”责任的成立。

2. 如何辨识“明知”

首先，“明知”只应限定为故意，不包括重大过失。本案裁判文书将明知等同于过错，并用客观归责的方法（违反法定义务）认定被告符合明知要件。法律将“明知”作为惩罚性赔偿的可归责要件，作为最严苛的民事责任，惩罚性赔偿被各国立法例限定于被告有“归责要件”（requisite culpability）的情形，以凸显惩罚功能。从比较法的视角考察，美国法上的惩罚性赔偿包括故意和重大过失两种情形[See Doe v. Isaacs, 265 Va. 531, 579 S. E. 2d. 174 (2003).]，重大过失的情形还须符合其他客观要件，其证据标准要高于一般民事案件[See Anthony J. Sebok, Punitive Damages in the United States, in Helmut Koziol, Vanessa Wilcox (eds.), Punitive Damages: Common Law and Civil Law Perspectives, Spinger Wien New York, 2009, pp. 181 – 186.]。中国法应当将重大过失排除于惩罚性赔偿的适用范围之外。首要的理由是，把“明知”限定为故意范畴，可以体现对惩罚性赔偿的慎用原则，方能最大效用地发挥该制度的吓阻功能。包括重大过失行为在内的过失侵权者，纵然违反了各种程度的注意义务，但在主观上并不追求损害事实的发生，在令其承担填补性责任的同时，强迫其承担惩罚性责任，属于法经济学所言之“过度震慑”（Überabschreckung），淡化了惩罚性赔偿制度的效率原则。

其次，违反法定义务不等于“明知”。类似判决蕴含着如下的逻辑链条：违反法定义务→具有主观过错→认定为明知→判令承担惩罚性赔偿责任。在此逻辑链条中的错漏在于将违反法定义务等同于“明知”，是混淆了过错形态的区分。“惩罚性赔偿必须以侵权人的过错形态为故意时方可适用”[See Anthony J. Sebok, Punitive Damages in the United States, in Helmut Koziol, Vanessa Wilcox (eds.), Punitive Damages: Common Law and Civil Law Perspectives, Spinger Wien New York, 2009, p. 343.]。私法意义上的故意，是指“有预谋的不当行为”（dolus, intent)(欧洲侵权法小组编著:《欧洲侵权法原则:文本与评注》,于敏、谢鸿飞译,法律出版社 2009 年版,第 106 页)。由上述定义可以知晓,“违反法定义务”只能表明行为人存在过失,但并不能据此认为其属于故意(甚至不能证明存在重大过失),除非当事人是有意违反法定义务,即前文所述的“明知故犯”。法院仅将超市的过错认为构成“明知”,说理不够充分,法院的论证说理需要从被告“知道或应当知道”的角度加以补强,需考察行为人的过错形态,判定其是否属于“有意为之”。

3. 如何辨识“损失”

如前所述,《食品安全法》第 96 条的惩罚性赔偿责任与填补性赔偿责任并行不悖,各自赋予当事人独立的请求权,因此“十倍规范”的适用毋需以实际损害为前提。在中国立法者缺乏体系化民法规则的情况下从普通法借鉴“punitive damages”概念[Victor E. Schwartz, Kathryn Kelly, David F. Partlett, Torts: Cases and Materials (twelfth edition), Foundation Press, 2010, p. 568.],是改革开放中期用立法惩治混乱市场秩序的实用主义做法。正因如此,惩罚性赔偿的内涵与传统的损害赔偿法并未对接,也与普通法中的“punitive damages”“aggravated damages”等概念并不完全吻合。中国法上惩罚性赔偿的制度机能着眼于对市场欺诈行为的惩处,在最初的规则设计上与受害人损失、行为人恶意程度完全脱钩,是一种事先定值(pre - estimate)的处罚,名为“赔偿金”,实为“制裁金”,与古典民法上的损害赔偿原则没有关联。

4. 法律规范的变化

当然,值得注意的是,2015 年修订以后《食品安全法》第 147 条、第 148 条对第 96 条作出了修改。即“生产不符合食品安全标准的食品或者经营明知是不符合食品安全标准的食品,消费者除要求赔偿损失外,还可以向生产者或者经营者要求支付价款十倍或者损失三倍的赔偿金;增加赔偿的金额不足一千元的,为一千元。但是,食品的标签、说明书存在不影响食品安全且不会对消费者造成误导的瑕疵的除外”。除“十倍价款”赔偿以外,还引入了“三倍损失”的选择项,并且就标识瑕疵作出了特别规定。新的规定是否会影响惩罚性赔偿规则的适用问题,有待司法实践的进一步观察。

□ 参考文献

欧洲侵权法小组编著:《欧洲侵权法原则:文本与评注》,于敏、谢鸿飞译,法律出版社 2009 年版。
税兵:《超越民法的民法解释学》,北京大学出版社 2018 年版。
[德]迪特尔·施瓦布:《民法导论》,郑冲译,法律出版社 2006 年版。

097 违反医疗知情同意规则的法律责任

陈某诉中国人民武装警察部队上海总队医院案 ｜ 上海市第一中级人民法院(2000)沪一中民终字第900号民事判决书

梁神宝 上海财经大学法学院

■ 事实概要

1999年6月21日,陈某至上海医科大学附属眼耳鼻喉科医院就诊,诊断结论为:左眼复发性结膜囊肿(术后复发),需手术摘除。陈某于同月24日至武警医院行左眼脂肪瘤摘除术。1999年7月2日,陈某出院。术后陈某感到左眼上睑下垂,不能睁眼,遂又于同年10月19日再次至武警医院就诊,被收治入院,并于同月22日施行左眼上睑下垂矫正术。术后,陈某左眼能微睁,但仍受限。同月26日,陈某出院。随后,其至上海医科大学附属华山医院就诊,被告知其左上睑下垂系提上睑肌损伤所致。陈某遂以武警医院在治疗过程中有过错为由,向上海市长宁区医疗事故鉴定委员会申请进行医疗事故鉴定,该委员会于2000年8月28日出具鉴定书,内容为:(1)武警医院的诊断和治疗原则无不当;(2)病员目前左眼上睑下垂属术后并发症。鉴定结论为:本医疗事件不属于医疗事故范畴。

陈某以武警医院在术前未向本人告知手术风险为由,要求武警医院承担过错的赔偿责任。赔偿内容为:医疗费3888元、误工费10,000元、残疾者生活补助费178,571元、精神损失费50,000元、交通住宿费7541元,共计人民币250,000元。

一审法院认为,根据鉴定部门出具的鉴定结论不能证明武警医院在手术过程中具有过错,故陈某要求武警医院承担赔偿责任的要求难以支持。原告不服一审判决,提起上诉。

■ 判决要旨

二审法院认为,医院的手术治疗技术上虽无过错,但医院未尽到风险告知义务,致使陈某丧失选择手术与否的机会,并造成严重后果,所以医院应当就此承担民事责任,承担责任比例为80%。

■ 评　析

Ⅰ 本判决的思路和意义

二审法院认为,医疗活动存在两个相对独立的阶段,即告知阶段和手术实施阶段。这两个阶段可构成相互独立的责任基础。

患者对诊疗行为的同意应当建立在医方充分告知的基础上,否则是无效的同意。诊疗活动常伴有风险,若经患者有效同意,则意味着只要诊疗行为本身符合医学标准,患者自愿承担诊疗失败的风险;若未经患者有效同意,即便诊疗行为本身符合医学标准,医方仍应就风险发生承担责任。

本案中,法院认为医方未充分告知,违反知情同意规则,风险发生致患者伤残,判决医方承担损害赔偿责任,为后续类似案件提供了借鉴。

Ⅱ 医疗知情同意规则的规范及学理

1. 知情同意规则的规范梳理

就法律法规角度言,知情同意规则首见于1982年卫生部规章《医院工作制度》第40项附录6。1994年《医疗机构管理条例》第33条、《医疗机构管理条例实施细则》第62条和1998年《执业医师法》第26条都明文规定医院应当向患方告知医疗信息并应取得患方对医疗方案的同意。但无论是医疗实践还是司法实践都未因上述条文而重视知情同意规则。《民法典》第1219条从私法的角度确立了知情同意规则,并将违反知情同意规则与损害赔偿关联起来。最高人民法院《关于审理医疗损害责任纠纷案件适用法律若干问题的解释》[法释(2017)20号]第5、17、18条对知情同意规则的适用做了进一步解释。

2. 学理上对知情同意规则有着不同定位

第一种观点认为,医疗侵袭行为和其他人身侵害行为一样,具有违法性,患者有效同意是违法阻却事由(周友军:《侵权责任法专题讲座》,人民法院出版社2011年版,第420页;张谷:《浅谈医方的说明义务》,载《浙江社会科学》2010年第2期)。因此,如果医生未取得患者有效同意而实施诊疗行为,即便诊疗过程已尽必要注意义务,仍应就诊疗失败负责。

第二种观点认为,未经患者有效同意而为医疗侵袭行为应被定位于过错要件下,此种观点被国内较多学者所采纳[梁慧星:《论〈侵权责任法〉中的医疗损害责任》,载《法商研究》2010年第6期,第37页;张新宝:《侵权责任法》(第3版),中国人民大学出版社2013年版,第204页;程啸:《侵权责任法》(第2版),法律出版社2015年版,第559页以下]。此种观点是基于我国民法学界部分学者认为侵权责任不需要违法性要件,在这一前提下,知情同意规则只能被定位到过错要件下。依第二种观点,未经患者有效同意而为诊疗,诊疗失败则同时满足了损害、因果关系和过错的要件,侵权责任得以成立。

第三种观点认为,患者在生命健康权之外有一个独立的自主决定权,它在医疗行为中体现为患者的知情同意权[杨立新:《侵权法论》(第4版),人民法院出版社2011年版,第446页以下]。依此观点,患者知情同意权与身体健康权应受同样之保护,侵害患者知情同意权构成了独立的责任基础。

司法实践多以第二种观点作为裁判思路。虽有称"知情同意权"者,但仅是名称上的指称,实际并未把"知情同意权"作为一项独立于身体健康权的权利。违反知情同意规则且诊疗失败,赔偿范围包括人身损害和精神慰抚金。

若违反知情同意规则,但诊疗成功,未发生损害后果,患者能否请求精神损害赔偿,存在争议(周江洪:《违反医疗说明义务损害赔偿范围的界定》,载《法学》2011 年第 5 期;张谷:《浅谈医方的说明义务》,载《浙江社会科学》2010 年第 2 期;周友军:《侵权责任法专题讲座》,人民法院出版社 2011 年版,第 421 页)。

3. 有效同意以充分说明为前提

患者的有效同意以医方的充分告知为前提。医方告知义务所涉及的信息内容,并非都会影响患者作出是否医疗的决定。只有影响患者决定的信息才是知情同意规则中"知情"一词的内涵。虽然怠于说明其他信息也会引起法律上的后果,却非知情同意规则所能涵盖。学界将医生的说明义务区分为"介入性说明义务"(或称"自我决定的说明义务")和"确保疗效的说明义务"(周江洪:《违反医疗说明义务损害赔偿范围的界定》,载《法学》2011 年第 5 期;张谷:《浅谈医方的说明义务》,载《浙江社会科学》2010 年第 2 期)。确保疗效的说明义务是为了向患者说明应当如何行为和配合才能保证治疗的效果,并不是为了取得患者对医疗侵袭行为的同意。例如,医生告知患者出院后要做康复运动以及禁忌事项,即属确保疗效的说明义务。确保疗效的说明义务属于医疗技术范畴,此项说明义务的怠于履行,并不违反知情同意规则,而是构成医疗技术过错。

"自我决定的说明义务"一般可以分为诊断结果的告知、医疗风险的告知、预期医疗效果的告知和替代医疗方案的告知等义务。不过以上并未穷尽自我决定的说明义务的内容,随着司法实践的发展,尚有可能发展出新的内涵。《民法典》第 1219 条第 1 款对自我决定的说明义务的内容做了规定。

对诊断结果的告知,要求医务人员向患者说明其所患何病、若不治疗病情会如何发展。在诊断某项疾病过程中,若发现其他可疑病征,应一并向患者告知,以便患者做进一步诊断来排查或者确诊。

对医疗风险的告知,是为了让患者权衡风险和可能的疗效,权衡利弊后做出是否接受治疗的决定。何种风险需要告知、何种风险无需告知,需要理论给出指引。以下判断要点被学者提及:(1)如果风险实现只会带来微小的伤害,则不用告知[艾尔肯:《论医师的说明义务》,载《沈阳师范大学学报》(社会科学版)2007 年第 4 期]。(2)风险发生的概率极低则不用告知,但低到何种程度不用告知没有一个刚性的标准。此外,一旦风险发生造成的损害十分重大(如死亡或者瘫痪),则即便发生的概率较低也仍要告知此等风险。换言之,风险发生的概率和风险实现造成的损害严重程度共同影响是否要告知该风险(邓奕羿:《医师履行告知义务的判定标准》,载《医学与哲学》2012 年第 10A 期)。(3)医疗指征越不明确的治疗方案对风险的告知要求越高。例如,美容手术的风险告知义务要强于一般疾病治疗手段的风险告知义务(邓奕羿:《医师履行告知义务的判定标准》,载《医学与哲学》2012 年第 10A 期)。

医方应向患者告知预期医疗效果，以便患者权衡利弊做出是否接受医疗的决定。当治疗方案不能完全治愈疾病或仅仅是临时压制疼痛时，对此种效果的告知尤其影响患者的决定。

医方应向患者告知替代医疗方案。何为替代医疗方案需要解释。学界提出以下判断是否构成替代医疗方案的考虑要素：(1)目的相同，即替代医疗方案与医生所建议的医疗方案有相同治疗目的(李冬、常林：《替代医疗方案的法律解读》，载《中国卫生法制》2013年第6期)。(2)在医疗实践中被经常使用，那些只被个别医生使用的方案或者尚处于试验阶段的方案不是替代医疗方案(马新耀、张思兵：《替代医疗方案及其相关法律问题》，载《中国医院》2012年第11期)。(3)有疑义时，应以中国医学会出版的《临床诊疗规范》作为鉴定依据，以判断是否构成替代医疗方案(李冬、常林：《替代医疗方案的法律解读》，载《中国卫生法制》2013年第6期)。

Ⅲ 既往司法实践状况

涉及医疗知情同意规则的案件，可分为以下几类：(1)未取得患者同意的医疗侵袭行为；(2)未告知诊断结果或告知不全面；(3)未告知医疗风险；(4)未告知预期医疗效果；(5)未告知替代医疗方案。

在“张良昆与沅陵县人民医院侵害患者知情同意权责任纠纷案”[湖南省怀化市中级人民法院(2014)怀中民一终字第221号民事判决书]中，医院第一次手术取得患者同意，但术后有并发症，未经患者同意便实施第二次手术，第二次手术与第一次手术是不同类型的手术，法院认为医院违反了知情同意规则，应承担损害赔偿责任。“廖某某、廖某富、廖某贵、廖某凤与浦北县人民医院侵害患者知情同意权责任纠纷案”[广西壮族自治区浦北县人民法院(2013)浦民初字第3号民事判决书]、“谢全中与确山县第一人民医院医疗损害赔偿纠纷案”[河南省驻马店市中级人民法院(2010)驻民一终字第12号民事判决书]也是未取得患者同意而为医疗侵袭行为，法院判决医院承担损害赔偿责任。

医生未告知诊断结果，延误患者治疗，应承担损害赔偿责任。例如“马文学与北京华博医院侵害患者知情同意权责任纠纷案”[北京市丰台区人民法院(2013)丰民初字第03985号民事判决书]、“邱新寿与开化县人民医院医疗服务合同纠纷案”[浙江省开化县人民法院(2014)衢开民初字第223号民事判决书]。医生在诊断某疾病的过程中，意外发现其他疾病指征而未告知，也违反诊断结果告知义务，此类案例有“郑荷香、张有为等与富阳市中医骨伤医院医疗服务合同纠纷案”[浙江省富阳市人民法院(2012)杭富民初字第933号民事判决书]。

因未充分告知医疗风险而承担责任的案件有：“龚举明诉夏邑县第二人民医院医疗服务合同纠纷案”[河南省夏邑县人民法院(2010)夏民初字第1107号民事判决书]，术前医生未告知可能形成脑梗塞的风险，同时医疗过程存在技术过错，手术风险发生导致患者形成脑梗塞造成偏瘫，法院判决医院承担损害赔偿责任。

在“张先凤与海南省皮肤病医院医疗服务合同纠纷案”[海南省海口市中级人民法院(2014)海中法民三终字第97号民事判决书]中，医方未告知患者拟实施的激光脱毛技术只能处理黑发毛囊，不能去除白发，而患者以为该方案可以同时脱去黑发和白发，法院认为医方违反了对预期医疗效果的告知义务，应承担损害赔偿责任。

在“胡克爱与广州中医药大学第一附属医院医疗损害责任纠纷案”[广东省广州市中级人民法院(2013)穗中法民一终字第1097号民事判决书]中，患者左股骨颈骨折，有多种治疗方案并各有利弊，医院只选择了风险高的全髋关节置换术，而未告知风险更小的通过空心加压钉固定治疗的替代方案，违反了对替代医疗方案的告知义务。

Ⅳ 本案遗留的问题

本案确认了违反知情同意规则可构成独立的责任基础，不以医方有医疗技术过错为前提。但在责任范围上，法院认为医院应承担80%的赔偿责任。责任比例的划分缺少理论依据。目前，医疗损害责任纠纷案件中，法院常以“过错参与度”划分医患双方各自承担责任的比例，此一实践惯例尚欠缺充分的理论支撑，有待将来进一步探究。

□ 参考文献

艾尔肯：《论医师的说明义务》，载《沈阳师范大学学报》(社会科学版)2007年第4期。
程啸：《侵权责任法》(第2版)，法律出版社2015年版。
邓奕羿：《医师履行告知义务的判定标准》，载《医学与哲学》(A)2012年第10期。
李冬、常林：《替代医疗方案的法律解读》，载《中国卫生法制》2013年第6期。
梁慧星：《论〈侵权责任法〉中的医疗损害责任》，载《法商研究》2010年第6期。
马新耀、张思兵：《替代医疗方案及其相关法律问题》，载《中国医院》2012年第11期。
杨立新：《侵权法论》(第4版)，人民法院出版社2011年版。
张谷：《浅谈医方的说明义务》，载《浙江社会科学》2010年第2期。
张新宝：《侵权责任法》(第3版)，中国人民大学出版社2013年版。
周江洪：《违反医疗说明义务损害赔偿范围的界定》，载《法学》2011年第5期。
周友军：《侵权责任法专题讲座》，人民法院出版社2011年版。

098 延误治疗与侵权责任

颜荷莲、程玉环诉周宜霞、吉林天药科技有限责任公司等侵权责任纠纷案 | 《最高人民法院公报》2019 年第 1 期(总第 267 期)

林洹民 浙江大学光华法学院

■ 事实概要

2010 年 8 月,受害人苏文菊经上海复旦大学附属医院检查,发现右乳上方有一小肿块,遂打算防治乳腺疾病或乳腺癌。2010 年 9 月中旬,被告周宜霞向苏文菊推销被告天药公司生产的“活力宝”保健品,并称该保健品在德国是处方药,在美国是非处方药,癌症患者服用后能够使肿瘤变小、小肿瘤消失、没有肿瘤的人服用后能够防病治病、延年益寿。2011 年三四月,苏文菊感觉疲惫,胸部疼痛,其向被告邀集的专家进行咨询,专家答复是“好转反应”,告知其肿块已软化,仍需加大服用量。2010 年 10 月至 2011 年 7 月,苏文菊先后在周宜霞处采购了 5 万余元的保健品。2011 年 8 月,经黄山市人民医院、安徽医科大学第一附属医院检查,确诊苏文菊患乳腺癌并转移至肝肺。随后苏文菊辗转至杭州、合肥、上海等地治疗,历经 8 次手术、6 次化疗,最终因病情恶化于 2013 年 1 月 5 日去世。

案涉的“活力宝”菊泰软胶囊包装盒及瓶身上载有统一规范的天蓝色“保健食品”标志[批准文号为:卫食健字(2002)第 0522 号]及“企业名称:吉林天药科技有限公司”、“保健功能:免疫调节、抗疲劳”、“注意事项:本品不能替代药物”等基本信息。周宜霞在销售过程中,向受害人苏文菊展示了天药生物公司提供的相关宣传资料,包括《产品健康手册》、《“活力宝”软胶囊产品介绍》、《天药健康家园》期刊、《骨髓是最强生产力》读本以及部分产品宣传单页。其中,《产品健康手册》记载“活力宝”主要作用及适用人群:“抗菌、消炎、抗病毒,改善体质、预防伤风、感冒,增强免疫力、缓解体力疲劳、抗肿瘤。适用于免疫力低下,极易患病人群;长期服用抗生素类药及慢性病患者;不能或不愿手术及手术、放化疗肿瘤患者;对于体质虚弱、容易患伤风感冒,及经常感觉疲惫人士,效果尤为显著。”《“活力宝”产品介绍》中记载:“活力宝是选用免疫药王紫锥菊和补益大王性温的西洋参复合而成……具有滋养骨髓,全面、持久、安全、根本恢复免疫系统;修复身体机能、根本消除疾病;强心、强脑、强体力的全康复作用……”

■ 判决要旨

根据“谁主张,谁举证”的举证规则,企业或经销商的虚假宣传行为与消费者延误治疗是否具有关联,以及与消费者死亡是否存在因果关系及参与度如何确定,应由死者近亲属承担相应举证责任。如当事人未能提供证据或者证据不足以证明其事实主张的,依法由负有举证证明责任的当事人承担不利后果。

■ 评　析

Ⅰ 本判决的思路和意义

本案中,苏文菊家属提出的因被告行为致使苏文菊延误治疗机会,最终导致死亡的主张并未获得法院支持。裁判要旨明确强调生存机会丧失案件也应适用“谁主张,谁举证”的举证规则。如果原告未能证明延误治疗机会和损害之间的因果关系,就要承担不利后果。本案作为最高人民法院公报案例对于延误治疗机会致害类案件有着重要的审判指导意义。

Ⅱ 原《侵权责任法》生存机会丧失的规范及学理

根据《民法典》第1165条第1款,侵权责任的构成要件包括:损害、行为、因果关系和过错。延误治疗与损害之间的因果关系证明难度极高。与一般的侵害生命权或健康权案件的不同之处在于,患者本已有既定病情,且该疾病是造成损害的重要因素,甚至在部分案件中是“决定性因素”。既有审判缺乏对既定病情影响和生存机会客观量化的分析,使得因果关系的证明难上加难(季若望:《侵权法上生存机会丧失理论的本土化构建——以医疗损害案件为视角》,载《政治与法律》2018年第1期)。在上述案件中,保健品企业和经销商的行为仅是导致苏文菊未及时就医,并非导致苏文菊患病;即使苏文菊及时就医,亦不能保证一定或相当程度上能够战胜癌症。申言之,无论是依据条件说还是相当因果关系说都难以证明行为和损害之间的因果关系(关于条件说和相当因果关系说的介绍,参见王泽鉴:《侵权行为》,北京大学出版社2009年版)。

在诉讼法上,最高人民法院《关于民事诉讼证据的若干规定》[法释(2001)33号]第4条第8项规定:因医疗行为引起的侵权诉讼,由医疗机构就医疗行为与损害结果之间不存在因果关系及不存在医疗过错承担举证责任。2009年通过的原《侵权责任法》并未规定上述举证责任倒置规则,学理倾向于认为,原《侵权责任法》规定的医疗侵权应适用“谁主张,谁举证”的一般证明规则(张新宝:《侵权责任法》(第4版),中国人民大学出版社2016年版;程啸:《侵权责任法》(第2版),法律出版社2015年版)。最高人民法院《关于修改〈关于民事诉讼证据的若干规定〉的决定》[法释(2019)19号]完全删除了该条。法院自此不得运用举证责任倒置的方式减轻原告的医疗侵权证明压力。原告必须证明延误治疗和损害之间的因果关系具备高度盖然性,这往往超越原告的证明能力。而降低证明标准又应以法律的特别规定为限,这使法官不敢越界(潘剑锋:《民事证明责任论纲——对民事证明责任基本问题的认识》,载《政治与法律》2016年第11期)。

为了帮助原告绕开因果关系证明难题,我国学者主张生存机会本身就是《侵权责任法》(《民法典》侵权责任编)保护的民事权益:生存机会丧失将导致生命权或健康权(被侵权人尚在）受到侵害，其与生命权和健康权一样都应得到侵权法的保护（季若望：《侵权法上生存机会丧失理论的本土化构建——以医疗损害案件为视角》，载《政治与法律》2018 年第 1 期）。如果将生存机会视为一种为原《侵权责任法》所独立保护的民事权益，延误治疗本身即为“损害”，行为和延误治疗之间的因果关系相较于行为与患者人身损害之间的因果关系较易证明。侵害生存机会将原则上导致比例赔偿：损害数额为机会丧失的百分比与总损失额的乘积。但也有学者明确反对将生存机会视为侵权法保护的民事权益。侵权法救济的是损害而非风险，导致生命健康受损的事由众多，上述“独立损害”理论并无任何特殊之处，这也不足以使机会丧失成为一种独立法益（满洪杰：《医疗损害机会丧失赔偿规则研究》，载《法学家》2019 年第 4 期）。比例赔偿也欠缺正当性：当患者的最终损害尚未发生时，患者所失机会比例仅为对过去类似病例的统计，并不能真正确定患者病情的发展；如果患者幸运地没有遭受最终损害，或者随着病情的进展以及医学的发展，可以被归入生存率更高的组别中，以某一时点的生存概率所判断的比例损害则未必符合实际，而出现过度赔偿或不足赔偿问题（满洪杰：《医疗损害机会丧失赔偿规则研究》，载《法学家》2019 年第 4 期）。疾病的自然发展难以预料且无法完全避免，将生存机会视为独立的民事权益也容易导致责任泛化，这在医疗侵权中将极为明显：一切医疗过失都可能导致生存机会损失。

另一种值得关注的路径是，将延误治疗视为侵犯了诊疗选择权，被侵权人或其家属可以请求纯粹经济损失和精神损害赔偿。纯粹经济损失包括：不必要的医疗费用、为获得相同效果而增加的医疗费用、加速病情所造成的财产损害及治疗迟延造成的费用增加。精神损害赔偿包括：机会丧失直接引发的精神痛苦、丧失更有利诊疗方案的精神损害、本可避免的侵入性治疗和引发的精神损害及病情加速的精神痛苦（满洪杰：《医疗损害机会丧失赔偿规则研究》，载《法学家》2019 年第 4 期）。我国《民法典》第 1164 条规定：本编调整因侵害民事权益产生的民事关系。司法实践也倾向于对民事权益持开放性态度，各种人格利益借助民事权益置身于侵权法的保护范围之内（曹险峰：《我国侵权责任法的侵权构成模式——以“民事权益”的定位与功能分析为中心》，载《法学研究》2013 年第 6 期）。诊疗选择权借助人格权寻得侵权法的保护，存在合理性和可行性。在上述案件中，天药公司和周宜霞的虚假宣传导致苏文菊选择相信保健品的抗癌功能，而未及时就医，苏文菊的诊疗选择权受到侵犯。然而，何种程度上侵犯诊疗选择权需要侵权法的否定评价？如果生存机会因被告的过错从 5% 降至 2% 是否也构成对诊疗选择权的侵犯？赔偿数额又应如何计算？这些问题尚无定论。

综上所述，关于延误治疗导致生存机会丧失的责任承担问题，学说上主要存在以下两种观点：(1)生存机会本身就是《民法典》第 1164 条所保护的独立的民事权益，延误治疗本身即为“损害”；延误治疗将引发比例赔偿——损害赔偿数额为机会丧失的百分比与总损失额的乘积。(2)生存机会丧失本身并不触发侵权责任，诊疗选择权受到侵害才需要法律予以救济；诊疗选择权为人格权的一种，被侵权人得请求纯粹经济损失赔偿和精神损害赔偿。在现行法体系下很难找到“生存机会”直接能够被涵摄的规范基础，通过解释的方法将其纳入体系内仍存在较多困难；诊疗选择权也有权利泛化的嫌疑，且侵犯诊疗选择权的损害赔偿也不够清晰。两种观点各有局限，可见学界对该问题尚未达成共识，但对于延误治疗导致侵权责任则并无疑义。本案判决却简单地采取了"谁主张,谁举证"的态度,要求原告证明迟延治疗对死亡结果的关键影响,否则就要承担不利后果。这一观点与学界基本态度大相径庭。

Ⅲ 既有司法实践状况

在本公报案例公布之前,司法实践中对于延误治疗和损害之间的因果关系证明问题态度不一,但原则上都倾向于救济受害人。(1)如果司法鉴定认定被告的过错行为乃损害后果发生的主要原因,法院直接依据鉴定结论判决被告承担损害赔偿责任,责任比例不得降低;死亡赔偿金的计算也无需考虑生存机会问题[江西省高级人民法院(2017)赣民再118号判决书]。(2)司法鉴定难以确定过错行为与损害后果发生之间的因果关系的,法院以过错参与度之名完成了对因果关系的论证。例如,在"朱秀兰、张四周等与枞阳县人民医院医疗损害责任纠纷案"中,法院虽然认为"王玉梅自身病变是其最终死亡的根本原因",但同时主张"枞阳县人民医院过错参与度经司法鉴定为10% ~20%,本院结合本案事实,对其过错参与度认定为15%为宜"[安徽省枞阳县人民法院(2015)枞民一初字第01904号民事判决书]。在"熊德云中医诊所与李健华程良华医疗损害责任纠纷案"中,法院同样强调"程文奇的死亡主要是自身原发性疾病所致,"但医生"忽视了必要的体格检查,以致程文奇在家中病情突然变化得不到及时有效的救治,完全丧失了生存机会"[重庆市高级人民法院(2018)渝民申2791号裁定书]。在"谢敬平等与黄山市人民医院案"中,法院认为被告过失行为延滞了明确诊断时间和治疗,一定程度影响了程秀芳的生存期,过错参度为20% ~30%[安徽省黄山市中级人民法院(2016)皖10民终字第381号民事判决书]。在"阿克苏地区第一人民医院与张弓长等医疗损害责任纠纷案"中,法院指出医院过错使患者丧失生存机会,过错参与度可考虑为25%[新疆维吾尔自治区高级人民法院(2014)新民申字第1397号民事裁定书]。就因果关系而言,法院认为"难以排除"即为已足[安徽省安庆市迎江区人民法院(2015)迎民一初字第00307号民事判决书]。(3)也有法院从告知义务角度判断因果关系问题。例如,在"胡国珍与刘宗英医疗损害责任纠纷上诉案"中,法院的关注焦点在于医院是否已经充分告知转院的必要。如果医院已经履行了告知义务,那么即使确实导致丧失了一定的抢救、生存机会,亦不承担责任[吉林省高级人民法院(2015)吉民申字第1010号民事裁定书]。

司法实践对延误治疗致害的裁判理由各异,但在过错延误治疗应导向损害赔偿这一点上,则与学术界高度一致。

Ⅳ 本判决的影响及将来的课题

该公报案例一改以往保护受害人的态度,明确要求原告举证证明延误治疗和损害之间的因果关系。这种刚性态度虽有防范法官自由裁量权过大的意义,却可能导向实质不公。本案完全可以借助法规目的说论证因果关系的存在。《广告法》第4条规定:"广告不得含有虚假或者引人误解的内容,不得欺骗、误导消费者。广告主应当对广告内容的真实性负责。"第18条规定:"保健食品广告不得含有下列内容:(一)表示功效、安全性的断言或者保证;(二)涉及疾病预防、治疗功能……"《广告法》的上述规则的目的之一就在于防止保健品公司误导消费者购买保健品导致消费者不能及时就医。天药公司的宣传资料广而告之,宣传产品能够"根本恢复免疫系统;修复身体机能、根本消除疾病……"明显违反这一法律目的。因此,本案应认定天药公司的不当宣传和苏文菊的死亡之间存在因果关系。除去生存机会不谈,本案在产品责任、因果关系证明以及多数人侵权问题等方面,亦有进一步探讨的空间。

☐ 参考文献

王泽鉴:《侵权行为》,北京大学出版社2009年版。

张新宝:《侵权责任法》(第4版),中国人民大学出版社2016年版。

程啸:《侵权责任法》(第2版),法律出版社2015年版。

季若望:《侵权法上生存机会丧失理论的本土化构建——以医疗损害案件为视角》,载《政治与法律》2018年第1期。

潘剑锋:《民事证明责任论纲——对民事证明责任基本问题的认识》,载《政治与法律》2016年第11期。

满洪杰:《医疗损害机会丧失赔偿规则研究》,载《法学家》2019年第4期。

曹险峰:《我国侵权责任法的侵权构成模式——以"民事权益"的定位与功能分析为中心》,载《法学研究》2013年第6期。

099 环境污染侵权中的因果关系证明

浙江省平湖师范农场特种养殖场诉嘉兴市步云染化厂等五企业水污染损害赔偿纠纷案 | 最高人民法院(2006)民二提字第5号民事判决书

巩 固 浙江大学光华法学院

■ 事实概要

嘉兴市步云染化厂等5企业长期超标排污,造成下游约53平方公里水域严重污染。原告浙江平湖师范农场特种养殖场(以下简称养殖场)位于5企业下游约6公里处,在水污染区域范围内。自1994年4~10月,养殖场饲养的美国青蛙蝌蚪陆续死亡。1995年12月,养殖场以受5企业污染侵害为由向平湖市人民法院提起诉讼,请求赔偿损失,排除危害,停止侵权。养殖场提交环保处罚记录、水质检测报告、专家鉴定意见、其他养殖场证言等,证明养殖水域受严重污染,水质毒害致蝌蚪死亡。被告5企业则提交气象资料、个别养殖户证言等,认为污染并不必然致蝌蚪死亡,损害乃高温天气、原告技术等其他原因所致。

平湖市人民法院1997年7月判决认为:被告排污及原告损害属实,但原告的举证不能证实蝌蚪死于水污染,无法确定损害与排污之间存在必然因果关系,故驳回诉讼请求。嘉兴市中级人民法院1998年10月二审判决认为,举证责任倒置仅针对过错证明,对于水污染造成蝌蚪死亡这一损害事实,原告仍须证明,故驳回抗诉,维持原判。2001年5月,浙江省高级人民法院再审判决认为:根据因果关系推定原则,受损人需举证证明被告的污染物质排放及自身因该物质受损的事实,且在一般情况下这类污染行为能够造成这种损害。由于养殖场未对死亡蝌蚪进行解剖,不能证明其死亡系何种特定物质所致,未达到适用因果关系推定的前提,遂维持原判。

后经最高人民检察院抗诉,最高人民法院2006年提审此案,于2009年4月2日作出最终判决,认为"根据司法解释的规定,作为侵权人的污染企业只有能够证明其侵权行为与损害后果不存在因果关系或者法律规定的免责事由成立的情况下,始得免除侵权损害赔偿责任",而本案被告"所举证据既不能证明其污染行为不会导致蝌蚪死亡,也不能证明蝌蚪的非正常死亡确系其他原因所致,因此对于本案中污染行为和蝌蚪死亡之间的因果关系,5家企业均不能提出足够证据予以否定",故应当担责。

■ 判决要旨

污染侵权因果关系举证责任倒置的适用与前提。

污染侵权因果关系证明实行举证责任倒置。作为被告的污染者须充分确证其排污行为与原告所受损害之间不存在因果关系,否则将承担败诉后果。但这一规则适用的前提是因果关系依常理看很有可能存在。

■ 评　析

Ⅰ 本判决的思路和意义

本案中,浙江三级法院均因原告未对死亡蝌蚪进行解剖,不能直接证明致害物质与被告排放污染物的一致性,以未证立必然因果关系或未达到因果关系推定的前提为由拒绝救济。最高人民法院的最终判决推翻了之前的错误处理。在确认排污行为和损害事实客观存在的情况下,法院跳过对原告所举因果关系相关证据的分析,重点审查"五家企业据以证明本案不存在因果关系的有关证据",通过逐一分析,认为无法认定后,以被告未证立因果关系不存在为由判令其担责,从而阐明了举证责任倒置的规范含义和诉讼效果,为这一规则在司法实践中的具体运用提供了样板。但值得注意的是,本案原告在因果关系证明方面并非毫无作为,其提交的大量间接证据实已达到证明因果关系"很有可能"的程度,这一现实背景是本案处理可谓成功所不可忽略的必要前提,也为后续司法解释明确原告的"关联性"举证义务埋下伏笔。

Ⅱ 环境污染侵权因果关系证明的规范及学理

污染损害的复杂性决定了其因果关系证明的困难,减轻证明要求、降低证明难度是各国法律通例,但具体做法不一。多数国家从减轻证明负担的角度处理(胡学军:《环境侵权中的因果关系及其证明问题评析》,载《中国法学》2013年第5期),我国则主要以举证责任倒置应对。最高人民法院《关于适用〈中华人民共和国民事诉讼法〉若干问题的意见》[法发(1992)22号](以下简称《意见》)首开先河,规定环境污染诉讼中"对原告提出的侵权事实,被告否认的,由被告负责举证"。最高人民法院《关于民事诉讼证据的若干规定》[法释(2001)33号]第4条进一步明确污染诉讼中"由加害人就法律规定的免责事由及其行为与损害结果之间不存在因果关系承担举证责任"。类似表述为2004年修订的《固体废物污染环境防治法》第86条、2008年修订的《水污染防治法》第87条所复制,并为2009年通过的原《侵权责任法》所效仿。该法第66条规定"污染者应当就法律规定的不承担责任或者减轻责任的情形及其行为与损害之间不存在因果关系承担举证责任",成为污染侵权因果关系证明的主要规则。《民法典》第1230条只是增加了"破坏生态"的情形,同时将"污染者"改为"行为人",在证明规则上并未发生实质性改变。

然而,前述规定到底意味着什么,学界认识不尽一致,大致分为三类观点:一是"举证责任倒置说"(王社坤:《环境侵权因果关系举证责任分配研究——兼论〈侵权责任法〉第66条的理解与适用》,载《河北法学》2011 年第 2 期);二是"因果关系推定说"[杨素娟:《论环境侵权诉讼中的因果关系推定》,载《法学评论》2003 年第 4 期;程啸:《侵权责任法》(第 2 版),法律出版社 2015 年版,第 578 页;杨立新:《侵权责任法》(第 4 版),法律出版社 2011 年版,第 317 页];三是主张二者兼备的"复合论"[王利明:《侵权责任法研究》(下卷),中国人民大学出版社 2011 年版,第 492 ~ 496 页;周友军:《侵权法学》,中国人民大学出版社 2011 年版,第 389 ~ 390 页]。

从广义角度,宽泛而论,举证责任倒置对被告如不能证明因果关系不存在将败诉的处理隐含着"推定"因果关系存在的意味,故二者常被混为一谈。但从诉讼理论和实践效果来看,"因果关系推定"与"举证责任倒置"又有本质差异:前者是一种事实认定的方法,举证责任仍按"谁主张,谁举证"由原告承担,只是证明程度有所减轻——只要达到一定程度即可推定因果关系存在而无需达到通常要求的"必然"程度。此时,被告也可能因为不能成功证明"因果关系不存在"而败诉,但这种证明属于"反证",以原告先已成功举证为前提,且证明标准通常较"本证"为轻。后者则意味着法律直接把"不存在因果关系"的证明责任分配给被告,其须作为"本证"充分证立,否则将承担败诉后果,且不以原告先行证立为前提。

在实践层面,折中调和的"复合论"显然无法成立。从前述条款的字面表述和充分保护受害者的立法目的来看,"举证责任倒置说"颇具优势。但其适用条件过于宽松,存在逻辑缺陷,"基本上使被告无机会翻身"[薄晓波:《倒置与推定:对我国环境污染侵权中因果关系证明方法的反思》,载《中国地质大学学报》(社会科学版)2014 年第 6 期],有矫枉过正之嫌。故在理论界,"因果关系推定说"更受认可。应先由原告证明被告排污与己方受损之间的初步关联,再由被告承担因果关系不存在的举证责任。但这一认识与现行法清楚、明确的"倒置"规定不甚相符,其作为主流观点使理论应然与立法实然产生张力,加剧了司法实践的纠结与困惑。

从本案来看,最终判决也体现出理论选择上的矛盾与纠结。尽管表面看来,法院以举证责任倒置为论证核心,强调"根据司法解释的规定,作为侵权人的污染企业只有能够证明其侵权行为与损害后果不存在因果关系或者法律规定的免责事由成立的情况下,始得免除侵权损害赔偿责任",并以被告"没有足够的证据否定其污染行为与损害后果之间的因果关系"为由判其败诉,似乎在充分践行"举证责任倒置说"。但其在最终提出举证责任倒置角度的推论之前强调"位于上游的五家企业污染了水源,同时段,下游约六公里的养殖场发生了饲养物非正常死亡的后果"这一实际上表明因果关系"很有可能"的适用前提,又不无"因果关系推定说"的影子。

Ⅲ 既往司法实践状况

尽管立法对举证责任倒置的规定具体且清晰,但司法实践呈现的却是另外一番景象。实证研究表明,环境民事案件中"运用举证责任倒置的不足半数"(吕忠梅等:《中国环境司法现状调查——以千份环境裁判文书为样本》,载《法学》2011 年第 4 期);即使有所运用,也"在大部分情形下仍然由作为受害人的原告承担因果关系成立与否的举证责任"(张挺:《环境污染侵权因果关系证明责任之再构成——基于 619 份相关民事判决书的实证分析》,载《法学》2016 年第 7 期)。这其中,既有地方法院"重发展、轻环保"的传统观念甚或地方利益作祟,也有认识不清、学艺不精的能力问题，但也不乏基于司法操作现实的合理考量。总体来看，法院在环境司法方面认识不断深化，重视不断加强，态度渐趋开放，但对纯粹的举证责任倒置始终抗拒，其能接受的最大限度，似乎只能是“宽松的”因果关系推定，此在本案跨度十余年的历次审判中得到充分展现。

在1997年的初审判决中，平湖市人民法院完全依传统规则判案，要求原告证明“必然的因果关系”，完全无视《意见》的存在。在1998年的二审判决中，嘉兴市中级人民法院认为举证责任倒置仅针对过错，把“水污染造成青蛙蝌蚪死亡”视为仍须原告举证的“损害事实”。在2001年的再审判决中，浙江省高级人民法院虽然认可因果关系举证责任倒置，但还是从“因果关系推定论”角度的理解，认为“受损人需举证证明五家企业的污染（特定物质）排放的事实及自身因该物质遭受损害的事实，且在一般情况下这类污染环境的行为能够造成这种损害”，继而把蝌蚪死亡“系被何特定物质所致”作为“适用因果关系推定的前提”。

类似处理，实践中并不鲜见。在“孙大年诉新沂市通力氨基酸厂环境污染损害赔偿案”中，法院认为“适用举证责任倒置的前提是死鱼样本存在可供鉴定。目前由于样本不存在，无法鉴定的责任在孙大年，故孙大年未能完成初步举证责任，如简单适用举证责任倒置，不仅有违立法本意，且对于通力厂也显失公平”［徐州中院（2006）徐民一终字第27号民事判决书］。在同样历经4次审判、受到包括最高人民检察院在内的多级检察院抗诉而由最高人民法院指定重审的“刘德胜诉湖南省吉首市农机局环境污染损害赔偿案”中，湖南省高级人民法院的最终判决仍以“由于目前无法准确界定各种癌病的起因，在此情况下，如果适用举证责任倒置原则，以市农机局举证不能为由推定本案所涉市农机局环境污染行为与刘德胜患癌病损害结果之间存在必然因果关系，缺乏事实依据”［湖南省高级人民法院（2006）湘高法民再终字第102号民事判决书］为由判令被告败诉。或许正因为该案的刺激，最高人民法院在面对情形类似的本案时没有再发回地方，而是亲自审理、彻底改判，就举证责任倒置的规范含义及如何适用作出明确指引。

然而，如前所述，本案处理“正确”的前提是因果关系确有可能，而这种可能性是通过双方证据的“攻防”共同形成的。一旦场域转换到可能性不那么大的情形，一旦失去双方举证这一必要机制，仅仅举证责任倒置的推导还能否做到公平公正、让人信服，不无疑问。随着相关探讨的增多，以及越来越多地方“抵制”的披露，最高人民法院已认识到纯粹举证责任倒置的缺陷，开始要求原告适度举证。最高人民法院《关于全面加强环境资源审判工作为推进生态文明建设提供有力司法保障的意见》［法发（2014）11号］要求原告“提交污染行为和损害之间可能存在因果关系的初步证据”，最高人民法院《关于审理环境侵权责任纠纷案件适用法律若干问题的解释》［法释（2015）12号］（以下简称《环境侵权司法解释》）更明确要求被侵权人证明其损害与污染者排污之间的“关联性”，在司法规则层面向实质上的“因果关系推定说”转向。

Ⅳ 本判决的参考意义及将来的课题

本判决中，法院对举证责任倒置操作的演示，以及对被告如未证成即须担责的强调，都具有积极意义。但制度层面的真正价值,却在于对本案实施举证倒置的现实背景——“位于上游的五家企业污染了水源,同时段,下游约六公里的养殖场发生了饲养物非正常死亡的后果”——的阐述。这一表述背后隐含的“依常理很有可能”,既关乎举证倒置的前提条件,又指向“关联性”证明的具体判准,正是解决此类案件最需明确的关键。遗憾的是,判决未就此做正面阐述、集中论证,而是急于挥舞倒置大棒,从而丧失了一次明确界定“推定”标准与“倒置”前提的良机。在《环境侵权司法解释》要求原告证明“关联性”却未做具体指引的情况下,法院在因果关系判断上仍有过大空间,不无滥用隐患,犹待未来破解。

□ 参考文献

王利明:《侵权责任法研究》(下卷),中国人民大学出版社2011年版。

周友军:《侵权法学》,中国人民大学出版社2011年版。

程啸:《侵权责任法》(第2版),法律出版社2015年版。

杨立新:《侵权责任法》(第4版),法律出版社2011年版。

杨素娟:《论环境侵权诉讼中的因果关系推定》,载《法学评论》2003年第4期。

王社坤:《环境侵权因果关系举证责任分配研究——兼论〈侵权责任法〉第66条的理解与适用》,载《河北法学》2011年第2期。

吕忠梅等:《中国环境司法现状调查——以千份环境裁判文书为样本》,载《法学》2011年第4期。

薄晓波:《倒置与推定:对我国环境污染侵权中因果关系证明方法的反思》,载《中国地质大学学报》(社会科学版)2014年第6期。

胡学军:《环境侵权中的因果关系及其证明问题评析》,载《中国法学》2013年第5期。

张挺:《环境污染侵权因果关系证明责任之再构成——基于619份相关民事判决书的实证分析》,载《法学》2016年第7期。

100 动物侵权责任

欧丽珍诉高燕饲养动物损害责任纠纷案 |《最高人民法院公报》2019年第10期(总第276期)

季若望 浙江工商大学法学院

■ 事实概要

2017年8月13日19时许,原告欧丽珍在丈夫陪同下徒步经台山市一公共人行道时,遇趴在台阶上休息的由高燕饲养的一只棕色"泰迪犬";"泰迪犬"见欧丽珍夫妻接近,站立起来向欧丽珍方向走了两步(约50厘米),此时欧丽珍与"泰迪犬"相距约3米;欧丽珍见"泰迪犬"靠近,惊慌往其左侧避让时摔倒受伤。欧丽珍受伤后即被送往台山市人民医院住院治疗,后鉴定意见为9级伤残。

一审法院认为,根据原《侵权责任法》第78条,本案被告高燕未采取安全防范措施,致使饲养的体形较小、性情温顺的"泰迪犬"令原告欧丽珍受惊吓倒地受伤,其作为动物饲养人及管理人应承担相应责任;原告由于过度惊慌,采取避让措施不当摔倒致自己受伤,其本身存在重大过失,承担30%的责任。欧丽珍与高燕均不服一审判决,向广东省江门市中级人民法院提起上诉。

二审法院认为,根据原《侵权责任法》第78、79条的规定,被告高燕无《犬类准养证》,其饲养涉案犬只违反了《广东省犬类管理规定》第4条的规定。同时,涉案的犬只虽未对人实施如"抓伤、扑倒、撕咬"等直接接触人体的动作,但一般人在陌生犬只尤其是未被约束的犬只进入自身安全界线内的时候,本能地会产生恐惧的心理,故欧丽珍因本能的恐惧而避让进而摔倒受伤,与犬只之间具备因果关系,动物饲养人或者管理人对此亦应当承担侵权责任。本案中无证据证明原告具有重大过失,故高燕应对欧丽珍的涉案损失承担全部赔偿责任。

■ 判决要旨

一审法院认定有误,二审法院予以纠正。

饲养动物损害责任纠纷案件中,饲养动物虽未直接接触受害人,但因其追赶、逼近等危险动作导致受害人摔倒受伤的,应认定其与受害人发生身体损害结果之间存在因果关系。动物饲养人或管理人不能举证证明受害人对损害的发生存在故意或者重大过失的,应当承担全部的侵权责任。

■ 评 析

Ⅰ 本判决的思路和意义

本案中，被告所饲养的动物并未与原告有实际身体接触，仅通过其距离较远的站立和走动使原告产生恐惧心理而摔倒并遭受损害。这种动物致害模式与传统的动物侵权差异较大，一审法院和二审法院虽均认定侵权责任成立，但具体的责任认定及理由差异较大，殊值探讨。此类案件对于动物侵权案件中的“动物特别危险”之认定标准具有重要的审判指导意义。

Ⅱ 原《侵权责任法》中关于动物侵权的规范及学理

目前关于动物侵权责任的规范主要在《侵权责任法》第78～84条（《民法典》第1245～1251条）。本案的争点较多，主要集中在第78条和第79条（第1245条和第1246条）中，大致可归结为三点：

1.《侵权责任法》第78条和第79条（《民法典》第1245条和第1246条）的适用关系如何？

一审法院在判决理由中认为“（被告）未采取安全防范措施，致使……”看似援引了原《侵权责任法》第79条的构成要件，但在最后的判决中援引的却是第78条；二审法院在判决中同时援引了原《侵权责任法》第78条和第79条，似乎认为两者可同时适用，值得商榷。在学理上，通常认为第79条特别规定了更为严格的无过错责任，理由在于：那些违反管理规定不对动物采取安全措施的饲养人或管理人之行为严重违法，主观上具有重大过错，且客观上对他人的人身、财产安全造成了很大的危险，自然不应在免责事由方面给予宽待[程啸：《侵权责任法》（第2版），法律出版社2015年版，第622页；程啸：《侵权责任法教程》（第3版），中国人民大学出版社2017年版，第327页]。所以，在解释上应当“明示其一、排斥其他”，认定第79条属于特别法条[王利明：《侵权责任法研究》（下卷），中国人民大学出版社2016年版，第617页]。第79条中所规范的“安全措施”是指“定期注射狂犬病疫苗”等安全性维持义务，不包含违反“未按规定进行年检”等单纯的行政管理义务（最高人民法院侵权责任法研究小组：《〈中华人民共和国侵权责任法〉条文理解与使用》，人民法院出版社2016年版，第536页）。

因此，本案中，被告在公共场合未合理拘束其饲养的犬种，违反《广东省犬类管理规定》第4条的安全性维持义务，应当直接适用原《侵权责任法》第79条，而不可再同时适用第78条。

2. 动物侵权中的“造成他人损害”如何认定？

这是本案一审和二审中均存在的核心争点。原告认为未经管束的动物引发其恐惧心理是其受害的关键，因而构成动物侵权；但被告认为仅仅是距离较远的移动而无撕咬的威胁不足以被认定为动物侵权行为。这里涉及动物侵权中“造成他人损害”的认定。

学者大多认为，这里包含两层意思：首先，该饲养动物的行为是导致他人损害的原因，即二者之间存在因果关系；其次，该饲养动物给他人造成的“损害是因该动物特有的危险所致”[程啸:《侵权责任法》(第2版),法律出版社2015年版,第624页;王利明:《侵权责任法研究》(下卷),中国人民大学出版社2016年版,第596~597、611~612页]。这也是动物侵权的特别之处。本案中,这两层都有值得商榷之处。

首先,从因果关系层面来判断,该犬体形较小、性情温顺,本案中只是进行了简单的站立与行走动作,且距离原告较远(3米),与原告因此产生的恐惧及后续发生的损害是否能建立相当因果关系并非不言自明。遗憾的是,一审法院及二审法院均在此一语带过,未有相当论证。

其次,从更核心的“动物危险”要素来看,目前学界的通说是“动物意志支配说”,即动物危险是动物本性的危险爆发,是非由理智的意愿所控制的动物力量的发挥。危险性可以体现为直接行为,亦可以体现为间接行为。前者如猫抓伤小孩,后者如牛卧于马路。动物的噪声若产生对他人生活安宁的妨害,可使人请求损害赔偿。在此学说的逻辑下,有4种情形被排除在外:其一,如果动物被仅仅当作机械性的工具,如以猫掷人;其二,如果动物的身体或精神受到强大的外力强制,以致动物完全没有选择行为的自由,而做出了“必然”的反应,如兽医杀狗时被狗咬伤;其三,如果动物受到驱使而实施行为,就不存在自主的动物行为;其四,如果动物按照本性实施了一定的行为,那么此种行为属于动物的自然行为,而非意志行为,如动物的交配行为(王利明、周友军、高圣平:《侵权责任法疑难问题研究》,中国法制出版社2012年版,第616页;王泽鉴:《侵权行为》,北京大学出版社2009年版,第472~473页)。更进一步,这种所谓的本性,是指因动物自身的野性和习性所产生的对人类的危险性,而非工具性[王利明:《侵权责任法研究》(下卷),中国人民大学出版社2016年版,第596~597页]。

亦有学者提出“动物的不可预测性说”,即动物致害责任制度的立法目的是要保护人们免遭动物不可预测行为的侵害。此说与通说差异不大,仅前述的自然行为被认定为动物危险(王利明、周友军、高圣平:《侵权责任法疑难问题研究》,中国法制出版社2012年版,第616~617页)。另有学者提出,正是因为动物行为的不可预知性才会要求动物饲养人承担客观责任。因此,动物危险就成为该客观责任的核心概念。

还有学者提出“动物自主行为说”,即动物危险应当被理解为动物的自主行为,因为动物与无生命物的区别,就在于动物是以自己的力量来运动的组织体,所以其自主运动就构成了危险。同样地,按照该说,逻辑上就有数种情形会被排除,比如动物跌倒或坠落致人损害等,其他类型恕不赘述(王利明、周友军、高圣平:《侵权责任法疑难问题研究》,中国法制出版社2012年版,第617~619页)。

在危险性大小的衡量上,我国的判断标准并未有较为具体的通说,比较法上美国的诸多判例可资参考,我国《民法典》侵权责任编区分一般动物和烈性犬等危险动物的立法意旨与其区分家养动物与野生动物类似。美国法上野生动物的范畴是在个案的认定中逐渐扩张的,从最早的狼、熊,到后来的丛林狼、斑马、猿,再到鹿、狮子、老虎等。另有学者提出三项考量因素:危险实现的高度盖然性——即使当事人尽到注意义务仍然不能防止损害发生——损害结果的严重性和危险来源的可控性([奥]海尔姆特·库齐奥:《侵权责任法的基本问题(第一卷):德语国家的视角》,北京大学出版社2017年版,第235页)。

具体到本案来看,这种非接触性的动物导致的惊吓是否属于“动物危险”则有较大的解释空间。例如,最高人民法院就认为:“……因饲养动物导致被侵权人受到惊吓、恐吓而出现心理恐惧并因此引发其他损害时,在某些情况下也有可能涵括于《侵权责任法》本条(第78条)首句所称‘造成他人损害’范围之内”(最高人民法院侵权责任法研究小组:《〈中华人民共和国侵权责任法〉条文理解与使用》,人民法院出版社2016年版,第531页)。另有学者则认为,对于这种惊吓并非绝对不能赔偿,但要考虑受害人的特殊情况,如年龄较大等要素来确定是否为一般人正常、合理的反应。

3. 第78条中的“受害人重大过失”如何认定?

一审法院和二审法院在认定原告欧丽珍是否存在重大过失时亦有不同意见。首先需要说明的是,在学理上,学者多认为只有在适用第78条时尚有“重大过失”之认定可能,因为第79条未设置免责事由[程啸:《侵权责任法》(第2版),法律出版社2015年版,第625页]。而最高人民法院的态度亦为否定:“从该条的立法目的来看,其重点是对动物饲养人或管理人之行为加以规范,而苛以较重的责任符合此一立法意旨。从另一个角度看,本条文义表明,立法者并无此情形下可以进行过失相抵的意图,相反恰恰说明立法者的态度是否定的。”而“重大过失”的考虑主要是从动物自身的危险性以及诱发动物危险行为的可能性角度去判定,如果被侵权人实施挑逗、投打等行为造成损害的,应当认定其有重大过失(最高人民法院侵权责任法研究小组:《〈中华人民共和国侵权责任法〉条文理解与使用》,人民法院出版社2016年版,第527、532页)。另有学者提出,应当从社会一般人的注意义务水平、可预见性、受害人是否实施违法行为等要素加以判断。

此外,最高人民法院认为,若适用第78条之规定,则法院可依职权适用过失相抵规则,而无需当事人主张,因为过失相抵之目的在于确定责任的范围(最高人民法院侵权责任法研究小组:《〈中华人民共和国侵权责任法〉条文理解与使用》,人民法院出版社2016年版,第536~537页)。

Ⅲ 既往司法实践状况

针对以上三个争议问题,整理部分判例状况如下:

1. 在条文适用上与本案一样,认为可同时适用《侵权责任法》第78条和第79条(《民法典》第1245条和第1246条)的判决并不鲜见[如济南市中级人民法院(2018)鲁01民终1701号民事判决书]。亦有判决对第78条和第80条(《民法典》第1245条和第1247条)的区分提出见解[晋中市中级人民法院(2016)晋07民终1478号民事判决书]。或认为第78条和第82条(《民法典》第1245条和第1249条)可同时适用[南宁市中级人民法院(2015)南市民一终字第890号民事判决书]。

2. 在“造成他人受损害”的判断上,本公报案例公布之前的司法实践对于“动物危险”的判断标准不一,大多数为传统的咬伤或啄伤[咸宁市中级人民法院(2015)鄂咸宁中民终字第17号民事判决书;重庆市第五中级人民法院(2015)渝五中法民终字第03260号民事判决书]。亦有与本案类似,但被侵权人是因为被饲养犬类的直接追逐而受惊吓遭致损害,因果关系更为明确[呼和浩特市中级人民法院(2018)内01民终2173号民事判决书,法院认为边境牧羊犬非小型犬]。亦有法院指出,“由于动物的行为存在不可预知性,尤其是犬类动物存在攻击性和传染疫病的危险,所以,一般人会对其产生恐惧、紧张、害怕的心理”[天津市第二中级人民法院(2014)二中民四终字第204号民事判决书]。

3. 在“重大过失”的判断上,司法判例中常有被告主张原告重大过失但举证不足,法院不予认可的情况[茂名市中级人民法院(2015)茂中法审监民再字第1号再审民事判决书;柳州市中级人民法院(2014)柳市民一终字第363号民事判决书]。有部分判决提出判断标准,认为“……必要条件,即被侵权人的过错是造成损害的原因。没有办理养犬登记手续也没有其他保护措施,并非造成损害的原因,故该事实不符合法律规定减轻动物饲养人责任的情形”[呼和浩特市中级人民法院(2018)内01民终2173号民事判决书]。

Ⅳ 本判决的影响及将来的课题

虽然本案的判决有相当的标志性意义,但作为公报案例予以确认其赔偿的做法似乎仍值得商榷。依照以上学说,考虑到本案中的犬种性情温和(一审判决语),动作不具备明显的危险性(站立及走动),与原告距离较远(3米),认定为动物侵权责任似有可探讨之处。若考虑到原告年龄因素(62岁),易受惊吓尚可理解,但判决的理由却是“一般人标准”。如果以后发生的案件均以此为基准,则动物侵权责任的范围可能将大大扩张,以至于如“高空坠狗”等案件亦有充分理由认定为动物侵权案件,与立法意旨似有所不合。

□ 参考文献

程啸:《侵权责任法教程》(第3版),中国人民大学出版社2017年版。

王利明:《侵权责任法研究》(下卷),中国人民大学出版社2016年版。

朱晓峰:《动物侵权责任主体概念论》,载《法学评论》2018年第5期。

张尧:《论饲养动物损害责任——以〈侵权责任法〉第79条为分析对象》,载《政治与法律》2013年第6期。

周友军:《我国动物致害责任的解释论》,载《政治与法律》2010年第5期。

杨立新:《饲养动物损害责任一般条款的理解与适用》,载《法学》2013年第7期。

邱之岫:《野生动物侵权诉讼问题研究》,载《法学杂志》2010年第9期。

毛瑞兆:《英美法的动物致害责任》,载《山西大学学报》(哲学社会科学版)2003年第3期。

张新宝:《饲养动物致人损害的赔偿责任》,载《法学研究》1994年第2期。

房绍坤:《试论动物致人损害的民事责任》,载《中外法学》1992年第6期。

法律共同体的三重要约(代后记)

在我国《民法典》通过、各方讨论猗欤盛哉的这一年,有劳民法学界的中坚力量共成此著,思及此中机会成本之巨,作为编者当负有不可推脱的说明义务。

晚清以降,中国即于乱世之中踉跄步入现代法制。中华民国初期成文民法未定之时,大理院多以判决拘束下级法院,后世亦有学者以中国之判例法时期名之。待《中华民国民法》行世,十数年间司法院解释与最高法院判例积有数千件之多,久为各地法院行效。20 世纪 70 年代,我国台湾地区经济起飞,成文法规范亦现其不足,以王泽鉴教授为始,学者以德国法理评释判例,与实务形成良性互动,积两代学人之力,其成其功,最终尽数凝萃于世纪之交的再法典化。

中国自四十年前法制再起步以来,最高人民法院即以积极态度抽象释法,裨补立法之阙,各地高级人民法院亦皆踵之而行。及至民事立法既备,司法机关适时转舵,施行案例指导制度,为司法判决开规范效力之门。近日,最高人民法院又推行类案检索制度,此制度若果现其效,将来类案判决规范与事实之影响,亦足堪期待。

由是观之,即使在属于大陆法系的我国,成文法与案例的关系如果置入上述历史洪流之中,也会各显其面貌。呈现于读者眼前的这本判例百选,就是于法典编成的此刻截断众流、独取一瓢的结果。在这本合作作品之中,读者可以看到以大陆法系一般法理对我国司法实务"以理入实"的融通,也可以看到提炼司法实务智慧回填法条阙漏的"以实入理"的充实,又或二者兼而有之,方法路径的不一,本身就折射出今日中国多元继受、自主创新的法典特性。不过所有的这些统一与不一,作者们都更愿意看作在同一个法律共同体中,从学界发向实务界的一重要约,近百位民法学者以自己的所知所见,认真审视司法者的判决,我们也期待司法者可以给学者以相应的回馈。

回看过去百年间继受法域,学界如何审视实务,实务如何回应学界,其实不但塑造了此地此域的法学,某种程度上也重塑了法典。我们的邻国日本向来重视司法智慧的提炼,三年前成就的法典已经在各处呈现了自己的颜色,形成了自身的体系。我国台湾地区在学术中重视德国法资源,在实务判决中重视日本法资源,形塑了新世纪"法典"与法学德日混成的面貌。学界与实务界以何种方式相互沟通,以何种态度相互尊重,影响法学的风格和法典的未来。因此,我们的第二重要约是,如果将来这本判例百选还有改版更新的机会,我们同样期待实务界的同仁也能以作者的身份,共同参与到这项推动法律共同体形成的事业中来。

我们最后也是最重要的一重要约，是保留给今日尚在法学院的同学们的。将来诸位或为学者或为律师、法官、检察官，作为教者和前辈的我们，希望诸位在年轻的时候，就有在法律共同体中养成自己的意识，因为今日我们为法律共同体与国家法治所做的一切，你们都是无可逃避的下一棒。从这个角度来说，我们真诚希望这本判例百选能够成为你们在法律学习征途上的有益路标。

就像小王子的玫瑰花一样，今日我们虽已齐聚众人之力，但植下的仍只是一棵小树，但倘以持续的真诚与耐心浇灌，我们相信它将来一定会成为蔽荫我们所有人的丛林。

编者谨识于杭州月轮山麓

《民法典》编成之年秋月吉日

图书在版编目(CIP)数据

民法判例百选 / 周江洪, 陆青, 章程主编. -- 北京: 法律出版社, 2020(2024.2 重印)
ISBN 978-7-5197-4972-9

Ⅰ. ①民… Ⅱ. ①周… ②陆… ③章… Ⅲ. ①民法-案例-世界 Ⅳ. ①D913.05

中国版本图书馆 CIP 数据核字(2020)第 180184 号

民法判例百选
MINFA PANLI BAIXUAN

周江洪 陆 青 章 程 主编

责任编辑 郑怡萍 吴 昉
装帧设计 汪奇峰

出版发行 法律出版社
编辑统筹 法律教育出版分社
责任校对 杨锦华
责任印制 胡晓雅
经　　销 新华书店

开本 787 毫米×1092 毫米 1/16
印张 32.5 **字数** 681 千
版本 2020 年 10 月第 1 版
印次 2024 年 2 月第 7 次印刷
印刷 三河市兴达印务有限公司

地址:北京市丰台区莲花池西里 7 号(100073)
网址:www.lawpress.com.cn
投稿邮箱:info@lawpress.com.cn
举报盗版邮箱:jbwq@lawpress.com.cn

销售电话:010-83938349
客服电话:010-83938350
咨询电话:010-63939796

书号:ISBN 978-7-5197-4972-9
定价:69.00 元
凡购买本社图书,如有印装错误,我社负责退换。电话:010-83938349